REVISTA DE DIREITO MERCANTIL
industrial, econômico e financeiro

151/152

Publicação do
Instituto Brasileiro de Direito Comercial Comparado
e Biblioteca Tullio Ascarelli
do Departamento de Direito Comercial
da Faculdade de Direito da Universidade de São Paulo

Ano XLVIII (Nova Série)
janeiro-dezembro/2009

MALHEIROS EDITORES

REVISTA DE DIREITO MERCANTIL

industrial, econômico e financeiro

Nova Série — Ano XLVIII— ns. 151/152 — janeiro/dezembro 2009

REVISTA DE DIREITO MERCANTIL
publicação trimestral de
MALHEIROS EDITORES LTDA.
Rua Paes de Araújo, 29, conjunto 171
CEP 04531-940
São Paulo, SP - Brasil
Tel. (11) 3078-7205
Fax: (11) 3168-5495

Assinaturas e comercialização:
CATAVENTO DISTRIBUIDORA DE LIVROS S.A.
Rua Conselheiro Ramalho, 928
CEP 01325-000
São Paulo, SP - Brasil
Tel. (11) 3289-0811
Fax: (11) 3251-3756

Diretor Responsável: Álvaro Malheiros
Diretora: Suzana Fleury Malheiros

Supervisão Gráfica: Vânia Lúcia Amato
Composição: *Scripta*

SUMÁRIO

DOUTRINA

AS SOCIEDADES DE ADVOGADOS E A EMPRESARIALIDADE 7
– Newton Silveira

DIREITO DE RETIRADA: UM LIMITE AO PRINCÍPIO MAJORITÁRIO NA SOCIEDADE ANÔNIMA 13
– José Alexandre Tavares Guerreiro

OS CONTRATOS EMPRESARIAIS E SEU TRATAMENTO APÓS O ADVENTO DO CÓDIGO CIVIL DE 2002 22
– Vera Helena de Melo Franco

OS NOVOS HORIZONTES DO DIREITO CONCURSAL – UMA CRÍTICA AO CONTINUÍSMO PRESCRITO PELA LEI 11.101/2005 47
– José Marcelo Martins Proença

ATUALIDADES

FUNDAMENTOS PARA A INTERPRETAÇÃO DOS CONTRATOS EMPRESARIAIS: ASPECTOS JURÍDICOS E ECONÔMICOS 65
– Marcia Carla Pereira Ribeiro e Eduardo Agustinho

DIREITO DE (DES)ASSOCIAÇÃO E O PRINCÍPIO DA MANUTENÇÃO DA EMPRESA 79
– Edson Isfer e Marcia Carla Pereira Ribeiro

A ESTABILIDADE DA FIRMA: O ALINHAMENTO ESPERADO DO PODER DE CONTROLE NA SOCIEDADE POR AÇÕES 90
– José Inacio Ferraz de Almeida Prado Filho

ÔNUS DA SUCUMBÊNCIA EM AÇÃO DE RESPONSABILIDADE CONTRA ADMINISTRADOR DE SOCIEDADE ANÔNIMA 114
– Leonardo Netto Parentoni

OS PRINCÍPIOS QUE NORTEIAM O SISTEMA FINANCEIRO NACIONAL 125
– Luiz Antonio Bernardes e Márcio Francisco dos Santos

IMPACTOS DA LEGISLAÇÃO BRASILEIRA NOS *AMERICAN DEPOSITARY RECEIPTS* (ADRs) 136
– Pedro Darahem Mafud

A SUPRANACIONALIDADE DO DIREITO NO MERCADO DE CAPITAIS 152
– Bruno Pierin Furiati

O PAPEL DOS CREDORES NO *BANKRUPTCY CODE* 164
– Sheila Christina Neder Cerezetti

OS EMPRESÁRIOS DO SETOR AÉREO E OS CONTRATOS DE ARRENDAMENTO DE AERONAVES NA LEI DE RECUPERAÇÃO DE EMPRESAS E FALÊNCIA (LEI 11.101/2005, ART. 199) 187
– MARCELO VIEIRA VON ADAMEK

MARCAS SONORAS: PROPOSTA PARA A EXEGESE DO ART. 122 DA LEI 9.279/1996..... 204
– RICARDO LUIZ PEREIRA MARQUES

A DISCIPLINA DA RESPONSABILIDADE OBJETIVA NAS RELAÇÕES DE CONSUMO: PREVALÊNCIA DAS NORMAS DO CÓDIGO DE DEFESA DO CONSUMIDOR SOBRE AS DO CÓDIGO CIVIL..... 227
– GABRIEL DA ROCHA

A TEORIA DO INADIMPLEMENTO EFICIENTE (*EFFICIENT BREACH THEORY*) E OS CUSTOS DE TRANSAÇÃO 240
– JOSÉ INACIO FERRAZ DE ALMEIDA PRADO FILHO

A ATUAÇÃO EMPRESARIAL DO ESTADO E O PAPEL DA EMPRESA ESTATAL...256
– MARIO ENGLER PINTO JUNIOR

ESPAÇO DISCENTE

RECUPERAÇÃO EMPRESARIAL – Utilização das demonstrações contábeis pelos profissionais do direito nos casos concretos..... 281
– ALEXANDRE DEMETRIUS PEREIRA

MERCADOS GLOBAIS, REGULADORES NACIONAIS. A internacionalização do mercado de capitais e o caso do *insider trading* 308
– RAFAEL RIBEIRO VISCONTI

JURISPRUDÊNCIA COMENTADA

MEIOS DE RECUPERAÇÃO: REESTRUTURAÇÃO SOCIETÁRIA DE GRUPOS DE SOCIEDADES..... 330
– LEANDRO VILARINHO BORGES

PARECERES

RAET E LIQUIDAÇÃO EXTRAJUDICIAL – EFEITOS DE CONTRATOS CELEBRADOS COM TERCEIROS RELATIVOS À ASSUNÇÃO DE PASSIVOS DA LIQUIDANDA – O CONCEITO DE TERCEIRO INTERESSADO – REGIMES ESPECIAIS – CORRELAÇÃO DOS MICRO-SISTEMAS JURÍDICOS PERTINENTES..... 358
– HAROLDO MALHEIROS DUCLERC VERÇOSA

COLABORAM NESTE NÚMERO

ALEXANDRE DEMETRIUS PEREIRA

Graduado em Direito na USP. Mestre em Direito Comercial pela USP. Pós-Graduado (especialização) em Higiene Ocupacional pela Escola Politécnica da USP e em Gestão de Negócios pela FGV. Graduado em Ciências Contábeis pela FEA/USP. Doutorando em Direito Comercial na USP. Promotor de Justiça do Ministério Público do Estado de São Paulo.

BRUNO PIERIN FURIATI

Bacharel em Direito pela Faculdade de Direito de Curitiba. Pós-Graduado em Direito da Economia da Empresa pela FGV/SP. Mestrando em Direito Comercial pela PUC/SP. Advogado em São Paulo.

EDSON ISFER

Professor Doutor UFPR. Advogado no Paraná.

EDUARDO AGUSTINHO

Professor Mestre PUC/PR.

GABRIEL DA ROCHA

Graduado pela Faculdade de Direito da USP e especialista em Direito Civil pela Universidade Presbiteriana Mackenzie. Advogado.

HAROLDO MALHEIROS DUCLERC VERÇOSA

Mestre, Doutor e Livre-Docente em Direito Comercial pela Faculdade de Direito da USP. Professor Associado de Direito Comercial da Faculdade de Direito da USP nos Cursos de Graduação e Pós-Graduação. Consultor Jurídico em São Paulo. Membro do Corpo de Árbitros do Centro de Mediação e Arbitragem da Câmara do Comércio Brasil-Canadá.

JOSÉ ALEXANDRE TAVARES GUERREIRO

Professor de Direito Comercial da Faculdade de Direito da USP.

JOSÉ INACIO FERRAZ DE ALMEIDA PRADO FILHO

Graduado em Direito pela Faculdade de Direito da USP e em Economia pela Escola de Economia de São Paulo da FGV. Doutorando em Direito Comercial pela Faculdade de Direito da USP. Advogado e Economista.

JOSÉ MARCELO MARTINS PROENÇA

Professor Doutor da Faculdade de Direito da USP. Advogado em São Paulo.

LEANDRO VILARINHO BORGES

Pós-Graduando da Faculdade de Direito da USP.

LEONARDO NETTO PARENTONI

Mestrando em Direito Empresarial pela UFMG. Ex-bolsista de pesquisa científica do CNPq. Advogado.

LUIZ ANTONIO BERNARDES

Advogado e Professor dos Cursos de Formação Específica em Gestão Financeira da Unianhanguera, nas Disciplinas de Noções de Direito Público e Privado e de Mercado de Capitais.

MARCELO VIEIRA VON ADAMEK
Pós-Graduado pelo IBRE/EASP-FGV. Mestre e Doutorando em Direito Comercial pela Faculdade de Direito da USP. Advogado em São Paulo.

MARCIA CARLA PEREIRA RIBEIRO
Professora Doutora UFPR e PUC/PR. Procuradora no Estado do Paraná.

MÁRCIO FRANCISCO DOS SANTOS
Economista e Professor Coordenador de Cursos de Graduação da Unianhanguera.

MARIO ENGLER PINTO JUNIOR
Doutor em Direito pela USP. Advogado e Procurador do Estado de São Paulo. Professor da Escola de Direito de São Paulo da FGV.

NEWTON SILVEIRA
Professor Doutor de Direito Comercial da Faculdade de Direito da USP.

PEDRO DARAHEM MAFUD
Advogado pela USP e especialista em "Finanças Corporativas e *Investment Banking*" pela Fundação Instituto de Administração (FIA).

RAFAEL RIBEIRO VISCONTI
Bacharel em Direito pela Faculdade de Direito da USP.

RICARDO LUIZ PEREIRA MARQUES
Mestre em Direito Privado pela PUC/MG. Especialista em Direito da Economia e da Empresa pela FGV. Advogado e Professor Universitário em Belo Horizonte/MG.

SHEILA CHRISTINA NEDER CEREZETTI
Doutora em Direito Comercial pela Faculdade de Direito da USP. Advogada.

VERA HELENA DE MELO FRANCO
Mestre e Doutora pela Faculdade de Direito da USP. Professora da Faculdade de Direito da USP. Advogada em São Paulo.

Doutrina

AS SOCIEDADES DE ADVOGADOS E A EMPRESARIALIDADE

NEWTON SILVEIRA

Esta empresa tão árdua...

(Camões, *Os Lusíadas*, Canto VI, 66)

Durante anos fui assistente do professor Waldírio Bulgarelli no Curso de Direito Comercial da Faculdade de Direito da USP. Depois, passei à autonomia de reger as aulas de Teoria Geral do Direito Comercial.

Nesse primeiro período assisti ao professor Bulgarelli em suas aulas de Teoria da Empresa, que resultaram na publicação de sua tese *A Teoria Jurídica da Empresa (Análise Jurídica da Empresarialidade)*, editada em 1985 pela Editora Revista dos Tribunais.

Bulgarelli orgulhava-se do que denominou de *Escola Paulista de Direito Comercial*, profundamente influenciada pelo direito comercial italiano – influência, essa, devida, em muito, a Tullio Ascarelli, que conviveu com as Arcadas no período da II Grande Guerra, onde pontificou através de suas aulas e escritos. Dedicou Bulgarelli sua tese à "memória dos professores Sylvio Marcondes e Oscar Barreto Filho, que tanto contribuíram para a construção da Teoria Jurídica da Empresa".

Na "Introdução" de sua tese Bulgarelli lamentava o fato de que a palavra "empresa" era utilizada com um variado número de significados, "o que, certamente, não contribui para a certeza e segurança características do ordenamento jurídico" (p. 9 – isso nos idos de 1985!).

Referindo-se ao Código Comercial francês, que já empregava a palavra "empresa", escreveu Bulgarelli: "Aliás, não foi sem razão que esse período histórico inicial, em relação à empresa no plano jurídico, foi denominado (por certo sem mordacidade e mais com o significado de desprezo ou falta de maior atenção) de *período de ignorância* na França" (p. 11).

Importante destacar a seguinte constatação de Bulgarelli: "Historicamente, a empresa tendo nele [*no Direito*] se inserido timidamente, quase esquivamente, graças ao elastério dado à *noção econômica de comércio*, a partir do momento em que assumiu a hegemonia econômica, tomando vestes próprias, acarretou, naturalmente, a inversão dos papéis: o comerciante passa a ser um tipo de empresa (a empresa comercial) e não a empresa um tipo de comerciante" (p. 14).

É em seguida (item 6, p. 19) que Bulgarelli introduz o termo "empresarialidade", "termo que utilizamos para exprimir numa idéia geral e abstrata aquilo que é próprio da empresa".

E acrescenta, à p.41: "Sem dúvida, a razão maior é que a empresa é um novo instituto que não guarda relação direta com a linha de inspiração romanística e para a qual é necessária nova postura. (...). Outra das possibilidades que se coloca na trajetória da doutrina da empresa é a referente à *linguagem*". E conclui: "(...) razão pela qual, a fim de clarificar terminologicamente o fenômeno, na sua complexa projeção, adotamos o termo 'empresarialidade'".

Esse o panorama do direito de empresa antes do advento do Código Civil de 2002. À época de seu Projeto (n. 634-B/1975) afirmava Rubens Requião que ali não se definia *empresa*, mas *empresário*.

Na verdade, o art. 966 do CC/2002 define *empresa* como atividade econômica organizada de produção e distribuição de bens e serviços, sendo empresário aquele que a exerce profissionalmente. Excetua-se a atividade intelectual, objeto de seu parágrafo único.

A atividade intelectual (individual ou sob sociedade) não constitui atividade empresarial, nos expressos termos do parágrafo único do art. 966 do CC/2002: "Não se considera empresário quem exerce profissão intelectual, de natureza científica, literária ou artística, ainda com o concurso de auxiliares ou colaboradores, salvo se o exercício da profissão constituir elemento de empresa".

Não se transmuda ela em empresa em decorrência do emprego de auxiliares ou colaboradores enquanto os sócios praticarem a atividade-fim (intelectual) e os colaboradores e auxiliares praticarem atividade-meio.

Assim, uma clínica radiológica com dois sócios médicos não se desnatura por empregar técnicos de Radiologia, já que a função precípua de fornecer laudos e subscrevê-los sob responsabilidade médica é dos sócios.

O mesmo se diga quanto às sociedades de engenheiros que subscrevem o Atestado de Responsabilidade Técnica/ART.

E assim é em todas as profissões liberais regulamentadas, como os advogados, médicos, engenheiros, contabilistas e agentes da propriedade industrial, quer atuem autonomamente ou através de sociedades uniprofissionais.

Não influi na espécie de *sociedade não-empresária* o fato de manter auxiliares ou colaboradores, portanto nem o seu porte, maior ou menor, pois ser não-empresário, na forma do parágrafo único do art. 966, é *conceitual*, e não estrutural.

Também não influi o tipo societário adotado (exceto o da sociedade anônima), pois tais sociedades seguem sendo sociedades simples, registradas perante o Registro Civil das Pessoas Jurídicas. Seus sócios sempre responderão *integralmente* pelo exercício de sua atividade liberal e regulamentada, mesmo que o tipo societário restrinja sua responsabilidade patrimonial pelas dívidas sociais, sendo coisas diferentes a responsabilidade perante bancos e fornecedores da responsabilidade profissional de médicos, advogados, engenheiros, contabilistas, agentes da propriedade industrial e outros – responsabilidade, esta, que decorre diretamente dos regulamentos de cada uma dessas profissões.

Após a promulgação do Código Civil de 2002 é equivocado e ultrapassado falar em "cunho empresarial" para qualificar sociedades profissionais de grande porte ou que adotam tipos societários que tanto servem para as sociedades empresárias quanto para as não-empresárias. Estas seguem como sociedades simples, registradas perante o Registro Civil das Pessoas Jurídicas.

Antes do Código Civil de 2002 o adjetivo "empresário" era *atécnico*. Agora, o sentido é *jurídico* e está pacificado.

O final do parágrafo único do art. 966 (exceto se constituir *elemento* de empresa) não enseja as dúvidas de certa parte da doutrina e da jurisprudência. "Elemento" significa "parte de" ou, conforme o *Auré-*

lio, "tudo o que entra na composição de alguma coisa" ou "cada parte de um todo".

Assim, se a atividade profissional liberal *for parte* de uma atividade empresarial (como o Jurídico de um banco), esta atividade empresarial não se transmuda em intelectual.

Mas uma sociedade de advogados (ou de qualquer outra atividade profissional de cunho intelectual) não se desnatura por seu porte.

A parte não contamina o todo. O *elemento* de atividade intelectual não altera a caracterização da empresa. A organização econômica de atividade não contamina a atividade intelectual, pois o objeto da sociedade e dos sócios continua sendo a atividade profissional regulamentada. Não será pelo porte de uma sociedade de advogados que seu contrato social deva ser registrado na Junta Comercial (art. 967)! E os sócios seguem sempre ilimitadamente responsáveis pela sua atividade profissional.

Uma leitura atenta do art. 966 e seu parágrafo único do CC/2002 é altamente recomendável...

Retornando à tese de Bulgarelli acerca, agora, da *não-empresarialidade* (arts. 1.003 do Projeto e 966 do CC/2002):

"Em relação ao conceito do art. 1.003, dois tipos de críticas foram feitas, incidindo uma sobre o aspecto da recepção do conceito de organização em sentido econômico e a outra, recendendo aliás a um certo tom misoneísta, sobre a extinção da tradicional divisão entre atos ou atividades civis e mercantis.

"Quanto a esta última, não se conforma Rubens Requião com o fato de o Projeto ter abolido a distinção, afirmando: 'Não diz o Projeto que a empresa ou, melhor, o empresário pode ser civil ou comercial. Para os seus autores a expressão 'comercial' é tabu diante da preocupação unificadora, como já tivemos oportunidade de registrar. O fato, porém, é que teremos na linguagem comum do mercado o 'empresário comercial' e o 'empresário civil'. Empresário civil é precisamente aquele definido no art. 1001, parágrafo único: 'Não se considera empresário quem exerce profissão intelectual, de natureza científica, literária ou artística, ainda com o concurso de auxiliares ou colaboradores, salvo se o exercício da profissão constituir elemento de empresa'" (pp. 405-406).

E, respondendo à crítica de Requião: "Já havíamos visto, contudo, que o Projeto considerou dispensável – como aliás é de boa técnica – a designação de empresário comercial, e porque o aboliu também não se justificaria a menção a empresário civil, o qual, aliás, nele não existe, pois ou é empresário ou é profissional intelectual, e no que tange às sociedades, estas, ou são empresárias ou são simples. A distinção pois, entre atividade civil e comercial que centralizava o regime anterior deixou de existir, havendo, agora, a distinção entre empresárias ou não-empresárias" (pp. 406-407).

Numa visão posterior à vigência do Código Civil de 2002, o professor de Direito Comercial do Paraná Alfredo de Assis Gonçalves Neto confirma, do alto de sua competência, o que já afirmava Bulgarelli em sua tese:

"Não se enquadra no conceito de empresário, segundo o parágrafo único do art. 966, 'quem exerce *profissão intelectual*, de natureza científica, literária ou artística, ainda com o concurso de auxiliares ou colaboradores'.

"É importante esclarecer, desde já, que essa previsão, por excepcionar o *caput* do art. 966, supõe, evidentemente, o exercício de atividade dessa natureza sob forma organizada e em caráter profissional, pois se assim não fosse não precisava existir ressalva alguma. Ou seja, se não se verificarem os pressupostos da atividade organizada e da atuação profissional do intelectual, não há como enquadrá-lo no art. 966, o que torna incogitável, por isso e por óbvio, subsumi-lo ao respectivo parágrafo:

por excluído já estar, a disposição excludente não o apanha.

"Destarte, um escritor ocasional ou amador, mesmo que de sua produção intelectual faça profissão, não é empresário, por não estar inserido no enunciado contido no *caput* do art. 966. Também o escritor profissional, que desenvolve sua atividade intelectual de modo organizado, com o concurso de colaboradores e com estrutura para produzir em escala, não é empresário, porque, embora abrangido pela referida regra, dela é excluído pelo disposto no seu parágrafo único.

"Em primeira conclusão, portanto, não é empresário quem exerce atividade intelectual por qualquer meio, organizadamente ou não, sob forma empresarial ou não, em caráter profissional ou não, qualquer que seja o volume, intensidade ou quantidade de sua produção. Foi o que concluiu, aliás, a Comissão de Direito de Empresa na III Jornada promovida pelo Conselho de Justiça Federal: 'O exercício das atividades de natureza exclusivamente intelectual está excluído do conceito de empresa' (Enunciado 193, *III Jornada de Direito Civil*, p. 61)."

E segue:

"Quem só tem por profissão o agir do intelecto não será jamais considerado empresário pelo sistema do Código Civil. É bem verdade que há a ressalva da parte final do parágrafo único do art. 966, permitindo sua inserção no conceito de empresário 'se o exercício da profissão constituir elemento de empresa'.

"Essa oração vem causando sérias dificuldades para sua compreensão. Com base nela tem-se sustentado que o exercício de atividade intelectual estruturada e organizada, produzida em volume expressivo, caracteriza a pessoa que a exerce como empresário. (...).

"Não me parecem acertadas essas opiniões, com todo respeito. Em primeiro lugar, vale insistir que é precisamente da atividade intelectual organizada com finalidade econômica que cuida a primeira parte do enunciado do parágrafo único do art. 966 para afastá-la do conceito do empresário; se econômica e organizada não fosse, já estaria excluída no próprio *caput*" (*Direito de Empresa. Comentários aos Arts. 966 a 1.195 do Código Civil*, pp. 68-69).

E conclui:

"De toda maneira, ser 'elemento de atividade organizada em empresa' ou, simplesmente, 'elemento de empresa' significa ser parcela dessa atividade, e não a atividade em si, isoladamente considerada. Penso, por isso, que 'a única possibilidade de enquadrar a atividade intelectual no regime jurídico empresarial será considerando-a como parte de um todo mais amplo apto a se identificar como empresa – ou, mais precisamente, como um dos vários 'elementos' em que se decompõe determinada empresa.

"Esse, como me parece, 'é o sentido a ser dado à ressalva (da ressalva) contida no referido preceito, de tal sorte que a atividade intelectual, de natureza científica, artística ou literária, nunca poderá ser tomada isoladamente para identificar uma atividade capaz de subordinar quem a exerça ao regime jurídico próprio do empresário. É preciso que ela seja vista como um elemento, isto é, como um componente do conjunto que identifica uma empresa' (do autor, *Lições de Direito Societário*, vol. 1, n. 47, pp. 116-117)" (p. 70).

Em parecer datado de 11.5.2005, o professor Haroldo Malheiros Duclerc Verçosa escreveu:

"Conforme se verifica da relação de argumentos acima enumerados pela Prefeitura do Município de São Paulo, foi alegado, entre outros pontos, o *caráter empresarial* do contribuinte, bem como a existência de uma *estrutura empresarial* que seria incompatível com uma sociedade de profissionais.

"Em primeiro lugar, destaque-se que o direito tributário não construiu um conceito jurídico próprio de 'empresa'. Disto decorre que, neste ramo do Direito, o conceito de empresa será aquele tomado pelo direito comercial, com as características neste encontradas. Observe-se, a propósito, que mesmo depois do advento do novo Código Civil (NCC), Lei 10.406, de 10.1. 2002, em vigor a partir de 11.1.2003 (art. 2.044), o direito comercial continua como ciência autônoma, tendo havido tão-somente uma unificação formal com o direito civil. Tanto um quanto outro vivem dentro do mesmo Código, mas são diversos entre si nos seus princípios e na sua regência" (pp. 5-6).

E acrescentou:

"Do ponto de vista estrutural, nada difere uma sociedade comercial de uma sociedade civil. *Nos dois casos pode estar presente a mesma estrutura*: além do núcleo básico da atividade em si, estarão presentes os Departamentos de Recursos Humanos, de Contabilidade, de Cobrança, de Almoxarifado, de Informática, a Biblioteca; etc. O que vai diferenciar uma empresa comercial de uma civil será tão-somente a *natureza da atividade*, e não a sua estrutura.

"É pelos motivos acima que têm sido regidos como *empresas civis* (e assim continuaram no regime do NCC, como veremos abaixo) os escritórios de Advocacia, Engenharia, Arquitetura, os laboratórios de análises clínicas etc." (p. 9).

Para concluir:

"A partir da leitura dos arts. 966 e 982 do NCC, os conceitos de atividade empresária, de empresário e de sociedade empresária adquiriram maior precisão técnica, espancando uma série de dúvidas que ainda pudessem subsistir.

"Neste sentido, conceitua o NCC como empresária *a atividade organizada para a produção de bens ou de serviços, mas dela excluída expressamente a atividade intelectual (artística, literária ou científica), exceto quando esta mesma atividade intelectual puder ser considerada como* ***elemento de empresa***.

"Veja-se que o NCC mostra claramente que a empresa, olhada pelo perfil funcional de Asquini (atividade econômica organizada), pode estar sendo utilizada no campo intelectual, sem desnaturar a sua qualidade civil. A atividade intelectual somente pode ser considerada como empresária caso venha a ser enquadrada como *elemento de empresa*.

"Portanto, afirma-se mais uma vez, não é a estrutura que define o campo da atividade, mas tão-somente o seu conteúdo. (...).

"Um aspecto extremamente importante que diferencia a atividade econômica mercantil da atividade econômica civil está que na primeira ela se dirige para o mercado, enquanto na segunda a relação entre as partes (fornecedor e destinatário) se caracteriza por ser de natureza pessoal, e muitas vezes personalíssima. Neste sentido, ao buscar um serviço intelectual (médico, advogado, dentista, arquiteto, engenheiro etc.) o cliente vale-se de pessoas nas quais ele tem confiança em vista de sua atuação profissional pessoal (por fonte própria ou por indicação direta de terceiros), e não por qualquer mecanismo interpessoal de publicidade, a qual, aliás, é proibida para as profissões liberais.

"Este caráter personalíssimo que reveste a contratação de atividades intelectuais não leva em conta a estrutura de empresa que eventualmente venha a ser utilizada por profissionais liberais. Convivem prestando serviços nesta área tanto o profissional individual quanto as sociedades de profissionais que contem com grande número deles e, conseqüentemente, uma estrutura empresarial (no sentido funcional) adequada ao volume e à qualidade de serviços prestados" (pp. 12-13).

Conclui o parecer: "A decisão de desenquadramento afrontou a legislação vigente, tendo a Prefeitura Municipal exorbitado de sua competência ao atribuir caráter empresarial à Consulente, havendo, desta forma, negado a vigência e aplicação ao NCC naquilo que lhe é reservado exclusivamente em definir o empresário e a sociedade empresária. Nos termos da Constituição Federal, compete privativamente à União legislar sobre direito civil e comercial, entre outros (art. 21, I)" (p. 21).

Se todo o acima exposto é tão claro como parece, por que o Poder Público interpreta a lei de maneira canhestra e, é óbvio, em seu benefício?

Lembro-me que um assessor do então Presidente Jânio Quadros havia lhe dito que a instituição de certo empréstimo compulsório era ilegal. A resposta do Presidente foi no sentido de que a prática demonstrava que apenas pequena porcentagem dos contribuintes iria a juízo, e os demais pagariam sem discutir.

Assim, a título de encerramento provisório deste ensaio, quero transcrever trechos de artigo publicado em *O Estado de S. Paulo* de 9.1.2010 pelo lúcido advogado Onofre Carlos de Arruda Sampaio:

"O que temos presenciado, inúmeras vezes, são partes em processos administrativos, cíveis e criminais terem de chegar até o STF para conseguir que lhes seja devolvido o respeito aos seus direitos e garantias individuais, negados por autoridades pressurosas em fazer justiça a seu modo e vezo, sem observância das devidas cautelas, que a Constituição e as leis exigem e pelas quais os magistrados devem zelar. (...).

"O que há para temer é o sempre suspeito excesso persecutório, aquele que desborda e precisa que os direitos e garantias individuais sejam reduzidos para poder se consumar. (...).

"Quando se trata de assegurar direitos e garantias individuais não há, nem pode haver, zelo que seja excessivo, pois é exatamente nas situações em que qualquer cidadão se vê na contingência de ter de enfrentar o uso abusivo da poderosa máquina do Estado que esses direitos e garantias individuais assumem a sua relevância plena."

No entanto, a conclusão final que se impõe consiste na constatação da completa ignorância do direito de empresa (como nos primórdios do Código Comercial napoleônico), talvez pela notória falta de professores de Direito Comercial nas Faculdades de Direito ou pelo fato de o Código Civil de 2002 ainda não ter sido completamente deglutido pelo Poder Público.

Vale, assim, lembrar os termos da aula de abertura dos cursos jurídicos da USP proferida pelo professor Oscar Barreto Filho aos 8.3.1973, sob o título "A dignidade do direito mercantil", publicada na *RDM* 11/11-21.

Destacava, ali, o Mestre: "Não se pode, contudo, admitir o condicionamento de toda a estrutura jurídica aos processos técnicos de produção econômica, porque a realização do valor do *justo* importa a coordenação harmônica de outros valores, assim como a liberdade, a igualdade e, acima de tudo, a dignidade da pessoa humana" (p. 11).

Ou, mais adiante, na p. 16: "Pode-se dizer que, em nossa época, o poder do Estado e o poder do dinheiro substituíram todos os outros valores".

Para concluir: "Cremos que a noção de empresa econômica, incluindo suas futuras projeções, revela-se plenamente apta a constituir o centro da elaboração dogmática do moderno direito mercantil, conferindo-lhe alto significado axiológico e realçando a dignidade ética e científica do novo direito da empresa" ("A dignidade do direito mercantil", *RDM* 11/21).

Doutrina

DIREITO DE RETIRADA: UM LIMITE AO PRINCÍPIO MAJORITÁRIO NA SOCIEDADE ANÔNIMA

José Alexandre Tavares Guerreiro

1. Tradicionalmente afirma-se que a instituição do *direito de retirada* na disciplina das sociedades anônimas corresponde a uma solução de compromisso entre a necessidade de fazer atuar o princípio majoritário, de um lado, e, de outro lado, a necessidade de atenuar o rigor desse mesmo princípio.[1] Entra em cena, com freqüência, a reiterada disposição de proteção das minorias acionárias não apenas contra as ilicitudes porventura perpetradas pela maioria como, principalmente, contra o exercício abusivo de seus poderes. Na raiz desse argumento existe a presunção da lei no sentido de que a maioria sempre estará sempre propensa não apenas a praticar ilícitos como, igualmente, a cometer abusos. Dito de outro modo, a tensão entre maioria e minoria na sociedade anônima revelaria a estrutura da companhia: um organismo dotado de um poder tido como "forte", que precisaria ser contido, e, de outro lado, um grupo de sujeitos havidos como "mais fracos", que poderiam sofrer as conseqüências das atitudes do outro grupo. Em suma, a sociedade anônima seria a composição de partidos inevitavelmente desiguais, sempre em potencial desequilíbrio, mas, por isso mesmo, objeto de uma série de providências legislativas de caráter tutelar destinadas a restabelecer, na medida do possível, o necessário balanço. Daí a expressão consagrada "proteção da minoria", que revela, doutrinariamente, a preocupação com a permanente hipótese de um poder majoritário capaz de ameaçar de modo ilegítimo os direitos e interesses dos acionistas não-controladores ou minoritários.

2. O princípio majoritário na sociedade anônima, tal como previsto no art. 129 da Lei 6.404/1976, tem função central na organização da entidade O princípio formou-se historicamente como exceção das regras arcaicas relativas às relações de *plures ut singuli*. Na verdade, a sociedade anônima, tanto quanto a comunhão – e isso sem falar nas demais sociedades comerciais –, não pode simplesmente funcionar sem a transformação prática da maioria deliberante em força tendente a unificar as relações internas da pessoa jurídica. Mas essa unificação, no plano interior da pessoa jurídica, torna-se imprescindível para a ela conferir, no plano externo, a eficácia de suas deliberações coletivas, como sujeito de direitos e obrigações Para quem queira conhecer, em resumo, a evolução do princípio majoritário, do direito canônico ao direito das primeiros Parlamentos do Ocidente, e daí por diante às sociedades modernas, a leitura da obra de Otto von Gierke será amplamente ilustrativa e esclarecedo-

1. Cf. Egberto Lacerda Teixeira e José Alexandre Tavares Guerreiro, *Das Sociedades Anônimas no Direito Brasileiro*, vol. I, São Paulo, José Bushatsky Editor, 1979, p. 153.

ra.[2] De qualquer modo, o que a maioria representa no contexto da organização da sociedade anônima é o oposto da *unanimidade* – vale dizer, vem a traduzir o reconhecimento de deliberações tomadas por maioria com o mesmo efeito daquelas que pudessem contar com a aprovação explícita de todos e de cada um dos membros ou sócios. Natural, assim, que a lei sancione o exercício do poder majoritário (e bem assim o poder de controle) com as conseqüências advindas das práticas excessivas, ilícitas ou abusivas. A maioria somente se legitima quando orientada para a função de ordenação da pessoa jurídica e quando seu exercício se dê, sempre e inevitavelmente, no sentido do interesse social.

3. O princípio majoritário vem a ser, como se sabe, um dos elementos distintivos entre os contratos de sociedade e os demais contratos, na medida em que aqueles se qualificam como contratos de organização. Quanto aos outros contratos, as deliberações por maioria são pelo menos infreqüentes, quando não totalmente impossíveis, segundo a verificação da prática e da experiência. Tullio Ascarelli atentou, exatamente, para a existência, por assim dizer, "natural" de limites aos poderes da maioria na gestão da entidade organizada contratualmente: aí achamos – escreveu Ascarelli – a possibilidade (naturalmente em limites diversos nos vários casos) de uma deliberação por maioria, assinalando, ainda, que uma tal possibilidade corresponde justamente à existência de uma organização que visa a uma finalidade comum a todos os participantes. A possibilidade da deliberação majoritária (muito embora limitada) é, por isso – segundo a conclusão de Ascarelli –, tanto maior quanto mais nítida é, nos vários tipos de contratos plurilaterais, a distinção entre os interesses "comuns" e os interesses "particulares" de cada participante.[3]

4. É importante ressaltar, no entanto, que nem sempre a limitação imposta (por vezes) à atuação majoritária deve-se à dualidade de interesses, sendo alguns comuns e outros particulares, nos contratos de organização. Recai nessa última hipótese, precisamente, a vedação aos conflitos de interesse no exercício do direito de voto (art. 115), que se baseia na oposição entre ambas as sortes de interesses. Na retirada, entretanto, a regra do jogo, em busca de um equilíbrio *a priori* na estrutura do poder na sociedade anônima, existe a predominância do interesse de uma classe de acionista (do acionista majoritário ou controlador), mas o direito outorgado à outra classe (a do acionista minoritário ou não-controlador) não resulta se não de uma preordenação, operada pela própria lei, entre interesses legítimos, harmonizados aprioristicamente pelo texto legal, sem oposição entre uns e outros, do ponto de vista de sua legitimidade. A limitação à maioria, nessa hipótese, resulta da própria estrutura da sociedade, e não de conflitos atuais entre uma esfera e outra: nos dois campos há interesses acolhidos pela lei, com peso igual.

5. Não há necessidade, portanto, de invocar a distinção entre o que há de "comum" e o que há de "particular" no voto preponderante do acionista controlador naquelas matérias capazes de desencadear o exercício do direito de recesso. A questão acha-se resolvida *ex ante* pelo próprio legislador, mediante a normatização prévia de situações perfeitamente claras na vida da sociedade em que se devem harmonizar todos os interesses em jogo, em igualdade de condições. A tipificação dos casos de retirada é, por isso, rigorosa e insuscetível de ampliação para além das figuras expres-

2. Cf. Otto von Gierke, por exemplo, no trabalho de síntese "Über die Geschichte des Majoritätsprinzips", editado em Alemão nos *Essays in Legal History*, Oxford, 1913, e em Italiano na *Rivista delle Società*, 1961.

3. Cf. Tullio Ascarelli, "O contrato plurilateral", in *Problemas das Sociedades Anônimas e Direito Comparado*, 2ª ed., São Paulo, Saraiva, 1969, p. 292.

samente consignadas na lei. O recesso e, pois, o reembolso do valor das ações (art. 45) inscrevem-se nessa linha de resolução, não propriamente de uma antítese entre o lícito e o ilícito, ou entre o regular e o abusivo, ou entre o interesse comum da sociedade comum e o interesse particular do acionista. A solução da lei não leva em consideração senão o que já se contém em abstrato na estrutura formal da sociedade.

6. Nessas condições, há um *primeiro e essencial limite* ao exercício de quaisquer poderes provenientes da maioria: a observância da lei e do interesse social, que vêm a ser condicionantes das deliberações coletivas, orientadas pelo art. 129. Esse limite encontra-se exatamente como pressuposto de validade da maioria deliberante. Dentro desse campo, em que se põe claro limite ao poder majoritário, deve-se igualmente considerar os casos em que a própria lei consigna determinadas hipóteses de redução do poder. Assim, por exemplo, as limitações impostas à maioria no concernente à composição do Conselho de Administração, seja por força da adoção do voto múltiplo, seja por força dos cargos reservados a acionistas não-controladores (art. 141 e §§). Da mesma forma, entram nessa categoria de limitações as regras destinadas à composição do Conselho Fiscal (art. 161, § 4º). E, naturalmente, as matérias discriminadas no art. 109, relativas aos assim chamados direitos essenciais dos acionistas, também configuram barreiras à suposta onipotência dos acionistas majoritários, na medida em que apontam para deliberações em que será inválida sua potência ilimitada, que não produzirá efeitos se derrogar por qualquer forma aqueles direitos. Em todas essas instâncias a infringência das restrições impostas pela lei aos poderes da maioria será contrária a normas inderrogáveis – e, portanto, inválida.

7. O que muitas vezes se discute, no entanto, são hipóteses em que inexistem ofensa à lei e violação do interesse social, mas cujo efeito prático pode e deve resultar em atenuação forçosa da extensão e comando da maioria deliberante. Em outras palavras, mesmo válida a deliberação por maioria, ela será suscetível de desencadear a retirada do acionista dissidente, presente ou ausente à Assembléia-Geral. Nesse caso não se configura ilicitude ou abuso da maioria, mas o recesso é acolhido pela lei, em casos determinados. Trata-se de um *segundo limite* ao império da maioria, ainda que não introduzido em razão de desrespeito à ordem jurídica, nem ao interesse social. O direito de retirada assume, portanto, o caráter de exceção à atuação incondicionada do princípio majoritário, ainda que exercido este licitamente e de forma regular (ou seja, de forma não-abusiva).

8. A lei brasileira, em sua versão em vigor, acolheu parcialmente a necessidade de conceder a retirada quando não haja oportunidade de liquidez para as ações de eventuais acionistas dissidentes. Assim, valendo apenas para os casos de reorganização societária (fusão e incorporação, de um lado, e participação em grupo de sociedades, de outro), a lei vigente exclui a retirada quando a espécie ou classe de ação, ou certificado que a represente, integre índice com negociação admitida no mercado de valores mobiliários, somando-se a esse requisito a comprovação da dispersão, ou seja, na hipótese em que o controlador detenha menos da metade da espécie ou classe de ações (art. 137, II, da Lei 6.404/1976). Como se pode observar, somente nos casos de reorganização a liquidez desponta como fator decisivo para a configuração do direito de retirada, embora na cisão essa mesma condição de liquidez seja irrelevante. A cisão é, muitas vezes, integrante dos procedimentos de reorganização, mas a seu respeito preferiu o legislador critério diverso para prescrever ou não, conforme o caso, a aplicação do instituto do recesso.

9. Assim, a retirada, na cisão, depende da presença de pelo menos uma das três situações descritas no inciso III do mesmo art. 137: conseqüente mudança do objeto social, redução do dividendo obrigatório ou participação em grupos de sociedades. Já aqui não se cogita da liquidez das ações, mas a relocação do acionista implicará recesso se a conseqüência da operação vier a se enquadrar em uma das três situações apontadas. A lei adotou, portanto, metodologia variável: nem firmou o princípio de que não haverá retirada quando não houver restrição na liquidez das ações, nem, tampouco, desprezou essa qualificação em outras hipóteses de reorganização societária, ou em outros casos de alteração substancial nas bases essenciais da sociedade – como, designadamente, no caso relevante de alteração do objeto social estatutário.

10. Essa espécie de consideração, fundada em uma solução pretensamente equânime (ou alegadamente eqüitativa), apresenta inegáveis méritos, na medida em que reflete e reproduz, ao menos na superfície, históricas intenções da lei e de seus aparentes propósitos pragmáticos. Mas isso não quer dizer, necessariamente, que a idéia de que a "solução de compromisso", malgrado sua ampla aceitação, deva ser erigida à condição de regra-de-ouro do funcionamento das companhias, no plano concreto. A experiência contemporânea do instituto sugere, ao contrário, uma revisão do próprio conceito do instituto ou, mais realisticamente, das funções que lhe são atribuídas, pela lei, na economia interna das sociedades anônimas. Uma questão preliminar se impõe: a retirada, como hoje a encaramos, sob a lei brasileira, pode e deve ser interpretada (e, pois, entendida) exatamente como foi originariamente formulada na década de 70, ou mesmo antes, quando os mecanismos do poder nas sociedades diferiam conceitualmente daqueles que ora vemos atuar?

11. Igualmente, não se justificaria pretender basear a *ratio* do recesso em circunstâncias externas à estrutura jurídica da sociedade anônima. Assim, o fato de a companhia, por definição resultante de sua evolução histórica, dever ter grande número de acionistas levaria à consagração necessária do princípio majoritário como expediente de ordem prática, assim tornado inevitável. Conseqüentemente, a atuação do princípio majoritário revelar-se-ia problemática ante o número elevado de acionistas da companhia, recomendando-se sua atenuação em razão, precisamente, desse fator quantitativo. É bem de ver, entretanto, que o critério se ressente de precisão quanto ao número de acionistas, que pode variar de maneira praticamente imprevisível, bem como da necessária idoneidade a propiciar sempre soluções iguais para problemas iguais, independentemente da extensão e difusão da base acionária. As dimensões do corpo acionário não têm critérios definidores homogêneos. Por esse motivo, parece mais sensato ficar com aquela expressão de Vivante a expressar, objetivamente, a realidade econômica e jurídica do recesso dentro dos limites do razoável: para Vivante o recesso cumpriria, acima de tudo, uma função moderadora da maioria (*funzione moderatrice del diritto di recesso*), uma vez que o acionista não poderia ser levado a aceitar, por exemplo, qualquer mudança no objeto da sociedade.[4] Nas mesmas águas navega Giancarlo Frè ao chamar o recesso de *singolare istituto*, de efeitos conciliadores entre a maioria que, em tese, sempre prevaleceria, e a minoria dissidente – um dado, a seu ver, empírico.[5]

12. Se o texto da lei mudou ou se não mudou, o fato é que o sistema abriga, hodiernamente, outros componentes importantes, diversos daqueles que vigiam à época da promulgação da lei acionária de

4. Cf. Cesare Vivante, *Trattato di Diritto Commerciale*, 5ª ed., vol. II, Vallardi, Milão, 1929, p. 250.

5. Cf. Giancarlo Frè, *Società per Azioni*, Bolonha, Zanichelli, 1972, comentário ao art. 2.437 do Código italiano, p. 700 . Na doutrina mais recente o mesmo ponto de vista é adotado, por exemplo, por Danilo Galletti, "Diritto di recesso", in Alberti (org.), *Il Nuovo Diritto delle Società*, vol. II, Pádua, CEDAM, 2005, pp. 1.483 e ss., principalmente p. 1.489, também se referindo a uma verificabilidade empírica aplicável ao caso do recesso.

1976. Um deles, certamente, diz respeito à negativa de conceber o recesso como fórmula de libertar o acionista minoritário ou não-controlador da jaula representada pelas condições de mercados pouco ou nada líquidos, favorecendo a conversão das ações em unidades monetárias, como espécie de imperativo ditado pela consciência comum. Sob essa perspectiva, qualquer ampliação do recesso, ou qualquer interpretação ampliativa de suas hipóteses, seria bem-vinda não porque necessariamente justa em si mesma, mas porque geradora da desejada liquidez, objetivo colimado presuntivamente por todo e qualquer acionista minoritário ou não-controlador. O sistema conduziria, portanto, à maximização objetiva do recesso, aprioristicamente considerada. Não se procura, sob essa perspectiva, restaurar o equilíbrio na sociedade ou, muito menos, corrigir injustiças ou reparar danos decorrentes de práticas ilícitas. O que está na mira, antes de mais nada, parece ser a garantia de liquidez, ou seja, a possibilidade de permitir ao acionista dissidente ou ausente o reembolso, em moeda, do valor de suas ações.

13. Basta que se atente ao que acima foi delineado: quando, ao ver do legislador, a liquidez das ações do acionista dissidente estivesse presumivelmente assegurada nas hipóteses mencionadas, de fusão e incorporação bem como de participação em grupo de sociedades (art. 137, II, da Lei 6.404/1976), o recesso não teria cabimento. Seria o caso de se dizer que o mercado compensaria o acionista, em tais hipóteses. Mas nas demais situações ensejadoras do recesso optou-se por diversa solução, carregando-se à própria companhia o ônus do reembolso porventura devido ao acionista dissidente.

14. A conjuntura recente revela que as coisas não se passam exatamente com tal exemplar simplicidade. Em outras palavras, será duvidoso afirmar que, invariavelmente, propiciar liquidez ao acionista constitui a solução sistemática adotada pela lei para remediar o suposto ou alegado "dano" resultante da deliberação que envolva as bases essenciais da sociedade. O que se põe em discussão é a efetiva existência desse "dano". Se, com efeito, dano houvesse, sua reparação deveria ser atribuída a seu causador, e não – como acontece nas já mencionadas instâncias – consignada ao próprio mercado, em que, por presunção, os prejuízos desapareceriam pela força compensatória de alegada liquidez. Chega-se à conclusão, assim, de que nem todo recesso é desejável, mas, por seu turno, nem todo impedimento ao recesso é meritório. A retirada está a merecer outro tratamento. Para defini-lo será preciso revisitar seus fundamentos e, sobretudo, suas funções, tais como existentes e discerníveis até o presente. Mas importa desde logo questionar: o recesso será efetivamente instituto cuja finalidade essencial consiste em "proteger" o acionista minoritário ou não-controlador? Tratar-se-ia, com efeito, de medida deferida pela lei para o fim de reconhecer a preexistência de um tipo singular de desigualdade entre maioria e minoria, do qual decorreriam, por presunção, indevidos prejuízos à minoria, e que a lei deveria, coerentemente, repudiar, criando, para tanto, um desequilíbrio material na economia da sociedade, como espelho de um desequilíbrio formal, mais ou menos evidente? Para quem pretenda estender a discussão desse ponto de partida, aprofundando o debate, seria o caso de imaginar que no recesso a lei andaria à procura de algo como a "justiça do contrato" ou da situação eqüitativa introduzida nas relações acionárias por força de providência legislativa de feição nitidamente tutelar?[6] Haveria, no recesso, o reconheci-

6. Cf., sobre a justiça contratual ou a justiça dos contratos, Loïc Cadiet, "Une Justice contractuelle, l'autre", in *Études Offertes à Jacques Ghestin*, Paris, LGDJ, 2001, pp. 177 e ss.; e Jacques Ghestin, "La justice contractuelle selon la tradition catholique", in *Aspects Actuaels du Droit des Affaires – Mélanges en l'Honneur de Yves Guyon*, Paris, Dalloz, 2003, pp. 415 e ss.

mento de uma fratura na estrutura da sociedade, a reclamar composição via intervenção de uma regra legal de exceção? Em uma palavra: o princípio majoritário estaria sendo contido por uma injunção ditada pela eqüidade, ou pela necessidade de amparo à assim chamada "parte mais fraca"?

15. Tais questões conduzem a reexame do instituto, tão oportuno quanto necessário. E esse reexame se faz tanto mais indispensável quanto mais agudas se tornam as necessidades de interpretar as hipóteses de recesso na lei e na prática das sociedades, o que nem sempre será fácil, sem que resultem claras e exatas as fundações do instituto. Em primeiro lugar, diz-se que o recesso acentua o caráter contratual da organização societária. Em certa medida, efetivamente, tem-se, na espécie, modalidade de *distrato*, com a peculiaridade, entretanto, de estarem previstas em lei as causas ensejadoras do próprio distrato. Como é óbvio, estaríamos diante de distrato parcial, porque limitado à posição apenas dos acionistas dissidentes – o que equivale à resolução parcial do contrato, em relação a algumas das partes. Contesta-se que o recesso, em estritos termos, poderia ocorrer quando baseado em previsão estatutária, não-coincidente com a descrição das hipóteses em que esse mesmo recesso operaria *ex lege*. Mas, nesse caso, não se cuidaria propriamente de recesso, mas de modalidade especial de *negociação, pela companhia, de suas próprias ações*. Aplicar-se-ia a tal caso a disciplina do art. 30 da Lei das S/A. A retirada, em sentido próprio, seria apenas aquela facultada pela lei, e limitada apenas às causas constantes do texto legal.

16. Cabe aqui a observação segundo a qual as causas ensejadoras do recesso acham-se inscritas na própria lei, sendo todas elas inderrogáveis. Não pode o estatuto eximir determinadas situações da incidência do direito de retirada, tal como estabelecidas na lei. Tampouco poderão ser elas modificadas, ampliadas ou restringidas em sede estatutária. E, por fim, não poderão ser elas objeto de qualquer estipulação parassocial que lhes aumente, diminua ou modifique a amplitude. Nesses casos, efetivamente, o que existe não é recesso, mas modalidade especial de negociação da companhia com as próprias ações. Recesso será, assim, apenas o procedimento balizado pela lei e deflagrado exclusivamente em função das causas taxativamente insculpidas no texto legal.

17. Dessa forma, a previsão, no estatuto ou em acordo de acionistas, de concessão de retirada para o caso genérico e inespecífico de cisão, em que não ocorra qualquer dos três requisitos discriminados nas alíneas do inciso III do art. 137, seria imprópria, já que de recesso, rigorosamente, não se haveria de tratar, mas de diverso negócio jurídico. Aplicar-se-ia a esse caso o art. 30 da Lei 6.404/1976, não sendo de se adotar, na espécie, a exceção do respectivo § 1º. A conseqüência de eventual reembolso, nesse caso, seria evidente: a companhia teria efetuado pagamento indevido ao acionista, com ofensa ao direito dos demais acionistas e dos próprios credores da companhia. E isso quando não se considerasse de todo inválida a operação, por infringir de frente a disposição proibitiva expressa inserta no art. 30.

18. Isso posto, conceda-se que o recesso responde a uma exigência natural vigente no direito dos contratos. Mas – advirta-se – para que se dê a ruptura não basta invocar o substrato contratual de toda e qualquer sociedade, já que é preciso fundamentar o exercício do direito de retirada em qualquer dos motivos estabelecidos pela lei. Assim, estaríamos diante de aplicação direta da lei à hipótese de alteração de determinadas bases essenciais da sociedade. A *consequentia iuris*, diga-se ainda, é irrenunciável. Pode ou não ser requerida, conforme a reclame ou não o acionista legitimado, mas somente se concretiza quando incide a norma legal e quando esse mesmo acionista legitimado, dissidente ou ausente da Assembléia-Geral, resolve manifestar voluntariamente seu direito no prazo próprio. Conjugam-se, assim, a vontade da parte (no contrato) e a sanção legal própria e específica (sanção da lei, inclusive quanto à extensão do reembolso).

19. Sob essa perspectiva, parece claro que a caracterização do recesso, além de constituir *numerus clausus*, em toda a lei, não comporta extensões de qualquer espécie, nem mesmo pela via integrativa da analogia *legis* ou da analogia *iuris*. Essa conclusão torna-se clara quando se reflete sobre o ônus do reembolso, que incumbe à própria companhia suportar. Tratando-se de modalidade especial de resolução parcial do contrato social (em sentido lato e considerada a fundamentação da sociedade no substrato contratual de natureza plurilateral), cuja forma se acha descrita *expressis verbis* no próprio texto legal e cujo procedimento, igualmente, encontra regras explícitas na lei, inclusive no que tange ao reembolso (art. 45), não há de se habilitar o intérprete e aplicador da lei a juízos ampliativos, ao *ius variandi* ou a outros métodos de suposta integração das palavras taxativas da lei. Não será supérfluo enfatizar que o recesso é exceção às normas ordinárias que disciplinam as relações entre acionistas e sociedades anônimas, e como exceção deve ser entendido e interpretado.

20. Já se vê que as causas do recesso (sempre, *causas legais*) têm em seu prol a justeza. Em outras palavras, são sempre justas causas, já que é à lei que compete atribuir o poder de acarretar o desfazimento do vínculo societário. Não há como, pois, discutir se se trata, ou não, em cada caso, de causa suficiente para o desencadeamento do processo que pode redundar no reembolso do valor das ações. Suficiente será a causa e, nesse sentido, será igualmente sempre justa, se se quiser transpor para a matéria a categoria das justas causas vigentes para a resolução ou resilição das relações contratuais em geral.

21. Passando os olhos pelos casos de retirada, no art. 136, I a VI e IX, da Lei das S/A, nota-se que a *mudança do objeto da companhia* vem a ser uma das hipóteses mais discutidas, no Brasil assim como em outras legislações. A reforma da lei italiana de 2003, por exemplo, procurou acentuar a efetividade da mudança do objeto, ou seja, sua aptidão para, de fato, levar a companhia a exercer atividades diversas daquela prevista no estatuto originário. Não bastaria, portanto, a reforma deste último, ampliativa ou restritiva do objeto social primitivo, sendo necessária, ao contrário, uma nova atividade empresarial decorrente da reforma. Na lei brasileira essa distinção não se acha acolhida, nem no texto legal, nem na melhor interpretação que se lhe possa dar. Mudança do objeto social é qualquer, não importando o argumento, muita vez levantado, segundo o qual a razão de ser da retirada seria o acréscimo de risco decorrente da mudança. Assim, o acionista, ao ver de muitos, não seria obrigado a permanecer na companhia cujo objeto social, uma vez modificado, acarretaria riscos maiores a seu investimento acionário, realizado ainda sob o estatuto social na versão primitiva. Na verdade, não existe razão nesse argumento, pois nem só o risco deve ser o parâmetro para a aferição da legitimidade da dissidência. É fácil ver, com efeito, que investimentos de maior risco ou de risco agravado em razão de reforma estatutária do objeto social podem gerar, por seu turno, melhores perspectivas de retorno ou lucratividade. E há outros fatores que, além do risco, contribuem para a alteração da situação jurídica individual do acionista.

22. Na verdade, não se deve medir a hipótese de recesso por possíveis conseqüências econômicas (por mais previsíveis que possam ser), senão pela violação ao pacto primeiro ao qual tenham aderido os acionistas. A previsão de melhores ou piores decorrências econômicas, para os acionistas, da reforma estatutária será sempre arbitrária, do ponto de vista estritamente legal. O que funciona em determinadas hipóteses em caso de mudança de objeto social pode não funcionar em outras – como, por exemplo, a discriminação exaustiva das atividades produtivas na respectiva cláusula estatutária, quando apenas explicitam meios em relação a fins já expressamente contemplados no estatuto antes da reforma. Nesse caso, nem o resultado econômico da reforma estatutária será decisivo, nem, tampouco, a aferição puramente verbal da cláusula nova em comparação com a reformada.

23. Requer-se, no caso, a consideração das bases essenciais do negócio jurídico societário, que não apenas exclui a apreciação das palavras, sem levar em conta a atividade empresarial em sua íntegra, como rejeita, da mesma forma, as considerações econômicas de caráter especulativo, que serão antes previsões que realidades atuais, evidentes ou indiscutíveis. Quanto, por exemplo, às chamadas estimativas de maior ou menor risco ensejadas pela reforma estatutária, ou quanto às maiores ou melhores oportunidades de ganho em empreendimentos mais arriscados, percebe-se que a noção de cada uma dessas possibilidades depende essencialmente da conjuntura, bem como da cultura econômica e empresarial daquele que aprecia, em dado momento, a reforma do estatuto. Daí por que se requer, tanto do magistrado quanto do árbitro, extrema cautela na interpretação dos casos ocorrentes.

24. É importante ressaltar que o julgamento do recesso, de seu cabimento em cada caso e de sua fundamentação não pode depender de prova de justiça ou injustiça, de ilicitude ou de intenções abusivas da maioria deliberante. A retirada deve, ao contrário, resultar da aplicação da fórmula legal ao dado estatutário subjacente. Não se advoga, naturalmente, a aplicação puramente literal da solução a situações em que as palavras do estatuto sofram alteração sem conseqüência alguma. Mas, por outro lado, não pode o intérprete e aplicador da lei assumir o poder, que não é seu, de apreciar a justiça ou injustiça da reforma, a licitude ou ilicitude da deliberação ou o eventual abuso do majoritário. Todas essas cogitações e possibilidades, no sistema da lei, acham-se compreendidas nas disposições que determinam quais as deliberações que podem dar causa à retirada.

25. Tanto assim é que o pressuposto do recesso vem a ser, exatamente, a existência de anterior deliberação válida, de que o acionista pode dissentir. Não se pode conceber direito de retirada baseado em deliberação inválida, viciada de qualquer dos defeitos dos negócios da espécie ou eivada de resoluções abusivas dos acionistas majoritários. Quando se alude ao recesso, portanto, não se cuida nem de reação contra a prática de ilicitude ou, tampouco, de combate ao abuso da maioria. Essa verificação basta, a meu ver, para que se dê conta da própria substância do direito de retirada: não se torna meio de eliminar as ilicitudes ou os abusos que eventualmente se possam conter na deliberação da Assembléia-Geral. Bem ao revés, o recesso pressupõe um *prius* de licitude e legitimidade, expresso na deliberação válida da Assembléia-Geral.

26. À vista das considerações precedentes, pode-se admitir, sem dúvida, que o recesso configura limite ao exercício do poder preponderante nas deliberações da Assembléia-Geral, ou até mesmo que representa atenuação pontual de sua força, caracterizando-se exatamente como aquela propalada "solução de compromisso" referida no início destas linhas. O que, no entanto, parece inadmissível é considerar o exercício do direito de retirada como providência destinada a coartar a prática de ilicitudes ou o exercício abusivo de direitos (ou de poderes) no contexto da Assembléia-Geral. O recesso não restaura a legitimidade, já que esta não terá sido afetada ou comprometida pela deliberação da qual se pode divergir. Tampouco o recesso apaga o abuso, que não terá havido, na deliberação de que se cogita. Segue-se que o recesso não tem qualquer finalidade indenizatória, nem punitiva, enquadrando-se, bem ao contrário, entre as conseqüências de direito preordenadas pela lei em certas e determinadas hipóteses para o específico caso de distratos parciais. Estaremos sempre, no exame desse instituto, em pleno domínio das práticas contratuais, sendo essa circunstância, assim, aquela que deve nortear a interpretação em concreto de sua incidência.

São Paulo, janeiro de 2010

OS CONTRATOS EMPRESARIAIS E SEU TRATAMENTO APÓS O ADVENTO DO CÓDIGO CIVIL DE 2002*

VERA HELENA DE MELLO FRANCO

1. Antecedentes: 1.1 O Direito anterior – 1.2 A especialização dos princípios e normas gerais perante o direito comercial – 1.3 A influência do direito comercial sobre o direito civil – 1.4 As relações empresariais e o Código de Defesa do Consumidor. 2. Os princípios da boa-fé e da função social e sua eventual influência sobre os princípios gerais dos contratos: 2.1 Os defensores da constitucionalização do direito privado – 2.2 Os princípios gerais dos contratos em sua feição atual: 2.2.1 Da autonomia da vontade: 2.2.1.1 Situação antecedente – 2.2.1.2 Evolução – 2.2.1.3 Direito Comparado – 2.2.2 O princípio da função social do contrato: 2.2.2.1 Perante os defensores da constitucionalização do direito privado – 2.2.2.2 Alertas – 2.2.2.3 Conclusões no tópico – 2.2.2.4 Direito Comparado – 2.2.3 O princípio da boa-fé: 2.2.3.1 Textos legais – 2.2.3.2 Configuração – 2.2.3.3 Significado: 2.2.3.3.1 Distinção: boa-fé subjetiva e objetiva – 2.2.3.3.2 A boa-fé perante o Direito Comparado atual. O padrão de conduta como critério – 2.2.3.3.3 A boa-fé objetiva como meio de integração – 2.2.3.3.4 Interpretação, integração e abuso de direito – 2.2.4 O princípio da obrigatoriedade do contrato. "Pacta sunt servanda": 2.2.4.1 Fundamento – 2.2.4.2 Conseqüências – 2.2.4.3 A obrigatoriedade do contrato na sua versão atual: 2.2.4.3.1 A revisão dos contratos: (a) Colocação do tema – (b) Evolução histórica: (b.1) A teoria "rebus sic stantibus" – (b.2) A teoria da imprevisão – (b.3) A teoria da pressuposição – (b.4) A teoria das bases do negócio jurídico – (b.5) A teoria da onerosidade excessiva – 2.2.4.3.2 A revisão perante o Código Civil de 2002 – 2.2.4.3.3 Revisão e resolução do contrato – 2.2.4.3.4 A resolução por onerosidade excessiva no Código Civil de 2002: (a) A imprevisão, a onerosidade excessiva e a extrema vantagem do art. 478 do CC/2002 – (b) A norma do art. 480 do CC/2002 e a teoria da alteração das bases negociais – 2.2.4.3.5 Conclusões no tópico – 2.2.4.3.6 Resolução do contrato por onerosidade excessiva e lesão – 2.2.5 O princípio da relatividade dos contratos – 2.2.6 Situações no Direito anterior em que se afastava o princípio da relatividade. 3. A tendência à uniformização. A integração e o direito comunitário: 3.1 Contexto – 3.2 A contribuição dos diversos institutos. 4. A interpretação dos negócios empresariais à luz da unificação obrigacional. Conclusões: 4.1 Permanência da realidade técnica econômica particular das relações comerciais – 4.2 A capacitação profissional do empresário e as leis que tutelam sua atividade.

* O presente artigo contém trechos de trabalho em andamento (Manual de Teoria Geral dos Contratos) para o qual foi fornecida uma bolsa sob o patrocínio da FUNADESP (Fundação Nacional de Desenvolvimento do Ensino Superior Particular) e da Faculdade Autônoma de Direito (FADISP).

1. Antecedentes

1.1 O Direito anterior

Já tivemos a oportunidade de manifestar em outro trabalho[1] que bem antes do advento do Código Civil de 2002, e independentemente da unificação obrigacional, os contratos empresariais (então comerciais) se submetiam aos mesmos princípios estabelecidos para os negócios civis, especialmente com relação ao direito obrigacional.

Com este teor as normas dos arts. 121 e 428 do CComercial, ao disporem: "As regras e disposições do direito civil para os contratos em geral são aplicáveis aos contratos comerciais, com as modificações e restrições estabelecidas neste Código (...)"; "As obrigações comerciais dissolvem-se por todos os meios que o direito civil admite para a extinção e dissolução das obrigações em geral, com as modificações deste Código (...)".

1.2 A especialização dos princípios e normas gerais perante o direito comercial

Todavia, apesar da existência de princípios e normas comuns, sua aplicação aos contratos comerciais não era linear, adequando-se tais disposições e princípios à especialidade da realidade econômica, substrato dos contratos comerciais, notadamente porque voltados para o exercício de atividades de produção de bens e serviços a serem ofertados em mercados.

Vale dizer, a sistematização da técnica jurídica para atender à circulação e à transformação de bens que caracterizam esse segmento que, atualmente, denominamos de "relações empresariais".

1. Vera Helena de Mello Franco, *Contratos (Direito Civil e Empresarial)*, São Paulo, Ed. RT, 2009, "Introdução".

Lembramos que neste terreno – o das relações comerciais – impôs-se a adequação daqueles princípios às situações de intermediação, transformação e criação para o mercado, de monopólio, à economia em escala e às novas necessidades geradas pelo tráfico mercantil, com a criação de técnicas negociais e/ou métodos operacionais e econômicos que levaram a novas concepções jurídicas. Mal não faz lembrar, outrossim, que até a noção de "propriedade" no direito comercial tem conotação diferente, posto não se confundir propriedade estática (de fruição) com a propriedade dinâmica dos bens de produção.

E esta realidade, representada pela particular técnica econômica que é o substrato dos contratos comerciais (atualmente empresariais), mantém-se incólume. Equivale dizer: os contratos comerciais (empresariais) subsistem com características próprias que autorizam se distingam daqueles, por definição, civis.

1.3 A influência do direito comercial sobre o direito civil

Vale aqui um alerta. Como bem esclareceu Rubens Requião, trazido à colação por Paula Forgioni,[2] a unificação "não foi determinada pelo direito civil", mas, sim, "conseqüência da crescente influência do direito comercial, provocada pela sua decidida invasão e domínio sobre o direito civil (...)". Vale dizer que na base da unificação obrigacional situam-se princípios já antes acatados no âmbito do direito comercial, tal aquele da boa-fé, ao qual já fazia menção a norma do art. 131, 1, do CComercial, ou aquele pertinente à integração dos contratos, abrigado na norma do art. 133 do CComercial.

2. Paula Forgioni, "Interpretação dos negócios empresariais", in Wanderley Fernandes (coord.), *Fundamentos e Princípios dos Contratos Empresariais*, 1ª ed., 2ª tir., Série *GV Law*, São Paulo, Saraiva, 2009, p. 78, nota 10.

1.4 As relações empresariais e o Código de Defesa do Consumidor

Muito menos a disciplina particular das relações de consumo perturba a realidade representada pelos contratos comerciais (empresariais).

Como já afirmado por um estudioso[3] em outra passagem, não pode "ser dada interpretação extensiva ao que é definido como relação de consumo. A fixação do que é efetivamente uma relação de consumo contribui para que o operador do Direito saiba a qual regime legal está sujeito".

Por outro lado, como alerta em seqüência: "O NCC não distingue expressamente as categorias de contratos empresariais, mas pode-se extrair dos dispositivos do NCC que estes terão tratamento diferenciado em decorrência da natureza da atividade exercida pelo empresário e dos princípios basilares do direito comercial. Pode-se destacar como características destes contratos a sua celebração em larga escala, a profissionalidade das partes envolvidas, a utilização de contratos padronizados (entre eles os contratos de adesão) etc.".

Em síntese, do ponto de vista obrigacional é possível, em princípio, distinguir três rumos paralelos: aqueles dos contratos empresariais, o dos contratos civis e o dos contratos de consumo.

Resta determinar em que medida os princípios gerais contratuais em sua feição atual, tal como acatados no Código Civil de 2002, e os chamados novos princípios (da boa-fé e da função social) afetariam a realidade técnica econômica consubstanciada nos contratos comerciais (empresariais) e até onde esta realidade poderia ser afetada.

3. Cf. Renato Luís Bueloni Ferreira, "Contratos empresariais: algumas considerações sobre sua autonomia", disponível em *http://blog.fmbadv.com.br/2007/09/24/contratos-empresariais-algumas-consideracoes-sobre-sua-autonomia*.

A indagação impõe se examine a lógica que norteia a aplicação destes princípios, tal como se apresentam no atual Código Civil.

2. Os princípios da boa-fé e da função social e sua eventual influência sobre os princípios gerais dos contratos

2.1 Os defensores da constitucionalização do direito privado

Teresa Ancona Lopes,[4] entre outros, afirma a *despatrimonialização do direito civil*, circunstância em que o contrato passaria, sob a influência da Constituição Federal de 1988 (arts. 1º, III, e 3º, I e IV), a ter por núcleo a dignidade da pessoa.

Conforme a tese, os princípios do antigo Código Civil brasileiro adquiriram nova conotação perante o atual Código Civil, com a valoração da eticidade, sociabilidade e operabilidade.[5] Isto em decorrên-

4. Teresa Ancona Lopes, "Princípios contratuais", in Wanderley Fernandes (coord.), *Fundamentos e Princípios dos Contratos Empresariais*, 1ª ed., 2ª tir., Série *GV Law*, São Paulo, Saraiva, 2009, p. 7.

5. Idem, pp. 3-6. Conforme sua visão, entende-se por: a) *eticidade* a boa-fé (no sentido de atuar leal e corretamente) que deve orientar o comportamento as partes como meio para obter a justiça contratual. Em decorrência, dá-se ênfase aos valores éticos em detrimento do formalismo jurídico que seria característico do Código de 1916; b) *sociabilidade*, a antítese do individualismo presente até o fim da I Guerra Mundial. Dar-se-ia relevo à teoria da declaração em detrimento daquela da vontade. Vale dizer: a vontade deve ser apreciada objetivamente, como é recebida. Como subespécie da teoria da declaração surge o princípio da confiança, a impor respeito à expectativa gerada pela vontade real do declarante, dando-se relevo ao significado objetivo e típico dos comportamentos, como se exteriorizam no meio social. Na sua conclusão *os valores sociais e coletivos devem prevalecer sobre os individuais na hipótese de conflito.* Por final, por *operabilidade* tem-se em vista uma melhor aplicação do Direito, mediante recurso às cláusulas gerais, que podem ou não conter conceitos jurídicos indeterminados (probidade, boa-fé, função social e bons costumes) – circunstâncias em que dá relevo à *atividade integrativa do juiz*.

cia da introdução de novos princípios, tais o da boa-fé e o da função social.

Em que medida o eventual novo conteúdo teria afastado a necessária especialização dos contratos empresariais e a realidade técnica, ali consubstanciada?

A resposta impõe o exame destes princípios em sua feição atual, como procedemos em seqüência.

2.2 Os princípios gerais dos contratos em sua feição atual

2.2.1 *Da autonomia da vontade*

2.2.1.1 Situação antecedente

O princípio básico do direito contratual era a autonomia da vontade, expressa na liberdade de contratar, que se exprimia no acordo de vontades, fundamento de todo o contrato. E esta liberdade de contratar era a razão da obrigatoriedade do contratado. Isto é, a sujeição das partes aos efeitos do contrato decorreria, justamente, do fato de que livremente aceitaram seu conteúdo e, igualmente, as limitações à respectiva vontade.

Daí a necessidade de cumprir a prestação avençada, prometida, a cargo de cada um dos contraentes. Na raiz desta submissão ao pactuado, independentemente da sanção legal atribuída ao inadimplemento, vigorava o princípio da boa-fé na prática dos negócios, a impor o respeito à palavra dada e que se traduzia no princípio mais de ordem moral que jurídica do *pacta sunt servanda*.[6]

Em síntese, a vontade das partes, desde que conforme ao ordenamento jurídico, seria suficiente para estabelecer as obrigações dos contraentes, regulando o Direito seus efeitos, conforme a função econômica social característica do tipo escolhido.

O contrato, deste ponto de vista, era o instrumento de composição de interesses conflitantes e aquele por meio do qual se realizava a circulação de bens num mercado onde a livre iniciativa era a regra.

Já, a autonomia privada significava poder de autodeterminação; e o contrato, o meio pelo qual este era exercido.

Em decorrência, a autonomia privada em matéria contratual expressava-se mediante os seguintes dogmas:

- liberdade de contratar, quando julgasse adequado;
- liberdade de escolha do outro contraente;
- liberdade de determinar o conteúdo do contrato;
- a propriedade privada, inviolável e sagrada, era o fundamento dessa liberdade.

O único limite à autonomia privada derivava da ordem pública e dos bons costumes e aqueles traçados pela lei para evitar a ingerência na esfera subjetiva de terceiros. Por tal razão, quaisquer vícios na vontade manifestada levavam à nulidade ou anulação do contratado.

Paralelamente, a separação entre o setor público e o dos particulares era a regra, excluindo-se quaisquer intervenções do Estado na relação entre eles, notadamente no setor econômico, sujeito exclusivamente às leis de mercado.

Com esta visão, a vontade dos particulares era suficiente para regular as relações entre eles, dentro dos limites traçados pela lei, pelos bons costumes e pela ordem

6. Cf. Betti, *Teoria Geral do Negócio Jurídico*, t. I, Coimbra, Coimbra Editora, 1969, p. 90:

"(...) o Direito, quando decide elevar os contratos sob palavras ao nível de negócios jurídicos, não faz mais que reconhecer, em vista da sua função socialmente relevante, aquele vínculo que, segundo a consciência social, os próprios particulares já anteriormente admitiam existir nas relações entre eles.

"Não faz mais que reforçar e tornar mais sólido este vínculo, acrescentando-lhe a sua sanção. A boa-fé continua a ser o sumo critério de valoração das obrigações contratuais recíprocas, mesmo depois de ter sobrevindo a sanção do Direito (...)."

pública, vedada qualquer ingerência extravagante no setor privado.

Função do Estado, durante os oitocentos (século XIX), era garantir a segurança e a ordem pública, provendo ao bem comum.

Correlatamente, a igualdade formal (igualdade jurídica), herança dos iluministas predecessores da Revolução Francesa, era conseqüência desta autonomia privada, atribuindo às vontades manifestadas um mesmo valor.

2.2.1.2 Evolução

A realidade econômica, política e social do início do século XX assinalou o advento de movimentos sociais com conteúdo ideológico, tais o Socialismo, o Nazismo, o Comunismo, o Fascismo, todos de caráter populista, com uma política distributiva socializante.

A par disto, a implantação de uma economia de massa, com características nitidamente concentracionistas do poder econômico, resultou na contratação em massa, mediante cláusulas preestabelecidas em contratos padronizados e por adesão.

Como resultado, a igualdade formal, até então aceita, passou, na realidade, a encobrir uma desigualdade substancial.

Reconheceu-se, então, a desigualdade entre os indivíduos na contratação, o que levou a ordenar um tratamento desigual, de molde a obter igualdade entre desiguais.

Colateralmente, sob a influência do novo pensamento político-social da época (a idéia de Estado Social), visando à solidariedade política, econômica e social, o Estado passou a intervir na atividade econômica, impondo uma nova regulação da contratação em diversos setores.

Em adendo, sob a égide do social e da dignidade humana, manifestou-se a decadência do individualismo contratual, elevando os debates do contrato do plano individual para o coletivo (sindicatos, associações e similares), o que resultou nos *contratos coletivos*, concluídos sob a lei da maioria, impondo-se as condições ali ajustadas a toda uma categoria.Seguiram-se os *contratos-tipos*, assim os impostos pelo Poder Público com relação, *v.g.*, àquelas atividades, cujos preços são tarifados, a par da *prefixação de condições gerais* destinadas a integrar toda uma categoria de contratos.

Ainda, o Estado passou a tornar obrigatória ou proibir a realização de determinados tipos de negócios e a atingir o contrato indiretamente, regulamentando determinados setores da produção ou atividade econômica, à medida que o programa econômico imposto colocava limites à liberdade de contratar ou a seu conteúdo.

Em decorrência, visando à tutela de valores sociais relevantes, o Estado transmudou o particular em seu instrumento no exercício do dever, que lhe é próprio, de tutela aos menos favorecidos, procurando, desta forma, equilibrar a proteção devida à tutela dos desiguais.

A conseqüência é que o Estado, intervindo nas relações de ordem econômica, privativa dos particulares, sob diversas formas, *levou à alteração da própria concepção de contrato, à medida que trouxe para o conteúdo dos contratos condições exigidas por necessidades de ordem política, econômica e social, que se sobrepõem à vontade das partes*.

Esta interferência do Estado no contrato foi designada mediante denominações diversas: dirigismo contratual, institucionalização do contrato, intervenção do Estado no contrato, publicização do conteúdo contratual, estandardização e socialização do contrato e, ultimamente, sobre o influxo da Constituição-cidadã brasileira de 1988, chega-se, inclusive, a proclamar sua constitucionalização, mediante o chamado direito civil constitucional, como proclamam os defensores desta corrente.

2.2.1.3 Direito Comparado

É certo que nas Constituições de diversos países tem-se adoção de princípios que norteiam a aplicação da lei, pelo julgador, aos contratos. Assim, *v.g.*, a *Sozialstaatsklauseln* na Constituição alemã e o princípio da *solidarietà sociale* na italiana. Mas estes princípios constitucionais, dirigidos ao intérprete (juiz) na aplicação da lei, não desnaturaram o direito privado no campo de atuação que lhe é próprio.

A idéia de fundo é a de preservar o direito privado no espaço que lhe é próprio. E isto não se processa somente em níveis nacionais, mas é a atual orientação acatada pela Comissão Européia.

Exemplo disto é a iniciativa, a ser desenvolvida no longo prazo, de criar um quadro ou modelo contendo regras e princípios comuns (*Common Frame of Reference/CFR*) aplicável ao direito dos contratos de todos os Estados-membros. Isto é, um modelo de regras, tal como idealizado pela Comissão Européia em 2003, que sirva de referência ou inspiração para as diversas legislações nacionais quanto ao conjunto de normas e princípios que as partes devem acatar em seus contratos.[7]

O fundamento de base é obter *equilíbrio entre valores*, como o princípio da autonomia privada, expresso na liberdade de contratar, e a necessidade de tutelar a parte contratante mais fraca, de molde a atender à idéia de solidariedade social.

Mas, devido às diferenças quanto ao que se entende por justiça social dentre os diversos países da Europa, as indicações contidas nesse quadro são vistas com relutância, mantendo-se o critério de *obter equilíbrio* ponderado entre o princípio da autonomia privada, expresso na liberdade de contratar, e o princípio de proteção ao contratante mais fraco conforme as exigências da solidariedade social.[8]

E, em que pese à ênfase à *postura neoliberal nos regimes pós-comunistas da Europa Central, desde o final do século XX*, reafirmando a crença na capacidade dos indivíduos de cuidarem dos próprios interesses, há uma significativa interferência no conteúdo de diversos contratos que são básicos para a vida dos cidadãos. Assim, trabalho, moradia, crédito para consumo, serviços públicos etc., nos quais cláusulas impostas são a regra e a liberdade para contratar a exceção.[9]

A Comissão Européia, todavia, mantém o princípio de que: "In this context contractual freedom should be the guiding principle; restrictions should only be fore-

7. Cf. Martijn W. Hesselink, Mak Chantal e Jacobien W. Rutgers, "Constitutional aspects of european private law, freedoms, rights and social justice in the Draft Common Frame of Reference, june 2, 2009", disponível em *http://papers.ssrn.com/sol3/papers.cfm?abstract_id=1413089*, "Introdução", p. 14. Segundo o relato: "The draft was prepared by a large international research network, including hundreds of legal scholars from all Member States, that has been funded since 2005 by the European Commission as a 'Network of Excellence' within the EU Sixth Framework Programme. The interim outline contains principles, definitions and model rules of contract law and related subjects. It currently consists of seven Books and two Annexes: Book I on general subjects, Book II on contracts and other juridical acts, Book III on obligations and corresponding rights, Book IV on specific contracts, Book V on benevolent intervention in another's affairs, Book VI on non-contractual liability arising out of damage caused to another ('tort'), Book VII on unjustified enrichment, Annex 1 on definitions, and Annex 2 on the computation of time. A final version, which will contain rules concerning some further subjects (including *e.g.* some further specific contracts, notably loan agreements and donations), the transfer of property (Book VIII), security rights in movables (IX) and trusts (X)) and, in particular, an extensive explanatory comment, will be published by the end of this year (...)".

8. Idem, p. 31, nos seguintes termos: "In particular, the European Parliament wanted to know if an appropriate balance has been struck among conflicting values and in particular between, on the one hand, individual private autonomy as expressed in the idea of freedom of contract, and on the other hand, principles of protection of weaker contracting parties responding to demands for social solidarity, or if instead certain principles still hold a paramount position (...)".

9. Idem, p. 40.

seen where this could be justified with good reasons (...)".[10] Vale dizer, *a liberdade de contratar é o princípio diretor, em que pese à existência de cláusulas de imposição obrigatória nas leis que regem os contratos nos diversos Países-membros*.

Outro exemplo desta limitação à autonomia privada, e que merece menção, são as Diretivas 2000/43/CE e 2004/113/CE, proibindo o tratamento discriminatório em virtude de diversidade racial, religião, sexo, nacionalidade, opinião, religião, idade ou outros que refletem diretamente na contratação perante o público.

Sobre o ponto, Ariadna Aguilera Rull esclarece: "Cuando la Directiva 2004/113/CE determina las relaciones jurídicas a las que pretende imponer la prohibición de discriminación, establece lo siguiente: 'Art. 3. Dentro de los límites de los poderes conferidos a la Comunidad, la presente Directiva se aplicará a todas las personas que suministren bienes y servicios disponibles para el público, con independencia de la persona de que se trate, tanto en lo relativo al sector público como al privado, incluidos los organismos públicos, y que se ofrezcan fuera del ámbito de la vida privada y familiar, y a las transacciones que se efectúen en ese contexto'. La sujeción a la prohibición de discriminación dependerá básicamente de que se cumplan dos requisitos: la disponibilidad para el público de los bienes o servicios en cuestión y que éstos sean ofertados fuera del ámbito de la vida privada y familiar. Además, como el texto de la Directiva 2004/113/CE pone de manifiesto de forma explícita, es irrelevante la naturaleza privada o pública del oferente. Una concreción de los supuestos que a los que se aplicará la prohibición de discriminación se encuentra en la Exposición de Motivos de ésta, que dispone: 'De acuerdo con ello, el concepto de bienes y servicios disponibles para el público puede englobar: – el acceso a locales en los que se permite la entrada al público; – todos los tipos de vivienda, incluida la de alquiler y el alojamiento en hoteles; – servicios como los bancarios, de seguros y otros servicios financieros; – el transporte; y – los servicios de cualquier profesión u oficio (...)'".[11]

Assim, quando a negativa para contratar tem um fundamento discriminatório ela está vedada, estendendo-se a diversas formas de contratos. *Todavia, a aplicação não é linear perante determinados contratos*, como ocorre com a locação ou venda de imóveis, nas quais a confiança entre as partes e a qualidade do inquilino ou do comprador pesam na relação.

Por tal razão, em algumas situações, tais como a locação temporária de uma residência para férias ou de um quarto livre na própria residência, pleiteou-se não se aplicar a vedação.[12]

Igualmente, perante o contrato de seguros a aplicação da orientação emanada destas Diretivas apresenta algumas dificuldades, tendo em vista que a apreciação do risco está intrinsecamente ligada às condições pessoais do segurado, nos diversos ramos. Principalmente nos seguros de responsabilidade civil com relação a veículos automotores, ou nos relativos a planos de saúde, circunstâncias em que se impõe, em nome da tutela da mutualidade, certa discricionariedade.

10. Idem, p. 41.

11. Ariadna Aguilera Rull, "Prohibición de discriminación y libertad de contratación", Barcelona, fevereiro/2009, *InDret* REVISTA Para *ELWWW.INDRET.COM ANÁLISIS DEL DERECHO* (disponível em *http://ssrn.com/abstract=1368176*).

12. Idem, p. 10: "La segunda razón por la que la prohibición de discriminación en el acceso a la vivienda plantea problemas es porque ésta es el núcleo en que se desarrolla la vida privada y familiar, cuya protección las Directivas fijan como límite a la prohibición de discriminación. La Comisión en la Propuesta de Directiva 113/2004/CE dice al respecto que: 'La Directiva no se aplica a las transacciones que se lleven a cabo en un marco puramente privado, como, por ejemplo, el alquiler de una vivienda de vacaciones a un miembro de la familia, o el de una habitación en una casa particular'".

De qualquer forma, a vedação já é objeto de alguma previsão legal, do que é exemplo o *Fair Housing Act* norte-americano, que impõe a proibição de discriminação quando se cuide do *acesso à habitação*; assim também quanto à concessão de créditos bancários, aqui representados pelo *Equal Credit Opportunity Act*, que considera ilegais as condutas discriminatórias quando da concessão de créditos.[13] Se bem que a crise do *subprime*, tal como se apresentou no ano passado para a sociedade estadunidense e com reflexos para o mundo todo, induz a pensar nesta última medida com certa parcimônia.

Mas a idéia de fundo, aqui, como se depreende, em que pese à ênfase sobre a tutela das necessidades gerais da sociedade, é preservar o terreno próprio do direito privado e, na medida do possível, a liberdade de contratar, como decorrência da autonomia da vontade.

2.2.2 *O princípio da função social do contrato*

O Código Civil de 2002, seguindo esta linha evolutiva, acatou na norma do art. 421 o princípio da função social do contrato, erigindo-o, conforme a interpretação da doutrina, em razão e limite da liberdade de contratar. Na linha desta visão, a autonomia privada somente tem lugar enquanto respeite os limites traçados por tal função.

O problema que se coloca, todavia, é que a função social é um conceito aberto que varia ao sabor das diversas ideologias,[14] já que se confunde com a ética social vigente num determinado momento em um igualmente determinado agrupamento. A assim ser, seu conteúdo fica a cargo da visão mais ou menos conservativa, progressiva ou revolucionária particular do intérprete. Assim, mal não faz vislumbrar a visão deste conceito, conforme algumas das diversas posições.

2.2.2.1 Perante os defensores da constitucionalização do direito privado

Conforme esta tendência, a tutela da dignidade da pessoa, princípio fundamental do ordenamento jurídico brasileiro (art. 1º, III, da CF) e aquele da igualdade substancial (art. 3º, III, da CF) teriam ligação estreita com a função social do contrato, sendo, inclusive, limite e razão da liberdade de contratar.

Função social, aqui, equivaleria a concretizar o valor da dignidade humana nas relações contratuais privadas, tomando por base o princípio da igualdade e propugnando para que o contrato, abandonando sua posição individualista, passasse a exercer uma função social.

2.2.2.2 Alertas

Contudo, como bem observou Rachel Sztajn, é necessário lembrar que: "Retrospecto histórico permite constatar que recorrer à função social é característica de

13. Idem: "La crítica que parte de la dificultad de repartir los costes de la marginación entre todos los miembros de una comunidad olvida algo que ponía de manifiesto muy claramente el Juez Stevens en su opinión en el caso 'City of Los Angeles Department of Water and Power *versus* Manhart 435 US 702 de 25.4.1978': 'For when insurance risks are grouped, the better risks always subsidize the poorer risks. Healthy persons subsidize medical benefits for the less healthy; unmarried workers subsidize the pensions of married workers; persons who eat, drink, or smoke to excess may subsidize pension benefits for persons whose habits are more temperate. Treating different classes of risks as though they were the same for purposes of group insurance is a common practice that has never been considered inherently unfair. To insure the flabby and the fit as though they were equivalent risks may be more common than treating men and women alike, but nothing more than habit makes one 'subsidy' seem less fair than the other' (...)".

14. Cf. Vera Helena de Mello Franco, "A função social da empresa", *Revista do Advogado* 96/125-136.

regimes não-democráticos, fazendo com que os interesses nacionais (do governo) se sobrepusessem aos individuais (...)".[15]

Nesta linha vale mencionar que Roppo, ao criticar a experiência fascista, bem lembrou que foi "na Alemanha que a ideologia nacional-socialista pareceu incidir mais profundamente (aparentemente muitas vezes subvertendo-os) sobre os princípios e sobre a inspiração de fundo que o direito dos contratos tinha recebido da tradição liberal. Já em 1933 se afirmava que 'a loucura do Individualismo e do Liberalismo de ora em diante não tem mais espaço no Direito Alemão' (Hans Frank), e que a esta deve substituir-se a rígida subordinação da liberdade e da iniciativa autônoma do indivíduo às exigências e aos interesses da comunidade nacional (...) *o contrato não pode ser expressão da liberdade do indivíduo e meio para a satisfação dos seus interesses particulares, mas deve constituir instrumento para a realização do 'bem comum' da Nação Alemã*; e *aos Juízes do Reich era confiada a tarefa de valorar – com amplíssima margem de discricionariedade – se cada contrato era conforme a um tal 'bem comum'*, que em concreto se resumia e se fazia coincidir com a vontade do *Führer*, elevada assim a sumo critério de valoração jurídica (o chamado *Führer-prinzip*): ficava assim prejudicado um outro ponto-chave da civilização jurídica liberal, aquele que se resume no princípio da legalidade e no valor da certeza do Direito (...)".[16]

Por tal razão, há que se ter cautela quando da utilização de conceitos ou institutos de conteúdo vago, amplo ou indefinido, que não está delimitado na lei, e com relação a tal tarefa quer a doutrina quer a jurisprudência lograram obter um sentido comum. Em terrenos como este a prudência é sempre a melhor conselheira.

E, dentre as mais sensatas lições, invocamos por primeiro a Humberto Theodoro Jr.[17]

Na lição do ilustre professor, falar em "função" corresponde a definir um objetivo a ser alcançado, e o objetivo único e essencial dos contratos é promover a circulação de riquezas, e não o de tornar as partes em iguais, posto não ser instrumento "de assistência ou de amparo a hipossuficientes ou desvalidos (...)". O contrato visa a compor *interesses conflitantes de molde a obter uma solução negocial*, não se podendo, aqui, pretender a igualdade dos interesses. Se assim o fosse *não seriam conflitantes*, e "somente sendo diferentes e exercendo interesses opostos as pessoas praticarão o contrato como instrumento naturalmente destinado à função específica de realizar a circulação dos bens patrimoniais entre pessoas diferentes e que atuam com objetivos distintos no relacionamento jurídico estabelecido (...)".

Aliás, não fosse esta a função dos contratos, qual a razão da sua permanência como instrumento jurídico até os dias atuais? A sociedade, feliz ou infelizmente, não é utopia. Nem composta de poetas e santos. O indivíduo, a par de ser racional, tem necessidades materiais que devem ser satisfeitas. E um dos instrumentos para prover o bem-estar é justamente o contrato.

E, na seqüência, refuta Antônio Junqueira de Azevedo, que situa a função social no dever de evitar qualquer prejuízo à coletividade, "apresentando-se como um comportamento social sempre adequado", posto que, como assinala, aqui adentrar-se-ia o terreno da modernização do princípio da relatividade dos contratos, que teria já sua sede própria na norma do art. 422 do CC/2002 (boa-fé objetiva).[18]

E a lição é a de que, na ausência de uma identificação precisa, corre-se o risco de, mediante um conceito vago e indefini-

15. Rachel Sztajn, "Função social do contrato e direito de empresa", *RDM* 139/31-32, São Paulo, Malheiros Editores, julho-setembro/2005.

16. Enzo Roppo, *Contratos*, Coimbra, Livraria Almedina, 1988, pp. 55 e ss.

17. Humberto Theodoro Jr., O *Contrato e sua Função Social*, Rio de Janeiro, Forense, 2003, p. 42.

18. Idem, p. 46.

do, acarretar riscos para a segurança jurídica, comprometendo o desenvolvimento econômico, essencial àquele social no Estado Democrático de Direito moderno.[19]

O conselho é o de empregar "maior rigor científico nas indagações histórico-culturais" e evitar "soluções de efeito demagógico, e de modismo intelectual suspeito" para atender adequadamente aos institutos jurídicos e aos "verdadeiros interesses sociais em jogo".[20]

E isto se traduz em: manter o equilíbrio e a proporcionalidade no relacionamento contratual, vedando-se o abuso, porém como princípio e não como objetivo, pois o objetivo do contrato é sempre o de obter a segurança jurídica na circulação de riquezas.

Nesta mesma linha do bom senso e do equilíbrio advém Arnoldo Wald,[21] cujo entendimento é o de que a função social não significa exclusivamente proteção da parte economicamente mais fraca na relação contratual, e nem afastar o respeito ao ato jurídico perfeito ou ao direito adquirido. O contrato não pode deixar de exercer sua função econômica *como reflexo patrimonial da liberdade individual que é constitucionalmente garantida.*[22]

Conforme a lição, *função social* é cláusula geral que permite ao juiz uma maior flexibilidade mas que, de qualquer modo, não pode ser contrária a "princípios já sedimentados".[23]

E o terreno desta atividade judicante é o de evitar abusos ou desvios de poder – o que, porém, já estava sancionado no Direito anterior. Como pano-de-fundo permanece o princípio do respeito ao dever moral do *pacta sunt servanda.*

O atendimento da função social "não significa uma ação afirmativa em virtude da qual os interesses do contraente mais fraco devam merecer sempre maior proteção. Significa tão-somente que *a finalidade do contrato não deve ser distorcida no interesse de uma das partes em detrimento da outra* (...)".[24]

2.2.2.3 Conclusões no tópico

A idéia a que se chega quando se fala em *função social* é a de obter o equilíbrio contratual substancial, e não meramente formal. Mas isto *não significa que tal equilíbrio advenha do subjetivismo do intérprete da lei.* O critério, ao analisar o equilíbrio das prestações, deve ser objetivo e não perder de vista aquele princípio da boa-fé, que deve estar presente no momento da contratação e que, na lição de Betti,[25] significa o respeito à palavra dada.

O contrato, na sua função de circulação de riqueza, não pode ser acatado como instrumento da justiça distributiva, sob pena de extinção.

A função social no âmbito do contrato é modo ou meio de manter o equilíbrio contratual em cada caso concreto, evitando o *abuso ou excesso arbitrário e sem a devida contraprestação econômica, mas não panacéia a tutelar o desatento ou oportunista.*

2.2.2.4 Direito Comparado

E este entendimento é o coerente com o da União Européia na construção da sua *Common Frame of Reference/CFR*, a qual, embora acate como valores a serem atingidos a justiça, a liberdade, a proteção dos direitos humanos, o bem-estar econômico, a solidariedade e a responsabilidade, enfatiza que "the protection of a person's reasonable reliance on another's conduct might be considered an important aim. An

19. Idem, p. 47.
20. Idem, ibidem.
21. Arnoldo Wald, "O interesse social no direito privado", *Revista do TRF-3ª Região* 77/133, maio-junho/2006.
22. Idem, p. 134.
23. Idem, ibidem.

24. Idem, p. 138.
25. Cf. Betti, *Teoria Geral do Negócio Jurídico*, t. I, Coimbra, Coimbra Editora, 1969, p. 90.

important underlying principle in some areas of the law might be that people are generally responsible for risks which they themselves create (...)".

2.2.3 *O princípio da boa-fé*

2.2.3.1 Textos legais

O Código Civil/2002 acatou o princípio, apresentado como novidade, nas normas dos seus arts.113 e 422.

Mas não se pode afirmar sua absoluta novidade perante o Direito pátrio.

Já no vetusto Código Comercial de 1850 a norma do art. 131, 1, ordenava, quando se cuidasse da interpretação dos contratos, que "a inteligência simples e adequada que for mais conforme à boa-fé, e ao verdadeiro espírito e natureza do contrato, deverá sempre prevalecer à rigorosa e restrita significação das palavras (...)". E este princípio, norteador da interpretação, é o que encontrou acolhida na norma do *art. 113 do CC/2002.*

Sob o ponto já tivemos condição de nos manifestar, há três décadas passadas, quando analisamos a boa-fé, forma de integração dos contratos, não só no momento da interpretação integrativa, mas igualmente meio de integração contratual de molde a possibilitar ao magistrado preencher as lacunas do regulamento contratual, limitando ou ampliando o dever de prestação além dos termos exarados no contrato.[26]

Na norma do art. 422 do CC/2002 ela advém como norma de conduta. Mas isto também não é novidade perante o direito comercial anterior.

Cuidar-se-ia, *in casu*, do princípio da *boa-fé objetiva*, que teve suas raízes no Código Civil alemão de 18.8.1886, art. 242, cuja redação foi preservada em que pese à reforma levada a termo mediante consecutivas mudanças desde 2.1.2002, datando a última (no momento) de 10.12. 2008.[27]

Idêntica orientação defluiu do disposto na norma do art. 1.337 do *codice civile*, igualmente mantida após a reforma levada a feito em 2003,[28] em que pese a deixar de lado o momento da execução, que só advém disciplinado em momento posterior, a saber, na norma do seu art. 1.375.[29]

2.2.3.2 Configuração

De qualquer forma, quer como princípio de interpretação, quer como meio de integração contratual, nada mais é que *um indicativo* que se impõe para o magistrado quando da interpretação e aplicação da lei ao caso concreto.

O que entender, agora, por *boa-fé*?

2.2.3.3 Significado

Em estudo clássico, José Luiz de los Mozos,[30] após vincular o conceito de boa-fé àquele de *fides* (confiança, fé, crença), distingue a boa-fé subjetiva, fundada na convicção (no *animus*) de não prejudicar o outro, ou de não praticar atos danosos, daquela objetiva, apresentada como norma da relação jurídica estabelecida. Isto é, como um comportamento socialmente apreciável, independentemente de qualquer indagação quanto à intenção individual.

Para tanto, no afã de precisar seu sentido, socorre-se de von Thur, que prelecio-

26. Vera Helena de Mello Franco, *A Integração dos Contratos em Direito Comercial*, Pioneira, 1979, pp. 17-18.

27. "§ 242. Der Schuldner ist verpflichtet, die Leistung so zu bewirken, wie Treu und Glauben mit Rücksicht auf die Verkehrssitte es erfordern (...)."

28. "Art. 1.337. **Trattative e responsabilità precontrattuale.** Le parti, nello svolgimento delle trattative e nella formazione del contratto, devono comportarsi secondo buona fede."

29. "Art. 1375. **Esecuzione di buona fede.** Il contratto deve essere eseguito secondo buona fede."

30. José Luiz de los Mozos, *El Principio de la Buena Fe*, Barcelona, Bosch, 1963, p. 25.

na: "Nuestra buena fe nació por diferenciación del concepto más amplo de la *bona fides* romana. La *bonas fides* (así como su supuesto, el *dolus malus*) era originalmente una noción moral e implicaba la actitud del hombre honesto. De este principio derivan, por una parte, la confianza y la fe, como medida en la interpretación y integración de los contratos, y, por otra, la buena fe que estamos examinando y cuyo carácter jurídico ya no se allá en la actitud honesta, sino en el conocimiento o desconocimiento de hechos. De ahí que la buena fe sea un factor que pertenece al campo del conocimiento; la lei lo toma en consideración para proteger la honestidad en la circulación de los bienes (...)".[31]

A partir daí define a boa-fé objetiva como um modelo de conduta social decorrente da obediência à norma jurídica, o qual impõe o dever de se comportar com boa-fé no tráfico jurídico, não só no sentido de se abster de comportamentos negativos; mas atuando de forma positiva conforme os deveres de diligência, de cooperação etc., segundo a lei privada criada entre eles.[32]

2.2.3.3.1 Distinção: boa-fé subjetiva e objetiva

A boa-fé subjetiva é um critério a nortear a intenção das partes, atuando no plano da interpretação dos contratos, para deles, quando presentes ambigüidades ou incoerências, extrair as conseqüências que, de acordo com sua natureza, sejam mais adequadas à boa-fé.

A objetiva é critério de conduta, a ordenar na prática dos negócios o respeito à palavra dada, conforme a consciência social, facultado ao aplicador da lei atribuir ao contrato efeitos que não foram nem queridos e nem previstos, mas que, conforme a boa fé e, novamente, a natureza do contrato, dele deveriam derivar. Aqui, não estamos mais no terreno da interpretação, mas naquele da integração dos contratos, para preencher as lacunas do regulamento pactuado – assunto a que voltaremos mais tarde, detalhadamente, quando do momento da análise da interpretação, da interpretação integrativa e da integração do contrato.

2.2.3.3.2 A boa-fé perante o Direito Comparado atual. O padrão de conduta como critério

Em recente julgado na esfera internacional em litígio corrente entre a Inglaterra e a Austrália ("Socimer International Bank Ltd. *versus* Standard Bank Ltd.") o fulcro da discussão deteve-se exatamente na determinação do conteúdo deste conceito, a par de estabelecer se a boa-fé deveria ser um princípio implícito, comum a todos os contratos comerciais, ou se deveria advir como cláusula expressa.[33]

Em recurso de apelação decidiu-se que: "1. Good faith is implicit in contracts. 2. The meaning of good faith is honesty and operates to control issues of self-interest. 3. Generally, discretions will be limited by good faith or honesty. 4. A restriction on a discretion in the form of good faith or an obligation of reasonableness will be incorporated as an implied term".

O lado australiano recusou a decisão em todos os seus itens, ressalva feita ao critério da razoabilidade (*reasonableness*),

31. von Thur, *Teoría General del Derecho Civil Alemán*, vol. II-1, trad. castelhana, Buenos Aires, 1947, n. 135, pp. 150-151, nota 63, *apud* José Luiz de los Mozos, *El Principio de la Buena Fe*, cit., p. 31.

32. José Luiz de los Mozos, *El Principio de la Buena Fe*, cit., p. 37.

33. Elisabeth Peden, "'Implicit good faith'– Or do we still need an implied term of good faith?", Social Science Research Network Electronic Library, janeiro/2009 (disponível em *http://ssrn.com/abstract=1326690*).

utilizado em diversas decisões por seus tribunais, como fim a ser atingido um comportamento em boa-fé.

Já, os tribunais ingleses assimilaram a noção de boa-fé à de honestidade e racionalidade, critérios julgados muito subjetivos pela contraparte australiana.[34]

A conclusão foi a de que o padrão de comportamento exigido pela boa-fé deveria "corresponder ao de atuar honesta e lealmente no contrato, tendo em consideração o interesse da outra parte, o que colocaria a discricionariedade na mesma posição que o exercício geral de poderes, os quais devem ser exercidos conforme a finalidade adequada ao contexto do contrato"[35] (tradução livre).

Vale dizer: não se cuidaria de preencher as lacunas do contrato aleatoriamente, conforme a interpretação subjetiva do julgador, mas de completá-lo conforme os usos e costumes sociais e o padrão de conduta adequado ao fim visado pelo contrato *sub judice* – circunstâncias em que o atuar honestamente e com lealdade será sempre um parâmetro a ser seguido.

Nesta linha, vale, mais uma vez, a ponderação de Theodoro Jr. ao proclamar: "A boa-fé objetiva é pesquisada por meio de regras de conduta não-escritas, mas que se mostram necessárias diante de 'padrões sociais estabelecidos e reconhecidos' como corretos no tempo e no meio em que o contrato se aperfeiçoou e se cumpriu (...)".[36]

Com este teor, no campo da conduta, a boa-fé serve tanto para atenuar uma cláusula excessivamente rígida quanto para precisar o teor de outra extremamente vaga.[37]

Enquanto a boa-fé subjetiva atua no momento da formação do contrato conforme a intenção das partes, a objetiva atua sobre seu conteúdo, tendo em vista a atuação de seus efeitos jurídicos, segundo o comportamento devido e esperado. O critério, aqui, é o da reciprocidade, de molde a manter o equilíbrio contratual, conforme preceitos ético-sociais.

2.2.3.3.3 A boa-fé objetiva como meio de integração

Alerta-se que, estando-se no terreno da boa-fé objetiva, o recurso como meio de integração somente pode ser invocado quando existam claros no contrato, não preenchidos pelas vontades exaradas. O magistrado não pode se sobrepor à vontade das partes quando a matéria esteja suficientemente prevista, ainda que, subjetivamente, discorde do pactuado.

Na integração contratual a hipótese não é de dúvidas ou ambigüidades que possam ser supridas mediante recurso às regras de interpretação, e sim, sempre, de lacunas.

Vale dizer: a existência de um vazio no regulamento contratual estabelecido pelas partes, o qual impede a operatividade desse regulamento (lacuna aparente).

Enquanto a interpretação se socorre de elementos ínsitos no próprio contrato, mediante recurso à vontade presumida das partes ou às possibilidades expansivas do próprio regulamento, a integração traz para

34. Idem, notadamente pp. 12 e ss.

35. Idem, p. 16: "If the Courts accepted that implicit good faith underlies contract law and is seen in principles of construction requiring honest adherence to the bargain, then the discretions or powers could be construed as requiring an exercise of good faith, which would be given meaning in the particular context. The standard of behavior required by good faith would only be honesty, loyalty to the contract and a requirement to consider the interests of the other party. This would place contractual exercise of discretions in the same position as the general exercise of powers: they must be exercised for a 'proper purpose', within the context of the contract. This would remove the artificial reasoning concerning implied terms (...)".

36. Humberto Theodoro Jr., *O Contrato e sua Função Social*, cit., p. 18.

37. Idem, p. 47.

o bojo do regulamento contratual restrições ou exigências advindas da realidade econômica ou social, as quais não têm seu fundamento na vontade dos particulares, e sim em ordem valorativa distinta, lastreada em interesses externos que se sobrepõem à vontade declarada.

Cuidando-se de *contratos empresariais, lembramos que como padrão de conduta se deve ter em vista os usos negociais (integrativos), resultantes da prática contratual própria de determinados mercados (usos locais).*

Se o problema for a existência de cláusulas duvidosas ou ambíguas, o terreno não é mais aquele da norma do art. 422 do CC/2002, mas aquele previsto na norma do art. 113 – circunstância em que adentramos o terreno da interpretação integrativa, a ordenar a interpretação do contrato conforme a boa-fé e os usos do lugar da celebração.[38]

Ela amplia o terreno da interpretação, cujo objeto não é mais somente a intenção comum das partes. Mas, em atenção ao princípio da boa-fé objetiva, ordena seja ela a norteadora do juiz na interpretação do caso concreto. A par disto, ultrapassa o momento subjetivo, ordenando que se proceda à interpretação objetiva conforme a natureza do negócio celebrado.

38. Vale mencionar, neste ponto, que a norma traz para o bojo do Código Civil duas regras que se encontravam anteriormente no Código Comercial de 1850, a saber: aquelas dos arts. 131, 1, e 133, como se vê:

"Art. 131. Sendo necessário interpretar as cláusulas do contrato, a interpretação, além das regras sobreditas, será regulada sobre as seguintes bases: 1. A inteligência simples e adequada, que for mais conforme à boa fé e ao verdadeiro espírito e natureza do contrato, deverá sempre prevalecer à rigorosa e restrita significação das palavras; (...).

"Art. 133. Omitindo-se na redação do contrato cláusulas necessárias à sua execução, deverá presumir-se que as partes se sujeitaram ao que é de uso e prática em tais casos entre os comerciantes, no lugar da execução do contrato (...)."

Vale aqui, como boa-fé objetiva, a lealdade recíproca das partes, que deve presidir todos os momentos do contrato. O respeito a esse princípio ordena ao juiz pressupor que as partes o tenham observado tanto na preparação quanto na conclusão.

2.2.3.3.4 Interpretação, integração e abuso de direito

A situação não deve ser confundida com aquela prevista na norma do art. 187 do CC/2002.

Aqui não se cuida nem de interpretação, nem de interpretação integrativa e muito menos de integração contratual. A finalidade é sancionar o abuso de direito, que, por ilícito, levará à nulidade total ou parcial do ajustado – situação em que a boa-fé surge como limite externo ao comportamento das partes.

2.2.4 *O princípio da obrigatoriedade do contrato.* Pacta sunt servanda

2.2.4.1 Fundamento

Para Messineo[39] o fundamento da obrigatoriedade do contrato repousa no fato de o contrato ser sempre o resultado da livre determinação das partes.

Com esta visão, a sujeição aos efeitos do contato advém do fato de as partes terem livremente aceitado seu conteúdo e, igualmente, as limitações à respectiva vontade que dele derivarem. Vale dizer: o princípio da obrigatoriedade do contrato decorre diretamente daquele da autonomia privada.

Mas esta obrigatoriedade decorre também do dever moral (a boa-fé que deve nortear os negócios jurídicos) de respeitar

39. Francesco Messineo, *Dottrina Generale del Contrato*, 3ª ed., Milão, Dott. A. Giuffrè Editore, 1948, p. 32.

a palavra dada. Situação que Roppo[40] define como *correlação entre liberdade contratual e responsabilidade contratual*.

Se os requisitos e pressupostos de validade estavam preenchidos dentro dos limites traçados pela ordem pública, o contrato se tornava obrigatório.

2.2.4.2 Conseqüências

Em decorrência da aplicação deste princípio, vedava-se a possibilidade de alteração unilateral do acordado, dadas a irretratabilidade do pactuado e, inclusive, a impossibilidade da sua revisão ou alteração pelo juiz.

2.2.4.3 A obrigatoriedade do contrato na sua versão atual

Todavia, no Direito moderno, embora o princípio da obrigatoriedade do pactuado se mantenha em sua inteireza, admite-se possa não só o contrato ser revisto pelo juízo, como ocorre na situação prevista na norma do art. 317 do CC/2002, como, ainda, faculta-se ao juiz ordenar a resolução do contrato quando se torne excessivamente oneroso (arts. 478-480 do CC/2002) e, por final, pode, inclusive, trazer para o conteúdo do contrato conseqüências não previstas pelas partes, como ocorre mediante a integração contratual.

Estas soluções, porém, não se aplicam aleatoriamente, ao sabor do subjetivismo do julgador. A regra é a da obrigatoriedade do pactuado, como instrumento de segurança jurídica, afastando-se o princípio da intangibilidade dos contratos somente em situações pontuais, as quais se apresentam como medidas exceptivas. Sendo medidas exceptivas, não comportam extensões analógicas abrangentes.

E, de qualquer forma, o respeito ao pactuado tem valor para a segurança jurídica, e a obrigação de respeitar a palavra dada, como obrigação de ordem moral, é a diretriz. Por tal razão, a violação a tal dever, quando ausente multa contratual, resolve-se em perdas e danos.

Vale dizer: nada impede à contraparte violar o acordado, desde que esteja disposta a arcar com os prejuízos carreados.

Alerta-se, porém, que, quando a multa pactuada equivale à prefixação de perdas e danos, sua eficácia pode ser zero, conforme o montante estipulado.

Em outras palavras – ressalva àquelas situações em que se admite a execução compulsória do contrato –, o valor da obrigatoriedade, já que *regra moral*, pode ser nenhum, de um ponto de vista utilitarista.[41] Esta a razão pela qual as multas prefixadas, quando existentes, o devem ser em montante razoável, de molde a desestimular o inadimplemento ou a resilição indevida – sem o quê o princípio (*pacta sunt servanda*) passa a ter serventia zero.

2.2.4.3.1 A revisão dos contratos

(a) Colocação do tema

Ligada ao princípio da boa-fé objetiva, adentra-se o terreno da revisão contratual possibilitada pela alteração das circunstâncias que cercaram o contrato no momento da sua celebração. A solução aplicar-se-ia aos contratos comutativos, cuja execução se protrai no tempo (continuada, periódica ou diferida), afetando o princípio da obrigatoriedade dos contratos.

(b) Evolução histórica

(b.1) *A teoria* rebus sic stantibus – A primeira teoria a justificar a revisão dos

40. Enzo Roppo, *Contratos*, cit., pp. 128-129.

41. Inclusive a doutrina alienígena fala na possibilidade de quebra ou terminação eficiente do contrato – cf. Melvin Eisenberg, "The theory of efficient breach and the theory of efficient termination", dsponível em *http://repositories.cdlib.org/berkeley law econ/spring2004/14*; Steven Shavell, "Is breach of contract immoral?", in *The Social Science Research Network Electronic Paper Collection* (disponível em *http://ssrn.com/abstract=868592*).

contratos surgiu já na Idade Média, por obra dos glosadores e pós-glosadores, acolhida como *cláusula* ***rebus sic stantibus***, servindo de base para as que se seguiram, tal a teoria da pressuposição, aquela da alteração das bases negociais, que culminaram na teoria da onerosidade excessiva, acatado no Código Civil italiano de 1942.[42]

Conforme a tese, em todo contrato de duração, de execução continuada ou diferida, existiria uma cláusula implícita condicionando o cumprimento do contrato à permanência das condições de fato presentes no momento da contratação.

Caso alteradas tais circunstâncias, facultava-se ao contraente prejudicado liberar-se. A teoria entrou em declínio, recobrando seu prestígio após a II Guerra Mundial, porém com novos contornos.

(b.2) *A teoria da imprevisão* – Esta surge na França, exigindo, a par da alteração das circunstâncias de fato originais, que, igualmente, estas alterações não fossem previsíveis quando da celebração do acordo.

(b.3) *A teoria da pressuposição* – Na Alemanha a cláusula *rebus sic stantibus* adquiriu nova feição com a *teoria da pressuposição*, por obra de Windscheid. Conforme a nova tese, no contrato há a pressuposição de que quem o concluiu só lhe admite efeitos jurídicos se persistirem as circunstâncias que cercaram sua celebração.

(b.4) *A teoria das bases do negócio jurídico* – Por proposta de Oertmann, segue-se a esta, correspondendo à representação mental que uma das partes (quando não rejeitada pela outra) ou a comum de ambas têm das condições ou circunstâncias de fato que cercaram a negociação.

Conforme a tese, a alteração destas circunstâncias ou condições, dada a alteração das bases negociais, justificaria a revisão do contratado.

A teoria foi retomada por Larenz, que lhe acrescentou *conteúdo objetivo*.

Conforme Larenz,[43] a expressão "base do negócio" pode ser entendida num duplo sentido: (1) como a base *subjetiva* da determinação da vontade das partes, correspondendo à "*representação mental* existente na conclusão do negócio que teve grande influência na formação dos motivos" para contratar; (2) como *base objetiva* do contrato; assim "o *conjunto de circunstâncias* cuja existência ou persistência pressupõem adequadamente o contratado (...)",[44] ainda quando ignoradas pelas partes. São circunstâncias que sem elas não se atingiria a finalidade do contrato ou o fim visado pelos contraentes, fazendo com que a manutenção do contrato não tivesse sentido, finalidade ou objeto.

Se a base subjetiva não se realiza, adentra-se o terreno do erro, da configuração indevida da vontade, que se podem manifestar tanto nos motivos quanto no conteúdo da declaração e conduzir à nulidade do avençado.

Já, quando se cuida de bases objetivas têm-se em vista as circunstâncias que cercaram o contrato quando da sua conclusão. Se posteriormente tem lugar a transformação dessas circunstâncias, trazendo situações novas que não foram queridas e nem levadas em consideração pelas

42. Cf. Lúcia Ancona Lopes de Magalhães Dias, "A onerosidade excessiva e revisão contratual no direito privado brasileiro", in Wanderley Fernandes (coord.), *Fundamentos e Princípios dos Contratos Empresariais*, 1ª ed., 2ª tir., Série *GV Law*, São Paulo, Saraiva, 2009, pp. 327-332.

43. Karl Larenz, *Base del Negocio Jurídico y Cumplimiento de los Contratos*, trad. de Carlos Fernández Rodríguez, Madri, Editorial Revista de Derecho Privado, 1956, p. 37.

44. Idem, ibidem (tradução nossa).

partes quando acordaram o negócio, pode ocorrer que o fato de se cumprir o contrato nas condições originalmente acordadas "perca totalmente o seu sentido e tenha conseqüências diferentes daquelas previstas pelas partes ou que deveriam razoavelmente prever (...)".[45]

Neste caso, quando circunstâncias supervenientes alterem o contratado, de tal forma que o equilíbrio das prestações se transmude em quimera, traduzindo-se em enriquecimento indevido para uma das partes e em impossibilidade econômica para a outra, impõe-se a revisão das bases negociais, de molde a restaurar o equilíbrio rompido. Conforme a tese, todavia, não se exige a imprevisibilidade – e é com este perfil que advém acatada na legislação consumerista.

(b.5) *A teoria da onerosidade excessiva* – Esta, a par da imprevisibilidade, aduziu como requisito que também tenha lugar o desequilíbrio econômico do contrato, traduzido em onerosidade excessiva para uma das partes.

2.2.4.3.2 A revisão perante o Código Civil de 2002

Perante o Código Civil de 2002 não se pode falar em revisão quando as circunstâncias novas derivem de riscos previsíveis ou que poderiam ser previstos quando da celebração do contrato.

Se tais riscos constituem uma *implied condiction* do contratado, sua concretização não pode ser invocada pela parte para se liberar da obrigação devida, ainda que presente o desequilíbrio econômico, acarretado por circunstâncias supervenientes.

Tem este teor a norma do art. 317, *in verbis*: "Quando, por motivos imprevisíveis, sobrevier desproporção manifesta entre o valor da prestação devida e o do momento de sua execução, poderá o juiz corrigi-lo, a pedido da parte, de modo que assegure, quanto possível, o valor real da prestação".

2.2.4.3.3 Revisão e resolução do contrato

Paralelamente, sancionou-se o mesmo princípio do equilíbrio econômico do contrato na norma dos arts. 478 e ss. do CC/2002, facultando-se sua resolução quando a execução resulte desproporcional para o devedor.[46]

Todavia, não se confundam as espécies. No pedido de *revisão* o que a parte pretende é *a manutenção do contrato de forma menos gravosa* para a parte que, em virtude de circunstâncias extraordinárias, se vê impedida de cumprir a prestação que lhe incumbia. Na *resolução por onerosidade excessiva* o pedido é para que se *extinga o contrato*, não cabendo, aqui, que o juízo decida por sua preservação em termos menos onerosos. Tampouco pode o juiz no pedido de revisão decidir pela resolução. O que poderá fazer é conceder ou não o peticionado, tendo em vista que as causas de pedir, em um e outro pedido, são diversas.

Na revisão preserva-se o contrato. Na resolução pleiteia-se seu término, salvo se

45. Idem, p. 98.

46. Parte Especial, Livro I, "Do Direito das Obrigações", Título IV, "Dos Contratos em Geral", Capítulo II, "Da Extinção do Contrato", Seção IV, "Da Resolução por Onerosidade Excessiva":

"Art. 478. Nos contratos de execução continuada ou diferida, se a prestação de uma das partes se tornar excessivamente onerosa, com extrema vantagem para a outra, em virtude de acontecimentos extraordinários e imprevisíveis, poderá o devedor pedir a resolução do contrato. Os efeitos da sentença que a decretar retroagirão à data da citação.

"Art. 479. A resolução poderá ser evitada, oferecendo-se o réu a modificar eqüitativamente as condições do contrato.

"Art. 480. Se no contrato as obrigações couberem a apenas uma das partes, poderá ela pleitear que a sua prestação seja reduzida, ou alterado o modo de executá-la, a fim de evitar a onerosidade excessiva."

o réu oferecer condições mais eqüitativas, facultando ao autor o cumprimento do acordado. Mas, aqui, a oferta parte do *réu*, interessado em manter o contrato, e não ao juízo assim decidir.

Já, diferentemente se dispõe quanto aos contratos unilaterais. Neste caso, sim, a parte que deve prestar pode formular pedido alternativo, na forma assinalada no art. 480 do CC/2002. A hipótese, porém, *não é de revisão, mas de resolução com pedido alternativo*, e não tem lugar perante os contratos bilaterais.

A par disto, na resolução prevista no art. 479 do CC/2002 – como preleciona Arruda Alvim[47] – não basta que seja "apenas excessiva a onerosidade, de um lado, do devedor": é necessário que a esta onerosidade excessiva corresponda uma *vantagem extrema para o credor*. "E, mais ainda, dispõe o texto que isso deverá ter ocorrido em virtude de *acontecimentos extraordinários*, isto é, que fogem à regra do ordinário, e, ademais, imprevisíveis (...)."

Se estas circunstâncias extraordinárias eram previsíveis, não se pode invocar a teoria. Como bem coloca Roppo, "a lei só os protege contra as circunstâncias que representam matéria de riscos absolutamente anômalos, como tais subtraídos à possibilidade de razoável previsão e controlo dos operadores. (...) a lei tutela o contraente face aos riscos anormais, que nenhum cálculo racional econômico permitiria considerar; mas deixa a seu cargo os riscos tipicamente conexos com a operação, que se inserem no andamento médio daquele dado mercado (...)".[48]

2.2.4.3.4 A resolução por onerosidade excessiva no Código Civil de 2002

Aqui, diversas são as teses a justificar a resolução:

(a) A imprevisão, a onerosidade excessiva e a extrema vantagem do art. 478 do CC/2002

Num primeiro momento, seguindo-se a lição de Arnaldo Rizzardo,[49] aplicar-se-ia a *teoria da imprevisão*, a admitir a resolução do negócio ou sua revisão quando a prestação, em virtude destes acontecimentos imprevisíveis e extraordinários, se tornasse *excessivamente onerosa*. Mas, como denuncia, *não basta a oneração do contraente, exigindo-se, em contrapartida, um benefício ou vantagem injustificado para a contraparte*. Isto é, o enriquecimento sem causa de uma parte em detrimento da outra.

Assim, nosso Código Civil de 2002, neste ponto, não acatou a teoria objetiva das bases negociais.

Na lição de Karl Larenz,[50] tanto na revisão quanto na resolução – lembramos – ter-se-ia a alteração das bases negociais objetivas[51] sem culpa do devedor, afastando o equilíbrio econômico resultante da equivalência das prestações.

Perante esta teoria, a mudança nas condições existentes quando da celebração do contrato bastaria para autorizar a revisão. Não se exige resulte de acontecimentos extraordinários e imprevisíveis. Tampouco que se traduza por onerosidade ex-

47. Arruda Alvim, "Função social do contrato", *RF* 371/70.

48. Enzo Roppo, *Contratos*, cit., p. 262.

49. Arnaldo Rizzardo, *Contratos*, 6ª ed., Rio de Janeiro, Forense, 2006, p. 281.

50. Karl Larenz, *Base del Negocio Jurídico y Cumplimiento de los Contratos*, cit., pp. 7 e ss., pela evolução da teoria, e pp. 225 e ss., pelas conclusões.

51. Nas palavras de Larenz (*Base del Negocio Jurídico y Cumplimiento de los Contratos*, cit., p. 37), entende-se por "base negocial objetiva do contrato" aquele conjunto de circunstâncias que cercavam o contrato quando da sua celebração e cuja "existência e persistência" é pressuposto necessário do contrato, "já que sem ele o contrato não teria sentido, fim ou objeto". Já, as bases subjetivas dizem respeito à representação mental que as partes têm quando da realização do contrato. Sua falta denuncia a existência de um vício na formação da vontade, que pode levar à sua anulabilidade.

cessiva ou que implique vantagem ou benefício indevido para a outra parte.

Mas para a resolução, tal como regulada no atual Código Civil (art. 478), o desequilíbrio entre as prestações não é suficiente. A par da onerosidade excessiva, tornando o contrato iníquo para uma das partes, da imprevisibilidade e do fato extraordinário, exige-se que isto se traduza em "extrema vantagem" para a contraparte – posicionamento bem criticado por Lúcia Ancona Lopez de Magalhães Dias.[52]

Com este modo de ver, aproximar-se-ia da teoria da imprevisão nos moldes acatados pelo Código Civil italiano de 1942. Porém, dela se afasta na medida em que exige a extrema vantagem para a contraparte.

(b) A norma do art. 480 do CC/2002 e a teoria da alteração das bases negociais

Já, na norma do art. 480 do CC/2002, quando se admite a possibilidade da resolução por onerosidade excessiva (igualmente a revisão) no terreno dos contratos unilaterais, não se exige mais a extrema vantagem (pelo menos no entendimento de Rizzardo[53]).

Como a solução é exceptiva (contratos *unilaterais*), a interpretação é restrita. A assim ser, igualmente o requisito da imprevisibilidade não lhe seria aplicável.

Se vingar esta tese, quiçá a melhor explicação, aqui, seria a da alteração das bases objetivas, tal como preconizado por Larenz. Resta ver o entendimento da jurisprudência e dos estudiosos.

2.2.4.3.5 Conclusões no tópico

Mas, de qualquer forma, afastar a imprevisibilidade do núcleo do conceito favorece aos imprudentes, aptos a "jogar com a sorte", dada a eventualidade da probabilidade de mudanças nem sempre favoráveis.

Assim pode ocorrer, *v.g.*, nos contratos de empréstimos quando as prestações a cargo dos mutuários, por circunstâncias imprevisíveis, possam se tornar excessivamente onerosas, compelindo seu prestador, por impossibilidade, ao inadimplemento. Não deve ter lugar, todavia – e assim pensamos –, quando tais circunstâncias poderiam ser previstas no momento da contratação.

2.2.4.3.6 Resolução do contrato por onerosidade excessiva e lesão

A resolução por onerosidade excessiva tem lugar, como afirmado, nos contratos de duração continuada ou diferida[54] quando a prestação se torna por demais onerosa para uma das partes, prejudicando o equilíbrio econômico do contrato.

Mas não se confunda a situação com aquela prevista na norma do art. 157 do CC/2002. Neste caso cuida-se de lesão, circunstância em que a desproporção tem lugar no próprio *momento da formação do contrato*. *In casu*, o excesso indevido deriva de vício da vontade, facultando a anulação do acordado. Na resolução (como também na revisão) o *desequilíbrio* entre as prestações surge posteriormente, *quando da execução* do contrato.

2.2.5 *O princípio da relatividade dos contratos*

Este princípio atua no terreno dos efeitos dos contratos, isto é, da sua eficá-

52. Lúcia Ancona Lopes de Magalhães Dias, "A onerosidade excessiva e revisão contratual no direito privado brasileiro", cit., in Wanderley Fernandes (coord.), *Fundamentos e Princípios dos Contratos Empresariais*, 1ª ed., 2ª tir., pp. 338, 354 e 355.

53. Arnaldo Rizzardo, *Contratos*, cit., 6ª ed., p. 284.

54. *Contratos de execução diferida* são aqueles em que a execução das prestações é remetida para um momento posterior. Não se confunda a modalidade, *v.g.*, com a compra e venda a prazo, em que o pagamento é deferido para um momento posterior.

cia, que somente diz respeito à relação entre as partes, não aproveitando e nem prejudicando terceiros. Perante os terceiros o contrato é *res inter alios acta, aliis neque nocet neque prodes*.

A regra é a de que o regulamento contratual estabelecido somente atinge as partes, não se estendendo a terceiros. E esta relatividade diz respeito igualmente ao objeto, posto que somente afeta as coisas que caracterizam a prestação.[55]

Esta a regra geral. E as exceções devem advir expressas em lei.

Todavia, quando se tem em vista a função social dos contratos, o Direito tem em vista não só seus efeitos no âmbito das relações entre as partes, mas, igualmente, seus reflexos sobre a sociedade.[56] Razão pela qual se atribui aos terceiros o direito de obstar a quaisquer reflexos "danosos e injustos" que lhes sejam carreados pelo contrato quando este se desvie de sua "natural função econômica e jurídica".[57]

Por outro lado, independentemente do apelo à função social, aceitando-se que o contrato, como operação econômica, seja valorado conforme o que seja apreciável economicamente dentro do contexto socioeconômico em que está inserido, é natural que sua disciplina seja avaliada conforme esse mesmo contexto. Assim, por exemplo, práticas que importem concorrência desleal serão vedadas, por atingirem os terceiros concorrentes. Assim, nesta situação esmaece a força deste princípio, e o contexto socioeconômico advém como limite ao poder dispositivo das partes.

Outro exemplo deste alcance, em virtude de disposição legal, é o que ocorre nos contratos de consumo quando, em que pese ao fato de o fabricante ou o importador não terem participado da relação imediata estabelecida entre o fornecedor e o usuário, estes podem vir a ser acionados pelo consumidor final quando, ocorra, por exemplo, um acidente de consumo.

No Direito Alemão fala-se em *Vertrag mit Schutzwirkung zugunsten Dritter*, circunstâncias em que, graças à *atuação da jurisprudência*, um terceiro pode, no lugar de uma das partes, ter uma ação, decorrente do contrato, contra os contratantes, embora dele não tenha participado. Isto, porém, desde que prejudicado pelo contrato. Se o contrato foi celebrado em prejuízo de terceiro, é lídimo que este, como titular do direito subjetivo violado, se insurja contra o contratado.[58]

Nestas circunstâncias o princípio da relatividade das convenções é afastado.[59]

2.2.6 *Situações no Direito anterior em que se afastava o princípio da relatividade*

Orlando Gomes, independentemente do apelo ao princípio da função social, distinguia três classes de terceiros que podem ser afetados pelos efeitos dos contratos, situação em que se ressalta a noção de *oponibilidade*: "(1º) os que são estranhos ao contrato, mas participantes do interesse, cuja posição jurídica é subordinada à da parte, como os subcontratantes e o mandatário; (2º) os que são interessados, mas têm posições independentes e incompatíveis com os efeitos dos contratos; (3º)

55. Assim Orlando Gomes, *Contratos*, 19ª ed., Rio de Janeiro, Forense, 1999, p. 44.

56. Cf. Theodoro Jr., *O Contrato e sua Função Social*, cit., p. 29.

57. Idem, p. 30.

58. Cf. Enzo Roppo, *Contratos*, cit., pp. 130-131.

59. "Beim Vertrag mit Schutzwirkung zugunsten Dritter (VSD) wird das Relativitätsprinzip des Vertragsrechts durchbrochen: Ein Dritter erhält einen Anspruch aus Vertrag, ohne Vertragspartei zu sein, weil er anstelle einer der Vertragsparteien geschädigt ist (...)" (Moritz, "Trainer Zivilrecht", disponível em *http://bgb.jura.uni-hamburg.de/agl/agl-schutzwirkung.htm*). V. também Hans-Bernd Schäfer, "Efficient third party liability of auditors in tort law and in contract law", *Second International Conference on Law and Economics*, held at the University of St. Gallen/Switzerland 29.6.2007 (disponível em *http://ssrn.com/abstract=1137886*).

os que são normalmente indiferentes ao contrato, mas podem ser legitimados a reagir quando sofram particular prejuízo dos efeitos do mesmo contrato contra os credores".

Há, portanto, situações em que os efeitos do contrato atingem a esfera jurídica de terceiros, facultando-lhes, embora não sejam partes, valer-se do regulamento contratual adrede estabelecido, na tutela de seus direitos.

Mas, da mesma forma que os terceiros podem sofrer lesões de fato em virtude do contratado, é igualmente possível que possam ser por ele beneficiados.

Neste terreno dos efeitos externos dos contratos, Caio Mário da Silva Pereira[60] assinala as estipulações em favor de terceiro, modalidade na qual destinatário da estipulação é um terceiro que dela não participou.

Assim, por exemplo, o seguro de vida quando o beneficiário não é o segurado, situação em que, inclusive, o segurado tem ação direta contra a seguradora para haver a indenização devida. Ainda dentro dessa hipótese, destaca as doações modais, circunstâncias em que o donatário se obriga para com o doador a executar um encargo em favor de pessoa determinada ou indeterminada.

Neste ponto, sobreleva ressaltar que, embora o terceiro possa recusar o benefício que lhe foi dirigido, nem por isto se afasta o caráter contratual da estipulação, pois, conforme afirma: "A doutrina moderna está assente em que o fato só da estipulação, independentemente da intervenção ou anuência do terceiro, é o que dá origem aos direitos a estes destinados (...)".

E esta já era a orientação do Direito anterior ao Código Civil/2002, circunstâncias em que, independentemente do apelo ao princípio da função social do contrato, o titular do direito subjetivo violado pode insurgir-se contra o contratado, pleiteando a justa reparação.

60. Caio Mário da Silva Pereira, *Instituições de Direito Civil*, v. III, Rio de Janeiro, Forense, 1970, pp. 107 e ss.

3. A tendência à uniformização. A integração e o direito comunitário

3.1 Contexto

Já mencionamos, por mais de uma vez, a nova tendência do Direito Europeu no sentido de criar um quadro geral de referência (*Common Frame of Reference/ CFR*) contendo, a par de uma estrutura comum, definições e princípios a serem acatados uniformemente pelos diversos Estados-membros.

A finalidade é obter uma lei comum para o direito europeu dos contratos,[61] de molde a harmonizar as diversas leis existentes.

A idéia é a de que não somente este quadro possa influenciar as legislações nacionais e os projetos de leis, como os aplicadores do Direito das diversas Cortes nacionais. Isto sem deixar de lado a possibilidade de constituir um modelo para práticas futuras e, igualmente, um texto didático comum para as Universidades européias.[62]

Paralelamente, verifica-se em que medida as diversas diretivas singulares estão atuando perante a disciplina legal preexis-

61. Cf. Angelika Fuchs, "A Common Frame of Reference – How should it be filled?", p. 99, disponível em *http://ec.europa.eu/consumers/cons_int/safe_shop/fair_bus_pract/cont_law/stakeholders/5-18.pdf*: "Following the Communication on European Contract Law of July 2001, the European Commission adopted a further Communication in february/2003 entitled 'A More Coherent European Contract Law – An Action Plan". 2. This is considered to be a further step in the ongoing discussion on developments in european contract law. One of the key measures proposed in the Action Plan is the elaboration of a Common Frame of Reference. In order to increase coherence in the contract law acquis, the Common Frame of Reference should provide a common terminology (*e.g.*, contract, damages) and rules (*e.g.*, non-performance of contracts)".

62. Idem, p. 100.

tente e de que maneira seu acatamento no Direito nacional poderia interagir com as regras gerais nacionais sobre contratos.[63]

Aliás, a tendência não é só a de harmonizar o direito dos contratos, mas, inclusive, o Parlamento Europeu pensa em redigir um Código Comum Europeu de Direito Privado.[64]

3.2 A contribuição dos diversos institutos

Vale mencionar, ainda, nesta tendência para a uniformização, os esforços anteriores levados a feito no âmbito do direito internacional privado e expressos no Tratado de Roma de 1980 sobre a lei aplicável às obrigações contratuais. Na linha destes esforços ressalta-se, ademais, a uniformização em um texto datado de 1998 dos princípios gerais do direito dos contratos europeu, levado a feito pela Comissão de Direito Europeu dos Contratos.[65]

Por final, igualmente merecem menção os trabalhos do UNIDROIT/Instituto Internacional para a Unificação do Direito Privado, por meio de sucessivas convenções internacionais sobre contratos comerciais diversos.[66]

Com isto, ao que parece, retornamos ao antigo sonho medieval de uma *Lex Mercatoria*, propondo uma regulação única uniforme, adequada ao cosmopolitismo do direito comercial (direito empresarial no Brasil) e à sua tendência para a uniformização.

Acrescentam-se as diversas Diretivas da União Européia, cujo objetivo, conforme o relatório, é o de "harmonizar vários aspectos do direito privado (...)". E. para tanto: "Algumas Diretivas estabelecem normas específicas sobre a conclusão dos contratos, sobre a forma e o conteúdo de uma oferta e sua aceitação, bem como sobre a execução de um contrato, vale dizer, sobre as obrigações das partes contraentes". A par disto, ainda: "Numerosas Diretivas especificam detalhadamente o conteúdo das informações fornecidas às partes nas diversas fases da contratação, particularmente na fase precedente à conclusão do contrato", enquanto: "Outras Diretivas fixam os direitos e deveres das partes contraentes tendo em vista a execução dos contratos, quando esta seja insuficiente ou não ocorra (...)".[67]

Alerta-se que não ficou de lado a disciplina da oferta mediante meio eletrônico; e tampouco a tutela dos consumidores, principalmente nas relações transfronteiras.

4. *A interpretação dos negócios empresarias à luz da unificação obrigacional. Conclusões*

4.1 Permanência da realidade técnica econômica particular das relações comerciais

A realidade técnica particular da atividade hoje denominada empresarial não deixou de existir tão-somente pelo fato da unificação obrigacional.

Como bem alerta Paula Forgioni, "um idealismo ingênuo e exagerado em torno de 'novos dogmas' não pode cegar o intér-

63. Idem, p. 102.

64. Cf. "Comunicazione della Commissione al Consiglio e al Parlamento Europeo sul Diritto Contrattuale Europeo", disponível em *http://eur-lex.europa.eu/LexUriServ/site/it/com/2001/com2001_0398 it01.pdf*, p. 2.

65. V. "The principles of European Contract Law 1998, Parts I and II (Parts I and II Completed and Revised), European Union", disponível em *http://www.jus.uio.no/lm/eu.contract.principles.1998/doc.html*.

66. *V.g.*: *Convention Relating to a Uniform Law on the International Sale of Goods* (The Hague, 1964); *Convention Relating to a Uniform Law on the Formation of Contracts for the International Sale of Goods* (The Hague, 1964), *International Convention on Travel Contracts* (Brussels, 1970); *Convention on Agency in the International Sale of Goods* (Geneva, 1983); *Convention on International Financial Leasing* (Ottawa, 1988); *Convention on International Factoring* (Ottawa, 1988).

67. "The principles of European Contract Law 1998, ..., cit., disponível em *http://www.jus.uio.no/lm/eu.contract.principles.1998/doc.html*, p. 8.

prete a ponto de fazê-lo aplicar açodadamente textos normativos de abrangência geral (ou mesmo de inspiração consumerista) a contratos empresariais, desconsiderando sua especificidade em relação aos contratos de natureza diversa".[68]

É necessário não esquecer que o contrato – como preconiza Roppo[69] – é o *instrumento básico técnico-jurídico da circulação de bens ou de riquezas*, e é nesta função econômica que reside a razão da sua criação. Basta lembrar a lição já clássica de Messineo[70] quando distingue a causa em sentido objetivo, para frisar que esta é a função econômica social.

Conforme a tese, acatando a teoria objetiva, que seria a acolhida pelo legislador italiano, todo negócio jurídico cumpre uma função econômica e social que é reconhecida pelo ordenamento jurídico como relevante para os fins a que se propõe. Esta função, apreciada conforme um critério teleológico, é o que se conceitua como *causa* em sentido objetivo.

Com este teor, não se confunde, do ponto de vista subjetivo, com o *motivo*, a razão individual que leva alguém a contratar, posto que esta seja irrelevante para o Direito. O motivo somente interessa enquanto motivo típico, ou causa função, ou causa objetiva. Isto é, enquanto própria à categoria legal de que se serve e que, na tese de Messineo, se confunde com a noção concreta funcional do conteúdo do negócio.

Neste caso, a noção de *causa* identifica-se com a função econômica social, enquanto resultado objetivo que as partes visam a atingir (deixando de lado a finalidade subjetiva).

Com esta configuração, ela é concebida como a finalidade que surge como elemento diferenciador dos diversos tipos de negócios, posto que cada um tem uma causa típica, que é inconfundível com a dos demais e que é constante em todos os negócios da mesma categoria.

Assim, nos negócios de alienação a causa típica e constante em todos é a transferência da propriedade; na permuta, a troca de bens em função de seu valor de uso; na locação de coisas, a troca de uso do bem pela sua medida de valor; no comodato, a cessão gratuita e temporária do uso de um bem; no seguro, a pulverização ou disseminação do risco – e assim por diante.

O contrato, quer como roupagem de uma operação econômica, quer como instrumento jurídico, tem um conteúdo constante, a saber: o de ser o centro da vida dos negócios, mediante a composição de interesses inicialmente opostos ou, pelo menos, não-coincidentes, os quais são combinados mediante o contrato, de modo a que cada um dos contraentes tenha sua prestação correspondida.[71]

Sob este ponto de vista, *contrato* – como assevera Orlando Gomes – é todo acordo de vontade destinado a constituir uma relação jurídica de natureza obrigacional, com eficácia patrimonial.[72]

4.2 A capacitação profissional do empresário e as leis que tutelam sua atividade

É certo que não se pode qualificar o empresário como hipossuficiente. Mas é igualmente certo que há empresários em situação de submissão numa contratação. Mas isto pode ser resolvido pelas leis que reprimem o abuso de poder econômico, a concorrência desleal e outros que tais, como bem alerta Paula Forgioni.[73]

68. Paula Forgioni, "Interpretação dos negócios empresariais", cit., in Wanderley Fernandes (coord.), *Fundamentos e Princípios dos Contratos Empresariais*, 1ª ed., 2ª tir., p. 80.

69. Enzo Roppo, *Contratos*, cit., pp. 7-15.

70. Francesco Messineo, *Dottrina Generale del Contrato*, cit., 3ª ed., pp. 69 e ss.

71. Idem, p. 19.

72. Orlando Gomes, *Contratos*, cit., 19ª ed., p. 12.

73. Paula Forgioni, "Interpretação dos negócios empresariais", cit., in Wanderley Fernandes (coord.), *Fundamentos e Princípios dos Contratos Empresariais*, 1ª ed., 2ª tir., p. 84.

Mas, ainda da lavra da mencionada professora,[74] é necessário não esquecer que a defesa do crédito é um dos sustentáculos de uma economia de mercado.

Por outro lado, quem contrata tem a justa expectativa de perceber determinada contraprestação, sendo esta a razão pela qual contrata. Se assim não ocorre, não tem por quê contratar. Ora, na medida em que o resultado esperado não pode ser garantido, frustrando-se esta expectativa, inexistem, mais, razões para contratar. Impede-se, destarte, tenha lugar a função econômica essencial ao contrato, e com isto a tutela devida ao crédito é nenhuma. Se assim é, não há por que falar em economia de mercado, e o contrato como instrumento de circulação de riquezas nada mais é que panacéia inútil.

Por tal razão, a aplicação dos princípios gerais, consubstanciados atualmente no Código Civil, não pode ser vista, quando no terreno dos contratos empresariais, sob a poética luz da tutela ao menos favorecido.

Se existem dúvidas ou obscuridades, estas devem ser supridas conformes os usos e costumes usuais daquela prática negocial, e não conforme a subjetividade particular do julgador, no afã de tutelar – em nome, *v.g.*, da função social ou do que entenda, particularmente, por boa-fé – a parte, no seu ver, menos favorecida.

O respeito ao princípio *pacta sunt servanda* e a execução do contratado conforme a prática do comércio (ou dos empresários) naquela modalidade devem prevalecer, sob pena de se destruir a instituição contrato como instrumento de circulação de riquezas, dada a ausência de segurança jurídica.

Ainda, convém lembrar que alguns dos princípios hoje abrigados no Código Civil de 2002 já eram objeto de previsão no vetusto Código Comercial, como mencionado acima, quando invocamos seus arts. 131, 1, e 133. Isto é, reafirmamos o recurso à boa-fé e aos usos e costumes.

74. Idem, ibidem.

E nem se diga que o direito comercial não cogitou da *boa-fé objetiva*.

Repetimos que já nos idos dos anos 70, quando cuidamos da integração dos contratos comerciais,[75] a ela nos reportamos, denunciando que o juiz, na sua tarefa integradora, deveria se reportar ao comportamento das partes durante e após a contratação.

Já então era ela vista não somente como uma postura subjetiva, mas como um dado de fato decorrente da realidade da contratação. Vale dizer: um comportamento socialmente reconhecido como correto. Com este teor, igualmente, o recurso aos usos e costumes próprios daquela modalidade negocial na praça em que eram celebrados. Vale a pena lembrar que a confiança sempre foi a mola-mestra do comércio, e que esta era aferida em virtude do comportamento do agente.

Lembramos, outrossim, que a norma do art. 131, 5, já predispunha uma regra de interpretação mais favorável a quem, então, se denominava "devedor". Vale dizer: a menos gravosa para o obrigado – e, no contrato de adesão, em regra quem adere se encontra nesta situação.

Quanto ao instituto da lesão, este igualmente já vinha previsto no nosso Código Comercial de 1850, art. 220, vedada sua atuação quando se cuidasse de comerciantes. E a norma tinha razão de ser, tendo em vista cuidar-se de relações entre profissionais igualmente habilitados. Se não tem a devida habilidade, não escolhesse a atividade empresarial.

Vale aqui o brocardo popular de que: "Quem não tem competência não se estabelece".

Bibliografia

ARRUDA ALVIM, José Manoel de. "Função social do contrato". *RF* 371/70 e ss. Rio de Janeiro, Forense.

BETTI, Emilio. *Teoria Geral do Negócio Jurídico*. t. I. Coimbra, Coimbra Editora, 1969.

75. Vera Helena de Mello Franco, *A Integração dos Contratos em Direito Comercial*, cit.

DIAS, Lúcia Ancona Lopes de Magalhães. "A onerosidade excessiva e revisão contratual no direito privado brasileiro". In: FERNANDES, Wanderley (coord.). *Fundamentos e Princípios dos Contratos Empresariais*. 1ª ed., 2ª tir. Série *GV Law*. São Paulo, Saraiva, 2009 (pp. 325-389).

EISENBERG, Melvin. "The theory of efficient breach and the theory of efficient termination". Disponível em *http://repositories.cdlib.org/berkeley law econ/spring2004/14*.

FERNANDES, Wanderley (coord.). *Fundamentos e Princípios dos Contratos Empresariais*. 1ª ed., 2ª tir. Série *GV Law*. São Paulo, Saraiva, 2009.

FERREIRA, Renato Luís Bueloni. "Contratos empresariais: algumas considerações sobre sua autonomia". Disponível em *http://blog.fmbadv.com.br/2007/09/24/contratos-empresariais-algumas-consideracoes-sobre-sua-autonomia*.

FORGIONI, Paula. "Interpretação dos negócios empresariais". In: FERNANDES, Wanderley (coord.). *Fundamentos e Princípios dos Contratos Empresariais*. 1ª ed., 2ª tir. Série *GV Law*. São Paulo, Saraiva, 2009 (pp. 77-155).

FRANCO, Vera Helena de Mello. "A função social da empresa". *Revista do Advogado* 96/125-136.

______. *A Integração dos Contratos em Direito Comercial*. Pioneira, 1979.

______. *Contratos (Direito Civil e Empresarial)*. São Paulo, Ed. RT, 2009.

FUCHS, Angelika. "A Common Frame of Reference – How should it be filled?". P. 99. Disponível em *http://ec.europa.eu/consumers/cons_int/safe_shop/fair_bus_pract/cont_law/stakeholders/5-18.pdf*.

GOMES, Orlando. *Contratos*. 19ª ed. Rio de Janeiro, Forense, 1999.

HESSELINK, Martijn W., MAK, Chantal, e RUTGERS, Jacobien W. "Constitutional aspects of european private law, freedoms, rights and social justice in the Draft Common Frame of Reference, June 2, 2009". Disponívem em *http://papers.ssrn.com/sol3/papers.cfm?abstract_id=1413089*.

LARENZ, Karl. *Base del Negocio Jurídico y Cumplimiento de los Contratos*. Trad. de Carlos Fernández Rodríguez. Madri, Editorial Revista de Derecho Privado, 1956.

LOPES, Teresa Ancona. "Princípios contratuais". In: FERNANDES, Wanderley (coord.). *Fundamentos e Princípios dos Contratos Empresariais*. 1ª ed., 2ª tir. Série *GV Law*. São Paulo, Saraiva, 2009 (pp. 33-74).

MAK, Chantal, HESSELINK, Martijn W., e RUTGERS, Jacobien W. "Constitutional aspects of european private law, freedoms, rights and social justice in the Draft Common Frame of Reference, June 2, 2009". Disponívem em *http://papers.ssrn.com/sol3/papers.cfm?abstract_id=1413089*.

MESSINEO, Francesco. *Dottrina Generale del Contrato*. 3ª ed. Milão Dott. A. Giuffrè Editore, 1948.

MOZOS, José Luiz de los. *El Principio de la Buena Fe*. Barcelona, Bosch, 1963.

PEDEN, Elisabeth. "'Implicit Good Faith' – Or do we still need an implied term of good faith?". Social Science Research Network Electronic Library. janeiro/2009 (disponível em *http://ssrn.com/abstract=1326690*).

PEREIRA, Caio Mário da Silva. *Instituições de Direito Civil*. vol. III. Rio de Janeiro, Forense, 1970.

RIZZARDO, Arnaldo. *Contratos*. 6ª ed. Rio de Janeiro, Forense, 2006.

ROPPO, Enzo. *Contratos*. Coimbra, Livraria Almedina, 1988.

RULL, Ariadna Aguilera. "Prohibición de discriminación y libertad de contratación". Barcelona, fevereiro/2009. *InDret REVISTA PARA ELWWW. INDRET.COM ANÁLISIS DEL DERECHO* (disponível em *http://ssrn.com/abstract=1368176*).

RUTGERS, Jacobien W., HESSELINK, Martijn W., e MAK, Chantal. "Constitutional aspects of european private law, freedoms, rights and social justice in the Draft Common Frame of Reference, June 2, 2009". Disponívem em *http://papers.ssrn.com/sol3/papers.cfm?abstract_id=1413089*.

SHAVELL, Steven. "Is breach of contract immoral?". In: *The Social Science Research Network Electronic Paper Collection* (disponível em *http://ssrn.com/abstract= 868592*).

SZTAJN, Rachel. "Função social do contrato e direito de empresa". *RDM* 139/29-49. São Paulo, Malheiros Editores, julho-setembro/2005.

THEODORO JR., Humberto. *O Contrato e sua Função Social*. Rio de Janeiro, Forense, 2003.

WALD, Arnoldo. "O interesse social no direito privado". *Revista do TRF-3ª Região* 77/129-148. Maio-junho/2006.

Doutrina

OS NOVOS HORIZONTES DO DIREITO CONCURSAL – UMA CRÍTICA AO CONTINUÍSMO PRESCRITO PELA LEI 11.101/2005

José Marcelo Martins Proença

1. A ambiência social revisitada e resgatada. 2. Do mercador ao mercado. 3. O novo direito concursal.

1. A ambiência social revisitada e resgatada

Michel Foucault afirmava, nos anos 60 do século XX, ser o homem uma invenção recente, por não se tratar nem do mais antigo nem do mais constante objeto da preocupação do saber. Parafraseando Foucault, arriscamo-nos a dizer que só recentemente os homens conscientizaram-se da importância da ambiência social, imprescindível à sua sobrevivência.

Curioso, realmente, que, a despeito da evolução do pensamento, nunca totalmente interrompida ao longo de milênios, e do acelerado avanço científico e tecnológico da primeira metade do século XX, só na segunda metade desse século a preocupação com as interações sociais e com o meio ambiente instalou-se, em moldes consistentes e generalizados, na consciência humana. Com efeito, só a partir dos anos 50 do século XX os homens parecem ter-se dado conta do seu destino gregário e da sua condição de habitantes de um Planeta do qual ainda não vêem a possibilidade de migrar.

No tocante à preservação ambiental, explica-se a percepção tardia da sua necessidade por terem sido os recursos naturais explorados sem medida ou planejamento, até sua atual escassez e ameaça de esgotamento. Paralelamente, a malbaratada intervenção do homem no Planeta surtiu maléficos efeitos sobre o clima e a atmosfera, colocando em xeque a própria sobrevivência da sua espécie.

Quanto à atenção para o social, sofreu a repressão do individualismo, do culto à personalidade, presentes, conquanto assumindo feição ideológica e intensidade diversas, em todos os períodos da história da Humanidade. Afinal, o homem é, por natureza, egoísta, provavelmente porque ilhado em sua trajetória biológica, vale dizer, solitário no nascimento e na morte.

Contribuiu, todavia, para retardar a valorização do social, prevalecendo, talvez, relativamente a outros fatores, a hegemonia da informação e do conhecimento detidos e resguardados, a ferro e fogo, pelas elites dominantes – a *intelligentsia*, as lideranças religiosas, os detentores do poder político e econômico.

Em socorro de similar argumento, não parece despropositado trazer à colação o mais conhecido romance do escritor italiano Umberto Eco, *O Nome da Rosa*, levado, inclusive, às telas dos cinemas, com enredo alocado numa abadia medieval cuja maior riqueza residia no cabedal de informação de sua biblioteca, a cargo, sintomaticamente, de um monge cego. Este vigiava o trabalho dos copistas e assassinava quantos se atrevessem a consultar e reproduzir textos considerados proibidos.

Em suma – quer demonstrar Umberto Eco –, a informação, o conhecimento, ameaçam o poder, impedindo-lhe o exercício hegemônico, incontrolado. Em contrapartida, propagando-se a informação, difundindo-se o conhecimento, o poder fragmenta-se, passa a ser compartilhado e, por conseguinte, controlado.

Neste passo, vale rever, embora só de passagem, os conceitos de *informação* e *conhecimento*, caracterizando-se aquela como um dado qualquer, um código levado ao ser humano pela Natureza ou por outro ser humano ou outros seres humanos. Decifrado o código, produz-se a informação, e esta, uma vez absorvida, vivenciada, forma o conhecimento. Segundo Platão, o conhecimento fundamenta-se numa crença verdadeira, porque justificada, donde sua intencionalidade; ou seja: enquanto a informação independe do sujeito a quem dirigida, o conhecimento demanda sua aceitação. Resumindo: a informação percebida, aceita e assimilada resulta em conhecimento.

Anote-se, agora, que tanto a informação quanto o conhecimento originam-se da comunicação, nela residindo o cerne da questão ora analisada. E nem se carece de erudição para reconhecer que a comunicação entre os seres humanos adquiriu lenta e gradual eficiência só a partir do século XX, intensificando-se nos anos seguintes à II Guerra Mundial.

Com efeito, Guttenberg aperfeiçoou a prensa móvel no século XV (1440), data tomada como marco inicial do desenvolvimento da imprensa, da comunicação pela palavra escrita. A despeito, no entanto, de algumas publicações pioneiras, como o sueco *Post-och Inrikes Tidningar*, de 1645, tido como o primeiro jornal do mundo, ainda em circulação, só mais de 300 anos depois, nos séculos XVIII e XIX, proliferam as publicações com o formato similar ao dos jornais contemporâneos. Aliás, os jornais sinalizam sua posição de principal ferramenta das comunicações e elemento de transformação da consciência das sociedades ocidentais a partir da Revolução Industrial, no século XVIII, a tal impulsionados pelas convulsões sociais, sediadas principalmente na Inglaterra, decorrentes da cruel exploração do trabalho humano, oferecido em massa, em virtude da migração dos camponeses para os centros urbanos, em busca dos empregos praticamente extintos nas grandes propriedades rurais. Apenas como referência cronológica, vale apontar o início da circulação do *Times* de Londres, 1785.

Cumpre assinalar, por indispensável ao desenvolvimento da argumentação em curso, as dificuldades da comunicação pela escrita, começando por observar que o papel era, até 1845, artigo de luxo, só então barateado seu custo, em virtude do uso da pasta de madeira para sua confecção. A partir daí começa, lenta e gradualmente, a popularização do livro, das revistas e, mesmo, dos jornais.

Paralelamente, o analfabetismo opôsse e ainda se opõe à propagação das idéias e à informação dos fatos por via da escrita. Destacando tão-somente alguns aspectos do problema, cabe principiar com a tardia laicização do ensino, primordialmente voltado até o século XIX, ao menos no Ocidente, para a formação religiosa – diretriz, convenha-se, nada propícia ao alargamento dos horizontes da informação e, portanto, do conhecimento. Neste diapasão a oportuna advertência de Paulo Freire, nosso mundialmente conceituado educador: "A leitura do mundo precede a leitura da palavra, daí que a posterior leitura desta não possa prescindir da continuidade da leitura daquele". E explica, ele mesmo, que alfabetização e conscientização jamais se separam, pois todo aprendizado demanda a tomada de consciência, por parte do educando, da sua realidade. Encerrando este ponto, é importante relembrar que um de cada cinco adultos no mundo ainda é analfabeto.[1]

No que tange à comunicação por via sonora, bem mais eficaz para a formação do conhecimento que a palavra escrita, pois mais ágil e capaz de atingir maior público, fez-se possível graças à radiofonia, cujos primeiros passos ocorreram no fim do século XIX. Aperfeiçoados os sistemas de transmissão, a chamada "era do rádio" instaura-se na década de 1920, e por volta de 30 anos os programas radiofônicos consistiam no meio mais rápido e de mais largo alcance para a informação e o entretenimento.

Embora a transmissão dos jogos olímpicos de Berlim haja ocorrido já em 1936, a televisão populariza-se somente na década de 1950, mas somente em 1962 inauguram-se as transmissões por satélite, uma conquista para as comunicações advinda da denominada *corrida espacial*, travada entre os Estados Unidos da América e a União Soviética ao longo dos anos 1950 e 1960. Finalmente, em 20.7.1969 milhões de telespectadores assistiram, em tempo real, à chegada do homem à lua.

Enfim, a partir da "era do rádio" as ferramentas de comunicação evoluíram em largos saltos, chegando, no final do século XX e princípio deste século, ao milagre da *Internet*, capaz de propiciar o contato audiovisual imediato entre pessoas que estejam a qualquer distância e em qualquer ponto do Planeta.

Em suma, a informação e, por conseguinte, o conhecimento massificaram-se, tornando quase impossível a ocultação, por parte dos detentores do poder, de fatos de interesse geral. Espraiou-se a informação, difundiu-se o conhecimento, os indivíduos perceberam os mecanismos do poder, e este se diluiu.

Outra vez parafraseando Foucault, só recentemente o conhecimento fez o homem eleger-se em principal objeto do seu próprio saber, levando-o, igualmente, a pensar a sociedade como um organismo do qual faz parte. E, assim como sabedor das catástrofes em que consistem as reações da Natureza às agressões ao meio ambiente, também percebeu as nefastas respostas das sociedades à forma como maltratadas as interações sociais, passando, então, a reivindicar dos governantes, mormente dos legisladores, medidas hábeis para a superação de similares impasses. É justamente nesse ponto que se insere a crítica à limitação subjetiva prescrita pela Lei 11.101/2005, ao continuísmo constante na Lei de Recuperação de Empresas e Falência, objeto do presente artigo.

Apenas num parêntese, não se afigura despropositado enxergar no homem dos nossos dias o arquétipo do *zoon politikon* aristotélico, não apenas um ser de vocação gregária, mas um ser político no mais amplo sentido, o habitante da *polis*, da cidade grega, a exemplo de Esparta e Atenas, bases da civilização ocidental. Repisando o ponto, graças à eficiência da comunicação, o homem contemporâneo tende a inserir na sua esfera de interesses pessoais, da sua família, da sua comunidade, da sua Nação, todo e qualquer fato vinculado à dinâmica societária, consciente de que, mediata ou imediatamente, virá interferir no seu cotidiano.

Oportuno afastar, neste passo, qualquer conotação ética, moral ou religiosa da argumentação acima, pois não se quer afirmar tenham os homens perdido qualquer traço de egoísmo, amando-se uns aos outros independentemente de credo, raça ou nacionalidade. Desmentindo similar visão ingênua, aí estão os conflitos religiosos, étnicos e de ordem econômica, assolando inúmeras regiões do Planeta.

1. No dia 8.9.2009, Dia Mundial da Alfabetização, a Organização para a Educação, Ciência e Cultura (Unesco), ligada à ONU, publicou um relatório sobre a situação mundial do analfabetismo, revelando que cerca de 4 bilhões de pessoas sabem ler e escrever mas, de outro lado, 20% da população mundial – ou seja, 875 milhões – ainda são constituídos de analfabetos.

Por outro lado, ainda medram, principalmente na órbita econômica, ações que denunciam a atualidade do *Leviatã* de Thomas Hobbes, ou seja, o homem ainda pode agir como lobo do próprio homem (*homo homini lupus*). Tome-se para exemplo o "golpe" da ordem de bilhões de Dólares, descoberto em 2008, concebido e aplicado por Bernard Madoff, ex-Presidente da NASDAQ, contra pessoas físicas e fundos de investimento. E, também nos Estados Unidos da América, a verdadeira pilhagem do mercado levada a efeito pelas empresas de crédito imobiliário por via de empréstimos hipotecários de alto risco que redundaram em generalizada inadimplência, funcionando como gatilho da atual crise financeira de proporções mundiais.

Em virtude da agilidade das comunicações, no entanto, a fraude de Madoff chegou ao conhecimento do mundo, servindo, com certeza, para alertar os investidores, freando-lhes a ganância da busca do lucro imediato e fácil.

No tocante à crise, foi alvo de medidas saneadoras adotadas, com presteza, pelos governos, o que – parece-nos – lhe impediu o avanço e a amplitude, como até se esperava, do desastre de 1929.

Em suma, longe se encontra a Humanidade do patamar da quinta-essência. Indubitavelmente, porém, à custa da informação, do conhecimento, adquire, embora lentamente, a consciência de que o indivíduo não se basta a si mesmo, é parte do organismo societário, dele dependendo sua sobrevivência, seu bem-estar – donde a necessidade de manter o equilíbrio das relações sociais, assim como se cuida da preservação do meio ambiente.

Interagindo permanentemente com a realidade social, *v.g.*, transformando-a e sendo por ela transformado, o Direito moderno, de tendência marcadamente publicista, espelha essa nova feição da consciência do homem contemporâneo.

Não por outro motivo, a publicização do Direito, hoje uma realidade, acompanhou, *pari passu*, a evolução – na verdade, revolução – na área das comunicações. Nesse sentido, observe-se que a discussão política acerca da proteção ao meio ambiente acentua-se na década de 1960, simultaneamente ao início das transmissões televisivas por satélite – em 1972, na cidade de Estocolmo, na Suécia, ocorre a I Conferência Mundial sobre o Meio Ambiente.

Em torno dessa mesma época os legisladores de vários países editam normas sobre a matéria, tratando de prevenir e reprimir as agressões ao clima, aos recursos naturais, à ecologia. No Brasil publica-se a Lei 6.938, em 31.8.1981, assentando a Política Nacional do Meio Ambiente.

No âmbito do direito civil o traço mais significativo desta comentada tendência publicista reside na função social atribuída à propriedade privada, gerando restrições impostas ao seu uso, gozo e fruição.

Harmonizando-se com o ordenamento constitucional instaurado em 1988, nosso novo Código Civil – Lei 10.406, de 10.1.2002 – condiciona o exercício do direito de propriedade às suas finalidades econômicas e sociais, vedando, a quem o detenha, o desrespeito ao meio ambiente bem como ao patrimônio histórico e artístico (§ 1º do art. 1.228). E vai mais longe o comentado estatuto, proibindo, expressamente, o uso da propriedade para ocasionar prejuízo a terceiros (§ 2º do mesmo artigo). Tais normas – vale frisar – inexistiam no Código de 1916, que se limitava, em seu art. 524, a assegurar os direitos do proprietário.

À guisa de mera ilustração do texto, oportuna a invocação da sabedoria dos romanos, traduzida no aforismo: *Dominium est jus utendi, fruendi, et abutendi re sua, quatenus juris ratio patitur* (enquanto a razão do Direito o permitir, "Domínio é direito de usar, gozar e abusar de sua propriedade"). Admirável, sem dúvida, a atemporalidade do ensinamento romano, quando se entende que a razão do Direito se coaduna com a razão social – ambas, hoje, claramente publicistas, no sentido de voltadas aos anseios e necessidades sociais.

E o direito comercial, cujos princípios e normas se atinham a um dos fatos sociais mais relevantes, a mercancia, não ficou alheio a tal orientação publicista: abandona seu feitio corporativista, atentando, hoje, para o mercado, e em função dele moldando seus ditames.

2. Do mercador ao mercado

Como acima afirmado, a atividade mercantil assumiu, sempre, papel social relevante, em princípio como fator de geração de riqueza e, conseqüentemente, de prosperidade, não só para o comerciante, mas para sua comunidade. Simultaneamente, contudo, o mercador, exercitando seu ofício, miscigenou culturas, patrocinou as artes – em resumo, promoveu, desde os mais remotos dias, o intercâmbio socioeconômico.

Figura lendária, o veneziano Marco Polo, que viveu entre meados do século XIII e início do século XIV, protagoniza bem a figura do mercador de seu tempo, um misto de comerciante, embaixador e aventureiro. A ele se devem, quiçá, as mais antigas e consistentes informações acerca da Ásia, eis que foi um dos pioneiros na exploração da "Rota da Seda", percurso de 7.000km entre a Península Itálica e o centro da China.

Oportuno referir, aqui, o papel das cidades italianas relativamente ao Renascimento, pois, controlando o comércio no Mediterrâneo, plantaram comunidades abastadas, dotadas de recursos hábeis para financiar e, portanto, atrair cientistas, artistas, filósofos.

Cronologicamente situado, pela maioria dos historiadores, entre os fins do século XIII e meados do século XVII, o Renascimento brotou na Toscana, ao menos sob o aspecto cultural, tendo como principais centros Florença e Siena, daí espraiando-se pela Península Itálica e pela Europa Ocidental. Recuperando os postulados da cultura greco-romana, traduziu-se em avanços culturais, econômicos e políticos, donde se entender que assinala o fim da Idade Média e o início da Idade Moderna.

Antes, contudo, visando a se libertar das amarras do direito canônico, inclinado a repudiar a mercancia, até pela norma do *Deuteronômio*, proibitiva da usura, os comerciantes uniram-se, criando sua própria dentre as conhecidas corporações medievais. Conquistaram, assim, tal poderio político que em algumas regiões os estatutos das corporações mercantis confundiam-se com as normas estatutárias das cidades. O fenômeno destacou-se nas prósperas cidades italianas, mormente Veneza, Florença e Gênova, e alcançou a Europa Ocidental, afirmando-se especialmente em territórios fragmentados, propícios à fragilidade dos soberanos.

Observe-se que os romanos não formataram, em moldes sistêmicos, normas voltadas à regulamentação do comércio, até por ser uma atividade exercitada, via de regra, por estrangeiros, tida como degradante e, por isso, vedada mesmo, em certa época, a senadores e patrícios.

Exatamente do cadinho de normas corporativas, informadas em práticas e costumes mercantis e integradas pela jurisprudência dos cônsules – juízes designados pelas corporações para dirimir questões de seu interesse –, emergiu o direito comercial, inicialmente focado no mercador, aquela pessoa filiada a uma corporação mercantil.

Em suma, nas cidades medievais, originadas e conduzidas à prosperidade em virtude de suas feiras, de seus mercados, situa-se o ponto de partida do que hoje consiste no direito comercial, defendido como um ramo autônomo do Direito, cujas normas de início assumem – e não poderia ser diferente – cunho subjetivista, porque direcionadas aos filiados às corporações.

Tal enfoque subjetivista do direito comercial manteve-se no período denominado *mercantilista* da história econômica, quando o comércio foi alçado à condição de principal atividade econômica, incumbida da expansão dos mercados produtores e consumidores de matéria-prima.

Adotada pela maioria das Monarquias européias, pois lhes permitiu o fortalecimento, a política econômica mercantilista ficou marcada na França pelas ações de Jean Batiste Colbert, superintendente das finanças de Luís XIV, tanto que denominada de *colbertismo* a vertente francesa do mercantilismo, caracterizada pelo estímulo às exportações e restrição às importações, em prol de uma balança comercial favorável.

Sob o comando de Colbert – anota o professor Rubens Requião –, publica-se, em 1673, o Código de Savary, considerado o primeiro Código Comercial moderno, com normas orientadas pelo subjetivismo, mas já caminhando em direção ao objetivismo.[2]

Fundada na teoria dos atos de comércio, a diretriz objetiva do direito comercial surge por força da diversificação dos negócios envolvidos na circulação da riqueza, merecendo referência especial a atividade dos bancos, as letras de câmbio, os seguros. O direito comercial desloca, então, seus comandos, da pessoa do comerciante para sua prática, consubstanciada nos atos definidos como "de comércio" – donde a assertiva de Giuseppi Ferri: "Comerciante não é mais aquele inscrito na *matricula mercatorum*, mas aquele que pratica, por profissão habitual, atos de comércio".[3]

A maioria dos doutrinadores considera definitivamente inaugurada a fase objetiva com a publicação do Código Napoleônico em 1807, cujas regras fundamentam-se, declaradamente, na teoria dos atos de comércio.

Não parece despropositado assinalar a influência do Liberalismo relativamente a essa comentada diretriz do direito comercial, pois tal revolução do pensamento, situada entre meados do século XVIII e ao longo do século XIX, resultou em profundas transformações sociopolíticas, servindo para retratá-las a Revolução Francesa, que – admita-se como referencial cronológico – se iniciou em 1789 com a queda da Bastilha. Realmente, os ideais iluministas de Voltaire, de Montesquieu e de Rousseau, principalmente deste último, construíram a bandeira política da Revolução Francesa, *Liberté, Egalité, Fraternité*. Contrapondo-se à origem divina do poder monárquico, Rousseau embasava a autoridade dos governantes num contrato socialmente firmado com os governados, pregando Montesquieu a tripartição dos Poderes estatais, medida hábil para impedir o arbítrio ilimitado do Executivo – no caso, o monarca absolutista. Enfim, afirmava-se a liberdade individual, pregando-se a limitação constitucional dos governantes e a igualdade de todos perante a lei, rechaçando-se as prerrogativas da Nobreza.

A tais ideais libertários fundiu-se o pensamento de economistas, Adam Smith e David Ricardo entre os mais conhecidos, atribuindo ao mercado capacidade de autorregulação – entendimento diametralmente oposto ao intervencionismo estatal peculiar ao mercantilismo.

A resposta do direito comercial, descamisando-se do corporativismo para alvejar, com suas regras, os atos de comércio, reflete o ideário liberalista político e econômico.

Como pedra-de-toque para delimitação do campo do direito comercial, no entanto, a teoria dos atos de comércio redundou, sempre, em verdadeiro calcanhar de Aquiles, em face da sua dificuldade conceitual. No dizer do professor Rubens Requião: "Para muitos autores essa dificulda-

2. Rubens Requião, *Curso de Direito Comercial*, 16ª ed., vol. 1, São Paulo, Saraiva, 1985, p. 11.

3. Giuseppe Ferri, *Diritto Commerciale*, Turim, UTET, 2006, p. 922.

de, se não impossibilidade, resulta diretamente na circunstância de não ser científica a *dicotomia* do direito privado, e, por isso, a distinção entre atos civis e atos comerciais seria sempre ilógica e não racional".[4]

Por não interessar, de perto, ao alvo da presente análise a delimitação do campo do direito comercial, vale passar, sem maiores indagações, da teoria dos atos de comércio para a moderna visão empresarial, acompanhando a lúcida conclusão da professora Paula A. Forgioni: "De um direito medieval de classe ligado à pessoa do mercador, passamos ao critério objetivo e liberal dos atos de comércio e, finalmente, à atividade da empresa. Urge estudá-la a partir do pressuposto de que sua atividade somente encontra função econômica, razão de ser, no mercado".[5] Conclui a autora: "Fomos 'do ato à atividade'. Agora, passamos ao reconhecimento de que a atividade das empresas conforma e é conformada pelo mercado. Enfim: 'ato, atividade, mercado'. Eis a linha de evolução do direito comercial".[6]

Embora ancorado o presente estudo na esfera normativa do direito comercial, vale abandonar as indagações a ela pertinentes, para enxergar o mercado sob o prisma mais vasto da economia, reconhecendo-lhe, como um todo, o caráter de instrumento do desenvolvimento social e, portanto, do bem-estar societário, do pleno exercício de cidadania. Com efeito, só um mercado próspero gera recursos para as medidas governamentais, e até para as ações privadas, voltadas à concretização dos direitos humanos ou do cidadão, nas áreas da saúde, educação, segurança pública, presteza e eficiência dos serviços públicos, principalmente da justiça, etc.

4. Rubens Requião, *Curso de Direito Comercial*, cit., 16ª ed., vol. 1, p. 12.

5. Paula Forgioni, *O Direito Comercial Brasileiro: da Mercancia ao Mercado*, tese apresentada para concurso de Professor Titular de Direito Comercial da Faculdade de Direito da USP, São Paulo, 2008, p. 104.

6. Idem, p. 105.

A propriedade privada, segundo ensina – e bem – o professor Fábio Konder Comparato, antes sempre justificada como forma de proteção do indivíduo e de sua família, provendo-lhes a sobrevivência e a subsistência, cedeu lugar a meios mais eficientes para tanto, como a garantia de emprego e salário justo, a previdência relativa à saúde, o subsídio à educação, à moradia, ao transporte, ao lazer.[7]

Por isso, o direito positivo consagra a função social da propriedade, inclusive e principalmente se ligada aos meios de produção. Sobre a matéria, procede invocar, novamente, as lições do professor Comparato: "Quando se fala em função social da propriedade não se indicam as restrições ao uso e gozo dos bens próprios. Estas últimas são limites negativos aos direitos do proprietário". Ao invés – esclarece o professor –, a expressão sob comento traduz-se, enquanto função, no poder conferido ao proprietário de vincular o bem a um certo objetivo que, dito social, conformar-se-á não ao seu interesse, próprio, mas ao da comunidade. E conclui: "(...) se se está diante de um interesse coletivo, essa função social da propriedade corresponde a um *poder-dever* do proprietário, sancionável pela ordem jurídica".[8]

Perseguindo a linha-mestra do raciocínio desde o princípio desenvolvido, urge afirmar, em boa companhia, ser a feição atual do Direito um reflexo do conteúdo da nova consciência humana, que, gerada pela amplitude e eficiência da informação, desvia a atenção da propriedade, como primeira e definitiva garantia do bem-estar individual e familiar, para a exigência de políticas públicas tendentes a assegurar a estabilidade e o desenvolvimento do mercado, em prol da melhoria do ambiente social. Nesse sentido a assertiva do professor Eros Grau, buscando o aval de von Ihe-

7. Fábio Konder Comparato, "Função social da propriedade dos bens de produção", *RDM* 63/73, São Paulo, Ed. RT.

8. Idem, p. 75.

ring: "O Direito, como observou von Ihering, existe em função da sociedade – e mais uma vez o repito –, existe em função da sociedade, e não a sociedade em função dele (...) é, o Direito, um nível da realidade social".[9]

A consciência social contemporânea, conforme aventado, atraiu o mercado e, por corolário, seus agentes para sua esfera de interesses; por isso, reivindicou e obteve do legislador normas hábeis para ensejar a recuperação financeira de empresas e empresários defrontados, circunstancialmente, com impedimentos à satisfação de suas obrigações com credores, sejam eles empregados, fornecedores, a Fazenda Pública ou instituições financeiras. Com efeito, as soluções meramente falimentares, hábeis para satisfazer os interesses de um grupo de credores, não servem ao mercado como um todo, eis que este deposita na atuação dos seus agentes o seu escopo maior.

Ao sabor de tais circunstâncias, o Direito abre espaço para a recuperação, judicial e extrajudicial, de agentes econômicos ameaçados de insolvência, em crise econômico-financeira, harmonizando-se, portanto, com a atual relevância sociopolítica do mercado e, por conseqüência, de seus agentes.

Compete, então, ao direito comercial – parafraseando a professora Paula Forgioni – "extrapolar suas fronteiras tradicionais, acentuando seu entremeio com a implementação de políticas públicas. Revela-se seu papel determinante na configuração das feições do mercado, indo além da mera disciplina da atuação dos agentes econômicos".[10]

Nessa esteira, não deve o direito comercial restringir-se, em suas disciplinas, à regulação da atividade empresária. Mais que isso, deve atentar para questões afetas a não-empresários, também atuantes no mercado, implicando a superação da discussão sobre a dicotomia entre direito civil e direito comercial.[11]

Decorrente dessas idéias e argumentos nota-se a tendência doutrinária de defender como correta a expansão subjetiva de aplicação da lei concursal.[12] Contudo, a

9. Eros Grau, *A Ordem Econômica na Constituição de 1988*, 4ª ed., São Paulo, Malheiros Editores, 1988, p. 182.

10. Paula Forgioni, *O Direito Comercial Brasileiro: da Mercancia ao Mercado*, cit., p. 110.

11. Antigas e, ao mesmo tempo, modernas são as discussões sobre a conveniência da unificação do direito privado. Argumentos de lado a lado se repetem no decorrer das décadas. Sem, evidentemente, ter a intenção de dissertar sobre o assunto, mas entendendo que os clássicos argumentos de Inglez de Souza serão úteis para defender a necessária alteração da legislação concursal brasileira, passa-se a transcrevê-los: "A desigualdade de tratamento de pessoas que exercem funcções sociaes de evidente analogia é um dos principaes inconvenientes da dichotomia do direito privado (...). Nosso sistema agricola, o trabalho dos estabelecimentos mais importantes, tem o feitio de uma especulação commercial e só em pormenores se distingue de qualquer manufactura, sem affectar a essencia mercantil do acto, que por preconceito se lhe nega" (*Projecto de Código Comercial*, pp. 5 e ss., *apud* Paula Forgioni, *O Direito Comercial Brasileiro: da Mercancia ao Mercado*, cit., p. 111).

12. "Según dispone el art. 1.1 LCon, 'la declaración de concurso procederá respecto de cualquier deudor sea persona natural o jurídica', es decir, respecto de todo deudor común, unificándose, así, el tratamiento de los deudores comerciantes y no-comerciantes y superándose las viejas polémicas dogmáticas que el anterior régimen concursal suscitaba en torno a cuándo se debía acudir a los procesos concursales mercantiles de quiebra o suspensión de pagos y cuándo a los civiles de concurso de acreedores, o que quita y espera, en función de la condición empresarial o no del deudor. Se produce, pues, un importante avance por la mejor doctrina, al resultar irrelevante la condición de comerciante del deudor a los efectos de la declaración de concurso, pero sin que ello suponga olvidar las particularidades que la propia LCon introduce a lo largo de su articulado para el caso de que el concursado ostente la cualidad de empresario" (Manuel Pino Abad, Professor Titular de Direito Mercantil da Universidade de Córdoba, "La legitimación pasiva de las sociedades mercantiles no inscritas para ser declaradas en concurso", in Juan Ignacio Peinado García e Francisco Javier Valenzuela Garach (coords.), *Estudios de Derecho Concursal*, Barcelona/Madri, Servicio de Publicaciones de la Universidad de Jaén e Marcial Pons, 2006, p. 416).

falência e os processos de recuperação de empresas para solução de crises econômico-financeiras nos termos da Lei 11.101/2005 são exclusivos de empresários e sociedades empresárias. O próximo tópico explorará a questão, defendendo residir nessa restrição subjetiva o principal equívoco do legislador nacional.

3. O novo direito concursal

Cabe principiar este tópico discorrendo sobre aspectos conceituais do concurso de credores, mormente no tocante ao seu significado como objeto de normas jurídicas.

Rica em idéias e de lógica impecável, serve bem a este escopo a argumentação do professor espanhol Juan Ignacio Peinado García,[13] invocando a teoria dos jogos de John Nash Jr., que, embora um matemático, por sua formulação foi premiado com o Nobel de Economia em 1994.

Abrindo um parêntese, convém traduzir, em linhas gerais e para leigos, a propositura de Nash: como num jogo, quando o planejamento das jogadas de uma equipe deve levar em conta as reações dos adversários, as decisões de empresários, a serem transformadas em ações no mercado, devem antecipar as reações dos concorrentes. Nash articula uma metodologia de tomada de decisões, condicionando-lhes o êxito ao equacionamento das respectivas ações e reações dos concorrentes, de sorte que se obtenha um algoritmo indicativo da deliberação adequada para a situação. Em suma, as opções de ações no mercado não são independentes, correspondendo a qualquer delas uma resposta da concorrência, condicionando-se, portanto, os ganhos de todos a uma cadeia de ações e reações tendentes a um resultado denominado "Equilíbrio de Nash".

À guisa de chiste, mas também para demonstrar como as descobertas e conclusões geniais não raro relacionam-se com crenças e práticas reinantes no senso comum, não parece heresia mencionar a pergunta habitualmente feita pelo jogador de futebol Manuel Francisco dos Santos, o nosso famoso e inesquecível Garrincha, aos treinadores, quando estes traçavam a mecânica das jogadas – zagueiros aqui, atacantes ali etc. Garrincha, que apelidava de "João" seus marcadores dos times adversários, costumava retrucar, segundo noticiam jornalistas da época: "Avisaram os Joões?". Ou seja, eles estão sabendo como devem se comportar para viabilizar a estratégia do treinador?

Deixando o prosaísmo sábio de Garrincha e voltando à teoria dos jogos, uma de suas vertentes propõe a cooperação, ao invés da competição, nas situações de disputa por recursos escassos, como acontece quando credores buscam a satisfação de seus créditos por parte de um devedor insolvente.

Precisamente a essa vertente da teoria de Nash, portanto, o professor Peinado García aproxima o concurso de credores, asseverando que só a cooperação entre eles conduzirá a um melhor resultado para todos, pois dependente seu ressarcimento de uma fonte escassa, o patrimônio do devedor insolvente. E, para bem esclarecer seu raciocínio, indaga: "Por que Buffalo Bill não caçava vacas?". E responde que estas se acham resguardadas pelo direito de propriedade, enquanto os búfalos, como tantos outros bens comuns, ficam expostos à exploração predatória e, por conseguinte, destinados a extinção. A solução do impasse reside em definir a propriedade de tais bens, estimulando um comportamento cooperativo entre os titulares. A exemplo dos bens comuns, o patrimônio do devedor insolvente é escasso e, caso não ordenado o comportamento dos credores pelo Direito, fica exposto à pilhagem destes, extinguindo-se, com prejuízo de todos ou da maio-

13. In Juan Ignacio Peinado García e Francisco Javier Valenzuela Garach (coords.), *Estudios de Derecho Concursal*, cit., pp. 14-39.

ria. A função do direito concursal consiste em determinar a propriedade dos bens do insolvente, respeitada a situação anterior à instalação do concurso ou a decorrente das regras pertinentes a este.[14]

Por fim, arremata o doutrinador espanhol: "La declaración de concurso supone someter coactivamente el interés individual de cada acreedor, en competencia con los restantes, a un interés común de todos los acreedores, en coordinación o cooperación entre dichos acreedores. (...). No existe una sociedad, ni una asociación, sino una comunidad de intereses de creación legal".

Combinados os ensinamentos do professor Peinado García com a linha de raciocínio até aqui seguida, inevitável concluir que o algoritmo a ser buscado pela legislação pertinente ao concurso de credores há de ser aquele que concretize o equilíbrio entre os interesses destes, do devedor e do *mercado*, que engloba não só os interesses dos envolvidos no concurso, mas os dos seus demais agentes.

Neste ponto, relembre-se o que foi defendido no intróito deste artigo – a tendência publicista reside na função social atribuída à propriedade privada, gerando restrições impostas ao seu uso, gozo e fruição.

Da mesma forma, atente-se ao quanto defendido na segunda parte, no sentido de que o Direito abriu espaço para a recuperação, judicial e extrajudicial, de agentes econômicos ameaçados de insolvência, harmonizando-se com a atual relevância social e política do mercado e, por conseqüência, de seus agentes, devendo o direito comercial extrapolar suas fronteiras tradicionais, atuando nas feições do mercado, indo além da mera disciplina da atuação dos agentes econômicos, não devendo, assim, restringir-se à regulação da atividade empresária. Mais que isso, deve atentar para questões afetas a não-empresários, também atuantes no mercado.

Por isso, vale o risco da assertiva: as modernas legislações sobre o concurso de credores prevêem a recuperação judicial e extrajudicial de devedores insolventes sem a estreiteza subjetiva adotada pelo legislador brasileiro.

Perfilhando entendimento superado, nossos parlamentares, responsáveis pela aprovação da Lei 11.101/2005, ao invés de atentar para a inclinação majoritária da doutrina jurídica contemporânea, podendo até espelhar-se no exemplo da legislação espanhola sobre a matéria – *Ley* 22, de 9.7.2003, que, salvo a dos entes públicos, abarca em sua esfera subjetiva regulatória todas as hipóteses de insolvência,[15-16-17]

14. Idem, pp. 15-17.

15. Consta da sua "Exposição de "motivos": "La superación de la diversidad de instituciones concursales para comerciantes y no-comerciantes es una fórmula que, además de estar justificada por la desaparición del carácter represivo de la insolvencia mercantil, viene determinada por la tendencia a simplificar el procedimiento, sin que ello suponga ignorar determinadas especialidades del concurso de los empresarios sometidos a un estatuto propio (llevanza obligatoria de contabilidad, inscripción en el Registro Mercantil) y de la existencia en la masa activa de unidades productivas de bienes o de servicios, especialidades que son tenidas en cuenta a lo largo de la regulación del concurso, desde su solicitud hasta su solución mediante convenio o liquidación".

16. Trata-se do art. 1º da lei: "**Presupuesto subjetivo.** 1. La declaración de concurso procederá respecto de cualquier deudor, sea persona natural o jurídica. 2. El concurso de la herencia podrá declararse en tanto no haya sido aceptada pura y simplemente. 3. No podrán ser declaradas en concurso las entidades que integran la organización territorial del Estado, los organismos públicos y demás entes de derecho público".

17. Há outros bons exemplos. Na Alemanha, com a *Insolvenzordnung*, de 1994, o procedimento de insolvência aplica-se ao devedor independentemente de seu caráter civil ou comercial. "La Ley de Insolvencia de 5.10.1994, cuya entrada en vigor se ha llevado a cabo en enero/1999. (...). Se entiende que a cualquier deudor (persona física o jurídica) le es de aplicación este procedimiento". Na França há regra similar desde 1985: "Hemos de subrayar que el fundamento y la finalidad del derecho de quiebras francés se encuentra en la ley de 25.1.1985 (...), que si bien ha sido reformada en 1994. (...). En lo referente al presupuesto subjetivo – no modificado en 1994 –, viene dado por el art. 2 de la Ley 85-98, de 25 de enero, al disponer que el arreglo y la liquidación ju-

preferiu limitar sua aplicação, consoante expresso no seu art. 1º, aos empresários e às sociedades empresárias.

De fato, nossa Lei de Recuperação de Empresas e de Falência destina seus arts. 1º e 2º ao campo de sua aplicação, nos termos seguintes: "Esta Lei disciplina a recuperação judicial, a recuperação extrajudicial e a falência do empresário e da sociedade empresária, doravante referidos simplesmente como devedor" (art. 1º), não se aplicando à: "I – empresa pública e sociedade de economia mista; II – instituição financeira pública ou privada, cooperativa de crédito, consórcio, entidade de previdência complementar, sociedade operadora de plano de assistência à saúde, sociedade seguradora, sociedade de capitalização e outras entidades legalmente equiparadas às anteriores" (art. 2º).

Verifica-se, portanto, com clareza solar, que o legislador prescreveu como suscetíveis aos efeitos da Lei de Recuperação de Empresas e Falência apenas os empresários (pessoas físicas e jurídicas), com exceção daqueles enumerados no art. 2º (empresas públicas, sociedades de economia mista, instituições financeiras etc.).

Não se deve entender, contudo, que estão excluídas da submissão à nova legislação apenas as pessoas enumeradas no art. 2º, uma vez que o art. 1º estabelece uma limitação de sua incidência ao disciplinar "a recuperação judicial, a recuperação extrajudicial e a falência do empresário e da sociedade empresária". Estão excluídos, portanto, da nova legislação, além dos empresários enumerados no art. 2º, todos os que não sejam empresários (sociedades simples, cooperativas, associações, fundações etc.).[18]

Assim, pela análise do art. 1º da Lei de Recuperação de Empresas e Falência, todos os não-empresários (incluindo aí, exemplificativamente, as sociedades simples e as cooperativas[19]) não são destinatá-

dicial le son aplicables a todo comerciante (empresario), artesano, agricultor y toda 'persona moral' de derecho privado" (trechos extraídos do *El Convenio de Continuación como Medio de Protección del Crédito en los Procedimientos Concursales*, de Isabel Candelario Macías, Granada. Editorial Comares, 1999).

18. No mesmo sentido o entendimento do professor Newton De Lucca, que destaca não estarem as sociedades simples sujeitas ao regime da nova lei: "Admitir-se tal possibilidade, a meu ver, seria ir de encontro à sistemática do novo Código Civil, o qual, como vimos, faz uma radical distinção entre sociedades empresárias e sociedades simples. Assim, a despeito dos que pensam em sentido contrário, não vejo como as sociedades simples possam submeter-se, igualmente, ao regime da NLF, seja porque o art. 1º não as contemplou, nem expressa, nem implicitamente – referindo-se apenas, conforme foi visto, a 'empresário' e a 'sociedade empresária' –, seja porque, conforme igualmente foi verificado, a admissão de tal possibilidade contrariaria inteiramente a lógica adotada pelo Código Civil pátrio ao fazer, para diversos efeitos, a distinção entre sociedades empresárias e sociedades simples" (Newton de Lucca, coord., *Comentários à Nova Lei de Recuperação de Empresas e de Falências*, São Paulo, Quartier Latin, 2005, p. 73).

19. O deputado Osvaldo Anicetto Biolchi entende que as cooperativas podem utilizar a recuperação judicial, nos seguintes termos: "O objetivo da recuperação judicial, instrumento introduzido pela nova Lei de Recuperação de Empresas, é, conforme o art. 47, 'viabilizar a superação da situação de crise econômico-financeira do devedor, a fim de permitir a manutenção da fonte produtora, do emprego dos trabalhadores e dos interesses dos credores'. Nos 14 anos de discussão, muitas foram as versões dadas ao texto da nova lei. Na versão aprovada pela Câmara dos Deputados em outubro/2003 havia exclusão expressa das sociedades cooperativas. Porém, o Senado retirou a vedação do texto, mantendo-a apenas em relação às cooperativas de crédito, pois estas têm fiscalização direta do Banco Central e, ao se inserirem no mercado financeiro, submetem-se a um regime jurídico especialíssimo no que diz respeito ao cumprimento de suas obrigações. Assim, entende-se que a aplicação da recuperação judicial às sociedades cooperativas é uma alternativa juridicamente possível, economicamente viável, historicamente adequada e, sobretudo, socialmente necessária" ("A nova Lei de Recuperação de Empresas e Falências", *Revista do Advogado* 83/13, São Paulo, AASP, 2005). Nessa mesma *Revista*, em sentido contrário, Paulo Penalva Santos ("A nova Lei de Recuperação de Empresas e Falências", Revista do Advogado 83/110) entende que as sociedades cooperativas, independentemente de seu objeto, são sociedades simples, e por isso não podem beneficiar-se da recuperação judicial ou da extrajudicial, nem estão sujeitas ao processo falimentar.

rios das prerrogativas nela constantes. Em outras palavras, a atual Lei de Falências e de Recuperação de Empresas em nosso País, ainda apresentando resquícios de uma fase subjetivista do direito comercial, não demonstrou preocupação com a manutenção da fonte produtiva de agentes econômicos não-empresários, dos empregos por eles mantidos, pela sua função social, dentre tantos outros atributos que poderiam ser enumerados.

Aí talvez resida, a nosso ver, a principal crítica que se deve fazer à Lei 11.101/2005. Se os não-empresários podem figurar como relevantes agentes econômicos, por que eles devem ser excluídos da possibilidade de pleitear a recuperação da sua atividade por motivo de crise econômico-financeira? A exclusão dos não-empresários das prerrogativas constantes da legislação em comento não parece condizente com os objetivos perseguidos por ela, estampados no relatório do Senado quando do seu trâmite legislativo.[20] Há real motivo para não permitir que uma sociedade simples ou cooperativa, ou mesmo uma fundação educacional ou associação desportiva, representantes de relevante atuação no mercado, empregando milhares de pessoas, devedoras de um contingente relevante de credores, atuantes no mercado creditício, não se beneficiem dos dispositivos da Lei 11.101/2005, repise-se, com vistas à manutenção da fonte produtiva, dos postos de trabalho, da posição ativa dos credores? Há algum argumento que retire dos agentes de mercado (verdadeiro campo ou delimitação do direito comercial, como defendido no tópico anterior) não-empresários a sua função social? Ou, ao contrário, fundações privadas (escolas, hospitais etc.), associações (desportivas, médicas, educacionais), dentre outras, são ainda mais responsáveis para o nosso desenvolvimento econômico e social – e, portanto, detentoras de uma ainda maior função social? Será que os patrimônios privados das não-empresárias associações e fundações hospitalares e educacionais, das cooperativas varejistas e de crédito, não estão vinculados a certo objetivo que, dito social, conformar-se-á não aos seus interesses, próprios, mas aos da comunidade (ainda com mais alcance do que se prega para o patrimônio dos empresários)? Relembre-se o escólio do professor Comparato: "(...) se se está diante de um interesse coletivo, essa função social da propriedade corresponde a um *poder-dever* do proprietário, sancionável pela ordem jurídica".[21]

Em outras palavras, entendemos que, como um dos objetivos da lei em comento é a preservação da atividade produtiva, esse objetivo deve, em razão de sua função social, sempre que possível, ser buscado, por ser gerador de riqueza, de emprego, de renda, contribuindo para o crescimento e o desenvolvimento econômico e social do País.

20. Constam no relatório do Senado, de lavra do senador Ramez Tebet, como princípios do Projeto do qual derivou a Lei 11.101/2005, dentre outros que poderiam ser citados: (a) preservação da empresa, como fundamento do próprio Projeto, leva em conta a função social da empresa, que deve ser preservada sempre que possível, "contribuindo para o crescimento e o desenvolvimento social do País"; (b) proteção aos trabalhadores – os trabalhadores devem ser protegidos, com a precedência no recebimento de seus créditos na falência e na recuperação judicial, e devem ter instrumentos, na manutenção da empresa, capazes de preservar seus empregos e criar novas oportunidades àqueles que se encontram desempregados; (c) redução do custo do crédito no Brasil – a classificação de créditos na falência deve fazer com que haja a preservação das garantias; (d) participação ativa dos credores – os credores não podem ser meros espectadores; deverão participar ativamente dos processos de falência e de recuperação; (e) maximização do valor dos ativos do falido – "A lei deve estabelecer normas e mecanismos que assegurem a obtenção do máximo valor possível pelos ativos do falido, evitando a deterioração provocada pela demora excessiva do processo e priorizando a venda de empresa em bloco, para evitar a perda dos intangíveis".

21. Fábio Konder Comparato, "Função social da propriedade dos bens de produção", cit., *RDM* 63/75.

Sustentar o contrário é manter-se inerte frente às profundas modificações sociais e econômicas rapidamente tratadas nos tópicos anteriores; é manter estabilizada a superada lição clássica de empreender maior rigor no tratamento do empresário por socorrer-se ele do crédito. Não há como se negar a semelhante atuação (econômica) de associações, fundações, em determinados mercados, com suas concorrentes sociedades empresárias. Todas elas se socorrem do crédito. Ainda para sustentar a semelhança entre os empresários e os não-empresários agentes econômicos, todos eles podem estar inseridos no mesmo mercado relevante, para fins de aplicação da lei da concorrência.[22]

22. Tecendo críticas à especialidade do direito falimentar italiano, Angel Rojo, em seu artigo denominado "La reforma del derecho concursal italiano y el derecho concursal español (un apunte de Derecho Comparado desde una perspectiva española)", defende: "En Alemania y en Espana el derecho concursal es un 'derecho abierto'; en Italia – fiel a la historia – es un 'derecho restringido', por cuanto que se exige una condición subjetiva determinada. La pregunta que queda en el aire es la de si subsisten razones para mantener la especialidad del *diritto fallimentare*. Las explicaciones – basadas en el 'mayor rigor' con que debe ser tratado quien como el empresario recurre al 'crédito' en el ejercicio de la actividad industrial, comercial o de servicios – han perdido consistencia. Por supuesto, en una 'concepción moderna' de la función primaria del 'concurso' (desligado ya de la idea de una 'ejecución colectiva', que sólo emergería si hubiera liquidación), es la existencia de un deudor común titular de un patrimonio insuficiente (o suficiente pero ilíquido), y no las características de ese deudor, el dato que debe tomar en consideración el legislador a la hora de permitir o de negar el acceso al procedimiento. La progresiva 'empresarialidad material' del ejercicio de las profesiones (no-'mercantiles') y la contradicción que, en la coherencia del sistema, supone el imparable fenómeno de la 'empresarialidad (o mercantilizad) formal' (como el recurso masivo de los profesionales a los tipos sociales mercantiles cuando la ley no lo prohíbe o limita) deberían constituir un acicate para superar la 'concepción mercantil' del procedimiento concursal que continúa estando presente en la legislación italiana" (*Anuario de Derecho Concursal* 10, 2007-1, Editorial Aranzadi, p. 323).

Não parece correto, destarte, excluir as sociedades simples e as cooperativas, dentre inúmeros outros agentes econômicos não-empresários, da destinação das regras constantes da Lei de Recuperação de Empresas e Falências. Pregando a preservação da atividade, a manutenção das fontes produtoras e dos postos de trabalho, todos de relevante interesse social, não somente as chamadas atividades empresárias deveriam ser destinatárias das prerrogativas citadas. Equivocada a opção legislativa constante da Lei 11.101/2005 no seu aspecto subjetivo. Equivocada a delimitação da aplicação da lei em descompasso com a evolução do direito comercial, como defendido no item 2 deste artigo.

A questão, a bem da verdade, não é nova. Em artigo publicado originalmente em 1913, Carlos Castex Filho[23] defende que restringir o instituto da falência aos comerciantes, "sob o preconceito infundado de ser eminentemente commercial, tal como lhe imprimiu pela primeira e com rara infelicidade o Código Commercial Francez de 1807, é um anachronismo, é uma injustiça clamorosa, quando é certo que as mesmas necessidades econômicas e as mesmas formas jurídicas penetram o direito civil e o direito commercial, confundindo tão intimamente as relações de um e de outro, a ponto de se não poder distinguir o commerciante do não-commerciante; quando é certo que identificar na desventura os credores do commerciante e entregar os credores do insolvente civil ao agoistico principio *vigilantibus jura subveniunt* é contradictar, como diz Saldanha, a homogeneidade natural da vida moderna, é banir do campo civil a grande lei da solidariedade. (...). Hoje, todos especulam, lançam mão do crédito, seja pela febre do ganho, seja pelo desejo de melhorar rapidamente a condição econômica. São advogados, médicos, engenheiros, proprie-

23. Carlos Castex Filho, "Da extensibilidade da fallencia aos não-commerciantes", *RT* 8/71-88, São Paulo, Ed. RT, dezembro/1913.

tários: a sua etiqueta é puramente civil, mas na verdade vivem no commercio e 'agiscono da commerciante, sinché gli affari vanno bene, salvo ad invocare la loro qualità ufficiale quando al primo rovescio si vendono nell'impossibilitá di far fronte ai propri impegni' (...). Mas, si, por esse lado, a injustiça é grande, maior ainda ella se torna quando, sem a fallencia, priva o devedor civil do beneficio da concordata, que, por um odioso privilegio, constitue instituto exclusivo do commercio. (...). O direito positivo é injusto sob um duplo aspecto; parece que pretende estabelecer um equilíbrio, uma recompensa, eximindo o civil da fallencia, mas privando-o da concordata, quando é justamente nessa pretensa justiça que vamos buscar a necessidade premente da extensibilidade da fallencia aos não-commerciantes, porque, por um lado, colhe-se o devedor velhaco nas malhas da fallencia, e, por outro lado, preserva-se o devedor honesto".[24]

Transferindo as idéias para os nossos dias, podemos afirmar que a atual ambiência social (marcada pelo conhecimento de que, maltratadas as interações sociais, serão nefastas as respostas), amalgamada com um direito comercial evoluído, não mais permite excluir os agentes econômicos não-empresários das regras norteadoras do processo de recuperação e de falência.

Inglez de Souza trata do assunto nos seguintes termos: "Nada pode tornar, aliás, mais odiosa a injustiça da theoria ainda vigente no direito creditório de que a flagrante desigualdade que ella mantém entre a situação do devedor civil e a do devedor negociante. Um lavrador emprega capitaes e trabalho na acquisição de terras, no plantio do café, da canna ou do algodão, nas construcção de predios para habitação do pessoal do serviço, na montagem de machinas destinadas á beneficiação do producto, e consegue levantar um estabelecimento agrícola de valor consideravel; mas para que o desenvolva e espere a fructificação da planta, para que attenda aos mil e um encargos preliminares da safra, carece contrahir emprestimo que pensa poder satisfazer com as safras vindouras. O preço do mercado dá-lhe margem para custear a lavoura, remunerar o capital empregado e fazer o serviço regular da divida. Estava disso convencido ao levantar o emprestimo, e da mesma opinião foi o prestamista, que mandou contar os caféeiros ou os talhões de canna, examinou as machinas, estudou a vestimenta do terreno, avaliou as terras e prédios e verificou que todos esses bens representavam um valor duplo, triplice ou quadruplo da quantia solicitada. Mas o lavrador não contava com a geada, com a saraiva, o incendio e a inundação, com os *trust* baixistas e a depreciação prolongada do genero. De anno para anno a ruína accentua-se, (...). São factos externos, fatalidades cosmicas ou sociaes, sobre que a vontade não tem a menor acção. Entretanto o credor vigia attento, e ao menor signal de desanimo, no momento preciso em que se rompe o equilíbrio, em que, esgotado, baldo de recursos para attender aos diversos serviços do estabelecimento, quando mais preciso lhe é o credito para o ajudar a transpôr o difficil passo, pois do tempo confia a salvação, surgem as exigencias do prestamista, a execução começa, apparecem os meirinhos agoureiros, perde o devedor a reputação e a força moral, cerram-se diante delle todas as portas, retrahem-se as amisades; a sua firma, o seu nome não tem mais quem o abone; a noticia da próxima liquidação attrahe credores aos bandos, e sobre o cadaver quente do antigo organismo dá-se a batalha das preferencias, a vêr qual levará o melhor pedaço. Para o devedor commerciante, victima de iguaes fatalidades, há a concordata, que lhe permite voltar á actividade mercantil. O devedor civil assiste impotente á detruição de sua casa, á perda de seus haveres, herdados ou adquiridos á custa de tantos sacrifícios, e, o que é peior, vê perdido o futuro, incerta a sub-

24. Idem, artigo republicado sob o título "Memória do Direito Brasileiro" na *RT* 829/741-753.

sistência, desgraçada a família, morto todo o estimulo, suffocada toda a ambição".[25]

A demonstrar a importância e o titubeio do legislador, por questão histórica, cumpre indicar que a redação final do Projeto de Lei 4.376-E/1993 (nascedouro das propostas de alteração da legislação concursal brasileira) estabelecia, em seu art. 1º, a possibilidade de a sociedade simples se sujeitar ou pleitear sua recuperação judicial, recuperação extrajudicial ou falência.[26]

Note-se que até a publicação do vigente Código de Processo Civil brasileiro, Lei 5.869, de 11.1.1973, sequer se admitia ao devedor civil requerer a declaração da própria insolvência; omissão suprida pelos arts. 759 e ss. do referido estatuto legal. O registro serve para evidenciar, com mais esse fato, o descompasso da Lei 11.101/2005 não apenas com a doutrina, com o Direito Comparado e a realidade contemporânea, mas com o próprio sistema do qual integrante.

Merecem referência, em socorro do alargamento da abrangência da nossa legislação, as observações da professora da Universidade de Alcalá, María Marcos Glez Lecuona, acerca da referida Lei espanhola 22, de 9.7.2003: "La realidad del tráfico jurídico actual pone de manifiesto que lo decisivo no es la condición del titular del patrimonio o la mercantilidad o no de unos negocios jurídicos, sino que *el patrimonio opere en el mercado*. En efecto, no podemos ignorar que, como ha resaltado la doctrina, en ocasiones las insolvencias civiles pueden ser tanto o más perjudiciales para el crédito que las mercantiles"[27] (grifamos).

Ao seu modo, Rodrigo Bercovitz Rodríguez-Cano, também comentando a Lei Concursal Espanhola, defende: "El cambio más importante (...) es la de establecer un único procedimiento aplicable a la situación de insolvencia de cualquier deudor. La ley regula un único procedimiento concursal, tanto para comerciantes como para no-comerciantes, tanto para personas físicas o naturales como personas jurídicas. (...). Cierto que la preocupación económica del legislador se centra como es lógico en compatibilizar la mejor satisfacción posible de los acreedores con la subsistencia, en su caso, de la actividad empresarial o profesional del deudor. De ahí que exista una constante voluntad, reflejada en la ley, por facilitar la *continuidad de dicha actividad de suministro de bienes y servicios dentro del mercado*. Pero esa preocupación y sus consecuencias jurídicas a lo largo del procedimiento no constituyen obstáculo alguno para que el mismo valga igualmente en los casos, menos relevantes en términos económicos y sociales, de insolvencia de un sujeto que no proporcione bienes o servicios dentro del mercado"[28] (não há grifos no original).

Comentando a vetusta restrição subjetiva do direito concursal italiano, Alessandro Nigro, Professor de Direito Falimentar da Universidade *La Sapienza*, de

25. Inglez de Souza, *Projecto de Codigo Commercial*, Rio de Janeiro, Imprensa Nacional, 1913, "Introdução", pp. 45 e ss.

26. "Art. 1º. Esta Lei instituiu e regula a recuperação judicial, a recuperação extrajudicial e a falência da sociedade empresária, da sociedade simples e do empresário que exerça profissionalmente atividade econômica organizada para a produção ou a circulação de bens ou de serviços, que doravante serão denominados simplesmente 'devedor'.

"Parágrafo único. O disposto neste artigo não se aplica: I – à sociedade cooperativa; II – ao agricultor que explore propriedade rural para fins de subsistência familiar; III – ao artesão, ao que presta serviços ou ao que exerce atividade profissional organizada preponderantemente com o trabalho próprio ou dos membros da família, para fins de subsistência familiar; IV – ao profissional liberal e à sua sociedade civil de trabalho; V – à empresa pública e à sociedade de economia mista."

27. María Marcos Glez Lecuona, *Comentarios a la Ley Concursal*, Navarra, Editorial Aranzadi, 2004, p. 78.

28. Rodrigo Bercovitz Rodríguez-Cano (coord.), *Comentarios a La Ley Concursal*, Madri, Editorial Tecnos, 2004, pp. 27-28.

Roma, professa: "La primera figura que se considerará es la empresa no-mercantil, es decir, en nuestro sistema, la empresa agrícola. Aquí de verdad creo que no deberían haber dudas sobre la necesidad, también y precisamente en relación con los preceptos de la Constitución italiana, de la necesidad de extender a las empresas agrícolas el ámbito de aplicación de los procedimientos concursales, dado cómo se prevén y disciplinan en nuestro ordenamiento. La actual exclusión (sea caracterizada como privilegio o como penalización, no importa) implica una disparidad de trato hoy en día privada de justificación. La actividad agrícola, en sí misma considerada, no presenta ya ninguna connotación diferenciada respecto a la actividad industrial; el supuesto de la empresa agrícola, tras la ampliación acontecida con la reforma del 2002, presenta grandes zonas de superposición con la empresa mercantil general; las relaciones que se concentran alrededor de la empresa agrícola son idénticas a las que se concentran alrededor de la empresa mercantil; y, en fin, el estatuto de la empresa mercantil encuentra hoy en día aplicación plena en la empresa agrícola, siendo, precisamente, la única diferencia, la sujeción o no a la disciplina concursal".[29]

Transferindo para nosso País e repetindo a idéia-mestra deste trabalho: a atual preocupação com a ambiência social (marcada pelo solidarismo) e a evolução do direito comercial (que deve extrapolar suas fronteiras tradicionais e preocupar-se com a relevância sociopolítica do mercado) não mais permite excluir os agentes atuantes desse *mercado* (mesmo que não-empresários) das regras norteadoras do processo de recuperação e de falência.

Em suma, optou mal nosso legislador por negar as prerrogativas da Lei 11.101/2005 aos agentes econômicos não-empresários, eles também fontes produtoras de empregos, de renda – enfim, de cuja atuação se beneficia o mercado. E da prosperidade deste – nunca é demais repetir – depende a concretização de objetivos fundamentais da nossa República, consoante expresso no art. 3º da CF promulgada em 1988.

Concluindo, pois, a nossa Lei 11.101/2005 demanda urgente reforma para, alinhando-se à moldura contemporânea do direito concursal, abrigar na esfera de aplicação de seus comandos a recuperação judicial e extrajudicial dos não-empresários, pessoas físicas ou jurídicas, nessa categoria incluídas as cooperativas, associações, fundações etc., excluídos apenas, por óbvias razões, os entes públicos.

29. Alessandro Nigro, "La insolvencia de las familias en Derecho Italiano", *Anuario de Derecho Concursal* 12/224, 2007-3.

Bibliografia

ABRÃO, Carlos Henrique, e TOLEDO, Paulo F. C. Salles de (coords.). *Comentários à Lei de Recuperação de Empresas e Falência*. São Paulo, Saraiva, 2005.

ABRÃO, Nelson. *Curso de Direito Falimentar*. 3ª ed. São Paulo, Ed. RT, 1989.

ASCARELLI, Tullio. "O empresário". *RDM* 109/183. São Paulo, Malheiros Editores, janeiro-março/1998.

ASQUINI, Alberto. "Profili dell'impresa". *Rivista del Diritto Commerciale* 41-I, trad. de Fábio Konder Comparato, 1943; *RDM* 104/109. São Paulo, Ed. RT.

BERCOVITZ, Alberto. "Aspectos mercantiles de la Ley Concursal". In: *Estudios sobre la Nueva Legislación Concursal*. Navarra, Thomson/Aranzadi, 2006.

BEZERRA FILHO, Manoel Justino. *Lei de Falências Comentada*. 2ª ed. São Paulo, Ed. RT, 2003.

BIOLCHI, Osvaldo Anicetto. "A nova Lei de Recuperação de Empresas e Falências". *Revista do Advogado* 83. São Paulo, AASP, 2005.

CARLO, Ignácio Quintana, GONZÁLEZ, José Antonio García-Cruces, e NAVARRO, Angel Bonet. *Las Claves de la Ley Concursal*. Madri, Editorial Aranzadi, 2005.

CASTELO, Jorge Pinheiro. "A nova Lei de Falência: por que os bancos querem intervenção estatal protetiva?". *LTr* 68(8)/914. São Paulo, LTr, agosto/2004.

CASTEX FILHO, Carlos. "Da extensibilidade da fallencia aos não-commerciantes". *RT* 8/71-88. São Paulo, Ed. RT, dezembro/1913.

———. "Memória do Direito Brasileiro". *RT* 829/741. São Paulo, Ed. RT.

COMPARATO, Fábio Konder. "Função social da propriedade dos bens de produção". In: *Direito Empresarial: Estudos e Pareceres*. São Paulo, Saraiva, 1990; *RDM* 63/73. São Paulo, Ed. RT.

DE LUCCA, Newton (coord.). *Comentários à Nova Lei de Recuperação de Empresas e de Falências*. São Paulo, Quartier Latin, 2005.

FERREIRA, Waldemar. *Instituições de Direito Comercial*. Rio de Janeiro, Freitas Bastos, 1944.

FERRI, Giuseppe. *Diritto Commerciale*. Turim, UTET, 2006.

FORGIONI, Paula A. *O Direito Comercial Brasileiro: da Mercancia ao Mercado*. Tese apresentada para concurso de Professor Titular de Direito Comercial da Faculdade de Direito da USP. São Paulo, 2008.

GARCÍA, Juan Ignacio Peinado, e GARACH, Francisco Javier Valenzuela (coords.). *Estudios de Derecho Concursal*. Barcelona/Madri, Servicio de Publicaciones de la Universidad de Jaén/Marcial Pons, 2006.

GRAU, Eros. *A Ordem Econômica na Constituição de 1988*. 4ª ed. São Paulo, Malheiros Editores, 1988.

GOMES, Orlando. *Contratos*. 17ª ed. Rio de Janeiro, Forense, 1996.

GONZÁLEZ, José Antonio García-Cruces, CARLO, Ignácio Quintana, e NAVARRO, Angel Bonet. *Las Claves de la Ley Concursal*. Madri, Editorial Aranzadi, 2005.

GUIMARÃES, Maria Celeste Morais. *Recuperação Judicial de Empresas. Direito Concursal contemporâneo*. Belo Horizonte, Del Rey, 2001.

INGLEZ DE SOUZA, Herculano Marcos. *Projecto de Codigo Commercial*. Rio de Janeiro, Imprensa Nacional, 1913.

JARILLO, María José Marillas. "Las sociedades cooperativas, estatales y autonómicas, frente a la ley concursal". In: *Estudios de Derecho de Sociedades y Derecho Concursal. Libro Homenaje al Profesor Rafael García Villaverde*. Madri, Marcial Pons, 2007.

MACHADO, Rubens Approbato (coord.). *Comentários à Nova Lei de Falências e Recuperação de Empresas. Doutrina e Prática*. São Paulo, Quartier Latin, 2005.

MACÍAS, Isabel Candelario. *El Convenio de Continuación como Medio de Protección del Crédito en los Procedimientos Concursales*. Granada, Editorial Comares, 1999.

MARCONDES, Sylvio. *Questões de Direito Mercantil*. São Paulo, Saraiva, 1977.

MORENO, Faustino Cordón (dir.). *Comentarios a La Ley Concursal*. Madri, Editorial Aranzadi, 2004.

MUÑOZ, Alberto J. de Martín. *La Reforma de la Legislación Concursal*. Madri, Editorial Dykinson, 2004.

NAVARRO, Angel Bonet, CARLO, Ignácio Quintana, e GONZÁLEZ, José Antonio García-Cruces. *Las Claves de la Ley Concursal*. Madri, Editorial Aranzadi, 2005.

NEGRÃO, Ricardo. *Manual de Direito Comercial e de Empresa*. vol. 3. São Paulo, Saraiva, 2004.

NIGRO, Alesandro. "La insolvencia de las familias em Derecho Italiano". *Anuario de Derecho Concursal* 12. Madri, Editorial Aranzadi, 2007-3.

NUSDEO, Fábio. *Curso de Economia. Introdução ao Direito Econômico*. São Paulo, Ed. RT, 1997.

PACHECO, José da Silva. *Comentários ao Código Brasileiro de Aeronáutica*. Rio de Janeiro, Forense, 1990.

———. *Processo de Falência e Concordata*. 13ª ed. Rio de Janeiro, Forense, 2004.

PAIVA, Luiz Fernando Valente de (coord.). *Direito Falimentar e a Nova Lei de Fa-*

lências e Recuperação de Empresas. São Paulo, Quartier Latin, 2005.

PENALVA SANTOS, Paulo. "O novo projeto de recuperação da empresa". *RDM* 117/126. São Paulo, Malheiros Editores, janeiro-março/2000.

______. "A nova Lei de Recuperação de Empresas e Falências". *Revista do Advogado* 83. São Paulo, AASP, 2005.

PITOMBO, Antônio Sérgio A. de Moraes, e SOUZA JR., Francisco Satiro de (coords.) *Comentários à Lei de Recuperação de Empresas e Falência*. 2ª ed. São Paulo, Ed. RT, 2007.

REQUIÃO, Rubens. *Aspectos Modernos de Direito Comercial*. 3ª ed. São Paulo, Saraiva, 1985.

______. *Curso de Direito Comercial*. 16ª ed., São Paulo, Saraiva, 1985.

______. *Curso de Direito Falimentar*. 16ª ed. São Paulo, Saraiva, 1995.

RODRÍGUEZ-CANO, Rodrigo Bercovitz (coord.). *Comentarios a la Ley Concursal*. Madri, Editorial Tecnos, 2004.

______. *El Presupuesto Subjetivo de la Declaración de Concurso. En Particular, el Problema del Sobreendeudamiento de los Consumidores. Il Trattamento Giuridico della Crisi d'Impresa. Profili di Diritto Concorsuale Italiano e Spagnolo a Confronto*. Bari, Cacucci Editore, 2008.

ROJO, Ángel. "La reforma del derecho concursal italiano y el derecho concursal español (un apunte de Derecho Comparado desde una perspectiva española)". *Anuario de Derecho Concursal* 10. Editorial Aranzadi, 2007-1. Aranzadi.

SOUZA JR., Francisco Satiro de, e PITOMBO, Antônio Sérgio A. de Moraes (coords.) *Comentários à Lei de Recuperação de Empresas e Falência*. 2ª ed. São Paulo, Ed. RT, 2007.

THEODORO JR., Humberto. *Comentário ao Novo Código Civil*. 2ª ed. Rio de Janeiro, Forense, 2003.

TOLEDO, Paulo Fernando Campos Salles de. "A reforma da Lei de Falências e a experiência do Direito estrangeiro". *Revista do Advogado* 36. São Paulo, AASP, 1992.

TOLEDO, Paulo F. C. Salles de, e ABRÃO, Carlos Henrique (coords.). *Comentários à Lei de Recuperação de Empresas e Falência*. São Paulo, Saraiva, 2005.

VALVERDE, Trajano de Miranda. *Comentários à Lei de Falências*. 4ª ed. Rio de Janeiro, Forense, 2001.

WALD, Arnoldo. "A recuperação de empresas no mundo". *Valor Econômico* 11.1.2005. São Paulo, p. E2.

ZANETTI, Robson. *Direito Falimentar – A Prevenção de Dificuldades e a Recuperação de Empresas*. 1ª ed. Curitiba, Juruá, 2002.

Atualidades

FUNDAMENTOS PARA A INTERPRETAÇÃO DOS CONTATOS EMPRESARIAIS: ASPECTOS JURÍDICOS E ECONÔMICOS

MARCIA CARLA PEREIRA RIBEIRO*

EDUARDO AGUSTINHO**

1. Contratos e o sistema do Código Civil brasileiro. 2. Empresa e contratos. 3. Liberdade contratual, autonomia da vontade e isonomia. 4. A interpretação dos contratos empresariais relacionados com a concessão de crédito: 4.1 A função social dos contratos bancários e o Sistema Financeiro Nacional – 4.2 Contratos bancários e o direito privado. 5. Notas conclusivas sobre a função dos contratos empresariais.

1. Contratos e o sistema do Código Civil brasileiro

Na disciplina das obrigações, a especialidade do direito empresarial impediu o enquadramento da empresa à condição de mera parcela do direito dos negócios, assim como afastou a pretensão de unificação de todas as matérias jurídicas relacionadas à atividade empresarial.[1]

No campo do direito dos contratos, por sua vez, ao ser revogada a disciplina disposta no Código Comercial brasileiro de 1850, contratos que eram tratados pelo Código Comercial e pelo Código Civil de 1916 passaram a receber uma só disciplina, ainda que nem todos os contratos sejam contemplados no atual Código Civil. Remanesce a disciplina extravagante em contratos como os de franquia, de representação, de concessão mercantil e outros. Há, portanto, uma unidade parcial em termos de codificação, mas não uma unidade perfeita, quando se consideram as possibilidades hermenêuticas em relação às diferentes modalidades contratuais.

O Código Comercial brasileiro, derrogado nesta parte, apresentava em seu Título V alguns dispositivos de teoria geral dos contratos, e depois os disciplinava em espécie, nas modalidades mercantis do mandato, comissão, compra e venda, troca, locação, mútuo, fiança, hipoteca, penhor e depósito. Tais dispositivos demonstram o propósito de estabelecimento de regramento jurídico não apenas para os contratos ditos mercantis, como também de ofertar o instrumental necessário à disciplina de contratos entre não-comerciantes. Este sistema responde à inexistência de disciplina atualizada específica em 1850, bem como

* *(mcarlaribeiro@uol.com.br)*

** *(eduardo@mdtf.adv.br)*

1. Marcia Carla Pereira Ribeiro e Irineu Galeski Jr., *Teoria Geral dos Contratos: Contratos Empresariais e Análise Econômica*, Rio de Janeiro, Elsevier, 2009, pp. 12-15.

à necessidade crescente de regramento em razão do desenvolvimento do comércio a partir da declaração da independência do País.

A carência de disciplina estatal voltada ao direito comum fez por permitir a extensão da disciplina especial às relações comuns. O Código Comercial brasileiro de 1850 ocupou, por um certo período, as lacunas do direito civil contratual.

O antigo Código Civil, a partir de sua vigência em 1917, apresentou uma teoria para os contratos em geral, no Livro III, Título IV, seguido do Título V, que apresentava as modalidades contratuais de compra e venda, troca, doação, locação, empreitada, depósito, mandato, gestão de negócios, edição e representação dramática, seguro, jogo e fiança.

Por sua vez, o Código Civil brasileiro de 2002 revogou a disciplina especial conferida aos contratos mercantis no Código Comercial, apresentando na Parte Especial, Livro I, Título V, uma proposta de disciplina geral dos contratos, seguida do regramento dos contratos de compra e venda, troca, estimatório, locação, empréstimo, prestação de serviços, empreitada, depósito, mandato, comissão, agência e distribuição, corretagem, transporte, seguro, jogo e fiança.

Os contratos não contemplados, inteira ou parcialmente, pelas normas do Código Civil brasileiro continuam sujeitos à disciplina específica anterior à vigência do Código, como, por exemplo, o contrato da já mencionada franquia e, ao menos em parte, o contrato de representação comercial.

Comparando-se a disciplina contratual do antigo e do vigente Código Civil, acompanhada da revogação daquela peculiar aos contratos empresariais, conclui-se que a legislação mais recente não inovou de forma significativa na escolha dos contratos disciplinados em espécie, com algumas exceções, como a inclusão da tipificação do contrato de representação, que, no entanto, mantém também sob disciplina de sua lei específica.

A sistemática do Código Civil evidencia especial atenção em relação aos princípios gerais, pressupostos em todas as relações contratuais, independentemente da qualidade do agente que delas participa. É o caso do princípio da boa-fé e do princípio da função social, por exemplo. Porém, como determinados contratos produzem efeitos de forma diferenciada em relação a outros, pode-se questionar a aplicabilidade das normas gerais previstas para os contratos às peculiaridades dos contratos de ordem negocial, especialmente àqueles de caráter duradouro e diretamente ligados ao exercício da atividade empresarial.

2. *Empresa e contratos*

A atividade empresarial desenvolve-se por meio da utilização de vários contratos, decorrentes das inúmeras obrigações e da constituição de negócios jurídicos, relacionados à prática econômica, por exemplo, na escolha e aquisição de matéria-prima, mão-de-obra e parceiros, no transpasse de produtos e serviços aos consumidores. Para o incremento destes e outros negócios são utilizados os contratos, inclusive no estabelecimento das relações jurídicas dos empresários entre si, diante da necessidade de transferência de uma tecnologia titulada por um deles, na compra de insumos, no estabelecimento de *joint ventures* e outros.

As características de tais atividades e dos contratos que as instrumentalizam, assim como sua indispensabilidade à prática empresarial, conduzem à percepção de sua especialidade. O contrato de sociedade, como instrumento de organização da empresa, é um exemplo da estreita ligação entre contratos e empresa, assim como da especialidade de que se reveste um contrato empresarial.

Para Salomão Filho o contrato empresarial pode assumir a característica de contrato organização.[2] O contrato de sociedade

2. Calixto Salomão Filho, *O Novo Direito Societário*, 2ª ed., São Paulo, Malheiros Editores, 2002, p. 43.

é voltado à tarefa de organização indispensável à prática empresarial, diferentemente dos contratos tradicionais, que visam especialmente ao estabelecimento de direitos e deveres entre as partes. Os contratos associativos existem para criação de uma organização denominada "empresa".[3]

Os contratos empresariais, portanto, têm para si reservada uma função distinta da dos contratos comuns, relacionada, dentre outros fatores, à natureza da atividade que instrumentalizam. Se a função de tais contratos é diferenciada, sua interpretação também pode ser distinta daquela usualmente atribuída a outros contratos que não sejam de natureza empresarial, na qual também interferirão aspectos como grau de conhecimento dos contratantes, habitualidade, concorrência e mercado. Podem existir, no universo de tais contratos, situações distintas, com possibilidades de interpretação também diferenciadas, como, por exemplo, um contrato de fornecimento de matéria-prima entre dois empresários e um contrato de sociedade firmado entre os mesmos. Na segunda hipótese, aspectos como a possibilidade de continuidade da atividade empresarial interferirão na interpretação das condições pactuadas no contrato de sociedade, enquanto no contrato de fornecimento esta circunstância não interferirá se o fornecimento for eventual.[4]

Voltando à disciplina codificada, o direito de empresa não pode ser aprisionado num sistema unitário juntamente ao direito civil. Temas relacionados à concorrência, ao consumidor, às empresas em dificuldade e aos Registros Públicos exemplificam a diversidade de fatores e circunstâncias relacionados à prática empresarial – vale dizer, respectivamente: o direito de concorrência, pela disciplina da liberdade e equilíbrio do mercado; o direito do consumidor, pelas relações contratuais com os destinatários finais dos bens e serviços; o direito falimentar, pelo ajuste de interesses relacionados ao potencial afastamento do empresário da prática da atividade econômica, como resultado de um insucesso momentâneo ou definitivo; o direito registral, pela formalização e publicidade de atos relacionados à empresa. Seria infrutífera qualquer tentativa de codificação unitária do universo da empresa, aí incluindo-se aquela dos contratos, pelas dinamicidade e peculiaridades da prática empresarial.

3. *Liberdade contratual, autonomia da vontade e isonomia*

Contratos nominados são aqueles reconhecidos pela ordem jurídica a partir de suas características singulares. São disciplinados em seu conteúdo, forma, direitos e deveres que estabelecem. Podem ser encontrados no Código Civil e também em leis especiais. Já, os contratos típicos têm características previamente estabelecidas na sua previsão normativa ou uso.[5]

Contratos inominados são, portanto, aqueles cuja nomenclatura não foi incorporada pelas fontes do Direito. Os *atípicos*, por sua vez, expressam a busca de efeitos que não lhes são singulares, pois exigem a reunião de características de vários outros contratos.

O CC brasileiro, em seu art. 421, reconhece a autonomia de que se beneficia o agente na elaboração de seus contratos, ao mesmo tempo em que fixa seus limites a partir de alguns princípios contratuais, abrindo a oportunidade de criação de novos contratos bilaterais que atendam à necessidade das partes.

Além da análise dos contratos sob o aspecto de sua expressa previsão normativa (ou não), pode-se pensar os contratos por meio de uma outra proposta de classifi-

3. Marcia Carla Pereira Ribeiro e Irineu Galeski Jr., *Teoria Geral dos Contratos: Contratos Empresariais e Análise Econômica*, cit., p. 14.

4. Idem, ibidem.

5. Rui Pinto Duarte, *Tipicidade e Atipicidade dos Contratos*, Coimbra, Livraria Almedina, 2000, p. 20.

cação, que busque como elemento de aproximação os sujeitos que participam de sua elaboração. Contratos entre empresários, entre consumidor e fornecedor, entre empregado e empregador.

Só se pode pensar em categorizar os contratos a partir de seus sujeitos ao se aceitar que tais sujeitos personificam a conjunção de condições especiais que justificam disciplina normativa e interpretação especiais, seja em razão de uma disparidade informacional ou econômica. Esta disparidade, quando confrontada com o princípio da igualdade, pode sustentar a necessidade de interferência da lei, na tentativa de equilibrar os interesses envolvidos, buscando-se a maior proximidade possível com o princípio da isonomia. Tal interferência legislativa, porém, interfere em outro princípio bastante caro às relações interprivadas: a autonomia privada.

A intervenção legislativa assim como jurisprudencial, sem que se possa desconsiderar também a interferência da produção doutrinária na elaboração da norma e na sua aplicação, conduzem a uma limitação ao princípio da autonomia privada e da liberdade contratual, em proveito do princípio da igualdade.

Este ambiente torna aceitável o tratamento desigual oferecido à modalidade contratual na qual o desequilíbrio entre os sujeitos represente uma forma de exclusão da liberdade negocial plena – premidos pela necessidade própria ou força do outro contratante –, com vistas à implementação da igualdade material na sociedade de consumo. É o que ocorre no sistema jurídico brasileiro relativamente aos contratos que tenham como partes o trabalhador e o consumidor, dentre outros exemplos.

Se os sujeitos do contrato podem justificar uma abordagem específica, quando estes são oriundos da classe empresarial, no exercício de sua atividade profissional, chega-se à categoria dos contratos empresariais.

Contratos empresariais são os firmados por empresários ou sócios (investidores), no exercício de sua atividade profissional ou como forma de organização – contrato de sociedade. Contratos que podem se caracterizar como de execução continuada, quando indissociáveis da própria prática empresarial, e que reúnem elementos de distinção em relação aos demais contratos em razão de seus sujeitos, de sua história e função. Seus contratantes empresários são profissionais que, em princípio, gozam de condições similares de acesso à informação e análise dos riscos que permeiam a negociação empresarial. Nesses contratos, além do profissionalismo, o risco é elemento essencial, não podendo ser confundido nem com a mera frustração, nem com a existência de fatores excepcionais capazes de afastar a força vinculante do contrato.[6]

Os contratos empresariais, historicamente falando – deixando-se de lado, agora, o contrato de sociedade, em razão das peculiaridades –, sempre foram sujeitos a interpretação a partir dos usos e costumes e necessidades da prática empresarial.[7] Outro ponto de distinção relevante em relação aos contratos empresariais está em sua vocação para regular negócios que transcendem os limites territoriais de determinado Estado, com a possibilidade de submissão até mesmo a vários ordenamentos jurídicos – e, portanto, sujeitos também às normas de direito internacional público e privado.

Se o parâmetro de análise é a função que desempenham, os contratos empresariais instrumentalizam e viabilizam a circulação de riquezas, indispensável à prática empresarial.

6. Marcia Carla Pereira Ribeiro e Irineu Galeski Jr., *Teoria Geral dos Contratos: Contratos Empresariais e Análise Econômica*, cit., pp. 16-17.

7. Francesco Galgano, *Diritto Civile e Commerciale*, 2ª ed., vol. 1, Villanova di Castenaso, Casa Editrice Dott. Antonio Milani/CEDAM, 1993, p. 64.

Portanto, a função direta dos contratos empresariais expressa-se no acertamento dos interesses neles disciplinados, o que, por si só, colabora para o desenvolvimento eficaz da atividade empresarial. Refere-se aos interesses de natureza privada, inseridos na categoria dos direitos disponíveis, negociados numa pressuposta situação de igualdade entre os contratantes, desde que adstritos aos limites da lei, do mercado e da prática corrente.

São suas características próprias que fazem dos contratos empresariais campo fértil para a utilização das formas alternativas para solução de controvérsias, permitindo-se sempre a opção pela mediação e arbitragem para a solução de conflitos. Para além de seu conteúdo técnico, voltado à prática econômica disciplinada, a mediação e a arbitragem também colaboram na busca da eficiência em razão da especialização dos julgadores, assim como representam uma alternativa ao Poder Judiciário com ganhos também na desejável celeridade na solução de conflitos. A tecnicidade dos contratos empresariais harmoniza-se com o propósito de solução de conflitos entre empresários por seus próprios pares, não sendo muito diferente do contexto contemporâneo ao surgimento do direito comercial (classista).

Diferentemente dos contratos de consumo e de trabalho, os contratos empresariais de relações externas da empresa são, em tese, firmados entre partes interessadas que dispõem de recursos e condições para conhecer da extensão de suas expectativas e potencialidades do negócio. Partes que negociam, num jogo de perdas e ganhos que sob seu juízo pode conduzir ao resultado pretendido e que motivou a contratação. Essa situação de equilíbrio entre as partes é que cria um ambiente de isonomia indispensável ao efetivo exercício das liberdades individuais, o que nas relações interempresariais é mais evidente que em outras relações jurídicas. Essa presunção de equilíbrio entre as partes do contrato, todavia, pode ser desfeita como conseqüência do mesmo fator que levou à necessidade de tratamento desigual dos contratantes de uma relação de consumo ou de trabalho: a diversidade informacional entre as partes.

A complexa intersecção entre o princípio da igualdade e o da liberdade, expresso na autonomia privada, com a possibilidade de prevalência daquele que titula o poder econômico ou de conhecimento, forjando-se uma situação de aparente igualdade e, por conseqüência, liberdade perfeita dos contratantes que não existe na realidade dos fatos, relativiza a certeza de se estar num ambiente favorável ao efetivo exercício das liberdades. Nestas condições abre-se espaço para a modificação das condições estabelecidas no contrato, podendo-se chegar ao desfazimento do mesmo.

Se, no campo da interpretação, a existência, ou não, de ambiente propício ao exercício das liberdades reais (calcadas na isonomia) será o elemento fundamental a definir o conteúdo dos princípios como os da função social e boa-fé, no que se refere à tipificação dos contratos, a sistemática da lei civil brasileira apresenta-os em suas categorias gerais, e não qualificados como empresariais ou civis. São exemplos os contratos de compra e venda, representação e mandato. São contratos recepcionados pela legislação em sua nomenclatura e conteúdo, portanto, nominados e típicos, tratados em sua qualificação geral, mas que ainda assim não poderão ser considerados como destituídos de especificidades que – estas, sim – exigirão sua posterior qualificação (na elaboração do contrato ou na sua interpretação).

O contrato de sociedade, nominado e típico, é tratado de forma específica a partir do art. 981 do CC. A tipicidade é reforçada pela natureza inderrogável dos direitos e obrigações característicos das diversas modalidades societárias e pela taxativa determinação legal de adoção pelo empresário, quando não optar pelo exercício individual da atividade, de uma das modalidades societárias previstas na lei.

Há também os contratos nominados consagrados pela prática empresarial independentemente de previsão legal ou de esta ser exaustiva. São exemplos os contratos de faturização, *shopping center* e *joint venture*.

A dinamicidade das relações empresariais e a facilidade de acesso aos meios de comunicação e locomoção facilitam a criação e utilização de novos contratos; por exemplo, a securitização de créditos.

Outros contratos empresariais são nominados e de conteúdo atípico em face da liberdade de fixação de seu conteúdo no interesse das partes. É o caso do contrato de faturização, que pode se resumir a uma negociação para antecipação de valores, até o estabelecimento de uma complexa relação de fomento empresarial.

Os contratos relacionados à empresa, pelo que foi até agora demonstrado, tendem a se amoldar ao que exige a própria prática empresarial. Tendem a se renovar e modificar de forma muito mais rápida que os contratos do direito comum.

Os contratos empresariais representam categoria especial de contratos, que também pode ser enquadrada nas categorizações gerais utilizadas na teoria geral dos contratos, a partir de conceitos como contratos típicos, atípicos, nominados ou inominados, como visto, assim como "de execução continuada" ou, ainda, "comutativos" e "aleatórios".

Aspectos como seu caráter duradouro e relacional, a existência ou não de disciplina específica, interferirão na identificação de sua função.

4. A interpretação dos contratos empresariais relacionados com a concessão de crédito

Dentre os contratos empresariais, é importante destacar o papel daqueles cuja causa é a concessão de crédito. Consoante destaca Ascarelli, o crédito caracteriza-se como elemento preponderante para o desenvolvimento da atividade econômica, sendo que os instrumentos jurídicos que lhe dão funcionalidade exercem importante papel na economia, facilitando a circulação de riqueza e a viabilização de recursos para a realização de novas empresas.[8]

Destaca, ainda, o autor a importância da segurança jurídica e da previsibilidade para o bom andamento do mercado – o que, inclusive, tem por conseqüência o surgimento de engenhosos mecanismos de proteção criados pelos comerciantes e que deram origem aos títulos de crédito.[9]

Em relação à atividade econômica envolvendo a concessão de crédito, observe-se que há a possibilidade do seu emprego pelos empresários em geral, de modo que a compra e venda, por exemplo, pode se realizar com pagamento à vista ou a crédito. Observe-se, contudo, que neste caso o empresário tem como objetivo principal a venda de seu produto, empregando a concessão do crédito como meio de facilitar a realização do negócio.

Por outro lado, há empresários que exercem sua empresa com a finalidade específica de captar recursos daqueles que o têm em excedente, para, então, oferecê-los àqueles que necessitam de crédito para a realização de determinado negócio. Essa prática vem a se caracterizar como uma espécie própria de atividade econômica, denominada *atividade financeira*, e que, diante de suas peculiaridades e reflexos sociais, tem caráter especial.

8. Tullio Ascarelli, *Teoria Geral dos Títulos de Crédito*, São Paulo, Saraiva, 1969.

9. "É a necessidade de certeza e segurança, de certeza no direito ou segurança na sua realização, que leva as partes a criar ou aperfeiçoar institutos que satisfaçam tal exigência. Direito incerto é direito ineficaz, elemento perturbador das relações jurídicas, e são, portanto, benéficos os esforços tendentes a torná-lo eficaz" (Ascarelli, *Teoria Geral dos Títulos de Crédito*, cit., pp. 3-13).

Pode-se dizer que, enquanto as atividades econômicas em geral se caracterizam por serem atividades-fim, a atividade financeira caracteriza-se como atividade-meio, pois esta fornece subsídios para o desenvolvimento daquelas.[10]

Nas atividades econômicas em geral, ao lado daqueles contratos onde se possibilita o acordo entre as partes para o pagamento do preço em data futura, tem-se ainda o mútuo como a forma mais comum de contrato cuja causa seja a concessão de crédito. Por seu intermédio se instrumentaliza o empréstimo de dinheiro, com ordenamento previsto pelos arts. 586 a 592 do CC brasileiro vigente, o qual, consoante anteriormente exposto, derroga os tratamentos jurídicos anteriormente existentes no Código Comercial de 1850 e no Código Civil de 1916.

Nesses contratos, de forma geral, seguindo a mesma orientação já adotada no ordenamento derrogado, há a fixação de limites para os juros exigidos, tanto pela remuneração do crédito concedido quanto pela mora na hipótese de inadimplemento, de modo a se afastar práticas usurárias, os quais, na ausência de disposição contratual, serão de 1% ao mês, permitindo-se, por convenção entre as partes, fixá-los em, no máximo, 2% ao mês.[11] Em ambos os casos a forma de capitalização composta dos juros não pode ser empregada em periodicidade inferior à anual.

Note-se, ainda, que nesses contratos, tanto para os contratos empresariais quanto para os demais do direito privado, o regime jurídico relativo à concessão de crédito previsto pelo Código Civil não sofre qualquer distinção, aplicando-se em ambas as searas os mesmos princípios e os mesmos limites legais.

Têm tratamento distinto, no entanto, os contratos bancários, promovidos por empresários que exercem a atividade financeira como empresa, denominados de "banqueiros"[12] pelo Código Comercial de 1850 e de "instituições financeiras" pela legislação em vigor.[13] A causa do tratamento jurídico diferenciado decorre da ligação intensa que tem o mercado financeiro com a atividade estatal, o que lhe atribui outras funções, atreladas à políticas públicas e que demandam regime jurídico especial, ao qual se denomina de *Sistema Financeiro Nacional*.

4.1 A função social dos contratos bancários e o Sistema Financeiro Nacional

A atividade financeira, diante de suas características, pode ser dividida em *pública* – na qual se enquadram o regime de emissão de moedas e o controle sobre a oferta de crédito – e *privada* – na qual aparecem a intermediação ou a aplicação de recursos financeiros próprios ou de terceiros.

Sob o escopo da atividade financeira pública, observa-se que a quantidade de moeda e de crédito disponíveis na economia são fatores relevantes para o controle da inflação. Desse modo, o controle do Estado sobre essas variáveis é imprescindível para a implementação de políticas públicas direcionadas aos objetivos traçados pela ordem econômica constitucional.

Sob o escopo da atividade financeira privada, considerando que faz parte da sua atividade a captação dos recursos excedentes existentes na economia para aplicação futura, há necessidade de uma efeti-

10. Sidnei Turczyn, *O Sistema Financeiro Nacional e a Regulação Bancária*, São Paulo, Ed. RT, 2005, pp. 29-34.

11. Sérgio Campinho, "Sobre os juros no Código Civil de 2002", *Revista de Direito Empresarial* 3/195-210, Curitiba, Juruá, janeiro-junho/2005.

12. Nos termos do revogado art. 119 do CComercial de 1850: "São considerados banqueiros os comerciantes que têm por profissão habitual do seu comércio as operações chamadas de banco" – que se caracterizam, especificamente, pela intermediação entre poupadores e tomadores de recursos.

13. Lei 4.595/1964, art. 17.

va proteção à economia popular, de modo que o controle estatal sobre essa atividade deve ser efetivo e constante. Ademais, a própria oferta de crédito realizada pelas instituições financeiras precisa ser controlada, considerando-se as preocupações acima indicadas, como ocorre em relação à inflação.

Diante dessas características, instituiu-se o *Sistema Financeiro Nacional*, composto pelo Conselho Monetário Nacional – órgão de competência regulamentar,[14] responsável pela organização do mercado financeiro – e pelo Banco Central do Brasil – órgão de competência executiva e fiscalizatória, responsável, dentre outras atribuições, pela autorização de empresários para o exercício da atividade financeira privada, além de ser o agente emissor de moeda e o depositário dos recursos da União.[15]

Registre-se que uma das preocupações do Estado na criação desse Sistema foi a de permitir a descentralização da ação normativa, eis que a sistemática geral de elaboração legislativa não atende à celeridade exigida para a adoção de normas conjunturais decorrentes de alterações no âmbito econômico. Como conseqüência, atribuiu-se ao Conselho Monetário Nacional a competência para a coordenação das políticas monetária e creditícia, dentre outras.

Diante disso, no âmbito da atividade financeira privada, visando à coordenação sobre a remuneração dos contratos de concessão de crédito envolvendo instituições financeiras, afastaram-se os limites de juros estabelecidos pelo Código Civil brasileiro, passando a prevalecer a liberdade para sua fixação.[16]

Sendo assim, em relação aos contratos envolvendo a concessão de crédito, no âmbito do direito privado, pode-se observar a existência de dois regimes jurídicos distintos, sendo considerado como geral aquele estabelecido pelo Código Civil, ao qual estão sujeitas todas as atividades econômicas, de natureza empresarial ou não, e no qual existem limites legais para a autonomia privada na fixação dos juros. Como regime jurídico especial temos o Sistema Financeiro Nacional, onde o exercício da atividade econômica financeira depende de autorização estatal, prevalecendo em seus contratos a autonomia privada na fixação dos juros entre as partes.

A função social da atividade financeira privada e dos contratos bancários em geral, por sua vez, está ligada ao escopo traçado pela atividade financeira pública, inserindo-se como parte integrante da política econômica do Estado e como instrumento de materialização da ordem econômica constitucional.

O ponto que tem suscitado grande debate no âmbito dos contratos bancários é justamente decorrente das conseqüências econômicas observadas pela liberdade na fixação de juros estabelecida pelo Conselho Monetário Nacional, onde se assevera, de forma veemente, a existência de abuso das instituições financeiras no uso dessa autonomia.

Aguiar Jr., corroborando esse pensamento, assevera que: "No Brasil de hoje, com as taxas praticadas, o pingo se torna maior que o balde após alguns meses de juros capitalizados".[17]

4.2 Contratos bancários e o direito privado

Diante do eventual abuso na fixação dos juros, a título de remuneração ou mora dos contratos bancários, observam-se dois principais pontos que merecem esclarecimento, para a adequada abordagem do tema.

14. Lei 4.595/1964, art. 3º.

15. Art. 164 da Constituição da República Federativa do Brasil.

16. Resolução 1.064/1985 do Conselho Monetário Nacional.

17. Ruy Rosado de Aguiar Jr., *Os Contratos Bancários e a Jurisprudência do Superior Tribunal de Justiça*, Brasília, CJF, 2003, p. 78.

Inicialmente, não obstante as instituições financeiras terem regime jurídico especial em decorrência de suas peculiaridades – no qual se adota a liberdade de fixação dos juros[18] –, estão sujeitas aos demais fundamentos pertinentes às obrigações e contratos estabelecidas pelo direito privado.

Diante disso, os aspectos destacados em relação à probidade e à boa-fé, como elementos essenciais na execução e conclusão dos contratos, devem ser observados pelos contratos bancários.

Ocorre que no âmbito do direito privado, a par do Código Civil brasileiro, tem-se o Código de Defesa do Consumidor como norma incidente nas relações de consumo. O principal objetivo desse ordenamento é propiciar o equilíbrio contratual entre as partes contratantes, partindo-se da presunção legal de que o empresário sempre está em condição material mais favorável. Esse ordenamento traz previsão expressa de sua incidência sobre as relações entre consumidores e instituições financeiras.

Por entenderem que sua sujeição legal deveria ser restrita às normas gerais de direito público e privado e, em regime especial, ao Sistema Financeiro Nacional, as instituições financeiras suscitaram à apreciação do STF brasileiro a inconstitucionalidade da aplicação da legislação consumerista às suas relações jurídicas, por intermédio de ação direta de inconstitucionalidade, cujo julgamento, ocorrido no final de 2006, declarou a constitucionalidade do dispositivo legal, de modo que, efetivamente, estão as relações jurídicas bancárias sob a égide do Código de Defesa do Consumidor.

A questão que se levanta é sobre a qualificação do consumidor. Na relação jurídica do usuário final titular de conta corrente não há dúvida. Contudo, questiona-se a incidência do Código às relações jurídicas envolvendo empresários e instituições financeiras. Nesse caso a questão é pertinente, considerando-se as conseqüências jurídicas decorrentes do regime jurídico incidente. Como exemplo concreto dessa diferença, observa-se que, segundo o Código Civil brasileiro, a revisão do contrato em virtude de onerosidade excessiva depende da superveniência de acontecimentos extraordinários e imprevisíveis. Por sua vez, dentro do regime consumerista, a existência da onerosidade excessiva superveniente, por si só, fundamenta a revisão contratual.

Outro ponto que merece acurado cuidado é relativo à função social dos contratos bancários, considerando-se o escopo da atividade financeira privada, mas principalmente da atividade financeira pública.

Nesse campo o questionamento volta-se para a consideração sobre o já aludido princípio da relatividade das convenções, segundo o qual o contrato, tendo relevância como fato social, repercute também nos interesses alheios, e não só em relação aos contratantes. Desse modo, os contratantes não podem, com seu negócio privado, prejudicar o bem comum.[19]

Em relação ao primeiro ponto, relativo à incidência do Código de Defesa do Consumidor nas relações jurídicas entre empresário e instituição financeira, já foi observado anteriormente que mesmo

18. Observe-se, ademais, que existe coerência na liberdade de fixação de juros para as instituições financeiras, eis que, não obstante se trate de "atividade-meio", no sentido de propiciar fomento ao mercado, para aqueles que a realizam, ou seja, para os "banqueiros", trata-se de "atividade-fim", pois é da diferença entre o custo de captação e o resultado da aplicação que decorre seu lucro (*spread*). Diante disso, a fixação de um teto geraria ambiente com ausência de concorrência e sem estímulo para a atração de empresários interessados em investir no mercado financeiro. Sobre o tema, consultar Armando Castelar Pinheiro, *A Regulação dos Mercados Financeiros. Direito, Economia e Mercados*, Rio de Janeiro, Elsevier, 2005, pp. 431-476.

19. Teresa Ancona Lopez, "Princípios contratuais", in Wanderley Fernandes (coord.), *Contratos Empresariais: Fundamentos e Princípios dos Contratos Empresariais*, Série *GV Law*, São Paulo, Saraiva, 2007, pp. 20-25.

na relação jurídica entre empresários há a possibilidade da existência de desequilíbrio no exercício da autonomia privada, diante da diferença de poder econômico e da relação de dependência existente entre os contratantes.

Especificamente em relação aos contratos bancários, Casado entende que a vulnerabilidade de um empresário em relação à instituição financeira é de possível pesquisa e constatação pelo Poder Judiciário, de modo a se determinar a aplicação do Código de Defesa do Consumidor ou do regime jurídico das obrigações do direito privado à relação contratual sob julgamento.[20]

Em relação à função social dos contratos bancários, considerando-se que seus efeitos atingem não somente os contratantes, mas, outrossim, refletem sobre a coletividade, não se pode deixar de destacar, dentre os diversos objetivos que os permeiam, o fomento à facilitação da circulação de riqueza e viabilização de novas empresas, propiciando que estas, do mesmo modo, cumpram com sua função social.

Destarte, seja qual for a norma de direito privado adotada para a interpretação dos contratos bancários, deve-se ressaltar, no âmbito interno, a presença de probidade e boa-fé na sua conclusão e execução, bem como, no âmbito externo, sua função social, caracterizada pela facilitação da circulação de riqueza, observados os limites estabelecidos pela atividade financeira pública.

Diante dos pontos acima expostos, observa-se que um versa sobre os pressupostos para a interpretação dos contratos bancários no âmbito do direito privado e sobre a incidência do Código de Defesa do Consumidor ou do Código Civil como ordenamento aplicável quando se tratar de contrato envolvendo a instituição financeira e um empresário.

Note-se, destarte, que um dos critérios possíveis de serem adotados pelo julgador para a definição do regime jurídico seria a vulnerabilidade, relacionada à idéia de possível relação de dependência entre empresários. Nesse mesmo sentido, Coelho entende que: "O mais adequado, a rigor, seria a atualização do direito positivo brasileiro, de modo que os contratos entre empresários ficassem sujeitos a regras próprias, conforme fossem iguais ou desiguais os contratantes. Enquanto a atualização não se realiza, justifica-se a aplicação *analógica* da legislação consumerista em favor do empresário vulnerável".[21]

5. Notas conclusivas sobre a função dos contratos empresariais

Não há como se chegar a um sistema unitário de disciplina dos negócios e contratos empresariais e não-empresariais.

Mesmo a existência de subsistemas, como o de disciplina dos contratos de consumo e suas especificidades, não exclui a possibilidade de incidência de suas normas às relações exclusivamente de natureza empresarial.

Como já observado, a unificação formal do direito das obrigações pelo Código Civil de 2002 não significou sua unificação material, de modo que os contratos empresariais devem atender a interpretação distinta daquela conferida aos demais contratos. Por conseguinte, há a possibilidade de os contratos bancários se submeterem a uma interpretação que leve em consideração a vulnerabilidade do empresário em relação à instituição financeira, preenchendo-se, nesse caso, as cláusulas gerais do contrato, sujeitas a interpretação, com elementos preponderantemente consumeristas. Se inexistente a vulnerabilidade, deve preponderar a solução hermenêutica

20. Márcio Mello Casado, *Proteção do Consumidor de Crédito Bancário e Financeiro*, São Paulo, Ed. RT, 2006, pp. 35-40.

21. Fábio Ulhoa Coelho, *Curso de Direito Comercial*, 6ª ed., vol. 3, São Paulo, Saraiva, 2007, p. 21.

que se harmonize com as características da relação jurídica em concreto.

Quanto ao princípio da boa-fé objetiva, este se aplica tanto aos contratos paritários do Código Civil quanto aos contratos de adesão e às relações de massa que estão reguladas pelo Código de Defesa do Consumidor.[22]

Já, a incidência e o conteúdo do princípio da função social dos contratos empresariais, em geral, e dos contratos bancários, em especial, mostram-se de tormentosa definição, assim como abrir-se a oportunidade de revisão judicial de suas cláusulas contratuais.

A interpretação a ser atribuída aos contratos empresariais externos (não de sociedade) não se iguala àquela atribuída aos contratos comuns, ao menos quando se tem por pressuposto a realização de contratos vinculados ao exercício da empresa, sujeitos a elementos como risco e lucro, partícipes da configuração da atividade empresarial e firmados entre profissionais. A estabilidade dos contratos e do mercado é importante elemento a ser cotejado com a própria idéia de função social do contrato. A interferência do Estado na fixação de seu conteúdo deve ser vista com cautela, e a atuação do Poder Judiciário orientada pelos elementos característicos deste tipo de contrato e da função por ele desempenhada, independentemente da parcial unidade legislativa inaugurada pela disciplina dos contratos no Código Civil brasileiro.

Porém, princípios como os da boa-fé objetiva e eqüidade, além do princípio da função social do contrato, podem ser invocados no trabalho de interpretação de qualquer modalidade contratual.

Quanto aos contratos bancários, os juros exigidos pelas instituições financeiras por vezes exigem uma reflexão quanto ao conceito de abusividade e ao critério para que se infira essa condição (de abusividade) na situação concreta.

O assunto vem sendo debatido pela doutrina e pelo Judiciário. No final de 2006, com o julgamento da aludida ADI 2.591/2006, firmou-se um posicionamento por parte do STF, de modo que se vislumbra, nessa seara, a consolidação da segurança jurídica e da previsibilidade, tão caras ao mercado de crédito.[23]

Segundo Marques, "o egrégio STF considerou que os valores do art. 5º, XXXII, são dominantes nas relações privadas, daí concluir pela necessária aplicação harmônica do art. 170, V, e art. 192, recusando que existisse um privilégio de não-aplicação do art. 170, V, da CF/1988 ao Sistema Financeiro Nacional e concluindo que apenas as normas de organização deste sistema devem ser por lei complementar fixadas".[24]

Por sua vez, Wald entende que o julgado do principal Tribunal brasileiro confirma que o Código de Defesa do Consumidor se aplica às relações bancárias, salvo às matérias de competência do Sistema Financeiro Nacional, dentre as quais a fixação dos juros.[25] Ou seja, não se permite ao Judiciário intervir nas políticas públicas do Estado. Diante disso, afasta-se a possibilidade de revisão pelo Judiciário dos juros exigidos nos contratos bancários, adotando-se uma conotação para a expressão "função social" associada a políticas públicas.

22. Teresa Ancona Lopez, "Princípios contratuais", cit., in Wanderley Fernandes (coord.), *Contratos Empresariais: Fundamentos e Princípios dos Contratos Empresariais*, p. 59.

23. Conforme ata da sessão de julgamento, pendente de publicação. V. *Informativo STF* 452, 11-15.12.2006.

24. Cláudia Lima Marques, "O novo direito privado brasileiro após a decisão da ação direta de inconstitucionalidade dos bancos (n. 2.591): observações sobre a garantia institucional-constitucional do direito do consumidor e a *drittwirkung* no Brasil", *Revista de Direito do Consumidor* 61/70, São Paulo, Ed. RT, janeiro/2007.

25. Arnoldo Wald, "O direito monetário na recente jurisprudência do STF", *RT* 861/11-23, Ano 96, São Paulo, Ed. RT, julho/2007.

Ambas as posições, não obstante pareçam conflitantes, seguem no mesmo sentido. Segundo o posicionamento do STF, os contratos bancários estão sujeitos à legislação de defesa do consumidor, mas sua incidência deve observar as peculiaridades pertinentes às atividades financeiras, cuja regulação é realizada pelo Sistema Financeiro Nacional.

Como conseqüência, sobre a possibilidade de revisão dos contratos bancários, Efing, considerando o aspecto relativo à função social, constata que a estrutura oligopolista do mercado financeiro afasta a possibilidade de materialização do escopo objetivado pelo Conselho Monetário Nacional, no qual a fixação dos juros nos contratos bancários deve ser livre, de modo que a concorrência entre as instituições financeiras impeça a prática abusiva por parte do agente concedente de crédito. Nesse caso, diante da concentração do mercado, ocorre uma tendência ao comportamento paralelo das instituições financeiras – conduta oportunista –, em que se preservam as taxas de juros em patamares elevados, carecendo o tomador do crédito, empresário ou não-empresário, de opções de escolha. Esse quadro faz com que a taxa média de juros praticada pelo mercado financeiro se torne um critério viciado para a aferição da eventual abusividade nos contratos, visando à caracterização da onerosidade excessiva que legitime sua revisão judicial.[26]

Conclui o autor, então, pela possibilidade de revisão judicial dos juros fixados contratualmente, para patamares inferiores aos praticados no mercado, a serem definidos pelo juízo.

Oportuno desatacar que Forgioni, ao abordar outro contrato tipicamente empresarial – o de distribuição –, manifesta-se no sentido de que a não-observância dos limites concorrenciais nos contratos permite ao Judiciário a declaração da nulidade das cláusulas fundadas em abuso do poder econômico, ou seja, em proveito indevido de uma relação de dependência.[27]

A possibilidade de se empregar a mesma interpretação nos contratos bancários permitiria a caracterização da onerosidade em conseqüência da sua natureza de contrato de adesão e da abusividade dos agentes financeiros em decorrência da estrutura oligopolista do setor bancário.

Os princípios da boa-fé e da função social dos contratos, contudo, no tocante especificamente à política de fixação de juros no mercado financeiro, não podem dissociar-se dos parâmetros estabelecidos pela atividade financeira pública, cujos objetivos são definidos pelo contexto macroeconômico.

Nesse sentido, a revisão judicial desses critérios, de forma individualista e assimétrica, pode colidir com o escopo coletivo.[28] Observa-se, ademais, que comportamento paralelo em uma estrutura de mercado oligopolista não se confunde com a prática de cartel. Este último contém efetivamente elementos de abusividade que fundamentam a revisão contratual em razão da conduta ilícita do empresário. Aquele, por sua vez, demanda a adoção de políticas públicas, por intermédio de normas de caráter indutivo, que possibilitem maior competitividade e a conseqüente redução das taxas de juros praticadas pelo mercado.

26. Antônio Carlos Efing e Fernanda Mara Gibran, "A comprovação da onerosidade excessiva nos contratos bancários: uma nova reflexão a partir da realidade brasileira", *Revista de Direito do Consumidor* 63/27-51, São Paulo, Ed. RT, janeiro/2007.

27. "A constatação de nulidade dos negócios jurídicos violadores da Lei Antitruste inova o tratamento dado aos contratos de distribuição no Brasil; abre-se um leque – antes desconhecido pelo direito contratual tradicional – de possíveis ilícitos (isto é, nulos) praticados no seio do contrato de distribuição. Repise-se: são eivadas de nulidade todas as cláusulas que implicam infração à ordem econômica" (Paula Forgioni, *Contratos de Distribuição*, São Paulo, Ed. RT, 2005).

28. Sobre os limites para a revisão dos contratos fundada em sua função social, v. Calixto Salomão Filho, "Função social do contrato: primeiras anotações", *RDM* 132/7-24, São Paulo, Malheiros Editores, outubro-dezembro/2003.

As revisões contratuais sem o atendimento a esses parâmetros, fundadas no emprego desmedido das cláusulas gerais do direito privado, pelo que se verifica, tendem a gerar insegurança jurídica para as partes – acarretando, no caso dos contratos bancários, a manutenção das altas taxas de juros, o que traz prejuízos para o sistema de crédito como um todo.[29]

Os juros praticados pelo mercado podem sujeitar-se ao crivo jurisdicional, uma vez caracterizada sua abusividade. Os parâmetros para sua caracterização, bem como dos critérios adotados para a reforma do contrato, todavia, devem passar pela ampla análise estrutural no mercado em que se insere aquele instrumento, considerando-se a relatividade dos efeitos desta decisão para terceiros.

Logo, nos contratos empresariais em geral, assim como nos bancários, a possibilidade de afastamento de cláusulas não pode ser arbitrariamente adotada em relações individuais. Elementos como risco, capacidade informacional das partes, mercado e concorrência devem somar-se aos princípios da boa-fé objetiva, eqüidade e boa-fé na busca da melhor solução para o caso concreto.

Referências Bibliográficas

AGUIAR JR., Ruy Rosado de. *Os Contratos Bancários e a Jurisprudência do Superior Tribunal de Justiça*. Brasília, CJF, 2003.

ASCARELLI, Tullio. *Teoria Geral dos Títulos de Crédito*. São Paulo, Saraiva, 1969.

AZEVEDO, Antônio Junqueira de. *Negócio Jurídico: Existência, Validade e Eficácia*. 3ª ed. São Paulo, Saraiva, 2000.

29. Para Jairo Saddi (*Crédito e Judiciário no Brasil: uma análise de Direito & Economia*, São Paulo, Quartier Latin, 2007, pp. 244-248) o risco jurisdicional, que é um dos riscos dentre os tantos que envolvem a atividade econômica empresarial, no caso da atividade financeira, torna-se de maior vulto, diante de uma postura do Judiciário baseada em um "viés anticredor".

BRASIL. "Resolução 1.064 do Conselho Monetário Nacional, de 4.12.1985". Disponível em *http://www.bacen.gov.br/legislação enormas/normasdocmnedobc* (acesso em 27.10.2006).

CAMPINHO, Sérgio. "Sobre os juros no Código Civil de 2002". *Revista de Direito Empresarial* 3/195-210. Curitiba, Juruá, janeiro-junho/2005.

CASADO, Márcio Mello. *Proteção do Consumidor de Crédito Bancário e Financeiro*. São Paulo, Ed. RT, 2006.

COELHO, Fabio Ulhoa. *Curso de Direito Comercial*. 3ª ed., vol. 3. São Paulo, Saraiva, 2007.

DUARTE, Rui Pinto. *Tipicidade e Atipicidade dos Contratos*. Coimbra, Livraria Almedina, 2000.

EFING, Antônio Carlos, e GIBRAN, Fernanda Mara. "A comprovação da onerosidade excessiva nos contratos bancários: uma nova reflexão a partir da realidade brasileira". *Revista de Direito do Consumidor* 63/27-51. São Paulo, Ed. RT, janeiro/2007.

FORGIONI, Paula. *Contratos de Distribuição*. São Paulo, Ed. RT, 2005.

GALESKI JR., Irineu, e RIBEIRO, Marcia Carla Pereira Ribeiro. *Teoria Geral dos Contratos. Contratos Empresariais e Análise Econômica*. Rio de Janeiro, Elsevier, 2009.

GALGANO, Francesco. *Diritto Civile e Commerciale*. 2ª ed., vol. 1. Villanova di Castenaso, Casa Editrice Dott. Antonio Milani/CEDAM, 1993.

GIBRAN, Fernanda Mara, e EFING, Antônio Carlos. "A comprovação da onerosidade excessiva nos contratos bancários: uma nova reflexão a partir da realidade brasileira". *Revista de Direito do Consumidor* 63/27-51. São Paulo, Ed. RT, janeiro/2007.

LOPEZ, Teresa Ancona. "Princípios contratuais". In: FERNANDES, Wanderley (coord.). *Contratos Empresariais: Fundamentos e Princípios dos Contratos Empresariais*. Série *GV Law*. São Paulo, Saraiva, 2007.

MACEDO JR., Ronaldo Porto. *Contratos Relacionais e Defesa do Consumidor*. São Paulo, Max Limonad, 1998.

MARQUES, Cláudia Lima. "O novo direito privado brasileiro após a decisão da ação direta de inconstitucionalidade dos bancos (n. 2.591): observações sobre a garantia institucional-constitucional do direito do consumidor e a *drittwirkung* no Brasil". *Revista de Direito do Consumidor* 61. São Paulo, Ed. RT, janeiro/2007.

MARTINS-COSTA, Judith. "Crise e modificação da idéia de contrato no Direito Brasileiro". *Revista de Direito do Consumidor* 3. São Paulo, Ed. RT, 1992.

PINHEIRO, Armando Castelar. *A Regulação dos Mercados Financeiros. Direito, Economia e Mercados*. Rio de Janeiro, Elsevier, 2005.

RIBEIRO, Marcia Carla Pereira Ribeiro, e GALESKI JR., Irineu. *Teoria Geral dos Contratos. Contratos Empresariais e Análise Econômica*. Rio de Janeiro, Elsevier, 2009.

ROPPO, Enzo. *O Contrato*. Trad. de Ana Coimbra e M. Januário C. Gomes. Coimbra, Livraria Almedina, 1988.

SADDI, Jairo. *Crédito e Judiciário no Brasil: uma Análise de Direito & Economia*. São Paulo, Quartier Latin, 2007.

SALOMÃO FILHO, Calixto. "Função social do contrato: primeiras anotações". *RDM* 132/7-24. São Paulo, Malheiros Editores, outubro-dezembro/2003.

________. *O Novo Direito Societário*. 2ª ed. São Paulo, Malheiros Editores, 2002.

SUPREMO TRIBUNAL FEDERAL. *Informativo* 452. 11-15.12.2006 (disponível em *http://www.stf.gov.br*, acesso em 5.6. 2008).

TURCZYN, Sidnei. *O Sistema Financeiro Nacional e a Regulação Bancária*. São Paulo, Ed. RT, 2005.

WALD, Arnoldo. "O direito monetário na recente jurisprudência do STF". *RT* 861/11-23. Ano 96. São Paulo, Ed. RT, julho/2007.

Atualidades

DIREITO DE (DES)ASSOCIAÇÃO E O PRINCÍPIO DA MANUTENÇÃO DA EMPRESA

EDSON ISFER*

MARCIA CARLA PEREIRA RIBEIRO**

1. Introdução. 2. Associações e sociedades no Código Civil. 3. As sociedades. 4. Da disciplina constitucional. 5. Da disciplina infraconstitucional. 6. Aspectos ponderáveis na conclusão quanto ao direito de (des)associação. 7. Conclusões.

1. Introdução

A análise da atual legislação nacional, especialmente do Código Civil, permite que se tenha acesso a algumas indicações acerca das linhas divisórias/demarcatórias das pessoas jurídicas por ele reguladas.

Pode-se dizer que estas linhas são, de certo modo, claras nas associações, sociedades e fundações. Ou seja, o Código Civil brasileiro estabelece o caráter de *discrímen* existente entre os entes jurídicos reconhecidos pela lei.

Na sua formatação de pessoa jurídica de direito privado, associações, sociedades e fundações podem aparecer como agentes de atividades econômicas, ainda que a destinação que será dada a eventuais resultados econômicos seja necessariamente diferente em cada uma das mencionadas modalidades.

Compreender as semelhanças e as diferenças entre as modalidades de organização produz também um impacto relativamente à aplicação de princípios estabelecidos na Constituição Federal, especialmente no que se refere à preservação da empresa, quando cotejada com a liberdade de associação.

Observa-se no teor do art. 5º, XVII ("é plena a liberdade de associação para fins lícitos, vedada a de caráter paramilitar") e XX ("ninguém poderá ser compelido a associar-se ou a permanecer associado"), da CF uma menção genérica ao termo "associação".

Este artigo pretende apontar traços característicos das associações e das sociedades, a fim de colaborar para a identificação de suas semelhanças e diferenças, necessária à melhor compreensão e aplicação dos princípios constitucionais da preservação da empresa e da liberdade de associação.

2. Associações e sociedades no Código Civil

O legislador brasileiro de 2002 utilizou as expressões "sociedade" e "associa-

* (*edsonisfer@fgiadvocacia.com.br*)
** (*marcia.carla@terra.com.br*)

ção", qualificando-as e classificando-as de modo distinto.

O art. 981 do CC enuncia a noção legal de sociedade a partir do instrumento que a constitui – logo, a partir de sua natureza contratual –, expressando que contratam sociedade aqueles que se comprometem a reciprocamente contribuir com bens e esforços para a partilha entre si dos resultados; o que relaciona o conceito legal à prestação de atividade de cunho econômico.

Já, na noção de associação, a partir da redação do art. 53 do CC, destaca-se a finalidade da conjugação dos esforços para fins não-econômicos.

No entanto, pode-se dizer que nem sempre tais distinções, identificáveis nos critérios hoje utilizados, inspiraram o legislador ou impressionaram a doutrina.

Na obra de Pontes de Miranda fica clara essa posição, pois, como diz o autor: "As leis e a doutrina empregam as expressões 'associação' e 'sociedade', sem dar-lhes os conceitos (arts. 16, I, 22 e 23)". E, mais adiante: "Nem as distinguiria o fim econômico ou não-econômico: há associações de fim não-econômico e associações de fim econômico; sociedades de fim econômico e sociedades de fins não-econômicos".[1]

Usando os critérios do Código Civil de 1916, Washington de Barros Monteiro identifica uma bifurcação do gênero sociedade civil, apontando para a existência de sociedades civis de fins econômicos e sociedades de fins não-econômicos. As sociedades civis de cunho econômico apresentam a mesma forma de organização das sociedades empresariais, partindo da constituição de um capital social (capital mínimo) para o exercício da atividade que compõe seu objeto, e buscam o lucro. Já, as sociedades civis de fins não-econômicos voltam-se a interesses imateriais "e seus matizes podem ser os mais diversos: religiosos, literários, científicos, artísticos, recreativos, beneficentes, desportivos, políticos, culturais (...)", sempre desprovidas da finalidade especulativa – vale dizer, sem o propósito de viabilizar a partilha de lucro, mas, em relação aos seus integrante, para "propiciar-lhes o gozo de bens imateriais ou espirituais, ou então visam a ser úteis e agradáveis".[2]

Ainda, analisando a questão sob o enfoque do Código Civil de 1916, Waldemar Ferreira afirma que o legislador usou indistintamente as expressões "associação" e "sociedade", não lhes definindo contornos distintos.

No entanto, já naquela época, em termos de doutrina estrangeira, o autor acentua a alteração de parâmetros de distinção, apontando para a direção que veio a ser adotada no Brasil em 2002.

Após reconhecer que a lei francesa de 1.7.1901 definiu a *associação* como aquela em que "duas ou mais pessoas põem em comum, permanentemente, seus conhecimentos ou atividades para fim outro que não o da partilha de lucros",[3] o doutrinador descreve o pensamento da doutrina alemã sobre a distinção entre esses entes, para reconhecer às associações a vinculação a fins exclusivamente altruísticos ou extrapecuniários.[4]

Por outro lado, para o Direito Português, segundo Vital Moreira, a *associação* é "uma entidade baseada numa colectividade de pessoas reunidas em função de um interesse comum".[5] O professor de Coimbra classifica essas entidades como corpo-

1. Pontes de Miranda, *Tratado de Direito Privado*, t. I, Rio de Janeiro, Borsói, 1954, pp. 318-319.

2. Washington de Barros Monteiro, *Curso de Direito Civil*, 2ª Parte, São Paulo, Saraiva, 1980, p. 302.

3. Waldemar Martins Ferreira, *Instituições de Direito Comercial*, vol. 1, Rio de Janeiro, Freitas Bastos, 1947, p. 277.

4. Idem, ibidem.

5. Vital Moreira, *Administração Autônoma e Associações Públicas*, Coimbra, Coimbra Editora, 1997, p. 398.

rativas, ou seja, decorrentes da reunião de pessoas, para distingui-las das fundações, que se organizam a partir de determinado patrimônio.

No Direito Italiano a questão da partilha dos lucros como forma de identificar as sociedades e diferenciá-las das associações, em que o fim altruístico é determinante, já era apontado por Navarrini e Faggella em seus estudos acerca das sociedades e associações comerciais.[6] Neste caso, os autores utilizam a expressam "associação" em seu sentido mais geral de comunhão de pessoas, e não no seu sentido técnico, atualmente empregado de forma predominante no Direito Brasileiro.

Ainda no Direito Italiano mais recente, interessa apontar a posição de Galgano,[7] para quem é de difícil afirmação a distinção entre *sociedade* e *associação*, eis que o legislador não definiu *associação*, tendo-o feito apenas em relação às sociedades, naquele sistema, o que conduz a uma definição de *associação* em termos negativos, ou seja, por exclusão. Verificam-se os elementos alocados na lei para definir *sociedade* – exercício de atividade econômica e distribuição dos resultados entre os sócios – para se poder buscar a definição de associação.

Segundo Galgano, o elemento distintivo entre as duas formas ainda não está bem assentado na técnica jurídica. Na tentativa de encontrar essa distinção, apresenta duas fórmulas ponderáveis: (a) para haver associação, o grupo não deve exercitar tarefas definidas como "atividades econômicas"; ou, (b) para haver associação, bastaria não haver distribuição dos resultados decorrentes da atividade econômica.

6. U. Navarrini e G. Faggella, *Das Sociedades e das Associações Comerciais*, vol. 1, trad. de Valentina Borguerth Loehnefinke, conferido com o original, revisto e anotado por José de Aguiar Dias, Rio de Janeiro, José Konfino Editor, 1950, n.13.

7. Francesco Galgano, *Diritto Commerciale – Le Società*, 2ª ed., Bolonha, Zanichelli, 1984, pp. 17-22.

A jurisprudência italiana inclinou-se no sentido da solução "a", ao permitir a decretação de falência de ente que explorava atividade econômica ainda que não tivesse como objetivo a obtenção de lucro a ser distribuído entre os sócios.

Galgano[8] objeta a orientação doutrinária de qualificar a associação pela não-prática da atividade econômica. Segundo o autor, a associação pode ter atividade econômica, porque o fenômeno da empresa coletiva é maior que o fenômeno da empresa social. Desta sorte, se a falência vier a ser decretada, ela é decretada contra o empresário – neste caso, coletivo –, ainda que seja associativo, pois não importa mais o ente que explora a empresa, e sim a atividade que se está a explorar. Trata-se de alteração de foco, sendo a distribuição dos resultados o grande balizador para se distinguir entre a sociedade e a associação.

Voltando ao Direito Brasileiro contemporâneo, verifica-se que o art. 53 do CC conceituou *associações* como aqueles entes em que haja "união de pessoas que se organizem para fins não-econômicos".

Desse conceito, pode-se dizer que a questão que está por definir ou identificar define ou identifica a associação é o propósito com o qual as pessoas se reúnem em torno de determinada organização. Neste caso, poderiam ser considerados dois objetos: um imediato e outro mediato. O objeto imediato perseguido pelos sujeitos que se reuniram seria a atividade organizada. O objeto mediato, neste caso, não poderia ser o fim econômico, mas outro qualquer, como o filantrópico, o religioso, o de lazer – enfim, não-especulativo.

Além disso, pode-se dizer das associações – acompanhando Gonçalves Neto[9] – que elas só podem se constituir com plu-

8. Idem, ibidem.

9. Alfredo de Assis Gonçalves Neto, *Lições de Direito Societário*, São Paulo, ed. Juarez de Oliveira, 2004, p. 12.

ralidade de pessoas. É que, além de existir a previsão expressa, do art. 53 do CC brasileiro, da necessidade de união de pessoas, inexiste qualquer exceção a essa regra na legislação em vigor. Portanto, a caracterização das associações no Direito Brasileiro hodierno seria feita por meio desses dois pontos principais: (a) a reunião de duas ou mais pessoas; (b) com objetivos não-especulativos.

3. As sociedades

As sociedades encontram-se reguladas, atualmente, no Título II do Livro II ("Do Direito de Empresa") da Parte Especial do Código Civil brasileiro. O art. 981 da referida lei cuidou de definir o instituto: "Celebram contrato de sociedade as pessoas que reciprocamente se obrigam a contribuir, com bens ou serviços, para o exercício de atividade econômica e a partilha, entre si, dos resultados".

No Direito anterior não havia definição de *sociedades* no Código Comercial, e o Código Civil de 1916 o fazia nos seguintes termos: "Celebram contrato de sociedade as pessoas, que mutuamente se obrigam a combinar seus esforços ou recursos, para lograr fins comuns".[10]

Da análise comparativa entre esses dois dispositivos verifica-se que essa duplicidade de aspectos veio a se incorporar na definição de *sociedade*: *a economicidade da atividade e a necessidade de partilha dos resultados*.

No entanto,não é essa a concepção externada por Gustavo Tepedino, Heloía Helena Barboza e Maria Celina Bodin de Moraes. Reconhecem os autores que há distinção legal entre *associações* e *sociedades*, mas crêem que a diferença não está vinculada ao caráter econômico da atividade exercida. Em primeiro lugar, identificam nas sociedades a necessidade de uma contribuição inicial pelos sócios. Complementam o raciocínio para dizer que nestas há atividade econômica e distribuição obrigatória de dividendos.[11]

Continuam o raciocínio para dizer que a distinção entre os dois entes não tem como fator primordial o caráter econômico da atividade desempenhada. Esclarecem que "os associados visam a extrair dessa união (associação) algum tipo de vantagem, que, não raro, resulta de atividade ou serviço prestado pela associação, havendo aí, por definição, natureza econômica".[12]

Trazem como fator primordial de separação dos conceitos a persecução dos lucros e sua partilha.

Na lei anterior nenhum desses dois elementos – atividade econômica e partilha de resultados – estava presente. Houve, nesse caso, aproximação das sociedades à definição que lhes emprestavam os estudiosos no âmbito do direito comercial. Rubens Requião, nas primeiras edições de seu *Curso de Direito Comercial*, já expunha a diferença entre *associação* e *sociedade*, dizendo que esta designava a "entidade constituída por várias pessoas, com objetivos econômicos".[13]

Para o direito comercial a atividade econômica, portanto, já era imprescindível. Ao direito civil anterior, no entanto, esse requisito não impressionava, já que as sociedades civis por vezes eram confundidas com associações. Quanto à partilha dos resultados, relativamente ao direito comercial era ela decorrente de expressa disposição legal.[14] A falta de partilha de resultados

10. Art. 1.363 do CC/1916.

11. Gustavo Tepedino, Heloísa Helena Barboza e Maria Celina Bodin de Moraes, *Código Civil Interpretado Conforme a Constituição da República*, vol. I, Rio de Janeiro, Renovar, 2004, p. 136.

12. Idem, p. 137.

13. Rubens Requião, *Curso de Direito Comercial*, São Paulo, Saraiva, 1972, p. 212.

14. Art. 288 do CComercial: "É nula a sociedade ou companhia em que se estipular que a totalidade dos lucros pertença a um só dos associados, ou em que algum seja excluído (...)".

entre a totalidade dos sócios era tida como causa de nulidade da sociedade.[15] Para o direito civil pretérito, como não havia o requisito do fim egoístico nem a necessidade de aporte de capital pelos associados, não se obrigava à partilha de resultados no caso das associações.

Analisando as distinções entre *associação* e *sociedade*, colocando aquela na condição de gênero de que esta seria espécie, Brunetti aponta, no Direito Italiano, essas duas características – também destacadas no Direito Brasileiro – como essenciais para a identificação desta última: objetivo econômico e partilha dos resultados.[16]

Promovida a alteração legislativa, com a unificação (parcial) do Direito que o legislador chamou de "Pessoas Jurídicas" e "Direito de Empresa", a distinção entre *associação* e *sociedade* ficou mais clara, não sob o aspecto do gênero para a espécie, mas de duas espécies de entes separados pelos objetivos perseguidos por seus sócios ou associados.

Nesse contexto, contrariando entendimento de Andrade Jr., Gonçalves Neto ressalta que "as associações e as fundações (...) não podem ser classificadas como espécies de sociedade, possuindo, inclusive, regramento distinto".[17]

15. Nesses casos a sociedade era designada pela doutrina de "sociedade leonina".

16. "La società sta all'associazione come la specie al genere. La nozione di associazione è però vastissima, abbracciando ogni unione voluntaria, duratora e organizzata, de persone che mettone le loro forze in commune per conseguire uno scopo determinato. In senso lato i due concetti potrebbero dire equivalenti, ma la tecnica giuridica hà fatto della società un tipo a sè qualificato da uno scopo economico più intenso, quanto basta per distaccarlo da quello dell'associazione, dappoichè l'economicità è contraddistinta dalla voluntà di spartire un guadagno conseguito con mezzi associati" (Antonio Brunetti, *Trattato del Diritto delle Società*, Milão, Giuffrè Editore, 1948, p. 1).

17. Alfredo de Assis Gonçalves Neto, *Lições de Direito Societário*, cit., p. 44, nota de rodapé 67.

4. Da disciplina constitucional

Aparentemente, ao contrário do ocorrido com a legislação infraconstitucional, a Constituição Federal não distinguiu a disciplina desses dois entes: *associação* e *sociedade*.

Verifiquem-se os dispositivos legais já anotados. O inciso XVII do art. 5º dispõe que "é plena a liberdade de associação para fins lícitos". Já, o inciso XX do mesmo artigo estabelece que "ninguém poderá ser compelido a associar-se ou a permanecer associado". Pergunta-se, então: tais dispositivos estão tratando somente das associações, ou eles disciplinam as condições em sociedade?

Segundo José Afonso da Silva, tratando da liberdade de associação constitucional: "A ausência de fim lucrativo não parece ser elemento da associação, pois parece-nos que o texto abrange também as sociedades lucrativas. Então, a liberdade de associação inclui tanto as associações em sentido estrito (em sentido técnico estrito, associações são coligações de fim não-lucrativo) e as sociedades (coligações de fim lucrativo)".[18]

Dessa forma, o termo "associação", utilizado nos dispositivos constitucionais, estaria em sentido lato, sendo gênero que abarcaria tanto as associações como as sociedades.

Compartilha desde entendimento Bulos. Ao comentar o art. 5º, XVII, abordando o tema do que se deve entender por "associação", afirma: "Quanto à amplitude, pode ser lucrativa e não-lucrativa. Parece-nos que o inciso em tela abarca ambas, porquanto a exigência é, tão-somente, que seja instituída para fins pacíficos, não podendo ser de natureza paramilitar".[19]

18. José Afonso da Silva, *Curso de Direito Constitucional Positivo*, 26ª ed., São Paulo, Malheiros Editores, 2006, p. 267.

19. Uadi Lammêgo Bulos, *Constituição Federal Anotada*, 7ª ed., São Paulo, Saraiva, 2007, p. 182.

Além dessa passagem, o autor ainda defende o posicionamento ao tratar do inciso XX do art. 5º da CF: "Eis aí a regra aplicada, incondicionalmente, às pessoas de direito privado, porque estas, através de um simples ato unilateral de vontade, podem romper os laços da *affectio societatis*. Para tanto, basta que haja desinteresse dos membros (ou de um membro do grupo) em perseguir os mesmos ideais, desvirtuando os propósitos, outrora contemplados em comum acordo, do pacto societário".[20]

No mesmo sentido Araújo e Nunes Jr.: "Logo, é indeclinável que o propósito do artigo é a proteção de qualquer forma associativa, mesmo aquelas de caráter empresarial".[21] Inclusive, para fundamentar o posicionamento, citam Mello Filho: "O direito de associação, por isso mesmo, se erige em instrumento de ação multiforme, podendo revestir-se de caráter empresarial, cultural, filantrópico, sindical, político. A regra constitucional protege as associações, inclusive as sociedades, da atuação eventualmente arbitrária do legislador e do administrador".

Diferente é a doutrina de Bastos e Gandra Martins. Para eles, quando a Constituição Federal se utiliza da expressão "associação" está se referindo somente àquelas pessoas jurídicas sem fins lucrativos: "As associações não têm fins lucrativos. Quando se propõem a tal finalidade, vão encontrar respaldo constitucional em outros dispositivos: o que assegura a liberdade de empresa ou de livre iniciativa e outros".[22]

Vale citar, ainda, o entendimento de Mendes, Coelho e Branco, para os quais a "associação" dos dispositivos constitucionais compreende tanto as associações de fins comerciais como as de escopo não-comercial: "Observe-se, ainda, que todo objeto social, desde que lícito, pode inspirar a constituição de uma associação. Os fins podem ser comerciais ou não".[23]

5. Da disciplina infraconstitucional

Sobre a liberdade de aproximação entre os sócios e no que se refere à possibilidade de o sócio se retirar da sociedade, o Código Civil, em relação ao principal tipo de organização societária no Brasil – a sociedade limitada –, tem dois dispositivos fundamentais, um inserido na disciplina da sociedade simples e o outro na disciplina específica direcionada à sociedade limitada.

O primeiro é o art. 1.029. que prevê a possibilidade de qualquer sócio, na sociedade de prazo indeterminado, se retirar da sociedade "mediante notificação aos demais sócios, com antecedência mínima de 60 (sessenta) dias".

O segundo, art. 1.071, na disciplina específica da limitada, restringe a invocação do direito de retirada para as hipóteses de prévia existência de deliberação que conduza à modificação do contrato social, à fusão ou à incorporação da sociedade por outra. O art. 1.053 do CC brasileiro estabelece a aplicação supletiva da disciplina da sociedade simples às sociedades limitadas, na omissão do regramento específico.

Como o art. 1.071 estabelece as condições para o exercício do direito de retirada, a menos que se entenda que este difere da hipótese de exercício de direito à dissolução parcial da sociedade, não estaria configurada hipótese de omissão, o que afastaria a incidência da norma mais ampla estampada na disciplina da sociedade simples.

20. Idem, p. 186.

21. Luiz Alberto David Araújo e Vidal Serrano Nunes Jr., *Curso de Direito Constitucional*, 9ª ed., São Paulo, Saraiva, 2005, p. 155.

22. Celso Ribeiro Bastos e Ives Gandra Martins, *Comentários à Constituição do Brasil*, 2º vol., São Paulo, Sariava, 1989.

23. Gilmar Ferreira Mendes, Inocêncio Mártires Coelho e Paulo Gustavo Gonet Branco, *Curso de Direito Constitucional*, São Paulo, Saraiva, 2008, p. 404.

Ou, ainda, a menos que se considere a norma do art. 1.071 como sendo contrária aos dispositivos constitucionais já comentados, a questão estaria selada com relação à sociedade limitada, concluindo-se pela restrição à saída imotivada do sócio, condicionando-se sua possibilidade à existência de dissidência de deliberação relacionada à alteração do contrato social, ou quando deliberado pela fusão ou incorporação da empresa.

A própria redação do art. 1.071 é imperfeita ao estabelecer a alteração de contrato social como condição para exercício do direito de retirada, acrescentando as hipóteses de incorporação e de fusão, as quais, na verdade se inserem na primeira, já que estas dependem necessariamente de alteração do contrato social. Logo, o direito de retirada estaria condicionado à alteração dos termos do contrato social e à posição de dissidência do sócio.

Talvez um indicativo de solução possa partir da consideração preliminar sobre o conceito de "direito de retirada" comparativamente à faculdade do sócio de promover ação de dissolução parcial da sociedade, com a finalidade de apuração de seus haveres e seu afastamento.

O direito de retirada pressupõe o dever da sociedade de ressarcir o sócio de seu quinhão de participação na sociedade, mediante apuração de seus haveres e sem a possibilidade de valoração de mérito quando da invocação do direito, desde que tenham sido atendidos os requisitos formais estabelecidos em lei. A sociedade, após a realização de balanço específico, obriga-se a pagar ao sócio, mesmo que tal pagamento importe descapitalização da sociedade, já que o direito de retirada não se condiciona à existência de lucros ou reserva de lucros que cubram as necessidades de capital para pagamento do dissidente.

Como já comentado, o art. 1.077 prevê as condições para invocação do direito de retirada na limitada; na sociedade anônima o direito vem declarado no art. 136 da Lei 6.404/1976, de forma ainda mais limitativa que no dispositivo do CC brasileiro. Há uma clara opção do legislador no sentido de restringir o direito de retirada, estimulando o sócio dissidente a se afastar da condição de sócio por meio da transferência onerosa de sua participação societária para outros interessados; e, consequentemente, afastando o respectivo ônus em relação à sociedade.

Numa primeira abordagem, o sócio dissidente sai da sociedade – sua vontade –, e esta não precisa necessariamente sentir o impacto desta decisão, mantendo-se intacta patrimonialmente; o que se compatibiliza com o princípio da preservação da empresa.

No que se refere às associações não há previsão de direito de retirada nem de dissolução parcial provocada pelo associado.

O associado pode, ou não, ter participação em parte ideal no patrimônio da associação. Se detiver, quando da dissolução da sociedade, se o estatuto garantir, terá direito à restituição do investimento no patrimônio, devidamente atualizado (art. 61, § 1º).

O associado, ao se desvincular, desonera-se de eventuais obrigações futuras em relação à associação, mas não tem o direito de ser restituído no que se refere às contribuições de manutenção anteriormente pagas.

Retornando-se à sociedade limitada, quando não se enquadra na hipótese legal, estaria o quotista condenado a se manter associado contra a sua vontade? E, ainda: tal conclusão confrontaria as normas constitucionais relacionada ao princípio associativo?

6. Aspectos ponderáveis na conclusão quanto ao direito de (des)associação

O que se pretende estimular pela consagração do princípio associativo pode ser plenamente identificável com a pretensão relacionada ao reconhecimento jurídico da existência das sociedades.

Tanto as associações como as sociedades aparecem no CC brasileiro como sujeitos de direitos coletivos, a teor da redação do art. 44. Logo, a prerrogativa da autonomia patrimonial e da configuração de um sujeito autônomo estende-se para as duas modalidades. Porém, voltando-se ao que já foi comentado neste artigo, as sociedades destinam-se à realização de atividades econômicas e à partilha de resultados, ao passo que as associações não podem ter como fim último a prática econômica e a partilha do lucro.

Não há como desconhecer que as associações eventualmente envolvam, para atingir seus fins de benefício a uma determinada coletividade, práticas econômicas como meio, mas certamente lhes é vedado ter tais atividades como fim último (exemplo, uma associação de artesãos que comercializada o que produz. O comércio em si é, sem, dúvida uma prática econômica, porém o que motivou sua criação foi a busca do estabelecimento de condições que favoreçam os associados a terem melhor condição de vida, e não a partilha, pura e simples, do resultado econômico obtido).

Logo, potencialmente, as sociedades que são vocacionadas ao exercício da atividade econômica produzem maior impacto econômico que as associações ocasionalmente ligadas a uma atividade típica de empresa comercial.

Tais impactos econômicos são prestigiados por uma série de mecanismos jurídicos que, somados, buscam assegurar um sistema apto a estimular o exercício profissional e duradouro de uma atividade econômica. Assim é que as sociedades se beneficiam da limitação de responsabilidade de seus sócios como regra, o que permite que o risco da prática empresarial seja compartilhado entre sócios e credores – o que costuma ser explorado pelos autores que pesquisam a análise econômica do Direito.[24]

Ora, se a pretensão do sistema é privilegiar a prática econômica, se as sociedades representam a forma de organização típica do exercício organizado e coletivo de atividade econômica, somando-se ao fato de o exercício do direito de retirada potencialmente repercutir de forma negativa para a sociedade, que se veria obrigada a dispor de recursos para pagamento dos haveres do dissidente, sem possibilidade de discutir o mérito do pedido, desde que atendidas as circunstâncias legais aplicáveis ao seu exercício, a opção legislativa de restringir especialmente o direito de retirada na limitada e na sociedade anônima não é despropositada, muito pelo contrário. Trata-se de forma de garantir a higidez da organização empresarial, ainda que em detrimento do interesse individual da minoria, possibilitando-se a esta desvencilhar-se do vínculo societário ou pela cessão de suas quotas ou venda de ações ou, ainda, provocando o Poder Judiciário, com vistas a uma dissolução parcial.

Na sociedade simples, por seu turno, o direito de retirada imotivado enquadra-se no raciocínio ora desenvolvido, porque é forma organizacional pensada pelo legislador do Código Civil brasileiro de 2002 para práticas não-empresariais, relacionadas à pessoalidade e à prestação de serviços de natureza intelectual, consideradas (ainda que se possa questionar tal base) como de menor impacto econômico. Daí uma possível justificativa para a maior amplitude na aceitação do exercício do direito de retirada.

No direito de retirada, como visto, não há o que possa ser questionado, quanto ao seu mérito, pela sociedade, a qual se obrigada a ressarcir o dissidente para que o

24. Neste sentido: Marcia Carla Pereira Ribeiro e Irineu Galeski Jr., *Teoria Geral dos Contratos: Contratos Empresariais e Análise Econômica*, Rio de Janeiro, Elsevier, 2009.

mesmo deixe o quadro de sócios. Já, na hipótese de busca, por parte do sócio, da dissolução parcial do vínculo societário por meio do Poder Judiciário a conclusão mais coerente, a partir das idéias aqui desenvolvidas, será no sentido de que os julgadores orientem sua intromissão na relação de caráter privado pela indicação quanto à existência de restrições à saída do sócio, por transferência de suas quotas, ou mediante análise de eventual alegação de justa causa para a ruptura, hipóteses em que se justificaria a opção pela dissolução parcial.

Ou se pode pensar ainda, de forma mais consentânea com a idéia de supremacia do interesse de preservação da integridade da empresa, que os provimentos jurisprudenciais caminhem para a equiparação entre a sociedade limitada e a sociedade anônima. Nestas a possibilidade de dissolução parcial é bastante incomum, assim como aquelas de direito de retirada condicionadas a fatores relacionados a profundas transformações na sociedade, que possam mudar substancialmente sua base, justificando o reconhecimento do direito do acionista de sair às expensas da sociedade, ou uma impossibilidade de disposição das ações em face da ausência de sua dispersão ou de liquidez no mercado.

PROPOSTA	Direito de retirada	Dissolução parcial	Conclusão quanto aos incisos XVII e XX do art. 5º da CF
Sociedades limitadas	Modificação do contrato social	(i) Justa causa (ii) Impossibilidade de recolocação da participação societária no mercado	Incidência condicionada
Sociedades anônimas	Hipóteses do art. 137 da Lei das S/A (restritas)	Exclusivamente na S/A fechada, se houver impossibilidade de recolocação da participação societária no mercado	Incidência condicionada
Associações	Não há	Não há	Plena incidência

Tal lógica interpretativa, se alçada à análise do disposto nos incisos XVII e XX do art 5º da CF, interferirá nas conclusões possíveis quanto à extensão do direito de associação ou do de não permanecer associado.

7. Conclusões

Na disciplina do atual Código Civil brasileiro aparecem os parâmetros de distinção entre as *sociedades* e as *associações*, diferentemente do regime anterior.

As associações caracterizam-se por adotar fins não-econômicos, mas há a possibilidade de utilização de meios econômicos para que os fins de caráter coletivo sejam alcançados.

Os principais agentes econômicos no Brasil são as empresas, e uma análise sistemática da Constituição Federal faz por consagrar o princípio da manutenção da empresa.

A natureza e a função distintas da associação em relação à sociedade justificam a disciplina infraconstitucional distinta no que se refere ao afastamento do associado ou do sócio.

Para o associado o direito ao afastamento do vínculo associativo é absoluto e sem uma necessária retribuição da sociedade em relação a investimentos direcionados à associação.

Nas principais modalidades societárias utilizada no Brasil – sociedade limitada e sociedade anônima – o direito de retirada do sócio, mediante oneração da sociedade, decorrente do dever de ressarcimento daquele que se afasta, é disciplinado e restrito.

A preponderância deve ser dada, nesta última hipótese, à saída do sócio mediante transferência de sua posição societária a terceiros; na hipótese de se configurar a inviabilidade de tal operação, no caso da limitada, há a possibilidade de propositura de ação de dissolução parcial da sociedade.

A possibilidade de dissolução parcial deve ser confirmada exclusivamente se comprovada a inviabilidade de transferência das quotas ou, ainda, se existente justo motivo para a saída do sócio.

Logo, o direito, assegurado constitucionalmente, de associação e desligamento, no art. 5º da CF deve ser interpretado como direcionado apenas à associação em seu sentido técnico.

Referências bibliográficas

ARAÚJO, Luiz Alberto David, e NUNES JR., Vidal Serrano. *Curso de Direito Constitucional*. 9ª ed. São Paulo, Saraiva, 2005.

BARBOZA, Heloísa Helena, MORAES, Maria Celina Bodin de, e TEPEDINO, Gustavo. *Código Civil Interpretado Conforme a Constituição da República*. vol. I. Rio de Janeiro, Renovar, 2004.

BASTOS, Celso Ribeiro, e MARTINS, Ives Gandra. *Comentários à Constituição do Brasil*. 2º vol. São Paulo, Saraiva, 1989.

BRANCO, Paulo Gustavo Gonet, COELHO, Inocêncio Mártires, e MENDES, Gilmar Ferreira. *Curso de Direito Constitucional*. São Paulo, Saraiva, 2008.

BRUNETTI, Antonio. *Trattato del Diritto delle Società*. Milão, Giuffrè Editore, 1948.

BULOS, Uadi Lammêgo. *Constituição Federal Anotada*. 7ª ed. São Paulo, Saraiva, 2007.

COELHO, Inocêncio Mártires, BRANCO, Paulo Gustavo Gonet, e MENDES, Gilmar Ferreira. *Curso de Direito Constitucional*. São Paulo, Saraiva, 2008.

FAGGELLA, G., e NAVARRINI, U. *Das Sociedades e das Associações Comercias*. vol. 1, trad. de Valentina Borguerth Loehnefinke, conferido com o original, revisto e anotado por José de Aguiar Dias. Rio de Janeiro, José Konfino Editor, 1950.

FERREIRA, Waldemar Martins. *Instituições de Direito Comercial*. vol. 1. Rio de Janeiro, Freitas Bastos, 1947.

GALESKI JR., Irineu, e RIBEIRO, Marcia Carla Pereira. *Teoria Geral dos Contratos: Contratos Empresariais e Análise Econômica*. Rio de Janeiro, Elsevier, 2009.

GALGANO, Francesco. *Diritto Commerciale. Le Società*. 2ª ed. Bolonha, Zanichelli, 1984.

GONÇALVES NETO, Alfredo de Assis. *Lições de Direito Societário*. São Paulo, Juarez de Oliveira, 2004.

MARTINS, Ives Gandra, e BASTOS, Celso Ribeiro. *Comentários à Constituição do Brasil*. 2º vol. São Paulo, Saraiva, 1989.

MENDES, Gilmar Ferreira, BRANCO, Paulo Gustavo Gonet, e COELHO, Inocêncio Mártires. *Curso de Direito Constitucional*. São Paulo, Saraiva, 2008.

MONTEIRO, Washington de Barros. *Curso de Direito Civil*. 2ª Parte. São Paulo, Saraiva, 1980.

MORAES, Maria Celina Bodin de, BARBOZA, Heloísa Helena, e TEPEDINO, Gustavo. *Código Civil Interpretado Conforme a Constituição da República*. vol. I. Rio de Janeiro, Renovar, 2004.

MOREIRA, Vital. *Administração Autônoma e Associações Públicas*. Coimbra, Coimbra Editora, 1997.

NAVARRINI, U., e FAGGELLA, G. *Das Sociedades e das Associações Comercias*. vol. 1, trad. de Valentina Borguerth Loehnefinke, conferido com o original, revisto e anotado por José de Aguiar Dias. Rio de Janeiro, José Konfino Editor, 1950.

NUNES JR., Vidal Serrano, e ARAÚJO, Luiz Alberto David. *Curso de Direito Constitucional*. 9ª ed. São Paulo, Saraiva, 2005.

PONTES DE MIRANDA, F. C. *Tratado de Direito Privado*. t. I. Rio de Janeiro, Borsói, 1954.

REQUIÃO, Rubens. *Curso de Direito Comercial*. São Paulo, Saraiva, 1972.

RIBEIRO, Marcia Carla Pereira, e GALESKI JR., Irineu. *Teoria Geral dos Contratos: Contratos Empresariais e Análise Econômica*. Rio de Janeiro, Elsevier, 2009.

SILVA, José Afonso da. *Curso de Direito Constitucional Positivo*. 26ª ed. São Paulo, Malheiros Editores, 2006.

TEPEDINO, Gustavo, BARBOZA, Heloísa Helena, e MORAES, Maria Celina Bodin de. *Código Civil Interpretado Conforme a Constituição da República*. vol. I. Rio de Janeiro, Renovar, 2004.

Atualidades

A ESTABILIDADE DA FIRMA: O ALINHAMENTO ESPERADO DO PODER DE CONTROLE NA SOCIEDADE POR AÇÕES*

José Inácio Ferraz de Almeida Prado Filho

1. A firma: função de produção, feixe de contratos e estrutura de governança. 2. A verificação da hierarquia: o poder de controle nas sociedades por ações: 2.1 Intermezzo metodológico. Delimitação da transação de análise. 3. Estrutura de capital e impactos na hierarquia da firma. Uma tipologia do poder de controle e o alinhamento esperado: 3.1 Controle interno, fundado na propriedade das ações com direito de voto – 3.2 Controle externo, fundado em domínio de fato sobre a companhia, e extensões da discussão. 4. Conclusões.

1. A firma: função de produção, feixe de contratos e estrutura de governança

O grande interesse *mainstream* da teoria econômica em explicar o funcionamento dos mercados levou seus integrantes a simplificarem "severamente" os comportamentos do consumidor e da firma. Se o fenômeno a ser explicado era como o sistema de preços coordena o uso de recursos escassos,[1] questões sobre o funcionamento interno das organizações representavam complicações desnecessárias.

Para simplificar a análise, a firma emerge como uma simples *função de produção*; um construto teórico que transforma insumos em produtos, e cujo funcionamento interno não é relevante para explicar os preços e as quantidades de equilíbrio verificadas no mercado. Raciocínio semelhante é aplicado ao consumidor, que passa a ser considerado um simples conjunto de preferências exógenas e bem comportadas.

Embora essas providências tenham permitido à teoria econômica neoclássica explicar bastante bem o fenômeno que ela se propusera a abordar, sua definição, tão distante da firma do mundo real, não permite muita latitude analítica, como percebeu Oliver Williamson.[2] Se quisermos estender nossa compreensão do processo econômico para além do funcionamento do mercado, parece necessário, também, ir além da definição neoclássica da firma como função de produção.

A melhor tentativa para isso foi feita por Ronald Coase, que sugeriu a firma como um *modo de organização alternativo*, contraposto ao mercado. Enquanto este coorde-

* Agradecimentos especiais a Rachel Sztajn, Décio Zylbersztajn, Paulo Furquim de Azevedo e Ramón Garcia Fernandez, pelos valiosos comentários, sugestões e orientações sobre as versões anteriores deste trabalho. Eventuais equívocos, evidentemente, são de única e exclusiva responsabilidade do autor.

1. Harold Demsetz, "The structure of ownership and the theory of the firm", *Journal of Law and Economics* 26/377, 1983.

2. Oliver Williamson, "Por quê Direito, economia e organizações?", in Rachel Sztajn e Décio Zylbersztajn (orgs.), *Direito e Economia*, Rio de Janeiro, Elsevier, 2005, p. 18.

naria a produção por meio do sistema de preços, a firma se utilizaria da hierarquia, ao dotar um agente organizador de poder suficiente para dirigir e ordenar a produção. A característica fundamental da firma seria, assim, substituir o sistema de preços pela autoridade na coordenação da produção.[3-4]

Williamson também se alinha com a tese *coaseana* da firma como estrutura de governança, e propõe uma explicação de fundo institucional para sua tomada de posição. Defende que a origem do poder de direção, típico da firma, encontra-se nos princípios de Direito que regem a solução dos conflitos intrafirma. Em oposição ao mercado e às formas híbridas de organização, que devem levar imediatamente seus conflitos para solução de um agente imparcial (um juiz de direito ou um tribunal arbitral), a firma poderia, ela própria, solucionar as disputas surgidas entre suas divisões, funcionando como a primeira instância de solução de disputas.[5]

Williamson argumenta que cada uma das formas genéricas de governança (*mercado*, *formas híbridas* e *hierarquia*) deve ser suportada por princípios de Direito diferentes. Transações operadas em mercado trariam subjacentes princípios de formalismo, rigidez e aplicação estrita das normas legais, conjugados por Williamson sob a denominação de *classical contractual law*. Transações formalizadas sob formas híbridas exigiriam um mecanismo contratual mais elástico, com reconhecimento (i) da possibilidade de choques e delimitação de uma faixa para sua tolerância, (ii) de um espaço para negociação e divulgação de informações com vistas à adaptação e (iii) da solução de conflitos por arbitragem – princípios reunidos sob a designação de *neoclassical contract law*. Subjacente à hierarquia estaria uma forma ainda mais elástica de mecanismo contratual, com apelo ao raciocínio instrumental e à composição mútua, e sem possibilidade de recurso a um fórum externo de decisão – princípios reunidos por Williamson sob o rótulo de *forbearance law*.[6]

A firma passa, então, a ser vista como uma forma de coordenação que provê, via poder hierárquico, alto grau de adaptabilidade e um mecanismo interno de solução de disputas. Nas palavras de Williamson, a continuação do mercado por outros meios: o poder de *fiat*.

A idéia de um poder hierárquico de direção nas transações intrafirma, a resolver os problemas de adaptação por simples *fiat*, não contou com adesão plena. Autores como Alchian e Demsetz[7] abandonaram a visão da firma como função de produção, mas relutam em enxergar nela a existência de relações sujeitas a uma adaptação administrada. Na visão desses autores, a firma

3. Nas próprias palavras do autor: "Outside the firm, price movements direct production, which is co-ordinated through a series of exchange transactions on the market. Within a firm, these market transactions are eliminated and in place of the complicated market structure with exchange transactions is substituted the enterpreneur-co-ordinator, who directs production. It is clear that these are alternative methods of co-ordinating production" (Ronald Coase, "The nature of the firm", *Economica* 4(16), 1937).

4. Para o papel do sistema de preços na coordenação da produção, cf. Friedrich Hayek, "The use of knowledge in society", *American Economic Review* 35/519-530, 1945.

5. Oliver Williamson, *The Mechanism of Governance*, Nova York, Oxford University, 1996, pp. 95-100.

6. Idem, pp. 95-97 e 100. Cf., ainda, "Transaction cost economics: the governance of contractual relations", in *Journal of Law and Economics* 22/231-261, 1979, e "Assessing contract", *Journal of Law, Economics and Organization* 1/177-208, 1985. Segundo Williamson, a racionalidade de impedir o acesso de conflitos intrafirma a um fórum externo radica em duas hipóteses: (i) as partes de uma disputa interna detêm informações mais profundas sobre as circunstâncias em que ocorre o conflito e sobre a eficiência das soluções, cuja transmissão a um tribunal só poderia ocorrer com grandes custos; e (ii) permitir que disputas internas fossem revistas por um órgão externo simplesmente destruiria a eficiência e a integridade da hierarquia (*The Mechanism of Governance*, cit., p. 100).

7. Armen Alchian e Harold Demsetz, "Production, information costs, and economic organization", *American Economic Review* 62, 1973.

surge para organizar situações de *team production* (isto é, casos onde a produção depende da cooperação de mais de um agente, mas não é possível separar a contribuição de cada um no resultado final), mas se caracteriza como um *conjunto de contratos* sujeito às mesmas fricções do mercado. Sua nota particular é que esse feixe de contratos se encontra unificado sob uma parte centralizadora, que exerce as funções de monitoramento e direção de acordo com poderes e faculdades idênticos àqueles dos contratos celebrados no mercado.[8]

Harold Demsetz[9] também sugere que a explicação sobre a existência e os limites da firma exige que se vá além dos problemas de monitoramento e custos de transação. Ainda que as características da coordenação típica da firma – isto é: (i) especialização na produção para terceiros; (ii) associação de longo prazo; e (iii) direção consciente para guiar a utilização dos recursos – sejam, em algumas hipóteses, mais produtivas em função de questões de monitoramento e custos de transação, o autor sugere que devem ser incorporados, ainda, aspectos informacionais de aquisição e uso do conhecimento.[10]

Demsetz defende que a organização econômica precisa refletir o fato de que o conhecimento é custoso de ser produzido e aprendido, de forma que a direção estabelecida intrafirma substitui o processo de aprendizado e permite a interação entre diversos especialistas em campos de conhecimento diferentes.[11] Não resta dúvida de que esse *detour* de Demsetz em direção a uma visão da firma como conjunto de competências é interessante, mas o ponto que me parece importante sublinhar é seu reconhecimento da *coordenação dirigida* que se verifica intrafirma. Ainda que não seja expressamente reconhecida a idéia da firma como estrutura de governança hierárquica, Harold Demsetz já parece bem menos avesso à possibilidade de uma coordenação mais estrita nas relações intrafirma, em contraposição à visão puramente contratual exposta em conjunto com Armen Alchian anos antes.[12]

Talvez o equívoco mais importante da visão estritamente contratual esteja em supor que as regras jurídicas que regem todas as transações econômicas sejam as mesmas, ignorando aspectos institucionais relevantes. Como apontado por Scott Masten, a verdadeira questão para se determinar a natureza da firma não é verificar se as relações nela contidas têm, ou não, natureza contratual.[13] Responder se a firma detém poder de *fiat* exige avaliação detalha-

8. Idem, p. 777. Nas próprias palavras dos autores: "It is common to see the firm characterized by the power to settle disputes by fiat, by authority, or by disciplinary action superior to that available in the conventional market. This is delusion. The firm does no own all its inputs. It has no power of fiat, no authority, no disciplinary action any different in the slightest degree from ordinary market contracting between any two people. I can 'punish' you only by withholding future business or by seeking redress in the courts for any failure to honor our exchange agreement. That is exactly all that any employer can do. He can fire or sue, just as I can fire my grocer by stopping purchases form him or sue him for delivering faulty products".

9. Harold Demsetz, "The theory of the firm revisited", *Journal of Law, Economics and Organization* 4(1)/141, 1988.

10. Idem, p. 151.

11. Idem, p. 157.

12. Por exemplo, a existência de direção consciente da alocação dos recursos intrafirma e de emissão de ordens é claramente reconhecida como característica das transações *administradas* (isto é, intrafirma): "The third facet is the degree of conscious direction that is used to guide the uses to which resources are to be put; this is minimal in spot market transactions, but more important in a context in which continuity of association is relied upon. The direction of some by others catches the spirit of managed coordination" (Harold Demsetz, "The theory of the firm revisited", *Journal of Law, Economics and Organization* 4(1)/155-156). Entretanto, em nenhum momento o autor reconhece expressamente que os poderes contratuais intrafirma sejam mais fortes que aqueles disponíveis para organizar uma transação em mercado.

13. Scott Masten, "A legal basis for the firm", *Journal of Law, Economics and Organization* 4(1)/184, 1988.

da das *normas jurídicas e institucionais* que regem a atividade econômica, com vistas a identificar se os mecanismos, prerrogativas, sanções e incentivos associados às transações intrafirma contemplam vantagens capazes de qualificá-la como uma *estrutura de governança*, a utilizar um poder de coordenação mais intenso que as operações fechadas em mercado.[14]

Apenas uma análise das instituições jurídicas e políticas que disciplinam as transações poderá esclarecer a natureza e os limites da firma. Empreendo essa pesquisa no item seguinte, circunscrevendo-me apenas às sociedades por ações.[15] Argumento que o marco institucional reservado às companhias lhes confere poder de coordenação superior àquele disponível para contratações em mercado, e passo, então, a uma análise da estabilidade deste poder (n. 3); as conclusões finais são apresentadas na seqüência (n. 4).

2. A verificação da hierarquia: o poder de controle nas sociedades por ações

A existência de um poder hierárquico parece absolutamente clara nas relações trabalhistas entre a companhia e seus empregados. Afinal, a existência de trabalho remunerado, não-eventual, pessoal e *subordinado* é justamente o que qualifica uma relação de emprego, distinguindo-a das outras relações contratuais da sociedade anônima. Esse poder de comando fica evidente na leitura do art. 2º da CLT, que define como *empregador* o agente que, assumindo os riscos da atividade econômica, contrata *e dirige* a prestação do trabalho assalariado.

Para além da hierarquia entre a companhia e seus empregados, verifica-se sempre a estruturação de relações de subordinação entre os próprios funcionários da empresa, com cargos de direção, gerência, chefia e, finalmente, os "colarinhos azuis". Cada um desses níveis deve obediência ao escalão superior e exerce poder sobre os empregados do nível abaixo, devendo ser ressaltado que os incentivos intrafirma estão organizados justamente para que essa cadeia de comando seja obedecida: as conseqüências das ordens provindas do escalão superior se produzirão sobre o patrimônio da companhia, e não sobre o do funcionário que as executar. Isso enfraquece os incentivos intrafirma, favorecendo um grau maior de obediência e divulgação de informações por parte do empregado, e, ao mesmo tempo, encoraja maior intensidade no monitoramento e supervisão das operações intrafirma pelos órgãos superiores.[16]

No Direito Brasileiro o tratamento legal da relação trabalhista parece conduzir à noção da firma como estrutura de governança, corroborando os atributos de maior flexibilidade, autoridade e vantagem informacional normalmente atribuídos à organização interna. As razões são bastante semelhantes àquelas que levaram Scott Masten à mesma conclusão ao abrigo do Direito Norte-Americano.[17] No restante deste

14. Idem, pp. 181-182 e 185.

15. Reconheço que a firma pode assumir diversas roupagens jurídicas (*v.g.*, sociedade limitada, empresa individual, sociedade em conta de participação, sociedade em nome coletivo etc.) e que a personificação jurídica poderá não coincidir com a firma econômica. Contudo, a companhia anônima, por ser a forma mais evoluída e sofisticada de exercício da atividade empresarial, apresenta regramento legal próprio, detalhado e cogente, o que facilitará o trabalho de análise institucional.

16. Scott Masten, "A legal basis for the firm", cit., *Journal of Law, Economics and Organization* 4(1)/191 e 196.

17. Idem, p. 196. Nas próprias palavras do autor: "In this paper I have addressed the question of what distinguishes organization within firm from external or market exchange by reviewing the legal literature on employment transactions and comparing it with corresponding doctrines in contractual law. (...) the investigation reveals that the law does in fact recognize substantial difference in obligations, sanctions, and procedures governing the two types of exchange, and that these distinctions are likely to

item estendo a investigação para o direito societário, de forma a verificar se esse ramo também contempla vantagens organizativas nas relações entre os órgão da companhia, a justificar a visão da firma como estrutura de governança.

A disciplina legal das sociedades por ações estabelece toda uma estrutura hierárquica entre os próprios órgãos da companhia.[18] Nesse sentido, cabe exclusivamente à Assembléia-Geral eleger e destituir os administradores e fiscais (arts. 122, II, 140, 142 e 161, § 1º, da Lei 6.404/1976). Quando existente, cabe ao Conselho de Administração, eleito pela Assembléia-Geral, indicar os diretores da companhia e fixar suas atribuições (art. 142, II, da Lei 6.404/1976). Além disso, convém ressaltar que as competências conferidas pela lei aos administradores e fiscais não podem ser atribuídas a outro órgão, criado por lei ou pelo estatuto (arts. 139 e 163, § 7º, da Lei 6.404/1976).

Interessante notar que a competência da Assembléia-Geral vai além da constituição e destituição dos administradores e fiscais. Cabe a ela decidir todos os negócios relativos ao objeto da companhia, assim como tomar as resoluções que julgar convenientes à sua defesa e desenvolvimento (art. 121 da Lei 6.404/1976). Em paralelo, foram-lhe reservadas pelo art. 122 diversas competências privativas, que não poderão ser transferidas a qualquer outro órgão da companhia. Dentre essas matérias deve-se destacar o poder para (i) reformar o estatuto social, (ii) tomar as contas dos administradores, (iii) deliberar sobre transformação, fusão, incorporação, cisão, dissolução e liquidação da companhia e (iv) suspender o exercício dos direitos de acionistas que deixarem de cumprir obrigação imposta pela lei ou pelo estatuto.

Ao contrário dos contratos, que exigem consentimento de todas as partes para serem alterados, as decisões tomadas pela companhia fundam-se no princípio majoritário simples, sendo aprovadas com voto da maioria do capital presente na Assembléia-Geral (art. 129 da Lei 6.404/1976). Algumas alterações relevantes, como a fusão ou incorporação da companhia, a mudança do objeto social, a cisão e a dissolução da sociedade, entre outras, exigem *quorum* qualificado de maioria absoluta (art. 136, respectivamente incisos IV, VI, IX e X, da Lei 6.404/1976). Em caso de empate em qualquer deliberação, recorre-se ao que dispuser o estatuto social; se não houver regra estatutária, deve ser convocada nova Assembléia-Geral, com intervalo mínimo de dois meses da deliberação empatada, para que os acionistas votem novamente. Mantido o empate na nova deliberação, e sem consenso dos acionistas em cometer a decisão a um terceiro, só então a deliberação irá para um *forum* de decisão externo – o Poder Judiciário –, que deverá exercê-la no interesse da companhia (art. 129, § 2º, Lei 6.404/1976).

As únicas exceções ao princípio majoritário encontram-se (i) nas decisões que tratam de prerrogativas individuais, de minoria e de classe de ações, que são inderrogáveis pelo estatuto ou pela Assembléia-Geral (art. 109 da Lei 6.404/1976), (ii) na transformação da forma societária, que exige unanimidade dos acionistas, com e sem direito de voto, exceto se prevista no estatuto (art. 221 da Lei 6.404/1976), (iii) na mudança de nacionalidade de companhia brasileira, também a exigir unanimidade (art. 72 do Decreto-lei 2.627/1940, mantido em vigor expressamente pelo art. 300 da Lei 6.404/1976), e (iv) na assembléia de constituição, quando todas as ações, ordinárias e preferenciais, terão direito de voto e a maioria não detém poder

alter the incentives of actors across institutional modes in a meaningfull way. (...) the results lend support to the autority, flexibility, and informational advantages commonly attributed to internal organization".

18. Fábio Konder Comparato e Calixto Salomão Filho, *O Poder de Controle na Sociedade Anônima*, 4ª ed., Rio de Janeiro, Forense, 2005, p. 31.

para alterar os termos do estatuto social proposto (art. 87, § 2º, e art. 88, § 1º, da Lei 6.404/1976).

Nas últimas três situações excepcionais prevalece a natureza contratual do *ato constitutivo* da sociedade, realizado por meio de contrato plurilateral entre os sócios, cuja adaptação muito drástica exige consenso de todos os participantes, tal como qualquer outro contrato. Constituída a sociedade por ações, passa a viger o princípio majoritário, devendo o acionista dissidente contentar-se com a decisão da maioria ou exercer o direito de retirada, mediante reembolso do valor das suas ações (art. 45 da Lei 6.404/1976), caso verificada alguma das hipóteses previstas taxativamente na Lei 6.404/1976 (art. 137, art. 221, art. 223, § 4º, art. 236, art. 252, §§ 1º e 2º, e art. 256, § 2º).

Desse modo, a titularidade de ações que assegure a maioria dos votos nas deliberações da Assembléia-Geral e o poder de eleger a maioria dos administradores da companhia, quando de fato utilizada, configurará o *poder de controle* na companhia (art. 116, "a" e "b", da Lei 6.404/1976) e permitirá ao acionista, efetivamente, dirigir as operações empresariais. O princípio majoritário que vigora para as decisões da companhia permite que o acionista controlador adapte transação sem precisar do consentimento dos demais sócios, deliberando suas resoluções em Assembléia-Geral, reformando o estatuto social, quando necessário, e substituindo a maioria dos administradores sempre que entender conveniente.

Não é somente a adaptação da transação que pode ser implementada de forma particular pela companhia. No que respeita à transmissão de informações, o marco legal das sociedades por ações prevê prerrogativas que não estão disponíveis em uma contratação em mercado. O art. 109, III, da Lei 6.404/1976 atribui ao acionista o direito de fiscalizar a gestão dos negócios sociais – poder que não pode ser elidido pelo estatuto nem pela Assembléia-Geral (art. 109, *caput* e § 2º). Além disso, pelo menos um dos integrantes do Conselho Fiscal deve comparecer às reuniões da Assembléia-Geral e responder aos pedidos de informação eventualmente formulados pelos acionistas (art. 164 da Lei 6.404/1976).

Na sua posse, o administrador de sociedade de capital aberto deve declarar os valores mobiliários emitidos pela companhia e por sociedades a ela filiadas ou coligadas que detiver. Frente a pedido de acionistas representantes de, ao menos, 5% do capital social, ele é ainda obrigado a revelar à Assembléia-Geral ordinária diversos aspectos de sua posição acionária e remuneração (art. 157, § 1º, "a" até "d"), bem como quaisquer atos ou fatos relevantes nas atividades da companhia (art. 157, § 1º, "e"). As informações assim reveladas só poderão ser utilizadas no legítimo interesse da companhia ou do acionista, e podem ser mantidas em segredo pela administração se sua revelação puser em risco interesse legítimo da companhia (art. 157, §§ 3º e 5º).

Além dos acionistas, o marco legal atribui também ao Conselhos de Administração e Fiscal capacidade de fiscalização, conferindo a esses órgãos poderes para requisitar informações e examinar documentos relativos às atividades da companhia (art. 142, III, e art. 163, I, e §§ 1º e 2º, todos da Lei 6.404/1976).

Parece correto concluir que as regras jurídicas que regulam a sociedade por ações asseguram às transações organizadas internamente maior controle e poder de direção. Em matéria de circulação de informações, a disciplina das operações intrafirma garante aos órgãos de direção vantagem informacional considerável sobre a disciplina das transações organizadas no mercado. Prerrogativas como exigir dados que estejam compilados, ordenar a coleta e tabulação de informações ou monitorar diretamente o exercício das atividades produtivas são prerrogativas sempre disponíveis para transações intrafirma, e que só poderiam ser replicadas em uma relação interfirmas com o consentimento prévio da contraparte.

Além disso, transações intrafirma gozam de maior flexibilidade quando comparadas com operações externas. No mercado, o contratante pode escolher a unidade com quem transacionará, mas seu campo de escolha está limitado aos participantes do setor e à organização de fatores decidida por eles. Dentro da firma é possível contratar com e disciplinar cada um dos fatores envolvidos, coordenando o desenvolvimento da atividade de forma muito mais pormenorizada.

A autoridade disponível intrafirma é, também, consideravelmente mais intensa que aquela que se dá no mercado. Transações internas podem ser adaptadas de forma unilateral, independentemente do que acreditam ou preferem os órgãos inferiores destinatários da decisão; de outro lado, transações de mercado sempre exigem o consentimento prévio da contraparte para serem efetivadas.[19]

Nas sociedades por ações essa autoridade típica da firma parece bem encapsulada no fenômeno do *poder de controle* societário. Encontrar o ponto de convergência entre a hierarquia da firma e o direito societário acaba sendo mais fácil que defini-lo. Apesar de o conceito de *poder de controle* ser fluido e fugidio, parece correto assimilá-lo à idéia de *dominação soberana* dos negócios da companhia: um poder *originário*, porque não deriva de nem se funda em qualquer outro; *exclusivo*, porque, pela sua própria natureza, não admite concorrentes; e *geral*, porque se exerce em todos os campos e setores da vida da corporação, sem que lhe sejam retirados quaisquer domínios.[20] Eis por que Adolf Berle e Gardiner Means tinham considerado a *soberania* como equivalente do poder de controle no campo da Política.[21]

No item 3 exponho e defendo que a tipologia do poder de controle deve estar alinhada com o grau de especificidade dos ativos operacionais da firma, de modo a promover economias nos custos de transação da empresa. Antes disso, é importante fixar algumas premissas metodológicas deste trabalho.

2.1 Intermezzo metodológico. Delimitação da transação de análise

Como já defendido por John Commons, o problema da organização econômica deveria tratar, simultaneamente, com as idéias de *conflito*, *dependência mútua* e *ordem*. Na sua concepção, a unidade fundamental de análise deveria ser *uma transação*, visto que esta unidade conteria, em si mesma, todos esses três quesitos.[22] A teoria econômica dos custos de transação também adota essa unidade básica de análise, mas vai além, no sentido de que a *governança* é justamente a forma por que se infunde *ordem* em uma relação onde o *conflito* potencial pode impedir a realização de *ganhos mútuos*.[23]

A *transação* e sua *governança* aparecem diretamente correlacionadas, por meio da hipótese que Oliver Williamson denomina de *alinhamento discriminante*: transações, que diferem entre si por seus diver-

19. Oliver Williamson, *Economic Institutions of Capitalism*, Nova York, Free Press, 1985, p. 249.

20. Fábio Konder Comparato e Calixto Salomão Filho, *O Poder de Controle na Sociedade Anônima*, cit., 4ª ed., pp. 48-49. Nada obstante, subsistem limites ao exercício do poder de controle, em especial aqueles relativos à função social da empresa (cf. art. 170, III, da CF e art. 116, parágrafo único, da Lei 6.404/1976), de forma que o *abuso* do poder de controle não fica contemplado dentre as características de exclusividade ou generalidade referidas no corpo do texto.

21. Adolf Berle e Gardiner Means, *A Moderna Sociedade Anônima e a Propriedade Privada*, 2ª ed., São Paulo, Nova Cultural, 1987, p. 85.

22. John R. Commons, "Law and economics", *Yale Law Journal* 34/375, e "Institutional economics", *American Economic Review* 26(1)/237-249, 1936.

23. Oliver Williamson, *The Mechanisms of Governance*, cit., p. 12.

sos atributos, devem estar alinhadas com estruturas de governança distintas, que retêm custos e competências próprias, de forma a efetivar um resultado economizador em custos de transação. Deixando de lado noções intuitivas, pergunta-se quais são as dimensões em que as transações se diferenciam, e quais os riscos adicionais assim causados às partes. Na seqüência questiona-se quais características particulares dos mecanismos de governança apresentam capacidade para mitigação daqueles problemas, assim como quais são as funções da organização econômica.[24]

Este o roteiro metodológico é seguido neste trabalho, ao mesmo tempo em que são adotadas as outras hipóteses metodológicas descritas por Williamson como características da teoria econômica dos custos de transação: (i) as assunções comportamentais de *racionalidade limitada* e *oportunismo*, que tornam os contratos intrinsecamente incompletos, assim como sujeitos à conduta estratégica das partes; (ii) a transação como unidade básica de análise; (iii) a natureza da firma como uma estrutura de governança (isto é, um construto organizacional), e não como uma simples função de produção (isto é, um construto tecnológico); (iv) a existência de custos na delimitação e proteção dos direitos de propriedade e das faculdades contratuais; (v) a análise estrutural discreta, preocupada em comparar alternativas de governança bastante distintas entre si, em contraposição com a análise contínua em termos marginais, típica da microeconomia tradicional; (vi) o critério da remediabilidade, que deixa de lado alternativas hipotéticas para insistir nas soluções factíveis, todas elas sujeitas a suas próprias falhas.[25]

Para além da natureza da firma, que já foi bastante discutida nos itens anteriores, é importante esclarecer que a transação analisada é o *financiamento da atividade empresarial pelos acionistas* de uma companhia. Inclusive, Frank Easterbrook e Daniel Fischel definem a companhia justamente como uma estrutura de financiamento (*financing device*), de natureza contratual, por causa de suas características de voluntariedade e adaptatividade.[26] Em particular, procuro identificar e analisar os riscos envolvidos na *relação entre acionistas* e seus impactos para a coordenação da atividade empresarial; o foco é identificar ao menos um dos aspectos relevantes na decisão sobre a estrutura de capital da firma e explorar a racionalidade que leva à existência de diferentes estruturas convivendo lado a lado.[27]

24. Oliver Williamson, *The Mechanisms of Governance*, cit., pp. 12-13. O autor ainda coloca mais perguntas a serem respondidas pela teoria econômica dos custos de transação, como investigações sobre as transformações temporais por que passam contratos e organizações ou discussões sobre as razões pelas quais uma forma de organização não consegue replicar os mecanismos eficazes de outras (ob. cit., p. 13). Um pouco mais adiante Williamson argumenta que a principal função das instituições econômicas do capitalismo seria exatamente a redução dos custos de transação (ob. cit., p. 46).

25. Oliver Williamson, *The Mechanisms of Governance*, cit., pp. 6-7.

26. Frank Easterbrook e Daniel Fischel, *The Economic Structure of Corporate Law*, Cambridge, Harvard University, 1996, pp. 10 e 14-15. Importante destacar que os autores parecem trabalhar com a hipótese da firma como um contrato semelhante aos ajustes fechados em mercado, e não como um estrutura de governança: "Corporations are a subset of firms. The corporation is a financing device and is not otherwise distinctive. A corporation is characterized by a statement of capital contributions as formal claims against the firm's income that are distinct from the participation in the firm's productive activities" (p. 10).

27. Um complemento interessante para esse estudo é explorado por Daniel O'Brian e Steven Salop no *Antitrust Law Journal* ("Competitive effects of partial ownership: financial interest and corporate control", *Atitrust Law Journal* 67, 2000). Nesse artigo os autores estabelecem uma moldura teórica para avaliar os efeitos anticompetitivos de aquisições parciais do capital social de uma empresa, separando duas dimensões relevantes: (i) participação financeira (*financial interest*), que representa uma atribuição capaz de garantir a seu titular o recebimento dos lucros da firma; e (ii) controle (*corporate

3. *Estrutura de capital e impactos na hierarquia da firma. Uma tipologia do poder de controle e o alinhamento esperado*

3.1 Controle interno, fundado na propriedade das ações com direito de voto

A análise mais conhecida da sociedade por ações moderna foi realizada por Adolf Berle e Gardiner Means. Segundo eles, a separação entre *propriedade* e *controle* nas corporações norte-americanas, causada pelo aumento da complexidade e pela necessidade de especialização, significara acionistas muito dispersos e que não conseguiam monitorar e controlar os administradores da companhia; a conseqüência disso seria um grande golpe para o sistema de propriedade privada. A idéia de *maximização do lucro*, limitada e dirigida pela concorrência, funcionaria como elo de conexão entre propriedade privada e eficiência econômica; com a separação entre propriedade e controle, os incentivos para maximização de lucros pelas companhias ficariam abalados, com seus administradores criando maior facilidade para ações oportunistas e preocupando-se mais com a busca de benefícios e amenidades para consumo próprio, colocando-se em risco a conexão entre propriedade privada e eficiência.[28]

Demsetz parece criticar as conclusões de Berle e Means sobre as bases de que a busca por benefícios "improdutivos" para consumo durante o expediente pode muito bem ocorrer em uma companhia fechada, administrada pelo seu próprio dono. Segundo ele, o administrador-dono pode criar conscientemente benefícios para consumir durante o trabalho, decisão que refletirá seus gostos e preferências individuais, inclusive quanto à utilidade entre consumir no trabalho ou levar uma maior remuneração para casa.[29] Essa fonte de consumo improdutivo tende a ser reduzida quando são contratados administradores profissionais, uma vez que o dono da empresa não deriva qualquer utilidade de benefícios fruídos por terceiros durante o expediente, e certamente preferirá maior lucro ao final do exercício social.[30]

control), que confere a seu detentor a habilidade de influenciar ou controlar a empresa. A aquisição de *participação financeira* em um concorrente importa mudanças nos incentivos para fixação unilateral de preços pela *firma adquirente*, na medida em que receitas perdidas com um aumento de preços serão em parte recapturadas, por meio da participação societária recém-adquirida no concorrente. Os efeitos sobre os incentivos de fixação de preços pela *firma adquirida* dependerão de como a transação afeta sua estrutura de governança. Se a participação financeira confere *controle* sobre a firma cuja parcela de capital foi comprada, haverá incentivo para que a agora controlada aumente seus preços, na medida em que alguns consumidores serão desviados para o novo controlador. Inclusive, o controle obtido com pequenas frações do capital implica incentivos adversos em função de um problema de *free-riding*: quanto menor a participação no capital, menores os custos sofridos pelo acionista controlador para implementar aumentos de preço, mantida constante a percepção da integralidade dos benefícios com a captura de consumidores desviados (Daniel O'Brien e Steven Salop, "Competitive effects of partial ownership: financial interest and corporate control", cit., *Atitrust Law Journal* 67/568, 571, 573-574, 578 e 602-603). Embora os efeitos anticompetitivos não estejam em evidência neste artigo, sua avaliação certamente é um tópico complementar relevante, necessário para um julgamento correto sobre os impactos causados por formas deferentes de controle na concorrência.

28. Adolf Berle e Gardiner Means, *A Moderna Sociedade Anônima e a Propriedade Privada*, cit., 2ª ed., p. 6. Thorstein Veblen retira conclusões opostas do mesmo fenômeno. Segundo ele, a separação entre propriedade e controle colocaria no comando das corporações pessoas mais preocupadas com eficiência que os proprietários da firma, promovendo uma alocação mais eficiente (cf. *The Engineers and the Price System*, Kitchener, Batoche Books, s/d).

29. Harold Demsetz, "The structure of ownership and the theory of the firm", cit., *Journal of Law and Economics* 26/381-382.

30. Idem, p. 382: "This important aspect of specialization in ownership has largely gone unnoticed. The specialized owner derives little or no direct utility from on-the-job consumption by his management. He may be unnafected by such com-

Todavia, a capacidade detida pelos acionistas para reduzir os benefícios fruídos pelos administradores profissionais encontra limites, devido a custos positivos de monitoramento. Dessa forma, Demsetz esclarece que, de uma forma geral, há duas forças operando em sentidos contrários nas grandes companhias abertas: a especialização dos acionistas na função de proprietários, com a contratação de executivos profissionais para administrarem a empresa, cria pressão para *diminuir* os benefícios improdutivos para consumo durante o trabalho. Mas essa tendência está sujeita à contratendência de custos de monitoramento positivos, tanto maiores quanto mais amplamente difusa é a propriedade das ações.[31]

Os elementos efetivamente novos trazidos pela separação entre propriedade e controle não seriam propriamente o consumo de benefícios improdutivos durante o expediente, mas, sim: (i) o acesso à companhia de um agente interessado apenas nos lucros, o investidor não-administrador, cujos incentivos são alinhados para minimizar a produção de benefícios improdutivos; (ii) um aumento do custo individual de monitoramento causado pela dispersão das ações junto ao público; e (iii) a separação dos direitos de propriedade sobre a firma, com possibilidade de compor qualquer combinação entre propriedade e controle, o que permitirá especialização dos agentes e provimento de *fundos para investimento* e *técnica gerencial* a custos mais baixos.[32-33]

Demsetz conclui que a *estrutura de capital* da firma é endógena, e se define a partir de uma avaliação dos custos e benefícios envolvidos, inclusive dos *custos adicionais de monitoramento* associados a uma maior dispersão do capital. Fatores como tecnologia, escala de operação e habilidade gerencial dos sócios e dos administradores profissionais devem ser considerados, e os custos e benefícios das possíveis estruturas de capital devem ser confrontados para que se tenha a decisão final. Demsetz finaliza concluindo que a pulverização da propriedade e sua separação do controle, longe de prejudicarem a maximização dos lucros da firma, podem ser uma

sumption if this management is prepared to stay on the job while absorbing enough of a wage cut to compensate the specialized owner for the resulting increase in costs".

31. Harold Demsetz, "The structure of ownership and the theory of the firm", cit., *Journal of Law and Economics* 26/382.

32. Idem, pp. 382-383: "Whether on-the-job consumption finds its source in the personal tastes of owners and employees of the firm or in the cost of monitoring is irrelevant to either profit maximization or efficiency. Specialization of business activity into one set of rights that we identify as share ownership and which we may, if we insist, call ownership of the corporation, and a second that we call managerial control, surely raises the utility level achievable by those with funds to invest and those with managerial skills to sell. The division of property rights allows persons the option of combining 'ownership' and control in the mixture that they wish, given the budget constraints they face. Investment funds and control, therefore, become available at lower costs to society than would be possible were fractional ownership barred. The advent of modern corporation, organized exchanges, and corporation law have reduced the cost of specializating one's interest as between the different tasks of owning and managing".

33. Interessante que uma discussão semelhante pautou a decisão européia com relação à forma jurídica de limitação da responsabilidade do empresário individual.

Diante das opções societária (a sociedade unipessoal com responsabilidade limitada, como a *Einmann-GmbH* alemã, admitida desde a *GmbH Novelle* de 1980) ou não-societária (um patrimônio especial, como o *estabelecimento comercial com responsabilidade limitada* português, admitido desde o Decreto-lei 248º/1986), a Comissão da Comunidade Européia optou pela via societária, em função da necessidade de circulação e continuidade da empresa para que a forma jurídica escolhida fosse realmente atrativa (cf. Comissão CEE, *Une Politique de l'Enterprise pour la Communauté*, agosto/1989, p. 24).

Como lembra Calixto Salomão Filho, a fórmula não-societária implica uma drástica redução na capacidade de circulação da empresa, com a impossibilidade da venda parcial com manutenção do controle, para objetivo de simples capitalização (cf. *O Novo Direito Societário*, 3ª ed., São Paulo, Malheiros Editores, 2006, p. 200).

medida necessária para atingir o lucro máximo.[34]

A matriz teórica dentro de que Demsetz opera (isto é, a firma como feixe de contratos, sem poder de *fiat* diverso de um contrato ordinário) parece ter impedido o autor de perceber uma outra conseqüência da dispersão acionária. Demsetz identifica o aumento dos *custos de monitoramento* que advém com maior dispersão acionária, mas não percebe as mudanças nos *custos de coordenação dirigida* que podem ocorrer com a variação da estrutura de capital. Aqui, a visão da firma como uma *estrutura de governança* e a lição de Masten sobre a relevância do marco legal têm grande importância.

A disciplina jurídica das sociedades anônimas, além de garantir as vantagens informacionais e de direção, encadeia as transações intrafirma em uma estrutura orgânica e institucional, dotada de poder hierárquico particular, o poder de controle societário. Na seqüência, a Lei 6.404/1976 atribui esse poder supremo sobre os negócios da companhia à Assembléia-Geral dos acionistas, transformando a propriedade do capital no *elemento central* para determinar a titularidade e a estabilidade do poder de coordenar as atividades da companhia.[35]

A dispersão das ações torna mais pronunciados os problemas de monitoramento sobre as relações do tipo *agency* que existem entre acionistas e administradores da companhia e entre controladores e minoritários. Essa mesma diluição do capital social também pode levar a problemas sérios no poder de controle sobre a transação, na medida em que reforça a posição dos administradores frente aos acionistas e/ou torna mais contestável a posição do controlador, favorecendo disputas societárias pelo exercício do poder dentro da corporação.[36]

Tais disputas societárias podem surgir pelas mais diversas razões. De forma oportunista, um minoritário pode se opor a uma deliberação favorável à companhia, ou contestar negócios fechados pelos administradores, simplesmente buscando extrair algum valor financeiro (*headache value*). Exatamente para diminuir a ocorrência de tais condutas, exige-se a detenção de pelo menos 5% do capital social para que um acionista ajuíze ação de responsabilidade contra os administradores da companhia na hipótese de a Assembléia-Geral deliberar pela sua não-propositura (art. 159, *caput* e § 4º, da Lei 6.404/1976).

Por outro lado, a controvérsia pode surgir por motivos legítimos, como julgamentos divergentes quanto à melhor decisão a ser tomada ou expectativas distintas quanto aos retornos esperados de determinados negócios da empresa. Seja como for, essas disputas implicam gastos de tempo e de recursos que seriam utilizados para adaptar a transação, e, no limite, o impasse pode significar a completa paralisação da sociedade. Ainda que essas situações de paralisia completa não sejam corriqueiras, nota-se preocupação clara do legislador

34. Harold Demsetz, "The structure of ownership and the theory of the firm", cit., *Journal of Law and Economics* 26/384 e 386.

35. Como já apontado, *elemento central* não significa elemento único, e pode haver hipóteses de controle não fundado na propriedade acionária. Veremos esses casos de controle externo no subitem seguinte.

36. Além das relações entre acionistas e administradores da companhia e entre acionistas controladores e minoritários, reconheço a existência de um terceiro problema do tipo *agency* na vida das sociedades por ações, opondo acionistas e demais interessados na atividade da companhia, como empregados, credores, consumidores, entre outros (cf. Reinier Kraakman *et al.*, *An Anatomy of Corporate Law: a Comparative and Functional Approach*, Oxford, Oxford University, 2004). Parece-me, contudo, que essas relações entre acionistas e outros *stakeholders* devem ser disciplinadas por meio do direito contratual ou de regulação própria, e não via estrutura de governança da companhia. Nesse sentido, as questões atinentes à gestão e efetivo controle sobre as transações da companhia devem ser analisadas sob a perspectiva dos acionistas (cf. Henry Hansmann e Reinier Kraakman, "The end of history for corporate law", in *Georgetown Law Journal* 89(2)/440-441, 2001). Daí por que circunscrevo-me apenas às duas primeiras das tipo *principal-agent*.

para limitar atitudes capazes de bloquear a vida social. Por exemplo, a imposição de *quorum* de deliberação qualificado não previsto pela Lei Acionária está restrita às sociedades fechadas (art. 120, § 1º, da Lei 6.404/1976). Além de detalhadamente especificadas no estatuto, não podem ser sujeitas a *quorum* estatutário mais rigoroso as matérias objeto de Assembléia-Geral ordinária ou aquelas que dizem respeito a assuntos inerentes ao desenvolvimento normal da empresa (como aumentos de capital por subscrição).[37] Interessante que no regime do Decreto-lei 2.627/1940, que regulava as sociedades por ações antes da Lei 6.404/1976, cláusulas estatutárias que estabelecessem *quorum* de deliberação qualificado, e, assim, criassem minorias de bloqueio, eram consideradas impossíveis.[38]

Uma estrutura de capital muito dispersa não somente aumentará os custos de monitoramento das ações dos diversos *agents*, mas também poderá tornar mais instável o poder de controle sobre a corporação, uma vez que a fonte jurídica tradicional deste poder é a detenção do capital social. No limite, o poder de *fiat* da firma pode não ser algo unívoco e bem determinado, sugerindo a existência de várias *hierarquias*, cuja estabilidade varia de acordo com a estrutura de capital da corporação.

Se considerarmos que a função primordial da firma é coordenar a produção de forma dirigida, a estabilidade do poder de controle assim como sua capacidade para superar eventuais impasses societários são varáveis fundamentais para o desenvolvimento regular da empresa, na medida em que determinam a capacidade de adaptação dirigida da transação. Não parece correto argumentar, como Calixto Salomão Filho, que a presença ou ausência de uma parte contratual dominante, capaz de definir os rumos da transação, seria um fato irrelevante.[39] O autor ainda estende sua argumentação, defendendo que a diluição do poder de controle seria um importante instrumento para garantir o equilíbrio entre todos os interesses envolvidos e uma consideração ampla de todos na tomada de decisão societária.[40]

O equilíbrio e o balanceamento garantidos pela diluição do poder de controle só parecem representar um resultado útil na estrita medida em que não haja impasse societário, ou que eventuais divergências sejam superadas. O *deadlock* real é mortal, a ponto de se vislumbrar a dissolução judicial como único remédio para solucionar o impasse em Assembléia-Geral que tenha sobrevivido às regras de desempate do art. 129 da Lei 6.404/1976, uma vez que restaria evidenciada a impossibilidade de a companhia preencher seu fim.[41] Como solução alternativa, defende-se, ainda, a exclusão de sócios como estratégia para recompor a vida societária à sua normalidade, preservando a continuidade da empresa.

37. Modesto Carvalhosa, *Comentários à Lei de Sociedades Anônimas*, 4ª ed., 2º vol., São Paulo, Saraiva, 2008, p. 755.

38. Cf.: Trajano de Miranda Valverde, *Sociedade por Ações*, 2ª ed., Rio de Janeiro, Forense, p. 114; e Carlos Fulgêncio da Cunha Peixoto, *Sociedades por Ações*, 3º vol., Rio de Janeiro, Forense, 1972, p. 78.

39. Calixto Salomão Filho, *O Novo Direito Societário*, cit., 3ª ed., p. 65.

40. Idem, pp. 65 e 67. Nas próprias palavras do autor: "Nessa perspectiva, a presença ou ausência de uma parte contratual dominante capaz de definir os rumos do contrato e das definições dele emanadas são irrelevantes. O contrato e a instituição dele emanada prescindem de interesses dominante e definitivos, pois, de todo modo, devem ser instrumentos de tutela de uma miríade de interesses internos e externos dignos de consideração. Vistos sob essa ótica organizativa, a diluição do controle das companhias passa a ser um importante instrumento para garantir o equilíbrio – portanto, a consideração mais ampla possível – de interesses internos e externos à sociedade. Não é então apenas uma conseqüência, mas também uma causa do afirmar-se a concepção contratual-organizativa". Mais adiante: "A diluição do controle, como toda diluição de poder, acaba por permitir um melhor equilíbrio entre os vários interesses envolvidos pelas grandes companhias".

41. Modesto Carvalhosa, *Comentários à Lei de Sociedades Anônimas*, cit., 4ª ed., 2º vol., pp. 760-761.

Mesmo que seja possível superar eventuais impasses causados pela instabilidade do poder de controle, isso só será feito com custos relevantes para a empresa, e nada impede a dedução de pretensões oportunistas perante a companhia. Esse tipo de exploração é particularmente mais preocupante conforme os ativos envolvidos na transação sejam mais específicos, na medida em que assim são geradas mais *quase-rendas* passíveis de disputa.

Segundo Benjamin Klein, Robert Crawford e Armen Alchian, investimentos em ativos idiossincráticos trazem consigo *quase-rendas especializadas apropriáveis*, que consistem na diferença entre o valor do ativo na transação para a qual ele foi construído e o valor máximo que o segundo melhor usuário está disposto a pagar pelo mesmo bem.[42]

Essa situação é a fonte de um dos custos mais importantes na utilização do mercado: a possibilidade de comportamento oportunista pós-contratual, que se torna um perigo real em face de maior especificidade de ativos.[43] Na medida em que mais quase-rendas apropriáveis são criadas por ativos cada vez mais específicos, os possíveis ganhos de uma conduta oportunista crescem, trazendo consigo maiores custos de contratação, porém mantendo constantes os custos de organização hierárquica.[44] Nessas situações de alta especificidade a condução da transação em mercados irá levar a custos consideráveis na busca de garantias adicionais, na realização de gastos para melhorar a posição de barganha pós-contratual contra uma eventual tentativa oportunista, ou até mesmo com a não-realização de investimentos específicos, pelo temor de ficar aprisionado.[45] O poder de coordenação típico da firma é fundamental para controlar o oportunismo e impedir disputas pelas quase-rendas geradas por ativos idiossincráticos. Justamente no momento em que é necessário adaptar os termos inicias da transação, para fazer frente a acontecimentos não-previstos ou acomodar as operações a choques inesperados, é que se materializa uma situação de negociação que pode levar à tomada de reféns (*hold up*) e à expropriação da parte que fez o investimento específico.

A partir das concepções de Coase, Oliver Williamson explora muito bem os problemas de escolha do melhor mecanismo de governança para promover a adaptação da transação com os menores custos factíveis. A partir das características que determinam a ação humana (isto é, racionalidade limitada e busca do auto-interesse com vigor), Williamson extrai que contratos são intrinsecamente incompletos e que a parte de uma transação está disposta a explorar a posição de fraqueza da contraparte se isso ocasionar mais benefícios que custos para o agente oportunista. Nessas

42. Benjamin Klein, Robert Crawford e Armen Alchian, "Vertical integration, appropriable rents, and the competitive contracting process", *Journal of Law and Economics* 21/298, 1978. Não há que se confundir o conceito de quase-renda especializada apropriável com o conceito de quase-renda, que é o segundo melhor uso do ativo: "*The quasi-rent value of the asset is the excess of its value over its salvage value, that is, the value in the next best use to another renter. The potentially appropriable specialized part of the quasi rent is that portion, if any, in excess of its value to the second highest-valuing user*" (p. 298 – grifos no original).

43. Benjamin Klein, Robert Crawford e Armen Alchian, "Vertical integration, appropriable rents, and the competitive contracting process", cit., *Journal of Law and Economics* 21/297-298.

44. Idem, pp. 298 e 307. Nas palavras dos autores: "As assets become more specific and more appropriable quasi-rents are created (and therefore the possible gains from opportunistic behavior increases), the costs of contracting will generally increase more than the costs of vertical integration" (p. 298); "Although implicit and explicit contracting and policing costs are positively related to the extent of appropriable quasi rents, it is reasonable to assume, on the other hand, that any internal coordination or other ownership cost are not sistematically related to the extent of the appropriable specialized quasi rent of the fisical asset owned" (p. 307).

45. Benjamin Klein, Robert Crawford e Armen Alchian, "Vertical integration, appropriable rents, and the competitive contracting process" cit., *Journal of Law and Economics* 21/301.

condições de contorno, Williamson imputa dimensão aos custos de transação a partir da *freqüência* de repetição da transação, da *incerteza* que permeia o ambiente onde as partes negociam e da *especificidades dos ativos* sobre os quais se transaciona.

A partir de cláusulas *ceteris pariba* sobre as dimensões *freqüência* e *incerteza*, Williamson argumenta que, à medida que ativos se tornam mais específicos, os custos de transacionar em mercado sobem mais que os custos de adaptação dirigida promovida pela firma, de modo que se espera encontrar integração vertical nos patamares mais elevados de especificidade de ativos.[46] Nesses patamares, faz-se necessária a adaptação dirigida contemplada pelo poder de *fiat* da firma, a garantir a correção de rumo da transação sem que haja expropriação. Paulo Furquim de Azevedo sumaria muito bem o problema, esclarecendo que, à medida que se eleva a especificidade dos ativos, exige-se maior controle sobre a transação, de maneira a evitar os percalços de uma atitude oportunista. Assim é que, quanto maior for a idiossincrasia dos ativos envolvidos, mais interessante será a escolha de uma estrutura de governança que tenda à hierarquia.[47]

Se a necessidade de dirigir a adaptação de uma transação cresce com a especificidade dos ativos envolvidos, é de se esperar que as formas assumidas pelo poder de controle societário estejam alinhadas de maneira não-casual com a estrutura de ativos operacionais, e que estruturas mais centralizadas e estáveis devem corresponder a níveis mais altos de especificidade dos ativos. Raciocínio análogo foi empregado por Claude Menard ao analizar as *formas híbridas* de organização. Segundo Menard, as formas de organização intermediárias que existem entre a firma e o mercado estariam alinhadas com o nível de especificidade dos ativos envolvidos, com maior centralização/integração à medida que os níveis de dependência/idiossincrasia de ativos crescem.

À primeira vista, a possibilidade de uma ação oportunista de acionistas contra a própria companhia poderia ser questionada em termos de racionalidade: se todos os sócios são *residual claimants*, provavelmente não teriam interesse em bloquear a adaptação da transação, uma vez que essa atitude repercutiria de forma negativa sobre os próprios acionistas. Todavia, é importante lembrar que a distribuição desse custo será proporcional à detenção do capital social, de maneira que um acionista minoritário, que suporta parcela reduzida do prejuízo, pode racionalmente disputar a adaptação da transação na expectativa de extrair algum valor financeiro de sócios com maior participação, que suportariam prejuízo mais alto em caso de adaptação malsucedida. A existência de acionistas preferenciais sem direito de voto, permitida pelo art. 15, § 2º, da Lei 6.404/1976, torna ainda mais pronunciadas as externalidades entre acionistas responsáveis pela tomada de decisão, de um lado, e acionistas que suportarão as conseqüências, de outro.

Em segundo lugar, condutas oportunistas podem ser racionais se os acionistas tiverem interesses particulares conflitantes ou simplesmente não-coincidentes plenamente com os da sociedade. É o caso de uma *joint venture* societária, onde as partes constituem uma companhia para desenvolver atividade conjunta, mas mantêm cada uma delas as suas atividades originais. A rigor, os problemas de adaptação surgidos em uma *joint venture* constituída sob a forma societária tendem a ser muito semelhantes àqueles que informam discussões em contratos bilaterais de longo prazo.

46. Oliver Williamson, *Economic Institutions of Capitalism*, cit.; *The Mechanism of Governance*, cit., e *Markets and Hierarchies: Analysis and Antitrust Implications*, Nova York, Free Press, 1983.

47. Paulo Furquim de Azevedo, "Economia dos custos de transação", in Elisabeth Farina, Paulo Furquim de Azevedo e Maria Sylvia Macchione Saes (orgs.), *Competitividade: Mercado, Estado e Organizações*, São Paulo, Singular, 1997, p. 99.

Em terceiro lugar, disputas sobre a adaptação da transação podem ser fruto de divergências honestas dos sócios quanto à necessidade ou não de mudanças, e/ou sobre qual a melhor solução a ser escolhida dentre as diversas disponíveis. Em um mundo onde a capacidade cognitiva é limitada e informações podem ser assimétricas, não é difícil imaginar hipóteses em que sócios tenham julgamentos distintos sobre os resultados esperados para ações futuras.

Como Bruce Johnsen indica, ativos específicos devem ser mantidos no uso original enquanto seu retorno efetivo for superior ao seu retorno no segundo melhor uso líquido dos custos de realocação.[48] Em particular, discussões sobre retornos efetivos e esperados são matérias sujeitas a riscos e choques relevantes, e cujas previsão e solução não são das mais triviais. Ainda que não se possa qualificar essas disputas como oportunistas, no sentido próprio do termo, elas também podem impedir a adaptação da transação, com a paralisia da vida societária. Aliás, Armen Alchian e Susan Woodward já haviam apontado que arranjos comerciais interpretados como respostas ao oportunismo são igualmente apropriados para evitar disputas custosas entre pessoas honestas e que não estão de acordo sobre os eventos ocorridos e sobre quais ajustes teriam sido previstos inicialmente, se tal contingência houvesse sido antecipada.[49]

Em sua análise sobre o financiamento das companhias sob a ótica da teoria econômica dos custos de transação, Williamson sugere que as formas de levantamento de recursos (fundamentalmente, *equity* e *debt*) não são meros instrumentos financeiros, mas sim verdadeiros mecanismos de governança, e que as características de cada projeto de investimento da companhia conduziriam a uma forma de financiamento que mais economiza em custos de transação.[50]

No argumento de Williamson os instrumentos destinados ao financiamento de ativos genéricos funcionariam de forma semelhante ao mercado, confiando em regras fixas e exigindo mútuo consentimento para adaptação, ao passo que instrumentos destinados ao financiamento de ativos específicos apresentariam um desenvolvimento mais parecido com a hierarquia, operando com base em discricionariedade e em poderes mais amplos de adaptação. Ao mesmo tempo, o valor que os ativos da firma representam como garantia para levantamento de fundos varia conforme sua especificidade: quanto mais idiossincrático o ativo, maiores as perdas de valor incorridas para retirá-lo da transação, vendê-lo e pagar os prestadores de capital, de forma que o volume de recursos a serem emprestados com base nesse ativo será uma fração de seu valor na transação; de outro lado, ao diminuir a especificidade do ativo oferecido em garantia, essa fração tenderá à unidade.[51]

Se os custos de capital serão diretamente proporcionais às especificidades dos ativos, esses custos não crescem de forma idêntica para *equity* e *debt*. A rigidez dos instrumentos de empréstimo (quando comparados com o capital social) pode levar a liquidações do projeto quando seria possível algum tipo de adaptação

48. Bruce Johnsen, "The quasi-rent structure of corporate enterprise: a transaction cost theory", *Emory Law Journal* 44/1.279-1.280, 1995, nota de rodapé 5.

49. Armen Alchian e Susan Woodward, "The firm is dead; long live the firm", *Journal of Economic Literature* 26/65-66, 1988. Nas próprias palavras dos autores: "(...) even when both parties recognize the genuine goodwill of the other, different but honest perceptions can lead to disputes that are costly to resolve. The point is important because many business arrangements interpreted as response to 'dishonest' opportunism are equally apropriate for avoiding costly disputes between honest, ethical people who disagree about what event transpired and what adjustments would have been agreed to initially had the event been anticipated".

50. Oliver Williamson, "Corporate finance and corporate governance", *Journal of Finance* 43(3)/576 e 588, 1988.

51. Idem, pp. 580-581.

eficiente, de forma que a governança de empréstimos sofre mais que a governança do capital social com níveis mais altos de especificidade dos ativos. Uma vez que a estrutura de governança de um empréstimo é sempre a mais simples, Williamson conclui que os instrumentos de *debt* serão a forma natural de financiamento, e devem ser empregados para financiar ativos genéricos. Na medida em que caminhamos para ativos mais específicos, o capital deve ser levantado com emissão de ações, visto que essa forma de governança permite adaptação mais eficiente da transação.[52]

As conclusões tiradas por Oliver Williamson sob a literatura denominada *ramo da governança* da teoria econômica dos custos de transação, que focaliza apenas como a organização econômica lida com ameaça de oportunismo pós-contratual, são repetidas por Bruce Johnsen sob o *ramo da mensuração*, que se reporta aos problemas de obtenção de informações sobre as dimensões relevantes das transações, especialmente por meio da alocação da variabilidade do resultado final.

Johnsen argumenta que a especificidade de ativos tem papel relevante na organização econômica até mesmo quando a ameaça de oportunismo não está presente. Segundo ele, é fácil demonstrar que o problema geral da remuneração dos ativos específicos depende largamente da incerteza sobre os futuros estados do mundo, eventos que podem surgir independentemente das boas ou más intenções das partes. Assim, o problema surgido com a especificidade de ativos teria pouco a ver com as motivações pessoais ou com as condições subjetivas das partes: o oportunismo é apenas uma das várias contingências que podem levar à destruição de um fluxo esperado de quase-rendas, e o problema geral diz respeito à incerteza quanto aos estados futuros do mundo que se concretizarão, e dos riscos que ativos específicos não obtenham os retornos necessários para incentivar o investimento *ex ante*.[53]

Bruce Johnsen argumenta que as diversas modalidades de *finantial claims* sobre a firma refletem o valor da empresa nos seus distintos usos alternativos: o *capital social* equivale ao valor da firma no seu uso mais especializado, líquido de dívidas; as *dívidas com garantia flutuante*, mas capacidade de retomar todos os ativos do empresário (*junior debt*), refletem o valor da empresa no segundo uso mais especializado, líquido das dívidas remanescentes; por fim, as *dívidas com garantia real* (*senior debt*) demonstram o valor da empresa no uso mais genérico, sendo a liquidação e venda individual dos bens o caso-limite. Dessa forma, fica estabelecida uma *estrutura da quase-rendas da firma*, e o empresário pode reduzir seu custo total de capital por meio da desagregação desse fluxo de quase-rendas em diversos instrumentos financeiros, e com a atribuição de cada um deles à parte mais especializada na avaliação da quase-renda subjacente, capaz de desempenhar esse trabalho com menor custo.[54]

52. Oliver Williamson, "Corporate finance and corporate governance", *Journal of Finance* 43(3). Nas próprias palavras do autor: "The upshot is that whereas highly redeployable assets will be financed with debt, equity is favored as assets become highly nonredeployable. (...). TCE aproach postulates that debt (the market form) is the natural financial instrument. Equity (the administrative form) appears as the financial instrument of last resort" (p. 581); "In general, simple governance structures (often rule based, such as debt) are able to cope effectively with the needs of simple transactions. Simple governance structures experience stress, however as the contractual hazards ramify. A switch to more complex and costly governance structures that supplant rules in favor of discretion can be and often is the source of added value in such circumstances" (pp. 588-589).

53. Bruce Johnsen, "The quasi-rent structure of corporate enterprise: a transaction cost theory", cit., *Emory Law Journal* 44/1.315 e 1.317-1.318.

54. Idem, pp. 1.314, 1.323 e 1.332-1.333. Assim, o empresário, que tem vantagem comparativa na avaliação da empresa no seu uso mais especiali-

O pressuposto de que uma companhia pode ser decomposta em seus vários projetos parece ter levado Williamson a admitir, implicitamente, que os prestadores de *equity* controlariam e dirigiriam apenas o projeto por eles financiado, sem ingerência dos demais detentores do capital nem poder sobre os demais projetos da corporação. Entretanto, essa separação parece bastante difícil. Uma expansão do capital social significará sempre *mais pessoas* decidindo os rumos da *companhia como um todo*. Quando se trata de emissão de novas ações para financiar projetos da empresa, é preciso considerar os impactos que serão causados no poder de controle, além dos custos de monitoramento que uma dispersão maior do capital acarreta.

Não reconhecer essa nuança pode levar a proposição correta de Williamson (isto é, de que ativos mais específicos exigem maior controle e, portanto, devem ser financiados com *equity*) a um resultado indesejado: atingido determinado ponto, a emissão de mais ações poderá impactar o controle da companhia, impedindo a adaptação dirigida da transação, que é tão importante para (i) impedir o oportunismo e a disputa por *quase-rendas* emanadas de ativos específicos, ou (ii) adaptar a transação com menores custos, na hipótese de as disputas terem surgido com fundamento em pretensões honestas.

De outro lado, Bruce Johnsen admite claramente a possibilidade de disputas entre acionistas e credores sobre as rendas surgidas com a adaptação bem-sucedida da transação, nos casos de um resultado ruim vir a se concretizar.[55] Do ponto de vista de racionalidade, tanto credores quanto acionistas se beneficiam com a tomada de medidas corretas para adaptar a transação, mas isso não é suficiente para prevenir uma disputa sobre a distribuição dos resultados positivos gerados com a readaptação da empresa. Todavia, Johnsen recorre a um mecanismo *ex ante* de transferência contingente, capaz de promover a mudança compulsória na propriedade do bem apenas nos estados ruins: trata-se de uma dívida equivalente ao valor do ativo no estado crítico, que separa os bons e maus estados do mundo.[56]

Ou seja, o que Bruce Johnsen faz é simplesmente estabelecer uma regra capaz de atribuir o poder de disposição sobre o ativo a uma parte ou outra, conforme se verifique um estado bom ou ruim. A estratégia de que Johnsen lança mão representa, na verdade, uma regra condicional de atribuição do controle totalitário sobre o ativo a uma única pessoa, e não contempla as distintas formas que tal poder pode assumir, nem a hipótese de seu compartilhamento. Quanto mais instável o poder de controle, maior o risco de disputas oportunistas por *quase-rendas*, ou de verificação de um *deadlock* por divergências honestas sobre a adaptação da transação.

zado, deve contribuir para a formação do capital social; os credores com alguma *expertise* no mercado ou vantagem comparativa na realocação dos ativos aceitarão dívida lastreada nesses bens ou na faculdade de retomar a direção da empresa em caso de *default*; por fim, os credores genéricos aceitarão dívida com fundamento no valor que pode ser obtido com a venda dos bens no mercado de segunda mão. A detenção do instrumento financeiro faz com que a parte seja *residual claimant* sobre a correção do seu trabalho de avaliação da quase-renda respectiva, indicando a revelação de informação verdadeira. Cf. também Bruce Johnsen, "The financing and redeployment of specific assets", *The Journal of Finance* 54(2)/694-695, 1999.

55. Bruce Johnsen, "The financing and redeployment of specific assets", cit., *The Journal of Finance* 54(2)/694.

56. Idem, pp. 694-695. Nas próprias palavras do autor: "A nonrecourse secured loan issued by the redeployer to the entrepreneur equal to the value of the asset in the critical state that separates the good and bad states solves the investment distortion problem caused by ex post bargaining. If a good state prevails, the entrepreneur retains the ownership over the asset and repays the loan as agreed. If a bad state prevails, he gladly allows the redeployer to repossess the asset because its value to him is less than the face value of the loan. Because there is no bargaining over the ex post transfer price of the asset, the entrepreneur captures the entire good-state surplus, the redeployer captures the entire bad-states surplus, and their ex ante investment are optimal".

Dentro das possíveis formas que o poder de controle interno pode assumir, é possível estabelecer uma seqüência crescente, tomando por base a estabilidade de cada uma delas, medida pela dispersão das ações.

Em primeiro lugar temos o *controle administrativo ou gerencial*, em que a propriedade das ações é tão dispersa que nenhum indivíduo ou grupo de pessoas detém participação suficiente para influir decisivamente nos rumos da companhia. O controle fica nas mãos dos administradores e órgãos de direção da companhia, mas, como seu poder é derivado da eleição na Assembléia-Geral, falta uma base jurídica originária de sustentação; a qualquer momento os acionistas podem reorganizar a empresa e substituir a administração. Na seqüência temos o *controle minoritário*, hipótese em que um indivíduo detém uma participação no capital da companhia sem atingir a maioria das ações votantes, e que lhe assegura a maioria nas deliberações sociais em função do absenteísmo dos demais acionistas e/ou da ampla dispersão das ações. Essas duas modalidades, como esclarecido por Berle e Means, envolvem consideráveis elementos de fato para serem mantidas, de forma que são menos claramente definidas, mais precárias e sujeitas à casualidade e à mudança.[57]

O *controle por mecanismo jurídico* configura-se quando a maioria de votos na Assembléia-Geral é formada por meio de instrumentos jurídicos, como (i) a outorga de procurações para exercer o voto, conhecida por *proxy machinery*, e que tem caráter conjuntural, posto que realizada para a deliberação em uma assembléia determinada; (ii) a celebração de acordo de acionistas, instrumento de caráter mais duradouro, visto que permanece em efeito enquanto a convenção de voto vigorar; ou (iii) a criação de uma sociedade *holding*, hipótese mais estrutural, para estabelecer uma cadeia de controle mais longa sobre a sociedade-alvo. Na seqüência temos o *controle majoritário*, hipótese em que uma pessoa detém a propriedade da maioria das ações votantes e poderá aprovar em assembléia as deliberações que achar convenientes, se o estatuto social não impuser *quorum* qualificado para tanto. Por fim, temos o *controle quase-totalitário*, em que um indivíduo detém quase todas as ações, implicando alta identidade entre propriedade e controle.

Nesse contexto, se a estrutura ótima de capital exigir dispersão acionária, é de se esperar uma forma contratual (*v.g.*, um acordo de voto) ou hierárquica (*v.g.*, integração de acionistas em uma sociedade-*holding*, ou em uma pirâmide de controle com várias sociedades interpostas) de organização do poder de controle se os ativos subjacentes forem idiossincráticos. Se a especificidade dos ativos crescer, tenderemos, no limite, para o controle totalitário, com a propriedade de todas as ações nas mãos de um único indivíduo, se o ordenamento jurídico permitir a sociedade unipessoal.[58] De outro lado, se os ativos envolvidos na operação da companhia forem genéricos, espera-se que o poder de controle acabe nas mão de algum acionista minoritário ou seja exercido pelos próprios administradores da sociedade.

57. Adolf Berle e Gardiner Means, *A Moderna Sociedade Anônima e a Propriedade Privada*, cit., 2ª ed., pp. 91-92.

58. Em diversos Países já se tem admitido a constituição de sociedade com um único sócio. No Brasil a regra geral ainda é presença de ao menos dois sócios para constituir qualquer sociedade personificada. As exceções são (i) a constituição de sociedade *subsidiária integral*, uma sociedade por ações cujo capital é detido inteiramente por outra sociedade brasileira (art. 251 da Lei 6.404/1976), (ii) a compra de 100% das ações por sociedade brasileira, ou a *incorporação de ações* para converter uma companhia já constituída em subsidiária integral (respectivamente, arts. 251, § 2º, e 252 da Lei 6.404/1976), (iii) o funcionamento temporário das sociedades reduzidas a um único sócio, até a recomposição da pluralidade de acionistas (art. 206, I, "d", da Lei 6.404/1976) ou quotistas (art. 1.033, IV, do CC).

Figura 1

Alinhamento esperado para a estabilidade do poder de controle interno

k1	k2	k3	k4
Controle gerencial	Controle minoritário	Controle majoritário	Controle totalitário

Fonte: Elaboração própria
Obs.: k4 > k3 > k2 > k1 >> 0 (k = nível de especificidade de ativos)

O ponto central é que maior dispersão acionária não gera somente custos adicionais de monitoramento, como vislumbrado por Demsetz. A instabilidade adicional do poder de controle interno em situações de propriedade difusa das ações votantes também deve ser considerada para que se chegue à estrutura de capital ótima da firma. Aos benefícios advindos da separação entre propriedade e controle (*e.g.*, maior escala de operações, proporção mais eficiente entre provimento de capital e de técnica gerencial) devem ser contrapostos *todos* os custos adicionais (*e.g.*, de monitoramento e de direção).

Figura 2

Alinhamento esperado para a estabilidade do poder de controle por instrumento jurídico

controle minoritário <<	k2+	k2++	k3-	>> controle majoritário
	Captação de procurações	Acordo de acionistas	Sociedade *holding*	

Fonte: Elaboração própria
Obs.: k3 > k3- > k2++ > k2+ > k2 (k = nível de especificidade de ativos)

Nicholas Wilson e Hao Zhang também reconhecem essa aptidão da estrutura de capital para resolver os problemas de mensuração e monitoramento (oriundos da relação do tipo agente-principal entre acionistas e administradores) e de disputas oportunistas por quase-rendas (geradas pela natureza específica dos ativos envolvidos). Na medida em que as companhias utilizam quase sempre ambas as formas de financiamento, o *mix* entre elas deveria responder a essas duas variáveis explicativas.[59]

Em trabalho empírico os autores comprovam que a probabilidade de utilização de *equity* é estatisticamente sensível à especificidade da linha de produção, enquanto a probabilidade de utilização de *debt* é estatisticamente sensível à padronização dos produtos vendidos pela firma. Nas mesmas regressões as variáveis explicativas atreladas aos problemas de agência não foram estatisticamente significantes.[60]

59. Nicholas Wilson e Hao Zhang, *The Multiple Functions of Capital Structure Choice as a Governance Mechanism*, Credit Management Research Centre, Leeds University Business School, dezembro/2000, pp. 3-4, 8 e 10.

60. Interessante que a idade do produto não foi significante para a probabilidade de utilização de *debt*, mas foi estatisticamente significante para a

Os autores concluem que, embora a estrutura de capital possa ser utilizada para resolver problemas de agência e de especificidade de ativos, os dados empíricos comprovam que ela tem sido utilizada para resolver apenas os problemas de ativos idiossincráticos.

Talvez isso ocorra, como sugerem Nicholas Wilson e Hao Zhang, em razão da existência de outros mecanismos para realinhar incentivos entre acionistas e administradores (*v.g.*, alavancagem financeira da companhia, propriedade de ações pelos administradores ou sua remuneração com opções de compra de ações, a existência de um mercado de aquisições hostis),[61] em contraposição à ausência de outras formas de governança capazes de controlar o oportunismo surgido em níveis não-triviais de especificidade de ativos.[62]

3.2 Controle externo, fundado em domínio de fato sobre a companhia, e extensões da discussão

Há ainda a possibilidade de que o controle seja fundado em outra circunstância que não a detenção das ações.[63] A despeito de a Lei 6.404/1976 colocar na maioria acionária o poder de determinar os rumos da companhia, situações de fato podem atribuir o poder de decisão a outro agente econômico que não os acionistas (por exemplo, a dependência econômica da empresa em relação a outra) – o que nos leva ao fato de que a firma econômica pode não coincidir com os limites da personificação jurídica.

Ainda que o poder de controle não seja interno, sua definição deve ser feita em função da Assembléia-Geral, já que ela consiste na última instância societária, como lembrado por Fábio Konder Comparato e Calixto Salomão Filho.[64] Daí por que Tullio Ascarelli resumira o poder de controle como "a possibilidade de uma ou mais pessoas imporem sua decisão à assembléia da sociedade".[65]

Nesses casos de *controle externo* a dispersão acionária tenderá a apresentar efeito inverso sobre a estabilidade do poder de *fiat*: quanto mais concentradas as ações, maior o risco de o controlador externo ser destituído. Isso ocorre porque, na medida em que a dispersão do capital diminui, o problema de ação coletiva necessário para coordenar a maioria do capital votante vai sendo mitigado, até o limite em que ele desaparece, quando existe um acionista majoritário dentro da companhia.

Dessa forma, níveis muito elevados de especificidade de ativos podem levar o controlador externo a pulverizar totalmente as ações da companhia, pré-constituindo defesas contra aquisições hostis (as chamas cláusulas *poison pills*). No outro extremo, se os ativos envolvidos na operação forem totalmente genéricos, a existência de um acionista majoritário não oferece qualquer risco para a empresa, uma vez que não há quase-rendas a serem disputadas.[66]

probabilidade de utilização de *equity*. Entretanto, o sinal do coeficiente foi diverso do esperado. Assim, segundo as conclusões empíricas de Nicholas Wilson e Hao Zhang, produtos maduros utilizam mais *equity*, ao contrário das suposições de Oliver Williamson ("Corporate finance and corporate governance", *Journal of Finance* 43(3)).

61. Michael Jensen, "Agency costs of free cash flow, corporate finance, and takeovers", *American Economic Review* 76(2)/323-324 e 327-328, 1986; Michael Jensen e William Meckling, "Theory of the firm: managerial behaviour, agency costs and ownership structure", *Journal of Financial Economics* 3(4), 1976.

62. Nicholas Wilson e Hao Zhang, *The Multiple Functions of Capital Structure Choice as a Governance Mechanism*, cit., p. 16.

63. Fábio Konder Comparato e Calixto Salomão Filho, *O Poder de Controle na Sociedade Anônima*, cit., 4ª ed., p. 45.

64. Idem, p. 39.

65. Tullio Ascarelli, *Problemi Giuridici*, t. I, Milão, 1959, p. 267, nota de rodapé 23.

66. Evidentemente, um acionista majoritário apresenta riscos para o controlador externo, na medida em que seu poder sobre a companhia pode ser mais facilmente removido.

Figura 3			
Alinhamento esperado para a estabilidade do poder de controle externo			
k1	k2	k3	k4
Acionista majoritário	*Blockholder* minoritário (capital concentrado)	*Blockholder* minoritário (capital disperso)	Pulverização do capital votante
Fonte: Elaboração própria Obs.: k4 > k3 > k2 > k1 >> 0 (k = nível de especificidade de ativos)			

A lógica do raciocínio é análoga àquela aplicada ao controle interno: a escolha ótima de estrutura de capital deve considerar problemas tecnológicos (como economias de escala e escopo, escala mínima de eficiência etc.), de monitoramento e de coordenação. Somente a consideração de todos esses fatores poderá levar a uma decisão sólida sobre a estrutura de capital da firma organizada sob a forma de sociedade por ações.

O fenômeno do controle externo ainda coloca em evidência o problema da *identidade* do controlador. Enquanto o titular do poder de controle interno é um acionista – que, seja totalitário, majoritário ou minoritário, sempre se encontra na mesma situação jurídica, o *status socii* –, o poder de controle externo pode envolver sujeitos em situações jurídicas muito distintas (*e.g.*, um credor financeiro, os empregados, um grande fornecedor de insumos etc.).

Uma primeira extensão diz respeito a *quem* deverá ser o controlador. Segundo Henry Hansmann, o titular do controle deveria ser o *principal* que apresente o menor *custo de tomada de decisão* e a maior *necessidade de proteção*. Segundo ele, os acionistas são o grupo de interesses mais homogêneo em uma firma, e por essa razão costumam se encontrar na melhor posição para minimizar os custos de tomada de decisão.[67] Além disso, Hansmann acata o argumento proposto por Williamson no sentido de que, devido à natureza aberta de seu contrato, os acionistas são o grupo de referência que mais depende de proteção legal.[68]

A segunda extensão teórica diz respeito à hipótese de *compartilhamento do controle*. Henry Hansmann argumenta que uma vantagem de ter apenas um grupo de referência contemplado na estrutura de governança corporativa são os menores custos de tomada de decisão, assim como uma redução da discricionariedade dos administradores da companhia. A despeito disso, o autor reconhece que em algumas situações pode ser eficiente permitir o acesso de outros principais à estrutura de decisão, levando a uma empresa governada pelos empregados, pelos compradores ou pelos fornecedores.[69]

Dentre as hipóteses de controle compartilhado citam-se exatamente os casos de investimento em capital humano específicos à firma: ante a possibilidade de expropriação *ex post* dos retornos associados

67. Henry Hansmann, *The Ownership of Enterprise*, Cambridge, Belknap Press of Harvard University, 1996.

68. Henry Hansmann, idem. Cf. Também Oliver Williamson, "Corporate finance and corporate governance", cit., *Journal of Finance* 43(3), e "Employee ownership and internal governance: a perspective", *Journal of Economic Behaviour and Organization* 6/243-245. Cf., ainda, o extensivo *survey* da literatura sobre governança corporativa feito por Marco Becht, Patrick Bolton e Alisa Röel, "Corporate governance and control", *NBER Working Paper 9371*, Cambridge, 2002.

69. Henry Hansmann, *The Ownership of Enterprise*, cit.

a esses investimentos, pode ser eficiente compartilhar o controle com os titulares do capital humano, de forma a incentivar tais investimentos.[70] Essa hipótese foge um pouco da delimitação deste trabalho, na medida em que a *transação* em discussão é o contrato de trabalho capaz de incentivar o investimento em capital humano específico (e não o financiamento da companhia, como delimitamos no *intermezzo* metodológico), mas tem uma implicação interessante. Ela indica que em atividades onde há ativos muito específicos o controle não somente tende a ser mais concentrado, mas deverá ser alocado nas pessoas que fizeram investimentos em ativos idiossincráticos.

Evidentemente, os custos de coordenação surgidos quando há controle compartilhado por mais de um grupo de referência devem ser menores que os ganhos com investimentos específicos que serão incentivados. Caso contrário a ineficiência do subinvestimento em capital humano não seria remediável, – e, portanto, não haveria alternativa de governança superior factível.

4. Conclusões

A solução da controvérsia sobre a natureza da firma não pode dispensar uma análise profunda das instituições jurídicas que regulam a atividade econômica. A disciplina jurídica e a estrutura dos incentivos envolvidos (isto é, a disciplina econômica) são elementos essenciais para que se determine como se governa o feixe de contratos que é a firma: via *hierarquia* ou via *mercado*. Parece-me que sob o Direito Brasileiro a disciplina legal das sociedades por ações implica poderes, faculdades, deveres e direitos que garantem maior grau de flexibilidade para adaptação e mais liberdade na circulação de informações, e que esse poder de *fiat* característico da firma, muito bem encapsulado no conceito jurídico de *poder de controle societário*, é uma realidade econômica e empresarial.

A estrutura de capital da sociedade anônima, por alterar os direitos de decisão sobre os rumos da companhia e de percepção dos lucros residuais, afeta os *custos de monitoramento* e a *estabilidade do poder de controle* sobre a empresa. A decisão final sobre a estrutura de capital a ser adotada deverá considerar esses dois elementos, sob pena de problemas sérios de adaptação.

Ativos específicos implicam problemas na adaptação da transação, ocorridos por força de disputas pelas quase-rendas especializadas apropriáveis que surgem quando se abandonam ativos genéricos. A proteção desses valores exige a adaptação dirigida da transação, de forma que se deve esperar um alinhamento entre as diversas formas que o poder de controle assume e o nível de especificidade dos ativos operacionais da empresa. Ativos mais específicos exigem formas mais estáveis de controle societário, ao passo que ativos genéricos poderão ser governados por meio de sociedades cujo poder de controle seja mais instável.

Neste trabalho a estabilidade do poder de controle foi aferida apenas a partir da dispersão das ações votantes. Certamente, outros elementos influem de forma não desprezível sobre o poder de *fiat*, como o tamanho da firma, sua atividade transnacional ou somente doméstica, a quantidade e heterogeneidade das competências utilizadas – entre outros. A continuidade deste trabalho para incorporar outras dimensões da estabilidade do poder de controle parece-me realmente importante, assim como a necessidade de estudos empíricos que procurem evidências da consistência ou inconsistência das proposições que fiz ao longo deste artigo.

70. Marco Becht, Patrick Bolton e Alisa Röel, "Corporate governance and control", cit., *NBER Working Paper* 9371, pp. 51-52.

Bibliografia

ALCHIAN, Armen, e DEMSETZ, Harold. "Production, information costs, and economic organization". *American Economic Review* 62. 1973.

———, CRAWFORD, Robert, e KLEIN, Benjamin. "Vertical integration, appropriable quasi-rents and the competitive contraction process". *Journal of Law and Economics* 21. 1978.

———, e WOODWARD, Susan. "The firm is dead; long live the firm". *Journal of Economic Literature* 26/666. 1988.

ASCARELLI, Tullio. *Problemi Giuridici*. t. I. Milão, 1959.

AZEVEDO, Paulo Furquim de. "Economia dos custos de transação". In: AZEVEDO, Paulo Furquim de, FARINA, Elisabeth, e SAES, Maria Sylvia Macchione (orgs.). *Competitividade: Mercado, Estado e Organizações*. São Paulo, Singular, 1997.

———, FARINA, Elisabeth, e SAES, Maria Sylvia Macchione (orgs.). *Competitividade: Mercado, Estado e Organizações*. São Paulo, Singular, 1997.

BECHT, Marco, BOLTON, Patrick, e RÖEL, Alisa. "Corporate governance and control". *NBER Working Paper* 9371. Cambridge, 2002.

BERLE, Adolf, e MEANS, Gardiner. *A Moderna Sociedade Anônima e a Propriedade Privada*. 2ª ed. São Paulo, Nova Cultural, 1987.

BOLTON, Patrick, BECHT, Marco, e e RÖEL, Alisa. "Corporate governance and control". *NBER Working Paper* 9371. Cambridge, 2002.

CARVALHOSA, Modesto. *Comentários à Lei de Sociedades Anônimas*. 4ª ed., 2º vol. São Paulo, Saraiva, 2008.

COASE, Ronald. "The nature of the firm". *Economica* 4(16). 1937.

COMMONS, John R.. "Law and economics". *Yale Law Journal* 34..

———. "Institutional economics". *American Economic Review* 26(1)/237-249. 1936.

COMPARATO, Fábio Konder, e SALOMÃO FILHO, Calixto. *O Poder de Controle na Sociedade Anônima*. 4ª ed., Rio de Janeiro, Forense, 2005.

CRAWFORD, Robert, ALCHIAN, Armen, e KLEIN, Benjamin. "Vertical integration, appropriable quasi-rents and the competitive contraction process". *Journal of Law and Economics* 21. 1978.

DEMSETZ, Harold. "The structure of ownership and the theory of the firm". *Journal of Law and Economics* 26.1983.

———. The theory of the firm revisited". *Journal of Law, Economics and Organization* 4(1).1988.

DEMSETZ, Harold, e ALCHIAN, Armen. "Production, information costs, and economic organization". *American Economic Review* 62. 1973.

EASTERBROOK, Frank, e FISCHEL, Daniel. *The Economic Structure of Corporate Law*. Cambridge, Harvard University, 1996.

FARINA, Elisabeth, AZEVEDO, Paulo Furquim de, e SAES, Maria Sylvia Macchione. *Competitividade: Mercado, Estado e Organizações*. São Paulo, Singular, 1997.

FISCHEL, Daniel, e EASTERBROOK, Frank. *The Economic Structure of Corporate Law*. Cambridge, Harvard University, 1996.

HANSMANN, Henry. *The Ownership of Enterprise*. Cambridge, Belknap Press of Harvard University, 1996.

———, e KRAAKMAN, Reinier. "The end of history for corporate law". *Georgetown Law Journal* 89(2). 2001.

HAYEK, Friedrich. "The use of knowledge in society". *American Economic Review* 35/519-530. 1945.

JENSEN, Michael. "Agency costs of free cash flow, corporate finance, and takeovers". *American Economic Review* 76(2). 1986.

———, e MECKLING, William. "Theory of the firm: managerial behaviour, agency costs and ownership structure". *Journal of Financial Economics* 3(4). 1976.

JOHNSEN, Bruce. "The financing and redeployment of specific assets". *The Journal of Finance* 54(2). 1999.

———. "The quasi-rent structure of corporate enterprise: a transaction cost theory". *Emory Law Journal* 44. 1995.

KLEIN, Benjamin, ALCHIAN, Armen, e CRAWFORD, Robert. "Vertical integration, appropriable quasi-rents and the competitive contraction process". *Journal of Law and Economics* 21. 1978.

KRAAKMAN, Reinier, e HANSMANN, Henry. "The end of history for corporate law". *Georgetown Law Journal* 89(2). 2001.

———, *et al. An Anatomy of Corporate law: a Comparative and Functional approach*. Oxford, Oxford University, 2004.

MASTEN, Scott. "A legal basis for the firm". *Journal of Law, Economics and Organization* 4(1)/184. 1988.

MEANS, Gardiner, e BERLE, Adolf. *A Moderna Sociedade Anônima e a Propriedade Privada*. 2ª ed. São Paulo, Nova Cultural, 1987.

MECKLING, William, e JENSEN, Michael. "Theory of the firm: managerial behaviour, agency costs and ownership structure". *Journal of Financial Economics* 3(4). 1976.

MENARD, Claude. "The economics of hybrid organizations". *Journal of Institutional and Theoretical Economics* 160(3). 2004.

O'BRIEN, Daniel, e SALOP, Steven. "Competitive effects of patial ownership: financial interest and corporate control". *Atitrust Law Journal* 67. 2000.

PEIXOTO, Carlos Fulgêncio da Cunha. *Sociedades por Ações*. 3º vol. Rio de Janeiro, Forense, 1972.

RÖEL, Alisa, BECHT, Marco, e BOLTON, Patrick. "Corporate governance and control". *NBER Working Paper* 9371. Cambridge, 2002.

SAES, Maria Sylvia Macchione, AZEVEDO, Paulo Furquim de, e FARINA , Elisabeth (orgs.). *Competitividade: Mercado, Estado e Organizações*. São Paulo, Singular, 1997.

SALOMÃO FILHO, Calixto. *O Novo Direito Societário*. 3ª ed. São Paulo, Malheiros Editores, 2006.

SALOMÃO FILHO, Calixto, e COMPARATO, Fábio Konder. *O Poder de Controle na Sociedade Anônima*. 4ª ed., Rio de Janeiro, Forense, 2005.

SALOP, Steven, e O'BRIEN, Daniel. "Competitive effects of patial ownership: financial interest and corporate control". *Atitrust Law Journal* 67. 2000.

SZTAJN, Rachel, e ZYLBERSZTAJN, Décio (orgs.). *Direito e Economia*. Rio de Janeiro, Elsevier, 2005.

VALVERDE, Trajano de Miranda. *Sociedade por Ações*. 2ª ed., Rio de Janeiro, Forense.

VEBLEN, Thorstein. *The Engineers and the Price System*. Kitchener, Batoche Books, s/d.

WILLIAMSON, Oliver. "Assessing contract". *Journal of Law, Economics and Organization* 1/177-208. 1985.

———. "Corporate finance and corporate governance". *Journal of Finance* 43(3). 1988.

———. *Economic Institutions of Capitalism*. Nova York, Free Press, 1985.

———. "Employee ownership and internal governance: a perspective". *Journal of Economic Behaviour and Organization* 6/243-245.

———. *Markets and Hierarchies: Analysis and Antitrust Implications*. Nova York, Free Press, 1983.

———. "Por quê Direito, economia e organizações?". In: SZTAJN, Rachel, e ZYLBERSZTAJN, Décio (orgs.). *Direito e Economia*. Rio de Janeiro, Elsevier, 2005.

———. *The Mechanism of Governance*. Nova York, Oxford University, 1996.

——— "Transaction cost economics: the governance of contractual relations". *Journal of Law and Economics* 22/231-261. 1979.

WILSON, Nicholas, e ZHANG, Hao. *The Multiple Functions of Capital Structure Choice as a Governance Mechanism*. Credit Management Research Centre, Leeds University Business School, dezembro/2000.

WOODWARD, Susan, e ALCHIAN, Armen. "The firm is dead; long live the firm". *Journal of Economic Literature* 26/666. 1988.

ZHANG, Hao, e WILSON, Nicholas. *The Multiple Functions of Capital Structure Choice as a Governance Mechanism*. Credit Management Research Centre, Leeds University Business School, dezembro/2000.

ZYLBERSZTAJN, Décio, e SZTAJN, Rachel (orgs.). *Direito e Economia*. Rio de Janeiro, Elsevier, 2005.

ÔNUS DA SUCUMBÊNCIA EM AÇÃO DE RESPONSABILIDADE CONTRA ADMINISTRADOR DE SOCIEDADE ANÔNIMA

LEONARDO NETTO PARENTONI

1. Delimitação do tema. 2. Ação de responsabilidade contra o administrador de sociedade anônima. 3. Espécies de ação de responsabilidade. 4. Aplicação subsidiária às sociedade limitadas. 5. Ônus da sucumbência em ação social originária (art. 159, "caput", da Lei 6.404/1976). 6. Ônus da sucumbência em ação individual (§ 7º do art. 159 da Lei 6.404/1976). 7. Posição doutrinária quanto ao ônus da sucumbência nas ações sociais derivadas. 8. Distinção entre a ação social derivada do § 3º do art. 159 da Lei 6.404/1976 e a do § 4º. 9. Ônus da sucumbência na ação social derivada do § 3º do art. 159 da Lei 6.404/1976. 10. Ônus da sucumbência na ação social derivada do § 4º do art. 159 da Lei 6.404/1976. 11. Conclusão.

1. Delimitação do tema

Este artigo tem por escopo analisar quem deve arcar com o ônus da sucumbência – o acionista ou a companhia – em caso de sucumbência da parte autora em ação de responsabilidade ajuizada contra o administrador (ou administradores) de sociedade anônima com fulcro no art. 159 da Lei 6.404/1976.

Sobre o tema são escassas doutrina e jurisprudência. As obras que enfrentam o assunto simplesmente afirmam, de forma genérica, que o ônus da sucumbência deve ser suportado pela companhia nas ações sociais e pelo(s) acionista(s) nas ações individuais.

Entretanto, uma análise pormenorizada do referido art. 159 permite concluir que o mesmo encerra quatro espécies de ação de responsabilidade, cada qual com regra específica. A análise destas regras, por sua vez, desmente a afirmação clássica e conduz à conclusão de que mesmo na ação social, em alguns casos, o ônus da sucumbência deve ser suportado pelo acionista que a ajuizou, e não pela companhia.

2. Ação de responsabilidade contra o administrador de sociedade anônima

Segundo o dicionário, "administrar" significa: "1. Gerir (negócios públicos ou particulares); governar; dirigir".[1]

Ao administrador incumbe, portanto, a condução dos negócios sociais. No exercício dessa função, deve proceder com probidade, lealdade e diligência, zelando pelos bens e interesses sociais.[2] O descum-

1. Aurélio Buarque de Holanda Ferreira, *Pequeno Dicionário Brasileiro da Língua Portuguesa*, 11ª ed., São Paulo, Civilização Brasileira, 1969, p. 28.

2. Lei 6.404/1976: "Art. 153. O administrador da companhia deve empregar, no exercício de suas funções, o cuidado e diligência que todo homem ativo e probo costuma empregar na administração dos seus próprios negócios".

primento de tais deveres, em prejuízo[3] da sociedade, de seus acionistas ou de terceiros, sujeita o administrador a responsabilização civil.[4] O instrumento para se obter essa responsabilização é a ação de responsabilidade prevista no art. 159 da Lei 6.404/1976.

Osmar Brina Corrêa-Lima, *Sociedade Anônima*, 2ª ed., Belo Horizonte, Del Rey, 2003, p. 227.

"Os deveres dos administradores são, basicamente, três: obediência (à lei e ao estatuto), diligência e lealdade.

"(...).

"Todo o disciplinamento jurídico dos deveres dos administradores e controladores pode resumir-se nesta única parêmia latina: *Honeste vivere, neminem laedere, suum cuique tribuere* ('Viver honestamente, não prejudicar a ninguém, dar a cada um o que é seu'). Atrás desse princípio escondem-se várias regras menores, que não devem, contudo, ofuscá-lo."

3. Modesto Carvalhosa, *Comentários à Lei de Sociedades Anônimas*, 2ª ed., vol. 3, São Paulo, Saraiva, 1998, p. 341:

"Ao referir-se a norma a prejuízos causados ao patrimônio da companhia ou a prejuízos causados a acionista ou a terceiros, ambos por ato do administrador, deve-se entender em sentido amplo a figura. O termo 'prejuízo' é sinônimo de ofensa ou lesão, que pode ou não traduzir-se em perdas materiais.

"(...).

"O fato de não se ter materializado a lesão ou ofensa em prejuízo patrimonial não descaracteriza o dano nem elimina a responsabilidade do administrador. Este conduziu-se contrariamente ao interesse social. É ele, pois, responsável."

4. TAMG, 6ª Câmara Cível, ACi 0261503-2, rel. Juiz Paulo Cézar Dias, j. 10.09.1998: "(...) para a configuração do ilícito civil é indispensável a prática de ato lesivo, sendo imprescindível que tal ato seja voluntário ou culposo. Além do ato lesivo, é também indispensável que do mesmo resulte dano material ou moral ao ofendido, sendo que o terceiro elemento caracterizador do ilícito civil é o nexo de causalidade entre o dano e o comportamento do agente. Apenas se restarem evidenciados esses três elementos surgirá o dever de indenizar."

Felipe Peixoto Braga Netto, *Teoria dos Ilícitos Civis*, Belo Horizonte, Del Rey, 2003, p. 13: "A responsabilidade civil – cabe sempre repetir – é efeito de certos ilícitos civis, não de todos. Existem, portanto, ilícitos civis que não produzem, como eficácia, o dever de indenizar. Nada, nestes termos, autoriza uma abordagem conjunta e monolítica, que obscureça as diferenças significativas existentes".

3. Espécies de ação de responsabilidade

O art. 159 da Lei 6.404/1976 está assim redigido:

"Art. 159. Compete à companhia, mediante prévia deliberação da Assembléia-Geral, a ação de responsabilidade civil contra o administrador, pelos prejuízos causados ao seu patrimônio.

"§ 1º. A deliberação poderá ser tomada em Assembléia-Geral ordinária e, se prevista na ordem-do-dia, ou for conseqüência direta de assunto nela incluído, em Assembléia-Geral extraordinária.

"§ 2º. O administrador ou administradores contra os quais deva ser proposta a ação ficarão impedidos e deverão ser substituídos na mesma Assembléia.

"§ 3º. Qualquer acionista poderá promover a ação, se não for proposta no prazo de 3 (três) meses da deliberação da Assembléia-Geral.

"§ 4º. Se a Assembléia deliberar não promover a ação, poderá ela ser proposta por acionistas que representem 5% (cinco por cento), pelo menos, do capital social.

"§ 5º. Os resultados da ação promovida por acionista deferem-se à companhia, mas esta deverá indenizá-lo, até o limite daqueles resultados, de todas as despesas em que tiver incorrido, inclusive correção monetária e juros dos dispêndios realizados.

"§ 6º. O juiz poderá reconhecer a exclusão da responsabilidade do administrador, se convencido de que este agiu de boa-fé e visando ao interesse da companhia.

"§ 7º. A ação prevista neste artigo não exclui a que couber ao acionista ou terceiro diretamente prejudicado por ato de administrador."

Ao contrário do que sugere o caput, o mencionado artigo não trata apenas da ação movida contra o administrador pela própria companhia. Cuida também das ações contra ele intentadas por acionistas ou terceiros prejudicados, como bem ressalta o § 7º.

Sendo assim, é possível divisar quatro espécies de ação de responsabilidade:

"Ação social originária é aquela proposta pela sociedade contra o (ex-)administrador, visando a obter o ressarcimento de um prejuízo causado ao patrimônio social (art. 159, caput).

"Ação social derivada é aquela proposta pelo acionista com base nos §§ 3º e 4º do art. 159, visando a obter o ressarcimento de um prejuízo causado ao patrimônio social. A ação é proposta em nome do acionista. Os resultados dela deferem-se à companhia; contudo, esta deverá indenizar o autor da ação, até o limite daqueles resultados, de todas as despesas em que tiver incorrido, inclusive correção monetária e juros dos dispêndios realizados (art. 159, § 5º).

"Ação individual é aquela proposta por acionista ou terceiro diretamente prejudicado por ato do administrador com base no § 7º do art. 159, visando a obter o ressarcimento de prejuízo causado ao autor da ação."[5]

Diz-se que se trata de quatro espécies porque as ações sociais derivadas contidas nos §§ 3º e 4º são distintas e inconfundíveis, tendo cada qual pressupostos e regras próprias. Assim, as quatro espécies de ações de responsabilidade contra o administrador de sociedades anônimas são: (1) ação social originária (Lei 6.404/1976, art. 159, caput); (2) ação social derivada (Lei 6.404/1976, art. 159, § 3º); (3) ação social derivada (Lei 6.404/1976, art. 159, § 4º); e (4) ação individual (Lei 6.404/1976, art. 159, § 7º).

Para diferenciar as situações de ns. (2) e (3) o autor poderia dar a uma delas nova denominação. Entretanto, preferiu diferenciá-las apenas com base nos dispositivos legais que as regulam (§§ 3º e 4º), por não ser adepto de neologismos jurídicos.

Cumpre, agora, fazer breve referência ao cabimento de cada espécie.

A ação social originária é a regra. Ocorre quando a própria sociedade anônima, por meio de deliberação da Assembléia-Geral, decide responsabilizar o administrador. Este, então, deve ser afastado do cargo, sendo nomeado novo administrador,[6]

5. Osmar Brina Corrêa-Lima, *Sociedade Anônima*, cit., 2ª ed., pp. 245-246.

Carlos Fulgêncio da Cunha Peixoto, *Sociedades por Ações*, vol. 4, São Paulo, Saraiva, 1973, pp. 91-92: "Os diretores, comumente, não são responsáveis, pessoalmente, pelos atos realizados em nome da sociedade. Agem, nesse particular, como um órgão da companhia e, conseqüentemente, só ela se obriga pelos atos praticados. Pode, porém, acontecer de terem os diretores agido em arrepio aos estatutos ou à lei, bem como dentro de suas atribuições mas com dolo ou culpa, quando, então, passam a responder perante a sociedade pelos danos que lhe causaram.

"A violação da lei ou dos estatutos pelos diretores justifica o recurso ao Judiciário por parte da sociedade ou dos acionistas. Daí verificar-se, desde logo, a existência de duas espécies de ação: a ação social e a individual, correspondendo, respectivamente, a um direito da sociedade ou do acionista."

Modesto Carvalhosa, *Comentários à Lei de Sociedades Anônimas*, cit., 2ª ed., vol. 3, pp. 328-329: "Temos, assim, duas espécies de ações: (1) a ação social, em que a companhia tem prioridade, a qual, se não exercida, sê-lo-á substitutivamente por qualquer acionista. O fundamento dessa preferência de ordem é que o ato ilícito do administrador tem repercussão direta no direito ou no patrimônio dos acionistas; (2) a ação individual, que pertence privativamente aos acionistas, pois a proteção jurisdicional interessa apenas a eles. Será a ação para reparação dos prejuízos diretos.

"(...).

"A ação individual do acionista tende à satisfação de seus interesses pessoais, ainda que não estranhos aos do colégio acionário. A intenção do acionista não é restabelecer a ordem coletiva, ainda que esta tenha sido afetada. O seu intento é obter a reparação de um prejuízo jurídico ou patrimonial que direta e pessoalmente sofreu.

"A ação social tem por fundamento o dano causado à companhia e à coletividade dos seus acionistas. Interessa, portanto, a todos. Como já se referiu, a ação social visa a restaurar o direito ou a reconstituir o patrimônio da própria sociedade."

6. José da Silva Pacheco, *Tratado de Direito Empresarial: Sociedades Anônimas e Valores Mobiliários*, vol. 1, São Paulo, Saraiva, 1977, p. 384. "O administrador ou administradores contra os quais deva ser proposta a ação ficarão impedidos e deverão ser substituídos na mesma Assembléia".

ao qual incumbirá ajuizar a ação de responsabilidade, em nome da sociedade.[7] Neste caso, a sociedade ingressa em juízo na defesa de direito próprio, auferindo o proveito econômico da causa, caso o pedido seja julgado procedente.

Pode ocorrer, entretanto, que a Assembléia-Geral tenha deliberado responsabilizar o ex-administrador e, não obstante, o novo administrador nomeado se mantenha inerte, deixando de ajuizar a ação pelo prazo de três meses. Nesta hipótese, qualquer acionista, independentemente da participação acionária, poderá intentar a ação, em nome da sociedade e no interesse desta. Sendo procedente o pedido, a beneficiada direta será a companhia, e não o acionista.[8] Trata-se da ação social derivada prevista no § 3º.

Pode ocorrer, ainda, que a sociedade, por meio da Assembléia-Geral, delibere não promover a ação. Neste caso, acionistas que representem 5% ou mais do capital social poderão propô-la, em nome próprio e em proveito da sociedade. Isto significa que, em caso de procedência do pedido, o beneficiário será a companhia, mesmo tendo ela deliberado não promover a ação e não tendo equer participado do contraditório.[9] É a ação social derivada prevista no § 4º.

Por fim, quando o dano direto não é causado à companhia, mas a um acionista ou terceiro, podem estes ajuizar a ação de responsabilidade em nome próprio e em benefício de seu patrimônio pessoal. Neste contexto, a procedência do pedido beneficia o autor da ação, e não a sociedade. É a ação individual.[10]

SE A ASSEMBLÉIA-GERAL	Delibera propor a ação (+)	↗	O novo administrador **ajuíza** a ação	→	Ação Social Originária (art. 159, *caput*)
		→	O novo administrador **não ajuíza** a ação	→	Ação Social Derivada (art. 159, § 3º) Obs.: **qualquer acionista** após o **prazo de 3 meses**
	Delibera não propor a ação (-)	→	**5% ou mais** dos acionistas ajuízam a ação	→	Ação Social Derivada (art. 159, § 4º)
		↘	**Qualquer** acionista ajuíza a ação	→	Ação Individual (art. 159, § 7º)

Nas ações sociais – sejam elas originárias ou derivadas – o proveito econômico da causa reverte sempre para a companhia (somente indiretamente beneficiam os acionistas, por exemplo, porque evitam a desvalorização das ações ao repararem uma lesão ao patrimônio social). Na ação individual, por outro lado, o proveito eco-

7. Modesto Carvalhosa, *Comentários à Lei de Sociedades Anônimas*, cit., 2ª ed., vol. 3, pp. 329-330:

"Configura-se a ação social *ut universi* quando a companhia faz valer o seu direito à reparação civil, ingressando ela mesma em juízo.

"A legitimação da companhia, na espécie, depende de prévia autorização da Assembléia-Geral, corporificando a sua vontade, em juízo, os administradores designados, no estatuto, para organicamente representá-la."

8. Pontes de Miranda, *Tratado de Direito Privado: Parte Especial*, t. 50, Rio de Janeiro, Borsói, 1965, p. 409: "(...) a ação condenatória tem por fim *condamnare* o diretor, os diretores ou a Diretoria inteira a ressarcir. Por isso mesmo, a sentença em ação

nômico da causa reverte diretamente para o acionista ou o terceiro que a propôs.

4. *Aplicação subsidiária às sociedade limitadas*

O raciocínio desenvolvido neste artigo pode ser aplicado também às sociedades limitadas, desde que prevista no contrato social destas a regência supletiva pelas normas da sociedade anônima (Lei 6.404/1976), uma vez que o Código Civil não trata da ação de responsabilidade civil contra administradores.[11] A respeito do tema a precisa e didática lição do professor Osmar Brina Corrêa-Lima:[12]

<table>
<tr><th colspan="2">Problemas na sociedade limitada?</th></tr>
<tr><td colspan="2">1. Consulta-se, primeiramente, o contrato social, que, obviamente, não pode dispor contrariamente ao previsto nos arts. 1.052 a 1.087 do Código.
2. Na omissão do contrato, consultam-se os arts. 1.052 a 1.087 do CC.</td></tr>
<tr><td colspan="2">Na omissão do contrato *e* dos arts. 1.052 a 1.087 do CC:</td></tr>
<tr><td>*Se*, no contrato, se optou por regência supletiva pelas normas da sociedade anônima:
Consulta-se a Lei das Sociedades por Ações</td><td>*Se*, no contrato, não se optou por regência supletiva pelas normas da sociedade anônima:
Consultam-se, sucessivamente:
1) as normas sobre a sociedade simples; e
2) as normas sobre associações.[13]</td></tr>
</table>

5. *Ônus da sucumbência em ação social originária (art. 159, caput, da Lei 6.404/1976)*

Dispõe o art. 20 do CPC: “Art. 20. A sentença condenará o vencido a pagar ao

que algum acionista venha a propor é executada contra o réu ou os réus, mas para se pôr no patrimônio social o que foi atingido pelo ato, positivo ou negativo, que gerou a responsabilidade”.

9. Modesto Carvalhosa, *Comentários à Lei de Sociedades Anônimas*, cit., 2ª ed., vol. 3, pp. 330-331:

“No campo do direito processual, o titular é o acionista, e, no campo do direito privado, o titular é a companhia. A sentença, portanto, produzirá efeito, revestida da autoridade da coisa julgada, para quem não foi parte no processo.

“Atinge a decisão judicial alguém que, processualmente, ficou estranho à lide, ou seja, a companhia. Esta a razão por que se deferem os resultados da ação à sociedade.

“Indiretamente, no entanto, os efeitos da sentença alcançam o acionista substituto, não só quanto à preclusão, como também especificamente no que respeita à indenização dos ônus processuais com que arcou.”

Nelson Nery Jr. e Rosa Maria de Andrade Nery, *Código de Processo Civil Comentado*, 5ª ed., São Paulo, Ed. RT, 2001, p. 364. “A sentença de mérito produz efeitos de coisa julgada material atingindo o substituído que não foi parte no processo e também, indiretamente, o substituto processual”.

10. Carlos Fulgêncio da Cunha Peixoto, *Sociedades por Ações*, cit., vol. 4, p. 101: “As ações podem ser sociais e individuais. O mesmo fato, porém, acarretando prejuízo à sociedade e diretamente aos sócios, provoca uma ação social e, ao mesmo tempo, justifica a ação individual. Ocorrida esta circunstância, o acionista, independente do prazo de seis meses, [*três meses na lei atual – § 3º*] pode intentar contra o diretor ou diretores responsáveis a ação que couber para recompor seu patrimônio. A atitude da Assembléia-Geral, neste caso, não tem nenhuma influência na propositura da ação. O patrimônio lesado foi, diretamente, o do acionista, e, portanto, o perdão da sociedade não tem o condão de isentar o diretor que praticou o ato de responsabilidade”.

11. CC:

“Art. 1.053. A sociedade limitada rege-se, nas omissões deste Capítulo, pelas normas da sociedade simples.

“Parágrafo único. O contrato social poderá prever a regência supletiva da sociedade limitada pelas normas da sociedade anônima.”

12. Osmar Brina Corrêa-Lima, Sociedade Anônima, cit., 2a ed., p. 529.

13. CC:

“Art. 44. (...).

“Parágrafo único. As disposições concernentes às associações aplicam-se, subsidiariamente, às sociedades que são objeto do Livro II da Parte Especial deste Código” (intitulado “Do Direito de Empresa”).

vencedor as despesas que antecipou e os honorários advocatícios. Essa verba honorária será devida, também, nos casos em que o advogado funcionar em causa própria".

Depreende-se da leitura do artigo que o ônus da sucumbência deve ser suportado pela parte "vencida" no processo.[14] Resta, então, definir o que se deve considerar como "parte vencida" ou sucumbente. Para tanto, é preciso diferenciar parte em sentido formal – o sujeito que exerce o direito de ação – de parte em sentido material – o titular da pretensão[15] deduzida em juízo.[16]

A parte em sentido formal é aquela que ajuíza a ação, para a defesa de direito próprio ou alheio. Numa linguagem simples, é aquele que tem seu nome escrito na "capa" do processo como sendo parte.

Por outro lado, a parte em sentido material é o titular da pretensão que se pretende ver acolhida pelo Judiciário, ainda que não participe do contraditório.

A regra é a de que as partes em sentido formal e material sejam coincidentes. A isto se denomina legitimação ordinária.[17] Excepcionalmente, em situações expressamente previstas em lei, admite-se a dissociação entre as duas figuras, por força do disposto no art. 6º do CPC: "Art. 6º. Ninguém poderá pleitear, em nome próprio, direito alheio, salvo quando autorizado por lei" (sem grifos no original).

No caso da ação social originária a questão é muito simples. Tem-se que a companhia, por meio da Assembléia-Geral, deliberou promover a responsabilização do administrador, por prejuízo causado à própria sociedade. Assim, é a sociedade quem ajuíza a ação (parte em sentido formal), para a recomposição de seu patrimônio (parte em sentido material).

Tem-se, portanto, legitimação processual ordinária, uma vez que o autor da ação é também o titular da pretensão deduzida em juízo.

Nesse caso não resta dúvida de que, havendo sucumbência da companhia, esta é que deverá arcar com o respectivo ônus,

14. Ovídio A. Baptista da Silva, *Comentários ao Código de Processo Civil*, vol. 1, São Paulo, Ed. RT, 2000, p. 118: "O princípio pelo qual o vencido, pelo simples fato de haver sucumbido na causa, haverá de reembolsar o vencedor de todas as despesas processuais, inclusive os honorários de advogado, teve em Chiovenda seu defensor mais eminente. Segundo ele, 'a atuação da lei não deve representar uma diminuição patrimonial para a parte a cujo favor ela se efetiva; por ser interesse do Estado que o emprego do processo não se resolva em prejuízo de quem tem razão, e por ser, de outro turno, interesse do comércio jurídico que os direitos tenham um valor tanto quanto possível nítido e constante'".

Súmula 256 do STF: "É dispensável pedido expresso para condenação do réu em honorários, com fundamento nos arts. 63 ou 64 do CPC" (refere-se ao antigo Código de Processo Civil).

15. Humberto Theodoro Jr., *Curso de Direito Processual Civil*, 37ª ed., vol. 1, Rio de Janeiro, Forense, 2001, pp. 57-58:

"A ação – direito subjetivo público exercitado pelo autor contra o Estado-juiz – revela, pois, a par do pedido de tutela jurídica estatal, uma *pretensão* de direito material contra o réu (sujeito passivo do processo).

"(...).

"*Ação* e *pretensão* apresentam-se, destarte, como duas realidades, intimamente coligadas, mas distintas e inconfundíveis, tal como continente e conteúdo, posto que [*sic*] a pretensão se situa, com propriedade, como o objeto da atividade processual, que o direito de ação força o Estado a apreciar, manipular e remediar.

"(...).

"Enquanto a pretensão é a exigência de prevalecimento do interesse próprio sobre o de outrem, a ação é apenas o direito de obter uma solução para a lide (isto é, para a pretensão resistida)."

16. Humberto Theodoro Jr., *Curso de Direito Processual Civil*, cit., 37ª ed., vol. 1, p. 67: "Pode-se, portanto, distinguir dois conceitos de *parte*: como sujeito da lide, tem-se a parte *em sentido material*, e como sujeito do processo, a parte *em sentido processual*".

17. Nelson Nery Jr. e Rosa Maria de Andrade Nery, *Código de Processo Civil Comentado*, cit., 5ª ed., p. 362:

"Quando há coincidência entre a legitimação de direito material e a legitimidade para estar em juízo, diz-se que há legitimação ordinária para a causa.

"Quando aquele que tem legitimidade para estar no processo como parte não é o que se afirma titular do direito material discutido em juízo, diz-se que há legitimação extraordinária."

incluindo os honorários advocatícios do ex adverso.

6. Ônus da sucumbência em ação individual (§ 7º do art. 159 da Lei 6.404/1976)

Da mesma forma como na ação social originária, também na ação individual há legitimação ordinária. O acionista ou terceiro prejudicado ingressa em juízo na defesa de direito próprio, sendo o titular da pretensão.[18]

Portanto, em caso de sucumbência o ônus deve ser suportado pelo autor da ação, e não pela companhia.

Essas duas espécies de ação de responsabilidade não trazem maiores dificuldades, por consubstanciarem legitimação ordinária. Nas ações sociais derivadas, por outro lado, há dissociação entre a parte em sentido formal e a parte em sentido material – o que demanda estudo pormenorizado.

7. Posição doutrinária quanto ao ônus da sucumbência nas ações sociais derivadas

A doutrina costuma tratar as duas espécies de ação social derivada em conjunto, aplicando-lhes as mesmas regras, inclusive quanto ao reembolso das despesas com o processo: "A ação é social e, normalmente, deve ser proposta pela própria sociedade, por intermédio de seus órgãos. Mas, com o objetivo de proteger a minoria contra conluios da maioria, a lei permite, no caso de omissão da Assembléia, sua propositura por um ou mais acionistas. O resultado, porém, reflete sempre na sociedade, de sorte que todas as despesas que o acionista fizer com a referida ação lhe devem ser indenizadas"[19] (sem grifos no original).

"O benefício da ação proposta reverte à sociedade. Os resultados da ação promovida por acionista deferem-se à companhia.

"O acionista deverá ser indenizado. A sociedade deverá indenizar o acionista até o limite dos resultados auferidos de todas as despesas em que tiver incorrido, inclusive correção monetária e juros dos dispêndios realizados"[20] (sem grifos no original).

Em suma, o que sustentam os doutrinadores supracitados é que o § 5º do art. 159 é integralmente aplicável tanto à ação social derivada do § 3º quanto à do § 4º. Com esse raciocínio não se pode concordar, uma vez que as referidas ações têm fundamentos distintos e se submetem a regras diversas, como será demonstrado a seguir.

8. Distinção entre a ação social derivada do § 3º do art. 159 da Lei 6.404/1976 e a do § 4º

As duas espécies de ação social derivada previstas no art. 159 da Lei 6.404/1976 são absolutamente inconfundíveis. Se não, veja-se:

18. Modesto Carvalhosa, *Comentários à Lei de Sociedades Anônimas*, cit., 2ª ed., vol. 3, pp. 337-338:

"Visa ela [*a ação individual*] a reparar toda a lesão a um direito próprio do acionista ou de terceiro, causada por ato imputável aos administradores. Ao propor a ação individual, o acionista tem em vista o seu próprio interesse, embora o resultado de seu procedimento judicial possa coincidir com os interesses de outros acionistas.

"Nesta ação, a pretensão, embora pautada no interesse social, é estranha aos da coletividade societária. Com a medida, o acionista não pretende restabelecer a ordem geral da companhia, mas tão-somente a restauração de direitos pessoais. Não obstante fundada na reparação de uma lesão ou de um prejuízo particular, pode a ação interessar a mais de um acionista ou a todos de uma mesma classe. Esse interesse, no entanto, será individual, não se confundindo com os interesses coletivos propriamente ditos."

19. Carlos Fulgêncio da Cunha Peixoto, *Sociedades por Ações*, cit., vol. 4, p. 96.

20. José da Silva Pacheco, *Tratado de Direito Empresarial: Sociedades Anônimas e Valores Mobiliários*, cit., vol. 1, p. 384.

Ação Social Derivada do § 3º	Ação Social Derivada do § 4º
A companhia, por meio da Assembléia-Geral, **decidiu responsabilizar o administrador.**	A companhia, por meio da Assembléia-Geral, **decidiu não responsabilizar o administrador.**
Não fosse pela inércia do administrador nomeado, a ação deveria ter sido proposta pela própria sociedade, em seu nome e na defesa de direito próprio (**legitimação ordinária**).	A ação não poderia ser proposta em nome da sociedade, porque esta decidiu não responsabilizar o administrador.
O acionista que propõe a ação age para **sanar a inércia do administrador nomeado.**	O autor da ação age **por sua própria conta e risco**, inclusive contra a vontade da companhia.

O traço comum entre as ações reside apenas no fato de que, em caso de procedência do pedido, o proveito econômico da causa reverte para a sociedade, e não para o acionista (ao menos diretamente). No mais, são absolutamente distintas, como demonstrou o quadro anterior.

9. Ônus da sucumbência na ação social derivada do § 3º do art. 159 da Lei 6.404/1976

Na ação social derivada do § 3º o acionista autor da ação age para fazer valer a vontade da própria sociedade, já manifestada em Assembléia-Geral.[21] Age, portanto, como substituto processual,[22] atuando em nome próprio na defesa de direito alheio (legitimidade extraordinária).

21. Carlos Fulgêncio da Cunha Peixoto, *Sociedades por Ações*, cit., vol. 4, pp. 95-96:

"A lei autorizou a qualquer acionista, dentro de seis meses, [*três meses na lei atual – § 3º*] a contar da primeira Assembléia-Geral ordinária, promover a ação se a sociedade não o fizer, e declarou que os benefícios desta ação serão da sociedade e não do acionista. A condenação é a favor da sociedade. Logo, a ação é em nome da sociedade.

"(...).

"O acionista, de momento, não tira nenhum proveito da ação. Sua vitória vai beneficiar somente a sociedade, e pode ou não ter repercussão, imediata e individualmente, sobre aquele que propôs a ação. Como, porém, a ação é proposta em nome de um acionista, violando a conhecida regra francesa *nul ne plaide par procureur*, dominante hoje no mundo inteiro, era indispensável à lei fixar, expressamente, não só que o resultado da ação seria a favor da sociedade e não do proponente da ação, mas também que aquela teria de indenizar a este as respectivas despesas."

22. Ovídio A. Baptista da Silva, *Comentários ao Código de Processo Civil*, cit., vol. 1, p. 77: "Denomina-se de *substituição processual* às hipóteses em que um terceiro pleiteie, em seu próprio nome, como autor ou demandado, sem se afirmar titular do direito material para cuja proteção ele esteja em causa, agindo, portanto, na defesa de direito alheio".

Nelson Nery Jr. e Rosa Maria de Andrade Nery, *Código de Processo Civil Comentado*, cit., 5ª ed., p. 362: "(...) substituição processual é o fenômeno pelo qual alguém, autorizado por lei, atua em juízo como parte, em nome próprio e no seu interesse, na defesa de pretensão alheia. Como se trata de hipótese excepcional de legitimação para a causa, somente quando expressa na lei ou decorrer do sistema é que se admite a substituição processual. O titular do direito de ação (como autor ou réu) recebe a denominação de *substituto processual* e ao que se afirma titular do direito material defendido pelo substituto em juízo dá-se o nome de *substituído*".

Modesto Carvalhosa, *Comentários à Lei de Sociedades Anônimas*, cit., 2ª ed., vol. 3, p. 330:

"Deixando a Administração de propor a ação social, dentro do prazo máximo previsto na norma, contado da deliberação favorável da Assembléia-Geral, caberá a qualquer acionista, independentemente do percentual que detenha no capital social, propor em nome próprio a medida que caberia à companhia, nos termos do art. 6º do CPC de 1973.

"(...).

"Há, na espécie, dissociação entre o sujeito da lide e o sujeito do processo. A lide é da companhia, que tem o interesse material, direto e principal. A titularidade do processo, no entanto, é do acionista, que tem interesse processual e, eventualmente, interesse material indireto e subsidiário no seu resultado."

A regra é a de que o ônus da sucumbência (incluindo o pagamento de honorários advocatícios) recaia sobre a parte em sentido formal – no caso, o acionista autor da ação: "Como a parte processual é o substituto, se perder a demanda é ele quem deve suportar os ônus da sucumbência, não podendo cobrar do substituído os honorários e despesas do processo"[23] (sem grifos no original).

Entretanto, a Lei 6.404/1976, no art. 159, § 5º, excepciona a regra geral, determinando que a parte em sentido material (sociedade) reembolse o autor das despesas com o processo: "§ 5º. Os resultados da ação promovida por acionista deferem-se à companhia, mas esta deverá indenizá-lo, até o limite daqueles resultados, de todas as despesas em que tiver incorrido, inclusive correção monetária e juros dos dispêndios realizados".

Nada mais justo, uma vez que o acionista age para fazer valer a vontade da própria companhia, corrigindo a inércia do administrador nomeado. Se, em caso de êxito na ação, a sociedade será a beneficiada, é justo que, havendo sucumbência, arque com o respectivo ônus.

Situação absolutamente distinta norteia a ação social derivada do § 4º, como se verá adiante.

10. Ônus da sucumbência na ação social derivada do § 4º do art. 159 da Lei 6.404/1976

Na ação social derivada do § 4º tem-se que a sociedade, por meio da Assembléia-Geral, decidiu não responsabilizar o administrador. Isto decorre, normalmente, de duas razões: (1) a companhia não considerou antijurídica a conduta do administrador;[24] ou, (2) ainda que identificada uma conduta antijurídica, não há provas suficientes do ato para o ajuizamento de uma ação de responsabilidade – caso em que a companhia não pretende correr o risco de ter que arcar com o ônus da sucumbência.[25]

Seja por que razões for, o fato é que a companhia decidiu não responsabilizar o administrador. Não obstante, acionistas que representem 5% ou mais do capital o fizeram, por sua própria conta e risco. Frise-se que tais acionistas não agem para fazer valer a vontade social, mas por vontade própria, inclusive contrária à da sociedade.

Poder-se-ia argumentar que, em caso de procedência do pedido, o proveito econômico da causa será da companhia, e não do acionista (lembre-se de que se trata de ação social derivada). Entretanto, o argumento não convence.

Ora, se a própria sociedade decidiu não propor a demanda – possivelmente para evitar o risco da sucumbência –, não pode o acionista agir em nome próprio, contra a vontade da companhia, e, em caso de sucumbência, exigir que esta o reembolse de todas as despesas com o processo.

A se admitir isto, ter-se-ia uma situação esdrúxula, em que a ação de responsabilidade contra o administrador poderia ser utilizada maliciosamente como instrumento de pressão contra a própria sociedade. Bastaria aos acionistas ajuizar ações absolutamente infundadas, tendo plena ciência de que serão sucumbentes, e, ao final do processo, exigir o reembolso de tudo quanto despenderam.

Qual é, então, a solução para estes casos?

A resposta parece estar contida, subliminarmente, nas palavras de Sampaio de

23. Nelson Nery Jr. e Rosa Maria de Andrade Nery, *Código de Processo Civil Comentado*, cit., 5ª ed., p. 409.

24. Lembre-se de que a existência de conduta antijurídica é requisito indispensável da responsabilidade civil subjetiva (ou responsabilidade com culpa).

25. Pior que não ter um direito é tê-lo e não poder prová-lo.

CPC, art. 333: "O ônus da prova incumbe: I – ao autor, quanto ao fato constitutivo do seu direito; (...)".

Lacerda: "Se, entretanto, tiver o acionista êxito em sua ação, os resultados com ela obtidos serão deferidos à companhia, incorporando-se ao seu patrimônio, conquanto deva o acionista ser por ela indenizado de todas as despesas em que tiver incorrido, inclusive correção monetária e juros do que despendeu. Essa indenização tem, porém, um limite: não poderá ultrapassar o valor dos resultados obtidos (art. 159, § 5º). Se nada obtiver o acionista, sendo a ação judicial improcedente, arcará ele com todos os ônus, nada podendo reclamar da companhia"[26] (sem grifos no original).

Somente se justifica que a sociedade seja obrigada a reembolsar o acionista, em razão de ação por este movida, com base no § 4º, quando tal ação gere proveito econômico para a sociedade, por ter sido julgado procedente pelo menos um dos pedidos do autor.[27] Neste caso, apenas, aplica-se à ação social derivada do § 4º o disposto no § 5º do art. 159. Ao contrário, se o autor sucumbir integralmente, deverá ele próprio arcar com todas as despesas do processo. Inaplicável o § 5º.

A diferença marcante em relação à ação social derivada do § 3º é que nesta, tanto em caso de sucumbência quanto de procedência do pedido inicial, aplica-se o disposto no § 5º do art. 159, uma vez que o autor da ação age para fazer valer a vontade da própria companhia, como se ela é que estivesse em juízo. Na ação social derivada do § 4º, entretanto, o acionista age por sua própria conta e risco, somente se justificando que a companhia o reembolse das despesas com o processo quando ela, companhia, auferir algum proveito econômico com a causa. Não havendo proveito econômico para a sociedade, as despesas do processo devem ser suportadas pelo autor da ação.

Deve-se ponderar, entretanto, que não basta a existência de qualquer proveito econômico. É preciso que ele seja igual ou superior ao total das despesas com o processo (incluindo honorários advocatícios). Havendo proveito econômico inferior às despesas, inexiste o direito de reembolso do acionista. Inaplicável o § 5º.

Do que se expôs é possível concluir que a ação social derivada prevista no § 4º é bastante arriscada, devendo sua propositura ser precedida de análise cuidadosa.

11. Conclusão

O art. 159 da Lei 6.404/1976 é fonte de intermináveis polêmicas doutrinárias e jurisprudenciais. Sobre ele, diversas obras foram escritas. Muitas, de excepcional qualidade.

Entretanto, a doutrina costuma tratar as duas espécies de ação social derivada de forma conjunta, aplicando-lhes as mesmas regras. Tal não se justifica, seja sob o ponto de vista técnico, seja por razões morais.

As ações sociais derivadas previstas nos §§ 3º e 4º do art. 159 aplicam-se a situações absolutamente distintas e regem-se por normas diversas.

Este artigo pretendeu esclarecer as principais diferenças entre elas, bem como seu reflexo em relação ao ônus da sucumbência.

26. J. C. Sampaio de Lacerda, *Comentários à Lei das Sociedades Anônimas*, vol. 3, São Paulo, Saraiva, 1978, p. 213.

27. O fato de haver sucumbência do acionista autor (substituto processual) não implica, necessariamente, ausência de proveito econômico para a sociedade (substituída). Pode ocorrer que o autor tenha formulado vários pedidos e que apenas um ou alguns deles tenham sido julgados procedentes. Quanto aos demais houve sucumbência. Entretanto, a sociedade teve proveito econômico com os pedidos que foram acolhidos. Neste caso, a companhia deve reembolsar o autor das despesas que este teve com o processo.

Nelson Nery Jr. e Rosa Maria de Andrade Nery, *Código de Processo Civil Comentado*, cit., 5ª ed., p. 408: "Vencido é o que deixou de obter do processo tudo o que poderia ter conseguido. Se pediu *x*, *y* e *z*, mas conseguiu somente *x* e *y*, é sucumbente quanto a *z*. Quando há sucumbência parcial, como no exemplo dado, ambos os litigantes deixaram de ganhar alguma coisa, caracterizando-se a *sucumbência recíproca*".

O que se pôde concluir é que a ação social derivada prevista no § 4º constitui medida de alto risco, uma vez que em caso de sucumbência integral nada poderá o acionista autor reclamar da sociedade. Já, a ação social derivada do § 3º é não só mais segura, como moralmente recomendável, pois o acionista age em juízo para fazer valer a vontade da própria companhia.

Por fim, caso se considere a aplicabilidade dos argumentos aqui desenvolvidos também às sociedades limitadas – ampla maioria no Brasil –, perceber-se-á que o presente estudo tem relevância prática muito superior à que possa parecer à primeira vista.

Referências bibliográficas

CARVALHOSA, Modesto. *Comentários à Lei de Sociedades Anônimas*. 2ª ed., vol. 3. São Paulo, Saraiva, 1998.

CORRÊA-LIMA, Osmar Brina. *Sociedade Anônima*. 2ª ed. Belo Horizonte, Del Rey, 2003.

BRAGA NETTO, Felipe Peixoto. *Teoria dos Ilícitos Civis*. Belo Horizonte, Del Rey, 2003.

NERY, Rosa Maria de Andrade, e NERY JR., Nelson. *Código de Processo Civil Comentado*. 5ª ed. São Paulo, Ed. RT, 2001.

PACHECO, José da Silva. *Tratado de Direito Empresarial: Sociedades Anônimas e Valores Mobiliários*. vol. 1. São Paulo, Saraiva, 1977.

PEIXOTO, Carlos Fulgêncio da Cunha. *Sociedades por Ações*. vol. 4. São Paulo, Saraiva, 1973.

PONTES DE MIRANDA, F. C. *Tratado de Direito Privado: Parte Especial*. t. 50. Rio de Janeiro, Borsói, 1965.

SAMPAIO DE LACERDA, J. C. *Comentários à Lei das Sociedades Anônimas*. vol. 3. São Paulo, Saraiva, 1978.

SILVA, Ovídio A. Baptista da. *Comentários ao Código de Processo Civil*. vol. 1. São Paulo, Ed. RT, 2000.

THEODORO JR., Humberto. *Curso de Direito Processual Civil*. 37ª ed., vol. 1. Rio de Janeiro, Forense, 2001.

Atualidades

OS PRINCÍPIOS QUE NORTEIAM O SISTEMA FINANCEIRO NACIONAL

LUIZ ANTÔNIO BERNARDES
MÁRCIO FRANCISCO DOS SANTOS

1. Introdução. 2. O princípio institucional das empresas financeiras. 3. O princípio da autoridade monetária única. 4. O princípio da segregação ou especialização. 5. Considerações finais.

1. Introdução

Não pode passar ao largo da consciência nacional, da cultura e das mentalidades coletivas deste País que foi uma conquista histórica a inserção na Constituição Federal de 1988 de um artigo – o art. 192 – e capítulo especificamente voltados ao Sistema Financeiro Nacional, dentro do título sobre a ordem econômica e financeira, preconizando sobre sua compatibilidade com os interesses da coletividade e o desenvolvimento equilibrado do País e acenando com regulamentação futura, a ser implementada por lei complementar, que o Congresso Nacional terá que aprovar.

O que mais ressalta é que o legislador constitucional reconheceu que a existência do Sistema Financeiro Nacional deve ser parte irremovível da República. E que deve ser firmemente regulamentado, tendo a Constituição Federal feito a opção, para regulamentação primeira, pelo diploma que se denomina lei complementar – espécie legislativa cujas entranhas não podem ser invadidas ou revogadas por outras espécies de normas infraconstitucionais, sob pena de invalidade. E os princípios eleitos constitucionalmente vão neste mesmo sentido, de uma firme e organizada regulamentação.

A Constituição Federal admite três princípios básicos – sem os quais, aliás, é muito difícil imaginar o bom funcionamento do Sistema Financeiro Nacional, com seus serviços de emissão de moeda, distribuição equilibrada da moeda e do crédito por todos os segmentos da economia e por todas as regiões do País, controle do volume de oferta de moeda e de crédito, controle da distribuição de títulos e valores mobiliários e conversão da moeda estrangeira em nacional e vice-versa.

Do vocábulo "Sistema" se tira que sua regência será por conteúdo normativo coerentemente organizado. Mas a Constituição Federal não se refere apenas a um sistema normativo perfeccionista – por óbvio e inevitavelmente sujeito a permanente revisão e adequação à realidade econômica sempre mutante –, tolerante apenas quanto a uma pequena e inevitável margem de normas subcontrárias ou contrárias entre si. Refere-se também a um sistema empírico mesmo, pois o "Sistema" há de ser integrado por instituições públicas e privadas que compartilhem de organizações internas, funcionamentos e dados permissivos de interação e troca de informações e de operações financeiras, bem como da interferência estatal conveniente, para polícia administrativa da higidez do "Sistema", exercício da política monetária etc.

A prescindir de sistema na área da circulação da moeda, do crédito e do câmbio, o País não estará apto, na prática, a dar eficácia a decisões – no mais das vezes importantes decisões – de política econômica governamental, o que será percebido adiante. É a pior conseqüência.

Parece um excesso mencionar coisa deste tipo. Contudo, houve época de nossa história onde não existia o sistema provedor da moeda emitida, do crédito e do câmbio. Nessa época o País enfrentava gravíssimos, crônicos e insolúveis problemas de escassez de moeda e de crédito em segmentos essenciais ao crescimento e desenvolvimento econômicos e em vastas regiões geográficas – principalmente nas de maior atraso econômico –, mais a falência e iliquidez freqüente de empresas financeiras, por conta de juros reais negativos, e o descontrole quase absoluto do fenômeno inflacionário, entre outras coisas.

Neste período – diga-se *en pasant* – eram muitas as autoridades políticas que se opunham a que viesse ao Brasil o "Sistema Financeiro Nacional".

O que passou fica pura e tão-somente para o conteúdo didático do presente texto. Porém, quanto ao que virá, deve ficar a intangibilidade dos princípios essenciais ao Sistema Financeiro Nacional, nesta condição inscritos na Constituição Federal.

Nosso estudo corre o art. 192 da CF sob a ótica dos princípios que ali estão embutidos.

Conforme ensina Maria do Rosário Esteves (*Normas Gerais de Direito Tributário*, São Paulo, Max Limonad, 1997, Capítulo II, p. 27), o vocábulo "princípio" é normalmente empregado em quatro acepções diferentes, a saber: (a) as normas jurídicas de maior valor para o Sistema; (b) os valores injetados nas normas; (c) os limites objetivos postos pelo legislador constitucional ou por normas de elevada hierarquia; (d) os limites objetivos a serem respeitados para que o Sistema funcione harmoniosamente, independentemente de serem previstos em normas jurídicas.

A unidade proposicional e empírica do Sistema Financeiro Nacional na Constituição Federal integra-se do vocábulo "princípio", nas quatro acepções que lhe são próprias. Tais princípios são: (a) o caráter institucional obrigatório das empresas financeiras, então instituições financeiras; (b) a autoridade monetária única; (c) a segregação ou especialização das instituições financeiras.

Edmar Bacha ("Alguns princípios para a reforma do Sistema Financeiro Nacional", *Revista de Economia Política* II (1-41), janeiro-março/1991) esclareceu e enumerou algumas razões da opção constitucional pela firme regulamentação, *verbis*:

"Há uma série de razões de natureza econômica pelas quais o governo pode querer regulamentar o sistema financeiro. Entre elas sobressaem as seguintes:

"1. O poder de emissão de moeda de curso forçado gera uma renda econômica significativa – a chamada 'senhoriagem' –, de que o governo quer, naturalmente, apropriar-se, para o financiamento de seus próprios gastos.

"2. Bancos operando num regime de reserva fracionária estão sujeitos a sofrer 'corridas' em períodos de instabilidade econômica, necessitando assim de um emprestador em última instância que mantenha a solvência do sistema bancário, bem como de um mecanismo seguro para os depósitos e aplicações financeiras.

"3. Devido a características próprias da relação entre credor e devedor, o sistema bancário privado discrimina contra determinados segmentos do mercado, notadamente no que se refere a empréstimos de longo prazo e setores de alto risco, como a agricultura, pequenas empresas, habitação e novas atividades de maneira geral.

"4. A necessidade de se ter uma reputação estabelecida cria uma forte barreira para a entrada de novas entidades no negócio bancário. Por isso, o sistema financeiro tende a gravitar em torno de um pequeno número de bancos, que funcionam como oligopólio, tolhendo os mecanismos de concorrência.

"5. Por motivo de proteção à empresa nacional nascente, ou de fortalecimento do poder de barganha do País em negociações internacionais, o governo pode querer restringir a atuação de bancos estrangeiros em território nacional.

"6. O governo pode querer tirar proveito da importância de suas próprias atividades econômicas para estabelecer relações de clientela exclusiva – como depositante e como tomador de empréstimos – com entidades específicas do setor financeiro."

Eis, então, algumas razões de fundo que levam, em linha direta, não apenas à necessidade de regulamentação, mas também aos princípios adotados constitucionalmente.

A escolha do tema que fizemos remete a que o Sistema Financeiro Nacional só se fez presente na economia nacional quando foi editada a Lei 4.595/1964, que não dista tanto assim de nossos dias. O "Sistema" veio tardiamente. E anteriormente era a pandemia. Os princípios do Sistema Financeiro Nacional adotados pela Constituição Federal de 1988 são os mesmos que se fizeram presentes quando da edição da Lei 4.595, em 1964, razão pela qual podem ser denominados de estruturais ou de permanências em longo período. Por que, entretanto, sustentam este caráter? É a pergunta a ser esclarecida no presente estudo, reunindo-se e analisando-se as evidências observáveis na experiência vivida pelo País ao longo de todos esses anos.

Não há outro elemento a seguir senão o de observar e tirar conclusões sobre experiência vivida, até antes da Lei 4.595, de 31.12.1964, e ao depois. De par com isso, os princípios adotados pela Constituição Federal de 1988 (assim, desde a Lei 4.595, de 31.12.1964) são compartilhados mundialmente, quando se adaptam às realidades econômicas locais.

Pasmem tantos quantos virem a estas páginas: antes da aprovação da Lei 4.595, de 31.12.1964, o País assistiu a um longo debate político em torno da adoção do Sistema Financeiro Nacional. Sempre vinham aos palanques os ardorosos defensores, de grande nomeada política, da tese de que tudo corria bem nos ares da política monetária, creditícia e cambial, sob o controle muito modesto que a antiga Superintendência da Moeda e do Crédito/SUMOC do Branco do Brasil e alguns outros órgãos governamentais exerciam sobre as instituições bancárias e sobre a emissão e o controle do volume e distribuição da moeda.

De plano, antes que lhe venha a lei complementar, subscreve o art. 192 o princípio da institucionalização das partes empresariais privadas integrantes do Sistema Financeiro Nacional. Ao lado deste princípio, outros dois são de grande valia, já o vimos: o da autoridade monetária única e o da segregação ou especialização.

O Sistema Financeiro Nacional vem em constante e positivo desenvolvimento, mutação e adequação até a contemporaneidade. Numa época muito recente, aliás, em fins do ano de 2008 e início e meados do ano de 2009, nosso País permaneceu praticamente impávido diante de gravíssima crise financeira internacional e vulnerabilidade externa.

Esta grave crise financeira vivida internacionalmente mais um vez faz lembrar que desde 1964 o Sistema Financeiro Nacional está fundado no mesmo conteúdo principiológico tripartite. Tal conteúdo não há de ser abolido a pretexto de qualquer discussão política, econômico-financeira ou jurídica acerca da regulamentação do art. 192 da CF. Trata-se de conteúdo flexível, amoldável, na conformidade das diferentes conjunturas econômicas que vão se passando ao longo dos anos.

O resultado até aqui apurado, historicamente, enuncia que os princípios adotados no Sistema Financeiro Nacional deram em evolução e aperfeiçoamento constantes, e não apenas em mostra de flexibilidade em face de diferentes conjunturas econômicas enfrentadas, salvaguardando – vezes de modo mais glorioso, vezes menos – os valores de fato e preocupações tão bem explicitadas por Edmar Bacha (artigo cit.).

No curso de nossa exposição ficará claro que os princípios adotados pela Constituição Federal para o Sistema Financeiro Nacional, em contornos mínimos, deverão continuar como suas "pedras-de-toque".

O histórico do Sistema Financeiro Nacional revela movimentos de dilatação e de retração da força e amplitude destes princípios, porém jamais o abandono deles. Aldo Luiz Mendes ("A reforma do Sistema Financeiro Nacional", *Estudos Avançados* 7(17), São Paulo, janeiro-abril/1993) revela que:

"O Sistema Financeiro Nacional possibilitou a geração de créditos internos em escala significativa ao longo dos períodos em que o ciclo econômico se mostrou ascendente. Por exemplo, durante o 'milagre econômico', de 1966 a 1974, os empréstimos ao setor privado evoluíram mais de 600% em termos reais. No entanto, foi a entrada líquida de capitais externos até 1981, via empréstimos em moeda, a principal modalidade de financiamento de longo prazo encontrada pela economia brasileira. Nos anos 70, a entrada de recursos externos através da Lei 4.131 (captação direta no exterior) e da Resolução 63 (captação externa através da intermediação de um banco brasileiro) foi, em média, equivalente a duas vezes o total dos créditos gerados a partir de fontes internas tradicionais de financiamentos de longo prazo.

"Como o endividamento proporcionou ao País uma situação de liquidez extremamente folgada, nos anos 70, a poupança doméstica pôde ser direcionada para o financiamento do capital de giro das empresas. Já o atendimento da demanda de crédito para investimento foi transferido ao setor externo e, subsidiariamente, aos organismos oficiais internos de financiamento.

"A partir dos anos 80, com o estrangulamento de natureza externa e a inflexão do ciclo econômico, o crédito doméstico ao setor produtivo contraiu-se drasticamente. O montante das operações registradas ao final de 1980 representava apenas a metade, em termos reais, do nível alcançado em 1978. Enquanto isso, pelo lado dos haveres financeiros em circulação na economia, observava-se um significativo incremento da emissão de títulos governamentais.

"Na última década, o Sistema Financeiro, atado às necessidades crescentes de recursos para lastrear a dívida pública interna governamental, vivenciou um processo de sofisticação e, ao mesmo tempo, de descaracterização de suas principais funções. Ele deixou de intermediar recursos para as esferas produtivas e transformou-se no principal instrumento de rolagem da dívida mobiliária estatal. Na competição pelos fundos disponíveis na economia, as instituições lançaram-se em pesados programas de informatização de seus serviços, visando a diversificar atividades e prestar melhores serviços a seus clientes.

"Se os bancos deixaram de ser atraídos pelas aplicações de recursos nas esferas produtivas, ofertando menos recursos ao financiamento das atividades do setor privado, não é menos verdade que o próprio setor produtivo da economia passou a demandar menos crédito. As políticas de ajustamento econômico de cunho ortodoxo e as incertezas com relação ao futuro deprimiram o investimento, levando empresas e rentistas a preferirem o abrigo seguro das letras do Tesouro ao invés de correrem os riscos e as vicissitudes inerentes ao investimento produtivo.

"Portanto, pode-se dizer que, com o estrangulamento externo e as suas conseqüências sobre as contas do setor público brasileiro, os bancos se tornaram os grandes canalizadores de recursos para a rolagem do endividamento interno governamental. Por outro lado, o tipo de tentativa de ajustamento, em linhas ortodoxas, que prevaleceu na maior parte do período posterior a 1982 reduziu drasticamente a demanda interna por investimentos.

"Assim, a ciranda financeira que se estabeleceu com os papéis do Tesouro acabou sendo um mecanismo funcional para o governo, as instituições financeiras e o próprio setor produtivo privado. Isso porque: o primeiro rolava seus débitos; o segundo fugia do risco privado, crescente num momento de recessão, para o risco 'soberano', representado pelas obrigações do Tesouro; e o setor produtivo encontrava na ciranda financeira não só uma forma de tentar preservar o valor real de sua riqueza líquida, como também uma alternativa de aplicação de seus ganhos e lucros, dada a impossibilidade de transformá-los em novas inversões produtivas num quadro de recessão, queda dos rendimentos reais dos assalariados e redução do emprego, prevalecentes no País há mais de uma década.

"Em síntese, na ciranda financeira articularam-se a necessidade do governo em girar seu endividamento com a preferência pela liquidez do setor produtivo, que, assombrado com o estado das expectativas, deixou de investir.

"O endividamento do setor público – embalado primeiramente pela contratação de empréstimos externos e depois pela política de endividamento interno – foi sensivelmente afetado pela manutenção de altos patamares de juros nos mercados internacional e doméstico, o que acabou proporcionando às empresas do setor privado, credoras da dívida pública mobiliária, uma fonte atraente de aplicação de recursos frente ao quadro recessivo interno e à degeneração das expectativas de longo prazo.

"Foi nesse quadro que o desenvolvimento do Sistema Financeiro caminhou *pari passu* com o movimento de especulação baseado nos títulos públicos, no qual as instituições financeiras deixaram de cumprir seu papel de indutoras do investimento e passaram a operar como canalizadoras de recursos para a rolagem da dívida mobiliária do Estado."

Eis, portanto, o relato da passagem de diferentes conjunturas históricas, sempre a exigir adaptações das políticas em curso no Sistema Financeiro Nacional, que, inobstante, em nada alteraram seu pano-de-fundo, ou seja, seus princípios basilares. Vimos apenas, como dizíamos, movimentos de dilatação e de retração da força e da amplitude dos princípios que norteiam o Sistema Financeiro Nacional.

Felizmente, vieram tempos mais áureos para a economia nacional – estamos em vida, nestes tempos –, e adiante iremos demonstrar que fenômenos recentes, relacionados com o controle do valor da moeda e do fenômeno inflacionário, controle elogiável do volume de moeda e de crédito existente na economia, do câmbio, dos meios de pagamento e agregados econômicos, que tornaram viável a implementação de políticas de desenvolvimento sustentável de longo período, tiveram forte apoio na permanência dos conteúdos principiológicos do Sistema Financeiro Nacional.

2. O princípio institucional das empresas financeiras

Institucionais são as empresas que não atraem, em concreto, apenas o interesse privado de seus sócios, acionistas, prepostos, gerentes e controladores, mas sim de toda a comunidade (comunidade nacional ou local) que lhes faz cercania, sendo esta a razão fundada pela qual têm que estar sob o controle e fiscalização permanentes do Estado.

No Sistema Financeiro Nacional a institucionalização não se refere apenas a que as empresas financeiras aportam depósitos e poupança privada de terceiros (depósitos e poupança de todos) e poupança nacional para o exercício de suas atividades voltadas ao lucro, como também ao contexto de distribuição de serviços onde estão inseridas.

Do bom funcionamento dos serviços das empresas financeiras, do ponto de vista sistêmico, depende inclusive que se façam viáveis as decisões de política econômica, monetária, creditícia e cambial, o que é fato de óbvio interesse político e de interesses e direitos difusos.

Assim, o princípio institucional das empresas financeiras tem indelével significado de limite objetivo e norma de inestimável valor, nestes termos exigido pelo legislador constitucional.

Existiram, no passado, algumas retrações deste princípio, quando não era, por exemplo, até 1990, o Banco Central que fiscalizava as empresas de consórcio. E por largo tempo também ficaram fora do "Sistema" as administradoras de cartões de crédito. Essas coisas, felizmente, acabaram, já estando o princípio institucional reposto em seus desejáveis contornos e liames.

Portanto, não se trata do tanto quanto pobre poder de polícia ou fiscalização a que nós, brasileiros, estamos deveras acostumados em relação outras e diferentes atividades econômicas. Em relação às instituições financeiras, a invasão da intimidade delas pelo Estado passa pelo controle eletrônico diário de seus dados contábeis e pela padronização de seus planos de contas (COSIF – Consolidação nas Normas Contábeis do Sistema Financeiro Nacional), pelo controle dos saldos das contas de reservas bancárias das instituições financeiras monetárias, pelas fiscalizações regulares e outras feitas de inopino, fiscalização de empresas pertencentes ao grupo econômico de cada instituição financeira etc.

Em relação às instituições financeiras internacionais há controles administrativos internos, mas também no exterior são fiscalizadas. O Sistema Financeiro Nacional tem, aliás, dentro de si, os modos de como funcionam os sistemas financeiros de outros países.

As sociedades anônimas abertas do Sistema também sofrem o controle da Comissão de Valores Mobiliários no que tange a administração de fundos de investimento, operações de Bolsa em nome próprio e de terceiros, prestação de serviços e fiscalização e controle de emissão de seus próprios papéis negociáveis.

Vieram em auxílio e foram integrados ao controle normativo e à polícia administrativa do Sistema Financeiro Nacional os órgãos administrativos que antigamente, e de maneira frágil, exerciam o controle dos investidores institucionais, tal como a Superintendência dos Seguros Privados/SUSEP em relação às companhias seguradoras.

O rito de desenvolvimento do Sistema Financeiro Nacional, tendo em vista as características das atividades nele desenvolvidas, remete à opção pelo balanceamento entre a intervenção estatal (normativa, de polícia administrativa mais incisiva, controle da liquidez do Sistema e controle da emissão e volume de moeda e de crédito) e a entrega da parte operacional, empírica, à atividade privada.

Nem tanto ao Estado, nem tanto à atividade privada. Todavia, quanto à atividade privada, a fiscalização é intensa. Queiramos ou não, esta tem sido a receita que vem conduzindo o Sistema Financeiro Nacional ao cumprimento constante e sincrônico com as conjunturas econômicas que se sucedem, em face dos fins a que está destinado na ordem econômica.

Balanceando entre a intervenção estatal e a liberdade da atividade econômica privada, vem produzindo, como efeito, o afastamento dos riscos do predomínio da intervenção governamental e do predomínio do mercado financeiro privado. Edmar Bacha (artigo cit.), a propósito, ensina:

"Há sim, uma tendência intrínseca do mercado de crédito a discriminar contra atividades arriscadas ou pouco conhecidas, embora potencialmente com grande significado econômico – como os empréstimos de longo prazo à agricultura e a novos empreendimentos.

"O problema, no entanto, é que nada garante que o governo saberá discriminar melhor que o mercado entre bons e maus pagadores. Na verdade, no caso de intervenção governamental há o risco de que critérios corporativos prevaleçam sobre critérios de eficiência e o Sistema Financeiro passe a funcionar menos eficazmente do que sem essa intervenção.

"A escolha entre governo e setor privado tem, pois, que ser decidida na prática, já que há problemas sérios tanto num mercado financeiro totalmente privado quanto num dominado pela intervenção pública."

Conclui-se que a institucionalização das empresas integrantes do Sistema Financeiro Nacional permite a intervenção estatal nos limites adequados à segurança da ordem econômica, tanto quanto permite à liberdade da atividade econômica privada a inovação praticamente diária do "Sistema", com produtos e serviços e decisões de investimento em permanente revisão e adequação às diferentes conjunturas econômicas e – por que não dizer? – lançamento de novos produtos e serviços e controles internos dos riscos de suas próprias atividades econômicas, o que muito auxilia o controle do risco sistêmico, que é o principal elemento dos atos de poder de polícia da atividade estatal.

O equilíbrio entre a intervenção estatal e a liberdade privada, através da institucionalização das empresas financeiras, na letra do art. 192 da CF, é princípio basilar ao Sistema Financeiro Nacional.

3. O princípio da autoridade monetária única

O princípio da autoridade monetária única assegura os elementos mais essenciais ao bom funcionamento do Sistema Financeiro Nacional, partindo das constantemente desejáveis unidades empírica e proposicional, com gerenciamento e implementação de propostas e soluções para os conflitos e desarmonias estruturais, que sempre aparecem, tanto no subsistema normativo e de supervisão quanto no subsistema empírico. Passa pela garantia de imposição de sanções administrativas; vai até o constante gerenciamento das relações multifacetárias da base monetária com o Produto Interno Bruto, volume de meios de pagamento e fluxo de entrada e saída de moeda estrangeira no País.

Traduz a própria viabilidade e existência da política monetária, creditícia e cambial, além do trânsito de políticas econômicas de cunho mais generalizado pelo Sistema Financeiro Nacional.

É o princípio postado para afastar o risco sistêmico e a vulnerabilidade externa e para preservar o valor da moeda, mediante o uso de ferramentas de controle do fenômeno inflacionário.

Antes da criação do Banco Central do Brasil as autoridades monetárias no Brasil eram a Superintendência da Moeda e do Crédito/SUMOC, o Banco do Brasil e o Tesouro Nacional. Estes órgãos, em conjunto, exerciam funções típicas de um banco central, paralelamente a outras atividades.

A SUMOC foi criada em 1945, com a finalidade de exercer o controle monetário. Tinha a responsabilidade de fixar os percentuais de reservas obrigatórias dos bancos comerciais, as taxas de redesconto e da assistência financeira de liquidez, bem como os juros sobre depósitos bancários. Além disso, supervisionava a atuação dos bancos comerciais, orientava a política cambial e representava o País junto aos organismos internacionais.

O Banco do Brasil, por sua vez, desempenhava as funções de banco do governo, controlador das operações de comércio exterior, executor de operações cambiais em nome de empresas públicas e do Tesouro Nacional, executor das normas estabelecidas pela SUMOC e banco de crédito agrícola, comercial e industrial, além de receber os depósitos compulsórios (por vezes voluntários) dos bancos comerciais.

O Tesouro Nacional era o órgão emissor de papel-moeda, mas o processamento das emissões era complexo, envolvendo diversos órgãos do governo. Em linhas gerais, a Carteira de Redesconto do Banco do Brasil requisitava ao Conselho da SUMOC o numerário necessário à realização de suas operações. O Conselho transmitia o pedido ao Tesouro Nacional, que, mediante autorização do Ministro da Fazenda, determinava à Caixa de Amortização a entrega de numerário ao Banco do Brasil.

Em 31.12.1964 foi criado o Banco Central do Brasil, após longo processo de discussão nas duas Casas do Congresso Nacional, considerando que o projeto de lei original fora encaminhado pelo Poder Executivo em 1947. Pela legislação aprovada, constituíram-se o Conselho Monetário Nacional, instância decisória máxima, em substituição ao Conselho da SUMOC, e o Banco Central, instância operacional, de assessoramento e decisória (nos casos previstos em lei ou por delegação de competência do Conselho Monetário Nacional), em substituição à própria SUMOC.

A partir de então, foi atribuída ao Banco Central a responsabilidade de elaborar o orçamento monetário, contemplando o comportamento das contas consolidadas das autoridades monetárias e dos bancos comerciais em determinado período, e que resumia a condução da política monetária do País. O Banco do Brasil era também considerado autoridade monetária, já que era o agente responsável pela execução orçamentária da União e guardião das reservas voluntárias dos bancos comerciais.

Contudo, o aprimoramento institucional não foi completo. O Banco Central era o banco emissor, mas realizava as emissões em função das necessidades do Banco do Brasil. O Banco Central era também o banco dos bancos, mas não detinha com exclusividade os depósitos das instituições financeiras, já que estas depositavam suas reservas voluntárias no Banco do Brasil. Além disso, o Banco Central era agente financeiro do governo, pois fora encarregado de administrar a dívida pública federal, mas não era o caixa do Tesouro Nacional, tendo em vista que essa era atribuição do Banco do Brasil.

O Banco Central também era o órgão formulador e executor da política creditícia, mas não tinha o pleno controle do crédito, porque outros organismos governamentais tinham idêntico poder. O Banco Central era, além disso, o banco de fomento, participando da política governamental de crédito seletivo.

Apesar de formular e executar a política monetária, o Banco Central, por determinação legal, permitia que seus recursos fossem acessados automaticamente pelo Banco do Brasil, através de mecanismo de nivelamento diário da denominada “conta de movimento”. O Sistema facultava ao Banco do Brasil obter recursos para expansão do crédito e para custeio de operações de interesse governamental, em alguns casos, independentemente da prévia autorização do Banco Central. Como o Banco do Brasil mantinha, através desse mecanismo, as exigibilidades das reservas compulsórias, na prática, o nivelamento diário dos depósitos compulsórios sobre os depósitos à vista era feito pelo Banco Central.

À época a questão do déficit público não se consagrava entre os principais temas do debate econômico, visto que o orçamento tradicional do Governo Federal se apresentava sistematicamente equilibrado. Na verdade, isso ocorria porque diversas operações de natureza fiscal, tais como o crédito subsidiado concedido pelo Banco do Brasil a setores prioritários e as atividades de fomento praticadas pelo Banco Central, não transitavam por aquela contabilidade, mas eram incluídas no orçamento monetário.

A partir de 1982, com a suspensão dos financiamentos externos, voluntários, ao País, o Brasil necessitou recorrer ao Fundo Monetário Internacional/FMI e negociar com os credores internacionais. Quando isto aconteceu, foi necessário apurar fielmente as estatísticas sobre o déficit público, tornando evidente a desorganização institucional das contas públicas, pois o déficit era camuflado nas contas do Banco do Brasil e do Banco Central.

Em 1985 tomou-se a decisão de buscar o reordenamento financeiro governamental, com a separação das contas e funções do Banco Central, Banco do Brasil e Tesouro Nacional. No orçamento fiscal de 1986 passaram a ser incluídas entre as receitas e despesas do Tesouro Nacional todas as contas de natureza fiscal que transitavam pelo orçamento monetário. Ainda em 1986, a "conta de movimento" foi extinta. A partir de então, os fornecimentos de recursos do Banco Central ao Banco do Brasil passaram a ser claramente identificados nos orçamentos de ambas as instituições, eliminando-se os suprimentos automáticos que prejudicavam a atuação do Banco Central.

Num processo que se estendeu até 1988, as funções de autoridade monetária foram transferidas progressivamente do Banco do Brasil para o Banco Central, enquanto as atividades atípicas exercidas pelo Banco Central, como as relacionadas ao fomento e à administração da dívida pública federal, foram transferidas para o Tesouro Nacional.

Este ciclo de mudança encerrou-se com a inclusão no orçamento do Tesouro do chamado orçamento oficial de operações de crédito. Com isso, foi completada a unificação orçamentária, aproximando-se o Banco Central do formato-padrão dos bancos centrais do mundo. Adicionalmente, o Banco Central deixou de utilizar o orçamento monetário como balizador de política monetária.

A Constituição de 1988 consagra dispositivos importantes para a atuação do Banco Central, como a necessidade de aprovação prévia, pelo Senado Federal, em votação secreta, após argüição pública, dos designados pelo Presidente da República para os cargos de presidente e diretores. Além disso, vedou ao Banco Central a concessão direta ou indireta de empréstimos ao Tesouro Nacional.

4. O princípio da segregação ou especialização

A Lei 4.595/1964 introduziu as diretrizes para a reestruturação, o disciplinamento e o posterior desenvolvimento do Sistema Financeiro Nacional, prevalecendo a tese da especialização das instituições por atuação, tanto na captação como na aplicação dos recursos, que possibilitou ganhos de escala e redução dos custos operacionais, para que se criasse oferta de empréstimos a menores taxas.

As operações de curto prazo, basicamente empréstimos de capital de giro, foram atribuídas aos bancos comerciais, enquanto para as operações de médio e longo prazos foram criados os bancos de investimento. As sociedades de crédito, financiamento e investimento assumiram o mercado de crédito ao consumidor e as operações de financiamento imobiliário passaram a ser realizadas por instituições componentes do Sistema Financeiro da Habitação. O crédito de longo prazo para o setor produtivo ficou sob a responsabilidade do Banco Nacional de Desenvolvimento Econômico e Social/BNDES, criado em 1952.

Outro fato marcante foi a instituição da correção monetária, primeiramente para remuneração de títulos públicos, depois para uso da contabilidade das instituições e finalmente nas operações de crédito a prazo mais longo, fator que viabilizou o Sistema Financeiro da Habitação.

Os bancos oficiais de desenvolvimento, a partir de 1965, passaram a mostrar crescimento acentuado, sendo criados diversos fundos e programas especiais de fomento, objetivando uma política de crédito para fortalecimento das empresas, redução dos desequilíbrios regionais, promoção do desenvolvimento equilibrado regional e setorial e a promoção e diversificação das exportações.

A partir de 1967 a evolução do Sistema foi caracterizada pela concentração das instituições financeiras através de fusões e incorporações bancárias e de incentivos à capitalização das empresas. Foram surgindo outros tipos de instituições, tais como as sociedades distribuidoras de títulos e valores (1968) e as sociedades de arrendamento mercantil (1975), aprofundando o princípio da especialização (segregação) e contribuindo para a eficácia do Sistema Financeiro Nacional e o fortalecimento dos mercados financeiro e de capitais.

No período iniciado na década de 80, e que alcança os dias atuais, verificou-se a intensificação do papel dos bancos privados, como financiadores do setor público (União, Estados, Municípios e empresas estatais).

Em 21.12.1987 o Conselho Monetário Nacional, através da Resolução 1.524, permitiu que os intermediários financeiros se transformassem em bancos múltiplos, que passaram a englobar as atividades segmentadas por instituições financeiras. Contudo, não fez desaparecer as vantagens da segmentação, segregação ou especialização, já que as tais atividades aglomeradas ficaram divididas em carteiras distintas, dentro dos bancos múltiplos. Tal fato deu contornos legais ao que se observava há muito na agências bancárias, que passaram a oferecer maior diversidade de produtos financeiros, diminuindo os contornos rígidos dos organogramas empresariais.

A especialização ou segregação é o princípio que mais flutua, em seu uso e dimensionamento, e os outros dois princípios básicos do Sistema Financeiro Nacional são mais estáveis. Só a segregação, todavia, assegura o atendimento das demandas específicas do Sistema e, ao longo do tempo, tem se mostrado muito eficaz, mesmo diante de tarefas as mais difíceis, como prover de moeda e de crédito os setores agrícola e habitacional, as regiões nordestina e amazônica, e suprir o segmento industrial dos indispensáveis recursos a longo prazo e a juros módicos e a captação de recursos por meio de títulos e valores mobiliários. Mais não é necessário dizer.

5. Considerações finais

Qualquer que seja a discussão acerca da regulamentação do art. 192 da CF, há intangibilidade quanto ao conteúdo principiológico tripartite do Sistema Financeiro Nacional, desejado pelo legislador constitucional de 1988 e admitido à legislação desde os idos da Lei 4.595, de 31.12.1964, tomado o conceito de "princípios" nas quatro acepções que lhe são próprias.

Trata-se, sobretudo, de princípios flexíveis e amoldáveis na conformidade das conjunturas econômicas que historicamente se sucedem, sendo, aparentemente, esta a razão de seu caráter estrutural, de permanência no longo período.

A experiência vivida em nosso País ao longo de quase 50 anos aparece como arrimo lógico e natural do respeito que se deve ter ao desejo manifestado pelo legislador constitucional de 1988, que se constituiu no objeto destas nossas modestas considerações.

Referências bibliográficas

BACHA, Edmar L. "Alguns princípios para a reforma do Sistema Financeiro Nacional", *Revista de Economia Política* II(1-41). Janeiro-março/1991.

CARVALHO, Fernando Cardim. "Sobre a endogenia da oferta da moeda...". *Revista de Economia Política* 13(3)/51. 1993.

CARVALHO, Paulo de Barros. "Filosofia do Direito (Lógica Jurídica)". Impressão Universitária. Apostila para os Cursos de Pós-Graduação da PUC/SP, 1989.

DIÁRIO DO CONGRESSO NACIONAL. *Anais da Câmara dos Deputados e Anais do Senado Federal*. De 1946 a 1964.

ESTEVES, Maria do Rosário. *Normas Gerais de Direito Tributário*. São Paulo, Max Limonad, 1997 (Capítulo II, p. 27).

FORTUNA, Eduardo. *Mercado Financeiro – Produtos e Serviços*. 14ª ed. Qualitymark, 2001.

MENDES, Aldo Luiz. "A reforma do Sistema Financeiro Nacional". *Estudos Avançados* 7(17). São Paulo, janeiro-abril/1993.

PAULIN, Luiz Alfredo. "Das instituições financeiras de fato ou irregulares – Análise com base na Lei 4.595/1964". *RDM* 110/196-206. São Paulo, Malheiros Editores, 1998.

REQUIÃO, Rubens. *Curso de Direito Comercial*. 17ª ed. São Paulo, Saraiva, 1988.

ROSSETI, J. P. *Política e Programação Econômicas*. 7ª ed. São Paulo, Atlas.

Atualidades

IMPACTOS DA LEGISLAÇÃO BRASILEIRA NOS *AMERICAN DEPOSITARY RECEIPTS* (ADRs)

PEDRO DARAHEM MAFUD

1. Introdução. 2. Histórico e definição. 3. Os quatro níveis de listagem de ADRs: 3.1 Nível I – 3.2 Nível II – 3.3 Nível III – 3.4 Regra 144A. 4. Racionalidade econômica da dupla listagem: 4.1 Racionalidade para a companhia – 4.2 Racionalidade para o investidor. 5. Direitos dos titulares de ações e de ADRs: 5.1 Direitos dos titulares de ações – 5.2 Direitos dos titulares de ADRs – 5.3 "Caso Vivo". 6. Conclusões.

1. Introdução

O amadurecimento do mercado de capitais e a internacionalização da economia brasileira propiciaram que os agentes econômicos passassem a cada vez mais lançar mão de sofisticados instrumentos financeiros antes desconhecidos. Dentre esses instrumentos destacou-se o lançamento de *American Depositary Receipts*/ADRs, ou certificados de depósito de ações emitidos por instituições financeiras norte-americanas e lastreados em ações de companhias brasileiras.

Segundo dados da Comissão de Valores Mobiliários/CVM,[1] existiam no Brasil, em janeiro/2010, 91 empresas com programas de ADRs abertos (dentro de um total de 108 programas), com valor total de mercado de R$ 285,4 bilhões, e que representavam 12,4 % do valor de capitalização das companhias listadas na Bolsa de Valores, Mercadorias e Futuros BM&F Bovespa S/A/BM&F Bovespa.

São inúmeros os motivos para o quadro atual de ascensão das emissões de ADRs por companhias brasileiras, destacando-se entre eles o bom momento vivido pela economia nacional nos últimos anos, o fortalecimento institucional do País e a internacionalização da economia e das empresas brasileiras.[2]

O primeiro objetivo deste artigo consiste em elucidar uma situação fática: a falta de entendimento, por parte dos operadores (advogados) e aplicadores do Direito (autoridades administrativas e, em última instância, juízes), com relação a esse pragmático e engenhoso mecanismo financeiro. Nesse sentido, buscaremos analisar a mecânica do instituto, sua *ratio* e as bases legislativas e regulamentares norte-americanas e brasileiras que viabilizam a emissão desses papéis.

O segundo objetivo, a partir da contextualização acima proposta, é analisar se existe algum tipo de influência do arca-

1. *http://www.cvm.gov.br/port/public/ASE/icvm/base_financeira/Secao_6_ADRS.pdf.*

2. Nem a tributação das emissões de novos ADRs, imposta em 18.11.2009 – como correção à assimetria criada entre os mercados local e americano após o advento da tributação dos investimentos estrangeiros diretos no mercado de capitais brasileiro – parece arrefecer esse quadro de perspectivas de crescimento.

bouço legal societário brasileiro (sobretudo os direitos inerentes aos minoritários) sobre os ADRs, que são regidos pelas leis dos Estados Unidos da América e sempre definidos pela doutrina como "espelhos das ações". Para tanto, valer-nos-emos de um caso prático recente: a reestruturação societária da Vivo Participações S/A, que buscou consolidar nessa companhia todas as participações não-controladoras de suas controladas Telemig Celular S/A e Telemig Celular Participações S/A.[3]

Em busca de segurança jurídica e previsibilidade[4] para os investidores, os especuladores e as empresas, pretende-se, com este artigo, contribuir para a elucidação de pontos relevantes da matéria. É papel do Direito aproximar-se da realidade dos mercados e adiantar situações e possibilidades. Afinal, é inegável o caráter dinâmico e empírico do direito empresarial.[5]

2. *Histórico e definição*

A história dos ADRs remonta ao ano de 1927, quando o banqueiro norte-americano J. P. Morgan, interessado em viabilizar o investimento de seus clientes locais na rede de varejo inglesa *Sefridge's*, deparou-se com dificuldades jurídicas, tais como a então existente restrição à participação de estrangeiros no capital de empresas britânicas e a não-sujeição do negócio ao Direito Americano – o que, por si só, desencorajava os investidores locais.

Diante desse quadro, o banqueiro vislumbrou a criação dos ADRs, mecanismo pelo qual um banco inglês manteria as ações da companhia inglesa em custódia ao mesmo tempo em que o banco de Morgan emitiria títulos-"espelho" dessas ações, ofertados aos investidores nos Estados Unidos e exigíveis nos termos e condições do Direito Estadunidense.[6]

Nesse sentido, os ADRs são certificados negociáveis nos Estados Unidos, emitidos por instituições financeiras americanas e lastreados em ações estrangeiras de propriedade dessa mesma instituição, as quais configuram-se, simultaneamente, como correspondentes e como condição necessária para a existência desses valores mobiliários em circulação nos Estados Unidos.

Por esse mecanismo, a instituição financeira americana depositária, proprietária das ações estrangeiras, também é responsável pela emissão e colocação no mercado dos ADRs representativos de tais ações subjacentes.

Nesse sentido, a instituição depositária americana faz a interface com o custodiante e a companhia estrangeira, sendo também responsável pelo contato com os investidores locais. Assim, o depositário é o principal viabilizador dos ADRs, na medida em que representa os investidores americanos e faz valer os seus direitos.

"*O American Depositary Receipt*, ou ADR, como é resumidamente denominado, e que foi concebido nos Estados Unidos da América, é um certificado emitido por um banco americano, e corresponde a um determinado número de ações de uma empresa estrangeira, mantidas na titularidade desse banco. Com isso, os tomadores dos papéis não necessitam se relacionar com a emissora das ações, que se encontra em um País estrangeiro e distante, mas com um banqueiro americano, que exerce, no interesse dos investidores, os direitos de acionista, como tal votando nas Assembléias, subscrevendo ações novas, recolhendo bonificações e recebendo os dividendos que,

3. *http://vivo.mediagroup.com.br/port/download/sec/VIVO_F420_Jul_2009.pdf.*

4. Paula A. Forgioni, "A interpretação dos negócios empresariais no novo Código Civil Brasileiro", *RDM* 130/7-38, São Paulo, Malheiros Editores, abril-junho/2003.

5. Cesare Vivante, "'Introdução' – *Trattato de Diritto Comerciale*", trad. de Haroldo Malheiros Duclerc Verçosa, *RDM* 102/134-138, São Paulo, Ed. RT, abril/1996.

6. Sobre o histórico, v. Fábio Ulhoa Coelho, *Curso de Direito Comercial*, 2º vol., São Paulo, Saraiva, 2003, pp. 153-155.

fechado o câmbio, já seriam entregues aos titulares dos ADRs na moeda local."[7]

Na ponta estrangeira do mecanismo, além da companhia emissora das ações que embasam os ADRs (*underlying assets* ou ativos subjacentes), existe também uma instituição financeira custodiante das ações. Esta instituição é responsável pela guarda efetiva desses valores mobiliários em seu país de origem de emissão, por conta e ordem da instituição financeira depositária americana.

"O banco custodiante é um simples depositário das ações em custódia e, ao mesmo tempo, um mandatário do banco emissor dos ADRs, que é o titular das ações, para o fim de exercer todos os direitos relativos à condição de acionista. Trata-se de um mero prestador de serviços."[8]

Os ADRs podem ser negociados em Bolsa de Valores ou em mercado de balcão organizado, dependendo do tipo de programa escolhido pela companhia emissora – o que detalhamos na seção seguinte. Já, a oferta dos ADRs pode ser feita por meio de colocações privadas (*private placements*) ou públicas, dependendo do tipo de mercado (investidores institucionais qualificados ou investidores de varejo) que se deseja atingir.

Os ADRs podem ser ofertados por meio de emissões primárias (ou seja, com efetivo aumento de capital para a companhia emissora) ou secundárias (sem aumento do capital social da emissora). Esquematicamente, valendo-se da didática de Iran Siqueira Lima e Andrea Fernandes Andrezo,[9] temos, para emissões primárias:

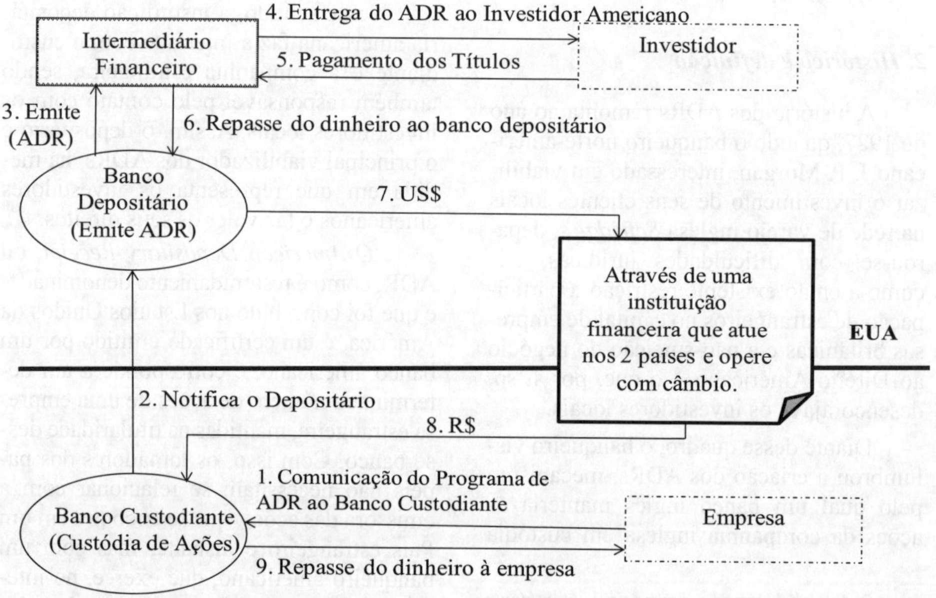

Ainda, para emissões secundárias:

7. Cf. José Edwaldo Tavares Borba, *Direito Societário*, 10ª ed., Rio de Janeiro, Renovar, 2007, p. 179.

8. Cf. José Edwaldo Tavares Borba, "*American Depositary Receipt* (ADR)", in *Temas de Direito Comercial*, Rio de Janeiro, Renovar, 2007, p. 329.

9. Andrea Fernandes Andrezo e Iran Siqueira Lima, *Mercado Financeiro: Aspectos Históricos e Conceituais*, São Paulo, Thomson Learning, 1999.

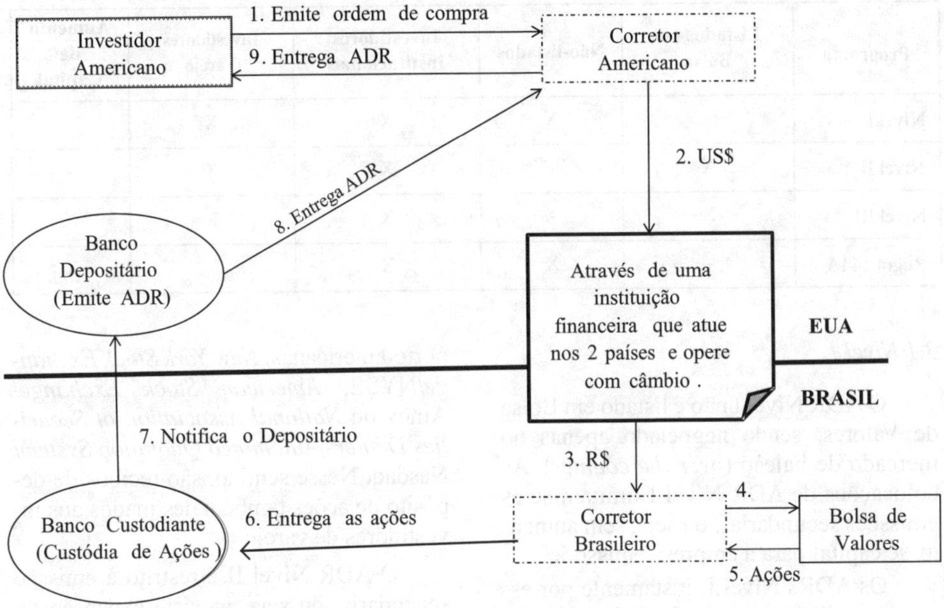

Os ADRs são ditos *patrocinados* quando existe participação e anuência da companhia estrangeira emissora das ações-lastro, ou *não-patrocinados* quando a operacionalização dos ADRs é feita tão-somente no âmbito da instituição financeira depositária e à margem da companhia estrangeira.[10]

No Brasil o arcabouço legislativo que permite as emissões de ADRs pelas companhias nacionais são as resoluções do Conselho Monetário Nacional/CMN 1.289/1987 e 1.927/1992, bem como a Instrução CVM-317/2000, conforme alterada pelas Instruções CVM-334/2000 e 342/ 2000.

3. Os quatro níveis de listagem de ADRs

Há quatro formas básicas de colocação de ADRs nos Estados Unidos da América. Cada um dos programas tem diferentes requisitos de registro, divulgação de demonstrações financeiras, público-alvo (investidores de varejo ou investidores institucionais) e canais de negociação (Bolsa de Valores, mercado de balcão ou colocação privada) – o que dá liberdade aos agentes econômicos para escolherem o programa que mais se ajuste a suas necessidades e expectativas.

Apresentamos abaixo tabela que resume os quatro tipos de programas e suas particularidades:[11]

10. No Brasil, os programas de ADR não-patrocinados foram alvo de recente polêmica. Em outubro/2008 a SEC autorizou a dispensa automática de registro para a emissão de ADRs não-patrocinados Nível 1 (balcão), desde que a empresa estrangeira tivesse pelo menos 55% do volume negociado com suas ações fora dos Estados Unidos e divulgasse informações financeiras em Inglês, flexibilizando, assim, as regras então vigentes. A reação do mercado brasileiro foi muito negativa, e a CVM (que autoriza os programas) posicionou-se no sentido da necessidade de anuência prévia das companhias-alvo – o que, na prática, arrefeceu o lançamento de ADRs não-patrocinados sem a anuência das companhias brasileiras.

11. Extraído da p. 9 do material informativo do *JP Morgan* (*Depositary Receipt Reference Guide*) (disponível em ***http://www.adr.com/Common/***

Programa	Listados em Bolsa	Não-listados	Investidores Institucionais	Investidores Varejo	Aumento de Capital
Nível I	-	X	X	X	-
Nível II	X	-	X	X	-
Nível III	X	-	X	X	X
Regra 144A	-	X	X	-	X

3.1 Nível I

O ADR Nível I não é listado em Bolsa de Valores, sendo negociado apenas no mercado de balcão (*over the counter*). As colocações de ADR Nível I limitam-se às emissões secundárias, ou seja, sem aumento de capital para a empresa emissora.

Os ADRs Nível I, justamente por estarem restritos ao mercado de balcão, não exigem que a companhia estrangeira, emissora das ações lastro, ajuste suas demonstrações financeiras às normas dos Estados Unidos. Contudo, é necessário que o programa de emissão de ADR seja registrado na *Securities and Exchange Commission*/SEC – o órgão regulador do mercado de capitais americano –, já que atinge também investidores de varejo.

As principais vantagens de emissão do ADR Nível I podem ser resumidas nos seguintes pontos: divulgação e exposição do nome da companhia, facilidade de implementação e simplicidade de documentos exigidos pela SEC.[12]

3.2 Nível II

Os programas de ADR Nível II são listados nas seguintes Bolsas de Valores norte-americanas: *New York Stock Exchange*/NYSE, *American Stock Exchange*/Amex ou *National Association of Securities Dealers Automated Quotation System*/Nasdaq. Nesse sentido, são recibos de depósito de ações também destinados aos investidores de varejo.

O ADR Nível II é restrito à emissão secundária, ou seja, inexiste expansão do capital da companhia emissora. Ainda que a companhia não tenha novos recursos originados para o financiamento de seus projetos, ela estará adstrita às taxas e regras da Bolsa em que estiver registrada e, sobretudo, da SEC.[13]

Dentre as obrigações da companhia emissora, entendemos que as regras de *disclosure* de informações, nos termos do Formulário 20-F,[14] são as mais relevantes para a tomada de decisão dos administradores em possuírem, ou não, seus valores mobiliários na NYSE, Amex ou Nasdaq, grandes vitrinas do capitalismo mundial – o que, por si só, aumenta a visibilidade da companhia e a base acionária.

Listam-se como vantagens dos ADRs Nível II a maior atração do público investidor (posto que listados em Bolsa de Valores e sujeitos a regras da SEC), a maior liquidez e negociabilidade propiciadas pelo

Down loadcontent.aspx?filename=DR_Reference_Guide.pdf

12. Gerlando Augusto Sampaio Franco de Lima, Celina Yumiko Ozawa e André Moura Cintra Goulart, "*Underwriting*, ações, ADR e BDR", in Iran Siqueira Lima (coord.), *Curso de Mercado Financeiro: Tópicos Especiais*, São Paulo, Atlas, 2006, pp. 85-86.

13. *Securities Exchange Act of 1934*.

14. As demonstrações financeiras da companhia emissora, inclusive, deverão ser conciliadas para as regras dos Estados Unidos (*United States General Accepted Accounting Principles*/US GAAP).

mercado bursátil, a maior visibilidade e a facilidade para uma futura emissão primária (entrada no Nível III).[15]

3.3 Nível III

Do mesmo modo que o Nível II propicia listagem em Bolsa de Valores, os ADRs do Nível III também são passíveis de registro na NYSE, Amex ou Nasdaq. Contudo, sua grande diferença com relação ao Nível II é a possibilidade de emissões primárias, ou seja, oferta pública inicial de valores mobiliários aos investidores de varejo dos Estados Unidos com efetivo aumento de capital para a companhia.

Da mesma forma que o Nível II, as companhias adeptas do Nível III são obrigadas a atender a todas as exigências das Bolsas de Valores em que seus ADRs são ofertados, além de, obviamente, a todas as exigências da SEC.[16] Assim, as companhias estrangeiras estarão adstritas a todas as regras inerentes às companhias americanas.

Além das vantagens já citadas para o Nível II, o grande benefício do Nível III é o efetivo acesso a novos recursos pela companhia estrangeira emissora. Vale lembrar que os custos para essa entrada no mercado de capitais norte-americano (bancos de investimento, consultores legais e contábeis, despesas com *road show*, preparação de prospecto – entre outros) são bastante elevados.

3.4 Regra 144A

O ADR da Regra 144A não é listado em Bolsa de Valores, sendo sua venda efetuada por meio de colocação privada destinada a investidores institucionais qualificados (*qualified institutional buyers*).[17] Após adquiridos pelos investidores institucionais, é possível que tais ADRs sejam negociados entre o mesmo público por meio do sistema eletrônico Portal (organizado pela *National Association of Securities Dealers*).

O ADR da Regra 144A é um meio eficaz para a captação de novos recursos por empresas estrangeiras no mercado de valores mobiliários dos Estados Unidos junto a investidores qualificados. Trata-se de uma emissão primária (da mesma forma que o ADR Nível III), que amplia a base acionária da companhia que se vale desse mecanismo financeiro.

Os ADRs da Regra 144A, pelo fato de não estarem listados em Bolsa de Valores e não serem destinados a investidores de varejo, não exigem que a companhia (emissora das ações-"espelho") elabore demonstrações financeiras em consonância com as regras dos Estados Unidos.

Quando comparados ao Nível III, a visibilidade e a liquidez desses papéis é diminuída,[18] porque o público, apesar de

15. Gerlando Augusto Sampaio Franco de Lima, Celina Yumiko Ozawa e André Moura Cintra Goulart, "*Underwriting*, ações, ADR e BDR", cit., in Iran Siqueira Lima (coord.), *Curso de Mercado Financeiro: Tópicos Especiais*, p. 87.

16. Prospectos e formulários (Formulários F-1 ou F-3) na oferta dos valores, além da apresentação anual do Formulário 20-F, adaptado às regras contábeis dos Estados Unidos.

17. Resumidamente, nos termos da Regra 144A, *qualified institutional buyer* significa: "(i) Any of the following entities, (...), that in the aggregate owns and invests on a discretionary basis at least $100 million in securities of issuers that are not affiliated with the entity: (...); (ii) Any dealer (...) that in the aggregate owns and invests on a discretionary basis at least $10 million of securities of issuers that are not affiliated with the dealer (...); (iii) Any dealer (...) acting in a riskless principal transaction on behalf of a qualified institutional buyer; (iv) Any investment company registered under the Investment Company Act, (...) which own in the aggregate at least $100 million in securities of issuers; (v) Any entity (...) acting for its own account or the accounts of other qualified institutional buyers; and (vi) Any bank (...), any savings and loan association or other institution (...), or any foreign bank or savings and loan association or equivalent institution, (...), that in the aggregate owns and invests on a discretionary basis at least $100 million in securities of issuers that are not affiliated with it and that has an audited net worth of at least $25 million (...)".

18. Alberto S. Matsumoto, *A Emissão de "ADRs – American Depositary Receipts" pelas Em-*

qualificado, é reduzido.[19] Por outro lado, são meio muito mais barato e rápido para a captação de recursos, tendo em vista as exigências informacionais e de registro muito mais brandas.

4. Racionalidade econômica da dupla listagem

Entendemos que a dupla listagem traz benefícios tanto para a companhia como para os investidores norte-americanos. Nesta seção propomo-nos a realçar alguns desses ganhos incorridos pelos agentes econômicos participantes do processo de emissão de ADRs, sem, no entanto, nos determos nos aspectos específicos de cada um dos quatro programas acima descritos.

Não nos cabe, neste artigo, discutir se os benefícios auferidos são maiores que os sacrifícios (leia-se "custos e despesas operacionais") incorridos pela companhia. Diversos autores da seara econômica já chegaram a conclusões diametralmente opostas, com base em modelos diversos.[20]

4.1 Racionalidade para a companhia

A emissão de ADRs é uma oportunidade para a companhia acenar ao mercado internacional sobre seu empenho com as boas práticas de governança. Nesse sentido, a listagem transnacional encontra respaldo na hipótese do comprometimento (*bonding hypothesis*). De acordo com essa proposição, empresas oriundas de países com baixo nível de proteção institucional valem-se dos ADRs como forma de sinalização aos potenciais acionistas minoritários sobre a adoção e manutenção dos elevados níveis de governança corporativa exigidos nos Estados Unidos.[21]

No esteio dessa teoria, a percepção das boas práticas da empresa pelo mercado fará com que não apenas o custo de capital próprio (*equity*) caia, mas também o custo do capital de terceiros (*debt*).

Ainda que as companhias não estejam interessadas em acenar ao mercado sobre a adoção de boas práticas de governança, é notória a pujança do mercado de capitais norte-americano. Dessa forma, um dos grandes benefícios para as companhias listarem seus valores mobiliários no mercado norte-americano, por meio de ofertas primárias, é o acesso a novas fontes de capitais.

O acesso a novos investidores aumenta a liquidez dos papéis da companhia estrangeira, que poderá ter uma base acionária muito maior. Se, antes, apenas um universo "X" de investidores locais poderia comprar "N" papéis, após o *cross listing* um universo "X+Y" estará exposto à mesma quantidade "N" de papéis.

Não se pode olvidar que o conhecimento do mercado sobre a companhia será muito maior. A exposição e a visibilidade adquirida pela companhia não são restritas aos investidores, vez que também os fornecedores, os bancos financiadores, os formadores de opinião (analistas que elaboram os relatórios de *research*, por exemplo) e os concorrentes terão muito mais informações sobre ela.

Assim, o maior conhecimento da companhia pelo mercado propiciará a disseminação de sua boa reputação com todos os seus *stakeholders* – o que, por si só, poderá gerar ganhos junto a todos esses sujeitos (queda do custo de capital próprio e de terceiros, aumento das vendas, maior poder de barganha com fornecedores – dentre outros).

presas da América do Sul e a Teria do Mercado Eficiente, tese de Pós-Graduação apresentada à Escola de Administração de Empresas de São Paulo/EAESP, 1995, pp. 33-34.

19. Estima-se que o público de investidores qualificados seja de 10.000 investidores.

20. Héber Pessoa da Silveira, *Dupla Listagem e Estrutura de Capital: uma Análise das Empresas Brasileiras Emissoras de ADRs*, tese de Doutorado apresentada à Faculdade de Economia, Administração e Contabilidade da USP, 2008, pp. 11-14.

21. Idem, p. 8.

Outro benefício amplamente propalado, além da adesão às melhores práticas de governança, do acesso a uma maior base de acionistas, do aumento da liquidez dos papéis e da visibilidade da companhia, é o fato de a listagem estrangeira propiciar a comparação do preço dos ativos com os concorrentes globais. Em outras palavras, companhias similares, concorrentes em nível global, podem ter o preço de seus ativos comparados (*price parity*), possibilitando o desencadeamento de boas oportunidades de negócios entre elas e seus acionistas, por meio de operações societárias (por exemplo, fusões, aquisições, ofertas hostis).

4.2 Racionalidade para o investidor

Os ADRs correspondem atualmente a 16% do mercado de investimento em ações dos Estados Unidos, com exposição total de mais de US$ 2 trilhões, sendo, assim, mecanismo de alta utilização entre os investidores americanos. São números respeitáveis, sobretudo se considerarmos o exponencial crescimento dos ADRs a partir da década de 1980.[22]

Não obstante o crescimento já verificado, a tendência de crescimento futuro permanece e é baseada no aumento da quantidade e qualidade de informações sobre os emissores internacionais, no crescimento da segurança da informação e na sofisticação das ferramentas de análise.[23]

E por que motivos os investidores norte-americanos têm tanto interesse no acesso a mercados estrangeiros por meio de ADRs? Entendemos que essa resposta é complexa e deriva de uma série de fatores, que tentaremos descrever abaixo, partindo da atratividade do mercado brasileiro como premissa.

Para que um investidor americano invista diretamente no mercado acionário brasileiro, ele deverá seguir as regras da Resolução CMN-2.689/2000. Em linhas gerais, o investidor norte-americano deverá ter um representante tributário, um representante legal e um custodiante dos seus valores no Brasil.

Além disso, o investidor não-residente deverá contratar sociedade corretora de títulos e valores mobiliários que deverá cadastrá-lo nos moldes da legislação vigente[24] – o que ocasionará a necessidade de enviar documentos devidamente notarizados, consularizados, traduzidos e juramentados.[25]

Desse modo, os custos de transação incorridos por investidores americanos – tais como a contratação de representantes, custodiantes e corretoras, o dispêndio de tempo para a abertura de vínculo com os intermediários brasileiros, os custos com fechamento de câmbio, dentre outros – não são, de modo algum, desprezíveis. Assim, apesar de o fluxo de capitais estrangeiros ser livre no Brasil, na prática são selecionados apenas grandes investidores, que operam volume considerável de recursos.

Nesse sentido, os ADRs apresentam-se como meios alternativos, sobretudo aos pequenos e médios investidores america-

22. Cf. material informativo do *JP Morgan* (*Depositary Receipt Reference Guide*) cit. (disponível em *http://www.adr.com/Common/Downloadcontent.aspx?filename=DR_Reference_Guide.pdf*), pp. 3-4.

23. Idem, p. 5: "Equally important, the market's liquidity is expected to increase with the real-time delivery of global news and financial information, the ability to make secure on-line transactions using the internet, and the increasing sophistication of analytical tools available to the retail investor. The depositary receipt market continues to gain in efficiency, benefiting issuer and investor alike".

24. V. Instrução CVM-387/2003.

25. A Instrução CVM-419/2005, que alterou a Instrução CVM-387/2003, flexibilizou as regras de cadastro de não-residentes ao criar a figura do cadastro simplificado. Desse modo, corretoras brasileiras estão autorizadas a celebrar contrato de prestação de serviços com corretoras estrangeiras, que se comprometerão a fazer o cadastro completo no País de origem do investidor estrangeiro, desde que nos moldes do cadastro realizado pelas corretoras brasileiras.

nos que queiram ter acesso ao mercado de capitais de outros Países.

A facilidade para comprar, vender e manter os ativos bem como a facilidade nos processos de liquidação e custódia – todos eles na língua e moeda local – encorajam os investidores que queiram acessar os mercados internacionais, como o brasileiro, que se tem mostrado muito atrativo ultimamente.

Com os ADRs o investidor americano poderá diversificar seu portfólio ao acessar novas companhias com diferentes realidades e contextos sociais. Nesse sentido, poderá aumentar ou diminuir o risco, ou aumentar ou diminuir sua perspectiva de rentabilidade, adequando sua carteira aos níveis de risco e retorno esperados.

Outro grande benefício apregoado é a possibilidade de os investidores americanos realizarem "arbitragem",[26] desde que tenham, simultaneamente, acesso direto (no caso brasileiro, investimentos nos termos da Resolução CMN-2.689/2000) e acesso indireto aos mercados estrangeiros (por meio de ADRs).

Entendemos que a atratividade dos mercados estrangeiros, sobretudo os ditos emergentes, a facilidade (baixo custo de transação) na compra e venda, as possibilidades de diversificação de carteira e a montagem de estratégias diferenciadas são essenciais, mas de nada adiantariam se os ADRs não conferissem segurança jurídica aos seus portadores.

Partindo desse raciocínio, entendemos que a segurança institucional propiciada pelos ADRs, tendo em vista que o investidor se submete às leis americanas e mitiga os riscos associados aos Países estrangeiros, é a principal mola propulsora e o grande racional por detrás da existência e profunda utilização desses valores mobiliários.

"As vantagens dos ADRs sobre os títulos estrangeiros, por eles representados, decorrem do fato de serem emitidos em moeda norte-americana, regidos pelas leis dos Estados Unidos, sendo compensados pela *Depositary Trust Company* (DTC). As ações, ao se transformarem em ADRs, são assim 'americanizadas', ou seja, tratadas como títulos domésticos norte-americanos, garantindo aos portadores as vantagens econômicas, inclusive recebimento de dividendos, sem a necessidade de utilizar um mercado estrangeiro."[27]

5. Direitos dos titulares de ações e de ADRs

Nesta seção passaremos a explorar os direitos essenciais dos titulares de ações brasileiras e dos titulares de ADRs e utilizaremos um caso concreto em que esses direitos se revelaram desconectados, para que possamos, ao final, esboçar uma conclusão acerca da possível influência do arcabouço jurídico societário brasileiro sobre os ADRs.

5.1 Direitos dos titulares de ações

A ação é unidade do capital social e atribui ao seu detentor a condição de acionista, sendo, portanto, instrumento legitimador da condição de sócio e veículo de transmissão dessa condição. Ao ter a condição de sócio, o proprietário da ação terá, automaticamente, certos direitos e deveres perante a sociedade.[28] Neste tópico não nos

26. A "arbitragem" financeira é a possibilidade de os investidores, valendo-se das distorções de mercado, adquirirem dado papel em dado mercado por um preço inferior e, ao mesmo tempo, venderem o "mesmo" ativo em outro mercado por um preço superior. A compra de ações e a venda de ADRs, ou vice-versa, é a forma de "arbitragem" clássica.

27. Arnoldo Wald, "Da constitucionalidade e licitude da emissão de ADR (*American Depositary Receipt*) de ações preferenciais de instituição financeira brasileira (interpretação do art. 192, III, da CF e do art. 51 do ADCT)", *Cadernos de Direito Constitucional e Ciência Política* 2(6)/20, São Paulo.

28. José Edwaldo Tavares Borba, *Direito Societário*, cit., 10ª ed., p. 229.

deteremos aos deveres dos acionistas, e apenas cuidaremos de esboçar seus direitos básicos.

Diz-se que os acionistas estão divididos em *empreendedores* e *investidores*. Enquanto estes enxergam na companhia uma oportunidade para investir seus excedentes (da mesma forma como a companhia se vale desses indivíduos para captar a poupança privada), aqueles estão interessados na exploração efetiva da atividade econômica.[29]

Independentemente da motivação que levou a pessoa a se tornar acionista, o fato é que todos eles, ao comprarem os títulos representativos do capital social da companhia, passam a ter direitos.

Didaticamente, classificam-se[30] os direitos dos acionistas em *essenciais* ou *modificáveis*, no tocante à possibilidade de alteração pela Assembléia ou pelo estatuto social, e também em direitos *políticos* ou *econômicos*, no tocante à sua natureza.

A Lei 6.404/1976 (Lei das S/A), nos termos do art. 109, enumera como direitos essenciais, sempre incidentes sobre todos e quaisquer acionistas de sociedades brasileiras, os seguintes: a participação nos lucros; a participação no acervo social, em caso de liquidação; o direito de fiscalização da gestão; a preferência para a subscrição de valores mobiliários; e o direito de retirada nos casos previstos em lei.

Todos os direitos não arrolados pela Lei das S/A em seu art. 109 são considerados direitos modificáveis, incluindo-se o direito de voto (por exemplo, ações preferenciais podem ter o direito de voto suprimido).

Classificam-se como direitos econômicos aqueles que envolvem valores pecuniários direta e objetivamente – como, por exemplo, o direito ao recebimento de dividendos e o direito à participação no acervo da companhia em caso de liquidação.

Já, os direitos políticos são aqueles em que não existem valores diretamente envolvidos no seu exercício, ainda que o efetivo exercício desse tipo de direito tenha impacto econômico de algum modo. Nesse contexto, citemos, a título ilustrativo, o direito de voto em Assembléias-Gerais e o direito de se retirar da sociedade.

Não é nosso objetivo, neste artigo, esmiuçar e explicar todos os inúmeros direitos conferidos aos acionistas, sobretudo aos minoritários, posto que são repletos de nuanças e particularidades. Nesta seção propomo-nos a demonstrar que o acionista, tendo em conta sua condição de proprietário de um título representativo de parte do capital de dada companhia, tem certos direitos conferidos pela Lei das S/A ou pelo estatuto social.[31]

Lembremos que freqüentemente os direitos conferidos aos acionistas pelos estatutos sociais são mais protetivos e amplos que os direitos previstos na própria Lei das S/A. Na maioria desses casos estamos diante de companhias que aderiram voluntariamente a níveis diferenciados de governança corporativa para poderem adentrar os segmentos especiais de listagem da BM&F Bovespa – quais sejam: Nível 1, Nível 2 e Novo Mercado.[32]

Apesar de ser lícito e, muitas vezes, do ponto de vista econômico, recomendá-

29. Fábio Ulhoa Coelho, *Curso de Direito Comercial*, cit., 2º vol., pp. 272-275.

30. As classificações não são boas ou ruins, e sim úteis ou inúteis para a compreensão de dados fáticos e raciocínios.

31. Vale lembrar que os direitos dos acionistas que deixarem de cumprir com seus deveres poderão ser suspensos, nos termos do art. 120 da Lei das S/A: "A Assembléia-Geral poderá suspender o exercício dos direitos do acionista que deixar de cumprir obrigação imposta pela lei ou pelo estatuto, cessando a suspensão logo que cumprida a obrigação".

32. A título ilustrativo, citemos o caso do *tag along* (direito de adesão) conferido aos acionistas não-controladores em caso de alienação de controle. Enquanto a Lei das S/A assegura ao minoritário, no caso de alienação do controle da companhia, o preço de no mínimo 80% do valor pago ao controlador, as companhias listadas no Novo Mercado da BM&F Bovespa têm o valor elevado a 100% do valor pago ao controlador.

vel às companhias conferirem direitos majorados com relação àqueles previstos na Lei das S/A não se pode, em sede estatutária, minorar ou diminuir os direitos essenciais, que são tidos como norma cogente.

5.2 Direitos dos titulares de ADRs

O titular de ADR não é verdadeiro acionista de companhia estrangeira, ainda que no plano fático e material possa ser confundido como tal. Na realidade, e do ponto de vista jurídico-societário, o tomador do ADR é apenas titular de um valor mobiliário norte-americano que representa e reflete uma ação estrangeira.[33]

O verdadeiro proprietário das ações da companhia estrangeira, do ponto de vista formal, é a instituição depositária, que atua como emissora dos ADRs oferecidos ao público investidor. Assim, o depositário assume as funções de acionista da companhia estrangeira e emissor dos ADRs norte-americanos.

O Direito Norte-Americano, baseado na figura do negócio fiduciário (*trust*), admite o desdobramento da propriedade das ações da companhia estrangeira como se o depositário e o titular de ADR pudessem, ao mesmo tempo, ser proprietários de uma mesma ação.[34]

Para tanto, utilizam-se diferentes planos de relacionamento: o plano da relação interna (liame jurídico entre o titular do ADR e o depositário) e o plano da relação externa (liame jurídico entre o depositário e a companhia emissora).

No esteio desse raciocínio, no plano interno as ações da companhia estrangeira seriam de titularidade do tomador do ADR, enquanto no plano externo as ações seriam de propriedade do banco depositário. Nas palavras de Tavares Borba: "Entre o tomador do ADR e o banco emissor verifica-se, no âmbito interno, uma relação de depósito (depósito regular), posto que as ações pertencem ao tomador, mas, na relação externa, o emissor do ADR é o proprietário das ações, que se encontram lançadas em seu nome nos respectivos sistemas de registro. Trata-se, no caso, de uma propriedade fiduciária, posto que destinada a fins práticos a serem exercidos em benefício do titular do ADR. A eventual falência do banco emissor não prejudicará o titular do ADR, devendo as ações ser separadas da massa".[35]

Embora didática, a explicação do desdobro da propriedade das ações, baseada no negócio fiduciário, é inútil quando vista da perspectiva da companhia. Para ela, o

33. Apesar de o titular do ADR não ser, de maneira alguma, acionista da companhia emissora das ações que embasam seu título (sendo, em última instância, mero titular de parcela de um depósito de ações), ele tem o direito, conferido pela legislação da SEC, de solicitar a conversão de seus títulos em ações, passando a deter, diretamente, ações da companhia estrangeira. Cf. Arnoldo Wald, "Da constitucionalidade e licitude da emissão de ADR (*American Depositary Receipt*) de ações preferenciais de instituição financeira brasileira (interpretação do art. 192, III, da CF e do art. 51 do ADCT)", *Cadernos de Direito Constitucional e Ciência Política* 2(6)/19: "O portador do ADR pode, a qualquer tempo, solicitar a sua troca pelas ações depositadas. Assim, o titular do ADR tanto pode vender o seu próprio título, no mercado americano (*intra market trading*), como, se preferir, receber os títulos originais (que foram depositados) e negociá-los no respectivo mercado nacional, mediante o que se denomina uma *crossborder transaction*".

34. José Edwaldo Tavares Borba, *Direito Societário*, cit., 10ª ed., p. 180: "A estruturação dos ADRs, no Direito Norte-Americano, não ofereceu maiores dificuldades, uma vez que o sistema da *Common Law* consagra a idéia da dupla propriedade, que se exerce através da figura do *trustee*, o qual detém uma propriedade imperfeita destinada a atender ao interesse do proprietário material. (...). O tomador dos ADRs é, no plano material, o proprietário das ações que o ADR representa; todavia, no plano formal, o proprietário das ações é o banco emissor dos ADRs, que se situa no País onde esses títulos estão sendo lançados, enquanto o banco custodiante, que se situa no País da sede da empresa emissora das ações, exerce, mediante procuração, os direitos concernentes à ação, em nome do banco emissor".

35. Cf. José Edwaldo Tavares Borba, "*American Depositary Receipt* (ADR)", cit., in *Temas de Direito Comercial*, pp. 328-329.

efetivo titular das ações é o depositário, que, na qualidade de acionista, poderá, se bem entender e por motivos tão-somente de ordem negocial preestabelecidos, conferir seus direitos de proprietário ao tomador do ADR.

De pronto, é fácil compreender que o banco depositário norte-americano não é um proprietário comum de ações. Nesse sentido, durante as emissões de ADR existirá um contrato de depósito (*deposit agreement*) firmado entre o "acionista" depositário e a companhia estrangeira emissora das ações.

Por meio deste instrumento particular é que se estabelecerão os direitos e obrigações das partes no processo de emissão e de manutenção dos ADRs no mercado dos Estados Unidos. Tal contrato é regido pelo princípio denominado *autonomia da vontade privada*;[36] e, nesse sentido, as regras contratuais serão livremente estabelecidas pelas partes. Nas palavras do professor Wald: "Na realidade, o banco americano, que emite os ADRs, passa a ser, formalmente, o acionista da empresa estrangeira, na qualidade de verdadeiro *trustee* ou agente fiduciário, que atua em nome próprio, mas representa materialmente os detentores dos ADRs para praticar todos os atos inerentes a direitos atribuídos ao acionista. Na realidade, há uma certa flexibilidade no *deposit agreement*, cabendo às partes o direito de estabelecer as cláusulas contratuais, de acordo com o princípio da autonomia da vontade, desde que respeitadas as normas de ordem pública fixadas pela legislação e regulamentação norte-americanas".[37]

De qualquer modo, a experiência demonstra que dentre as disposições regulamentadas em contrato se encontram provisões operacionais básicas para o funcionamento do mecanismo, tais como a escolha do custodiante no mercado doméstico da companhia emissora, os procedimentos de execução, entrega e transferência dos ADRs, as possibilidades de resgate ou emissão de novos ADRs – dentre outras.

Além dos procedimentos operacionais, o contrato de depósito acaba por regular assuntos diretamente relacionados aos direitos do depositário (acionista da companhia) e dos tomadores de ADR (proprietários de títulos representativo das ações da companhia estrangeira).

Dentre esses pontos, o contrato de depósito poderá dispor sobre o direito de voto dos titulares dos ADRs (exercidos em função das ações subjacentes) e sobre o direito na distribuição de dividendos, dentre outros. Cabe ressaltar que o efetivo exercício desses direitos será sempre operacionalizado pelo depositário, ainda que por conta dos titulares de ADRs.

Sobre o direito de voto, aproveitamos a oportunidade para salientar que na maioria das vezes o contrato de depósito prevê a obrigação do depositário de votar conforme as instruções do titular do ADR. Mas, como a matéria é contratual, os entendimentos tidos entre a companhia emissora e a instituição depositária, consubstanciados no contrato de depósito, sempre prevalecerão. Dessa forma, se não houver disposição no contrato relacionada à possibilidade de o titular de ADR instruir o depositário (efetivo acionista) a votar conforme suas ordens, o depositário poderá negar-se a fazê-lo.

Obviamente, o depositário é uma instituição financeira[38] prestadora de serviços

36. Cf. Irineu Strenger, *Da Autonomia da Vontade: Direito Interno e Internacional*, 2ª ed., São Paulo, LTr, 2000, p. 66: "A autonomia da vontade como princípio deve ser sustentada não só como um elemento da liberdade em geral, mas como suporte também da liberdade jurídica, que é esse poder insuprimível no homem de criar por um ato de vontade uma situação jurídica, desde que esse ato tenha objeto lícito".

37. Arnoldo Wald, "Da constitucionalidade e licitude da emissão de ADR (*American Depositary Receipt*) de ações preferenciais de instituição financeira brasileira (interpretação do art. 192, III, da CF e do art. 51 do ADCT)", *Cadernos de Direito Constitucional e Ciência Política* 2(6)/21.

38. Dados da SEC demonstram que três instituições financeiras (*JP Morgan*, *Bank of New York*

que busca o lucro e, portanto, deseja manter o melhor relacionamento possível com os ADRs *holders*. Nesse sentido, os contratos de depósito tendem a permitir a transmissão da maior parte dos direitos inerentes ao acionista (instituição depositária) em benefício do tomador do ADR, fazendo com que o ADR tenha características o mais próximas possível das ações estrangeiras – e, dessa forma, seja mercadoria atrativa perante o mercado americano.

Em suma, o titular de ADR não tem necessariamente os direitos de acionista, podendo vir a exercê-los somente se permitido, viabilizado e operacionalizado pelo depositário. Este, sim, é verdadeiro acionista e, nesse sentido, titular de todos e quaisquer direitos inerentes à propriedade das ações, os quais poderão, a seu critério e por motivos de ordem contratual, ser transferidos aos tomadores de ADRs.

5.3 "Caso Vivo"

A reestruturação societária da *Vivo Participações S/A*, proposta em julho/2009, visou a consolidar nessa empresa todas as participações não-controladoras de suas controladas Telemig Celular S/A e Telemig Celular Participações S/A, por meio de duas incorporações de ações.

No âmbito da reestruturação societária, os acionistas da Telemig Celular Participações S/A que não concordassem com a operação teriam, nos termos da Lei das S/A, direito de retirada[39] – direito, esse, classificado pela própria lei como essencial. Como a Telemig Celular Participações S/A tinha ADRs lastreados em ações, analisemos o tratamento dispensado aos ADRs *holders* no tocante ao exercício do direito de retirada.

Primeiramente, cumpre-nos salientar que o prospecto que trata da reestruturação deixa bem claro que os titulares de ADRs (ADS)[40] não têm direitos de acionista, sendo o depositário o efetivo proprietário das ações – e, portanto, o titular dos direitos de acionista.[41]

O documento dispõe, inclusive, que os direitos dos titulares de ações poderão ser extensíveis aos titulares de ADRs, desde que o depositário assim decida e desde que a companhia seja consultada. Assim, a análise sobre a conferência de direitos societários brasileiros aos titulares desses ADRs é casuística e discricionária, cabendo ao depositário decidir por sua conveniência e oportunidade.[42]

Se o depositário das ações brasileiras concluir pela ilegalidade ou pela inviabilidade da extensão dos direitos societários aos titulares de ADRs, ele deverá, nos termos do contrato de depósito que tem com a Vivo, envidar seus melhores esforços

Mellon e *Citibank*) concentram cerca de 95% das emissões de ADRs.

39. O direito de recesso é previsto no art. 137 da Lei das S/A: "A aprovação das matérias previstas nos incisos I a VI e IX do art. 136 dá ao acionista dissidente o direito de retirar-se da companhia, mediante reembolso do valor das suas ações (art. 45), observadas as seguintes normas: (...)".

40. Cf. José Edwaldo Tavares Borba, "*American Depositary Receipt* (ADR)", cit., in *Temas de Direito Comercial*, p. 328: "Cada ADR corresponderá a um ou vários ADSs (*American Depositary Shares*). O ADS é um múltiplo de ações, todas da mesma espécie e classe, sendo comum ADSs de 5 ou 10 ações. O ADS corresponde pois a um múltiplo de ações diretamente, enquanto o ADR é o certificado representativo dessas ações".

41. *Vivo Participações S/A. Formulário F-4* (disponível em *http://vivo.mediagroup.com.br/port/download/sec/VIVO_F420_Jul_2009.pdf*, acesso em 15.9.2009), p. 185: "Como um titular de ADS, nós não trataremos você como um de nossos acionistas e você não terá direitos de acionista. A lei brasileira rege os direitos dos acionistas. O depositário será o titular das ações preferenciais subjacentes aos seus ADSs. Como titular registrado de ADSs, você terá direitos de titular de ADS. O contrato de depósito estabelece os direitos dos titulares de ADSs, bem como os direitos e obrigações do depositário. A lei de Nova York rege o contrato de depósito e as ADSs".

42. *Vivo Participações S/A. Formulário F-4* (disponível em *http://vivo.mediagroup.com.br/port/download/sec/VIVO_F420_Jul_2009.pdf*, acesso em 15.9.2009), p. 187.

para comercializar esse direito e fazer com que o produto líquido dessa venda seja dividido entre os ADRs *holders* de forma *pro rata*.[43]

No caso concreto, nos termos da Lei das S/A, foi conferido direito de retirada aos acionistas da Telemig Celular Participações S/A que estivessem em desacordo com os termos e condições da reestruturação societária. Contudo, o direito de recesso de tais acionistas não foi estendido aos titulares de ADRs lastreados nas mesmas ações.[44]

"Pessoas que eram titulares de ações ordinárias ou preferenciais da TC ou TCP ou ações ordinárias da Vivo, na data de registro, ou seja, em de 23.3.2009, terão direito de retirada para exercer relacionado com a reestruturação. (...). Os detentores de ADSs da TCP não terão direito de retirada ou o direito de instruir o depositário da TCP, seja através do seu corretor ou outro intermediário ou diretamente, a exercer o direito de retirada em seu nome."[45]

Ao final, portanto, restou aos detentores de ADRs da Telemig Celular Participações S/A receberem 2,74 ADRs da Vivo Participações S/A para cada ADR da Telemig Celular Participações S/A que possuíam, mais um valor em dinheiro (correspondente a frações de ADR).

Portanto, no caso em tela, os titulares de ADRs da Telemig Celular Participações S/A não puderam exercer o direito de retirada tal qual os acionistas da companhia. Os tomadores de ADRs sequer puderam orientar o depositário a exercer o direito de retirada em seu nome.

6. Conclusões

O titular de ADR não tem a propriedade da ação-espelho[46] do ADR, ainda que o título norte-americano esteja lastreado na ação de uma companhia estrangeira. Do ponto de vista da companhia, o depositário será considerado o único proprietário da ação – e, portanto, a única pessoa com legitimidade ativa para exercer os direitos inerentes aos acionistas.

Assim, ainda que a companhia estrangeira que possui ADRs lastreados em suas ações tenha deveres de divulgação de informações (*disclosure*) perante o mercado americano, seu relacionamento, no tocante a permitir o efetivo exercício de direitos societários, é tão-somente com o depositário norte-americano.

A instituição depositária, na qualidade de responsável pela emissão dos títulos e pela interface com a companhia estrangeira, com a instituição custodiante e com os tomadores dos ADRs, poderá ou não fazer valer os direitos dos proprietários de ADRs como se acionistas fossem.

43. Idem, ibidem.

44. Idem, p. 20: "De acordo com o art. 137 da lei brasileira, os detentores de ações ordinárias e preferenciais da TC e da TCP que estão em desacordo com a incorporação da TCP e os detentores de ações ordinárias e preferenciais da TCP e os detentores de ações ordinárias da Vivo que estão em desacordo com a incorporação da Vivo terão, a partir da data da AGEs da companhia que aprovou a reestruturação, o direito de retirada da TC ou TCP, conforme aplicável, e serão reembolsados pelo valor das ações que possuíam em 23.3.2009. Os detentores de ações preferenciais e de ADSs da Vivo não estão habilitados a exercer o direito de retirada. Os detentores de ADSs da TCP não terão direito de retirada, nem estão habilitados a instruir o depositário da TCP, mesmo através de seu corretor, outro intermediário ou diretamente, a exercer o direito de retirada em seu nome".

45. *Vivo Participações S/A. Formulário F-4* (disponível em *http://vivo.mediagroup.com.br/port/download/sec/VIVO_F420_Jul_2009.pdf*, acesso em 15.9.2009), p. 3.

46. Cf. José Edwaldo Tavares Borba, "*American Depositary Receipt* (ADR)", cit., in *Temas de Direito Comercial*, p. 328: "O titular do ADR não mantém qualquer relação formal com a sociedade emissora das ações, porquanto não figura como acionista. O acionista é o banco emissor dos ADRs. O titular do ADR relaciona-se com o emissor do ADR, ao qual cabe pagar-lhe os dividendos distribuídos, proporcionar-lhe o exercício de direitos e ainda fornecer-lhe todas as informações que desejar sobre a emissora ou as ações".

A condicional para o exercício de direitos societários inerentes aos acionistas da companhia brasileira pelos titulares de ADRs reside no contrato de depósito firmado entre a companhia e a instituição depositária. Tal instrumento, que consubstancia negócio jurídico pautado pela autonomia da vontade privada, disciplinará a extensão, a operacionalização e a forma de exercício dos direitos dos ADRs *holders* relacionados às ações subjacentes.

Os direitos dos acionistas, portanto, serão extensíveis aos detentores de ADRs somente na medida em que previamente previstos pelo contrato de depósito firmado entre a companhia e a instituição emissora dos ADRs.

Deste modo, concluímos que a legislação brasileira tem influência limitada e não necessariamente impactará os titulares de ADRs, já que a extensão dos direitos societários aos titulares de ADRs é condicionada a prévia e expressa previsão negocial.

Diz-se que o ADR é um espelho da ação estrangeira. Concordamos com a definição, mas entendemos que esse espelho, dependendo das condições negociais prévias, poderá ser um espelho opaco e distorcido.

Bibliografia

ANDREZO, Andrea Fernandes, e LIMA, Iran Siqueira. *Mercado Financeiro: Aspectos Históricos e Conceituais*. São Paulo, Thomson Learning, 1999.

BRASIL. Comissão de Valores Mobiliários. *ADRs* (disponível em *http://www.cvm.gov.br/port/public/ASE/icvm/base_financeira/Secao_6_ADRS.pdf*, acesso em 23.3.2010).

———. *Vivo Participações S/A. Formulário F-4* (disponível em *http://vivo.me diagroup.com.br/port/download/sec/VIVO_F420_Jul 2009.pdf*, acesso em 15.9.2009).

BRUNI, Adriano Leal. *Globalização Financeira, Eficiência Informacional e Custo de Capital: uma Análise das Emissões de ADRs Brasileiros no Período 1992-2001*. Tese de Doutorado apresentada à Faculdade de Economia, Administração e Contabilidade da USP, 2002.

COELHO, Fábio Ulhoa. *Curso de Direito Comercial*. 2º vol. São Paulo, Saraiva, 2003.

ESTADOS UNIDOS DA AMÉRICA. *JP Morgan. Depositary Receipts Reference Guide* (disponível em *http://www.adr.com/Common/Downloadcontent.aspx?filename=DR_Reference_Guide.pdf*, acesso em 25.8.2009).

———. *Securities and Exchange Commission. International Investing* (disponível em http://www.sec.gov/answers/adrs.htm, acesso em 20.8.2009).

———. *Securities and Exchange Commission. International Investing – Get the Facts* (disponível em *http://www.sec.gov/pdf/ininvest.pdf*, acesso em 12.8.2009).

FORGIONI, Paula A. "A interpretação dos negócios empresariais no novo Código Civil brasileiro". *RDM* 130/7-38. São Paulo, Malheiros Editores, abril-junho/2003.

FRANCO, Vera Helena de Mello, e SZTAJN, Rachel. *Manual de Direito Comercial: Sociedade Anônima e Mercado de Valores Mobiliários*. 2º vol. São Paulo, Ed. RT, 2005.

GOULART, André Moura Cintra, LIMA, Gerlando Augusto Sampaio Franco de, e OZAWA, Celina Yumiko. "*Underwriting*, ações, ADR e BDR". In: LIMA, Iran Siqueira (coord.). *Curso de Mercado Financeiro: Tópicos Especiais*. São Paulo, Atlas, 2009 (pp. 68-106).

LEÃES, Luiz Gastão Paes de Barros. "Distribuição secundária no Brasil e no exterior de ações pertencentes à Administração Pública (ADR)". In: *Pareceres*. vol. 1. São Paulo, Singular, 2004 (pp. 583-596).

———. "O conceito de *security* no Direito Norte-Americano e conceito análogo no Direito Brasileiro". *RDM* 14(40)/41-60. São Paulo, Ed. RT, 1974.

LIMA, Gerlando Augusto Sampaio Franco de, GOULART, André Moura Cintra, e OZAWA, Celina Yumiko. "*Underwriting*, ações, ADR e BDR". In: LIMA, Iran Siqueira (coord.). *Curso de Mercado Fi-*

nanceiro: Tópicos Especiais. São Paulo, Atlas, 2009 (pp. 68-106).

LIMA, Iran Siqueira, e ANDREZO, Andrea Fernandes. *Mercado Financeiro: Aspectos Históricos e Conceituais*. São Paulo, Thomson Learning, 1999.

———. (coord.). *Curso de Mercado Financeiro: Tópicos Especiais*. São Paulo, Atlas, 2009.

MATSUMOTO, Alberto S. *A Emissão de "ADRs – American Depositary Receipts" pelas Empresas da América do Sul e a Teria do Mercado Eficiente*. Tese de Pós-Graduação apresentada à Escola de Administração de Empresas de São Paulo/EAESP. São Paulo, 1995.

OZAWA, Celina Yumiko, GOULART, André Moura Cintra, e LIMA, Gerlando Augusto Sampaio Franco de. "*Underwriting*, ações, ADR e BDR". In: LIMA, Iran Siqueira (coord.). *Curso de Mercado Financeiro: Tópicos Especiais*. São Paulo, Atlas, 2009 (pp. 68-106).

REQUIÃO, Rubens. *Curso de Direito Comercial*. 23ª ed., 2º vol. São Paulo, Saraiva, 2003.

SILVEIRA, Héber Pessoa da. *Dupla Listagem e Estrutura de Capital: uma Análise das Empresas Brasileiras Emissoras de ADRs*. Tese de Doutorado apresentada à Faculdade de Economia, Administração e Contabilidade da USP. São Paulo, 2008.

SILVEIRA, Alexandre di Miceli. *Governança Corporativa e Estrutura de Propriedade: Determinantes e Relação com o Desempenho das Empresas no Brasil*. Tese de Doutorado apresentada à Faculdade de Economia, Administração e Contabilidade da USP. São Paulo, 2004.

STRENGER, Irineu. *Da Autonomia da Vontade: Direito Interno e Internacional*. 2ª ed. São Paulo, LTr, 2000.

STUBER, Walter Douglas. "Os programas de *depositary receipts* no Brasil". In: *Imposto de Renda: Estudos* 36/127-139. São Paulo, Resenha Tributária, 1993.

SZTAJN, Rachel, e FRANCO, Vera Helena de Mello. *Manual de Direito Comercial: Sociedade Anônima e Mercado de Valores Mobiliários*. 2º vol. São Paulo, Ed. RT, 2005.

TAVARES BORBA, José Edwaldo. "*American Depositary Receipt* (ADR)". In: *Temas de Direito Comercial*. Rio de Janeiro, Renovar, 2007 (pp. 325-335).

———. *Direito Societário*. 10ª ed. Rio de Janeiro, Renovar, 2007.

VERÇOSA, Haroldo Malheiros Duclerc. *Curso de Direito Comercial*. 2º vol. São Paulo, Malheiros Editores, 2006.

VIVANTE, Cesare. "'Introdução' – *Trattato de Diritto Comerciale*". Trad. de Haroldo Malheiros Duclerc Verçosa. *RDM* 102/134-138. São Paulo, Ed. RT, abril/1996.

WALD, Arnoldo. "Da constitucionalidade e licitude da emissão de ADR (*American Depositary Receipt*) de ações preferenciais de instituição financeira brasileira (interpretação do art. 192, III, da CF e do art. 51 do ADCT)". *Cadernos de Direito Constitucional e Ciência Política* 2(6)/19-34. São Paulo, 1994.

Atualidades

A SUPRANACIONALIDADE DO DIREITO NO MERCADO DE CAPITAIS

BRUNO PIERIN FURIATI

1. Introdução. 2. O mercado de capitais e a globalização: 2.1 Mercado bancário e de capitais – 2.2 Crises financeiras – 2.3 Aspectos atuais dos efeitos transnacionais. 3. Aspectos do Direito no mundo global: 3.1 Contornos do modelo da esfera pública (habermasiano) – 3.2 Contornos do modelo autopoiético supranacional. 4. Direito no mercado de capitais: 4.1 Mercado de capitais e o direito supranacional. 5. Conclusão.

1. Introdução

Os efeitos da globalização no mercado de capitais são notórios, ao mesmo tempo em que a hipercomplexidade do mundo estabelece dilemas que nele interferem diretamente. As consolidações recentes do mercado, em seu dinamismo, na atuação dos agentes e na constante troca de informações, cada vez mais se apresentam como ineficientes a fim de diminuir a pressão seletiva frente à sociedade heterárquica, num ciclo de regulamentação e desregulamentação que apenas muda de sentido a cada crise, ao mesmo tempo em que se torna global.

A simples transposição de um direito supranacional traz conseqüências sobre sua efetiva legitimação como tal. Afinal, um direito supranacional não pode ser concebido fora do âmbito democrático.

Partindo desses pontos, buscar-se-á abordar, de maneira direta, como o mercado de capitais foi afetado ao longo da história pelo internacionalismo e pelo direito comercial, para, em seguida, traçar os paralelos de duas das mais importantes teorias do direito supranacional, quais sejam: a teoria da argumentação de Habermas e a teoria dos sistemas como defendida, sobretudo, por Teubner.

Isso permitirá que na abordagem do direito do mercado de capitais possa ser feita uma análise crítica sobre a real importância e necessidade de conceituação do direito do mercado de capitais sob prisma global.

2. O mercado de capitais e a globalização

O efeito global da economia e do direito mercantil existe desde seus primórdios. Provavelmente tal afirmação tenha, para muitos, um significado altamente vago e impreciso, tendo em vista que o conceito de *globalização* somente veio a surgir no fim do século XX. Porém, o entendimento do termo "global" deve ser visto como a extensão do mundo na forma como o homem, ao longo da História, o conheceu. A ampliação do horizonte do comércio se deu na mesma medida que o ser humano estendeu suas fronteiras.

Nesse caso, porém, para uma melhor análise, a compreensão do "efeito 'global'" deve ser feita sob a ótica da revolução comercial, pós-Idade Média, evitando-se, assim, generalizações. Diante disso, é justamente nessa época que a figura do comerciante, como profissional, irá surgir, constituindo sob a forma autônoma o direito comercial, e com ele o "mercantilismo".[1]

Dessa mesma forma, a interpretação do argumento não deve ser feita da forma como a globalização é vista atualmente, vinculada a uma "maior integração econômica dos Países do mundo por meio do aumento do fluxo de bens e serviços, capitais e até mão-de-obra",[2] mas por meio da circulação de riquezas entre povos e Nações e seus efeitos e conseqüências. Nesse contexto, empresta-se a expressão de Marcelo Neves, em que "a sociedade mundial significa, em princípio, que o horizonte das comunicações ultrapassa as fronteiras territoriais do Estado".[3] Notem-se: o modo como o mercado bancário e de capitais foi criado e expandido; o histórico das crises financeiras; e a forma e extensão da *lex mercatoria*, ainda que sob a roupagem da "nova" *lex mercatoria*, que, mesmo com suas alterações conceituais ao logo do tempo, ainda está viva no cenário do direito global.

1. Vale frisar a expressão de Paul Hugon, seguindo os ensinamentos de Broccard, a qual indica que "o grande mérito do mercantilismo reside na sua função histórica, qual seja, a de ter concorrido para que vencesse a nossa civilização a decisiva etapa de transação da economia regional para economia nacional" (Paul Hugon, *História das Doutrinas Econômicas*, 13ª ed., São Paulo, Atlas, 1973, p. 87). Porém, deixando de lado os aspectos inerentes às teorias econômicas, os efeitos do mercantilismo claramente já se faziam transparecer internacionalmente, conforme se verificará com o histórico das crises financeiras.

2. Joseph E. Stiglitz, *Globalização: como Dar Certo*, São Paulo, Cia. das Letras, 2007, p. 62.

3. Marcelo Neves, *Entre Têmis e Leviatã: uma Relação Difícil*, São Paulo, Martins Fontes, 2006, p. 217. Nesse mesmo contexto (Luhmann e Brunkhorst, cits. por Neves, ob. cit., p. 217), a sociedade moderna pode ser considerada a sociedade mundial, com a ressalva de que "somente no fim do nosso século a *globalização* (...) tornou-se tão evidente que a sociedade pode, na sua descrição, reconhecer a si mesma como sociedade mundial".

2.1 Mercado bancário e de capitais

Os primeiros bancos[4] foram criados durante o Império Romano. Porém, com o declínio desse, principalmente, em razão da restrição do comércio e de práticas religiosas contra a usura, praticamente deixaram de existir, ressurgindo, após a Idade Média, com a Renascença. Nesse sentido, segundo Galbraith, "tanto o seu declínio quanto o seu renascimento ocorreram na Itália; nenhum banqueiro, desde essa época, nem mesmo os Rothschilds ou J. Pierpoint Morgan conseguiram igualar os Medicis, em grandiosidade (...). As casas bancárias de Veneza e Gênova são as precursoras reconhecidas dos bancos comerciais modernos regulares".[5]

Antes dos bancos de emissão, outros institutos de grande inovação foram fundamentais para o início do desenvolvimento do direito mercantil. Dentre esses, a objetivação do crédito (criação dos títulos de crédito)[6] e a autonomia dos direitos cartulares, o que significou a "coisificação" do crédito e, por conseguinte, a possibilidade de transmissão dos títulos, o que acelerou a circulação de riquezas. Aponta Alfredo Lamy que, "para prevenir-se nas longas viagens que fazia em busca das feiras ou dos locais de negociar, [*o comerciante*] depositava seus recursos num estabelecimento com filiais e dele recebia um papel com a ordem a seu correspondente no local de destino para pagar ao portador o montante recebido: era a 'letra de câmbio', ou uma

4. Não da forma atualmente conhecida, mas sim na figura do agente mercantil (*factor*). Tal figura colhia informações creditícias dos comerciantes e as repassava, além de atuar no escambo de mercadorias.

5. John Kenneth Galbraith, *Moeda, de Onde Veio, para Onde Foi*, São Paulo, Thomson/Pioneira, 1997, p. 15.

6. É conveniente ressaltar, todavia, outros mecanismos que impulsionaram o comércio, como o início da limitação de responsabilidade, principalmente no comércio marítimo, e a contabilidade das partilhas dobradas.

promessa de pagamento (nota promissória)".[7]

O título de crédito, originalmente criado para trazer maior segurança nas transações comerciais – já que o comerciante não corria risco de saque em suas viagens –, acabou por culminar no aparecimento dos bancos e das primeiras companhias. Essas emitiam quotas transmissíveis a investidores para que estes participassem como sócios de aventureiros colonizadores do "Novo Mundo".

Da mesma maneira, a internacionalização sempre foi um atributo inerente ao mercado de capitais. Desde seu nascimento, com a emissão de ações pela Cia. das Índias e da Cia. Mares do Sul, na medida em que tais Companhias angariavam recursos provenientes de investidores por meio da emissão de ações com o objetivo de se aventurar pelo mundo ainda inexplorado. Frise-se que, durante a expansão do mundo, conjugada com o desejo de explorar terras recentemente conquistadas, aventureiros precisavam de recursos para suas atividades, e para tanto foram buscar nas cidades, junto a comerciantes e nobres.

Todavia, até aquele momento não havia uma regulação efetiva sobre o mercado de ações, de forma a evitar fraudes ou especulações. Justamente esses dois fatores é que marcaram o início das emissões de ações.

2.2 Crises financeiras

Apesar de a crise mais citada ser provavelmente a depressão norte-americana de 1929, a primeira crise internacional de que se tem notícia ocorreu em 1720,[8] "coincidentemente" com as primeiras emissões de ações, com as bolhas da "Mares do Sul" e da "Mississipi".[9] A Cia. do Mississipi (*Compaignie d'Occident*), posteriormente denominada Cia. das Índias, foi criada em meados de 1717 pelo escocês John Law, financista e na época radicado na França, com o intuito de explorar ouro na Louisiana (Estados Unidos da América), gerando, assim, riquezas à França. Investidores britânicos, franceses e escoceses já em 1719 empilhavam-se na *Rue de Quincampoix*, em Paris, a fim de comprar ações da Mississipi.[10]

Enquanto os britânicos compravam as ações da Mississipi, italianos, holandeses e franceses adquiriam ações da Mares do Sul na Inglaterra, com especulações de igual porte, mas junto ao mercado inglês. O ápice da especulação se deu no outono de 1720, quando os investidores, em meio ao frenesi, começaram a tentar realizar suas aplicações. Naquele momento, tanto "Londres e a Europa Continental mostravam estar juntos no desastre".[11] Vale ressaltar que a Companhia nem sequer tinha iniciado suas atividades no território da Louisiana. Após a crise de 1720, inúmeras outras crises internacionais se formaram. E não foram poucas.

Entretanto, cabe lembrar que nem toda crise tem abrangência internacional, mesmo em um mundo globalizado. Prova disso foi a primeira crise financeira, a "Crise das Tulipas", em 1637, nos Países Baixos, e a crise de Tóquio em 1990. Economistas podem explicar tais acontecimentos

7. Alfredo Lamy Filho, *Temas de S/A*, Rio de Janeiro, Renovar, 2007, p. 8.

8. Outras crises existiram antes, mas de expressão regional.

9. Charles P. Kindleberger, *Manias, Pânicos e **Crashes***, Rio de Janeiro, Nova Fronteira, 2000, p. 157.

10. Kindleberger (*Manias, Pânicos e **Crashes***, cit., p. 158) estima que cerca de 30 mil estrangeiros, incluindo nobres ingleses, foram subscrever as ações da Companhia pessoalmente em Paris, sendo que Galbraith (*Moeda, de Onde Veio, para Onde Foi*, cit., p. 21) afirma que "na primavera de 1719 as notas emitidas atingiam 100 milhões de Libras; em meados do Verão havia mais de 300 milhões. Nos últimos seis meses de 1719, mais de 800 milhões de Libras em notas haviam sido emitidas".

11. Charles P. Kindleberger, *Manias, Pânicos e **Crashes***, cit., p. 159.

de várias maneiras; contudo, há sempre necessidade da pesquisa empírica.

Como toda grande crise, a procura pelos seus causadores não foi pequena, inclusive com alguns Republicanos culpando o Presidente Hoover, e esse a Europa.[12] Como elementos externos que influenciaram o *crash*, podemos citar a recuperação da Europa no pós-guerra, com produção excessiva e a renegociação das taxas de juros aos empréstimos londrinos no mercado de Nova York. Seus reflexos, por outro lado, foram surtidos na Europa, América do Sul e até mesmo Austrália.

Automaticamente, com a quebra, cancelou-se praticamente a totalidade dos financiamentos à importação. Com isso, mercados exportadores de *commodities* (tais como Brasil e Argentina) tiveram suas balanças de pagamento severamente comprometidas, incapazes, assim, de adimplir suas dívidas a curto prazo, ao mesmo tempo em que estavam impossibilitados de contrair novas dívidas, em razão do fechamento do mercado de crédito internacional, o qual só voltou a funcionar na primeira metade de 1930.[13]

Da mesma forma a atual crise do *suprime*, a qual se iniciou com o aumento expressivo das inadimplências nos pagamentos das hipotecas (*mortgages*) nos Estados Unidos, mas que gerou efeitos adversos gigantescos no sistema financeiro mundial, muito porque a maioria desses créditos foi securitizada.[14] Vale destacar que, após essa crise, os ventos da regulação voltaram a soprar. É o inevitável ciclo (regulação/desregulamentação) após cada crise.

2.3 *Aspectos atuais dos efeitos transnacionais*

O que atualmente se vê é uma propagação, em velocidade quase instantânea, dos efeitos dos mercados de capitais no mundo. Segundo Galgano, uma das grandes novidades de nosso tempo reside na expansão mundial da organização produtiva.[15] Não se faz necessário muito esforço para encontrar uma notícia de efeitos correlatos nos mais diversos mercados. Já em 1998, na visita que o então Presidente norte-americano Bill Clinton fez ao Primeiro-Ministro japonês, Keizo Obuchi, foi exigida, por parte dos Estados Unidos da América, uma série de reformas para que o Japão estimulasse sua economia, em razão do que Jacob Heilbrunn chamou de "o efeito bumerangue nas relações EUA/Japão".[16] Esse tipo de interferência, inaceitável até pouco tempo, tem sido constante no mundo atual.

Casos recentes como o da gigante do setor de energia, ENRON, trouxeram à tona graves problemas regulatórios e fizeram, inclusive, a legislação norte-americana de mercado de capitais ser alterada, por meio do chamado *Sarbanes-Oxley Act*.[17] Desde então vemos, pelo menos no Brasil, uma necessidade extrema de regulação do mercado, na maioria das vezes espelhada nos marcos regulatórios dos Estados Unidos da América.

12. Donald W. Whisenhunt, *President Hebert Hoover*, Estados Unidos, Nova Science Publishers, 2007, p. 78.

13. Charles P. Kindleberger, *Manias, Pânicos e **Crashes***, cit., pp. 174-175.

14. Em geral, *securitização* consiste em transformar determinados direitos de crédito (ativos) ilíquidos em líquidos. A estrutura geral (clássica) é feita por meio da cessão de tais créditos a uma Sociedade de Propósito Específico. Tal Sociedade, por conseguinte, emite títulos ou valores mobiliários, com pagamentos lastreados nos créditos por ela adquiridos.

15. Francesco Galgano, *La Globalizzazione nello Specchio di Diritto*, Bolonha, Il Mulino, 2005, p. 25.

16. Jacob Heilbrunn, "O efeito bumerangue nas relações EUA/Japão", *O Estado de S. Paulo* 26.11.1998, São Paulo (disponível em *www.race.nuca.ie.ufrj.br/journal/h/heilbrunn.doc*, acesso em 15.1.2008).

17. Lei assinada em 30.7.2002 pelo senador Paul Sarbanes (democrata de Maryland) e pelo deputado Michael Oxley (republicano de Ohio).

Por outro lado, tem-se visto as Bolsas mundiais se consolidarem, ao mesmo tempo em que se desmutualizam. Nesse sentido, no mesmo interregno em que passam a ser responsáveis pela maioria das negociações, tornam-se empresariais, visam ao lucro. E nessa mesma esteira está a maior Bolsa brasileira (BM&FBovespa), que movimentava antes da crise aproximadamente doze bilhões de reais[18] por dia no mercado de capitais nacional.[19]

Sob a ótica internacional, a fusão da *New York Stock Exchange*/NYSE com a *Euronext* não só fez com que a Bolsa de Nova York cruzasse o Atlântico, mas consolidou em uma só empresa as Bolsas de Nova York, Paris, Bruxelas, Amsterdã e Lisboa, gerando a maior Bolsa do mundo, apesar de os pregões da Euronext e da NYSE ainda serem independentes. Entretanto, não é difícil imaginar uma futura consolidação de suas ações, permitindo que uma mesma companhia tenha seus papéis negociados em tantos locais que reflita em uma cotação permanente, 24 horas por dia, 7 dias por semana.

Habermas lembra que, "no período pós-guerra, o sistema Bretton-Woods (que assegurou a estabilidade cambial) ao lado de instituições como o Banco Mundial e o FMI formaram um regime econômico internacional que permitia um equilíbrio entre políticas econômicas nacionais e regras do comércio mundial liberalizado", o que, com seu abandono, resultou em um "liberalismo transnacional".[20] Apesar de a criação dessas instituições ser uma posição em parte questionável, por defender a mobilidade do mercado mundial como fator de subsunção do Estado frente ao capital privado, ela não pode ser menosprezada.

Ocorre que, como visto, os efeitos internacionais no mercado de capitais, com a conseqüente busca de soluções transnacionais, vem sendo gerados há quase três séculos. Resta saber se uma aplicação supranacional do Direito facilitaria não a eliminação das crises, já que essa não é sua tarefa, mas a prevenção de fraudes e a unificação das formas de divulgação das informações aos investidores – o que, de certa forma, ajudaria a diminuí-las.

3. Aspectos do Direito no mundo global

Há inúmeras teorias para a aplicabilidade do Direito no mundo global. Kant já apregoava a possibilidade de existir um Direito que refletisse a união entre todas as Nações, que passaria por leis universais para o comércio entre elas.[21] Recorrendo ao que Marcelo Neves chama de "duas tendências marcantes no desenvolvimento da sociedade mundial", têm-se a teoria de Teubner, "a qual recorre à idéia de ordens jurídicas globais, plurais e heterárquicas", e, de outro lado, a teoria de Habermas, "pleiteando uma política interna mundial, unidade hierarquicamente estruturada acima do Estado soberano".[22]

Do lado habermasiano recorre-se à idéia da construção do Estado Democrático de Direito por meio da esfera pública, esta sendo o campo de tensão entre mundo da vida e sistemas político e jurídico. Nela se encontra o mecanismo de construção dos procedimentos, fulcrados em valores, expectativas e interesses conflitantes do mundo da vida, que se apresentam livres e iguais perante os procedimentos políticos e jurídicos. É a arena do dissenso, em que para sua legitimação se faz necessário o Estado Democrático de Direito, na medida em que é por meio dele que os valores e

18. Fonte: CVM, *http://www.cvm.gov.br*, acesso em 18.1.2008.

19. Com uma intensa participação de estrangeiros.

20. Jünger Habermas, *A Constelação Pós-Nacional: Ensaios Políticos*, São Paulo, Littera Mundi, 2001, p. 101.

21. Immanuel Kant, *Introdução ao Estudo do Direito*: *Doutrina do Direito*, Bauru, Edipro, 2007, p. 164.

22. Marcelo Neves, *Entre Têmis e Leviatã: uma Relação Difícil*, cit., p. 259.

interesses são posicionados de forma isonômica e igualitária e, ainda, suas perspectivas estruturadas. Diante disso, o consenso buscado deve ser sobre os procedimentos, já que esses viabilizam o "fomento" do dissenso na esfera pública e sua absorção pelo sistema.

Por outro lado, a argumentação de Teubner busca desconstruir a hierarquia do Direito; porém, acima do plano semântico, buscando ver uma realidade jurídica "policontextural", fundamentando-se na teoria dos sistemas de Luhmann, sobretudo no conceito de "observação de segunda ordem".[23] Assim, para Teubner o fator sócio-estrutural, que leva à desconstrução da hierarquização do Direito, é a globalização, vez que há um claro desafio de incluir na Teoria do Direito as questões das ordens jurídicas globais e plurais. Os procedimentos do Estado de Direito deixam de estar atrelados ao Estado Nacional e passam a valer no âmbito das *global villages*, na medida em que *rule of law* e *due process of law* se desenvolvem.[24]

3.1 Contornos do modelo da esfera pública (habermasiano)

Vislumbrando um direito supranacional no mercado de capitais, é de difícil compreensão que a teoria habermasiana possa ser entendida dessa forma tão autônoma como na visão de Teubner. Habermas tenta demonstrar a possibilidade de uma política interna mundial supranacional, da qual o mercado de capitais teria necessariamente que fazer parte, como mecanismo da sociedade global.

Habermas, nesse contexto, entende os Estados como entes enfraquecidos frente às ações das corporações multinacionais. Isso advém do fato de o modelo habermasiano ser fulcrado na relação do Direito com a Moral, estabelecendo que o Direito só alcança sua forma por via procedimental que gere sua legitimidade. Há um entrelaçamento, nesse sentido, entre Direito, Moral e Política. Como, segundo Habermas, há dois tipos de poder (administrativo – dominação legal-racional – e comunicativo – procedimentos democráticos de vontade estatal), o Direito seria o meio de diálogo entre tais poderes, e esse diálogo se daria por meio do discurso, que teria seus fundamentos morais (dever-ser universal), ético-políticos (justificação do "bom" para a comunidade) e pragmáticos (justificação dos fins e meios empregados) – princípio democrático, buscando o controle da coerência normativa do sistema. Portanto, no momento em que há uma sobreposição econômica sobre o poder político do Estado (dinheiro substituindo poder), não há consolidação da democracia.

Dessa maneira, a proposta habermasiana versa sobre uma constituição supranacional legitimada, que não se bastará na própria Organização das Nações Unidas/ONU, pois precisará de "respaldos democráticos" que a ONU ainda não tem. Mesmo que apoiadas em direitos fundamentais, só haverá promoção interna mundial na medida em que existirem "Repúblicas construídas federativamente, capazes de agir globalmente, nas quais os caminhos de legitimação do processo democrático são estendidos continuamente do plano dos Estados Nacionais para os regimes continentais".[25]

Todavia, na sociedade moderna não se faz possível, segundo a idéia habermasiana, a participação tão-somente dos Estados na arena transnacional. Necessita-se que a arena seja divida com "*global players* de tipo não-estatal, sejam corporações multinacionais ou organizações não-governamentais,

23. Idem, pp. 259-283.

24. Gunther Teubner, "'Global Bukowina': legal pluralism in the world society", in Gunther Teubner (org.), *Global Law Without a State*, Burlington/EUA, Ashgate, 2006, pp. 15-199. Criticando a teoria de Teubner, ainda, Marcelo Neves, *Entre Têmis e Leviatã: uma Relação Difícil*, cit., p. 266.

25. Jünger Habermas, *O Ocidente Dividido*, Rio de Janeiro, Tempo Brasileiro, 2006, p. 144.

que através do meio do dinheiro ou das influências perseguem suas próprias políticas".[26] Isso fará que, com a participação dos Estados, exista uma legitimação democrática (vez que somente aos Estados é cabida tal legitimação, conforme exposto anteriormente), e com a participação de tais entidades haverá uma nova influência política, aumentando o campo de atuação dos Estados sobre essa nova ordem global imposta.

Porém, conforme aponta Marcelo Neves, numa sociedade global desigual, em que os Estados em sua maioria não são de fato Estados Democráticos de Direito, essa transposição dos procedimentos para o plano internacional, independentemente de contar com a participação de *global players*, causará corrupção sistêmica, não sendo possível transpor para o plano internacional um procedimento democrático se seus próprios entes participantes não o observam em sua plenitude. Criar-se-ia, sobre esse plano, a problemática da "periferização do centro", em que os Estados periféricos, não observadores do *Welfare State*, afetariam as regiões consideradas como privilegiadas, Europa e América do Norte, causando efeitos adversos nessas regiões.[27]

3.2 Contornos do modelo autopoiético supranacional

Segundo a concepção de Luhmman, o Direito é um subsistema do sistema social (este seria o ambiente daquele), de forma que a relação com a Política e a Economia se dá por meio de acoplamentos estruturais, haja vista que não há comunicação fora do sistema, e para que ocorra uma interferência externa (ambiente) sobre ele necessita-se observar os programas, esses que são os únicos capazes de "traduzir" a linguagem extra-sistêmica, para que se desenvolva a comunicação intra-sistêmica (no caso do Direito, por meio do código lícito/ilícito).

Em razão da existência de diversos subsistemas, há uma relação de confronto entre a evolução interna e externa entre eles, já que cada um é um sistema auto-referencial fechado e operativamente aberto, devendo, assim, manifestar evoluções de maneiras distintas entre eles. Apesar de "una", a sociedade moderna tem manifestações multifacetárias cada vez mais evidentes, resultando em hipercomplexidade e diferenciação funcional, ampliando e até mesmo postulando os mesmos limites.

Mas os problemas atuais que mais chamam a atenção são aqueles que "resultam em um desenvolvimento global desequilibrado".[28] Devido a isso, na visão de Luhmann ainda não seria possível vislumbrar um Direito com tais características, pois o Direito perde a capacidade de se tornar supranacional no momento em que não há disposição política para formá-lo, nem desenvolvimento do Estado Moderno capaz de vincular as pessoas a tal Direito. A normatividade teria a função simplesmente assecuratória da constância das expectativas.[29]

Teubner, com seu modelo sistêmico, contrapõe-se ao habermasiano, ao transpor os procedimentos para fora do Estado, no âmbito de esferas auto-reguladoras (*global villages*). Essa privatização do Direito fica exposta quando analisada sob o âmbito do direito desportivo, do ciberespaço e da nova *lex mercatoria*,[30] apesar de constantemente ameaçada.[31]

26. Idem, p. 184.

27. Marcelo Neves, *Entre Têmis e Leviatã: uma Relação Difícil*, cit., p. 283.

28. Niklas Luhmmann, *Sociologia do Direito*, vol. II, Rio de Janeiro, Tempo Brasileiro, 1985, p. 158.

29. Idem, pp. 154-165.

30. Francesco Galgano comenta na mesma linha, em que na sociedade global atual existe um Direito próprio não estatal, a nova *lex mercatoria* (*La Globalizzazione nello Specchio de Diritto*, cit., p. 56).

31. Gunther Teubner, "'Global Bukowina': legal pluralism in the world society", cit., in Gunther Teubner (org.), *Global Law Without a State*, p. 22.

Embora essas esferas auto-reguladoras tenham certa autonomia, esse modelo trata o direito global como algo subdesenvolvido, dentro de sua hipercomplexidade, como diversos subsistemas autônomos, tendo em vista que haverá uma subsunção do Direito à evolução econômica. Vê-se no Direito um mero mecanismo de operação da Economia. Isso fará com que não exista acoplamento estrutural entre as ordens jurídicas e as ordens sociais mundiais.[32]

Esse fato torna-se mais evidente quando se verifica que "a internacionalização dos agentes econômicos privados e a privatização dos serviços públicos de infra-estrutura, além de trazerem claros benefícios à eficiência econômica da produção, têm gerado tendência simultânea do aumento do desemprego formal e de crescente flexibilização de mão-de-obra".[33]

Diante disso, a corrupção sistêmica seria novamente verificada, pois os códigos Economia e Política subjugariam o Direito, tornando-se este um instrumento daqueles – o que, no fim do dia, teria como conseqüência direta a redução do próprio Estado Democrático de Direito, em virtude dos efeitos destrutivos que trariam à reprodução autônoma dos demais sistemas mundiais.

4. Direito no mercado de capitais

Eizirik ensina que "a regulação do mercado de capitais, como de qualquer mercado, consiste na atividade do Estado no sentido de editar normas de conduta para os participantes, bem como no sentido de fiscalizar seu cumprimento".[34] Ainda, deve-se levar em conta o papel do Estado no que tange à intervenção na economia, isto é, desde uma concepção totalmente liberal até um intervencionismo absoluto.

Ao regular, o Estado irá tentar expurgar as deficiências do sistema, sem, no entanto, eliminar as forças do mercado.[35] Portanto, "a regulação do mercado decorre, como se sabe, de uma decisão política. O mercado, porém, é, por princípio, livre e desregulado. A decisão política de regulá-lo se exprime – necessariamente – através de lei".[36]

Assim, a regulação pressupõe intervenção estatal, e somente em razão de poder emanado pelo Estado é que aos entes reguladores estará possibilitado regular a conduta do mercado. Nesse contexto, o crítico da globalização, Kostas Vergopoulos, cita Milton Friedman para destacar quão falacioso é o termo "liberalismo" nos tempos atuais, vez que, "enquanto de todos os lados há total submissão ao livre mercado, se aceita como natural o controle e a regulação extramercado da taxa de câmbio e do nível de inflação pelo Estado ou por um organismo estatal equivalente, como o Banco Central (...). Com essas intervenções soberanas extramercado, feitas de fora para dentro, a liberdade dos mercados fica gravemente amputada e falseada de seu hipotético dinamismo interno".[37]

Expurgando as políticas monetárias e econômicas dos Estados, a regulação que resta atrelada ao mercado de capitais está na proteção plena ao investimento, criando, basicamente, meios de acesso à informação do investidor quando da análise do mercado, evitando manipulações de números, seja por meio de atuação de agentes no próprio mercado, seja por falta de transpa-

32. Marcelo Neves, *Entre Têmis e Leviatã: uma Relação Difícil*, cit., p. 266.

33. Gilberto Dupas, *Economia Global e Exclusão Social: Pobreza, Emprego, Estado e o Futuro do Capitalismo*, São Paulo, Paz e Terra, 1999, p. 87.

34. Nelson Laks Eizirik, "Regulação e auto-regulação no mercado de valores mobiliários", *RDM* 48/48, São Paulo, Ed. RT.

35. Idem, p. 49.

36. Julian Chediak, "A reforma do mercado de valores mobiliários", in Jorge Lobo (coord.), *Reforma da Lei das Sociedades Anônimas: Inovações e Questões Controvertidas da Lei 10.303, de 31.10. 2201*, Rio de Janeiro, Forense, 2002.

37. Kostas Vergopoulos, *Globalização, o Fim de um Ciclo: Ensaio sobre a Instabilidade Internacional*, Rio de Janeiro, Contraponto, 2005, p. 31.

rência na divulgação de informações ao mercado, sendo assim quase na totalidade dos Estados.

O objetivo gira em torno da verificação de condições de acesso ao mercado, incluindo verificação da necessidade de condições específicas para o desempenho de determinados papéis, seus respectivos comportamentos e a prestação de informações (*disclosure*), tornando-se essa, talvez, o principal escopo. Essa é a diretriz não só fundamental da Comissão de Valores Mobiliários no Brasil, mas também da *Securities Exchange Commission* dos Estados Unidos da América e demais comissões de valores no mundo. Isso resulta em regras de transparência e adequação de divulgação de informações, de forma que todos os investidores, incluindo os potenciais, possam ter acesso ao mesmo tipo de informação, evitando distorções no mercado. Sendo que essa forma de atuação também previne outro tipo de atuante maléfico do mercado, aquele que tem informação privilegiada (*insider trading*).

Outro papel importante quem desempenha é a auto-regulação.[38] A maior agilidade no combate às fraudes do mercado, com atuação normalmente mais rápida e precisa que os entes estatais, é uma vantagem. De outro lado, o potencial conflito de interesses é algo a ser constantemente verificado.[39] Esse papel de regulação externa está limitado ao poder de intervenção estatal, vez que cada Estado tem uma política própria de atuação, de modo que a legislação supranacional deveria, pelo menos em tese, observá-la, para que não criasse um impacto sistêmico.

4.1 Mercado de capitais e o direito supranacional

Considerando, hipoteticamente, a existência de um direito supranacional no mercado de capitais, dois seriam os principais fatores a serem albergados por essa "legislação". Não por coincidência, seriam praticamente os mesmos a que se propõe regular o direito interno.

O primeiro deles seria a uniformização dos padrões de divulgação de informações. Nessa linha estariam desde os padrões contábeis até aqueles relativos à emissão de valores mobiliários no mundo. Por óbvio que as particularidades, tal como acontece atualmente, não deixariam de existir. Porém, a simplificação facilitaria tanto a compreensão pelos investidores como a fiscalização, sendo esse o segundo fator.

Atualmente a habilidade da proteção do mercado de capitais pelos agentes estatais se converte na habilidade de tais entes de obter e fornecer cooperação internacional.[40] No âmbito das comissões de valores mundiais isso é possível tanto através de acordos internacionais como por meio da *International Organization of Securities Commission*/IOSCO, cuja função visa aos seguintes aspectos: cooperação para promover elevados padrões de regulação, a fim de manter justos e eficientes os mercados; troca de informações sobre suas experiências, com o objetivo de promover os mercados locais; união de esforços, a fim de estabelecer padrões de vigilância de operações internacionais; e assistência mútua, com vistas a fomentar a integridade do mercado, com uma rigorosa aplicação de sanções em caso de violações à lei.[41]

38. Entendendo-se por *auto-regulação do mercado* a normatização e fiscalização pelos órgãos de mercado, que anteriormente à desmutualização das Bolsas se tratava estritamente de associações, das atividades de seus membros, com o escopo de manter elevados padrões de conduta nos negócios conduzidos por seus membros.

39. Nelson Laks Eizirik, "Regulação e auto-regulação no mercado de valores mobiliários", *RDM* 48/52.

40. Ethipis Tafara, *Specch by SEC Staff: Remarks Present at the IMF Conference on Cross-Border Cooperation and Information Exchange*, Washington/ D.C., 7-8.7.2004 (disponível em *http://www.sec.gov/news/speech/spch07074et.htm*, acesso em 7.2.2008).

41. *The International Organization of Securities Commissions*, disponível em *www.iosco.org/about*, acesso em 10.2.2008.

Esse modelo demonstra que mesmo entidades auto-reguladoras supranacionais não têm a eficácia necessária para atuar no combate a fraudes e lavagem de dinheiro no âmbito global. A dependência de informações advindas dos Estados faz com que a pressão da supranacionalidade, no momento em que as operações se tornam internacionais, seja refletida em uma pressão intra-estatal.

As discussões futuras sobre a forma como as Bolsas internacionais vão agir e o método de divulgação de informações no plano internacional ainda é uma incógnita, apesar de, nesse último caso, existirem claras iniciativas de unificação, principalmente no que tange ao padrão contábil. Nessa esteira, nota-se que o legislador nacional brasileiro, em determinados casos, abriu a possibilidade de uma aplicação de padrões internacionais na regulação interna.[42] Entretanto, isso não satisfaz o conceito de um direito global.

Essa questão é ainda mais enfraquecida quando vista sob a ótica da possibilidade do efetivo controle sobre as questões infranacionais. Cabe ao ente estatal a aplicação das sanções necessárias para que se proceda à correção do mercado, principalmente nas questões de informações privilegiadas e conflitos de interesse. Seria necessário transpor paradigmas para que isso fosse modificado; por exemplo, dando ao Tribunal Penal Internacional (ou entidade equiparada) a possibilidade de atuar em casos econômicos, o que até o presente momento não ocorre.[43] Convém ressaltar que, nesse ponto, a análise de Habermas faz sentido, no momento em que somente uma entidade supranacional, dotada de efetividade democrática necessária, por ter seus procedimentos regulados pela arena do dissenso, estaria habilitada a agir como um ente sancionador.

5. Conclusão

O meio mais célere para que seja alcançado um direito supranacional no âmbito do mercado de capitais seria pela auto-regulação internacional, global. Ocorre que, na medida em que for praticada por *private players*, seu efeito seria o mesmo daquele que Teubner chama de *global villages*. Não haveria possibilidade de se efetivarem os procedimentos necessários ao Estado de Direito, pois, conforme já tratado, "a introdução de procedimentos democráticos baseados na *rule of law* e de controle públicos contraria exatamente a razão do surgimento e a utilidade específica do direito econômico mundial dos 'governos privados'".[44]

Esse ponto é ressaltado ao se verificar que os *enforcements*[45] transnacionais não são eficientes, cabendo ao ente estatal a aplicação das sanções necessárias para que se proceda à correção do mercado. Da mesma forma, a criação de uma entidade global, dotada de capacidade de agir nas mais diferentes áreas do mercado de capitais, traria muito mais questionamentos e problemas de adequação nas esferas nacionais que propriamente soluções.

Há teóricos que condicionam a arbitragem como meio desse mecanismo sancionador supranacional a ser alcançado. O Estado, todavia, ainda detém o monopólio da execução, tal como tem o monopólio de construir sua política pública. Entes auto-

42. Exemplos disso são as alterações trazidas pela Lei 11.638, de 28.12.2007, a qual altera a Lei 6.404, de 15.12.1976, em especial no que tange ao art. 177, § 5º: "As normas expedidas pela Comissão de Valores Mobiliários a que se refere o § 3º deste artigo deverão ser elaboradas em consonância com os padrões internacionais de contabilidade adotados nos principais mercados de valores mobiliários".

43. Em razão de a Organização Mundial do Comércio/OMC ser um dos entes privados, desprovidos de um procedimento democrático, a possibilidade de sua atuação estaria excluída.

44. Marcelo Neves, *Entre Têmis e Leviatã: uma Relação Difícil*, cit., p. 268.

45. Lembrando-se, sempre, a observância do *due process of law*, daí a necessidade de a sanção estar sob feixe de um Estado Democrático de Direito.

reguladores supranacionais podem vir a existir, mas não são o objetivo em si.

Nesse sentido, a atual cooperação internacional tem sido muito eficaz e prática no controle internacional do mercado de capitais, e as deficiências (no combate a fraudes e lavagem de dinheiro) estão justamente naqueles entes que não observam os princípios do Estado Democrático. Isso, num primeiro momento, faria com que o modelo habermasiano fosse mais aconselhável, já que há participação de entes estatais e auto-reguladores na esfera do direito global.

No entanto, essa visão resulta ser simplista, pois, conforme já contraposto por Marcelo Neves, o que se precisa é fortalecer o Estado Democrático de Direito, trazendo a ele novos, papéis para que se adapte à sociedade mundial heterárquica, cada vez mais flexível e dinâmica.[46] E, no final, cairia no mesmo ponto do modelo de Teubner, a falta de eficiência dos Estados nos procedimentos democráticos – o que faria com que a própria instituição supranacional se tornasse corruptível sistemicamente.

Não pode haver direito global democrático se os entes que dele fazem parte não observam os procedimentos democráticos. Da mesma forma, o termo "global" não pode ser usado caso o processo supranacional não envolva o Globo, mas, sim, áreas específicas (isto é, União Européia). Nesse caso, nada mais seria que um aumento das fronteiras estatais para dentro de comunidade maiores, mas ainda limitadas. O reflexo, dessa forma, seria o mesmo, em razão de que "o problema que se apresenta na atualidade é exatamente a propagação de ondas de exclusão aos Países centrais no contexto da 'globalização econômica'".[47]

Organismos internacionais como o Banco Mundial, o Fundo Monetário Internacional e a Organização Mundial do Comércio demonstram-se incapazes de gerenciar de forma independente e satisfatória os interesses do mundo global.

Assim, a fim de evitar que os governos estatais se deixem influenciar pelos entes trans e multinacionais, há a necessidade de fortalecer as instituições. Dessa forma, independentemente do modo como o mercado será regulado,[48] estando os direitos fundamentais garantidos, existirá outro tipo de comportamento por parte dos investidores e organizações: a *confiança*. É justamente essa confiança – não no investimento, mas nas linhas de controle mercado – que fará com que o direito do mercado de capitais se fortaleça, não importando se a linha adotada é liberal ou conservadora.

Bibliografia

CHEDIAK, Julian. "A reforma do mercado de valores mobiliários". In: LOBO, Jorge (coord.). *Reforma da Lei das Sociedades Anônimas: Inovações e Questões Controvertidas da Lei 10.303, de 31.10.2201.* Rio de Janeiro, Forense, 2002.

COMISSÃO DE VALORES MOBILIÁRIOS. Disponível em *www.cvm.gov.br*, acesso em 10.1.2008.

DUPAS, Gilberto. *Economia Global e Exclusão Social: Pobreza, Emprego, Estado e o Futuro do Capitalismo.* São Paulo, Paz e Terra, 1999.

EIZIRIK. Nelson Laks. "Regulação e auto-regulação no mercado de valores mobiliários". *RDM* 48. São Paulo, Ed. RT.

GALBRAITH, John Kenneth. *Moeda, de Onde Veio, para Onde Foi.* São Paulo, Thomson/Pioneira, 1997.

GALGANO, Francesco. *La Globalizzazione nello Specchio del Diritto.* Bolonha, Il Mulino, 2005.

46. Marcelo Neves, *Entre Têmis e Leviatã: uma Relação Difícil*, cit., p. 283.

47. Marcelo Neves, *A Constitucionalização Simbólica*, São Paulo, Martins Fontes, 2007, p. 193.

48. Considerando, aqui, as teorias de desregulação/regulação da atividade econômica e a questão "regulação estatal *versus* auto-regulação".

HABERMAS, Jünger. *A Constelação Pós-Nacional: Ensaios Políticos*. São Paulo, Littera Mundi, 2001.

———. *Direito e Democracia: entre Facticidade e Validade*. vols. I e II. Rio de Janeiro, Tempo Brasileiro, 2003.

———. *O Ocidente Dividido*. Rio de Janeiro, Tempo Brasileiro, 2006.

HEILBRUNN, Jacob. "O efeito bumerangue nas relações EUA-Japão". O Estado de S. Paulo 26.11.1998. São Paulo (disponível em *www.race.nuca.ie.ufrj.br/journal/h/heilbrunn.doc*, acesso em 15.1.2008).

HUGON, Paul. *História das Doutrinas Econômicas*. 13ª ed. São Paulo, Atlas, 1973.

JANSEN, Nils, e MICHAELS, Ralf. "Private law and the State: comparative perceptions and historical observations". *Rabels Zeitschrift Fuer Auslaendisches Und Internationales Privatrecht* 71(2). 2007 (disponível em *http://ssrn.com/abstract=955267*, acesso 15.12.2007).

KANT, Immannuel. *Introdução ao Estudo do Direito: Doutrina do Direito*. Bauru, Edipro, 2007.

KINDLEBERGER, Charles P. *Manias, Pânicos e* ***Crashes***. Rio de Janeiro, Nova Fronteira, 2000.

LAMY FILHO, Alfredo. *Temas de S/A*. Rio de Janeiro, Renovar, 2007.

LOBO, Jorge (coord.). *Reforma da Lei das Sociedades Anônimas: Inovações e Questões Controvertidas da Lei 10.303, de 31.10.2201*. Rio de Janeiro, Forense, 2002.

LUHMMANN, Niklas. *Introducción a la Teoría de Sistemas*. México, Iberoamericana, 1996.

———. *Sociologia do Direito*. vols. I e II. Rio de Janeiro, Tempo Brasileiro, 1985.

MICHAELS, Ralf, e JANSEN, Nils. "Private law and the State: comparative perceptions and historical observations". *Rabels Zeitschrift Fuer Auslaendisches Und Internationales Privatrecht* 71(2). 2007 (disponível em *http://ssrn.com/abstract=955267*, acesso 15.12.2007).

NEVES, Marcelo. *A Constitucionalização Simbólica*. São Paulo, Martins Fontes, 2007.

———. *Entre Têmis e Leviatã: uma Relação Difícil*. São Paulo, Martins Fontes, 2006.

PEREZ, Oren, e TEUBNER, Gunther. *Paradoxes and Inconsistencies in Law. Storrs Lectures at Yale Law School*. Oxford, 2006 (disponível em *http://ssrn.com/abstract=894420*, acesso em 20.12.2007).

STIGLITZ, Joseph E. *Globalização: como Dar Certo*. São Paulo, Cia. das Letras, 2007.

TAFARA, Ethiopis. *Specch by SEC Staff: Remarks Present at the IMF Conference on Cross-Border Cooperation and Information Exchange*. Washington/D.C., 7-8.7.2004 (disponível em *http://www.sec.gov/news/speech/spch07074et.htm*, acesso em 7.2.2008).

TEUBNER, Gunther, e PEREZ, Oren. *Paradoxes and Inconsistencies in Law. Storrs Lectures at Yale Law School*. Oxford, 2006 (disponível em *http://ssrn.com/abstract=894420*, acesso em 20.12.2007).

——— (org.). *Global Law Without a State*. Burlington/EUA, Ashgate, 2006.

——— "Societal constitutionalism: alternatives to State-centre constitutional theory". *Sorrs Lectures* 2003/2004. Yale Law School.

THE INTERNATIONAL ORGANIZATION OF SECURITIES COMMISSIONS. Disponível em *www.iosco.org/about*, acesso em 10.2.2008.

VERGOPOULOS, Kostas. *Globalização, o Fim de um Ciclo: Ensaio sobre a Instabilidade Internacional*. Rio de Janeiro, Contraponto, 2005.

WHISENHUNT, Donald W. *President Hebert Hoover*. Estados Unidos, Nova Science Publishers, 2007.

Atualidades

O PAPEL DOS CREDORES NO *BANKRUPTCY CODE*

SHEILA CHRISTINA NEDER CEREZETTI

1. Noções introdutórias

O sistema concursal estadunidense é regulado pelo *Bankruptcy Code*, resultado de uma reforma inserida por meio do *Bankruptcy Reform Act of 1978*. Ele compõe o Título 11 do *United States Code* e é complementado pelas denominadas *Bankruptcy Rules*, regras procedimentais emanadas pela Suprema Corte. Além disso, outras regras estão relacionadas ao sistema concursal. O Título 28 diz respeito ao *Judicial Code* e disciplina a organização dos juízos concursais, ao passo que o Título 18 cuida dos crimes concursais.

O atual texto do Título 11 do *United States Code* reflete o amplo desenvolvimento da matéria no País. Na verdade, diversos foram os diplomas legais direcionados a tratar da crise da empresa. As legislações concursais estadunidenses – exceção feita ao Código atualmente em vigor – costumavam ser aprovadas como reflexo e para remediar crises que afetavam a economia do País em determinada época.[1] Ademais, esse sempre foi tema de difícil consenso entre os parlamentares estadunidenses.[2]

Em vista dessa característica, a grande maioria dos diplomas legislativos sobre a matéria permaneceu em vigor por um curtíssimo lapso temporal. Esse quadro repetiu-se diversas vezes, pois, contornados os contratempos, a lei aprovada por um motivo específico costumava ser rapidamente revogada.

Sabe-se, contudo, que a mesma situação não é encontrada quando da análise do atual diploma norte-americano. Não obstante as diversas alterações sofridas pelo *Bankruptcy Code*, ele permanece em vigor há quase três décadas.

Importante referir que as modificações ao Código oscilam entre a concessão de tratamento excessivo aos credores ou

1. Sobre o tema, P. J. Giese ("Till *versus* SCS Credit Corp.: can you 'till' me how to cram this down? The Supreme Court addresses the proper approach to calculating cram down interest rates", *Pepperdine Law Review* 33/136, 2005) comenta que "the reason for this pattern of enactment and repeal may be seen in the impetus that spurred each attempt at forming a uniform bankruptcy system: financial panic. Each bankruptcy law lasted only as long as the financial crisis that sparked its enactment". No mesmo sentido, H. R. Miller e Shai Y. Waisman ("Is Chapter 11 bankrupt?", *Boston College Law Review* 47/132, 2005) comentam a influência das variações econômicas sobre as regras falimentares: "Periods of economic downturn resulted in calls for bankruptcy legislation and relief, while periods of recovery resulted in the repeal of such legislation prior to the twentieth century. The Great Depression of the 1930s was the catalyst for the passage of the Chandler Act of 1938 (the 'Chandler Act'), which amended the Bankruptcy Act of 1898 and provided for a lasting codification of the bankruptcy reorganization principles that had evolved during the equity receivership reorganizations of railroads".

2. Cf. H. R. Miller e Shai Y. Waisman, ("Is Chapter 11 bankrupt?", cit., *Boston College Law Review* 47/132.

aos devedores.[3] Trata-se, na realidade, de panorama bastante conhecido no Direito pátrio.[4]

A principal característica do *Bankruptcy Code* consiste no objetivo de recuperação, o qual é principalmente promovido pelas normas relativas à reorganização de empresas previstas em seu *Chapter 11*, abaixo comentado. Outro importante propósito do referido diploma é permitir que o devedor retorne ao mercado, o que é bastante estimulado pelo *fresh start*, destinado a atribuir novo *status* financeiro favorável ao devedor.

Entretanto, o *Bankruptcy Code* não conta apenas com um capítulo voltado à reorganização. Na verdade, ele é formado por diversos capítulos (*chapters*). Os três primeiros cuidam de aspectos comuns aos procedimentos previstos ao longo do próprio diploma.[5] Os demais, por seu turno, tratam especificamente das regras próprias a cada um dos diferentes procedimentos previstos para as situações de crise.[6]

As primeiras regras do *Bankruptcy Code*, estabelecidas em seu *Chapter 1*, são disposições de cunho geral e se destinam a tratar das definições, regras de interpretação, formas de aplicação dos demais *chapters* e da caracterização daqueles que podem ser devedores sob os procedimentos previstos na lei.

3. Cf. E. H. Jones, "Chapter 11: A death penalty for debtor and creditor interests", *Cornell Law Review* 77/1.098, 1992. Confira-se: "They tend to ebb and flow between showing excessive care for creditors and excessive care for debtors".

4. Cf. a conhecida observação de Fábio Konder Comparato (*Aspectos Jurídicos da Macroempresa*, São Paulo, Ed. RT, 1970, pp. 98-101) segundo a qual a legislação falimentar brasileira mantém-se em ritmo pendular: protegendo ora os interesses do devedor, ora os interesses dos credores.

5. Note-se que os casos regulados pelo *Chapter 9* são excepcionalmente disciplinados apenas pelo *Chapter 1* e pelo *Chapter 9* (§ 103).

6. Sobre o assunto, v. R. D. Albergotti, *Understanding Bankruptcy in the United States of America – A Handbook of Law and Practice*, Cambridge, Blackwell Finance, 1992, pp. 8-10.

O *Chapter 3*, por seu turno, regula, dentre outras matérias, a instauração de ações, sejam elas relativas a procedimentos voluntários ou involuntários, conforme abaixo detalhado, as partes oficiais envolvidas pelos *bankruptcies cases* e a administração judicial.

O *Chapter 5*, por sua vez, cuida de assuntos relacionados aos credores e aos seus créditos, trata dos direitos e deveres do devedor e contém dispositivos relativos à determinação da massa falida objetiva.

Os demais capítulos, conforme abaixo esclarecido, cuidam especificamente dos diferentes institutos disponíveis para o tratamento da crise no sistema norte-americano.

1.1 Os institutos disciplinados pelo Bankruptcy Code

A partir do *Chapter 7*, o *Bankruptcy Code* passa a disciplinar cada um dos *bankruptcy cases*, ou seja, os distintos mecanismos destinados a tratar de situações de crise,[7] sendo que cada um deles tem um propósito específico ou envolve sujeitos diversos.

Não obstante tratar-se o *Bankruptcy Code* de diploma que preza prioritariamente pela reorganização e manutenção da empresa, ele é dotado de um procedimento liquidatário destinado às situações em que a crise não for remediável. Nesses casos, deve o devedor fazer uso da *liquidation*, prevista no *Chapter 7*. Trata-se de procedimento pelo qual um *trustee*,[8] designado

7. Para uma visão mais detalhada do procedimento a ser seguido em cada um dos casos apresentados, v. Bankruptcy Judges Division of the Administrative Office of the United States Courts, *Bankruptcy Basics (Applicable to Cases Filed on or After October 17, 2005)* (disponível em *http://www.uscourts.gov/bankruptcycourts/BB101705final2column.pdf*, acesso em 2.4.2007).

8. Cf. comentários de R. D. Albergotti, *Understanding Bankruptcy in the United States of America – A Handbook of Law and Practice*, cit., pp. 17-18, acerca das funções do *trustee* no procedimento

pelo *US Trustee*, fica responsável pela administração dos ativos do devedor. Após a realização do ativo, o *trustee* deve distribuir o valor obtido entre os credores, resguardando-se os direitos dos *secured creditors*.[9]

O *Bankruptcy Code* também conta com um capítulo especificamente destinado à reorganização de Municipalidades, assim entendidas as "cities and towns, as well as villages, counties, taxing districts, municipal utilities, and school districts".[10] Trata-se de procedimento chamado de *Adjustment of Debts of a Municipality*, que se encontra previsto no *Chapter 9*.

O procedimento mais relevante da legislação norte-americana é, sem dúvida, o da *reorganization*, cujas regras encontram-se no tão famoso *Chapter 11*. Ele é normalmente utilizado por empresas que desejam continuar operando seu negócio e pretendem pagar suas dívidas de acordo com um plano aprovado judicialmente.[11]

O *Bankruptcy Code* conta, ainda, com o *Adjustment of Debts of a Family Farmer or Fishermen with Regular Annual Income*. Esse mecanismo, previsto no *Chapter 12*, destina-se, como seu próprio nome sugere, a permitir o ajustamento de dívidas de *family farmers* e *fishermen* que tenham renda anual regular. Seu procedimento é bastante similar ao do disposto no *Chapter 13*, abaixo comentado. Nesse sentido, permite-se que o interessado proponha um plano para o pagamento de credores em determinado período – que, a princípio, não deve ultrapassar três anos. Entretanto, caso haja autorização judicial, tal prazo pode chegar a cinco anos. Por meio da utilização dessa estrutura, os devedores podem dar continuidade ao negócio desenvolvido enquanto o plano é cumprido.

O *Chapter 13* do *Bankruptcy Code* cuida do procedimento denominado de *Adjustment of Debts of an Individual with Regular Income*, o qual é destinado a indivíduos com renda regular que chegaram a uma situação de inadimplemento excessivo. Em situações normais o uso do procedimento estabelecido no *Chapter 13* é preferível ao disposto no *Chapter 7*, uma vez que aquele permite que o devedor permaneça com algum ativo valioso, autorizando o devedor a propor um plano destinado a traçar metas para o pagamento de credores. Referido pagamento deve ocorrer no período entre três e cinco anos após a aprovação do plano.[12] O devedor, ao contrário do que ocorre na liquidação, permanece com a posse dos bens que compõem a massa. Busca-se, assim, que, mediante a continuidade das atividades normais do indivíduo, possa ele quitar suas dívidas de acordo com as determinações estabelecidas em documento pré-aprovado. Após o devido cumprimento do plano o devedor também é liberado de algumas dívidas, recebendo um *discharge* ainda maior que aquele contemplado pelo mecanismo da liquidação.

de liquidação: "The role of a Chapter 7 trustee is to collect all of the assets of a debtor, to liquidate the assets for the benefit of the debtor's creditors, and to make a distribution to the debtor's creditors. In addition, the Chapter 7 trustee may investigate a debtor's affairs to determine what assets, if any, the debtor possesses".

9. Para detalhes acerca do papel dos credores no procedimento de liquidação, v. item 3, abaixo.

10. Cf. Bankruptcy Judges Division of the Administrative Office of the United States Courts, *Bankruptcy Basics (Applicable to Cases Filed on or After October 17, 2005)*, cit. (disponível em *http://www.uscourts.gov/bankruptcycourts/BB101705final2column.pdf*, acesso em 2.4.2007), pp. 8-9.

11. Para detalhes acerca do papel dos credores no procedimento de reorganização, v. item 2, abaixo.

12. Sobre o tema, cf. o seguinte comentário de P. J. Giese ("Till *versus* SCS Credit Corp.: can you 'till' me how to cram this down? The Supreme Court addresses the proper approach to calculating cram down interest rates", cit., *Pepperdine Law Review* 33/134): "With the growing prevalence of consumer bankruptcy, many consumers are turning to debt adjustment under Chapter 13 of the Bankruptcy Code ('Code'). Chapter 13 permits individuals with regular income to develop a court-supervised plan that allows them to repay their debts over an extended period of time".

Por fim, não obstante não se trate especificamente de um *bankruptcy case*, parece bastante relevante referir uma das novidades trazidas pelo *Bankruptcy Abuse Prevention and Consumer Protection Act*/BAPCPA.[13] Trata-se da regulamentação dos *Ancillary and Other Cross-Border Cases*, prevista no recém-inserido *Chapter 15*, que visa a estabelecer um mecanismo eficaz para lidar com casos de *cross-border insolvency*, ou seja, aquelas situações que de alguma forma envolvam mais de um País no tratamento de devedores, bens, credores ou outras partes interessadas. A previsão de regras com tal escopo reflete a adoção doméstica da *Model Law on Cross-Border Insolvency* da UNCITRAL, aprovada em 1997.

1.2 A administração concursal

O *United States Trustee* (*US Trustee*), um *officer* do Departamento de Justiça, tem o dever principal de exercer as funções administrativas relacionadas aos diversos procedimentos concursais.

Os Distritos Judiciais do Alabama e da Carolina do Norte não participam do sistema do *US Trustee*. Nesses Estados os *bankruptcy administrators* exercem funções similares àquelas praticadas pelo *US Trustee* nos demais entes da Federação Norte-Americana.[14]

Não se deve confundir o *US Trustee* com o *trustee* que pode ser nomeado em alguns procedimentos concursais, conforme abaixo comentado. Um termo mais apropriado para designar o ente poderia ser "administrador concursal", na medida em que, como visto, suas funções estão relacionadas à administração do caso. A delegação de poderes para um órgão como o *US Trustee* faz parte do movimento perpetrado pela reforma de 1978 no sentido de separar as responsabilidades judiciais e administrativas, deixando ao magistrado apenas as funções essencialmente jurisdicionais.[15]

O órgão em comento desempenha ampla função em procedimentos reorganizatórios, incluindo-se (i) a inspeção da condução do negócio e a devida apresentação de relatórios pelo *debtor in possession*, abaixo tratado, (ii) o monitoramento do pagamento de profissionais, (iii) a apresentação de comentários e objeções a planos e *disclosure statements* submetidos ao juízo, (iv) a nomeação e supervisão dos comitês de credores.

Após a reforma concursal de 2005, nos termos do BAPCPA, o *US Trustee* adquiriu novas e importantes responsabilidades nos diversos procedimentos regulados pelo *Bankruptcy Code*.[16] A maioria delas diz respeito aos instrumentos tratados pe-

13. Também conhecido como *Bankruptcy Judgeship Act of 2005* e *Involuntary Bankruptcy Improvement Act of 2005*.

14. Cf. Bankruptcy Judges Division of the Administrative Office of the United States Courts, *Bankruptcy Basics (Applicable to Cases Filed on or After October 17, 2005)*, cit. (disponível em *http://www.uscourts.gov/bankruptcycourts/BB101705final2column.pdf*, acesso em 2.4.2007), p. 33.

15. Cf. Charles Jordan Tabb, *The Law of Bankruptcy*, Westburry, Foundation, 1997, p. 66. Sobre o tema, E. Cohen (in Wendy Hagenau, Ezra Cohen e Neal Batson, "Debate 1: the balance of power between debtors, creditors, and judges – The elimination of judicial discretion under the new Act", *Emory Bankruptcy Developments Journal* 22/554, 2006) lembra que o exercício de funções administrativas pelo juízo concursal acarretava questionamentos acerca de sua imparcialidade. Interessante notar que a LRE também buscou separar as funções administrativas das judiciais. Um bom exemplo desse quadro pode ser encontrado nas regras relativas à verificação e habilitação de créditos, as quais, em grande parte, atribuem relevantes funções ao administrador judicial.

16. Cf. um bom resumo dessas novas atribuições: "The law also expands the responsibilities of the United States Trustees Program to include supervision of random and targeted audits, certification of entities to provide credit counseling that individuals must receive before filing for bankruptcy, certification of entities that provide financial education to individuals before being discharged from debt, and greater oversight of small business Chapter 11 reorganization cases" (*http://www.law.cornell.edu/wex/index.php/Bankruptcy*, acesso em 10.12.2009).

los *Chapters 7* e *13*, acima comentados. No que se refere propriamente à reorganização de empresas prevista no *Chapter 11*, houve considerável incremento na participação do *US Trustee* como supervisor nos casos de reorganização de *small business*.

Nos casos tratados pelos *Chapters 7*, *12* e *13* cabe ao *US Trustee* nomear e supervisionar *private trustees*, os quais ficam responsáveis pela administração. Nas situações em que referidos profissionais não estejam capacitados ou não desejem atuar, o próprio *US Trustee* exerce as funções administrativas.[17]

Uma vez apresentados os diferentes institutos disciplinados pelo *Bankruptcy Code* e esclarecidos os contornos da administração concursal, cabe tratar do papel dos credores nos dois instrumentos de maior relevância para a crise empresarial, quais sejam: a *reorganização* e a *liquidação*. Tendo em vista que soluções completa ou parcialmente afastadas do Poder Judiciário também foram encontradas para contornar a crise econômico-financeira das empresas norte-americanas, elas também serão tratadas abaixo.

2. *A participação dos credores na reorganization*

O sistema concursal dos Estados Unidos da América é dotado de regras especificamente destinadas a promover a manutenção de empresas viáveis que atravessam momentos de crise econômico-financeira. Conforme mencionado, tais regras encontram-se no denominado *Chapter 11* do *Bankruptcy Code* de 1978 e regulam o *reorganization process*.

Conforme delineado abaixo, os detentores de créditos constituem sujeitos extremamente relevantes para o desenrolar do procedimento reorganizatório. Ao estabelecer um sistema de *structured bargain*, o *Chapter 11* estimula a negociação entre devedor e credores com vistas à elaboração de um plano consensual acerca da reestruturação da empresa.[18] Nesse cenário destaca-se a participação dos credores, cuja efetividade contribui para o alcance de mecanismos adequados à solução da crise empresarial.

Em consonância com o propósito de se buscar a aprovação consensual de um plano de reorganização destinado a reerguer a empresa em crise, o *Chapter 11* atribui aos credores diferentes mecanismos de atuação voltados à proteção dos seus direitos e ao estímulo à participação.

Talvez a melhor maneira de se buscar uma análise ampla das atribuições dos credores durante a *reorganization* seja estudar os mais importantes momentos desse mecanismo de superação da crise empresarial. Nesse sentido, seguindo-se a ordem cronológica legalmente estabelecida para o desenrolar do procedimento, os mais relevantes instrumentos de participação dos credores dizem respeito: (i) à possibilidade de formulação do pedido de instauração do procedimento reorganizatório; (ii) à Assembléia-Geral de credores; (iii) à formação de um comitê de credores obrigatório e de comitês de credores facultativos; (iv) ao direito de, após o transcurso do *exclusivity period*, apresentar uma proposta de plano de reorganização; (v) à aprovação do plano de reorganização, incluindo-se as regras sobre a divisão dos credores em classes, a obrigatória participação dos credores durante a votação do plano de reorganização, a verificação de requisitos para a confirmação do plano e a possibilidade de homologação do plano não aprovado por todas as classes de cre-

17. Para uma visão da organização e das funções do *US Trustee*, v. *http://www.usdoj.gov/ust* (acesso em 10.12.2009).

18. Sobre o tema, v. os comentários de Neal Batson in Wendy Hagenau, Ezra Cohen e Neal Batson, "Debate 1: the balance of power between debtors, creditors, and judges – The elimination of judicial discretion under the new Act", cit., *Emory Bankruptcy Developments Journal* 22/557.

dores; (vi) à destituição do devedor de suas funções como *debtor in possession*, passando-se à escolha de um *trustee*; e (vii) ao poder de fiscalização mediante a eventual nomeação de um *examiner*.

2.1 Legitimidade ativa para o pedido de reorganização

Ao contrário do que se verifica no Direito Brasileiro, em que o pedido de recuperação judicial só pode ser formulado pelo próprio devedor,[19] o procedimento reorganizatório norte-americano pode ser iniciado de duas maneiras distintas. Além de se estipular a possibilidade mais freqüente do pedido voluntário, ou seja, aquele formulado pela empresa em crise (*voluntary petition*), cuida-se também dos casos de *involuntary petition*, oferecida por credor(es) devido ao receio quanto à honestidade do devedor ou devido à existência de dúvida em relação à sua capacidade para lidar com os negócios.[20]

Os requisitos legais para a propositura do pedido involuntário dizem respeito ao número de credores que devem postular e ao valor dos créditos por eles detidos. Nesse sentido, sempre que o devedor contar com mais de 12 credores, ao menos 3 credores sem garantia devem formular a requisição de início do procedimento reorganizatório, os quais deverão ter, em conjunto, créditos no valor mínimo de 10 mil dólares. Caso o número de credores seja inferior a 12, um credor cujo crédito alcance o valor referido poderá solicitar a reorganização.[21]

Um estudo realizado pouco tempo depois da entrada em vigor do *Bankruptcy Code* demonstrou que pouquíssimos casos de reorganização analisados principiam-se mediante a requisição dos credores, mas que a grande maioria dos casos (92%) foi iniciada pelo próprio devedor, direta ou indiretamente, em decorrência de pressões exercidas pelos credores. Raras foram as situações em que o devedor decidiu solicitar sua reorganização por motivos diferentes do medo de uma possível quebra ocasionada pelos detentores de créditos. Por esse motivo, acredita-se que, muito embora esses casos sejam denominados "voluntários", na realidade não se trata de pedidos elaborados de forma absolutamente espontânea.[22]

Há quem acredite que o pequeno número de pedidos involuntários seja decor-

19. A leitura do art. 48 da Lei 11.101, de 9.2.2005 (LRE), deixa entrever que cabe apenas ao devedor em crise, que preencha determinados requisitos, formular a requisição de recuperação judicial.

20. Os requisitos para a apresentação de *involuntary petition* são os seguintes: "U.S.C. Title 11. § 303 (b) An involuntary case against a person is commenced by the filing with the bankruptcy court of a petition under Chapter 7 or 11 of this Title (1) by three or more entities, each of which is either a holder of a claim against such person that is not contingent as to liability or the subject of a bona fide dispute, or an indenture trustee representing such a holder, if such claims aggregate at least $10,000 more than the value of any lien on property of the debtor securing such claims held by the holders of such claims; (2) if there are fewer than 12 such holders, excluding any employee or insider of such person and any transferee of a transfer that is voidable under Section 544, 545, 547, 548, 549, or 724 (a) of this Title, by one or more of such holders that hold in the aggregate at least $10,000 of such claims; (3) if such person is a partnership (A) by fewer than all of the general partners in such partnership; or (B) if relief has been ordered under this title with respect to all of the general partners in such partnership, by a general partner in such partnership, the trustee of such a general partner, or a holder of a claim against such partnership; or (4) by a foreign representative of the estate in a foreign proceeding concerning such person". Para um tratamento mais preciso do tema, v. Paulo Fernando Campos Salles de Toledo, *A Empresa em Crise no Direito Francês e Americano*, dissertação (Mestrado), Faculdade de Direito da USP, São Paulo, 1987, pp. 17-21.

21. Charles Jordan Tabb (*The Law of Bankruptcy*, cit., pp. 98-99) ressalta que a exigência de múltiplos credores busca limintar o poder de um credor ameaçar o devedor com a propositura da ação e, assim, concede credibilidade à necessidade do pedido.

22. Cf. Lynn M. LoPucki, "The debtor in full control – Systems failure under Chapter 11 of the Bankruptcy Code?", first installment, *American Bankruptcy Law Journal* 57/114-115, 1983.

rência das barreiras existentes à sua formulação, as quais desencorajam muitos credores a peticionar pela reorganização. Alega-se que os custos necessários à formulação do pedido e a falta de informação que caracteriza diversos credores impedem o acesso ao Judiciário. Nessas situações, credores pequenos e desinformados tornam-se dependentes de outras partes, que muitas vezes auferem mais lucros na ausência do concurso e, por esse motivo, não estão inclinadas a solicitar a reorganização do devedor.[23]

Muito embora existam discussões acerca da efetividade do direito atribuído aos credores no sentido de autorizá-los a solicitar a abertura do procedimento reorganizatório, verifica-se ser essa uma relevante prerrogativa não encontrada na legislação pátria.

2.2 A Assembléia-Geral de credores

Dentro de período razoável[24] após a *order for relief*,[25] o *US Trustee* deve convocar e presidir[26] uma assembléia de credores (§ 341). Consoante o § 341(c), o juiz não pode presidir ou participar das assembléias de credores. O juízo, no entanto, pode determinar a realização de uma assembléia de *equity security holders* sempre que o encontro de tais sujeitos se fizer necessário ou útil à coordenação dos interesses desses participantes. Esse é o caso, por exemplo, dos processos regulados pelo *Chapter 11*, nos quais uma reunião pode auxiliar a organização dos agentes de forma a permitir sua devida participação na negociação do plano de reorganização.[27]

Uma importante função da reunião de credores nos procedimentos reorganizatórios refere-se à eleição do *trustee*. Consoante infra-esclarecido, nos casos em que a nomeação de um *trustee* for determinada pelo juízo, caberá ao *US Trustee*, a pedido de uma parte interessada, convocar uma reunião de credores para escolher a pessoa que ocupará o cargo.

2.3 Os comitês de credores

Uma vez iniciada a reorganização, permite-se, na generalidade dos casos, que o devedor permaneça na condução dos seus negócios. Trata-se do conhecido mecanismo do *debtor in possession*, segundo o qual o devedor fica investido da administração da empresa e, por esse motivo, assume os mesmos deveres fiduciários que seriam atribuídos a um eventual *trustee* que poderia ter sido eleito para as mesmas funções.[28]

A adoção do referido mecanismo, originado durante o século XIX, quando da aplicação das *railroad equity receiverships*,

23. Cf. Elizabeth Warren, "Bankruptcy policy", *University of Chicago Law Review* 54/794, 1987.

24. De acordo com a *Rule 2003*, o período razoável consiste em 20 a 40 dias, prorrogáveis por mais 20 dias, a contar da *order for relief*.

25. Nos termos da *Rule 2003*: "In a voluntary case, the date of the order for relief is the date of the filing of the petition (§ 301 of the Code); in an involuntary case, it is the date of an actual order (§ 303(i) of the Code)".

26. Nos termos das notas à *Rule 2003*, que trata de regras procedimentais da assembléia de credores, nos casos em que um comitê de credores sem garantia estiver em funcionamento e um presidente tenha sido para ele eleito, esse presidente, ou alguém por ele nomeado, presidirá a assembléia dos credores. Confira-se o original: "In a Chapter 11 case, if a committee of unsecured creditors has been appointed pursuant to Sec. 1.102(a)(1) of the Code and a chairman has been selected, the chairman will preside or a person, such as the attorney for the committee, may be designated to preside by the chairman" (disponível em *http://www.law.cornell.edu/rules/frbp/rules.htm#NRule2003*, acesso em 10.12.2009).

27. Cf. Mary Davies Scott e Lawrence P. King, *Bankruptcy Code*, Part 1, Nova York, Lexis, 2000, p. 186.

28. Cf. Harvey R. Miller, Marcia L. Goldstein e Sean L. McKenna, *The Chapter 11 Players in Contemporary Bankruptcy Practice: Roles, Obligations, and Ethical Considerations of Debtors in Possession, Trustees, Examiners and Committees*, Practising Law Institute, Commercial Law and Practice Course Handbook Series, PLI Order n. A4-4426, 1993, p. 385.

desenvolvidas para a reestruturação de empresas responsáveis pelas estradas de ferro norte-americanas, reflete a crença de que o conhecimento, *expertise* e familiaridade do devedor com os negócios praticados são fatores dotados de imenso valor e deveriam ser aproveitados quando da reestruturação de grandes empresas.[29]

Tendo em vista que ao devedor são conferidos importantes poderes mediante o reconhecimento de que a ele incumbe a condução dos seus próprios negócios durante sua reorganização, entendeu-se necessário prever a constituição de órgão que, dentre outros, ficaria responsável pela supervisão do *debtor in possession*. Assim, concluindo o *Chapter 11* que o ente mais apto para efetivar a reabilitação do devedor seria ele mesmo, previu que esse quadro apenas funcionaria se houvesse um *input* apropriado por parte de um comitê de credores.[30]

Nesse sentido, o § 1.102(a) do *Bankruptcy Code* prevê a constituição compulsória[31] de um comitê de credores não garantidos (*unsecured creditors' committee*), que ficaria responsável, dentre outros, pela representação dos detentores de créditos, negociação do plano e investigação do devedor. Afirma-se que a obrigatoriedade da criação de um órgão dos credores seria a consumação do ideal de formação de uma tensão dinâmica com o devedor capaz de estimular o processo de reorganização por meio de uma negociação efetiva e eficiente.[32]

Ao *US Trustee* cabe a nomeação do comitê, que deve ser composto de pessoas que desejem ajudar e detenham os sete maiores créditos sem garantia.[33] Não há uma regra acerca da composição mínima do comitê, mas a prática demonstra que, ordinariamente, o órgão é formado por sete membros.[34]

O comitê de credores desempenha papel fundamental na negociação do plano de reorganização e exerce grande influência sobre a opinião dos próprios credores acerca da proposta do devedor. Um plano endossado pelo comitê tem amplas possibilidades de aceitação quando apresentado à votação dos credores.[35]

Dentre as atribuições do comitê de credores estão as seguintes: (i) discutir com o *trustee* ou o devedor sobre a administração do caso; (ii) investigar qualquer

29. Cf. Harvey R. Miller e Shai Y. Waisman, "Is Chapter 11 bankrupt?", cit., *Boston College Law Review* 47/136.

30. Harvey R. Miller, "The changing face of Chapter 11: a reemergence of the bankruptcy judge as producer, director, and sometimes star of the reorganization passion play", *American Bankruptcy Law Journal* 69/432, 1995.

31. A jurisprudência, contudo, admite casos em que a constituição do comitê não se faz necessária (cf. Kenneth N. Klee e K. John Shaffer, "Creditors' committee under Chapter 11 of the Bankruptcy Code", *South Carolina Law Review* 44/1.000, 1993). Nos termos do § 1.102(a), a constituição do comitê não é obrigatória nas seguintes situações: "On request of a party in interest in a case in which the debtor is a small business and for cause, the court may order that a committee of creditors not be appointed".

32. Harvey R. Miller, "The changing face of Chapter 11: a reemergence of the bankruptcy judge as producer, director, and sometimes star of the reorganization passion play", cit., *American Bankruptcy Law Journal* 69/449. Sobre o tema, cf. o seguinte trecho de Kenneth N. Klee e K. John Shaffer ("Creditors' committee under Chapter 11 of the Bankruptcy Code", cit., *South Carolina Law Review* 44/997): "Creditors' committee perform the vital function of balancing the debtor's broad statutory authority by promoting the interests of unsecured creditors generally, investigating the estate's assets and liabilities, and negotiating (and, if necessary, proposing) a plan of reorganization".

33. O comitê não precisa ser necessariamente composto dos próprios credores. Admite-se a indicação de representantes, como advogados, consultores, dentre outros, para o exercício da função.

34. Cf. Kenneth N. Klee e K. John Shaffer, "Creditors' committee under Chapter 11 of the Bankruptcy Code", cit., *South Carolina Law Review* 44/1.004, nota 30, em que os autores também citam que não há posicionamento jurisprudencial acerca da possibilidade de o comitê ser composto apenas por um membro.

35. Mark S. Scarberry, Kenneth N. Klee, Grant W. Newton e Steve H. Nickles, *Business Reorganization in Bankruptcy – Cases and Materials*, 2ª ed., St. Paul, West Group, 2001, p. 251.

assunto relevante para o caso ou para a formulação do plano, incluindo-se a atuação e a condição financeira do devedor, a condução dos negócios e a conveniência da manutenção dos negócios; (iii) participar da elaboração do plano, aconselhar os credores representados pelo comitê e obter aceitações ou rejeições ao plano; (iv) solicitar a nomeação de um *trustee* ou *examiner*; e (v) atuar de outras maneiras no interesse das partes por ele representadas.[36]

Note-se que as funções do comitê de credores podem variar conforme o caso concreto. Nas situações em que um *trustee* ou um *examiner* tenha sido nomeado, o papel do comitê pode ser reduzido de forma a não duplicar as funções então atribuídas a esses outros órgãos em funcionamento. Entretanto, o papel investigativo voltado para supervisionar as atividades do *trustee* e a primordial função relacionada à avaliação do plano de reorganização proposto estarão sempre presentes.

Considerando-se que um mesmo comitê é responsável pela guarda dos interesses de todos os credores sem garantia, pode-se imaginar que existam situações em que nem todas as classes de credores sejam adequadamente representadas. Nesses casos, comitês adicionais de credores podem ser nomeados a pedido das partes interessadas. Da mesma forma, nos casos em que acionistas e *equity holders* enfrentam dificuldades em proteger seus interesses, há a possibilidade de se constituir um comitê a ser composto por esses agentes. Ressalte-se, contudo, que, com relação ao comitê de credores sem garantia, a idéia principal é a constituição de um órgão capaz de agregar todos os interesses daqueles que detêm créditos da mencionada natureza. Sabe-se que poderão existir inúmeros conflitos de interesses entre os diversos grupos de credores representados pelo mesmo comitê, mas pretende-se que esse único órgão seja capaz de representar todos eles. Rejeita-se, assim, a criação de múltiplos comitês, sendo cada um deles voltado para a proteção de determinados interesses econômicos.[37]

Interessante mencionar que inicialmente se acreditava que o comitê de credores tinha deveres fiduciários apenas perante os próprios credores representados pelo órgão.[38] Esse não foi, contudo, um entendimento permanente sobre o tema. A interpretação sobre a matéria foi alargada, de forma a incluir a existência de deveres fiduciários para com os demais participantes do procedimento reorganizatório.[39]

2.4 Propositura do plano de reorganização

O procedimento regulado pelo *Chapter 11* do *Bankruptcy Code* permite que o *reorganization plan* seja apresentado pelo devedor ou por credores. Há, entretanto, um período de exclusividade de 120 dias no qual apenas o devedor é legitimado para a apresentação do plano. Referido prazo pode ser prorrogado pelo magistrado para, no máximo, 18 meses a contar da apresentação do pedido. O devedor também deve

36. Cf. § 1.103(c).

37. Nesse sentido as legislações norte-americana e brasileira estão bastante próximas. Sabe-se que a LRE estipula, em seu art. 26, a constituição de um comitê a ser formado por representantes das classes de credores que participam da recuperação judicial. Note-se, contudo, que críticas podem ser tecidas ao conteúdo do referido dispositivo, o qual determina a eleição de membros do comitê de forma distinta da formação de classes de credores constante do art. 41 da mesma lei.

38. Nesse caso afirmava-se que o dever fiduciário do componente do comitê deveria ser exercido perante todo o grupo de credores representado pelo órgão. Não se tratava, portanto, de um dever apenas para com aqueles credores que detivessem interesses econômicos similares aos do membro do comitê.

39. Cf. Harvey R. Miller, Marcia L. Goldstein e Sean L. McKenna, *The Chapter 11 Players in Contemporary Bankruptcy Practice: Roles, Obligations, and Ethical Considerations of Debtors in Possession, Trustees, Examiners and Committees*, cit., pp. 491-492.

observar o prazo de 180 dias, prorrogável apenas para até 20 meses, para obter aceitações dos credores ao plano oferecido. Caso sua função não seja cumprida no lapso temporal estabelecido, permite-se que qualquer parte interessada[40] prepare um plano de reorganização e o exiba para apreciação dos demais interessados.

A estipulação de um período de exclusividade favorável ao devedor justifica-se por diferentes razões. Ao garantir que a própria empresa poderá, com prioridade, organizar o documento que disporá sobre suas próprias obrigações, o período funciona como um estímulo para que o pedido de reorganização seja apresentado antes que a crise alcance estágio em que a reabilitação não mais se apresenta possível.[41] Ademais, acredita-se que o período de exclusividade seja uma tentativa positiva de atribuir ao devedor a paridade de barganha com os credores para a negociação de um plano consensual.[42]

Acredita-se, ainda, que os períodos de exclusividade permitem que os credores, que muitas vezes se sentem traídos pelo pedido de reorganização formulado pelo devedor, reflitam sobre o assunto e identifiquem ser a recuperação uma boa saída para a empresa em crise. Assim, ao invés de, na ausência da exclusividade do devedor, formularem planos tendentes à liquidação dos ativos arrecadados, os credores poderão ser convencidos de que o soerguimento do devedor vai ao encontro dos seus interesses.[43]

Interessante notar que a opção legislativa pelo período de exclusividade concedido ao devedor decorreu da revisão de experiências anteriores que não se mostraram satisfatórias. O *Chapter XI* do *Bankruptcy Act*, revogado pelo atual *Bankruptcy Code* norte-americano, dispunha de forma parecida com o que se encontra na atual recuperação judicial brasileira. Por um lado, o devedor era o único legitimado a propor o plano; por outro, os credores poderiam rejeitar a proposta do devedor e acarretar uma possível liquidação dos ativos, mas não poderiam aprovar um plano sem o consentimento do devedor. Esse quadro forçava os credores a aceitar a oferta do devedor ou a suportar as perdas decorrentes da realização dos ativos sem a manutenção do *going concern value* da empresa. Outra solução, adotada pelo *Chapter X* do mesmo diploma, tratava igualmente todas as partes interessadas, concedendo-lhes o direito de submeter um plano à apreciação geral. Essa medida, entretanto, retirava do devedor o direito de controlar a direção da reorganização e fazia com que ele evitasse pedidos de abertura do concurso e arrastasse a empresa a situações calamitosas, capazes de impedir o seu soerguimento. Em face dessas duas alternativas precárias, o legislador estadunidense, ao elaborar o *Bankruptcy Code*, escolheu uma via intermediária e atribuiu (i) ao devedor o direito de exclusividade para apresentar o plano em determinado período e (ii) aos credores o direito de apresentar um plano alternativo após o término do referido período.[44]

Em face do exposto, percebe-se que o caminho encontrado pelo *Chapter 11* busca equilibrar as participações do devedor e

40. O *Bankruptcy Code* indica aqueles que poderiam ser caracterizados como uma *party in interest*: "§ 1.109(b). A party in interest, including the debtor, the trustee, a creditors' committee, an equity security holders' committee, a creditor, an equity security holder, or any indenture trustee, may raise and may appear and be heard on any issue in a case under this Chapter".

41. Cf. Harvey R. Miller e Shai Y. Waisman, "Is Chapter 11 bankrupt?", cit., *Boston College Law Review* 47/143-144.

42. Cf. Harvey R. Miller, "The changing face of Chapter 11: a reemergence of the bankruptcy judge as producer, director, and sometimes star of the reorganization passion play", cit., *American Bankruptcy Law Journal* 69/443.

43. Cf. Mark S. Scarberry, Kenneth N. Klee, Grant W. Newton e Steve H. Nickles, *Business Reorganization in Bankruptcy – Cases and Materials*, cit., 2ª ed., p. 605.

44. Idem, p. 604.

dos credores quando da elaboração do plano destinado a compor os interesses dos envolvidos na crise empresarial.

Por fim, cabe apenas frisar que as limitações à prorrogação dos prazos de exclusividade e de obtenção de aceitações referidas acima constituem novidade inserida pela reforma do direito concursal americano de 2005, implementada pelo BAPCPA. Doutrinadores acreditam que a fixação de obstáculo à extensão do prazo fortifica a posição dos credores e lhes dá a opção de resistir à aceitação do plano proposto pelo devedor e esperar o fim do período de exclusividade para apresentarem um plano próprio.[45] Vê-se, assim, que a cumulação da legitimidade para propor o plano do devedor e do credor juntamente com a impossibilidade de se prorrogar o prazo indefinidamente resultam no desestímulo à cooperação entre as partes envolvidas.

2.5 *A aprovação do plano de reorganização*

Conforme adiantado acima, os credores exercem papel fundamental quando da apreciação do plano de reorganização normalmente proposto pelo devedor.

A aprovação de um plano de reorganização apresentado sob o procedimento da *reorganization* previsto no *Chapter 11* depende, dentre outros,[46] da aquiescência das diferentes classes de credores[47] afetadas (*impaired classes*) pelo plano proposto. Contudo, consoante abaixo comentado, esse requisito pode ser flexibilizado mediante o instituto do *cram down*, caso ao menos uma das classes tenha concordado com o plano.

A compreensão do procedimento que leva à aceitação do plano de reorganização, portanto, deve abranger o estudo da organização dos credores em classes, do sistema de votação e confirmação do plano e, posteriormente, da possibilidade de superação da manifestação de vontade de classes de credores.

2.5.1 *As classes de credores*

De acordo com o *Chapter 11*, o plano de reorganização deve designar classes de credores e de *interest holders*.[48] Assim, o sujeito responsável pela elaboração do plano de reorganização pode separar os credores em classes de forma livre, desde que observados critérios de similitude,[49] na medida em que se exige que todos os membros de uma mesma classe sejam detentores de créditos ou *interests* substancialmente parecidos.[50]

A liberdade na composição das classes parece ser a melhor maneira de fazer com que as classes cumpram sua função, ou seja, englobem interesses homogêneos. Mediante a utilização desse mesmo mecanismo facilita-se o alcance de conciliação

45. Harvey R. Miller e Shai Y. Waisman, "Is Chapter 11 bankrupt?", cit., *Boston College Law Review* 47/166.

46. Cf. U.S.C. § 1.129(a), que estipula os requisitos necessários para a confirmação de um plano de reorganização.

47. A expressão "classe de credores" será utilizada no texto para facilitar a linguagem. Na realidade, contudo, existem classes de detentores de créditos (*claimholders*) e classes de detentores de *ownership interests*.

48. "§ 1.123(a)(1). (a) Notwithstanding any otherwise applicable nonbankruptcy law, a plan shall – (1) designate, subject to Section 1122 of this Title, classes of claims, other than claims of a kind specified in Section 507 (a)(1), 507 (a)(2), or 507 (a)(8) of this Title, and classes of interests; (...)."

49. O assunto é regulado da seguinte maneira pelo *Bankruptcy Code*: "§ 1.122. Classification of claims or interests: (a) Except as provided in Subsection (b) of this Section, a plan may place a claim or an interest in a particular class only if such claim or interest is substantially similar to the other claims or interests of such class. (b) A plan may designate a separate class of claims consisting only of every unsecured claim that is less than or reduced to an amount that the court approves as reasonable and necessary for administrative convenience".

50. Da mesma forma, exige-se que o plano conceda tratamento igualitário a todos os créditos da classe, exceto se o detentor concordar com um tratamento menos favorável (§ 1.123(a)(4)).

acerca dos dispositivos do plano no que tange aos créditos em questão.

A vantagem obtida com a divisão dos credores em classes é reforçada pelo fato de que ela estimula a concessão de tratamento benéfico a todos os envolvidos nas variadas classes, uma vez que todas elas precisam aprovar o plano para que ele seja homologado.[51] Assim, a previsão de dispositivos prejudiciais a determinado grupo implicará, com grande probabilidade, a rejeição do plano por essa classe.

De acordo com o sistema norte-americano, todas as classes afetadas pelo plano (*impaired classes*) devem concordar com seu conteúdo para que ele seja aprovado consensualmente. Percebe-se, assim, a relevância do mecanismo de separação dos credores em classes, uma vez que a configuração dos grupos será determinante para a confirmação do plano.

Conforme mencionado, cabe àquele que elabora o plano indicar os componentes de cada uma das classes. A alocação dos credores, contudo, deve obedecer a determinados critérios.

A doutrina norte-americana faz referência à existência das seguintes quatro regras básicas sobre a classificação de créditos: (i) créditos de naturezas distintas devem ser classificados separadamente; (ii) créditos de mesma natureza devem ser conjuntamente classificados, salvo nos casos em que o plano propõe tratamento distinto para tais créditos; (iii) a classificação separada de créditos de mesma natureza em decorrência de tratamento diferenciado é limitada pelas regras de discriminação; (iv) créditos são considerados de mesma natureza não obstante o interesse indireto que um credor possa ter.[52]

Poucos problemas são encontrados quanto à classificação separada de créditos distintos, sejam eles garantidos ou sem garantias, e de *interests* diferentes. Na verdade, o tema de mais ampla discussão acerca da classificação diz respeito à possibilidade de alocação de credores similares em classes diferentes. A única permissão para tanto encontrada no *Chapter 11* refere-se à colocação, por conveniência administrativa, de pequenos créditos em uma classe separada. Não há qualquer outra referência à classificação separada de créditos similares, ou seja, o *Bankruptcy Code* nem permite nem proíbe sua utilização.

Sobre o assunto os tribunais costumam permitir a classificação separada, mas sob fundamentos e em situações distintas. Duas são as linhas de argumentação: (i) a classificação permissiva; e (ii) a classificação restritiva. De acordo com a primeira, a separação dos créditos em classes justifica-se como meio de permitir que os interesses dos seus detentores possam ser justamente representados quando da votação do plano. Destarte, com base no interesse detido pelos credores, o proponente do plano deveria criar as diversas classes. O seguinte exemplo ilustra essa sugestão: credores trabalhistas quirografários e outros credores quirografários poderiam ser separados em classes distintas, na medida em que os trabalhadores têm interesse na manutenção do emprego e poderiam utilizar seus créditos de natureza não-trabalhista para ditar o resultado da votação na classe de credores quirografários, os quais ficariam, ao final, sem qualquer representação. A classificação restritiva, por seu turno, permite apenas que créditos não-substancialmente "similares" sejam classificados de forma distinta. Nesse sentido, o credor permanece com certa discrição para classificar os créditos, mas para criar diferentes classes deve demonstrar que falta aos cré-

51. V. item 2.5.2, abaixo, para detalhes acerca da votação do plano de reorganização. Note-se, ainda, que o mecanismo do *cram down*, comentado no item 2.5.4, abaixo, apresenta exceção à exigência de aprovação por todas as classes de credores.

52. Cf. Scott F. Norberg, "Classification of claims under Chapter 11 of the Bankruptcy Code: the fallacy of interest based classification", *American Bankruptcy Law Journal* 69/119-120, 1995.

ditos classificados separadamente, similaridade.[53]

Vê-se, assim, que o tema não encontra posicionamento uníssono no ordenamento em estudo. Contudo, a proibição de separação de créditos parecidos em diferentes classes prevalece de forma clara em pelo menos uma situação, qual seja, aquela em que classificação é planejada apenas para garantir que no mínimo uma classe de credores consinta com os termos do plano para que o devedor possa tentar sua confirmação por meio do *cram down*, abaixo estudado.

2.5.2 *A votação do plano de reorganização*

Uma vez apresentado o plano de reorganização, o proponente deve buscar aceitações à proposta. Ocorre que o *Chapter 11* exige um sufrágio informado. Assim, as manifestações de credores e detentores de *equity securities* só podem ser obtidas após a comprovação de que as partes votantes receberam informação adequada[54] sobre o plano e a situação financeira do devedor. Por isso, antes de iniciar a colheita de votos o proponente do plano deve obter a aprovação judicial de um *disclosure statement* que conterá os dados citados. Uma vez aprovado, referido documento deve ser enviado a todos aqueles que votarão o plano (§ 1.125).

Os votantes receberão um pacote contendo os seguintes documentos: o *diclosure statement* aprovado, uma cópia da decisão judicial (ou do seu resumo) que aprova o documento, uma cédula para votação,[55] o plano ou um resumo judicialmente aprovado do plano, notificação acerca do prazo para apresentar o voto, notificação acerca do prazo para apresentar objeções à confirmação do plano e notificação sobre a data designada para a audiência de confirmação (*Rule 3.017(d)*).

A partir desse momento os votos podem ser recebidos. A contagem dos votos para fins de aprovação de plano é feita por classes, na medida em que, como visto, um dos requisitos para a aprovação consensual da proposta de reorganização é o consentimento de todas as classes afetadas. Considera-se que uma classe de credores aprovou o plano sempre que existir o consentimento de credores que detenham pelo menos dois terços em quantia e a mais da metade em número de créditos efetivamente votantes. No que se refere à classe de *interests holders* a aprovação é obtida mediante a concordância de detentores que tenham, no mínimo, dois terços em quantia dos *interests* que efetivamente votaram o plano.

Transcorrido o prazo para a manifestação dos interessados, cabe ao juízo avaliar o conteúdo do plano e decidir acerca da sua confirmação, conforme abaixo comentado.

2.5.3 *A homologação do plano*

Uma vez votado o plano, passa-se à análise da possibilidade de sua confirma-

53. Cf.: Scott F. Norberg, "Classification of claims under Chapter 11 of the Bankruptcy Code: the fallacy of interest based classification", *American Bankruptcy Law Journal* 69/124-126; Mark S. Scarberry, Kenneth N. Klee, Grant W. Newton e Steve H. Nickles, *Business Reorganization in Bankruptcy – Cases and Materials*, cit., 2ª ed., pp. 622 e ss.

54. O termo é definido pelo § 1.125(a)(1): "'Adequate information' means information of a kind, and in sufficient detail, as far as is reasonably practicable in light of the nature and history of the debtor and the condition of the debtor's books and records, that would enable a hypothetical reasonable investor typical of holders of claims or interests of the relevant class to make an informed judgment about the plan, but adequate information need not include such information about any other possible or proposed plan".

55. Um modelo da cédula de votação entregue para cada credor manifestar seu voto pode ser encontrado em Mark S. Scarberry, Kenneth N. Klee, Grant W. Newton e Steve H. Nickles, *Business Reorganization in Bankruptcy – Cases and Materials*, cit., 2ª ed., pp. 910-911.

ção pelo juízo. Isso significa que o plano pode eventualmente não ser confirmado mesmo se todas as classes de credores tiverem manifestado voto favorável ao seu conteúdo.

De fato, 13 requisitos precisam ser observados para que um plano possa ser finalmente confirmado,[56] sendo que apenas um deles caracteriza-se como não-obrigatório. Trata-se justamente do requisito de aprovação do plano por todas as classes afetadas, o qual pode ser flexibilizado, conforme explicado no item 2.5.4, abaixo.

De acordo com C. J. Tabb,[57] muitas são as idéias abarcadas pelos requisitos de confirmação do plano, mas duas delas apresentam-se como as mais relevantes: o plano deve ser *feasible* e no "melhor interesse" dos credores.

Feasibility significa que o juízo deve acreditar que a confirmação do plano não será seguida de falência ou da necessidade de nova reorganização, demonstrando-se, assim, que os envolvidos foram realistas quando da estipulação dos termos do plano e do tratamento de suas diferenças.[58]

O segundo requisito mencionado, conhecido como *the best-interest-of-creditors test*, significa que cada credor ou detentor de *interest* irá receber sob o plano, no mínimo, o mesmo que seria por ele auferido em caso de liquidação do devedor nos termos do *Chapter 7*. Essa exigência aplica-se a todos aqueles que não concordaram com o plano e busca protegê-los da maioria, já que essa é capaz de fazer com que o plano seja aprovado e vincule inclusive os dissidentes.[59] Na audiência para confirmação do plano o devedor deve provar, apresentando uma análise hipotética das previsões de pagamento em caso de liquidação, que o requisito foi observado.[60]

De forma sucinta, os requisitos para a confirmação do plano podem ser resumidos da seguinte maneira: (i) o plano deve observar os dispositivos aplicáveis do *Chapter 11*; (ii) o proponente do plano deve observar os dispositivos aplicáveis do *Chapter 11*; (iii) o plano deve ter sido proposto de boa-fé; (iv) todos os pagamentos relacionados à reorganização foram ou serão aprovados pelo juízo; (v) divulgação de informações sobre membros da administração do devedor após a confirmação, incluindo-se a verificação de que a nomeação ou permanência de tais membros é consistente com interesses dos credores e *equity security holders*, divulgação da identidade dos *insiders*[61] que irão trabalhar para o devedor e da natureza dos pagamentos que serão a eles feitos; (vi) as mudanças de taxas previstas no plano foram aprovadas por órgãos governamentais; (vii) satisfação do *best-interest-of-creditors test*; (viii) aceitação do plano por cada uma das classes afetadas; (ix) exigência de pagamento integral dos créditos prioritários; (x) ao menos uma das classes afetadas pelo plano deve aceitá-lo; (xi) comprovação de que o plano é *feasible*, conforme acima tratado; (xii) todas as taxas (*bankruptcy fees*) previstas na *Section* 1.930 do Título 28 foram ou serão pagas no dia em que o plano

56. V. § 1.129(a)(1)-(13).

57. Charles Jordan Tabb, *The Law of Bankruptcy*, cit., p. 78.

58. Cf. Richard F. Broude, "Cram down and Chapter 11 of the Bankruptcy Code: the settlement imperative", *The Business Lawyer* 39/448, 1984.

59. Note-se que o sistema concursal brasileiro não conta com proteção parecida aos credores dissidentes. A previsão de um requisito como esse para a confirmação do plano trata-se, ademais, de uma das recomendações constantes dos *Principles for Effective Creditor Rights and Insolvency Systems* do Banco Mundial.

60. Interessante atentar para a explicação de Charles Jordan Tabb (*The Law of Bankruptcy*, cit., p. 79) acerca da satisfação do requisito em comento: "The value of the distribution that creditors will receive under the Chapter 11 plan must be discounted to present value for a valid comparison to be made. For example, if a creditor would receive $ 500 right now in Chapter 7, the best interest test would not be satisfied by a plan that proposed to pay that creditor $ 100 a year for five years, because the present value of that $ 500 payment stream would be less than $ 500".

61. O termo *insider* é definido no § 101(31).

entrar em vigor; e (xiii) o plano prevê a manutenção do pagamento de *retiree benefits*.

2.5.4 *O mecanismo do* cram down

Tendo em vista que o consentimento de todas as classes afetadas pelo plano é um dos requisitos para sua homologação e que algumas vezes a unanimidade não é alcançada, o legislador norte-americano buscou um caminho para solucionar esse impasse nos casos em que ao menos uma das classes de credores afetadas pelo plano aprove o texto proposto. Trata-se do mecanismo denominado *cram down*,[62] cuja utilização pelo juízo deve ser solicitada pelo proponente do plano.

A aprovação de um plano por meio do *cram down* depende da observância de todos os outros requisitos acima comentados e da verificação de que o plano não causa discriminação injusta (*does not discriminate unfairly*) e se caracteriza como justo e eqüitativo (*is fair and equitable*) com relação à classe discordante.[63] Assim, a confirmação do plano não aprovado de forma consensual pode ocorrer desde que os interesses da classe discordante estejam protegidos nos termos do § 1.129(b)(1). Trata-se, portanto, de proteção distinta daquela conferida pelo *best-interest-of-creditors test*, acima comentado, o qual protege individualmente os interesses dos credores.

O conceito de *unfair discrimination* não consta do *Bankruptcy Code*.[64] O assunto diz respeito ao tratamento conferido às classes formadas por credores de mesma natureza. Entende-se que o plano viola tal requisito sempre que promove a discriminação injusta entre credores de classes que ocupam a mesma prioridade.[65] Assim, se um plano separa credores sem garantia em mais de uma classe e não concede o mesmo tratamento a todos os grupos, questionamentos acerca da *unfair discrimination* poderão ser feitos. Note-se, contudo, que o *Bankruptcy Code* não proíbe a discriminação em si, mas apenas a discriminação injusta. Cabe ao juiz decidir se a diferença de tratamento é justificável em vista da composição das classes em questão. Importante ressaltar, ademais, que o requisito em comento só é necessário com relação a uma *impaired class* que tenha rejeitado o plano de reorganização.[66]

62. Para um detalhado estudo comparativo acerca do *cram down*, v. Carolina Soares João Batista, Paulo Fernando Campana Filho, Renata Yumi Miyazaki e Sheila Christina. N. Cerezetti, "A prevalência da vontade da Assembléia-Geral de credores em questão: o *cram down* e a apreciação judicial do plano aprovado por todas as classes", *RDM* 143/202-242, São Paulo, Malheiros Editores, 2006. V. também os comentários de E. S. Munhoz, in Francisco Satiro de Souza Jr. e Antônio Sérgio A. de Moraes Pitombo (coords.), *Comentários à Lei de Recuperação de Empresas e Falência*, 2ª ed., São Paulo, Ed. RT, 2007, pp. 286-293.

63. Interessante atentar ao comentário de Kenneth N. Klee, "All you ever wanted to know about cram down under the new Bankruptcy Code", *American Bankruptcy Law Journal* 53/141, 1979, nota 67 – que lembra que os critérios de *unfair discrimination* e *fair and equitable* aplicam-se apenas às classes dissidentes, o que difere da interpretação corrente antes da vigência do *Bankruptcy Code*, a qual aplicava os requisitos a todas as classes envolvidas.

64. Perante a ausência de um critério legal, a doutrina debate qual seria a melhor maneira de aferir a ocorrência de *unfair discrimination*. Sobre o tema, v.: Bruce A. Markell, "Slouching toward fairness: a reply to the ABCNY's proposal on unfair discrimination", *The Business Lawyer* 58/109-121, 2002; Committee on Bankruptcy and Corporate Reorganization of the Association of the Bar of the City of New York, "Making the test for unfair discrimination more 'fair': a proposal", *The Business Lawyer* 58/83-108, 2002; Bruce A. Markell, "A new perspective on unfair discrimination in Chapter 11", *American Bankruptcy Law Journal* 72/227-263, 1998.

65. Por esse motivo a doutrina refere-se à *unfair discrimination* como uma exigência voltada às relações horizontais entre credores. A *fair and equitable*, por sua vez, é tratada como um requisito relativo às relações verticais entre credores. Cf. Richard Maloy, "A primer on cram down – How and why it works", *St. Thomas Law Review* 16/7 e 13, 2003-2004.

66. Cf. Richard F. Broude, "Cram down and Chapter 11 of the Bankruptcy Code: the settlement imperative", cit., *The Business Lawyer* 39/451.

Richard Maloy[67] esclarece que, em face da inexistência de regras claras acerca do tema, os seguintes critérios costumam ser usados: (i) a porcentagem de pagamento a ser conferida aos credores; e (ii) a alocação de riscos atribuída a cada uma das classes. C. J. Tabb,[68] por seu turno, lembra que quando a diferença de tratamento se refere apenas à forma de pagamento os tribunais costumam aceitá-la, pressupondo existir uma boa razão para tanto. Entretanto, nos casos em que quantias distintas são alocadas para credores de mesma posição torna-se mais difícil, mas não impossível, justificar a discriminação. Em situações como essas, por exemplo, a discriminação pode ser aceita se o devedor conseguir comprovar que a cooperação de determinado grupo de credores era extremamente importante para a viabilidade da reorganização, motivo pelo qual ele mereceria um pagamento mais significativo.

No que se refere à *fair and equitable rule*, o § 1.129(b)(2) explica especificamente com relação às classes de credores garantidos, sem garantia e de *equity holders* quais as exigências para que o requisito seja cumprido e o veto de determinada classe possa ser superado. De forma bastante ampla, pode-se dizer que um plano é considerado *fair and equitable* sempre que respeitar as prioridades entre as classes de credores. Isso significa que a análise da justiça e eqüitatividade do plano com relação à classe dissidente é explorada tendo em vista se as classes a ela superiores receberão, de acordo com a proposta, mais que o devido e se as classes a ela inferiores receberão qualquer quantia antes que todo o crédito abrangido pelo grupo dissidente seja integralmente quitado. Vê-se, portanto, que a regra diz respeito à observância da ordem de pagamento dos créditos. Da mesma forma que a *unfair discrimination*, a observância da *fair and equitable rule* só é questionada com relação à classe discordante. Conclui-se, assim, que o segundo requisito para o exercício do *cram down* está relacionado às relações verticais entre os credores, na medida em que se preocupa com os valores alocados a cada uma das classes, analisando-se os direitos de preferência de umas em relação às outras.

2.6 Afastamento e substituição do dirigente da devedora

Conforme acima referido, na generalidade dos casos de reorganização o devedor é mantido na condução dos negócios. Assim, após o pedido de reorganização, o devedor assume dois papéis: o de devedor como o próprio devedor e o de devedor como um *trustee*. Os deveres de ambos são cumulados em um só sujeito.

Em raras situações o devedor é afastado da função de representante fiduciário da massa e um *trustee* é nomeado para o cargo. Após o início do procedimento reorganizatório, mas antes da confirmação do plano, o juízo pode, mediante solicitação de uma parte interessada ou do *US Trustee*, nomear um *trustee*. Contudo, esse afastamento do devedor só pode ocorrer: (i) por justa causa, incluindo-se fraude, desonestidade, incompetência ou evidente má gestão na condução dos negócios do devedor por parte da atual administração, seja antes ou depois do início do procedimento; ou (ii) se a nomeação for feita no interesse dos credores, de qualquer detentor de *equity security* e de outros interesses da massa (§ 1.104(a)). Note-se que o requisito é alternativo.

Uma vez determinada a nomeação de um *trustee*, o *US Trustee* deve, a pedido de uma parte interessada, convocar uma reunião de credores para escolher a pessoa que ocupará o cargo. A eleição do *trustee* deve seguir as regras previstas no *Chapter 7*, as quais serão comentadas no item 3.2.1,

67. Richard Maloy, "A primer on cram down – How and why it works", cit., *St. Thomas Law Review* 16/11-12.

68. Charles Jordan Tabb, *The Law of Bankruptcy*, cit., pp. 873-874.

abaixo. Sabendo-se que a escolha de um administrador é absolutamente eventual nos processos de reorganização, o legislador deixou a disciplina para sua eleição no capítulo destinado à *liquidation*, procedimento no qual um *trustee* é compulsoriamente nomeado e normalmente escolhido pelos credores. Caso nenhuma parte interessada solicite ao *US Trustee* a convocação da reunião de credores, àquele órgão caberá, após consultar as partes interessadas, a escolha do *trustee*.

Caso um *trustee* seja nomeado, ele passa a exercer o papel do *debtor in possession*. Isso significa que ele recebe duas principais responsabilidades: (i) conduzir os negócios do devedor durante o processo de reorganização; e (ii) formular e peticionar um plano de reorganização (§ 1.106(a)).

Interessante notar que a jurisprudência norte-americana flexibiliza o total afastamento do *debtor in possession*, conforme a necessidade do caso. Confira-se: "Upon a showing of cause for appointment of a trustee, the court may bifurcate the duties of an independent trustee and the debtor's management, permitting management to continue to oversee product development, manufacturing and sales, if the debtor is a highly specialized business and customer recognition and loyalty to the management is key to the business" (In re Intercat, Inc., 247 B.R. 911).[69]

2.7 A nomeação do examiner

Caso um *trustee* não seja nomeado para substituir o *debtor in possession*, qualquer parte interessada ou o *US Trustee* pode, antes da confirmação do plano de reorganização, solicitar a nomeação de um *examiner* para investigar o devedor. O trabalho do *examiner* inclui investigações de fraudes, desonestidade, incompetência, irregularidade na administração dos negócios do devedor por parte da administração anterior ou atual, dentre outros.

A nomeação do profissional em comento, todavia, só pode ocorrer se (i) for feita no interesse dos credores, detentores de *equity security* e outros interesses da massa ou (ii) se as dívidas fixas, líquidas e não garantidas do devedor, excetuando-se aquelas relacionadas a bens, serviços, tributos ou devidas para um *insider*, excederem 5 milhões de dólares.

3. Os credores e a **liquidation**

No procedimento de liquidação regulado pelo *Chapter 7* do *Bankruptcy Code* um *trustee* é nomeado e fica responsável pela realização de alguns ativos do devedor e pela distribuição aos credores dos recursos obtidos. Nessas situações a legislação permite que o devedor retenha alguns bens (*exempt property*), os quais não devem ser arrecadados e liquidados, e receba a liberação (*discharge*) das dívidas anteriores à quebra. A referida liberação concede um *fresh start* ao devedor.

O devedor pode converter uma liquidação em reorganização.[70] Da mesma forma, referida conversão pode ser determinada pelo juízo, desde que essa medida seja solicitada por uma parte interessada (§ 706).

Assim como ocorre no Direito Brasileiro, o *Bankruptcy Code* estabelece uma ordem para o pagamento dos créditos. Inicialmente, os credores garantidos deverão receber os bens sobre os quais suas respectivas garantias recaem ou os valores relativos à garantia. Isso significa que, durante a arrecadação e liquidação dos bens, o *trustee* pode decidir entregar o bem dado em

69. Cf. Charles Jordan Tabb, *The Law of Bankruptcy*, cit., p. 848.

70. A jurisprudência, contudo, restringe a conversão nos casos em que o devedor busca a reorganização devido a propósitos inadequados. Cf. Mary Davies Scott e Lawrence P. King, *Bankruptcy Code*, cit., p. 663.

garantia para o credor, ou aliená-lo e pagar ao credor a quantia a ele devida. Passo seguinte, a distribuição é feita aos credores sem garantia. Ocorre que o *trustee* deve observar uma ordem de pagamento, da qual constam créditos prioritários (§ 507 – aí incluídos *administrative claims*, créditos trabalhistas, créditos tributários, dentre outros) e demais créditos não-garantidos (§ 726).

3.1 Legitimidade ativa para o pedido de liquidação

Assim como na reorganização, o pedido de instauração do processo para liquidação do devedor pode ser formulado voluntariamente, ou seja, pelo próprio devedor, ou por credores, caso em que se trata de uma *involuntary petition*. Apenas os institutos disciplinados pelos *Chapters 7* e *11* permitem que o pedido seja apresentado pelos credores.

As mesmas regras mencionadas no item 2.1, acima, referente aos requisitos para o pedido de abertura do procedimento pelos credores, aplicam-se às situações de liquidação.

Importante notar que o *Bankruptcy Code* não adotou a prática de atos de falência como condição para a instauração do procedimento concursal. Ao invés de se averiguar se as condutas do devedor poderiam ser inseridas entre aquelas que resultariam na presunção de dificuldades financeiras, o legislador norte-americano estipulou dois motivos alternativos para o pedido por parte dos credores: (i) em geral, o devedor não está pagando suas dívidas no vencimento;[71] ou (ii) um *custodian*[72] foi responsabilizado por todos os ativos do devedor nos últimos 120 dias.

Por fim, não se pode deixar de ressaltar que o pagamento das dívidas após a formulação do pedido não libera o devedor da abertura do procedimento. Essa regra busca limitar os incentivos aos credores no sentido de utilizar a *involuntary petition* como forma de coerção ao adimplemento de débitos.

3.2 A Assembléia-Geral de credores

Assim como nos casos de reorganização, os processos de liquidação devem contar com uma assembléia de credores, a qual deve ser convocada pelo *US Trustee*. Durante a reunião, o *trustee* deve interrogar o devedor de forma a confirmar que ele está ciente dos efeitos positivos e negativos da falência. O objetivo é puramente informacional, e não deve ser compreendido como um interrogatório ao qual o devedor deve conceder repostas específicas que poderiam ser utilizadas contra sua própria pessoa.

Os questionamentos direcionados ao devedor buscam comprovar seu conhecimento acerca das conseqüências da liquidação, incluindo-se a *discharge*, o *automatic stay* e o registro do pedido de falência na história do devedor. Sobre esse último aspecto, o *trustee* não deve predizer se a liquidação será benéfica ou prejudicial ao devedor, uma vez que alguns credores podem favorecer o devedor depois que o concurso ocasionar a liberação das dívidas, ao passo que outros podem restringir a concessão de crédito em vista da situação do devedor.[73]

71. O requisito em questão não permite que o inadimplemento de apenas uma ou algumas dívidas justifique a abertura do procedimento concursal.

72. Nos termos do § 101(11), *custodian* significa: "(A) receiver or trustee of any of the property of the debtor, appointed in a case or proceeding not under this title; (B) assignee under a general assignment for the benefit of the debtor's creditors; or (C) trustee, receiver, or agent under applicable law, or under a contract, that is appointed or authorized to take charge of property of the debtor for the purpose of enforcing a lien against such property, or for the purpose of general administration of such property for the benefit of the debtor's creditors; (...)".

73. Mary Davies Scott e Lawrence P. King, *Bankruptcy Code*, cit., p. 187.

3.2.1 *Eleição do* trustee

Nos casos de liquidação, ao contrário do que ocorre quando da reorganização empresarial, o devedor não permanece na condução dos negócios e um *trustee* deve ser nomeado para, dentre outras, arrecadar e realizar os bens da massa tendo em vista o pagamento dos credores (§ 704).

Após a *order for relief*, o *US Trustee* deve nomear uma pessoa como o *trustee* temporário, o qual permanecerá no cargo até que a reunião de credores, disciplinada pelo § 341 e acima comentada, eleja um novo responsável. A escolha de um *trustee* constitui, portanto, função dos credores. As regras para a votação, incluindo-se o *quorum* para a escolha do administrador, constam do § 702 do *Bankruptcy Code*. Interessante notar que apenas credores sem garantia podem votar na eleição do *trustee*. Caso o número necessário de credores não formule o pedido para a eleição de um *trustee*, ou caso o *quorum* para a escolha de um candidato não seja satisfeito durante a reunião de credores,[74] o *trustee* temporário permanecerá no cargo.

3.2.2 *Comitê de credores*

Os mesmos credores admitidos à votação do *trustee* podem eleger um comitê, a ser constituído por no mínimo 3 e no máximo 11 credores sem garantia e que preencham os requisitos do § 726(2), o qual diz respeito aos créditos tempestivamente comprovados.

O comitê de credores pode consultar o *trustee* e o *US Trustee* sobre a administração da massa, fazer recomendações ao *trustee* e ao *US Trustee* sobre o desempenho dos deveres do *trustee* e submeter ao juízo ou ao *US Trustee* qualquer questionamento acerca da administração da massa (§ 705).

Em casos de liquidação a prática demonstra que os próprios credores têm diminuto interesse em participar do procedimento e dificilmente um comitê de credores é nomeado.[75]

4. O credor, o workout agreement e o prepackaged bankruptcy

Conforme referido acima, a *reorganization* é o instrumento disciplinado pelo *Bankruptcy Code* e colocado à disposição de empresas que desejam superar um estado de crise. Ocorre, contudo, que há dois outros mecanismos aptos a solucionar problemas econômico-financeiros: o *workout agreement* e o *prepackaged bankruptcy*. Ambos são desenvolvidos, completa ou parcialmente, fora do Poder Judiciário.

74. V. § 702 para os requisitos de formulação do pedido de eleição e escolha do *trustee*:

"§ 702. (a) A creditor may vote for a candidate for trustee only if such creditor – (1) holds an allowable, undisputed, fixed, liquidated, unsecured claim of a kind entitled to distribution under Section 726 (a)(2), 726 (a)(3), 726 (a)(4), 752 (a), 766 (h), or 766 (i) of this title; (2) does not have an interest materially adverse, other than an equity interest that is not substantial in relation to such creditor's interest as a creditor, to the interest of creditors entitled to such distribution; and (3) is not an insider.

"(b) At the meeting of creditors held under Section 341 of this Title, creditors may elect one person to serve as trustee in the case if election of a trustee is requested by creditors that may vote under subsection (a) of this Section, and that hold at least 20 percent in amount of the claims specified in Subsection (a)(1) of this Section that are held by creditors that may vote under Subsection (a) of this Section.

"(c) A candidate for trustee is elected trustee if – (1) creditors holding at least 20 percent in amount of the claims of a kind specified in Subsection (a)(1) of this Section that are held by creditors that may vote under Subsection (a) of this Section vote; and (2) such candidate receives the votes of creditors holding a majority in amount of claims specified in Subsection (a)(1) of this Section that are held by creditors that vote for a trustee.

"(d) If a trustee is not elected under this Section, then the interim trustee shall serve as trustee in the case."

75. Cf. Charles Jordan Tabb, *The Law of Bankruptcy*, cit., p. 66.

O *workout agreement* caracteriza-se como um acordo segundo o qual os credores aceitam um pagamento reduzido de seus créditos e/ou concordam com a extensão do prazo para pagamento dos valores a eles devidos. O acordo em comento vincula apenas os credores signatários e não afeta, portanto, todos os demais detentores de créditos, os quais permanecem com todos os seus direitos com relação ao devedor.

A concessão de tratamento desigual aos credores participantes do acordo não é proibida, desde que todos os credores estejam cientes da sua existência. O cumprimento do acordo representa a liberação (*discharge*) do devedor com relação à dívida total. Dúvida existe quanto às situações de inadimplemento do *workout agreement*. Questiona-se se, no caso de não-pagamento completo do valor acordado, o crédito a ser cobrado seria o inicial ou o negociado, ou seja, se haveria novação da dívida mediante a celebração do *workout agreement*. Nesses casos, a intenção das partes deve regular o tema. Destarte, caso os credores desejem que o devedor não seja liberado da dívida antes da completa satisfação dos termos e condições do acordo, os próprios credores devem estabelecer expressamente que a *discharge* só ocorrerá mediante o total adimplemento do contrato.

Acredita-se que a maior fraqueza do *workout agreement* é sua incapacidade de vincular credores dissidentes. Essa é, também, uma das principais razões pela qual o *Chapter 11* é necessário, já que esse, como visto, permite que a reorganização seja aprovada sem a unanimidade dos credores por ela atingidos. Note-se, ainda, que muitas vezes a mera disponibilidade do *Chapter 11* facilita a celebração do *workout agreement*. Isso ocorre pois muitos credores, cientes de que o devedor pode voltar-se ao *Chapter 11* e vinculá-los sem seu expresso consentimento, preferem aceitar o acordo extrajudicial. Da mesma forma, o risco de o devedor conceder em garantia todos os seus ativos apenas aos credores participantes de um acordo estimula a ampla participação no contrato.[76]

O *prepackaged bankruptcy* caracteriza-se como uma forma híbrida de reestruturação, na medida em que mistura aspectos da reorganização segundo o *Chapter 11* com características dos acordos extrajudiciais. Empresas que decidem solucionar sua crise mediante o *prepackaged bankruptcy* apresentam o plano de reorganização no mesmo momento em que peticionam solicitando a reorganização. Isso significa que o procedimento envolve o pedido de reorganização direcionado ao Judiciário mas o plano é negociado antes do envolvimento do referido órgão. Assim, essas reestruturações costumam demorar menos que os procedimentos tradicionais regulados pelo *Bankruptcy Code*. Note-se que os *prepackaged plans* se caracterizam como aqueles já negociados e para os quais o devedor já conta com número de aceitações suficiente para a confirmação do plano. Por outro lado, caracterizam-se como *prenegotiated plans* as propostas apresentadas em juízo pelo devedor após a ampla negociação com os credores mas que ainda dependem da manifestação favorável dos detentores de créditos.[77] Isso significa que os credores sempre devem votar o plano para que ele possa ser confirmado pelo juiz, mas essa providência pode ocorrer antes ou depois da formulação do pedido judicial de reorganização.[78]

Mister frisar que, durante a negociação prévia à formulação do pedido de reor-

76. Cf. Charles Jordan Tabb, *The Law of Bankruptcy*, cit., p. 25.

77. Cf. Mark S. Scarberry, Kenneth N. Klee, Grant W. Newton e Steve H. Nickles, *Business Reorganization in Bankruptcy – Cases and Materials*, cit., 2ª ed., pp. 729-730.

78. Cf. Kevin Yost, *The Choice among Traditional Chapter 11, Prepackaged Bankruptcy, and Out-of-Court Restructuring*, 2002, p. 1, nota 1 (disponível em *http://www.cab.latech.edu/DEPTS/econ_fin/papers/Yost_Paper.pdf*, acesso em 13.11. 2009).

ganização, podem ser instituídos comitês de credores com vistas à proteção de interesses e à negociação paritária do plano com o devedor e demais credores. Nesses casos, se a *reorganization* for solicitada, o comitê de credores a ser oportunamente formado será preferencialmente composto dos mesmos membros que exerciam a função antes do início do procedimento (§ 1.102(b)(1)).

Verifica-se, destarte, que, em ambas as modalidades de solução da crise empresarial a participação dos credores durante a negociação, elaboração e aceitação do acordo apresenta-se de fundamental importância para o sucesso da operação. De um lado, os *workout agreements* vinculam apenas os credores signatários; de outro, a celeridade dos *prepackaged agreements* é resultado de um esforço conjunto das partes interessadas na melhor composição disponível para o soerguimento do devedor.

5. Conclusão

As linhas acima demonstram que o sistema concursal norte-americano conta com variados instrumentos voltados a estabelecer um equilíbrio entre as partes interessadas na solução da crise empresarial. Nesse sentido, buscando contrabalançar os benefícios concedidos ao devedor, diversos mecanismos foram colocados à disposição dos credores, dentre eles a possibilidade de formulação de pedidos involuntários, os direitos à ampla informação mediante a apresentação compulsória de *disclosure statements* pelo proponente do plano, requisitos para a confirmação do plano, como o *best-interest-of-creditors* e o *feasibility standard*, e a exigência de tratamento igualitário aos créditos abrangidos pela mesma classe.

Alega-se, contudo, que esse quadro elogiável sofreu inúmeras mudanças ao longo dos anos, as quais teriam causado a movimentação do pêndulo, que antes refletia o equilíbrio mencionado, para o lado dos credores.[79]

Essa situação poderia ser confirmada mediante, por exemplo, a análise das mais recentes alterações ao *Bankruptcy Code* perpetradas pelo BAPCPA, de 2005. Muito embora o estudo detalhado desse diploma fuja aos propósitos do presente estudo, pode-se mencionar sucintamente que inúmeras de suas previsões favorecem os credores[80] e, ao final, podem acarretar prejuízo à organização de tão importante sistema concursal – o qual, como se sabe, foi o primeiro a elaborar um necessário mecanismo de recuperação empresarial.

No entanto, a afirmação peremptória de que o sistema estadunidense tenha perdido seu equilíbrio e, após as recentes alterações legislativas, tenha passado a proteger os credores de maneira mais enfática que a necessária dependeria de uma análise profunda e abrangente da matéria – algo que, como se sabe, não se pretendeu desenvolver na presente exposição. Trata-se de assunto de extrema relevância, a merecer estudos futuros.

Bibliografia

ALBERGOTTI, Robert D. *Understanding Bankruptcy in the United States of America – A Handbook of Law and Practice*. Cambridge, Blackwell Finance, 1992.

BANKRUPTCY JUDGES DIVISION OF THE ADMINISTRATIVE OFFICE OF THE UNITED STATES COURTS. *Bankruptcy Basics (Applicable to Cases Filed on or After October 17, 2005)*. Disponível em *http://*

79. Nesse sentido, v. comentários de Neal Batson in Wendy Hagenau, Ezra Cohen e Neal Batson, "Debate 1: the balance of power between debtors, creditors, and judges – The elimination of judicial discretion under the new Act", cit., *Emory Bankruptcy Developments Journal* 22/551-552.

80. Um exemplo disso é a limitação absoluta, acima tratada, às extensões ao período de exclusividade para a apresentação do plano de reorganização pelo devedor.

www.uscourts.gov/bankruptcycourts/BB1 01705final2column.pdf.

BATISTA, Carolina Soares João, CAMPANA FILHO, Paulo Fernando, CEREZETTI, Sheila Christina Neder, e MIYAZAKI, Renata Yumi. "A prevalência da vontade da Assembléia-Geral de credores em questão: o *cram down* e a apreciação judicial do plano aprovado por todas as classes". *RDM* 143/202-242. São Paulo, Malheiros Editores, 2006.

BATSON, Neal, COHEN, Ezra, e HAGENAU, Wendy. "Debate 1: the balance of power between debtors, creditors, and judges – The elimination of judicial discretion under the new act". *Emory Bankruptcy Developments Journal* 22/547-571. 2006.

BROUDE, Richard F. "Cram down and Chapter 11 of the Bankruptcy Code: the settlement imperative". *The Business Lawyer* 39/441-454. 1984.

CAMPANA FILHO, Paulo Fernando, BATISTA, Carolina Soares João, CEREZETTI, Sheila Christina Neder, e MIYAZAKI, Renata Yumi. "A prevalência da vontade da Assembléia-Geral de credores em questão: o *cram down* e a apreciação judicial do plano aprovado por todas as classes". *RDM* 143/202-242. São Paulo, Malheiros Editores, 2006.

CEREZETTI, Sheila Christina Neder, BATISTA, Carolina Soares João, CAMPANA FILHO, Paulo Fernando, e MIYAZAKI, Renata Yumi. "A prevalência da vontade da Assembléia-Geral de credores em questão: o *cram down* e a apreciação judicial do plano aprovado por todas as classes". *RDM* 143/202-242. São Paulo, Malheiros Editores, 2006.

COHEN, Ezra, BATSON, Neal, e HAGENAU, Wendy. "Debate 1: the balance of power between debtors, creditors, and judges – The elimination of judicial discretion under the new act". *Emory Bankruptcy Developments Journal* 22/547-571. 2006.

COMMITTEE ON BANKRUPTCY AND CORPORATE REORGANIZATION OF THE ASSOCIATION OF THE BAR OF THE CITY OF NEW YORK. "Making the test for unfair discrimination more 'fair': a proposal". *The Business Lawyer* 58/83-108, 2002.

COMPARATO, Fábio Konder. *Aspectos Jurídicos da Macroempresa.* São Paulo, Ed. RT, 1970.

GIESE, Phillip J. "Till *versus* SCS Credit Corp.: can you 'till' me how to cram this down? The Supreme Court addresses the proper approach to calculating cram down interest rates". *Pepperdine Law Review* 33/133-183. 2005.

GOLDSTEIN, Marcia L., McKENNA, Sean L., e MILLER, Harvey R. *The Chapter 11 Players in Contemporary Bankruptcy Practice: Roles, Obligations, and Ethical Considerations of Debtors in Possession, Trustees, Examiners and Committees.* Practising Law Institute, Commercial Law and Practice Course Handbook Series, PLI Order n. A4-4426, 1993 (pp. 371-497).

HAGENAU, Wendy, BATSON, Neal, e COHEN, Ezra. "Debate 1: the balance of power between debtors, creditors, and judges – The elimination of judicial discretion under the new act". *Emory Bankruptcy Developments Journal* 22/547-571. 2006.

JONES, Edith H. "Chapter 11: a death penalty for debtor and creditir interests". *Cornell Law Review* 77/1.088-1.092. 1992.

KING, Lawrence P., e SCOTT, Mary Davies. *Bankruptcy Code.* Part 1. Nova York, Lexis, 2000.

KLEE, Kenneth N. "All you ever wanted to know about cram down under the new Bankruptcy Code". *American Bankruptcy Law Journal* 53/133-171. 1979.

__________, e SHAFFER, K. John. "Creditors' committee under Chapter 11 of the Bankruptcy Code". *South Carolina Law Review* 44/995-1.066. 1993.

__________, NEWTON, Grant W., NICKLES, Steve H., e SCARBERRY, Mark S. *Business Reorganization in Bankruptcy – Cases and Materials*. 2ª ed. St. Paul, West Group, 2001.

LoPUCKI, Lynn M. "The debtor in full control – Systems failure under Chapter 11 of the Bankruptcy Code?". First installment. *American Bankruptcy Law Journal* 57/99-126. 1983.

MALOY, Richard. "A primer on cram down – How and why it works". *St. Thomas Law Review* 16/1-57. 2003-2004.

MARKELL, Bruce A. "A new perspective on unfair discrimination in Chapter 11". *American Bankruptcy Law Journal* 72/227-263. 1998.

________. "Slouching toward fairness: a reply to the ABCNY's proposal on unfair discrimination". *The Business Lawyer* 58/109-121. 2002.

McKENNA, Sean L., GOLDSTEIN, Marcia L., e MILLER, Harvey R. *The Chapter 11 Players in Contemporary Bankruptcy Practice: Roles, Obligations, and Ethical Considerations of Debtors in Possession, Trustees, Examiners and Committees*. Practising Law Institute, Commercial Law and Practice Course Handbook Series, PLI Order n. A4-4426, 1993 (pp. 371-497).

MILLER, Harvey R. "The changing face of Chapter 11: a reemergence of the bankruptcy judge as producer, director, and sometimes star of the reorganization passion play". *American Bankruptcy Law Journal* 69/431-465. 1995.

________, e WAISMAN, Shai Y. "Is Chapter 11 bankrupt?". *Boston College Law Review* 47/129-181. 2005.

________, GOLDSTEIN, Marcia L., e McKENNA, Sean L. *The Chapter 11 Players in Contemporary Bankruptcy Practice: Roles, Obligations, and Ethical Considerations of Debtors in Possession, Trustees, Examiners and Committees*. Practising Law Institute, Commercial Law and Practice Course Handbook Series, PLI Order n. A4-4426, 1993 (pp. 371-497).

MIYAZAKI, Renata Yumi, BATISTA, Carolina Soares João, CAMPANA FILHO, Paulo Fernando, e CEREZETTI, Sheila Christina Neder. "A prevalência da vontade da Assembléia-Geral de credores em questão: o *cram down* e a apreciação judicial do plano aprovado por todas as classes". *RDM* 143/202-242. São Paulo, Malheiros Editores, 2006.

NEWTON, Grant W., KLEE, Kenneth N., NICKLES, Steve H., e SCARBERRY, Mark S. *Business Reorganization in Bankruptcy – Cases and Materials*. 2ª ed. St. Paul, West Group, 2001.

NICKLES, Steve H., KLEE, Kenneth N., NEWTON, Grant W., e SCARBERRY, Mark S. *Business Reorganization in Bankruptcy – Cases and Materials*. 2ª ed. St. Paul, West Group, 2001.

NORBERG, Scott F. "Classification of claims under Chapter 11 of the Bankruptcy Code: the fallacy of interest based classification". *American Bankruptcy Law Journal* 69/119-166. 1995.

PITOMBO, Antônio Sérgio A. de Moraes, e SOUZA JR., Francisco Satiro de (coords.). *Comentários à Lei de Recuperação de Empresas e Falência*. 2ª ed. São Paulo, Ed. RT, 2007.

SCARBERRY, Mark S., KLEE, Kenneth N., NEWTON, Grant W., e NICKLES, Steve H. *Business Reorganization in Bankruptcy – Cases and Materials*. 2ª ed. St. Paul, West Group, 2001.

SCOTT, Mary Davies, e KING, Lawrence P. *Bankruptcy Code*. Part 1. Nova York, Lexis, 2000.

SHAFFER, K. John, e KLEE, Kenneth N. "Creditors' committee under Chapter 11 of the Bankruptcy Code". *South Carolina Law Review* 44/995-1.066. 1993.

SOUZA JR., Francisco Satiro de, e PITOMBO, Antônio Sérgio A. de Moraes (coords.). *Comentários à Lei de Recuperação de Empresas e Falência*. 2ª ed. São Paulo, Ed. RT, 2007.

TABB, Charles Jordan. *The Law of Bankruptcy*. Westburry, Foundation, 1997.

TOLEDO, Paulo Fernando Campos Salles de. *A Empresa em Crise no Direito Francês e Americano*. Dissertação (Mestrado), Faculdade de Direito da USP. São Paulo, 1987.

WAISMAN, Shai Y., e MILLER, Harvey R. "Is Chapter 11 bankrupt?". *Boston College Law Review* 47/129-181. 2005.

WARREN, Elizabeth. "Bankruptcy policy". *University of Chicago Law Review* 54/775-814. 1987.

YOST, Kevin. *The Choice among Traditional Chapter 11, Prepackaged Bankruptcy, and Out-of-Court Restructuring*. 2002 (disponível em *http://www.cab.latech.edu/DEPTS/econ_fin/papers/Yost_Paper.pdf*).

Atualidades

OS EMPRESÁRIOS DO SETOR AÉREO E OS CONTRATOS DE ARRENDAMENTO DE AERONAVES NA LEI DE RECUPERAÇÃO DE EMPRESAS E FALÊNCIA (LEI 11.101/2005, ART.199)*

MARCELO VIEIRA VON ADAMEK

1. Introdução. 2. A crise econômica dos empresários exploradores de serviços aéreos e de infra-estrutura aérea: 2.1 Processos de recuperação de empresas (e concordata) – 2.2 Falência – 2.3 Intervenção extrajudicial – 2.4 Liquidação extrajudicial e falência de iniciativa do Poder Público – 2.5 Síntese sobre os processos concursais e procedimentos extrajudiciais. 3. Os contratos de arrendamento e locação de aeronaves nos processos de recuperação de empresas: 3.1 Regime original da Lei de Recuperação de Empresas e Falência – 3.2. Regime atual da Lei de Recuperação de Empresas e Falência. 4. Conclusões.

1. Introdução

O presente estudo tem por objetivo analisar os principais impactos da Lei de Recuperação de Empresas e Falência/LRF, a Lei 11.101, de 9.2.2005, sobre as empresas exploradoras de serviços aéreos e de infra-estrutura aeronáutica e sobre os contratos de arrendamento (locação, arrendamento mercantil e qualquer outra forma de arrendamento) de aeronaves e suas partes. O que se pretende – através da análise dos processos concursais e paraconcursais aos quais se submetem os empresários do setor aéreo (item 2) e do estudo do regime jurídico dos contratos de arrendamento de aeronaves (item 3) – é, em suma, verificar se, realmente, o legislador avançou consideravelmente na regulamentação da crise das empresas aéreas, dando-lhes condições mais justas e factíveis de reerguimento, ou, ao contrário, se persiste em nosso Direito a visão curta e restritiva introduzida pelo Decreto-lei 669, de 3.7.1969, e repetida no Código Brasileiro de Aeronáutica (Lei 7.565, de 19.12.1986).

2. A crise econômica dos empresários exploradores de serviços aéreos e de infra-estrutura aérea

O mercado aéreo nacional, ninguém duvida, apresenta excepcional potencial de crescimento, seja no segmento de transporte de passageiros como no de transporte de cargas. Na prática, porém, o crescimento efetivo sempre fica longe das margens potenciais, notadamente porque se trata de setor da atividade econômica fortemente influenciado por elementos vários, tais como política tarifária, carga tributária, encargos trabalhistas, investimentos públicos, preço do combustível, variação cambial, apreensão gerada no consumidor por conta de ataques terroristas e conflitos armados etc. – para, aqui, ficar com apenas

* O presente estudo foi preparado em dezembro/2006 para integrar obra coletiva sobre direito aeronáutico.

alguns exemplos. Bem por isso, não só em nosso País, mas também em Países de economia exuberante, as crises têm apanhado fortemente as empresas aéreas. Entre nós são conhecidos os casos da *Panair*, *Cruzeiro*, *Transbrasil*, *VASP* e *VARIG*. Mundialmente, é possível citar as crises da *Continental*, *American Airlines*, *Aerolineas Argentinas*, *TAP* e *Swissair*, dentre tantas outras empresas, algumas das quais conseguiram superar suas dificuldades, e outras tantas sucumbiram ou foram adquiridas por concorrentes.

Conquanto o setor aéreo brasileiro possa estar mais vulnerável ao impacto de alguns dos fatores citados, suas crises, assim, não são exclusividade nacional, mas uma constante mundial.[1] Contudo, o que realmente singulariza o Brasil nesta área é o modo de se lidar com o problema, isto é, são os instrumentos de que dispõem os empresários para superar suas dificuldades operacionais e financeiras. É que, num ambiente econômico de parcos investimentos públicos e de altas taxas de juros, as alternativas de refinanciamento estatal ou bancário nem sempre são factíveis ou suficientes. Teoricamente, portanto, restaria ainda a via dos processos concursais, mas também neste ponto o panorama nacional é algo desolador, pois até o advento da atual lei concursal brasileira prevaleceu uma concepção legislativa refratária às soluções concursais, não obstante seu largo emprego em vários outros Países. O que se pretende analisar, doravante, é se essa visão, que no passado predominou, continua a prevalecer, ou não, em nosso sistema jurídico.

Nesta linha, procurar-se-á, doravante, fornecer um panorama atual dos vários processos concursais e paraconcursais aos quais estão sujeitos os empresários atuantes no setor aéreo, colocando em destaque o regime pretérito e aquele inaugurado com o advento da Lei de Recuperação de Empresas e Falência (Lei 11.101, de 9.2.2005), sempre destacando as principais controvérsias presentes na interpretação da atual lei.

2.1 Processos de recuperação de empresas (e concordata)

Sob a esquálida justificativa de que "a concordata, sendo um favor legal, que se dá à empresa estritamente comercial para continuar o seu negócio, não é de molde a ser admitida para a empresa de transporte aéreo, quando se tem em vista, acima do interesse comercial da empresa, a regularidade e segurança do vôo", o Decreto-lei 669, de 3.7.1969, pela primeira vez em nosso sistema jurídico excluiu do benefício da concordata as empresas exploradoras de serviços aéreos de qualquer natureza ou de infra-estrutura aeronáutica.[2] Depois

1. Sobre o tema, Eduardo Teixeira Farah registra que, mundo afora, as empresas aéreas estavam em crise antes mesmo do atentado de 2001, e a sensibilidade acentuada do setor explica-se pelo *modus operandi* das companhias aéreas, com alta alavancagem financeira e pequena margem de lucro (*"Leasing" de Aeronaves Civis no Direito Brasileiro: Aspectos Jurídicos Relevantes*, Roi de Janeiro, Forense, 2007, pp. 118-128).

2. O art. 1º do Decreto-lei 669, de 3.7.1969, dispunha: "Art. 1º. Não podem impetrar concordata as empresas que, pelos seus atos constitutivos, tenham por objeto, exclusivamente ou não, a exploração de serviços aéreos de qualquer natureza ou de infra-estrutura aeronáutica". Para tentar legitimar a edição dessa regra, três foram as considerações inseridas no corpo do decreto-lei, a saber: (i) "a navegação aérea só pode ter eficiência, isto é, segurança, regularidade e precisão, se a empresa que a explora estiver em condições econômico-financeiras que permitam, em termos de planejamento, execução, manutenção, supervisão e controle, a perfeita sustentação de serviços através de uma sólida estrutura, capaz de plena atividade"; (ii) "se a empresa de navegação aérea entra em falência, concordata ou liquidação, sua estrutura técnico-econômico-financeira não tem mais condições adequadas e necessárias a merecer a confiança de proporcionar serviços regulares, eficientes e, sobretudo, dotados da imprescindível segurança, que compete ao Governo fiscalizar e garantir"; e, por fim, (iii) "a concordata, sendo um favor legal, que se dá à empresa estritamente comercial para continuar o seu negócio, não é

dele, a mesma orientação foi repetida no Código Brasileiro de Aeronáutica/CBA, a Lei 7.565, de 19.12.1986, que, em seu art. 187, dispunha: "Art. 187. Não podem impetrar concordata as empresas aéreas que, por seus atos constitutivos, tenham por objeto a exploração de serviços aéreos de qualquer natureza ou de infra-estrutura aeronáutica".[3-4]

O afastamento destes empresários (comerciantes, pelo regime então vigente) do benefício da concordata era criticável e, sem dúvida, contestável.[5] Criticável porque, ao mesmo tempo em que taxativamente lhes recusou o benefício da concordata, o legislador não concedeu um instrumento alternativo e eficaz de socorro para suas respectivas crises econômico-financeiras. Contestável era, ainda, essa diretriz restritiva na medida em que a sujeição das empresas aéreas ao regime geral concursal em vários outros Países não se revelou perniciosa à regularidade ou mesmo à segurança dos serviços, notadamente porque, bem

de molde a ser admitida para a empresa de transporte aéreo, quando se tem em vista, acima do interesse comercial da empresa, a regularidade e segurança do vôo".

3. Neste art. 187 do CBA e, antes dele, no art. 1º do Decreto-lei 669/1969 o legislador pátrio fez referência, de maneira pouco técnica, às "empresas (...) que tenham por objeto a exploração de serviços aéreos" e "empresas (...) que tenham por objeto a exploração de serviços de infra-estrutura aeronáutica". Na realidade, a exploração dos serviços aéreos e a exploração dos serviços de infra-estrutura aeronáutica constituíam – e ainda hoje constituem – atividades (empresas) às quais podem se dedicar os empresários; são objeto de uma atividade empresarial. Ou seja, "empresa", em seu perfil funcional e estrito, é a própria atividade econômica organizada de produção ou circulação de bens ou serviços para o mercado (CC, art. 966), e o titular da empresa, a pessoa que a explora e a quem a atividade é juridicamente imputada, é o empresário. Portanto, nas citadas regras o legislador pátrio negou o benefício da concordata aos empresários que se dedicavam à exploração dos serviços aéreos de qualquer natureza ou de infra-estrutura aeronáutica, e não às empresas, como a literalidade dos preceitos acenava. Sobre a necessária distinção a ser feita entre *empresa* (atividade), *empresário* (sujeito de direito) e *estabelecimento* (objeto de direito), consulte-se, além do conhecido estudo de Alberto Asquini ("Perfis da empresa", trad. de Fábio Konder Comparato, *RDM* 104/109-126, São Paulo, Malheiros Editores), também a precisa síntese conceitual exposta por Erasmo Valladão Azevedo e Novaes França, "Empresa, empresário e estabelecimento: a nova disciplina das sociedades", *Revista do Advogado* 71/15-25, São Paulo, AASP).

4. As definições de "infra-estrutura aeronáutica" e "serviços aéreos" são dadas pelo próprio CBA, nos arts. 25 e 174, respectivamente. Cumpre observar que os serviços aéreos se subdividem em "serviços aéreos privados" (arts. 177-179) e "serviços aéreos públicos" (arts. 160-221), sendo certo que a exploração dos serviços públicos de transporte aéreo regular depende sempre de prévia concessão administrativa; e a exploração dos serviços de transporte aéreo não-regular e a de serviços especializados requerem autorização administrativa (arts. 180-183). Esses conceitos são relevantes, pois a intervenção do Poder Executivo só tem cabimento nas empresas concessionárias ou autorizadas (art. 188), e não nas demais. Ainda assim, o benefício da concordata foi negado não só às concessionárias ou autorizatárias, mas a quaisquer empresários exploradores de serviços aéreos ou de infra-estrutura aeronáutica – o que significa dizer que o legislador negou a concordata a um universo subjetivo muito mais extenso que aquele potencialmente coberto pela intervenção. Não havia, pois, uma perfeita identidade entre os sujeitos excluídos da concordata e aqueles sujeitos a intervenção e liquidação extrajudiciais.

5. Fábio Konder Comparato anteviu nessa restrição à utilização da concordata uma clara manifestação do dualismo pendular do direito falimentar brasileiro, desta feita para a proteção dos interesses dos credores, em detrimento do devedor e com total alheamento da figura da empresa. E, com razão, dirigiu crítica mordaz: "Exemplo sugestivo do desfavor atual do instituto da concordata é o recente Decreto-lei 669, de 3.7.1969, que suprimiu-a para 'as empresas que, pelos seus atos constitutivos, tenham por objetivo, exclusivamente ou não, a exploração dos serviços aéreos de qualquer natureza ou de infra-estrutura aeronáutica', sob a excelente justificativa de que 'a concordata, sendo um favor legal, que se dá à empresa estritamente comercial para continuar o seu negócio, não é de molde a ser admitida para a empresa de transporte aéreo, quando se tem em vista, acima do interesse comercial da empresa, a regularidade e segurança de vôo'. Como se percebe, a concepção que o legislador atual faz da concordata não é das mais largas (...). Mas qual é, então, o remédio jurídico aplicável à insolvência desses comerciantes? O remédio é simplesmente ... não ficar insolvente – o que talvez ainda acabe sendo editado por decreto-lei" (Fábio Konder Comparato, *Aspectos Jurídicos da Macroempresa*, São Paulo, Ed. RT, 1970, n. 37, pp. 100-101).

vista a questão, o receio e o risco de que as manutenções das aeronaves não estejam sendo realizadas adequadamente existem pelo só estado de crise da empresa, independentemente da submissão do empresário a regime concursal, ordinário ou não. Inclusive, sob tal ótica, talvez tivesse sido preferível e, de certo, teria sido mais muito honesto permitir que todos ficassem sabendo do estado de crise de determinada companhia aérea (e pudessem, assim, exigir das autoridades o fiel cumprimento de suas atribuições) que escamotear a realidade e sujeitar os consumidores incautos aos perigos e percalços da utilização dos serviços de companhias aéreas insolventes.

Presentemente, porém, com o advento da Lei de Recuperação de Empresas e Falência/LRF – Lei 11.101, de 9.2.2005–, o quadro legal alterou-se de maneira significativa. Realmente, pela letra do art. 199, *caput*, da LRF, os empresários exploradores de serviços aéreos de qualquer natureza ou de infra-estrutura aeronáutica passam a ter o direito de pleitear recuperação, judicial ou extrajudicial. Desfrutam dos bônus e ficam sujeitos aos ônus comuns aos empresários em geral, sem exceções. Trata-se de sensível opção de política legislativa que traz, como lógica contrapartida, a assunção de responsabilidades pelos órgãos governamentais, aos quais caberá o poder-dever de fiscalizar, de perto e com redobrada cautela, os aludidos empresários em regime concursal, sem descurar de seus deveres e sem ignorar os riscos próprios da atividade de navegação aérea. Resta saber como o usuário irá reagir à sujeição de empresa aérea a procedimento concursal, especificamente se ainda assim continuará a utilizar seus serviços com a mesma intensidade, ou se o receio de que a manutenção não esteja sendo feita a contento irá levá-lo a se valer dos serviços de concorrente.

Como quer que seja, ao menos do ponto de vista teórico, a atual lei concursal brasileira assegura àqueles empresários que se dediquem à exploração de serviços aéreos de qualquer natureza ou de infra-estrutura aeronáutica a faculdade de requerer recuperação judicial ou extrajudicial. Em termos práticos, porém, as modificações não foram tão expressivas, pois, como adiante se verá, ao mesmo tempo em que concedeu aos empresários do setor aéreo a possibilidade de se valerem dos processos de recuperação de empresas, o legislador pátrio criou na LRF regras especiais que excepcionam os contratos de arrendamento mercantil e locação de aeronaves e suas partes dos efeitos do concurso, com o quê eliminou ou restringiu consideravelmente a eficácia desses processos.

2.2 Falência

No regime anterior à Lei 11.101/2005 era assaz controvertida a questão de saber se os empresários exploradores de serviços aéreos, sujeitos a intervenção e liquidação extrajudicial nos termos da legislação especial, poderiam ter sua falência requerida diretamente por credor[6] nas situações previstas na antiga Lei de Falências (Decreto-lei 7.661/1945), ou, pelo contrário, se a quebra apenas poderia vir a ser decretada a pedido do interventor ou do Poder Público na hipótese prevista no art. 188, § 2º, II, do CBA.[7] Os defensores da legitimação ativa

6. Neste sentido (pela admissibilidade do pedido de falência de empresa aérea formulado por credor): TJSP, 9ª Câmara de Direito Privado, ACi 232.140-4/0, rel. Des. Antônio Vilenilson, j. 16.4.2002, m.v.; TJSP, 9ª Câmara de Direito Privado, ED 232.140-4/603, rel. Des. Evaldo Veríssimo, j. 16.9.2003, v.u.; TJSP, 6ª Câmara de Direito Privado, ACi 316.571-4/9-00, rel. Des. Magno Araújo, j. 27.11.2003, v.u.; TJSP, 6ª Câmara de Direito Privado, ACi 333.169-4/9-00, rel. Des. Magno Araújo, j. 20.5.2004, v.u., *JTJ* 285/100; e TJSP, 6ª Câmara de Direito Privado, ACi 338.032-4/0-00, rel. Des. Percival Nogueira, j. 29.4.2004, v.u..

7. Neste sentido (pela inadmissibilidade do pedido de falência de empresa aérea formulado por credor): TJSP, Câmara Especial Fal. e Rec., ACi 386.336-4/4-00, rel. Des. Pereira Calças, j. 30.11.2005, v.u., *JTJ* 300/95; TJSP, Câmara Especial Fal. e Rec., ACi 387.586-4/1-00, rel. Des. Pereira Calças, j. 30.11.2005., v.u.; TJSP, Câmara Especial Fal. e Rec., ACi 422.885-4/0-00, rel. Des. Bóris Kauffmann, j.

exclusiva do liquidante ou do interventor (e que, portanto, negavam a possibilidade de ser apresentado pedido de quebra amparado nas regras do Decreto-lei 7.661/1945) e sustentavam, em síntese, que: (i) em que pese ao emprego do verbo "poder" nas *verba legis* do art. 188 do CBA, o legislador, aí, não teria instituído qualquer faculdade, mas, sim, e de conformidade com os princípios regentes da atividade administrativa, teria previsto efetivo poder-dever, a impor ao Poder Público a obrigação de intervir nas empresas aéreas, desde que presentes os pressupostos legais legitimadores da medida; não haveria discricionariedade administrativa, mas poder-dever vinculado;[8] (ii) a submissão das concessionárias e autorizatárias de serviços públicos de navegação aérea a procedimentos de intervenção e liquidação do CBA já por si geraria, como lógica conseqüência, seu afastamento do regime concursal geral, porquanto de outro modo não se explicaria a razão da própria criação dos regimes extrajudiciais; vale dizer: a partir do momento em que o legislador criou regimes extrajudiciais para as empresas aéreas em crise, tê-las-ia, *ipso facto*, afastado da Lei Falimentar geral, visto que de outra forma se estaria violando o próprio interesse público que norteou a criação dos regimes extrajudiciais; (iii) o afastamento de certos empresários do regime concursal geral, sob essa perspectiva, não pressuporia a existência de regra expressa que os declarasse imunes a requerimento direto de falência formulado por credor, sendo certo que, em termos práticos, esse afastamento foi, inclusive, construído e aceito pelos tribunais noutras situações, justamente a partir da constatação de que, se certas pessoas estão sujeitas a processos paraconcursais específicos, não poderiam ficar simultaneamente sujeitas à quebra por iniciativa de credores; e, de resto, (iv) seria não apenas gravemente ilógico, mas inclusive de duvidosa constitucionalidade, negar-se a certa categoria de empresários a concordata e, ao mesmo tempo, mantê-los sujeitos ao regime falimentar geral. No entanto, contrariamente a essa visão – e, portanto, em prol da legitimação ativa dos credores e da possibilidade jurídica do pedido de quebra de empresas aéreas em geral –, objetou-se que: (a) no art. 188 do CBA o legislador pátrio teria apenas previsto a faculdade (e não o dever) do Poder Público de intervir e, se o caso, liquidar as concessionárias e autorizatárias de serviços públicos aéreos,[9] de sorte que, à vista da não-cogência dessas medidas, delas não se poderia extrair óbice à atuação direta dos

29.3.2006, v.u.; TJSP, Câmara Especial Fal. e Rec., ACi 430.963-4/0-00, rel. Des. Pereira Calças, j. 9.8. 2006, v.u.

8. "Falência requerida – Empresa aérea – Impontualidade – Processo extinto sem julgamento de mérito (...) – Interpretação do art. 188 do CBA, que, ao prever que o Poder Executivo poderá intervir nas empresas aéreas em crise financeira, não estabelece uma faculdade, mas, sim, poder-dever, ato vinculado e não discricionário – Regime especial das empresas aéreas, que só poderão ter contra si pedido de falência após a intervenção administrativa do Poder Público, se caracterizadas as hipóteses legais, albergadas *numerus clausus* – Extinção do processo mantida" (TJSP, Câmara Especial Fal. e Rec., ACi 386.336-4/4-00, rel. Des. Pereira Calças, j. 30.11. 2005, v.u., *JTJ* 300/95).

"Pedido de falência (Decreto-lei n. 7.661/1945, art. 2º, I) – Empresa concessionária de transporte aéreo – Pedido formulado por credor – Inadmissibilidade – Falência que somente pode ser pedida por interventor (Lei n. 7.565/1986, art. 188) – Extinção do processo mantida – Prejuízo das demais matérias alegadas – Recurso não provido" (TJSP, Câmara Especial Fal. e Rec., ACi 422.885-4/0-00, rel. Des. Bóris Kauffmann, j. 29.3.2006, v.u.).

No mesmo sentido, ainda: TJSP, Câmara Especial Fal. e Rec., ACi 387.586-4/1-00, rel. Des. Pereira Calças, j. 30.11.2005, v.u.; e TJSP, Câmara Especial Fal. e Rec., ACi 430.963-4/0-00, rel. Des. Pereira Calças, j. 9.8.2006, v.u.

9. No art. 188 do CBA diz-se que "o Poder Executivo *poderá intervir* (...)". Diversamente, porém, nos arts. 2º e 15 da Lei 6.024/1974 (que trata da intervenção e liquidação extrajudicial de instituições financeiras) o legislador foi imperativo: "far-se-á a intervenção", "decretar-se-á a liquidação". Também em tom imperativo são os comandos da legislação sobre seguradoras (Decreto-lei 73/1966, art. 96) e operadoras de planos privados de assistência à saúde (Lei 9.656/1998, art. 23, § 1º).

credores;[10] (b) no art. 187 do CBA, por sua vez, o legislador teria apenas excluído a possibilidade de os empresários exploradores de serviços aéreos de qualquer natureza e de infra-estrutura aeronáutica requererem concordata, mas não os declarou, em momento algum, imunes à quebra pedida por credor ou às prescrições do Decreto-lei 7.661/1945 (a antiga Lei de Falências), cumprindo observar que o proibir a lei impetre certa pessoa concordata não significa esteja ela livre de falência;[11] e, por fim, (c) não se poderia divisar na intervenção e na liquidação extrajudiciais, previstas no art. 188 do CBA, real impedimento ao pedido de falência de iniciativa dos credores, pois, de um lado, a intervenção do Poder Público teria em mira primordialmente a prestação de serviço público, e não propriamente o empresário em dificuldade financeira, e, de outro lado, a intervenção e a liquidação só se aplicariam a um universo restrito de empresários do setor aéreo (as concessionárias e as autorizatárias de serviços públicos), sem abranger outros tantos empresários aos quais o legislador, mesmo assim, negou o benefício da concordata, de sorte que ao menos quanto a esses outros empresários não se poderia justificar a exclusão da falência por iniciativa dos credores num suposto efeito preclusivo gerado pela previsão legislativa da intervenção e da liquidação extrajudiciais (precisamente porque, repita-se, a medida não se aplica a todos os empresários do setor aéreo aos quais o legislador negou a concordata).[12]

No regime da Lei 11.101/2005 essa questão não foi abertamente regulada pelo legislador pátrio. De modo expresso, a LRF, em seu art. 199, *caput*, cingiu-se a dispor que os empresários do setor aéreo estariam doravante legitimados a se valer dos processos de recuperação judicial e extrajudicial, mas não dispôs o legislador, em

10. "Ação falimentar julgada extinta sem apreciação do mérito, por ilegitimidade de parte, por ser a ré empresa de transporte aéreo – Descabimento – Inteligência do art. 188 do CBA – Hipótese em que a intervenção do Poder Executivo é facultativa e não obrigatória – Possibilidade de requerimento de falência de companhias aéreas – Precedente deste egrégio Tribunal de Justiça – Recurso provido" (TJSP, 6ª Câmara de Direito Privado, ACi 316.571-4/9-00, rel. Des. Magno Araújo, j. 27.11.2003, v.u.).

"Pedido de falência – Extinção sem exame de mérito, por ser a ré empresa de transporte aéreo – Descabimento – Intervenção do Poder Executivo é facultativa e não obrigatória – Inteligência do art. 188 do CBA – Precedentes, inclusive, da Câmara – Sentença reformada – Apelo provido" (TJSP, 6ª Câmara de Direito Privado, ACi 338.032-4/0-00, rel. Des. Percival Nogueira, j. 29.4.2004. v.u.). Onde se lê: "O fato de ser a apelada empresa concessionária de transportes aéreos não impede que ela se sujeite ao pedido de falência, porquanto a legislação especial invocada (Código Brasileiro de Aeronáutica) apenas faculta a intervenção do Poder Executivo, não tendo o condão de fazê-la obrigatória. Tal entendimento advém da redação do art. 188 daquele diploma legal, que logo em seu início reza que: 'O Poder Executivo poderá intervir nas empresas concessionárias ou autorizadas (...)'". No mesmo sentido (a intervenção administrativa seria facultativa): TJSP, 9ª Câmara de Direito Privado, ED 232.140-4/603, rel. Des. Evaldo Veríssimo, j. 16.9.2003, v.u.; e TJSP, 6ª Câmara de Direito Privado, ACi 333.169-4/9-00, rel. Des. Magno Araújo, j. 20.5.2004, v.u., *JTJ* 285/100.

11. "As companhias de viação aérea estão sujeitas à falência" (TJSP, 9ª Câmara de Direito Privado, ACi 232.140-4/0, rel. Des. Antônio Vilenilson, j. 16.4.2002, m.v.). Onde se lê: "O proibir a lei impetre certa pessoa jurídica concordata não significa esteja ela livre de falência. Só os comerciantes e as sociedades que a lei declara expressamente excluídos, como sucede com as companhias seguradoras, com as entidades de previdência privada, com as cooperativas, é que não estão sujeitos à falência".

12. Tanto o art. 187 como o art. 188 do CBA encontram-se dentro da Seção III – "Da Intervenção, Liquidação e Falência de Empresa Concessionária de Serviço Público" – do Capítulo III – "Serviços Aéreos Públicos" – do BA. No entanto, no art. 187, excludente do benefício da concordata, foi feita referência genérica às "empresas que, por seus atos constitutivos, tenham por objeto a exploração de serviços aéreos de qualquer natureza ou de infra-estrutura aeronáutica"; no art. 188, porém, há alusão somente às "empresas concessionárias ou autorizadas". Sendo assim, a não ser que se quisesse antever na alocação topográfica do art. 187 do CBA um argumento para sustentar sua aplicabilidade apenas às concessionárias e autorizatárias de serviços públicos aéreos, fato é que o alcance subjetivo das normas parecia diverso.

momento algum, sobre o requerimento de falência. Surge, assim, a dúvida em saber se os empresários exploradores de serviços públicos aéreos poderiam ter sua falência decretada, e sob quais condições isso se poderia dar. É dizer: se, à luz da Lei de Recuperação de Empresas e Falência, apenas o interventor e o liquidante administrativo estariam legitimados a requerer a falência, tal como parcela da doutrina e da jurisprudência defendia em face do regime pretérito, ou, ao revés, se agora seria viável também aos credores requerê-la nas situações previstas no art. 94 da LRF.

A nosso ver, presentemente, a viabilidade do requerimento de falência de iniciativa direta dos credores exsurge como lógico desdobramento da própria submissão destes empresários do setor aéreo ao regime concursal geral. *Primo* porque, se o legislador deu a ditos empresários a possibilidade de pleitearem sua recuperação, extrajudicial ou judicial, *ipso facto*, sujeitou-os ao pedido de falência dos credores. Pois quem tem os bônus deve também sofrer os correlatos ônus. E nem seria razoável, de outro modo, imaginar que o empresário do setor aéreo pudesse requerer a recuperação judicial da empresa mas, em caso de rejeição do plano proposto aos credores, ou na hipótese de descumprimento das condições assumidas, não pudesse o juiz decretar sua falência (LRF, arts. 56, § 4º, 73, I-IV, e 94, III, "g"). *Secundo* porque, se os credores têm legitimidade para deliberar sobre a concessão de recuperação pedida pelo empresário do setor aéreo (LRF, art. 42), também haverão de tê-la para requerer a quebra do seu devedor, dentro desse procedimento (LRF, art. 73, I) ou fora dele (LRF, art. 94). *Tertio* porque os empresários exploradores de serviços aéreos de qualquer natureza e de infra-estrutura aeronáutica simplesmente não foram inscritos no rol taxativo dos empresários aos quais não se aplica diretamente a lei concursal (LRF, art. 2º); ao revés, os exploradores de serviços aéreos são empresários (CC, art. 966) e, por isso, estão sujeitos à disciplina concursal geral da atividade econômica (LRF, art. 1º).[13] Assim, na vigência da Lei 11.101/2005 reputamos viável o pedido direto de quebra formulado por credor de companhia aérea.[14]

Assentada a possibilidade de o empresário do setor aéreo ter sua falência decretada a pedido de credor, coloca-se, na seqüência, o problema de saber se na vigência da Lei de Recuperação de Empresas e Falência ainda seria possível o pedido de falência calcado no art. 188, § 2º, do CBA; isto é, se ainda hoje seria viável o pedido de falência formulado por interventor ou liquidante na hipótese especial prevista no Código Brasileiro de Aeronáutica. Antes de enfrentar este delicado problema, porém, faz-se necessária a prévia averiguação de outra questão: é mister verificar se o Poder Executivo continuaria ainda legitimado a decretar a intervenção e a liquidação de concessionárias ou autorizatárias de serviços públicos aéreos. É o que faremos nos itens seguintes, para, posteriormente, volver à questão do pedido de falência escorado no art. 188, § 2º, do CBA.

2.3 *Intervenção extrajudicial*

De conformidade com o Código Brasileiro de Aeronáutica, a intervenção extrajudicial nas empresas concessionárias ou autorizatárias de serviços aéreos tem lugar nos casos em que sua situação operacional,

13. De igual forma, Sérgio Campinho afirma que "aquelas sociedades que têm por objeto a exploração de serviços aéreos de qualquer natureza ou de infra-estrutura aeronáutica encontram-se sob a disciplina da Lei 11.101/2005, por serem sociedades empresárias e não estarem expressamente excluídas de sua aplicação" (*Falência e Recuperação de Empresa*, 2ª ed., Rio de Janeiro, Renovar, 2006, n. 20, p. 29).

14. Conquanto não expressa em relação à legitimação direta do credor, esta parece ser também a posição de José da Silva Pacheco (*Comentários ao Código Brasileiro de Aeronáutica*, 4ª ed., Rio de Janeiro, Forense, 2006, p. XXXVIII) e Eduardo Teixeira Farah ("*Leasing*" *de Aeronaves Civis no Direito Brasileiro:* aspectos jurídicos relevantes, cit., pp. 126 e 132).

financeira ou econômica ameaçar a continuidade dos serviços, a eficiência ou a segurança do transporte aéreo (CBA, art. 188, *caput*). Declaradamente, a intervenção extrajudicial tem por objetivo o restabelecimento da normalidade dos serviços, e vigora pelo prazo a tanto necessário (CBA, art. 188, § 1º) – o qual, em todo caso, não poderá exceder a dois anos (CBA, art. 320).

Essa possibilidade de o Poder Público intervir nas empresas aéreas para restabelecer a normalidade dos serviços, a nosso ver, continua a existir mesmo após o advento da Lei de Recuperação de Empresas e Falência, essencialmente porque a medida interventiva não conflita com as regras ou os princípios da atual lei concursal geral brasileira. Em sentido contrário a dita conclusão, poder-se-ia objetar que, se a Lei de Recuperação de Empresas e Falência submeteu os empresários do setor aéreo ao regime concursal geral, não haveria mais razão para subordiná-los a procedimento paraconcursal que só se justificaria porque no passado, com pouca ou nenhuma razão, o legislador pátrio recusou a ditos empresários os benefícios da concordata. Contudo, contra semelhante objeção deve-se contra-argumentar, de forma incisiva, que os empresários exploradores de serviços de transporte aéreo regular e os exploradores de serviços de transporte aéreo não-regular ou de serviços especializados são prestadores de serviços públicos e, como tais, estão sujeitos à intervenção do poder concedente. E esta intervenção, verdadeira intervenção *rationae muneris*, em nada é incompatível ou excludente do regime concursal geral; do contrário ter-se-ia, então, que forçosamente concluir, de forma harmonicamente absurda, que nenhum concessionário de serviço público, e não somente os que vêm referidos no art. 188 do CBA, poderia ter sua falência decretada a pedido de credor, porquanto também os outros concessionários de serviços públicos estão sujeitos à intervenção do poder concedente (*não* nos termos do art. 188 do CBA, a toda evidência, mas, *sim*), de conformidade com os arts. 32 a 34 da Lei 8.987, de 13.2.1995 (a vigente Lei de Concessões e Permissões de Serviços Públicos) – o que, sob todas as luzes, seria um rematado despautério.[15] Além disso, insta advertir que a intervenção do poder concedente, tanto pelo Código Brasileiro de Aeronáutica como de conformidade com os preceitos gerais da Lei de Concessões, não é propriamente a intervenção do poder concedente na concessionária, mas uma intervenção na prestação dos serviços públicos, visando à sua normalização e à sua continuidade; tanto assim que não abrange atividades outras porventura exploradas pelo empresário ou bens não-afetados ao exercício da concessão (inferências, essas, aplicáveis tanto às concessões em geral[16]

15. A Lei de Recuperação de Empresas e Falência dispõe que "a decretação da falência das concessionárias de serviços públicos implica extinção da concessão na forma da lei" (art. 195); e, *a contrario sensu*, a conclusão óbvia é a de que elas não estão imunes à falência, notadamente porque não foram arredadas da sua incidência direta (LRF, arts. 1º e 2º). Quanto à legitimação ativa, a análise sistemática da Lei 8.987/1995 deixa claro, notadamente ao tratar da assunção dos bens reversíveis pelo poder concedente, que a falência não pressupõe o prévio decreto de intervenção e pode resultar de pedidos feitos por terceiros, que não o próprio concedente.

16. Referindo-se ao regime jurídico das concessões de serviços públicos em geral, Marçal Justen Filho traça, com precisão, os limites da intervenção do poder concedente: "A intervenção autoriza o poder concedente a assumir a administração dos bens relacionados com a prestação do serviço público. Se, eventualmente, o concessionário for titular de empreendimentos outros, não poderão ser eles atingidos pela intervenção. Essa interpretação deriva dos fundamentos constitucionais do instituto e decorre de sua natureza instrumental. Como que a ratificar essa orientação, o art. 32 da Lei 8.987 determina que a intervenção versa sobre a 'concessão' – vale dizer, sobre a atividade relacionada à prestação de serviço público" (*Teoria Geral das Concessões de Serviços Públicos*, São Paulo, Dialética, 2003, p. 486). Também Marcus Vinicius Corrêa Bittencourt é de igual sentir: "A intervenção só poderá afetar os direitos do concessionário que estiverem relacionados à prestação do serviço. Eventuais atividades desempenhadas pelo concessionário que não estejam destinadas a esse serviço não poderão so-

como também às concessões de serviços aéreos[17]). Ou seja, a intervenção do poder concedente nas concessionárias e autorizatárias de serviços públicos aéreos continua a ser viável, pois se cuida, aqui, de medida afeta ao regime jurídico público (não é procedimento paraconcursal criado para, em caráter primário, lidar administrativamente com as crises econômico-financeiras de certos empresários) e, bem por isso, como tal, não preexclui os requerimentos de falência formulados por credores destes mesmos empresários.

2.4 Liquidação extrajudicial e falência de iniciativa do Poder Público

Afora a medida de intervenção no serviço público, o CBA contemplou, no seu art. 188, § 2º, I e II, a possibilidade de o Poder Executivo decretar a liquidação extrajudicial das concessionárias ou autorizatárias do setor aéreo ou, conforme o caso, requerer em juízo sua falência. Assim, pelo Código Brasileiro de Aeronáutica, na hipótese de se apurar, por perícia técnica, antes ou depois da intervenção, a impossibilidade do restabelecimento da normalidade dos serviços, foram previstas as seguintes soluções: a liquidação extrajudicial do empresário, quando, com a realização do ativo, puder ser atendida pelo menos a metade dos créditos; ou, do contrário, o requerimento de falência, quando o ativo não for suficiente para sequer atender pelo menos à metade dos créditos, ou quando houver fundados indícios de crimes falimentares.

O que agora cumpre averiguar é se mesmo após o advento da Lei 11.101/2005 (LRF) poderiam as concessionárias e autorizatárias de serviços públicos aéreos ter sua liquidação extrajudicial decretada pelo Poder Executivo ou, ainda, sua falência requerida nas situações previstas no art. 188, § 2º, I e II, do CBA. O questionamento tem sua razão de ser, pois, com efeito, o largo feixe de poderes previsto no art. 188, § 2º, do CBA (que, indo muito além do âmbito dos serviços públicos concedidos, acaba por afetar a própria estrutura do empresário) parece ser de difícil conciliação com o sistema concursal instituído pela Lei de Recuperação de Empresas e Falência. Em primeiro lugar porque, se é verdade que os empresários do setor aéreo, enquanto concessionários ou autorizatários de serviços públicos, estão sujeitos ao transitório de-

frer a interferência de tal medida" (*Controle das Concessões de Serviço Público*, Belo Horizonte, Fórum, 2006, n. 5.2, p. 125). Na mesma linha, ainda, Celso Antônio Bandeira de Mello destaca que a intervenção, medida admissível somente "em situações excepcionais", se presta a investir o concedente na "gestão direta *do serviço*" (*Curso de Direito Administrativo*, 21ª ed., São Paulo, Malheiros Editores, 2006, p. 700).

17. Precisamente porque a intervenção do Poder Executivo nas concessionárias aéreas constitui uma espécie do gênero intervenção do poder concedente nas concessionárias de serviços públicos em geral, Caio Tácito sustentou a nosso ver, com inteira razão – que as mesmas balizas da lei geral seriam aplicáveis ao art. 188, *caput* e § 1º, do CBA: "A intervenção administrativa, prevista no Código Brasileiro de Aeronáutica, não é figura peculiar nas concessões de serviços aéreos, nem representa criação original do Direito Brasileiro. É medida disciplinar que compõe o instituto da concessão de serviço público desde sua origem (...). Na intervenção, o concedente assume temporariamente a execução direta do serviço, em substituição ao concessionário omisso ou tardio no cumprimento de sua obrigação. Obviamente, não lhe cabe, ou ao interventor que o representa, praticar quaisquer atos de gestão da sociedade estranhos ao funcionamento do serviço concedido. No hiato da intervenção, o objetivo do contrato deixa de ser gerido pelo concessionário. Os bens ou direitos próprios da sociedade que não integram nem se vinculam ao serviço continuam sob a administração dos órgãos da sociedade (...). O interventor não se torna órgão da sociedade, nem assume a direção de seus negócios. Delegado do concedente, sua competência não excede o âmbito do serviço concedido, que tem como missão exclusiva restabelecer em seu normal funcionamento". E, ainda, acrescentou: "Nenhuma norma ou princípio de Direito autoriza que a intervenção – medida disciplinar na concessão – possa ultrapassar a esfera de assunção do serviço e de seu acervo vinculado, para atingir a intimidade da vida societária do concessionário" ("Intervenção no serviço: concessão de transporte aéreo", in *Temas de Direito Público: Estudos e Pareceres*, 2º vol., Rio de Janeiro, Renovar, 1997, pp. 1.966-1.967).

creto de intervenção do poder concedente na gestão dos serviços públicos, sempre na exata medida necessária a assegurar sua correta, segura e contínua execução, de outro lado, também se nos afigura exato assentar que, precisamente sob o prisma da concessão ou da autorização administrativa, nada parece justificar a possibilidade de o Poder Público, para além do âmbito da fiscalização do serviço público, decretar a liquidação extrajudicial do empresário ou requerer sua falência, certo de que, nesta seara, o decreto de caducidade se apresenta como medida suficiente (e, portanto, proporcional) a prevenir eventuais danos aos usuários dos serviços públicos concedidos e à coletividade em geral. Ou seja, o poder concedente pode e deve intervir e até cassar a concessão ou a autorização, se presentes os pressupostos legais; mas, a bem do serviço público e da proteção da coletividade, não precisa decretar a liquidação do próprio empresário ou requerer sua falência.[18] Em segundo lugar, ambas as medidas extremas previstas no citado dispositivo do Código Brasileiro de Aeronáutica parecem ainda se chocar com a regra da Lei de Recuperação de Empresas e Falância, que facultou aos empresários exploradores de serviços aéreos e de infra-estrutura aeronáutica se socorrerem dos processos de recuperação de empresas (LRF, art. 199, *caput*), na medida em que retiram a eficácia deste procedimento, ao deixar em aberto a possibilidade de o poder concedente dissolver o empresário paralelamente ao concurso. Em terceiro lugar, e conexamente ao que se acaba de expor, a liquidação extrajudicial e a falência pedida pelo Poder Público nas hipóteses previstas no art. 188, § 2º, do CBA atritam com a própria *ratio* dos processos de recuperação de empresas introduzidos pela Lei de Recuperação de Empresas e Falância e o princípio informador da "autonomia dos credores", na medida em que retiram da coletividade dos credores o poder de decisão sobre a preservação da empresa do devedor comum e concedem a pessoa que não é (ou pode não ser) credora – qual seja, o Poder Público – a iniciativa de dissolver o devedor, isto é, de decretar sua liquidação extrajudicial ou requerer sua falência em juízo. Por tais razões, e reconhecendo expressamente a complexidade e a aridez do tema (sobre o qual pouco ou nada se escreveu em nosso Direito), reputamos revogado o art. 188, § 2º, do CBA (LICC, art. 2º, § 1º) e, portanto, consideramos não ser mais possível ao Poder Público decretar a liquidação extrajudicial das concessionárias ou autorizatárias de serviços públicos aéreos ou requerer sua falência sem delas ser credor. De toda forma, mesmo se se pudesse considerar vigente a regra do art. 188, § 2º, do CBA (hipótese em que os empresários do setor aéreo estariam submetidos cumulativamente a procedimentos diversos e ao decreto de falência em situações especiais, além daquelas previstas para os empresários em geral), sempre se haveria de concluir pela inadmissibilidade da cumulação de concursos – e, portanto, pela eficácia preclusiva da precedente recuperação judicial e da falência sobre as medidas contempladas na lei especial.

18. Neste ponto, portanto, as medidas previstas no Código Brasileiro de Aeronáutica diferem, a nosso ver, das homônimas previstas em leis que tratam da intervenção e liquidação extrajudicial de instituições financeiras, seguradoras e operadoras de planos de saúde, nas quais a intervenção é mais abrangente (pois não se restringe a serviço concedido ou autorizado) e a liquidação extrajudicial e o decreto de falência se justificam como medidas necessárias e indispensáveis (proporcionais, pois) às situações por elas abrangidas; a cassação da autorização administrativa não seria suficiente a evitar os riscos sistêmicos ou os danos coletivos correlatos.

2.5 Síntese sobre os processos concursais e procedimentos extrajudiciais

Em suma, os empresários exploradores de serviços de navegação aérea e infra-estrutura aeronáutica: (i) podem requerer recuperação judicial ou extrajudicial (LRF, art. 199); (ii) podem ter sua falência decretada em caso de recusa do plano de recuperação judicial pelos credores ou, ainda, nas hipóteses em que, de maneira geral, a recuperação judicial possa se convolar em falência (LRF, arts. 56, § 4º, e 73, I-IV) ou legitimar subseqüente pleito de quebra (LRF, art. 94, III, "g"); (iii) podem ter sua falência decretada a pedido de credor, atendidos os pressupostos previstos na lei concursal geral (LRF, art. 94), porquanto, se os credores têm legitimidade para deliberar sobre a concessão de recuperação judicial, também detêm legitimidade para pedir a quebra diretamente, até mesmo porque os empresários em questão não foram arredados do alcance da lei concursal geral (LRF, art. 2º); (iv) os empresários exploradores de serviços públicos aéreos, tal como as demais concessionárias de serviço público, podem sofrer intervenção pelo poder concedente, com a só diferença de que para eles incidem regras próprias (CBA, arts. 188 e 189), diversas daquelas previstas na Lei Geral sobre Concessões de Serviços Públicos; mas, (v) como corolário da sujeição das empresas de navegação aérea ao regime concursal geral, não assiste mais a possibilidade de o poder concedente requerer a falência delas nas situações previstas no art. 188, § 2º, do CBA, nem decretar sua liquidação extrajudicial[19-20] (LICC, art. 2º, § 1º).

3. *Os contratos de arrendamento e locação de aeronaves nos processos de recuperação de empresas*

Ao mesmo tempo em que sujeitou os empresários exploradores de serviços de navegação aérea e infra-estrutura aeronáutica ao regime concursal geral (dando-lhes, assim, a possibilidade de requerer recuperação, judicial ou extrajudicial), o legislador pátrio contemplou, na Lei 11.101/2005 (Lei de Recuperação de Empresas e Falência), um regramento especial para os contratos de arrendamento mercantil, locação e qualquer outra forma de arrendamento de aeronaves e suas partes, afastando-os paradoxalmente dos efeitos de eventual processo de recuperação de empresa. Fruto de pressão habilmente exercida durante o processo legislativo pelas sociedades arrendadoras de aeronaves, turbinas e outras partes (sociedades vinculadas a grupos finan-

19. Em sentido contrário, Mauro Rodrigues Penteado sustenta que a falência dos empresários do setor aéreo somente poderia ser decretada por convolação de pedido de recuperação judicial (LRF, art. 73) ou na situação referida no art. 188, § 2º, II, do CBA, *in verbis*: "Desde o advento da Lei 11.101, tais sociedades podem requerer recuperação judicial e extrajudicial (art. 199), mas sua falência somente poderá ser decretada indiretamente, seja pelo interventor ou liquidante, seja por convolação da recuperação em falência (art. 73), uma vez verificados os eventos mencionados ou a situação patrimonial, referidos no já citado art. 188 do CBA, quando todo o Capítulo V da Lei 11.101 lhes será aplicável, com as modificações desta lei especial (especialmente os arts. 145, 152, 191, 208, 210 e 313). Também não está excluído o pedido direto de falência formulado por credores, caso sejam constatados os eventos acima mencionados no curso do processo administrativo, e o liquidante não adote essa iniciativa" (Mauro Rodrigues Penteado, in Francisco Satiro de Souza Jr. e Antônio Sérgio de Moraes Pitombo(coords.), *Comentários à Lei de Recuperação de Empresas e Falência* (obra coletiva), São Paulo, Ed. RT, 2005, n. 31, p. 111). Em relação ao pedido de falência nossa posição segue rota oposta: aderiríamos à posição defendida pelo ilustre comercialista se as empresas aéreas estivessem englobadas pela regra do art. 2º da LRF.

20. Ainda em sentido diverso, Sérgio Campinho sustenta que, sem prejuízo dos processos concursais previstos na Lei de Recuperação de Empresas e Falência, os empresários do setor aéreo estariam ainda sujeitos ao decreto de liquidação extrajudicial e ao pedido de falência previstos no art. 188, § 2º, do CBA, vedada apenas a simultaneidade de medidas. Ou seja, segundo o citado autor, os empresários em questão "submetem-se ao regime falimentar da Lei 11.101/2005 em todas as suas dimensões, sem prejuízo, entretanto, da intervenção, de competência do Poder Executivo, da sua liquidação extrajudicial ou da hipótese especial de requerimento de sua falência, previstos no art. 188 da legislação específica, qual seja, a Lei 7.565/1986 (...). Por dedução lógica, determinando o juiz se processe a recuperação judicial, não pode haver nem intervenção, nem liquidação extrajudicial, nem modalidade de falência prevista no art. 188 da lei especial" (Sérgio Campinho, *Falência e Recuperação de Empresa*, cit.,2ª ed., n. 20, pp. 29-30).

ceiros), as regras especiais para esses contratos, se não eliminaram, pelo menos minaram grande parte da eficácia da recuperação porventura requerida por empresário do setor aéreo, na exata medida em que um universo significativo de credores (e, mui provavelmente, o mais expressivo) ficou imune aos efeitos, ainda que secundários, do concurso.

Originariamente, a exclusão dos contratos de arrendamento mercantil de aeronaves e de suas partes dos efeitos da recuperação judicial estava prevista no parágrafo único do art. 199 da LRF (já agora revogado). Ocorre, porém, que, em razão de um lapso de redação (involuntário ou não; concretamente, ninguém alheio às entranhas do Congresso Nacional sabe bem afirmar), a regra excepcionadora se revelou inábil a garantir o exercício pleno das potestades das arrendadoras, as quais, por isso, e muito a contragosto, de um modo ou de outro acabaram por se ver enleadas nos rumorosos e expressivos pedidos de recuperação judicial formulados por duas grandes empresas de navegação aérea brasileiras, que, assim, graças à "imprevidência" do legislador, literalmente lograram curso.

Contudo, de molde a remendar a falha existente no originário parágrafo único do art. 199 da LRF, adiante explicadas com maior vagar, as sociedades arrendadoras, uma vez mais, se mobilizaram e, em substituição, conseguiram que, através do art. 122 da Lei 11.196, de 21.11.2005 (publicada no *DOU* 22.11.2005),[21] o originário parágrafo único do art. 199 da LRF fosse revogado, e em seu lugar fossem introduzidos três novos parágrafos, que extirparam as falhas verificadas na redação originária da Lei de Recuperação de Empresas e Falência.

Considerando, porém, que, por força de regra de direito intertemporal, o primitivo parágrafo único do art. 199 da LRF continuará a se aplicar transitoriamente aos processos de falência, recuperação judicial ou extrajudicial em curso na data da publicação da Lei 11.196/2005[22] (com destinatários certos e de todos bem conhecidos), parece-nos, em tudo e por tudo, oportuno analisar, aqui, ambos os regimes, o originário da Lei de Recuperação de Empresas e Falência e o vigente. É o que faremos nos itens seguintes.

3.1 Regime original da Lei de Recuperação de Empresas e Falência (contratos de arrendamento mercantil)

O primitivo parágrafo único do art. 199 da LRF dispunha simplesmente que "na recuperação judicial e na falência das sociedades, de que trata o *caput* deste artigo, em nenhuma hipótese ficará suspenso o exercício dos direitos derivados de contratos de arrendamento mercantil de aeronaves ou de suas partes".

21. A Lei 11.196, de 21.11.2005, resultou da célere tramitação de um projeto de lei de conversão (de medida provisória em lei ordinária) que versava sobre tema estranho ao da Lei de Recuperação de Empresas e Falência – e que, portanto, nem deveria dispor conjuntamente sobre esta matéria, ao menos segundo as regras vigentes de técnica legislativa: "Art. 7º. O primeiro artigo do texto indicará o objeto da lei e o respectivo âmbito de aplicação, observados os seguintes princípios: I – excetuadas as codificações, cada lei tratará de um único objeto; II – a lei não conterá matéria estranha ao seu objeto ou a este não vinculada por afinidade, pertinência ou conexão" (Lei Complementar 95/1998, art. 7º, I e II). Entre nós, todavia, o desatendimento aos postulados da Lei Complementar 95/1998 até hoje têm passado incólume pelo crivo do Poder Judiciário. Por isso, tem sido muito comum encontrar leis que tratam simultaneamente de tudo o que se possa imaginar, e normalmente de tudo muito ruim...

22. O art. 123 da Lei 11.196, de 21.11.2005, ressalvou a inaplicabilidade das novas regras dos §§ do art. 199 da LRF aos processos em andamento: "Art. 123. O disposto no art. 122 desta Lei não se aplica aos processos de falência, recuperação judicial ou extrajudicial que estejam em curso na data de publicação desta Lei". Observe-se, porém, que, ao menos expressamente, o legislador também não ressalvou a ultratividade da regra antiga aos processos em curso.

De início, assente-se que essa regra do primitivo parágrafo único do art. 199 da LRF não era idêntica à prevista no art. 49, § 3º, da LRF.[23-24] Em primeiro lugar porque aquele preceito fazia expressa referência à recuperação judicial e à falência, enquanto este se refere apenas à recuperação judicial e, remissivamente, à recuperação extrajudicial (LRF, art. 161, § 1º). Em segundo lugar porque, enquanto o art. 49, § 3º, da LRF se reporta genericamente aos contratos de arrendamento mercantil (qualquer que seja o bem arrendado), o art. 199, parágrafo único, da LRF, ao revés, aplicava-se exclusivamente a contratos de arrendamento mercantil de aeronaves ou de suas partes. Em terceiro lugar, por fim, as regras ainda diferiam porque, pelo primitivo parágrafo único do art. 199 da LRF, o exercício de direitos derivados de contratos de arrendamento mercantil de aeronaves ou de suas partes "em nenhuma hipótese ficará suspenso", ao passo que, diversamente, nos demais contratos de arrendamento o exercício dos direitos, ao menos parcialmente, ficará suspenso pelo prazo máximo de 180 dias, contados do deferimento do processamento da recuperação judicial (LRF, art. 6º, § 4º), dentro do qual não será permitida a venda ou retirada do estabelecimento do devedor dos bens de capital essenciais à sua atividade empresarial. Dir-se-á que o legislador não pretendeu instituir diversidade de tratamento para os contratos de arrendamento mercantil. Pode ser que não, mesmo, e que tenha apenas pretendido ratificar no primitivo parágrafo único do art. 199 da LRF aquilo que já havia afirmado anteriormente no art. 49, § 3º. Contudo, depois de sancionada a lei, o eventual desejo do legislador é e era dado de somenos importância. Não se sobrepõe às *verba legis*. E num caso afirmava-se peremptoriamente que "em nenhuma hipótese" o exercício de direitos ficará suspenso; noutro, ainda que por tempo determinado, existe a previsão de suspensão dos atos de remoção – sendo que, numa ação de reintegração de posse, impedir a retirada do bem durante certo tempo constitui eufemismo para assentar que nesse período o proprietário ficará privado do exercício de um dos mais expressivos poderes inerentes ao domínio, que é o de reaver a coisa do poder de quem quer que injustamente a possua ou detenha (CC, art. 1.228).

Estabelecida a distinção entre as duas regras legais, poder-se-ia indagar: seria, então, possível sustentar que os contratos de arrendamento mercantil de aeronaves se sujeitariam aos efeitos de recuperação extrajudicial, já que, pelo art. 161, § 1º, da LRF, dela foram excepcionados apenas os credores referidos no art. 49, § 3º, da LRF, sem que existisse regra excluindo os credores mencionados no primitivo parágrafo único do art. 199 da LRF? A resposta negativa a essa questão se impunha e se impõe, sem hesitações: o arrendador não ficava sujeito aos efeitos da recuperação extrajudicial. Em primeiro lugar porque, se o contrato de arrendamento mercantil de aeronaves se encontrava imune aos efeitos da fa-

23. LRF, art. 49, § 3º: "Tratando-se de credor titular da posição de proprietário fiduciário de bens móveis ou imóveis, de arrendador mercantil, de proprietário ou promitente vendedor de imóvel cujos respectivos contratos contenham cláusula de irrevogabilidade ou irretratabilidade, inclusive em incorporações imobiliárias, ou de proprietário em contrato de venda com reserva de domínio, seu crédito não se submeterá aos efeitos da recuperação judicial e prevalecerão os direitos de propriedade sobre a coisa e as condições contratuais, observada a legislação respectiva, não se permitindo, contudo, durante o prazo de suspensão a que se refere o § 4º do art. 6º desta Lei, a venda ou a retirada do estabelecimento do devedor dos bens de capital essenciais à sua atividade empresarial".

24. Cf. Manoel Justino Bezerra Filho, *Lei de Recuperação de Empresas e Falências Comentada*, 3ª ed., São Paulo, Ed. RT, 2005, pp. 405-406. Aparentemente, em sentido contrário: Paulo Penalva Santos, "Os contratos na recuperação judicial e na falência", in Luiz Fernando Valente de Paiva (coord.), *Direito Falimentar e a Nova Lei de Falências e Recuperação de Empresas*, São Paulo, Quartier Latin, 2005, n. 4.1, p. 437 (para quem, neste preceito, o legislador teria apenas voltado a "enfatizar" a regra geral aplicável ao contrato de arrendamento mercantil).

lência e da recuperação judicial, *a fortiori*, não poderia ser atingido por procedimento de menor intensidade. Em segundo lugar porque seria aberrante entender-se que o gênero foi excluído (= contratos de arrendamento mercantil), mas não a espécie (= contrato de arrendamento mercantil de aeronaves ou de suas partes).

Por fim (e eis a falha antes referida), a regra do parágrafo único do art. 199 da LRF em sua redação originária não apanhava os contratos de arrendamento ou locação de aeronaves, turbinas e outras partes (Lei 7.565/1986, arts. 127-132), para os quais prevalecia regra diversa (LRF, art. 119, VII). O primitivo parágrafo único do art. 199 da LRF, na realidade, aplicava-se apenas aos contratos de arrendamento mercantil ou *leasing* financeiro (Lei 6.099/1974). Pois, criando sistema de privilégio para os contratantes dentro dos procedimentos de recuperação de empresas (LRF, arts. 49, § 3º, e 161, § 1º) e, portanto, constituindo exceção ao princípio da universalidade (LRF, art. 49), as regras sobre tratamento privilegiado aos arrendadores mereciam exegese restritiva, sobretudo se se tivessem em conta os princípios regentes da recuperação (LRF, art. 47). Assim, quando no aludido parágrafo único o legislador referiu-se a contratos de arrendamento mercantil de aeronaves ou de suas partes, abarcou apenas aqueles contratos de *leasing* financeiro, nacionais e internacionais, referidos no art. 137 da Lei 7.565/1986 (sob a denominação de "contratos de arrendamento mercantil de aeronaves") e, também, regulados pela Lei 6.099/1974.

Em termos práticos, por isso mesmo, o primitivo parágrafo único do art. 199 da LRF não surtiu o efeito desejado pelas empresas arrendadoras, notadamente porque, por força de particularidades próprias da nossa legislação tributária e do próprio *modus operandi* do setor, as aeronaves e suas partes usualmente não constituem objeto de contratos de arrendamento mercantil propriamente dito (*leasing* financeiro), mas são objeto de contratos de *leasing* operacional (regidos essencialmente por regras próprias de locação) ou arrendamento simples (CBA, arts. 127-132), aos quais, por isso, não se aplicava o excepcional parágrafo único do art. 199 da LRF. De maneira geral, as empresas aéreas acabaram se beneficiando de medidas liminares impedindo a retomada de bens no prazo do art. 6º, § 4º, da LRF, e outras, por razões e caminhos os mais distintos, obtiveram proteção possessória ainda mais extensa.[25] Eis o que sucedeu à luz do regime primitivo da Lei de Recuperação de Empresas e Falência, e que motivou as arrendadoras a se mobilizarem para modificar a lei e instituir novo regime, comentado a seguir.

3.2 Regime atual da Lei de Recuperação de Empresas e Falência (contratos de locação, arrendamentos em geral e arrendamento mercantil)

Conforme já explicado anteriormente, as empresas arrendadoras atuantes no setor aeronáutico, à vista das limitações do primitivo parágrafo único do art. 199 da LRF, novamente se mobilizaram e, pouco tempo após a entrada em vigor da Lei 11.101/2005, conseguiram fosse reformulada a regra sobre contratos de arrendamento de aeronaves e suas partes. Pelo art. 123 da Lei 11.196, de 21.11.2005 (em vigor na data de sua publicação no *DOU* 22.11.2005), foram introduzidos três novos parágrafos no art. 199 da LRF, os quais eliminaram as possíveis dúvidas acima suscitadas em relação ao primitivo parágrafo único do mesmo artigo e, sobretudo, estenderam seu regime excepcional a quaisquer tipos de contratos de arrendamento ou locação de aeronaves e suas partes, e não mais apenas aos

25. Sobre o ponto, v. Manoel Justino Bezerra Filho, *Jurisprudência da Nova Lei de Recuperação de Empresas e Falências*, São Paulo, Ed. RT, 2006, notas ao art. 199, pp. 395-401.

contratos de arrendamento mercantil (*leasing* financeiro).[26]

Doravante, portanto, na recuperação judicial (e, *a fortiori*, na recuperação extrajudicial) bem como na falência de empresários exploradores de serviços aéreos ou de infra-estrutura aeronáutica o exercício dos direitos derivados de quaisquer contratos de locação ou arrendamento de aeronaves ou de suas partes não ficará suspenso, em nenhuma hipótese. A nova regra legal, lata e redundante, abarca os contratos de arrendamento ou locação (CBA, arts. 127-132), arrendamento mercantil ou *leasing* financeiro (CBA, art. 137), *leasing* operacional e qualquer outra modalidade de arrendamento que tenham por objeto aeronaves ou suas partes.[27] Em casos que tais, até mesmo os atos de apreensão e remoção poderão ser praticados ainda durante o prazo de suspensão a que se refere o § 4º do art. 6º da LRF sem que se possa, quanto a eles, aplicar a ressalva contida na parte final do § 3º do art. 49 da LRF. Os créditos decorrentes dos citados contratos, portanto, não se submeterão aos efeitos da recuperação judicial ou extrajudicial, prevalecendo sempre os direitos de propriedade sobre a coisa e as condições contratuais ajustadas.

De resto – como, aliás, nem diferente poderia ser –, no caso de falência de sociedade exploradora de serviço aéreo ou de infra-estrutura aeronáutica prevalecerão os direitos de propriedade sobre os bens objeto de contratos de locação ou arrendamento de qualquer espécie de aeronaves ou de suas partes.

Em termos práticos, o atual regime praticamente inviabiliza (ou torna muito difícil) a eventual recuperação das empresas de aviação aérea.[28] Por isso, independentemente do estado de crise econômico-financeira, o devedor não terá outra alternativa senão continuar a cumprir suas obrigações para com as arrendadoras dos bens em questão, nos exatos termos contratados; do contrário, positivado o inadimplemento, a arrendadora poderá exercer as pretensões apropriadas para resolver o contrato e reaver a posse direta do bem de sua propriedade, pouco importando se o devedor se encontra em recuperação, judicial ou extrajudicial, ou em falência. Com razão, anota Haroldo Malheiros Duclerc Verçosa que esta situação poderá inviabilizar a recuperação das empresas de navegação aérea em crise.[29] É a lei vigente, da

26. LRF, art. 199, §§ 1º a 3º:

"§ 1º. Na recuperação judicial e na falência das sociedades de que trata o *caput* deste artigo, em nenhuma hipótese ficará suspenso o exercício de direitos derivados de contratos de locação, arrendamento mercantil ou de qualquer outra modalidade de arrendamento de aeronaves ou de suas partes.

"§ 2º. Os créditos decorrentes dos contratos mencionados no § 1º deste artigo não se submeterão aos efeitos da recuperação judicial ou extrajudicial, prevalecendo os direitos de propriedade sobre a coisa e as condições contratuais, não se lhes aplicando a ressalva contida na parte final do § 3º do art. 49 desta Lei.

"§ 3º. Na hipótese de falência das sociedades de que trata o *caput* deste artigo, prevalecerão os direitos de propriedade sobre a coisa relativos a contratos de locação, de arrendamento mercantil ou de qualquer outra modalidade de arrendamento de aeronaves ou de suas partes."

27. A regra é lata, mas ainda assim contém uma limitação material intransponível e insuperável por métodos exegéticos ampliativos (inaplicáveis ao direito excepcional): se a "outra modalidade de arrendamento" não reunir os elementos essenciais da relação jurídica de arrendamento ou locação de coisas (CC, art. 565; e CBA, art. 127), o regime do art. 199 da LRF não incidirá. Comodato, promessa de compra e venda, compra e venda a crédito (com ou sem reserva de domínio), negócios fiduciários etc. escapam do alcance da regra em comento.

28. Manoel Justino Bezerra Filho, com razão, também entende que "a alteração pela Lei 11.196/2005 tornou ainda mais precária a situação das companhias aéreas que acaso pretendem a recuperação, pois afastou o benefício da suspensão (de que trata o art. 6º, § 4º, da LRF) também para quaisquer casos de locação ou para qualquer modalidade de arrendamento" (*Lei de Recuperação de Empresas e Falências Comentada*, 4ª ed., São Paulo, Ed. RT, 2007, p. 415).

29. V. Haroldo Malheiros Duclerc Verçosa, "Das pessoas sujeitas e não sujeitas aos regimes de recuperação de empresas e ao da falência", in Luiz Fernando Valente de Paiva (coord.), *Direito Falimentar e a Nova Lei de Falências e Recuperação de*

qual se pode discordar e à qual se pode criticar, mas não descumprir, porque *dura lex sed lex*.

4. Conclusões

Passados praticamente 40 anos do retrocesso legislativo resultante do Decreto-lei 669, de 3.7.1969 (que afastou os empresários exploradores de serviços aéreos de qualquer natureza e de infra-estrutura aeronáutica dos benefícios da concordata), o que se constata é que, malgrado o tempo decorrido e os avanços jurídicos e tecnológicos alcançados no entretempo, o decepcionante legislador pátrio nada ou muito pouco avançou na regulamentação das crises econômico-financeiras das empresas de navegação aérea. Essa constatação pode não se revelar *prima facie* da leitura insulada do art. 199, *caput*, da LRF, mas, sem dúvida, sobressai evidente quando se analisa o preceito em harmonia com as regras de seus próprios parágrafos. Assim, conquanto o legislador pátrio tenha em teoria facultado aos empresários atuantes no setor aéreo o amplo recurso aos processos de recuperação judicial e extrajudicial, essa possibilidade acaba por se revelar uma via meramente ilusória, porquanto deixou de fora o principal universo de credores e colaboradores envolvidos no segmento aéreo, assim como seus respectivos contratos – isto é, as empresas arrendadoras e os contratos de arrendamento (mercantil, simples ou de qualquer outra espécie) de aeronaves e suas partes. Portanto, excluídas as recuperações judiciais em curso – para as quais, a bem da verdade, foi confeccionado por encomenda o primitivo art. 199, *caput*, da LRF, e que conseguiram ainda se favorecer do "lapso" de redação de seu parágrafo único (intencional ou não, sabe-se lá o que se passa realmente nos meandros do Congresso Nacional...) –, a verdade é que, de futuro, novas recuperações de empresas aéreas dificilmente frutificarão em juízo se não sobrevier nova interferência legislativa de ocasião ou, então, se o devedor não capitular com os credores extraconcursais, em detrimento da coletividade dos credores concursais. Avanços com a Lei de Recuperação de Empresas e Falência houve, sim, mas foram muito tímidos e claramente insuficientes. Some-se, ainda, a isso os melífluos acenos de redução da taxa de juros, também inverídicos, e as liberalidades que se têm tomado em juízo contra a letra da lei, sempre sob o belo argumento da preservação da empresa em crise e da correção dos equívocos do legislador – e, como resultado, o retrato atual da Lei de Recuperação de Empresas infelizmente ainda não é dos melhores. Vejamos, porém, se, aqui, o tempo cuidará de torná-lo mais belo.

Empresas (obra coletiva), São Paulo, Quartier Latin, 2005, pp. 95-96.

Bibliografia

ASQUINI, Alberto. "Perfis da empresa". Trad. de Fábio Konder Comparato. *RDM* 104/109-126. São Paulo, Malheiros Editores.

BANDEIRA DE MELLO, Celso Antônio. *Curso de Direito Administrativo*. 21ª ed. São Paulo, Malheiros Editores, 2006.

BEZERRA FILHO, Manoel Justino. *Lei de Recuperação de Empresas e Falências Comentada*. 3ª ed. São Paulo, Ed. RT, 2005; 4ª ed. São Paulo, Ed. RT, 2007.

———. *Jurisprudência da Nova Lei de Recuperação de Empresas e Falências*. São Paulo, Ed. RT, 2006.

BITTENCOURT, Marcus Vinicius Corrêa. *Controle das Concessões de Serviço Público*. Belo Horizonte, Fórum, 2006.

CAMPINHO, Sérgio. *Falência e Recuperação de Empresa*. 2ª ed. Rio de Janeiro, Renovar, 2006.

COMPARATO, Fábio Konder. *Aspectos Jurídicos da Macroempresa*. São Paulo, Ed. RT, 1970.

FARAH, Eduardo Teixeira. *"Leasing" de Aeronaves Civis no Direito Brasileiro: Aspectos Jurídicos Relevantes*. Rio de Janeiro, Renovar, 2007.

FRANÇA, Erasmo Valladão Azevedo e Novaes. "Empresa, empresário e estabelecimento: a nova disciplina das sociedades". *Revista do Advogado* 71/15-25. São Paulo, AASP.

JUSTEN FILHO, Marçal. *Teoria Geral das Concessões de Serviços Públicos*. São Paulo, Dialética, 2003.

PACHECO, José da Silva. *Comentários ao Código Brasileiro de Aeronáutica*. 4ª ed. Rio de Janeiro, Forense, 2006.

PAIVA, Luiz Fernando Valente de (coord.). *Direito Falimentar e a Nova Lei de Falências e Recuperação de Empresas* (obra coletiva). São Paulo, Quartier Latin, 2005.

PENALVA SANTOS, Paulo. "Os contratos na recuperação judicial e na falência". In: PAIVA, Luiz Fernando Valente de (coord.). *Direito Falimentar e a Nova Lei de Falências e Recuperação de Empresas* (obra coletiva). São Paulo, Quartier Latin, 2005.

PENTEADO, Mauro Rodrigues. In: SOUZA JR., Francisco Satiro de, e PITOMBO, Antônio Sérgio de Moraes (coords.). *Comentários à Lei de Recuperação de Empresas e Falência* (obra coletiva). São Paulo, Ed. RT, 2005.

PITOMBO, Antônio Sérgio de Moraes, e SOUZA JR., Francisco Satiro de (coords.). *Comentários à Lei de Recuperação de Empresas e Falência* (obra coletiva). São Paulo, Ed. RT, 2005.

SOUZA JR., Francisco Satiro de, e PITOMBO, Antônio Sérgio de Moraes (coords.). *Comentários à Lei de Recuperação de Empresas e Falência* (obra coletiva). São Paulo, Ed. RT, 2005.

TÁCITO, Caio. "Intervenção no serviço: concessão de transporte aéreo". In: *Temas de Direito Público*: *Estudos E Pareceres*. 2º vol. Rio de Janeiro, Renovar, 1997.

VERÇOSA, Haroldo Malheiros Duclerc. "Das pessoas sujeitas e não sujeitas aos regimes de recuperação de empresas e ao da falência". In: PAIVA, Luiz Fernando Valente de (coord.). *Direito Falimentar e a Nova Lei de Falências e Recuperação de Empresas* (obra coletiva). São Paulo, Quartier Latin, 2005.

ADAMEK, Marcelo Vieira von. In: SOUZA JR., Francisco Satiro de, e PITOMBO, Antônio Sérgio de Moraes (coords.). *Comentários à Lei de Recuperação de Empresas e Falência* (obra coletiva). São Paulo, Ed. RT, 2005.

Atualidades

MARCAS SONORAS: PROPOSTA PARA A EXEGESE DO ART. 122 DA LEI 9.279/1996

RICARDO LUIZ PEREIRA MARQUES

1. Introdução. 2. Crítica à linha interpretativa que nega a possibilidade do registro de sons como marcas no Brasil: 2.1 Insuficiência da interpretação exclusivamente literal de normas jurídicas – 2.2 Interpretação para além do texto. 3. A possibilidade do registro de sons como marcas no Direito brasileiro. 4 Conclusões.

1. Introdução

O uso das marcas surgiu na Idade Média sob enfoque bastante diferente do atual. De lá para cá os sinais distintivos evoluíram, passando a reunir diferentes funções. A de certificadora da conformidade dos produtos e serviços a certas normas administrativas se manteve ao longo do tempo. Mas o principal papel das marcas no mundo, hoje, dialoga com o ideal de desenvolvimento econômico dos Países – aqui se incluindo a busca pela livre iniciativa e livre concorrência.

Com o passar do tempo elas se tornaram poderosos instrumentos de identificação e distinção num mercado cada vez mais concorrido. E, em decorrência disso, revelaram outra função, qual seja, a de importantes instrumentos de auxílio aos consumidores na escolha ou preterição do bom e do mau fornecedor.

Sua importância chegou a tal ponto que, no Brasil, a titularidade de marca ganhou caráter de direito fundamental ao ser incluída no art. 5º, XXIX, da Constituição da República – regulamentado pela Lei 9.279/1996.

Todavia, a idéia de livre utilização dos sinais marcários choca com sua própria razão de existir. Todo aquele que desenvolve um produto ou serviço tem o interesse de diferenciá-lo com um símbolo de uso exclusivo, impedindo que, no futuro, caso seu trabalho adquira notoriedade, sua reputação venha a ser usurpada em concorrências parasitárias.

Para atender a esse anseio, criou-se um modelo legal protetivo, adotado também pelo Brasil, que prevê o registro das marcas em um órgão oficial próprio. Após esse procedimento o sinal distintivo é atribuído ao uso exclusivo da pessoa natural ou jurídica que o requereu. Portanto, todos os usuários brasileiros de marcas têm, regra geral, o interesse em registrar aquele traço que os distingue dos demais.

Durante algum tempo a interpretação que defendia o registro apenas de figuras e expressões textuais bastou àqueles que pretendiam ser identificados no mercado. Todavia, o endurecimento da concorrência incutiu nos empreendedores a necessidade de se valerem de novos e mais eficazes meios de diferenciação e divulgação frente a seus concorrentes. O avanço tecnológico, trazendo a reboque o desenvolvimento da comunicação, com destaque para a expectativa de convergência digital, torna cada vez mais viável esse intuito. Tendo isso em vista, ganharam força idéias de se criar marcas não simplesmente visuais, mas que explorem outros sentidos humanos, como, por exemplo, a audição.

Mas, como intuitivo, se a nova geração de marcas não for oficialmente protegida, os empreendedores evitarão se dedicar a essa forma de distinção no mercado, em prejuízo, principalmente, do incremento das atividades empresariais e de prestação de serviços, assim como das garantias protetivas do consumidor, que se verá alijado de formas mais diretas e sofisticadas de identificação de seus fornecedores prediletos.

Inserido nesse cenário, o problema sobre o qual se debruça o presente trabalho reside na recusa do órgão administrativo brasileiro incumbido de proceder ao registro de marcas – e, portanto, dar início à proteção oficial – em receber pedidos relativos a marcas sonoras, baseado em entendimento de que a Lei 9.279/1996, por meio do conceito de sinais registráveis que traz, assim determinaria.

É uma posição atrasada, principalmente quando comparada com regimes jurídicos estrangeiros, inclusive de vizinhos da América do Sul. Muitos Países, em especial aqueles que representam as maiores economias mundiais, percebendo a mudança de cenário supra-referenciada, alteraram suas legislações ou seus critérios hermenêuticos para permitir o registro das chamadas marcas não-tradicionais ou heterodoxas, dentre as quais se incluem aquelas constituídas por sons.

Nesse passo, o posicionamento oficial brasileiro frente ao assunto deve ser problematizado. Interpretar-se com o devido cuidado a norma jurídica pertinente, investigando a possibilidade de o atual quadro normativo brasileiro conferir proteção oficial como marcas também aos sons – e não somente a figuras e a expressões textuais –, atribuindo o uso comercial exclusivo destes como elemento identificador e distintivo a pessoas naturais e jurídicas fornecedoras de produtos ou serviços, mostra-se tarefa merecedora de atenção, dados os avanços que sua conclusão pode gerar na prática empresarial do País.

2. Crítica à linha interpretativa que nega a possibilidade do registro de sons como marcas no Brasil

O art. 122 da Lei 9.279/1996 menciona que “são suscetíveis de registro como marca os sinais distintivos visualmente perceptíveis, não compreendidos nas proibições legais” (Brasil 1996). É um conceito apurável por exclusão, que faz com que o intérprete busque a informação sobre o que é passível de registro no dispositivo legal que enumera os sinais impedidos de se constituírem como marcas, listando as “proibições legais”.

E, examinando-se os 23 incisos do art. 124, que recebeu a incumbência de especificar taxativamente os “sinais não registráveis como marca” (Brasil 1996), não se encontra qualquer menção, nem mesmo indireta, aos sons e às suas representações gráficas. Porém, a autarquia federal Instituto Nacional da Propriedade Industrial/INPI, órgão administrativo incumbido pelo art. 2º da Lei 5.648, de 11.12.1970, de proceder aos registros de sinais como marca, prefere se prender à interpretação excessivamente isolada e literal do art. 122 da Lei 9.279, e de seu excerto “visualmente perceptíveis”, e negar o registro de sons.

A página do INPI na rede mundial de computadores expressa esse posicionamento, ao afirmar, sob a rubrica “O que não é registrável como marca”, que: “Os sinais irregistráveis estão compreendidos no art. 124 da LPI. [*Lei de Propriedade Industrial*] A lei marcária brasileira não protege os sinais sonoros, gustativos e olfativos” (Instituto Nacional da Propriedade Industrial 2008).

Entretanto, conforme se extrai, o INPI se contradiz, pois, ao mesmo tempo em que reconhece que as proibições ao registro estão contidas no art. 124 da Lei 9.279, desconsidera que, como já dito, o mencionado dispositivo legal não veda, nem mesmo indiretamente, o registro de sons como marcas. Em verdade, a justificativa daquela Autarquia para negar a pretensão de marcas sonoras no Brasil apenas reproduz o equívoco da interpretação legal por ela privilegiada.

Quando se espera da regulamentação jurídica incentivo ao livre desenvolvimento das marcas, trabalhando-se em torno de critérios legais flexíveis o suficiente para abraçarem a evolução social, a interpretação oficial, exteriorizada pelas informações e procedimentos do INPI, presa à compreensão isolada e literal da expressão "visualmente perceptíveis", presente no conceito para marcas da Lei 9.279/1996, com efeito, imobiliza o instituto.

Segundo informa Correa (2007:210), não é a primeira vez que o INPI interpreta equivocadamente a legislação marcária, ignorando o panorama normativo em prejuízo da livre iniciativa, da modernização e segurança nas operações empresariais e, por consequência, da atratividade a investimentos do mercado brasileiro: "O Instituto Nacional da Propriedade Industrial – INPI – incorreu em grave equívoco exegético ao tempo do Código da Propriedade Industrial de 1971, cujas regras aplicava de forma estanque, isolando, com isso, a propriedade industrial do restante do sistema jurídico brasileiro, no qual se inscreve, sujeitando-se a todos os seus postulados. O INPI, à época, sobretudo não aplicava nem as disposições e os princípios deitados pelo Código Civil, nem os da Convenção da União de Paris quanto à boa-fé do depositante, tendo admitido o registro de inúmeras marcas de origem estrangeira abusivamente depositadas por sociedades locais durante o regime de substituição às importações, que desestimulava e, mesmo, inviabilizava o uso dos sinais originais. Muitos desses registros foram desconstituídos pelo Judiciário, mas, afastada do País pelo modelo econômico vigente, a maioria dos titulares das marcas originais deixou de ingressar em juízo. Fruto daquela política, o País se notabilizou como um terreno fértil ao que se convencionou, então, denominar-se 'pirataria de marcas', metáfora, hoje, amplamente empregada em relação à pura e simples contrafação de marcas e, principalmente, de produtos".

Hoje os sons podem facilmente atingir os consumidores e transmitir com eficiência mensagens de identificação e divulgação, tanto por meio de artefatos relativamente recentes – mas já muito populares –, como telefones celulares e microcomputadores (conectados à *Internet*, principalmente), quanto pelos meios tradicionais de comunicação, como rádio e televisão.

Símbolos sonoros já são usados com esse intuito no Brasil, tendo grande e indiscutível poder identificador, podendo ser citado exemplo notório, apontado por Domingues (1984:200-201) já na década de 80: "Na atualidade brasileira temos um caso concreto em que um sinal sonoro constitui verdadeira marca registrável que identifica perfeitamente a rede de comunicações que o utiliza: referimo-nos ao sinal sonoro que o comediante Renato Aragão batizou de 'plim-plim' e a Rede Globo de Televisão emite cotidianamente em sua programação nacional. Referido sinal sonoro identifica a Rede Globo tanto quanto seu logotipo, em qualquer quadrante do território brasileiro. Em verdade, qualquer consumidor médio, ao ouvir o sinal sonoro, sabe que o aparelho de televisão está ligado na Globo, ainda que não se encontre assistindo ao programa ou esteja em local que não lhe permita olhar o vídeo".

De lá para cá, com a abertura do mercado brasileiro, muitas sociedades aqui se estabeleceram com campanhas de divulgação que se valem também de marcas sonoras. É o caso, dentre inúmeros, da *Intel* e da

Microsoft. Outras, mesmo há muito sediadas no Brasil, começaram nos últimos anos a se utilizar de estratégias de identificação sonora, como a *Caixa Econômica Federal*, por exemplo.

As marcas são instrumentos de incremento empresarial e, por extensão, de política de proteção ao consumidor, e sob tais enfoques é que devem ser regulamentadas pelos governos. No cenário de acirramento cada vez maior da concorrência, é prioritário aos empresários estabelecerem formas diversas e criativas de destaque no mercado, bem como é de suma utilidade aos consumidores terem à sua disposição meios mais eficazes de identificação de seus produtos e serviços prediletos.

A divulgação por sons é comumente identificada como importante veículo para interação com consumidores cegos ou analfabetos, mas sua utilidade não se limita a tanto. Com efeito, marcas sonoras servem a qualquer pessoa, por se constituírem em meio rápido, fácil e direto de comunicação; e, por isso, devem estar à disposição de todos os produtores ou prestadores de serviços que delas desejam fazer uso, conforme se extrai em Silva (2003:15-16):

"Parece-nos ser este [*mercado de consumo das pessoas portadores de deficiência visual*] um campo paradigmático da pertinência das marcas sonoras; é indesmentível que a adopção, quer isoladas, quer acopladas, de marcas sonoras para identificar os produtos para o referido mercado-alvo será de benemérita valia social, sendo que, não sejamos ingénuos, teria repercussões de tipo económico nas empresas que estrategicamente adoptam esta política comercial, pelo impacto nos consumidores que sempre representam as manifestações de 'consciência social' por parte dos grandes grupos empresariais.

"Acresce que é de inegável pertinência o recurso às marcas auditivas para designar, desde logo, emissões de rádio ou televisão, que, incomparavelmente, desempenham melhor a causa-função de identificar e publicitar aqueles produtos (ou serviços) que quaisquer outras marcas.

"Do ponto de vista estritamente economicista, também sem especial dificuldade de vislumbramos motivações que justificam financeiramente a adopção de marcas constituídas por sons; apelando à função (económica) publicitária da marca e recordando que a publicidade se realiza mediante dois meios fundamentais – rádio e televisão –, dá-se ênfase ao facto de que, se na publicidade televisionada um bom som não terá o mesmo impacto de uma imagem sugestiva, na publicidade radiofónica a sonoridade é essencial, sendo esta vicissitude condição bastante para que se invista na consolidação de sons que individualizem productos, em suma, marcas."

A importância para a economia nacional de se outorgar proteção como marcas aos sons vem sendo destacada há tempos pela doutrina – mesmo aquela elaborada sob a vigência da legislação de propriedade industrial anterior à atual –, como se constata, por exemplo, em Domingues (1984:200): "A necessidade social existe porque, com o advento da televisão e o enorme incremento da radiodifusão com os aparelhos portáteis e transistorizados, a identificação sonora, mais que uma possibilidade, é uma realidade concreta como sinal identificador de bens ou serviços. Assim, deverá a marca sonora ser juridicamente protegida face a seu conteúdo e valor econômico e importância de mercado, tanto para seu titular quanto para o consumidor médio".

Não aproveitando a ninguém, essa dissonância entre as necessidades da realidade econômica e o que oferece a Administração Pública urge ser desfeita.

Nesse sentido, o registro de sons como marcas é reivindicado *de lege ferenda* (Domingues 1984:200; Soares 1996:47; Loureiro 1999:226; Barbosa 2003:804). Porém, constata-se que a prática aqui referida já pode ser levada a efeito pelo INPI, prescindindo de mudança legislativa o ingresso do Brasil no rol de Países com moderna abordagem jurídica para as marcas. Com efeito, não há real impedimento na atual norma brasileira sobre propriedade industrial para o registro de sons, demandando tal ato apenas atenção adequada e precisa do órgão administrativo à Hermenêutica Jurídica.

"Em síntese, não vemos obstáculo conceitual, nem procedimental, à tutela jurídica das marcas sonoras. Em um mundo em rápida mutação, sacudido por inovações tecnológicas incessantes que redesenham nossos hábitos a todo instante, fechar as portas a marcas chamadas 'não-tradicionais', incluindo aquelas consistentes em sons, seria um grave erro, suscetível de travar ou, pelo menos, dificultar a verve criativa do homem" (Correa 2004:21).

O único obstáculo para tanto, em verdade, é a opção do INPI por compreender literalmente o texto normativo, a despeito de serem conhecidos os enganos e perigos a que interpretações literais no Direito podem levar.

2.1 Insuficiência da interpretação exclusivamente literal de normas jurídicas

Maximiliano (1999:112) critica, em sua tradicional obra sobre *Hermenêutica e Aplicação do Direito*, aqueles que buscam o alcance das normas jurídicas a partir apenas da expressão textual das palavras contidas nos documentos, limitando-se ao que ele denomina de "interpretação verbal" ou "exegese filológica":

"A interpretação verbal fica ao alcance de todos, seduz e convence os indoutos, impressiona favoravelmente os homens de letras, maravilhados com a riqueza de conhecimentos filológicos e primores de linguagem ostentados por quem é, apenas, um profissional do Direito. Como toda meia ciência, deslumbra, encanta e atrai; porém fica longe da verdade as mais das vezes, por envolver um só elemento de certeza, e precisamente o menos seguro.

"(...). Quem só atende à letra da lei não merece o nome de jurisconsulto; é simples pragmático (dizia Vico)."

As ressalvas feitas à interpretação literal são, de fato, merecidas. O Direito é ciência em movimento, aperfeiçoando-se em conjunto com as transformações socioculturais dos povos que dele se valem como instrumento de harmonização. E a lei escrita, um dos seus meios de atuação prática, notoriamente não consegue acompanhar o ritmo da evolução social.

"Portanto, a interpretação exclusivamente filológica é incompatível com o progresso. Conduz a um formalismo retrógrado; não tem a menor consideração pela desigualdade das relações da vida, à qual deve o exegeta adaptar" (Maximiliano 1999:120).

Fruto de complexo processo de elaboração, a lei escrita demanda tempo entre os primeiros passos da sua criação e a efetiva entrada em vigor. Nesse intervalo, a proposta inicial não raro deixa de corresponder às necessidades dos cidadãos – como é exemplo o Código Civil promulgado em 2002.

Também é um fator que recomenda profundidade na análise da legislação escrita a multiplicidade de intervenções na proposta original por parte dos parlamentares durante as discussões para aprovação do texto final da lei. As múltiplas participações na construção da norma – tornando-a obra de muitos co-autores – são muito bem-vindas no regime democrático, pois imprescindíveis para garantir a participação ou influência popular na criação jurídica. Mas não se ignora que ocasionam fragilidades na uniformidade e precisão do texto e, em certas ocasiões, mesmo em sua coerência. Nem sempre, no calor dos debates e na pressa de se atender à necessidade de novas regras jurídicas, os parlamentares conseguem se expressar com a exatidão necessária.

De todo modo, independentemente do número de autores, bem como da habilidade deles, a comunicação escrita é, por natureza, sujeita a imprecisões.

"Quando se fala em hermenêutica ou interpretação, advirta-se que elas não se podem restringir tão-somente aos estreitos termos da lei, pois conhecidas são as suas limitações para bem exprimir o Direito, o que, aliás, acontece com a generalidade das formas de que o Direito se reveste" (França 1984:22).

Mal-entendidos e ambigüidades podem, no máximo, adotadas providências preventivas, ser minorados, mas não há qualquer garantia de que jamais terão lugar nessa forma de expressão.

"A palavra é um mau veículo do pensamento; por isso, embora de aparência translúcida a forma, não revela todo o conteúdo da lei, resta sempre margem para conceitos e dúvidas; a própria letra nem sempre indica se deve ser entendida à risca, ou aplicada extensivamente; enfim, até mesmo a clareza exterior ilude; sob um só invólucro verbal se conchegam e escondem várias idéias, valores mais amplos e profundos que os resultantes da simples apreciação literal do texto.

"(...).

"A linguagem, como elemento de Hermenêutica, assemelha-se muitas vezes a certas rodas enferrujadas das máquinas, que mais embaraçam que auxiliam o trabalho" (Maximiliano 1999:36 e 120).

Assim, fosse o significado filológico das palavras contidas na regra escrita a única ou a mais importante forma de se interpretar o Direito, estariam os cidadãos – no mínimo – fadados à perplexidade em inúmeras situações práticas de suas vidas. Posner (2007:359) ilustra bem essa circunstância apontando fato ocorrido no Direito Norte-Americano, em que a norma regente foi interpretada literalmente tanto por órgão administrativo quanto pela Suprema Corte do Estado de Massachusetts, surpreendendo e, na dedução daquele autor, prejudicando os jurisdicionados: "No caso 'United States *versus* Locke' uma lei federal exigia que as firmas que tivessem concessões não-patenteadas de mineração em terras federais renovassem o registro de suas concessões anualmente, 'antes de 31 de dezembro'. As concessões não registradas em tempo hábil caducariam. Os demandantes inscreveram-se em 31 de dezembro, e a Suprema Corte [*do Estado de Massachusetts*] considerou que o prazo já se havia esgotado. Embora a lei existisse havia apenas nove anos e não tivesse ocorrido nenhuma alteração semântica que pudesse ter tornado os referentes '30 de dezembro', 'antes de', ou '31 de dezembro' pouco claros, parece extremamente provável que, quando o Congresso afirmou 'antes de 31 de dezembro', queria dizer 'até 31 de dezembro'. O fim do ano costuma ser um prazo final, e nunca se aventou explicação alguma para o fato de que o Congresso teria desejado determinar o prazo final dessa lei um dia antes, criando assim uma armadilha para valiosos direitos de propriedade".

A partir desse caso, também Posner (2007:360) expõe sua discordância com a interpretação gramatical aplicada única e isoladamente no processo hermenêutico: "A interpretação literal de 'antes de 31 de dezembro' foi uma resposta canhestra e sem imaginação ao comando legislativo, como a do assistente no exemplo de MacCallum – aquele que, quando lhe pediram que trouxesse todos os cinzeiros que encontrasse, arrancou também alguns que ficavam presos à parede".

Em verdade, o trabalho de interpretação exige esforço muito maior do aplicador, que não pode se ater apenas à textualidade das expressões legais, ainda que o texto seja de aparente clareza. Sabe-se que estavam enganados os primeiros codificadores ao pensarem ser possível ao homem criar diplomas normativos completos e perfeitos. Qualquer norma, seja ela qual for, está sujeita a aprofundamento em sua análise, e só é adequadamente compreendida a partir de suas várias facetas.

"A propósito da clareza da lei, o brocardo *in claris cessat interpretatio* já não tem valor científico. A Hermenêutica moderna consagra o princípio de que a lei, seja obscura, ambígua, defeituosa ou seja clara e formalmente perfeita, está sempre sujeita a interpretação. A própria averiguação da clareza já constitui operação interpretativa" (Costa 1997:74).

"Toda lei é obra humana e aplicada por homens; portanto, imperfeita na forma e no fundo, e dará duvidosos resultados práticos se não verificarem, com esmero, o sentido e o alcance de suas prescrições.

"(...).

"Interpretar uma expressão de Direito não é simplesmente tornar claro o respectivo dizer, abstratamente falando; é, sobretudo, revelar o sentido apropriado para a vida real, e conducente a uma decisão reta" (Maximiliano 1999:9-10).

Para contornar as limitações naturais da comunicação escrita, da capacidade humana e da necessária sucessão de etapas do processo legislativo, a Ciência Jurídica buscou vias outras de atuação para além da expressão verbal de seus textos prescritivos. Para não se ver condenada a eternamente caminhar distante da realidade que pretende influenciar, revelou diferentes formas de se interpretarem seus ditames, derivadas de suas características e relacionadas aos seus diferentes objetivos, que lhe permitem mais rápida adaptação ao quadro fático e atuação no caso concreto. E em torno dessas formas de compreensão construiu-se ramo próprio para seu estudo, qual seja, a Hermenêutica Jurídica, que, na definição de Ráo (1952:542), "tem por objeto investigar e coordenar por modo sistemático os princípios científicos e leis decorrentes, que disciplinam a apuração do conteúdo, do sentido e dos fins das normas jurídicas e a restauração do conceito orgânico do Direito, para efeito de sua aplicação e interpretação; por meio de regras e processos especiais procura realizar, praticamente, estes princípios e estas leis científicas; a aplicação das normas jurídicas consiste na técnica de adaptação dos preceitos nelas contidos, assim interpretados, às situações de fato que se lhes subordinam".

Bonavides (1989:XII) assim descreve o objeto de estudo da Hermenêutica: "Tema vastíssimo, sobre ele recai em nossos dias um interesse fundamental, decorrente sobretudo do caráter movediço e multiplicativo das intervenções do Estado na ordem jurídica, acudindo à disciplina de situações cada vez mais fluidas, mais complexas ou infinitamente mais delicadas e imprevisíveis, que estão a demandar, tanto do legislador como do aplicador, sensibilidade e acuidade para fazer o Direito não colidir com a realidade, buscando a plenitude de sua eficácia mediante certa harmonia de atualização com a vida e os interesses de uma sociedade veloz e dinâmica nas constantes e surpreendentes mutações por que passa, em ritmo jamais concebido".

Há notáveis exemplos de evoluções na regulação de conflitos de interesses sem alteração de textos legais escritos. Em todos eles a aproximação ágil do Direito à realidade – já diferente daquela em vigor à época da promulgação das normas textuais aplicáveis – foi proporcionada pelo reconhecimento dos intérpretes de que a compreensão jurídica transcende palavras inertes. Posner referencia julgamentos em que evoluções na regulação dos conflitos de interesses nos Estados Unidos se deram pela interpretação não-literal de expressões da Constituição dos Estados Unidos pela Suprema Corte norte-americana. São hipóteses nas quais se interpretou o Direito, e não apenas palavras de um texto escrito.

"Desse ponto de vista, [*interpretação literal*] a IV Emenda não poderia incluir a escuta telefônica ou outros tipos de escuta fraudulenta, uma vez que em 1789 nenhum usuário do idioma Inglês poderia ter entendido as palavras 'busca e apreensão' no contexto de escuta telefônica. A 'imprensa' à qual a I Emenda se refere não poderia aludir a uma rede de televisão. Se o Governo subsidiasse a radiodifusão religiosa, isso não poderia configurar a criação de uma religião. O poder que o Congresso tem de criar um Exército e uma Marinha não autorizaria a criação de uma Força Aérea" (Posner 2007:353).

Mais à frente, mostrando que a interpretação aprofundada (ou não-literal) tem lugar mesmo quando se trata de normas recentes, pois a incerteza ou equívoco na escolha das expressões do texto não necessariamente decorrem do transcurso do tempo, Posner cita outro preceito, fora do âmbito da Constituição americana e derivado de texto não tão antigo quanto aquela, que também mereceu entendimento extra-verbal a fim de se realizar o objetivo do legislador numa sociedade que se transformara.

"A Constituição desse Estado [*Massachusetts*] determinava que os membros da Câmara de Deputados 'serão eleitos por voto escrito'. Muitos anos depois o Poder Legislativo decidiu usar máquinas de votar em vez de votos escritos, e fez uma consulta ao Tribunal solicitando um parecer sobre a constitucionalidade de tal substituição. Aparentemente, algumas das máquinas não usavam papel algum, e todas dispensavam o uso de um pedaço de papel à parte para o registro de cada voto. Não obstante, a substituição foi considerada constitucional. [*Oliver Wendell*] Holmes [*então Presidente do Tribunal, e prolator da decisão*] achou que o importante não era a imagem que os autores da Constituição tinham tido em mente, mas os benefícios que haviam procurado garantir ou os males que haviam tentado evitar. Holmes explicou que eles haviam tentado impedir o voto oral ou manual e que, como a máquina de votar fazia isso, era constitucional. O que temos aqui é uma interpretação finalística, e não literal" (Posner 2007:358-359).

Atentos às circunstâncias tratadas no início do tópico, os teóricos hermeneutas sistematizaram e consagraram diferentes processos de interpretação que permitem extrair do texto escrito o real sentido da norma no caso concreto, ainda – e principalmente – quando este sentido não mais corresponde às palavras lançadas no documento. Cada tipo desses processos, inseridos em escolas de interpretação ao longo da História, tem características e, por conseqüência, vantagens próprias, que merecem prévia e breve exposição, para melhor entendimento quando da abordagem da questão do registro de sons como marcas no Brasil e do papel da Hermenêutica em sua solução.

2.2 Interpretação para além do texto

A compreensão de qualquer texto exige que ele necessariamente seja lido e tenha suas palavras compreendidas em primeiro lugar. Com os textos normativos não é diferente; e, por esse motivo, a interpretação literal obrigatoriamente é a primeira etapa de todo processo hermenêutico. A peculiaridade no Direito, porém, é que a filologia jamais se mostra suficiente.

"A interpretação gramatical é sempre o primeiro método a ser empregado na busca do verdadeiro significado da norma jurídica, mas em nenhuma hipótese pode ser considerado como o único ou mesmo o mais importante" (Friede 2000:142).

Assim, as escolas de Hermenêutica buscaram identificar outras etapas a serem cumpridas no trabalho de compreensão, que, ao longo do tempo, receberam a denominação de processo (ou método) de interpretação lógico, sistemático, histórico e teleológico.

O processo lógico[1] de hermenêutica (também conhecido como lógico-dedutivo ou jurídico-tradicional) caracteriza-se por buscar o sentido da norma por meio do raciocínio dedutivo, constituído pelo silogis-

1. Alguns autores (*v.g.*, Camargo 2003) denominam o processo lógico também como "processo sistemático". Contudo, conforme se verá adiante, há um método hermenêutico próprio que recebe esta denominação, e não deve com aquele ser confundido neste trabalho.

mo, conforme explica Maximiliano (1999: 123): "O processo lógico propriamente dito consiste em procurar descobrir o sentido e o alcance de expressões do Direito sem o auxílio de nenhum elemento exterior, com aplicar ao dispositivo em apreço um conjunto de regras tradicionais e precisas, tomadas de empréstimo à Lógica geral. Pretende do simples estudo das normas em si, ou em conjunto, por meio do raciocínio dedutivo, obter a interpretação correta".

Em torno desse método de interpretação construiu-se a Escola da Exegese, que teve seu auge em paralelo à criação e primeiras décadas de vigência do antigo Código Civil francês, no século XIX, sob a idéia de que a norma escrita seria a expressão total do Direito (Costa 1997:17). É um processo hermenêutico que peca, contudo, por pretender em excesso a exatidão, a fim de tentar se proteger de eventuais arbitrariedades dos órgãos aplicadores da lei. O privilégio dado ao método silogístico demonstra essa vocação. Com isso, o processo lógico não chega a desprezar, mas deixa em segundo plano fatores aos quais é o Direito sensível, por se tratar de uma Ciência social.

"O método jurídico tradicional, clássico ou lógico, tem toda a sua atenção, exclusivamente, voltada para a lei. É fruto da preocupação de limitar todo o arbítrio da interpretação, movimentando-se baseado na concepção de que o legislador é o criador do Direito. No seu conceito, o Direito se identifica com a lei. Parte da idéia de que a lei escrita deve satisfazer a todas as exigências da vida jurídica, bastando ao intérprete examinar-lhe diretamente o conteúdo para, com os meios fornecidos pela Lógica, tirar as consequências todas que dela derivam, sem ultrapassar os limites que lhe animaram a formação" (Espínola, Eduardo, *apud* Costa 1997:91).

O processo lógico, portanto, não se afasta da interpretação literal. Ao contrário, "supõe quase sempre a posse dos meios fornecidos pela interpretação gramatical" (França 1984:27), e, desse modo, não é suficiente para aproximar o Direito da realidade em grau efetivo.

Em outras linhas, apesar de importante no movimento francês de afirmação das liberdades individuais, não pode auxiliar satisfatoriamente na resolução de questões mais complexas, como verificou Camargo (2003:163):

"Quando há um compromisso com a justiça, invariavelmente fracassa o método lógico-dedutivo, pois a individualização do Direito não segue as regras do silogismo, em que a premissa maior está representada pela norma geral, a premissa menor pela verificação dos fatos e a conclusão como sentença. Algumas vezes, inclusive, isso é totalmente impossível".

Em reação à insuficiência do método lógico se deram a conhecer outros processos hermenêuticos, defendidos por linhas filosóficas reunidas na Escola Científica e que, ao enxergarem o Direito como fato social, modernizaram a forma de interpretá-lo, demonstrando a possibilidade de compreensão para além do texto escrito. "Lançaram, enfim, o lema segundo o qual 'para interpretar a lei é preciso julgá-la à luz do Direito'" (Costa 1997:96).

Para a Escola Científica a lei escrita não dita o Direito, mas é apenas uma revelação imperfeita dele. Sendo uma Ciência histórica, deve ser interpretado historicamente (Camargo 2003:80). Diante dessa percepção, identificou-se, com Savigny, que a norma se desdobra em quatro elementos, quais sejam: gramatical, lógico, histórico e sistemático – cada um sendo o centro de diferentes formas de interpretar regras legais (Camargo 2003:81).

"Classificando as distintas vias de acesso ao conhecimento das regras interpretativas do Direito, a metodologia do jurista alemão [*Savigny*] nos domínios hermenêuticos não se reveste daquele cunho conservador tão peculiar aos romanistas, em cuja galeria ele também pontificou.

Corifeu do movimento historicista, em verdade o classicismo hermenêutico de Savigny, sem embargo de seu teor um tanto técnico e didático, não se aparta da modernidade contemporânea, não se anula nem se desfaz diante de novas escolas, novas concepções e novos métodos. O legado do sábio alemão tem a esplêndida universalidade de uma construção sempre moderna e prestante" (Bonavides 1989:XI-XII).

O elemento gramatical liga-se à interpretação literal das normas, enquanto o lógico corresponde ao método lógico-dedutivo supra-abordado.

Já, do elemento histórico decorre o processo hermenêutico de mesmo nome, que "lançou o grito de independência, a libertação do Direito além dos textos" (Costa 1997:99). Por meio da interpretação histórica se enxerga a norma, tendo em perspectiva o desenvolvimento dos institutos jurídicos por ela regulados. Não só a origem destes, que configura a "interpretação histórica remota" (França 1984:28-29), mas também suas etapas de evolução, funções e tendências atuais, ou a "interpretação histórica próxima" (França 1984:29). Nas palavras de Savigny (*apud* Camargo 2003:81, tradução nossa): "O elemento histórico tem por objeto a situação da relação jurídica regulada por regras jurídicas no momento da promulgação da lei. Esta devia intervir naquela de determinada maneira; e o mencionado elemento tem de evidenciar o modo como se dá aquela intervenção: o que por aquela lei se introduziu de novo no Direito".[2]

Nesse sentido, e mais restritamente, dedica-se o elemento histórico, ainda, à investigação das diferentes fases do processo legislativo que culminaram com a criação do específico dispositivo legal. Como explica Maximiliano (1999:139): "Verifica-se atentamente se o Parlamento pretendeu reformar o Direito vigente, que circunstâncias o levaram a isto; até onde foi o propósito inovador; quais os termos e a extensão em que se afastou das fontes, nacionais ou estrangeiras, do dispositivo atual. Pelo que eliminou e pelo que deixou subsistir, conclui-se o seu propósito, orienta-se o hermeneuta".

Nessa abordagem apresentam-se como importantes fontes de informação os chamados "materiais legislativos" ou "trabalhos preparatórios", que são todos os documentos produzidos pelo Poder Legislativo, ou a ele encaminhados, durante o processo de elaboração da norma, tais como exposição de motivos, mensagens do Poder Executivo, projetos, anteprojetos, pareceres e emendas.

Também incluída na "interpretação histórica próxima" encontra-se a investigação da *occasio legis*, conceituada por Maximiliano (1999:148), citando os Estatutos da Universidade de Coimbra, como "o espírito das leis", "a verdadeira razão delas". Nos termos de Ferraz Jr. (2003:291), buscar a *occasio legis* no processo histórico é pesquisar "o conjunto de circunstâncias que marcaram efetivamente a gênese da norma", e com base nisso interpretá-la.

Além disso, Savigny identificou o elemento sistemático da norma, centro do processo sistemático[3] de interpretação, que enxerga cada regra jurídica e cada expressão dela como partes de um corpo maior, de um sistema, e que, por isso, devem ser traduzidas em harmonia com o todo. A palavra ou frase sob interpretação deve ser analisada não só com base em todas as disposições do diploma legal a que pertence,

2. "El elemento histórico tiene por objeto la situación de la relación jurídica regulada por reglas jurídicas en el momento de la promulgación de la ley. Ésta debía intervenir en aquélla de determinada manera; y el mencionado elemento ha de evidenciar el modo de aquella intervención: lo que por aquella ley se ha introducido de nuevo en el Derecho."

3. Não se confundir, como abordado em nota anterior, com o processo lógico, que por vezes é chamado também de sistemático, mas se trata de método diverso de interpretação. Ferraz Jr. (2003:288), a propósito, para evitar a confusão terminológica, denomina o método hermenêutico em questão de "interpretação sistemática *stricto sensu*".

mas também a partir de todos os outros instrumentos normativos que tocam o instituto jurídico. A idéia é a de que todas as regras e seus princípios informadores estão interligados e se influenciando. E, assim sendo, devem ser interpretados em conjunto (Camargo 2003:81). "A presunção hermenêutica é a da unidade do sistema jurídico do ordenamento" (Ferraz Jr. 2003:288).

"Não se encontra um princípio isolado, em ciência alguma; acha-se cada um em conexão íntima com outros. O Direito objetivo não é um conglomerado caótico de preceitos; constitui vasta unidade, organismo regular, sistema, conjunto harmônico de normas coordenadas, em interdependência metódica, embora fixada cada uma no seu lugar próprio. De princípios jurídicos mais ou menos gerais deduzem corolários; uns e outros se condicionam e restringem reciprocamente, embora se desenvolvam de modo que constituem elementos autônomos operando em campos diversos.

"Cada preceito, portanto, é membro de um grande todo; por isso do exame em conjunto resulta bastante luz para o caso em apreço.

"(...). Assim, contemplados do alto os fenômenos jurídicos, melhor se verifica o sentido de cada vocábulo, bem como se um dispositivo deve ser tomado na acepção ampla, ou na estrita, como preceito comum, ou especial.

"(...). A verdade inteira resulta do contexto, e não de uma parte truncada, quiçá defeituosa, mal redigida; examine-se a norma na íntegra, e mais ainda: o direito todo, referente ao assunto" (Maximiliano 1999:128-130).

Os estudos da Escola Histórica, como se sabe, foram sucedidos pelo positivismo jurídico, que pregava excessivo formalismo, fundado na idéia de que a ciência jurídica não podia nem precisava ser influenciada por qualquer outra.

Verificado o equívoco desse pensamento, e que "o culto fetichista às normas cristalizadas em códigos não respondia mais às novas necessidades" (Camargo 2003:90), Ihering desvelou o Direito "como um esforço animado pelo espírito prático que subjaz à sua própria realização" (Camargo 2003:91). O jurista alemão incorporou a noção de "fim" ou "finalidade" à idéia de Direito como prática, retirando da regra legal seu caráter de mera abstração (Andrade 1991:19). E, na esteira dessa percepção, apresentou outro elemento de interpretação das normas escritas, ligado a tais noções, que é o chamado teleológico, inspirador de método hermenêutico por meio do qual se busca interpretar a norma a partir da sua finalidade ou utilidade prática. "O pressuposto e, ao mesmo tempo, a regra básica dos métodos teleológicos é de que sempre é possível atribuir um propósito às normas" (Ferraz Jr. 2003:292).

Maximiliano esclarece o raciocínio que rege o processo teleológico de interpretação, explicando que: "Toda prestação legal tem provavelmente um escopo, e presume-se que a este pretenderam corresponder os autores da mesma, isto é, quiseram tornar eficiente, converter em realidade o objetivo ideado. A regra positiva deve ser entendida de modo que satisfaça aquele propósito" (1999:149).

Destaque-se que não se trata apenas de investigar o que se objetivou prescrever no momento da elaboração da regra legal, mas, principalmente, sua representação contemporânea, isto é, seu papel atual no ordenamento jurídico. "A pesquisa não fica adstrita ao objetivo primordial da regra obrigatória; descobre também o fundamento hodierno da mesma" (Maximiliano 1999:154). Afinal, caso contrário, tal processo hermenêutico serviria mais como método de engessamento do Direito do que instrumento de evolução, que é o que se espera dele. A propósito, este é um aspecto que ganha especial relevância na análise de admissibilidade das marcas sonoras no Brasil, assunto que se abordará no tópico seguinte.

3. *A possibilidade do registro de sons como marcas no Direito brasileiro*

Como se percebe, desprezar outras vias de compreensão do texto, insistindo-se arbitraria e exclusivamente na interpretação literal e isolada de apenas um artigo, é o equívoco na aplicação oficial da Lei n. 9.279/1996.

"A utilização unicamente do elemento gramatical, revela a falta de maturidade do desenvolvimento intelectual, a que antes nos referimos, sendo, portanto, o menos compatível com o desenvolvimento social, com o progresso" (Magalhães 1989:130).

"Quem lê unicamente Código ou Constituição tem uma só base, a mais fraca – a exegese verbal; faltam-lhe os demais, e os melhores, elementos de interpretação; por isso, toma, com freqüência, a nuvem por Juno, desgarra a valer" (Maximiliano 1999:133).

"Esta interpretação [gramatical ou literal], por si só, é insuficiente para conduzir o intérprete a um resultado conclusivo, sendo necessário que os elementos por ela fornecidos sejam articulados com os demais, propiciados pelas outras espécies de interpretação" (França 1984:27).

Como já abordado, há muito se verificou que a adequada hermenêutica das regras escritas demanda muito mais do que simples exame do significado textual das palavras nelas inseridas. A verdadeira interpretação, com efeito, requer atenção às diferentes variáveis que inspiram o Direito, refletidas nos elementos identificados por Savigny e Ihering. Conforme ressalta Maximiliano, diante de um dispositivo legal o bom intérprete lança mão de técnicas interpretativas à sua disposição:

"Procede à análise e também à reconstrução ou síntese. Examina o texto em si, o seu sentido, o significado de cada vocábulo. Faz depois obra de conjunto; compara-o com outros dispositivos da mesma lei, e com os de leis diversas, do país ou de fora. Inquire qual o fim da inclusão da regra no texto, e examina este tendo em vista o objetivo da lei toda e do Direito em geral. Determina por este processo o alcance da norma jurídica e, assim, realiza, de modo completo, a obra moderna do hermeneuta" (1999:9-10).

O aplicador não se limita a escolher apenas uma ou algumas daquelas técnicas, de acordo com o resultado que pretende retirar do trabalho de verificação. Fosse assim, tais métodos levariam à deturpação da norma, e não à sua depuração frente a uma situação concreta. Em verdade, o hermeneuta deve se valer de todos os métodos de interpretação, como chama atenção o próprio Savigny:

"Com estes quatro elementos [em verdade cinco, uma vez que aos elementos gramatical, lógico, histórico e sistemático apontados por Savigny se alia o elemento teleológico, posteriormente identificado por Ihering] se esgota a compreensão do conteúdo da lei. Não se trata, por conseguinte, de quatro [cinco] classes de interpretação, entre as quais se possa escolher segundo o gosto e o arbítrio pessoal, senão de diferentes atividades, que devem cooperar para que a interpretação possa ser bem-sucedida" (Savigny, *apud* Camargo 2003:81, tradução nossa).[4]

É claro, porém, que nem sempre todos os elementos, e, por conseqüência, os processos de interpretação correspondentes, exercerão a mesma influência. Na grande maioria das hipóteses apenas alguns deles terão papel mais determinante na obtenção da adequada compreensão do sentido de um dispositivo legal, sem prejuízo para a conclusão final. O que se sublinha é que não deve o intérprete desprezar

4. "Con estos cuatro elementos se agota la comprensión del contenido de la ley. No se trata, por consiguiente, de cuatro clases de interpretación, entre las cuales se puede escoger según el gusto y el arbitrio personal, sino de diferentes actividades que deben cooperar para que la interpretación pueda dar éxito."

nenhum elemento da norma. Quando inserido no trabalho hermenêutico, deve passar por todos os processos, ainda que para concluir pela não-influência de algum deles na verificação do alcance jurídico (Camargo 2003:81-82).

Portanto, para se apurar o seu correto sentido e verificar se os sons podem ou não ser registrados como marca no Direito brasileiro, cumpre se analisar o conceito de sinais registráveis inserido no art. 122, da Lei n. 9.279/1996, a partir dos diferentes processos interpretativos revelados pela Hermenêutica.

Nesse sentido, e se iniciando pelo método histórico, é de se destacar em primeiro lugar que merece atenção na proposta investigativa apenas a "interpretação histórica próxima", vez que a origem das marcas – ligada à "interpretação remota" –, desde o fim das corporações de ofício não mais se identifica com a moderna feição do instituto, e não se justifica interpretar a atual legislação brasileira de marcas com base em circunstâncias que deixaram de existir.

Delimitado o campo de estudo, cumpre destacar que, como estratégia de ganho de mercado, os empresários precisam continuamente inovar a forma de oferecer seus produtos ou serviços. Nessa busca, absorvem de maneira muito rápida os avanços tecnológicos e, com base neles, criam opções diferenciadas de consumo. Para divulgar suas inovações, valem-se das marcas como instrumento – cada vez mais efetivo – de comunicação, aproveitando o ganho tecnológico para também investir em meios diferenciados de identificação e distinção. A tendência nesse movimento, desde a metade do século passado, é a divulgação de produtos e serviços por meio das marcas heterodoxas, ou não-tradicionais, que são aquelas, como já dito, formadas por elementos como os sons, por exemplo. E nenhuma das legislações sobre marcas elaboradas no Brasil desde o Decreto n. 3.346, de 1887, proibiu expressamente o registro desse tipo de sinais.

É certo que a redação inicial do anteprojeto que se transformou na Lei n. 9.279/1996 continha proibição expressa ao registro de sons como marcas. Mas tal restrição, importando contradição com o escrito na Exposição de Motivos, foi retirada do texto final convertido em lei, em sintoma do direcionamento do ordenamento jurídico brasileiro na matéria.

Tendo a atual lei de marcas sido criada e promulgada em meio a esse quadro e a essa tradição jurídica, não é razoável se deduzir que ela não corresponda às expectativas mencionadas, ou que tenha vindo retroceder a regulação da propriedade industrial. Assumindo o método histórico que "a lei é mais sábia que o legislador" (Andrade 1991:22), deve prevalecer a interpretação que represente evolução – ou, no mínimo, manutenção – do estágio evolutivo do instituto regulado, ainda que o texto contenha expressões que possam conduzir o aplicador à conclusão diversa num primeiro momento. Desse modo, no caso em estudo, a conclusão que se encaixa no que o método histórico de interpretação volta a atenção é a de que o art. 122 da Lei n. 9.279 mantém o conceito ampliativo das normas que o antecederam, não excluindo os sons do âmbito de elementos registráveis como marca.

Mas, conforme ressaltado, para se confirmar essa ilação é necessário se identificar se a ela também é possível chegar por meio das demais técnicas interpretativas. Nesse sentido, passa-se à próxima etapa da análise: o processo sistemático de hermenêutica.

Como o pressuposto desse método interpretativo é de que cada instituto jurídico é regulado por todo ordenamento jurídico e não apenas por esta ou aquela lei, aparece como etapa necessária da interpretação sistemática do conceito de sinais registráveis como marcas no Brasil a investigação não só dos artigos da Lei n. 9.279/1996, como também de outros diplomas normativos – em especial a Constituição da República, tendo-se em vista o alinhamento hierárquico das fontes do Direito. E, nesse passo, percebe-se que o texto constitucional não autoriza a restrição enxergada pelo INPI na norma em vigor sobre propriedade industrial.

Com efeito, dispõe o art. 5º, inciso XXIX, que "a lei assegurará (...) proteção (...) à propriedade das marcas, (...) tendo em vista o interesse social e o desenvolvimento tecnológico e econômico do País" (Brasil 1988). Exsurge claro nesse trecho que a Constituição quer delimitar a proteção oficial apenas àquelas marcas que se direcionam aos objetivos dispostos em sua parte final. Entretanto, pode-se igualmente inferir que o excerto normativo contém comando às fontes jurídicas a ele inferiores para que regulamentem a propriedade das marcas em sintonia com o interesse social e com o desenvolvimento tecnológico e econômico do Brasil. Isto é, deve a legislação infraconstitucional proteger os sinais marcários permitindo que eles interajam com os anseios públicos e com os avanços da tecnologia e das práticas empresariais, sob pena de se tornar garantia imobilizadora – e não emancipadora – de um instituto que, por essência, requer agilidade. Qualquer restrição nesse sentido significaria, então, violação ao texto constitucional. Nesse sentido é a conclusão de Barbosa:

"Como se vê, o preceito constitucional se dirige ao legislador, determinando a este tanto o conteúdo da propriedade industrial ('a lei assegurará...') quanto a finalidade do mecanismo jurídico a ser criado ('tendo em vista...'). A cláusula final, novidade do texto atual, torna claro que os direitos relativos à propriedade industrial não derivam diretamente da Carta, mas da lei ordinária; e tal lei só será constitucional na proporção em que atender aos seguintes objetivos:

"a) visar o interesse social do país;

"b) favorecer o desenvolvimento tecnológico do país;

"c) favorecer o desenvolvimento econômico do país" (2002:30).

Desdobrando esse comando, a Constituição prescreve, no art. 170, que a ordem econômica brasileira é fundada na livre iniciativa e deve observar, dentre outros, os princípios da livre concorrência e da defesa do consumidor. Em todo o Título VII, reservado à "Ordem Econômica e Financeira" da República, e no qual se insere o mencionado dispositivo, não se encontra qualquer limitador a tais balizas, nem autorização para se criá-los.

Assim, se as marcas são personagens centrais na promoção da lealdade concorrencial – e, portanto, instrumento da livre iniciativa –, bem como, por extensão, elemento da política de defesa do consumidor, conforme visto nos capítulos iniciais, impedir a absorção por sua forma de expressão das novas tecnologias e práticas de mercado implica limitar indevidamente princípios e fundamento constitucional da ordem econômica, o que, de nenhuma forma, pode ser admitido ou levado a efeito pelos órgãos da Administração Pública.

Toda essa construção é realçada, com foco na defesa do consumidor, pela Lei n. 8.078/1990, que define a Política Nacional das Relações de Consumo e aponta como um de seus princípios, no art. 4º, III, a "compatibilização da proteção do consumidor com a necessidade de desenvolvimento econômico e tecnológico". E, segundo o inciso VI do mesmo artigo, no tocante às marcas, referida política deve se voltar apenas contra aquelas que possam prejudicar os consumidores – hipótese na qual, por certo, não se incluem as marcas sonoras.

A análise sistemática da questão das marcas, com a contribuição da compreensão histórica, indica o equívoco em se interpretar o conceito legal de sinais registráveis como referente apenas a formas gráficas.

Todavia, é necessário se submeter a questão, ainda, ao método teleológico de interpretação, a mais importante técnica dentre as aqui abordadas, e, exatamente por isso, a que mais prestígio vem recebendo da doutrina e jurisprudência. É um processo hermenêutico, segundo Maximiliano, admirado "por quase todas as correntes doutrinárias" (1999:154), considerado "o melhor, o mais seguro, na maioria das hipóteses" (Maximiliano 1999:156). Isso porque a proposta de compreensão das normas a partir dos resultados que se pretenderam por ela obter se confunde com a finalidade do próprio Direito, meio de harmonização das relações humanas e, portanto, também voltado a consequências práticas.[5]

"Considera-se o Direito como uma ciência primariamente normativa ou finalística; por isso mesmo a sua interpretação há de ser, na essência, teleológica. O hermeneuta sempre terá em vista o fim da lei, o resultado que a mesma precisa atingir em sua atuação prática" (Maximiliano 1999: 151-152).

Por isso, e confirmando, a aplicabilidade do método teleológico na interpretação de normas do ordenamento jurídico brasileiro é expressamente determinada em lei, em específico no art. 5º, do Decreto-lei n. 4.657, de 4 de setembro de 1942, mais conhecido como Lei de Introdução ao Código Civil, por cuja determinação, "na aplicação da lei, o juiz atenderá aos fins sociais a que ela se dirige e às exigências do bem comum" (Brasil 1942).

Segundo demonstra Posner, enquanto a interpretação literal (ou abordagem do significado evidente, como chama) "exclui a consideração das condições atuais", a interpretação teleológica (ou abordagem pragmática) "vê uma lei como um recurso para se lidar com os problemas do presente, o que equivale a dizer com o futuro da lei" (2007:363).

Com Maximiliano, vale relembrar o método da interpretação teleológica:

"A norma enfeixa um conjunto de providências, protetoras, julgadas necessárias para satisfazer a certas exigências econômicas e sociais; será interpretada de modo que melhor corresponda àquela finalidade e assegure plenamente a tutela de interesse para a qual foi regida.

"(...). O fim inspirou o dispositivo; deve, por isso mesmo, também servir para lhe limitar o conteúdo; retifica e completa os caracteres na hipótese legal e auxilia a precisar quais as espécies que na mesma se enquadram. Fixa o alcance, a possibilidade prática" (Maximiliano 1999: 151-152).

E, analisadas as circunstâncias que a teleologia coloca em evidência, confirma-se a conclusão de que no Direito brasileiro não há empecilho para o registro de sons como marcas.

Nesse processo, cumpre destacar os termos da Exposição de Motivos do anteprojeto que resultou na Lei n. 9.279/1996. Segundo esse documento, o objetivo com a elaboração de nova norma regulamentando a propriedade industrial no país era "consubstanciar as tendências internacionais no campo do direito marcário" (Brasil 1991). Para tanto, se teria buscado "harmonizar a proposta legislativa com a disciplina dada à matéria pelos acordos e tratados internacionais de que participa o Brasil, incorporando-se, ainda, os avanços doutrinários já consagrados na legislação de outros países, onde são mais intensas as atividades envolvendo questões de propriedade industrial" (Brasil 1991).

Contudo, os regimes jurídicos de marcas nos países com as maiores economias do ocidente (EUA[6] e países integrantes da União Européia[7]), além da Rússia[8] e também nos principais vizinhos da América do

5. Característica, a propósito, que exsurge com mais força no Direito Empresarial e mais profundamente, ainda, nos estudos sobre propriedade industrial, focados na instrumentalização de atividades econômicas e, pois, reconhecidamente pragmáticos.

6. Schechter e Thomas 2003, e Estados Unidos da América 2006.

7. Luxemburgo 2003.

8. Rússia 2006.

Sul (Argentina,[9] Uruguai,[10] Chile,[11] Bolívia, Colômbia, Equador e Peru[12]), são bastante flexíveis quanto aos tipos de símbolos admitidos a proteção como marcas. As únicas exigências são as de que o sinal seja efetivamente distintivo e identificativo e que possa ser publicado de alguma forma, a fim de se levar a conhecimento geral o objeto do pedido de registro e do ato de concessão oficial . Cumpridos os dois pré-requisitos, quaisquer símbolos, independentemente de sua forma de exteriorização, sejam letras, palavras, desenhos ou sons, podem ser registrados e, por conseqüência, protegidos.

Cotejando as duas informações, verifica-se que, se o objetivo do ordenamento jurídico é se aproximar das evoluções do instituto concretizadas nos países com grande atividade no campo dos sinais distintivos, não há espaço para se admitir a maneira como o INPI vem interpretando o conceito legal de marcas.

Isso, mesmo se explorando a questão sob outro prisma, e adentrando-se na questão da visibilidade, sob o ponto de vista da facilidade na publicação do símbolo depositado.

Conforme tratado no tópico 4.4.2, o Acordo TRIPS determinou que seus aderentes publiquem "cada marca antes ou prontamente após o seu registro", a fim de se permitirem "pedidos de recebimento de cancelamento" e "oportunidade para que o registro de uma marca seja contestado" (art. 15, § 5º, Brasil 1994). Mas a publicação de marcas não gráficas em periódicos oficiais, dado o estágio da tecnologia quando da elaboração do TRIPS, acarretava gastos relativamente altos para alguns países. Por esse motivo, abriu-se a possibilidade nesse acordo de que alguns membros exigissem que somente pudessem ser depositados símbolos "visualmente perceptíveis", ou seja, aqueles passíveis de representação em papel. Entretanto, independentemente de se saber se o Brasil se enquadrava ou não entre os países sem recursos financeiros para publicar marcas sonoras no ano de 1996, importa destacar que os custos dessa operação caíram drasticamente. Hoje é incontroverso que ela pode ser facilmente levada a efeito pela grande maioria das nações, a custo muito baixo, como já fazem muitos países, como visto – alguns, inclusive, com a economia em desenvolvimento, assim como o Brasil. Para tanto, basta se manter uma página na *internet* e nela disponibilizar os sons depositados para conferência por qualquer cidadão em uso de um microcomputador com configuração básica. Destaque-se que o INPI já adota esse procedimento para as marcas visuais que registra. E ampliar o *site* para acolher e veicular pequenos arquivos com gravações sonoras certamente não irá desestabilizar as finanças da autarquia. Portanto, ainda que se argumente que haveria na atual lei de marcas a finalidade de não se impingir ao Instituto Nacional da Propriedade Industrial custos procedimentais aos quais ele não poderia corresponder, percebe-se que hoje a realidade é bastante diferente. E, nesse passo, a interpretação da norma deve também ser diferenciada, conforme requer o processo teleológico de interpretação.

"Recusamo-nos a sufragar o argumento de que a 'falta de meios técnicos por parte das entidades competentes para organizar o registro de discos ou bandas magnéticas e proceder ao exame das anterioridades legais (Couto Gonçalves, in: *Função Distintiva da Marca,* Coimbra: Almedina, 1999, p. 64)', seja condição suficiente para aceitar esta intolerável limitação na discricionariedade da constituição das marcas; sustentamos que o princípio da liberdade de iniciativa no mercado, não pode ser coarctada por razões de tipo formal ou funcional. Com efeito, incumbe

9. Instituto Nacional de la Propiedad Industrial 2008.

10. Uruguai 1998; Uruguai 2001.

11. Chile 1991; Chile 2005; Chile 2006.

12. Comunidade Andina de Nações 2000.

à Entidade Administrativa competente para o registro das marcas proceder às inovações necessárias para se adaptar às prementes necessidades da vida empresarial e não aos agentes económicos subjugarem a sua capacidade inventiva aos meios técnicos existentes na Administração Pública" (Silva 2003:13).

"Talvez aqui resida um dos nódulos da questão: como já visto, o legislador exige que a apreensão do fenômeno semiológico, inscrito no mundo mercantil (um odor, um som, uma sensação táctil que constitua marca, assinalando a presença de um produtor, comerciante ou prestador de serviço) tenha estabilidade documental, somente garantida, pelos padrões do nosso sistema jurídico, por um sistema que permita visualização. A eventual dificuldade do órgão do registro em estabelecer parâmetros de fixação em suporte físico e diretrizes de análise não autoriza, porém, a pura e simples negação de amparo a sinais ditos não convencionais. [Nota original: "Uso esse termo, aqui, por um simples catacreses, pois a expressão 'sinal não convencional' já contém, por implicitude, um preconceito contra a adoção de marcas captadas, preferencialmente, por outros sentidos que não a visão, preconceito inadmissível em um mundo em permanente mutação."] A problemática não deveria, portanto, ser de natureza conceitual, ou seja, o que se há se perguntar não é 'são protegíveis sinais outros que não visuais?', mas 'como proteger esses sinais na prática?'" (Correa 2004:20-21).

Ao lado disso, deve-se atentar para o objetivo da regulação do próprio instituto. A assunção pelo ordenamento jurídico da tarefa protetiva das marcas se deu diante da percepção de que estas são utilíssimos incrementos às atividades empresariais – gerando efeitos vantajosos principalmente aos empresários, mas, também, para o mercado de consumo como um todo –, e que dependem do amparo jurídico para não perderem sua força. Além disso, percebeu o Direito que para as marcas cumprirem eficazmente seu papel é preciso acompanharem a evolução tecnológica, e que, por óbvio, recebam da regulamentação estatal liberdade para se desenvolverem, motivo pelo qual as legislações ao redor do mundo sofreram e continuam sofrendo modificações interpretativas ao longo do tempo. Nesse sentido constatou Domingues: "Outrossim, a publicidade comercial das marcas tem sua origem e acompanha *pari passu* o desenvolvimento dos meios de comunicação, apresentando uma história que se desenvolve paralela à da imprensa, rádio, cinema e mais recentemente televisão" (1984:66).

Tavares expõe, com amparo em Kapferer, a necessidade dos sinais distintivos acompanharem o avanço da tecnologia para atenderem a contento suas funções no *marketing*:

"A dinâmica a ser atendida pela marca deve estar atenta aos seguintes aspectos (Kapferer 1992) [referência original]:

"(...).

" incorporar progressos técnicos e tecnológicos na medida em que estes possam representar um diferencial de custo e de vantagem de desempenho;" (1998:37-38).

A finalidade prática que o Direito pretende alcançar ao trazer para seu âmbito de influência os símbolos marcários é, pois, velar pelo desenvolvimento empresarial, protegendo o importante instrumento que são as marcas e, nessa proteção, permitir que elas se desenvolvam, como é de sua necessidade, em compasso com a tecnologia. E se é com vistas à obtenção dessa finalidade que a lei brasileira de propriedade industrial deve ser compreendida, apresenta-se como necessária pelo método teleológico de interpretação a conclusão de que o conceito normativo de sinais registráveis deve ser enxergado como aberto também aos sons, sendo juridicamente possível no Brasil o registro de marcas sonoras, conforme frisa Silva:

"Sem tomarmos partido sobre a querela da admissibilidade das marcas aromáticas, servem as ressalvas, para tomar uma posição frontalmente contra a tendência para afastar do Direito das Marcas tipos de marcas menos usuais, sendo nossa convicção que o afastamento liminar, sem tomar em consideração avanços tecnológicos e científicos, resvala em fraudar, intoleravelmente, os objectivos do Direito e do Mercado" (Silva 2003:11).

Identifica-se, assim, que, atentando-se a todos os elementos hermenêuticos da regra jurídica, a compreensão literal levada a efeito pelo INPI do art. 122 da Lei n. 9.279/1996 deve ceder lugar aos entendimentos histórico, sistemático e teleológico da norma que apontam para o reconhecimento de um conceito mais amplo de sinais registráveis no Brasil.

"Apesar da aparente opção pelos sinais destinados à vista humana, a lei, obliquamente, dispõe de mecanismos que abrem uma janela para os demais sentidos do homem, e uma exegese sistemática e teleológica do diploma legal em foco mostra que, na realidade, o direito brasileiro tem amplo espaço para os sinais plurissensoriais" (Correa 2007:211).

Com efeito, referido dispositivo legal deve ser interpretado de maneira a se considerar que a exigência de percepção visual para se aceitar um sinal a registro como marca significa, em verdade, exigência para que o símbolo seja passível de publicação. Isto é, se o sinal puder ser levado a conhecimento público, por meio de periódicos oficiais, cumprida estará a exigência da legislação brasileira. Dessa maneira, os sons se revelam elementos hábeis a serem registrados como marcas pois podem eficazmente ser publicados, como revelam as experiências bem sucedidas em outros países, conforme já abordado.

"Com apoio nessas reflexões, cabe concluir que as marcas sonoras – como as demais marcas criadas pela captação imediata por outros sentidos do homem – se acham devidamente resguardadas pelo direito brasileiro, podendo ser registradas em formas que lhe tornem claro o conteúdo" (Correa 2007:216).

A alteração do sentido literal da expressão "visualmente perceptíveis" não deve causar estranheza, pois, como destaca Andrade, "atender aos fins sociais da lei e às exigências do bem comum, na sua aplicação, conduz à sua adaptação à vida real, de acordo com as necessidades da vida contemporânea" (1991:21). É disso que se trata a aplicação das técnicas hermenêuticas, conforme continua o mesmo autor:

"Uma norma legal, uma vez produzida, liberta-se da pessoa do legislador, como a criança se livra do ventre materno, passando a ter vida própria, mutuando influências com o meio ambiente, o que acarreta a transformação de seu significado" (Andrade 1991:22).

Não há motivos para se esperar por iniciativa do Poder Legislativo em alterar o teor de qualquer texto normativo para que as marcas sonoras passem a ter proteção oficial específica no Brasil. São por demais conhecidos os percalços que transformam a criação de novas normas em processo tão demorado. Se o Direito pátrio já acolhe a possibilidade de registro de sons como marcas, segundo visto, basta ao órgão administrativo competente, o Instituto Nacional da Propriedade Industrial, tomar as providências necessárias e adequar seus procedimentos internos, conforme ressaltou Soares, tratando de situação análoga (expressões, frases e sinais de propaganda):

"Ora, se temos um precedente que nos parece coerente com a realidade, porque não nos aproveitarmos desse 'precedente' e apenas introduzirmos 'algo' nas Diretrizes e no Ato Administrativo, sob a única chancela do Presidente do INPI, para obtermos, de pronto, e sem mais delongas, essa almejada proteção, em vez de ficarmos à mercê de um Senado Federal para sancionar uma nova lei?" (Soares 2003:20).

Identificada a possibilidade jurídica para o registro de marcas sonoras no Direito brasileiro, cumpre se tratar, ainda, da forma como o símbolo sonoro pode ser depositado junto ao órgão administrativo, a fim de propiciar futura publicação.

Nesse passo, parece claro que a melhor maneira é que o requerimento de registro da marca sonora se faça acompanhar por uma gravação digital do som. Essa é a forma mais prática, mais barata e mais eficaz para os requerentes e o próprio INPI. Na pesquisa de eventuais colidências que deve ser feita pelo órgão de registro, por exemplo, é muito mais fácil se compararem duas sonoridades em sua forma original do que quaisquer tipos de representações gráficas delas, por mais fiéis e inteligíveis que sejam. As gravações podem ser em arquivo ".mp3" e, inclusive, ser enviadas por *e-mail* pelo solicitante ao Instituto Nacional da Propriedade Industrial. De posse da cópia digital, basta à autarquia disponibilizar um *link* de acesso a qualquer interessado em sua página na *internet* (como ela já procede atualmente com marcas gráficas, compostas por palavras e desenhos). E nada impede que o INPI ainda compile os sons depositados durante determinado período de tempo em uma revista digital, em formato de CD ou DVD, com tiragem regular, e a distribua ao público interessado, sem prejuízo da igual disponibilização no *site* – também analogicamente ao que já realiza com sua *Revista da Propriedade Industrial* (*RPI*) em meio físico (papel) e em formato ".pdf", à disposição na página da rede mundial de computadores. Se o governo achar necessário, pode atuar como no Uruguai, cuja Diretoria Nacional de Propriedade Industrial disponibiliza um exemplar do som em arquivo com acesso público (Uruguai 2001).

"Com efeito, nada deve obstar a que a representação se faça pelo recurso a outros meios, nomeadamente, disco ou banda magnética (o que, refira-se, é perfeitamente admitido no Direito Americano)" (Silva 2003:13).

Contudo, a despeito do depósito da gravação já ser suficiente para todos os fins, há quem defenda, como Correa, que no procedimento de depósito e registro se deva exigir a representação do som sob alguma forma gráfica, para se atender ao requisito "visibilidade" presente no conceito legal.

"Assim, a exigência de perceptibilidade visual só pode ter como finalidade permitir a fixação da marca, de modo a documentá-la, pois o direito não teria como tutelar a pura transdicção.

"Logo, só faz sentido, em uma interpretação teleológica e sistemática da norma, tomar a expressão 'perceptibilidade visual' na acepção de 'possibilidade de representação visual'" (Correa 2007:211-214).

Não há muito o que se criticar desse posicionamento, exceto que também se apega, ainda que ligeiramente, à literalidade do preceito que analisa e, por isso, se torna mais burocrático do que o necessário. Mas a verdade é que ele busca obter o mesmo resultado prático da interpretação supra-abordada e, desse modo, não deve ser descartado ou considerado antagônico às conclusões anteriormente apresentadas. Domingues, certamente inspirado na prática do Direito norte-americano, previa esse procedimento décadas atrás:

"Ante a possibilidade de representar o som musical por palavras, notas e claves musicais escritas de forma precisa, como se fora o registro de u'a marca gráfica, fácil é prever que, em futuro não muito longínquo, os Estados admitirão o registro de marcas sonoras, obedecidas as exigências de sua representação gráfica sobre um pentagrama. Ademais, como o texto final do Regulamento da execução e notas do Tratado de Viena de 1973 expressa que, quando a marca é destinada a ser utilizada como marca sonora, o pedido internacional e a folha anexa onde figura a reprodução da marca devem apresentar uma indicação para referida destinação sonora, mais evidente se torna que a tutela legal através de registro assemelhado ao das marcas na propriedade industrial, é simples questão de mais ou menos tempo" (Domingues 1984:200).

Admitindo-se que essa corrente se consagre na prática do INPI, o registro de sons como marcas deverá se dar mediante depósito de um exemplar do som em arquivo digital – que, diante das facilidades acima identificadas, não pode deixar de ser exigido – junto a uma representação gráfica da sonoridade, que será igualmente objeto de publicação. A gravação pode ser destinada ao site e a representação gráfica compor a publicação em meio físico.

Para tanto, há várias opções, cada uma com vantagens e desvantagens a serem sopesadas, como o pentagrama (ou pauta musical), espectograma, onomatopéia e, principalmente, a descrição verbal. A melhor forma para se representar graficamente a marca depositada é escolha discricionária do órgão administrativo, a partir do que melhor se adaptar às condições operacionais. O pentagrama mostra-se ideal para sons constituídos por músicas, pois configura representação perfeita da forma como devem estas soar. Mas, se a opção for por uma única forma de representação, independentemente do tipo de som depositado, a descrição verbal parece ser a melhor escolha, diante de sua praticidade e de suas potencialidades. Afinal, uma vez bem feita, ela é capaz de retirar quaisquer dúvidas sobre as características do símbolo, sendo muito útil no exame de eventuais colidências. Tanto que foi, em tese, aceita na União Européia, após exaustiva discussão sobre o assunto (Luxembrugo 2003), e é largamente usada nos Estados Unidos há décadas (Estados Unidos da América 2006), com bastante eficiência, tendo sido acolhida por outros países, como Rússia (Rússia 2006) e Uruguai (Uruguai 2001).

"Ainda que esta tese não vingasse [requerimento de depósito e registro instruído com a gravação do som apenas], entendendo-se que a marca sonora só seria registrável quando passível de representação gráfica, nada deve obstar a que o registro se faça através de uma descrição verbal; o ladrar de um cão, o rugido de um leão, o apito de um comboio, etc. Nos exemplos expostos a mera descrição verbal da sonoridade é bastante para garantir uma certeza jurídica que permite realizar um registro, porquanto é inteligível por um qualquer interessado" (Silva 2003:14).

"Como observado anteriormente, a forma de operacionalização do registro de marcas dessa natureza – como, *e.g.*, modo de apresentação da marca, forma de inserção do banco de dados do órgão responsável pelo registro, critérios de apuração de colidência, etc. – é aspecto de natureza puramente procedimental, sem qualquer prejuízo do estatuto jurídico desses sinais. Em nosso sentir, inspirando-se, em parte, na orientação fixada pela Corte Européia de Justiça e, em parte, no tratamento da matéria nos Estados Unidos, o INPI deveria aceitar, como forma de fixação do sinal sonoro registrado, qualquer representação gráfica que seja suficientemente clara, completa, duradoura, objetiva e facilmente acessível, incluindo – como nos Estados Unidos – a descrição de sons que sejam inequívocos. Nessa categoria entrariam todos os sons conhecidos na natureza e aqueles consagrados na cultura, como, *e.g.*, o rugido de animais, tais como o balido de ovelhas, o mio de um gato, o acôo de um cão; o ruído produzido por um jato d'água, o ruído de folhagens açoitadas pelo vento; um trovejo; o ruído das ondas; risos de crianças; som produzido por determinado veículo, etc. Em se tratando de composições musicais, a forma mais adequada seria a partitura, com os elementos completos que permitam sua execução: a clave, a tonalidade, o compasso (4/4, 2/2, 3/4, 3/8, etc.), a seqüência das notas, o andamento" (Correa 2004:22).

Mas cumpre ressaltar que, como bem sublinhou o Tribunal de Justiça das Comunidades Européias, requerimentos de registro feitos com base em representações gráficas devem deixar claro que tratam de marcas sonoras. Isso porque, do contrário, podem ser confundidos com requerimentos de registro de marcas nominativas (compostas por letras ou palavras) – se representadas por onomatopéias ou descritas verbalmente –, ou serem interpretados como depósito de marcas figurativas (formadas por figuras) – se representadas por espectogramas ou pautas musicais (Luxemburgo 2003).

Por fim, à parte as peculiaridades a serem cumpridas no depósito, destaque-se que o sinal sonoro é um símbolo distintivo como qualquer outro.

"Relativamente à necessidade legal de as marcas sonoras possuírem capacidade distintiva, isto é, a sua aptidão para, *per si*, individualizar uma espécie de produtos ou serviços oferece-nos afirmar, que a marca sonora – como qualquer outra – desempenha, a sua causa-função primária. Para alcançar este desiderato, os sons a registrar devem ser distintos e não confundíveis com outros anteriormente registrados e ainda susceptíveis de identificar um determinado produto ou serviço.

"Este requisito não apresenta especiais particularidades em relação ao comum das marcas, exigindo que (*sic*) a novidade relativa da marca, ou seja, que a marca não seja igual ou confundível com outra previamente registrada para assinalar produto (ou serviço) igual ou confundível" (Silva 2003:14).

Assim, e como acentuado por Silva no trecho supra-transcrito, para poder ser registrado como marca, o som deve atender aos princípios regentes do instituto, como o da novidade, o da especialidade e o da distintividade.

4. Conclusões

Ao longo do presente trabalho, inferiu-se que, a partir de interpretação literal e isolada do conceito de sinais registráveis presente no art. 122 da Lei n. 9.279/1996, o Instituto Nacional da Propriedade Industrial, autarquia incumbida de analisar e proceder aos registros no Brasil, fixou interpretação de que não podem aqui constituir marcas elementos que não possam ser enxergados em sua forma pura, como os sons, por exemplo.

Todavia, questão de tão grande importância não pode ser estabelecida a partir de interpretação tão-somente literal e isolada de um dispositivo legal, pois a compreensão de preceitos normativos exige do intérprete trabalho muito mais completo.

Qualquer norma, por mais claros que sejam seus termos, está sujeita à interpretação aprofundada, a partir dos elementos da regra jurídica que fundamentam diferentes métodos hermenêuticos, quais sejam, o gramatical, lógico, histórico, sistemático e teleológico.

E, sopesadas as circunstâncias priorizadas pelo processo teleológico e as conclusões obtidas na investigação realizada sob as demais técnicas hermenêuticas, a interpretação que exsurge como adequada é aquela que define como registráveis no Brasil todos os sinais passíveis de publicação, dentre os quais se incluem os sons, há muito objeto de registro e, por conseqüência, publicação em informes periódicos nos países que protegem as marcas sonoras.

A maneira como os símbolos devem ser depositados é escolha discricionária do Instituto Nacional da Propriedade Industrial com base em suas condições operacionais, podendo alternar entre a entrega de arquivo digital com gravação da sonoridade ou deste acrescido de uma representação gráfica do som, em forma também a ser indicada pela autarquia competente dentre várias opções possíveis, como o pentagrama, espectograma, onomatopéia ou a preferível descrição verbal.

À parte as peculiaridades a serem cumpridas no depósito, o sinal sonoro é um traço distintivo como qualquer outro e, por isso, para poder ser registrado como marca deve atender a todos os princípios regentes do instituto, refletidos no elenco de proibições inserido nos incisos do art. 124 da Lei n. 9.279/1996.

Referências bibliográficas

ANDRADE, Christiano José de (1991). *Hermenêutica Jurídica no Brasil*. São Paulo: Ed. RT, 269 p.

BARBOSA, Denis Borges (2003). *Uma Introdução à Propriedade Industrial*. 2ª ed., Rio de Janeiro: Lumen Juris, 1.268 p.

BONAVIDES, Paulo (1989). Prefácio in MAGALHÃES, Maria da Conceição Ferreira. *A Hermenêutica Jurídica*. Rio de Janeiro: Forense, pp. XI–XIII.

BRASIL (1988). Constituição da República Federativa do Brasil. *Diário Oficial da União – Anexo*. Brasília, 5.10.1988, p. 1.

______ (1994). Decreto n. 1.355, de 30.12.1994. Promulga a Ata Final que incorpora os Resultados da Rodada Uruguai de Negociações Comerciais Multilaterais do GATT. *Diário Oficial da União*. Brasília, 31.12.1994, p. 21.394.

______ (1942). Decreto-lei n. 4.657, de 4.9.1942. Lei de Introdução ao Código Civil Brasileiro. *Diário Oficial*. Rio de Janeiro, 9.9.1942, p. 1.

______ (1996). Lei n. 9.279, de 14.5.1996. Regula direitos e obrigações relativos à propriedade industrial. *Diário Oficial da União*. Brasília, 15.5.1996, p. 8.353.

______. (1991). Projeto de Lei do Poder Executivo n. 824, de 1991. *Diário do Congresso Nacional*. Brasília, 9.5.1991, Seção I, p. 5.700.

CAMARGO, Margarida Maria Lacombe (2003). *Hermenêutica e Argumentação: uma Contribuição ao Estudo do Direito*. 3ª ed., Rio de Janeiro: Renovar, 294 p.

CHILE (1991). Ley n. 19.039, de 24.1.1991. Establece Normas Aplicables a los Privilegios Industriales y Protección de los Derechos de Propiedad Industrial. *Diário Oficial de la República de Chile*. Santiago, 25.1.1991, p. 33.877.

______ (2006). Ministério da Economia, Fomento e Reconstrução. Departamento de Propriedade Industrial. *Solicitudes de Registro de Marcas Sonoras* (2006, *data provável*). Disponível em *http://www.wipo.int/export/sites/www/sct/en/comments/pdf/sct17/cl_1.pdf*. Acesso em 1.5.2008.

______ (2005). Reglamento de la Ley n. 19.039 de Propiedad Industrial. *Diário Oficial de la República de Chile*. Santiago, 1.12.2005, p. 6.

Comunidade Andina de Nações (2000). Decisão n. 486, de 14.9.2000. Régimen Común sobre Propiedad Industrial. *Gaceta Oficial del Acuerdo de Cartagena*. Lima, ano XVII, n. 600, 19.9.2000, p. 2.

CORREA, José Antônio B. L. Faria (2004). "A dimensão plurissensorial das marcas: a proteção da marca sonora na lei brasileira". *Revista da ABPI* 69/17-22, São Paulo, mar.-abr. 2004.

______ (2007). "Sinais não-registráveis", in SANTOS, Manoel J. Pereira dos, e JABUR, Wilson Pinheiro (Coords.). *Sinais Distintivos e Tutela Judicial e Administrativa*. São Paulo: Saraiva, pp. 209-266.

COSTA, Dilvanir José da (1997). *Curso de Hermenêutica Jurídica*. Belo Horizonte: Del Rey, 159 p.

DOMINGUES, Douglas Gabriel (1984). *Marcas e Expressões de Propaganda*. Rio de Janeiro: Forense, 503 p.

ESTADOS UNIDOS DA AMÉRICA (2006). *Non-Traditional Marks at the U.S. Patent and Trademark Office*. 20.10.2006. Disponível em *http://www.wipo.int/export/sites/www/sct/en/comments/pdf/sct17/us_2.pdf*. Acesso em 17.3.2008.

FERRAZ JR., Tércio Sampaio (2003). *Introdução ao Estudo do Direito*. 4ª ed., São Paulo: Atlas, 370 p.

FRANÇA, Rubens Limongi (1984). *Elementos de Hermenêutica e Aplicação do Direito*. São Paulo: Saraiva, 90 p.

FRIEDE, Reis (2000). *Ciência do Direito, Norma, Interpretação e Hermenêutica Jurídica*. 3ª ed., Rio de Janeiro: Forense Universitária, 189 p.

INSTITUTO NACIONAL DA PROPRIEDADE INDUSTRIAL (2008). *Perguntas Frequentes: Marcas. O Que Não É Registrável como Marca*. Disponível em *http://www.inpi.gov.br/menu-esquerdo/marca/index.htm-new-version#3*. Acesso em 6.4.2008.

_______ (2008). *Dirección de Marcas: Consulta Clases Nacionales*. Disponível em *https://www.inpi.gov.ar/GrillaConsulta.asp*. Acesso em 1.5.2008.

LOUREIRO, Luiz Guilherme de A. V. (1999). *A Lei de Propriedade Industrial Comentada*. São Paulo: Lejus, 1999, 432 p.

LUXEMBURGO (2003). Tribunal de Justiça das Comunidades Européias. *Sinais Susceptíveis de Constituir uma Marca. Processo C-283/01*. Rel. Juíza *F. Macken*. Acórdão de 27.11.2003. Disponível em *http://europa.eu.int/eurlex/lex/LexUri Serv/LexUriServ.do?uri=CELEX:62001J0283:PT:HTML*. Acesso em 16.4.2008.

MAGALHÃES, Maria da Conceição Ferreira (1989). *A Hermenêutica Jurídica*. Rio de Janeiro: Forense, 148 p.

MAXIMILIANO, Carlos (1999). *Hermenêutica e Aplicação do Direito*. 18ª ed., Rio de Janeiro: Forense, 426 p.

MILLER, Arthur R., e DAVIS, Michael H. (2007). *Intellectual Property: Patents, Trademarks and Copyright in a Nutshell*. 4ª ed., Saint Paul: Thomson/West, 458 p.

POSNER, Richard A. (2007). *Problemas de Filosofia do Direito*. São Paulo: Martins Fontes, 2007, 647 p.

_______ e LANDES, William M. (2004a). *The Economic Structure of Intellectual Property Law*. Cambridge, MA: Harvard University Press, 442 p.

RÁO, Vicente (1952). *O Direito e a Vida dos Direitos*. 2 vols. São Paulo: Max Limonad.

RÚSSIA (2006). *Comments by the Delegation of the Russian Federation on Matters Relating to New Types of Marks* (document SCT/16/8, paragraph 9). (*data provável*, 2006). Disponível em *http://www.wipo.int/export/sites/www/sct/en/comments/pdf/sct17/ru_2.pdf*. Acesso em 1.5.2008.

SCHECHTER, Roger E., e THOMAS, John R. (2003). *Intellectual Property: the Law of Copyrights, Patents and Trademarks*. Saint Paul: Thomson/West, 915 p.

SILVA, Hugo Daniel Lança (2003). *Marcas Sonoras: sua Admissibilidade*. Verbo Jurídico, Beja. Disponível em *http://www.verbojuridico.net/doutrina/autor/marcas_sonoras.html*. Acesso em 17.3.2008.

SOARES, José Carlos Tinoco (2003). "Expressões, frases e sinais de propaganda", *Revista da ABPI* 64/16-20. São Paulo, mai.-jun. 2003.

_______ (1996). "Marca tridimensional, agora uma realidade", *Revista da ABPI* 22/46-47, São Paulo, mai.-jun. 1996.

_______ (1988). *Tratado da Propriedade Industrial*. 2 vols. São Paulo: Resenha Tributária, 1.135 p.

TAVARES, Mauro Calixta (1998). *A Força da Marca*. São Paulo: Harbra, 220 p.

URUGUAI (2001). Decreto n. 146, de 3.5.2001. *Registro de Signos No Visibles*. Se reglamenta el artículo 2º de la Ley n. 17.011 (Ley de Marcas). *Diário Oficial. Montevidéu, 8.5.2001.*

_______ (1998). Lei n. 17.011, de 25.9.1998. *Ley de Marcas, Nombres Comerciales e Indicaciones Geográficas. Diário Oficial. Montevidéu, 7.10.1998.*

Atualidades

A DISCIPLINA DA RESPONSABILIDADE OBJETIVA NAS RELAÇÕES DE CONSUMO: PREVALÊNCIA DAS NORMAS DO CÓDIGO DE DEFESA DO CONSUMIDOR SOBRE AS DO CÓDIGO CIVIL

GABRIEL DA ROCHA

1. Introdução. 2. Considerações preliminares. 3. O art. 7º, "caput", do Código de Defesa do Consumidor: requisitos e limites para sua aplicação. 4. Interpretação dos Códigos: não-ocorrência de derrogação das normas de consumo pelas normas gerais: 4.1 Distintos campos de incidência das normas referentes à responsabilidade por atividade ou serviço e as normas referentes a fatos de produtos – 4.2 O Código Civil não instituiu cláusulas gerais de responsabilidade objetiva por risco integral: uma interpretação sistemática, axiológica e teleológica das normas em questão. 5. Conclusão. Bibliografia.

1. Introdução

Dentre as novidades introduzidas pelo atual Código Civil em relação às regras do revogado Código Civil de 1916, a responsabilidade objetiva assumiu papel de destaque, sendo objeto de intenso debate na doutrina e na jurisprudência. Em parte, isto se deve às incertezas da sua aplicação, tendo em vista a relativa indeterminação das hipóteses normativas do art. 927, parágrafo único, e do art. 931 do Código Civil.

Uma das discussões travadas diz respeito à incidência das normas do Código Civil a situações já reguladas por leis especiais, mais especificamente, para os propósitos deste estudo, às relações de consumo. Embora os arts. 927, parágrafo único, e 931 do Código Civil contenham ressalvas expressas quanto à sua aplicação àquelas hipóteses, há casos em que isto vem sendo feito em conjunto ou mesmo isoladamente com as normas próprias do Código de Defesa do Consumidor.

O objetivo deste estudo, portanto, é o de analisar se é correta a prevalência de tais normas gerais em detrimento das normas próprias do Código de Defesa do Consumidor, na regência de casos de indenização por acidentes de consumo, tendo-se em vista os campos de incidência das normas de ambos os Códigos, bem como os critérios para sua interpretação.

2. Considerações preliminares

A positivação da responsabilidade civil objetiva não é novidade em nosso ordenamento jurídico, pois esta já havia sido introduzida por intermédio de leis especiais – voltadas à disciplina de certos casos específicos, tais como atividades nucleares, atividades degradantes do meio ambiente – e pela Constituição Federal, que consagrou a responsabilidade objetiva do

Estado e das pessoas jurídicas privadas prestadoras de serviços públicos pelos atos de seus agentes,[1] no art. 37, § 6º.

Maior destaque, no entanto, merece a Lei 8.078/1990 – Código de Defesa do Consumidor –, que não somente criou as figuras jurídicas do consumidor e do fornecedor, de produtos ou serviços, mas também afastou a necessidade de verificar a culpa deste último para que reste configurado o dever de indenizar. Na verdade, o Código de Defesa do Consumidor fez mais, estendendo a aplicação de suas normas a todas as pessoas diretamente vitimadas por acidentes de consumo, mesmo que não se tratem de consumidores em sentido estrito, por não terem adquirido o produto ou serviço.[2]

Portanto, antes do atual Código Civil introduzir cláusulas gerais de responsabilidade civil objetiva, aplicáveis aos danos relacionados ao exercício de atividades de risco e àqueles decorrentes de fato do produto, respectivamente disciplinadas pelos arts. 927, parágrafo único,[3] e 931,[4] já havia vasta gama de situações regidas pela sistemática da responsabilidade objetiva.

A rigor, tais normas gerais do Código Civil têm, de antemão, seu campo de aplicação restrito aos casos não disciplinados por leis especiais, conforme expressamente ressalvado em suas respectivas hipóteses normativas. Trata-se de disposições, de resto, congruentes com a conhecida regra de solução de conflitos de normas: *lex posteriori generali non derogat priori speciali*.[5]

Apesar disto, há julgados aplicando cumulativa ou isoladamente os preceitos da lei geral às relações de consumo que, a princípio, deveriam ser regidas unicamente pelo Código de Defesa do Consumidor.

Confiram-se excertos de alguns desses julgados:

"Ação de indenização – Instituição financeira – Fraude – Operações bancárias via *internet* – Relação de consumo – Falha na prestação do serviço – Danos morais – Configuração – *Quantum*. A responsabilidade do fornecedor, em decorrência de falha na prestação do serviço, é objetiva, nos exatos termos do art. 14 do CDC, bem como do art. 927, parágrafo único, do CC/2002. O valor da reparação não deve constituir enriquecimento sem causa, mas deverá ser desestímulo à repetição da conduta danosa. Recurso não provido."[6]

"(...). Com o advento do Código Civil de 2002, os arts. 12 e 18 a 25 do CDC foram reforçados de maneira significativa, uma vez que o parágrafo único do art. 927, e o art. 931, ambos do Código Civil, confirmaram a tendência do Código Consumerista de ampliar a responsabilização de empresários e empresas, no tocante aos danos causados aos consumidores, como se vê: 'Art. 927. (...). Parágrafo único. Haverá obrigação de reparar o dano, independentemente de culpa, nos casos especificados em lei, ou quando a atividade normalmente desenvolvida pelo autor do dano implicar, por sua natureza, risco para os direitos de outrem'. 'Art. 931. Ressalvados outros casos previstos em lei especial, os empresários individuais e as empresas respondem independentemente de culpa pelos danos

1. O termo "agentes" deve ser entendido em sentido amplo, como todo aquele que exerça uma atividade ligada às finalidades do Estado por investidura direta ou por delegação.

2. Art. 17 do CDC.

3. "Art. 927. (...). Parágrafo único. Haverá obrigação de reparar o dano, independentemente de culpa, nos casos especificados em lei, ou quando a atividade normalmente desenvolvida pelo autor do dano implicar, por sua natureza, risco para os direitos de outrem."

4. "Ressalvados outros casos previstos em lei especial, os empresários individuais e as empresas respondem independentemente de culpa pelos danos causados pelos produtos postos em circulação."

5. Art. 2º, § 2º, da Lei de Introdução ao Código Civil (Decreto-lei n. 4.657/1942).

6. TJMG, AC n. 1.0105.03.080070-7, rel. Desembargador Roberto Borges de Oliveira, j. 8.4.2008.

causados pelos produtos postos em circulação.''"[7]

"Civil. Consumidor. Responsabilidade civil. Manutenção indevida nos cadastros de devedores. Dívida prescrita. Ato ilícito configurado. Obrigação do responsável de retirar o nome após período de prescrição do art. 43, § 1º, do CDC. Culpa. Inércia e negligência configuradas. Precedentes jurisprudenciais. Constrangimentos ocorridos. Dano moral *in re ipsa*. Configuração. Dano moral configurado. Matéria pacificada. *quantum* fixado moderadamente. 1. A constatação da manutenção indevida do nome do recorrido nos cadastros de proteção ao crédito é ato ilícito que dá ensejo a reparações por danos morais, já que configura negligência de sua parte no cumprimento de dever legal de promover a imediata retirada no órgão competente, como determina a lei consumerista e, como tal a gerar dano moral, consoante dispõe os arts. 186, 187 e 927, *caput*, e parágrafo único e art. 7º, parágrafo único c/c arts. 14 e 34, do CDC – Lei n. 8.078/1990. 2. A responsabilidade *in casu*, nos termos do art. 14, do CDC, é objetiva, decorrente da simples colocação no mercado de determinado serviço ou produto (...)."[8]

Esses julgados não justificam o porquê da aplicação das normas gerais em conjunto com as normas especiais do Código de Defesa do Consumidor para disciplinar a responsabilidade por fatos do produto ou serviço, em relações de consumo ou equiparadas.[9] Menos ainda, o porquê da aplicação isolada da norma geral do art. 927, parágrafo único, contrariamente ao que dispõe sua própria hipótese normativa.

Na doutrina, a utilização das normas gerais de responsabilidade civil objetiva para reger hipóteses de consumo é igualmente aventada. O fundamento invocado é de que o art. 7º, *caput*, do Código de Defesa do Consumidor, é uma norma de abertura, permitindo que se busquem normas que melhor protejam o consumidor, mesmo fora do microssistema criado por aquele Código.

Nesse sentido, assevera Cláudia Lima Marques que:

"Observando-se o texto do art. 7º do CDC conclui-se que representa uma cláusula de abertura, uma *interface* com o sistema maior: os direitos do consumidor podem estar em outras leis e não só no CDC. Funcionalmente, ou pela teleologia do próprio CDC e da Constituição Federal há que se utilizar a norma mais favorável aos direitos do consumidor. Sendo assim, parece-me que o CC/2002 traz também novos direitos aos consumidores. Também suas cláusulas gerais, de responsabilidade sem culpa pela atividade de risco (art. 927, parágrafo único), responsabilidade sem culpa das empresas e empresários individuais pelo fato do produto (art. 931), (...) poderão complementar a aplicação do CDC ou mesmo superá-la se forem mais favoráveis aos consumidores (imagino, por exemplo, o caso de prescrição da ação ou de excludente específica do CDC, que não esteja presente no sistema geral do CC/2002 e uso, pois do CC/2002 como lei mais favorável)."[10]

7. TJSC, AC n. 98.009680-4, rel. Desembargador Monteiro Rocha, j. 5.8.2004.

8. Colégio Recursal/TJDF, ACJ n. 2003.01.1.049705-8, rel. Juiz Alfeu Machado, j. 30.11.2006.

9. V. o já mencionado art. 17.

10. Cláudia Lima Marques, "Três tipos de diálogos entre o Código de Defesa do Consumidor e o Código Civil de 2002: superação das antinomias pelo 'diálogo das fontes'", in Adalberto Pasqualoto e Roberto A. C. Pfeifer, *Código de Defesa do Consumidor e o Código Civil de 2002: Convergências e Assimetrias*, p. 25. No mesmo sentido, v. Silmara Juny Chinelato, "Tendências da responsabilidade civil no direito contemporâneo: reflexos no Código de 2002", in Jones Figueiredo Alves e Mário Luiz Delgado (coords.), *Novo Código Civil: Questões Controvertidas*, vol. 5, pp. 594-595. Pela aplicação do art. 931 do Código Civil complementar à norma do art. 12 do Código de Defesa do Consumidor, v. Adalberto Pasqualoto, "O Código de Defesa do Consumidor em face do Código Civil de 2002", in Adalberto Pasqualoto e Roberto A. C. Pfeifer, *Código de Defesa*

Essa doutrina não explicita, contudo, os motivos pelos quais se poderia atribuir às normas gerais atributos de maior proteção ao consumidor e ao consumidor equiparado (*bystander*) do que os existentes nas normas do Código de Defesa do Consumidor. Aparentemente, tal entendimento decorre do fato dos arts. 927, parágrafo único, e 931, do Código Civil não conterem previsões expressas de excludentes de responsabilidade, dentre as quais a exigência de defeito no produto ou na atividade desenvolvida, tal qual fazem os arts. 12 e 14 do Código de Defesa do Consumidor.[11]

Aceitar esse entendimento, no entanto, equivale a dizer que o Código Civil inaugurou no ordenamento jurídico nacional cláusulas gerais de responsabilidade objetiva por risco integral.[12] Isto representaria a exclusão do sistema jurídico dos arts. 14 e 12 do Código de Defesa do Consumidor, uma vez que se trata de normas com campos de aplicação respectivamente superpostos aos dos arts. 927, parágrafo único, e 931, do Código Civil, gerando uma revogação tácita da norma especial anterior pela norma geral posterior.

3. O art. 7º, caput, do CDC: requisitos e limites para sua aplicação

Como se expôs, o fundamento de direito positivo, invocado para a aplicação, cumulada ou isolada, das normas gerais de responsabilidade objetiva do Código Civil na disciplina das relações de consumo, é o art. 7º, *caput*, do Código de Defesa do Consumidor. Confira-se o que dispõe o citado artigo:

"Art. 7º. Os direitos previstos neste código não excluem outros decorrentes de tratados ou convenções internacionais de que o Brasil seja signatário, da legislação interna ordinária, de regulamentos expedidos pelas autoridades administrativas competentes, bem como dos que derivem dos princípios gerais do direito, analogia, costumes e equidade."

O raciocínio seguido pelos que aventam essa possibilidade é o de que, embora as mencionadas normas gerais ressalvem expressamente sua aplicação aos casos já disciplinados por norma especial, no caso específico das relações de consumo, o Código de Defesa do Consumidor justamente autoriza a ampliação do campo de aplicação daquelas, conquanto se mostrem mais favoráveis ao consumidor do que as próprias normas especiais.

Trata-se de interpretação que parece ampliar em demasia o escopo da art. 7º, *caput*, do Código de Defesa do Consumidor. Este, a primeira vista, somente explicita que os direitos arrolados naquele Código são exemplificativos, não excluindo outros que se insiram no contexto específico das relações de consumo. Tal norma não representaria, assim, um critério de resolução de conflito de leis e, principalmente, não autorizaria o aplicador do direito a desconsiderar o comando normativo expresso de normas extravagantes ao Código de Defesa do Consumidor para aplicá-las à hipóteses originariamente vedadas.

De qualquer forma, a superação das mencionadas ressalvas das normas gerais do Código Civil não é "automática". Ela exige a demonstração de que tais normas efetivamente asseguram ao consumidor proteção maior do que a garantida pelas normas contidas no próprio Código de Defesa do Consumidor.

do Consumidor e o Código Civil de 2002:..., cit., p. 150.

11. Esse entendimento pode ser encontrado em Anderson Schreiber, *Novos Paradigmas da Responsabilidade Civil: da Erosão dos Filtros da Reparação à Diluição dos Danos*, p. 24.

12. A responsabilidade civil pelo risco integral pressupõe a ausência de excludentes de responsabilidade, inclusive as atuantes sobre o nexo causal. Trata-se da forma mais rigorosa de imputação do dever de indenizar (v. Teresa Ancona Lopez, *Nexo Causal e Produtos Potencialmente Nocivos: a Experiência Brasileira do Tabaco*, pp. 40-41 e Erik Frederico Gramstrup. "Responsabilidade objetiva na cláusula geral e nos microssistemas", in Jones Figueiredo Alves e Mário Luiz Delgado (coords.), *Novo Código Civil:...*, cit., vol. 5, p. 136).

Portanto, a aceitação ou refutação dessa tese deve necessariamente ser precedida da interpretação e comparação dos mencionados arts. 12 e 14 do Código de Defesa do Consumidor com os arts. 927, parágrafo único, e 931, do Código Civil.

4. Interpretação dos Códigos: não-ocorrência de derrogação das normas de consumo pelas normas gerais

4.1 Distintos campos de incidência das normas referentes à responsabilidade por atividade ou serviço e as normas referentes a fatos de produtos

Antes de se proceder à investigação acerca do rigor de cada uma das referidas normas na imputação objetiva, é necessário desfazer uma confusão relativa à aplicação daquelas normas que disciplinam a responsabilidade civil por exercício de atividade de risco ou prestação de serviço aos casos de danos oriundos de fato de produto.

Embora essa distinção possa parecer trivial, há julgados em que se aplicou, de forma conjunta ou isolada, o art. 927, parágrafo único, do Código Civil com as normas específicas à regulação de fatos de produto.[13] Também na doutrina se identifica esse ponto de vista.[14]

O primeiro passo para definir o campo de aplicação das referidas normas dá-se com a delimitação semântica dos termos relevantes para construção de suas hipóteses normativas. O parágrafo único do art. 927 do Código Civil estipula que "haverá obrigação de indenizar, independentemente de culpa, nos casos especificados em lei, ou quando a atividade normalmente desenvolvida pelo autor do dano implicar, por sua natureza, riscos para os direitos de outrem".

De acordo com Sérgio Cavalieri, o termo "atividade" é a chave para compreender o âmbito de aplicação do citado dispositivo. O autor ensina que o legislador, ao empregar esse termo, não buscava somente se referir à mera ação ou omissão, tal qual empregada no *caput* do art. 186 do Código Civil. O objetivo do legislador parece ter sido o de apontar para uma conduta reiterada, um comportamento repetido, na qual está presente a idéia de habitualidade, conforme se pode depreender da complementação empregada "normalmente desenvolvida".[15]

O certo é que, a mencionada norma não terá aplicação aos casos de dano ocasionado por fato de produto. Produto e atividade de risco são coisas obviamente distintas. O *Dicionário Aurélio* define atividade como "qualidade ou estado de ativo, ação"; "meio de vida, ocupação, profissão, indústria". Produto, por sua vez é definido como "aquilo que resulta de qualquer processo ou atividade". O Código de Defesa do Consumidor, no art. 3º, § 1º, por sua vez, conceitua produto como sendo "qualquer bem, móvel ou imóvel, material ou imaterial".

Por mais elástica que seja a interpretação do termo "atividade", ela não pode resultar no mesmo significado do termo "produto". Afinal, as palavras contêm um núcleo semântico intransponível até mes-

13. Confira-se: TJSP, AC n. 244.747-4/3-00, rel. Juiz Maury Bottesini, j. 6.5.2005.

14. "Pelo vício de segurança, o comerciante passa a ser responsabilizado não apenas *subsidiariamente* como estabelece o art. 13 do CDC, mas *solidariamente*, porque sua atividade pode ser interpretada como criadora de risco (art. 927, *caput*), na medida em que coloca produto em circulação (art. 931 do CC/02)" (Jorge Alberto Quadros de Carvalho Silva, "Responsabilidade objetiva: o Código Civil de 2002 e o Código de Defesa do Consumidor", in *Revista de Direito do Consumido* 53/75).

15. Sérgio Cavalieri Filho, "Responsabilidade pelo fato do serviço no Código Civil e no Código de Defesa do Consumidor", in Adalberto Pasqualoto e Roberto A. C. Pfeifer, *Código de Defesa do Consumidor e o Código Civil de 2002:...*, cit., p. 210.

mo pela interpretação extensiva.[16] Inexistente o consenso mínimo sobre o significado dos termos, a comunicação falada e escrita seria impossível.

Carlos Roberto Gonçalves, discorrendo sobre a diferença existente entre a responsabilidade originada da atividade e dos produtos, leciona que: "Assim, na conceituação de atividade perigosa ingressam como meios hábeis, diferentes veículos máquinas, objetos e utensílios, mas tomados em um sentido dinâmico – postos em ação, como meios hábeis, nas mãos do homem – diferente, portanto, do cunho estático dos bens que se incluem na responsabilidade pelo fato coisas, não havendo necessidade pois, sequer, da técnica da presunção de culpa para a caracterização da responsabilidade".[17]

Nesse mesmo sentido, é a lição de José Fernando Simão: "Podemos dizer, sem sombras de dúvidas, que o parágrafo único do art. 927 não comporta uma interpretação mais abrangente. Portanto, pouco importa se o produto produzido pela fábrica é perigoso (...). A produção é que deverá ser perigosa em si e não o produto dela resultante. (...) O risco não é do produto, mas da atividade. Atividades que normalmente desenvolvidas podem causar riscos (exemplo de uma siderúrgica cujas caldeiras podem explodir) não produzem necessariamente produtos viciados (com defeitos ocultos que lhe diminuam a utilidade). Não há correlação entre o risco da atividade e o fato de um produto ser ou não defeituoso".[18]

Também o Tribunal de Justiça do Estado de Minas Gerais, ao decidir caso em que se discutia a responsabilidade por danos supostamente oriundos do consumo de cigarros, pontuou a distinção entre as normas aplicadas na regência de casos relativos a produtos de riscos e aqueles referentes a atividades de risco. Confira-se:

"*Ementa*: Ação de indenização – Dano causado pelo uso de cigarros – Prescrição qüinqüenal - CDC – Ausência de defeito ou erro na fabricação **DO PRODUTO** – Inversão **DO** ônus da prova – Requisitos – Ato ilícito e nexo de causalidade não demonstrados – Publicidade – Regulamentação – Exercício regular **DO** direito. (...) Destarte, mesmo que se aplicasse ao caso em espeque a teoria do risco, e, consequentemente a responsabilidade objetiva da requerida, o que, a meu sentir, não se adéqua à hipótese dos autos, uma vez que os malefícios causados pelo cigarro são inerentes à natureza do produto e não à atividade da empresa, improcedente seria o pedido exordial, eis que ausentes tanto o ato ilícito quanto o nexo de causalidade entre a conduta da ré e a doença que acomete o autor."[19]

É de se destacar que o Código de Defesa do Consumidor também se vale do conceito de atividade para imputar a responsabilidade objetiva ao fornecedor de serviços pelos defeitos que estes apresentem, impedindo a confusão entre produto e atividade. O art. 14, *caput*, do Código estabelece que: "O fornecedor de serviços responde, independentemente da existência de culpa, pela reparação dos danos causados aos consumidores por defeitos relativos à prestação dos serviços, bem como por informações insuficientes ou inadequadas sobre sua fruição e riscos".

O art. 2º, § 2º, do Código de Defesa do Consumidor, por sua vez, conceitua ser-

16. Como adverte Eros Roberto Grau: "[a] abertura dos textos de direito, embora suficiente para permitir que o direito permaneça ao serviço da realidade, não é absoluta. Qualquer intérprete estará, sempre, permanentemente por eles atado, retido. Do rompimento dessa retenção pelo intérprete autêntico resultará a subversão do texto" (Eros Roberto Grau, *Ensaio e Discurso sobre a Interpretação/Aplicação do Direito*, p. 187).

17. Antonio Junqueira de Azevedo (coord.). *Comentários ao Código Civil*, vol. 11, p. 316.

18. José Fernando Simão, *Vícios do Produto no Novo Código Civil e no Código de Defesa do Consumidor*, pp.168-169.

19. TJMG, AC n. 2.0000.00.438606-1/000 (1), rel. Desembargadora Teresa Cristina da Cunha Peixoto, j. 27.4.2005.

viço como sendo "qualquer atividade fornecida no mercado de consumo, mediante remuneração, inclusive as de natureza bancária, financeira, de crédito e securitária, salvo as decorrentes das relações de caráter trabalhista".

Sendo assim, ainda que se admitisse uma inconveniente sobreposição normativa e se aplicasse o art. 927 do Código Civil na disciplina de relação de consumo, o dispositivo nunca poderia disciplinar responsabilidade sobre o produto.

Os casos envolvendo responsabilidade por fato de produto necessariamente devem ser relegados à disciplina do art. 12 do Código de Defesa do Consumidor.[20]

Feitas essas considerações, é de se ressaltar que as normas de responsabilidade objetiva do Código Civil não instituíram hipóteses de responsabilização objetiva mais severas do que as normas previstas no próprio Código de Defesa do Consumidor.

Aceitar-se isto equivaleria a afirmar que o primeiro derrogou o segundo e, de quebra, que criou normas gerais de responsabilidade objetiva por risco integral. Fundar tal entendimento na simples ausência de previsão sobre necessidade de defeito na atividade ou no produto ou, ainda, de excludentes de responsabilidade nas normas gerais tal como há nas normas específicas de consumo é interpretação apressada dos arts. 927, parágrafo único, e 931, do Código Civil, que desconsidera a coerência sistemática do ordenamento jurídico e a própria axiologia e teleologia do Código Civil e Código de Defesa do Consumidor.

Além disto, se levada ao extremo, essa interpretação permitiria afirmar, por exemplo, que um fabricante de automóveis seria responsável por todo e qualquer acidente relacionado com a utilização de seu produto, mesmo o tendo entregado ao consumidor em perfeitas condições de uso. Ou, então, que o fabricante de determinado produto alimentício pudesse ser responsabilizado pelos danos causados pelo consumo de seu produto fora do prazo de validade, mesmo quando o consumidor, ciente desse fato, deliberadamente tenha escolhido fazê-lo. Ou, ainda, que um fabricante de facas de cozinha seria responsável pelos cortes decorrentes da má utilização de seu produto, mesmo quando este não apresentasse nenhuma irregularidade. Tais exemplos, embora ilustrem de forma exagerada a proposição acima, reforçam a idéia de que não foi essa a intenção do Código Civil, como se verá.

4.2 O Código Civil não instituiu cláusulas gerais de responsabilidade objetiva por risco integral: uma interpretação sistemática, axiológica e teleológica das normas em questão

Em primeiro lugar, é necessário delimitar o significado de "responsabilidade por risco integral", pois, como adverte Erik F. Gramstrup, há certa indeterminação conceitual em sua utilização.[21] A responsabilidade por risco integral deve ser entendida como aquela em que não se admite qualquer hipótese de excludente de responsabilidade.

No sistema da responsabilidade objetiva, isto significa a ausência da perquirição sobre causalidade, bastando somente que exista alguma conexão empírica entre o dano existente e um fato para que a responsabilidade possa ser imputada àquele que o produziu. O responsável não poderá valer-se, portanto, de qualquer escusa para afastar sua responsabilidade.[22]

20. "Art. 12. O fabricante, o produtor, o construtor, nacional ou estrangeiro, e o importador respondem, independentemente da existência de culpa, pela reparação dos danos causados aos consumidores por defeitos decorrentes de projeto, fabricação, construção, montagem, fórmulas, manipulação, apresentação ou acondicionamento de seus produtos, bem como por informações insuficientes ou inadequadas sobre sua utilização e riscos."

21. Erik Frederico Gramstrup, "Responsabilidade objetiva...", cit., pp. 132-133 e 136.

22. Ibidem, p. 136.

Feita essa ressalva, é proveitosa a comparação entre o Código Civil com outros diplomas legislativos em que a responsabilidade civil objetiva é regra, a fim de verificar se é possível afirmar que a responsabilidade por risco integral foi incorporada ao ordenamento jurídico brasileiro.[23]

Veja-se, por exemplo, a Lei 6.453/1977, que regulamenta os casos de danos ocasionados por atividades nucleares. O sistema de responsabilidade objetiva criado por essa lei é citado por diversos doutrinadores[24] como sendo um caso típico de responsabilidade por risco integral.

Essa lei prevê, no entanto, duas hipóteses de exoneração da responsabilidade do operador de atividades nucleares nos arts. 6º e 8º, respectivamente.[25] A primeira dispõe que, tratando-se de dano resultante de culpa exclusiva da vítima, o operador será exonerado, em relação exclusivamente a ela, da obrigação de indenizar. A segunda exclui a responsabilidade do operador nos casos de danos por "acidente nuclear causado diretamente por conflito armado, hostilidades, guerra civil, insurreição ou excepcional fato da natureza".

Argumenta-se que tais excludentes de responsabilidade não teriam sido recepcionadas pela Constituição Federal, em decorrência do que dispõe no art. 21, inc. XXIII, alínea *d*.[26] A Constituição, no entanto, trata apenas da desnecessidade de aferição de culpa, nada dispondo sobre a questão do nexo causal, cuja presença é justamente afastada na ocorrência de uma daquelas hipóteses descritas.[27]

Já no sistema de proteção ao meio ambiente, instituído pela Lei 6.938/1981, a identificação de hipóteses de excludentes de responsabilidade é muito mais complexa. A lei não mencionou expressamente qualquer escusa de que se possa valer aquele que exerce atividade potencialmente poluidora. Porém, como analisa Erik F. Gramstrup,[28] a lei expressamente exige

23. Ao discorrer sobre a vantagem comparativa para se delimitar o âmbito de aplicação do parágrafo único do art. 927 do Código Civil, Erik Frederico Gramstrup preleciona que: "[o] que nos levou a meditá-la foi a consideração de que talvez seja possível organizar e sistematizar, *grosso modo*, as várias espécies de responsabilidade civil sem culpa, em torno da novel cláusula geral do Código Civil em matéria de atividades perigosas. (...) Como já dissemos, do ponto de vista do aplicador do sistema, esses casos – ou pelo menos os previstos em leis especiais – são valiosos porque exemplificam o que o legislador já convencionou como periculosidade, o que auxiliaria na determinação da cláusula geral de risco" (ibidem, pp. 125 e 132).

24. V., nesse sentido, Gustavo Rene Nicolau, "Efetiva aplicação da teoria do risco no Código Civil de 2002", in Jones Figueiredo Alves e Mário Luiz Delgado (coords.), *Novo Código Civil:...*, cit., vol. 5, p. 228 e Sergio Cavalieri Filho, *Programa de Responsabilidade Civil*, p.164.

25. "Art. 6º. Uma vez provado haver o dano resultado exclusivamente de culpa da vítima, o operador será exonerado, apenas em relação a ela, da obrigação de indenizar."

"Art. 8º. O operador não responde pela reparação do dano resultante de acidente nuclear causado diretamente por conflito armado, hostilidades, guerra civil, insurreição ou excepcional fato da natureza."

26. Nesse sentido v. Teresa Ancona Lopez, *Nexo Causal ...*, cit., pp. 40-41. Confira-se o texto do art. 21 da Constituição Federal: "(...). XXIII – explorar os serviços e instalações nucleares de qualquer natureza e exercer monopólio estatal sobre a pesquisa, a lavra, o enriquecimento e reprocessamento, a industrialização e o comércio de minérios nucleares e seus derivados, atendidos os seguintes princípios e condições: (...); *d) a responsabilidade civil por danos nucleares independe da existência de culpa*" (ênfase acrescentada).

27. A prevalência, durante séculos, da responsabilidade civil subjetiva em nosso sistema jurídico, pela qual a "culpa", em sentido *lato*, era um pressuposto indispensável para o surgimento do dever de indenizar levou à sedimentação de alguns equívocos. Dentre esses está a associação da ocorrência de excludentes da responsabilidade, tais como o cosa fortuito, a força maior, o fato de terceiro ou da própria vítima (culpa exclusiva da vítima) com a exclusão da culpa do agente. A verdade é que, embora possa haver casos em que coincidam a inexistência de culpa concorrentemente com uma das excludentes arroladas, tais excludentes operam na verdade sobre o nexo causal, que se trata de outro pressuposto da responsabilidade civil (cf. Fernando Noronha, *Direito das Obrigações*, vol. 1, pp. 618-637).

28. Erik Frederico Gramstrup, "Responsabilidade objetiva...", cit., p. 133.

que os danos estejam ligados à atividade do responsável. Sendo possível, ainda, acrescentar que a lei dispensou a exigência de culpa para responsabilização do poluidor,[29] mas nada dispôs sobre a inexigibilidade de nexo de causal.

Sendo assim, pode-se concluir com Erik F. Gramstrup que também na Lei 6.938/1981 há a possibilidade de se reconhecer o fato exclusivo da vítima e o fortuito externo, isto é, aquele evento que não guarda relação com a atividade exercida, como excludentes da causalidade e consequentemente da responsabilidade civil objetiva.[30]

Portanto, tem-se que mesmo nas legislações especiais voltadas à regulação de determinadas atividades, cujos riscos superam em muito os gerados por atividades ordinárias não foi adotada a responsabilidade civil por risco integral, sendo admitidas hipóteses excludentes de responsabilidade, notadamente pelo rompimento do nexo causal.

Mais importante, entretanto, é a análise da responsabilidade civil objetiva no Código de Defesa do Consumidor. Esse Código disciplina, nos arts. 12 e 14, respectivamente, a responsabilidade do fornecedor de produtos ou serviços por danos ocasionados aos consumidores ou equiparados.

Em qualquer das hipóteses é exigido que o produto ou serviço apresentem defeito, isto é, que não possuam a segurança deles legitimamente esperada, considerando as informações necessárias sobre os riscos em seu uso e fornecimento, a época em que foram colocados em circulação ou fornecidos e o resultado deles esperado. Isto se aplica, também, aos casos em que o consumidor, possuindo todas as informações necessárias sobre os riscos envolvidos na utilização de um produto ou serviço, dele escolha fazer uso, vindo a experimentar um dano.[31]

Exige-se, ainda, que o dano decorra diretamente do defeito verificado no serviço ou no produto, não se verificando quando a conduta da vítima ou de um terceiro foi o determinante para sua ocorrência. Por fim, a responsabilidade do fornecedor restará afastada se esse demonstrar que não colocou o produto ou prestou o serviço no mercado de consumo. Nesse sentido, confira-se o que dispõem os respectivos parágrafos terceiros dos arts. 12 e 14 do Código de Defesa do Consumidor:

"Art. 12. (...).

"§ 3º. O fabricante, o construtor, o produtor ou importador só não será responsabilizado quando provar:

"I – que não colocou o produto no mercado;

"II – que, embora haja colocado o produto no mercado, o defeito inexiste;

"III – a culpa exclusiva do consumidor ou de terceiro.

"Art. 14. (...).

"§ 3º. O fornecedor de serviços só não será responsabilizado quando provar:

"I – que, tendo prestado o serviço, o defeito inexiste;

"II – a culpa exclusiva do consumidor ou de terceiro."

No que toca à atuação das figuras do caso fortuito e da força maior como exclu-

29. V. art. 14, § 4º, da Lei 6.938/1981.

30. Erik Frederico Gramstrup, "Responsabilidade objetiva...", cit., p. 133.

31. O simples fato de ser inseguro não torna necessariamente defeituoso um produto ou serviço. Para tanto, como visto, é preciso que essa insegurança extrapole a legítima expectativa do consumidor. Nesse sentido é a lição de Eduardo Gabriel Saad: "Equivoca-se e afasta-se da realidade quem acredita que, pelo Código, o consumidor irá ficar completamente protegido contra quaisquer riscos derivados do uso de qualquer produto. O objetivo é mais limitado. Restringe-se a garantir que os riscos se conservem no limite do razoável. Configura-se o vício de qualidade por insegurança quando inexiste a compatibilidade da expectativa razoável do consumidor de não sofrer riscos no uso do produto ou serviço que contratou" (Eduardo Gabriel Saad, *Comentários ao Código de Defesa do Consumidor*, p. 111).

dentes de responsabilidade na relação de consumo, conquanto o Código de Defesa do Consumidor não as tenha expressamente previsto, sua aplicação têm sido aceita pela doutrina. Confira-se a lição de Sergio Cavalieri nesse sentido:

"O caso fortuito e a força maior, por não terem sido inseridos no rol das excludentes de responsabilidade do fornecedor, são afastados por alguns autores. Entretanto, essa é uma maneira muito simplista de resolver o problema, como o é, também, aquela de dizer que o caso fortuito e a força maior excluem a responsabilidade do fornecedor porque a regra é tradicional no nosso Direito. (...) Em conclusão: o fortuito externo, em nosso entender verdadeira força maior, não guarda relação alguma com o produto, nem com o serviço, sendo, pois, imperioso admiti-lo como excludente da responsabilidade do fornecedor, sob pena de lhe impor uma responsabilidade objetiva fundada no risco integral, da qual o Código não cogitou."[32]

Pela interpretação sistemática, parece ser indefensável a tese de que, pelo simples fato do art. 927, parágrafo único, e art. 931, do Código Civil, não terem previsto expressamente hipóteses de excludentes de responsabilidade ou exigido a existência de defeito, isto não possa ser invocadas para exonerar a responsabilidade do fornecedor.

Pois, como ensina Miguel Reale, na "Exposição de Motivos do Anteprojeto de Código Civil", este não veio a lume com a intenção de revolucionar o ordenamento jurídico, mas de adotar como base as soluções já sedimentadas na doutrina e jurisprudência, deixando a cargo da legislação especial versar sobre os casos em que ainda existam dúvidas. Confira-se, nesse sentido: "i) Não dar guarida no Código senão aos institutos e soluções normativas já dotados de certa sedimentação e estabilidade, deixando para a *legislação aditiva* a disciplina de questões ainda objeto de fortes dúvidas e contrastes, em virtude de mutações sociais em curso, ou na dependência de mais claras colocações doutrinárias, ou ainda quando fossem previsíveis alterações sucessivas para adaptações da lei à experiência social e econômica".[33]

No caso específico da responsabilidade envolvendo relações de consumo, esse entendimento é reforçado pela interpretação axiológica e a teleológica de ambos os Códigos, Civil e de Defesa do Consumidor.

O Código de Defesa do Consumidor parte do pressuposto de que a relação de consumo é desigual. O Código Civil não pressupõe a vulnerabilidade ou a assimetria relacional como intrínsecas às partes. Essa vulnerabilidade ou assimetria é, antes, prevista pontualmente apenas em algumas situações, como, por exemplo, nas figuras do estado de perigo,[34] da lesão[35] e do contrato de adesão.[36]

O Código Civil é, pois, voltado às relações entre iguais, às relações empresariais, não tendo sequer previsto a figura do consumidor ou do fornecedor, nos moldes feitos pelo Código de Defesa do Consumidor.[37]

32. Sergio Cavalieri Filho, *Programa de Responsabilidade...*, cit., p. 515.

33. Nelson Nery Jr. e Rosa Maria de Andrade Nery, *Código Civil Comentado*, p. 141.

34. Código Civil, art. 156.

35. Código Civil, art. 157.

36. Código Civil, arts. 423 e 424.

37. Discorrendo sobre as diferenças axiológicas entre o Código Civil e o Código de Defesa do Consumidor, Humberto Theodoro Jr. afirma: "O regime geral do Código Civil não pode ser absorvido pela ideologia do Código de Defesa do Consumidor, porque nas relações privadas de que se ocupa aquele é inadmissível aceitarem-se as premissas que justificariam as normas excepcionais do último. Com efeito, o CDC, ao contrário do Código Civil, vem impregnado de caráter de ordem pública, porque se destina a tutelar um seguimento da ordem econômica qualificado pela hipossuficiência. Já o Código Civil, como fundamento, adota, no campo econômico, a autonomia e igualdade dos agentes, que somente devem ser questionadas quando concretamente afetadas." (Humberto Theodoro Jr., *Direitos do Consumidor*, p. 283).

Portanto, as interpretações sistemática, teleológica e axiológica das normas gerais de responsabilidade objetiva do Código Civil permitem concluir que estas não estabeleceram a "responsabilidade por risco integral", superando as normas específicas do Código de Defesa do Consumidor na tutela do consumidor, cuja teleologia é justamente a proteção desse sujeito tido como vulnerável. Esse entendimento encontra guarida na doutrina jurídica:

"O CDC, em seu art. 12, declara, de forma inequívoca, a responsabilidade objetiva dos fornecedores por danos derivados de produtos defeituosos. Já a redação do art. 931 do CC, referindo-se à responsabilidade pelos 'danos causados pelos produtos', não prima pela melhor técnica. (...) O CC também não estabeleceu expressamente qualquer excludente de responsabilidade, o que poderia sugerir que a teoria do risco integral foi adotada no caso de fornecimento de produtos. Tal opção seria de todo inconveniente colidindo com a técnica empregada, nas relações de consumo, pelo art. 12, § 3º, do CDC. Daí a necessidade de se interpretar o conceito associado às excludentes à ausência dos elementos indispensáveis à deflagração do dever de reparar (atividade, dano, nexo causal)."[38]

"Mas, pese embora sua omissão a propósito [defeito de segurança do produto], o que poderia gerar algum conflito, não se entende que o Código Civil, se afinal não adotou a teoria do risco integral, como já se explicitou no comentário ao art. 927, a que ora se remete o leitor, dispense a mesma verificação do defeito do produto, o que levaria, em indesejável contradição sistemática, como se o ordenamento não fosse uno, à admissão de uma responsabilidade mais rigorosa, e em lei incidente na relação entre iguais, que a da legislação do consumidor, a qual, não se pode olvidar, é subjetivamente especial porque, justamente, é protetiva de indivíduo presumidamente vulnerável. Cuida-se, então, do mesmo risco inerente à colocação no mercado de consumo de produto com periculosidade adquirida, por causa de defeito de segurança que passa a apresentar, quer ocorrido no processo de sua criação ou de sua produção, quer na correspondente informação."[39]

"Por força da cláusula geral do Código Civil (art. 927, parágrafo único), o responsável é o titular de qualquer atividade considerada perigosa a juízo da comunidade, assim reconhecido pela jurisprudência em seu papel criador do direito. Não há razão para desprezar as eximentes de causalidade comuns aos casos da legislação especial. Percebe-se que a relação do macrossistema com os microssistemas é a de gênero/espécie. Estes ilustram casos concretos de perigo para bens individuais e difusos. A cláusula do art. 927 do CC é uma norma de encerramento (como dizem os italianos, *norma di chiusura*), que permite ir além sem a necessidade de intervenção casuística do legislador."[40]

Também nesse sentido é o Enunciado 190 proferido na *Jornada de Direito Civil III*, que estabelece que "[a] regra do art. 931 do novo CC não afasta as normas acerca da responsabilidade pelo fato do produto previstas no art. 12 do CDC, que continuam mais favoráveis ao consumidor lesado".

5. *Conclusão*

O ordenamento jurídico nacional, com alguma reserva quanto à legislação ambiental, não adotou a responsabilidade objetiva por risco integral. Isto se dá mesmo nos casos de atividades que represen-

38. Heloisa Helena Barboza, Maria Celina Bodin de Moraes e Gustavo Tepedino, *Código Civil Interpretado: Conforme a Constituição da República*, vol. 2, p. 826.

39. Cezar Peluso (coord.), *Código Civil Comentado*, p. 773.

40. Erik Frederico Gramstrup, "Responsabilidade objetiva...", cit., p. 137.

tam notório risco para a sociedade, tal como a atividade nuclear, na qual a responsabilidade é agravada, mas mesmo assim admite hipóteses de exoneração de responsabilidade, principalmente pelo rompimento do nexo causal com dano ocorrido.

O próprio Código de Defesa do Consumidor, cuja finalidade é voltada para resguardar o consumidor vulnerável, previu hipóteses específicas de excludentes da responsabilidade objetiva, exigindo não somente a presença de defeito do produto ou serviço, mas também que o dano experimentado pelo consumidor, ou sujeito a ele equiparado, não seja de sua exclusiva responsabilidade ou de terceiro.

Sob essa perspectiva, não é razoável pretender que o Código Civil tenha criado hipóteses mais severas de responsabilidade civil objetiva do que as já previstas pela legislação especial, especialmente pelo Código de Defesa do Consumidor, uma vez que se trata de Código voltado a regular situações entre partes, sem pretender revolucionar o sistema jurídico, como já visto.

Conclui-se, portanto, que o máximo de proteção que se pode atribuir às regras gerais de responsabilidade objetiva do art. 927, parágrafo único, e 931, do Código Civil, será, quando muito, idêntica àquela já prevista pelos arts. 14 e 12, respectivamente, do Código de Defesa do Consumidor, nunca além. Sendo assim, ainda que se aceite a interpretação extensiva do art. 7º do Código de Defesa do Consumidor, é incorreto supor que o Código Civil revogou as citadas disposições especiais.

Dessa forma, parece-nos incorreta e desnecessária a aplicação isolada ou cumulada das referidas normas gerais para disciplinar a responsabilidade objetiva nas relações de consumo, devendo tais normas ser aplicadas somente às hipóteses que já não estejam reguladas por legislação especial, tal como expressamente disposto em suas hipóteses normativas.

Bibliografia

AZEVEDO, Antonio Junqueira de. *Estudos e Pareces de Direito Privado*. São Paulo: Saraiva, 2004.

______ (coord.). *Comentários ao Código Civil*. vol. 11. São Paulo: Saraiva, 2003.

BARBOZA, Heloisa Helena; MORAES, Maria Celina Bodin de; e TEPEDINO, Gustavo. *Código Civil Interpretado: Conforme a Constituição da República*. vol. 2. Rio de Janeiro: Renovar, 2006.

BENJAMIN, Antônio Herman V.; BESSA, Leonardo Roscoe; e MARQUES, Cláudia Lima. *Manual de Direito do Consumidor*. São Paulo: Ed. RT, 2007.

CAVALIERI FILHO, Sérgio. "Responsabilidade pelo fato do serviço no Código Civil e no Código de Defesa do Consumidor", in PASQUALOTO, Adalberto; e PFEIFER, Roberto A. C. *Código de Defesa do Consumidor e o Código Civil de 2002: Convergências e Assimetrias*. São Paulo: Ed. RT, 2005.

______. *Programa de Responsabilidade Civil*. São Paulo: Malheiros Editores, 2005.

CHINELATO, Silmara Juny. "Tendências da responsabilidade civil no direito contemporâneo: reflexos no Código de 2002", in ALVES, Jones Figueiredo; e DELGADO, Mário Luiz (coords.). *Novo Código Civil: Questões Controvertidas*. vol. 5. São Paulo: Método, 2006.

FERRAZ JR., Tércio Sampaio. *Introdução ao Estudo do Direito: Técnica, Decisão, Dominação*. São Paulo: Atlas, 2001.

GRAMSTRUP, Erik Frederico. "Responsabilidade objetiva na cláusula geral e nos microssistemas", in ALVES, Jones Figueiredo; e DELGADO, Mário Luiz (coords.). *Novo Código Civil: Questões Controvertidas*. vol. 5. São Paulo: Método, 2006.

GRAU, Eros Roberto. *Ensaio e Discurso sobre a Interpretação/Aplicação do Direito*. São Paulo: Malheiros Editores, 2002.

GRINOVER, Ada Pellegrini (*et al.*). *Código Brasileiro de Defesa do Consumidor: Comentado pelos Autores do Anteprojeto*. Rio de Janeiro: Forense, 2004.

HIRONAKA, Giselda Maria F. Novaes. *Responsabilidade Pressuposta*. Belo Horizonte: Del Rey, 2005.

LOPES, José Reinaldo de Lima. "Direito civil e direito do consumidor – Princípios", in PASQUALOTO, Adalberto; e PFEIFER, Roberto A. C. *Código de Defesa do Consumidor e o Código Civil de 2002: Convergências e Assimetrias*. São Paulo: Ed. RT, 2005.

LOPEZ, Teresa Ancona. *Nexo Causal e Produtos Potencialmente Nocivos: a Experiência Brasileira do Tabaco*. São Paulo: Quartier Latin, 2008.

MARQUES, Claudia Lima. "Superação das antinomias pelo diálogo das fontes: o modelo brasileiro de coexistência entre o Código de Defesa do Consumidor e o Código Civil de 2002", in *Revista de Direito do Consumidor* 51, 2004.

_______ "Três tipos de diálogos entre o Código de Defesa do Consumidor e o Código Civil de 2002: superação das antinomias pelo 'diálogo das fontes'", in PASQUALOTO, Adalberto; e PFEIFER, Roberto A. C. *Código de Defesa do Consumidor e o Código Civil de 2002: Convergências e Assimetrias*. São Paulo: Ed. RT, 2005.

MARTINS-COSTA, Judith. "O Direito Privado como um 'sistema em construção': as cláusulas gerais no Projeto de Código Civil brasileiro", in *Revista de Informação Legislativa* 35, 1998.

MAXIMILIANO, Carlos. *Hermenêutica e Aplicação do Direito*. Rio de Janeiro: Forense, 1979.

NERY JR., Nelson; e NERY, Rosa Maria de Andrade. *Código Civil Comentado*. São Paulo: Ed. RT, 2006.

NICOLAU, Gustavo Rene. "Efetiva aplicação da teoria do risco no Código Civil de 2002", in ALVES, Jones Figueiredo; e DELGADO, Mário Luiz (coords.). *Novo Código Civil: Questões Controvertidas*. vol. 5. São Paulo: Método, 2006.

NORONHA, Fernando. *Direito das Obrigações*. vol. 1. São Paulo: Saraiva, 2003.

PASQUALOTTO, Adalberto. "O Código de Defesa do Consumidor em face do Código Civil de 2002", in PASQUALOTTO, Adalberto; e PFEIFER, Roberto A. C. *Código de Defesa do Consumidor e o Código Civil de 2002: Convergências e Assimetrias*. São Paulo: Ed. RT, 2005.

PELUSO, Cezar (coord.). *Código Civil Comentado*. Barueri: Manole, 2007.

PERELMAN, Chaïm. *Lógica Jurídica*. São Paulo: Martins Fontes, 2000.

SAAD, Eduardo Gabriel. *Comentários ao Código de Defesa do Consumidor*. São Paulo: LTr, 1991.

SCHREIBER, Anderson. *Novos Paradigmas da Responsabilidade Civil: da Erosão dos Filtros da Reparação à Diluição dos Danos*. São Paulo: Atlas, 2007.

SILVA, Jorge Alberto Quadros de Carvalho. "Responsabilidade objetiva: o Código Civil de 2002 e o Código de Defesa do Consumidor", in *Revista de Direito do Consumidor* 53, 2005.

SIMÃO, José Fernando. *Vícios do Produto no Novo Código Civil e no Código de Defesa do Consumidor*. São Paulo: Atlas, 2003.

TEIXEIRA, Sálvio de Figueiredo (coord.) *Comentários ao Novo Código Civil: das Várias Espécies de Contratos, do Empréstimo, da Prestação de Serviço, da Empreitada, do Depósito*. Rio de Janeiro: Forense, 2008.

THEODORO JR., Humberto. *Direitos do Consumidor*. Rio de Janeiro: Forense, 2004.

A TEORIA DO INADIMPLEMENTO EFICIENTE (*EFFICIENT BREACH THEORY*) E OS CUSTOS DE TRANSAÇÃO*

José Inacio Ferraz de Almeida Prado Filho

I – Introdução. II – Custos de transação, um modelo canônico de distrato e o Teorema de "Coase". III – Teoria do inadimplemento eficiente: a mesma visão, uma outra catedral. IV – Incorporando os custos de transação "ex-ante". V – Situação atual do Direito brasileiro. VI – Conclusões.

I – Introdução

A primeira vez que a teoria econômica sugeriu a existência de uma quebra eficiente de contrato foi em 1970, em um artigo de Robert Birminghan;[1] sete anos mais tarde, o termo *theory of efficient breach* foi introduzido por Charles Goetz e Robert Scot[2] para batizar o novo campo. Em linhas gerais, essa teoria afirma que o inadimplemento de um contrato aumenta o bem-estar social se os benefícios que a quebra contratual garante ao devedor são maiores do que as perdas geradas para o credor.[3] Em outras palavras, se o custo para o devedor cumprir o contrato for maior do que o lucro a ser auferido pelo credor, então o cumprimento do contrato não será socialmente desejável.

Peter Linzer[4] ilustra o caso com o seguinte exemplo: Athos é dono de uma marcenaria capaz de assumir apenas um grande projeto por vez. Ele é contratado por Porthos para fabricar 100.000 cadeiras, a um preço unitário de $ 10; cumprir o contrato celebrado renderá a Athos um lucro de $ 2 por cadeira (ou um lucro total de $ 200.000). Antes de qualquer trabalho ser iniciado, Aramis demanda de Athos 50.000 mesas, aceitando pagar $ 40 por cada uma. Assumindo que o custo de produção da mesa é $ 25, a nova proposta renderá a Athos um lucro total de $ 750.000, mas para auferi-lo, ele deverá romper o contrato celebrado com Porthos. No local, há outras marcenarias capazes de produzir cadeiras (como a de D'Artagnan), mas a quebra contratual imporá a Porthos danos de $ 300.000 (por exemplo, atrasos nos prazos, preços mais altos cobrados por D'Artagnan

* Uma versão anterior deste trabalho foi apresentada na XI Conferência Anual da ALACDE, e publicada como *working paper* n. 050107-5 do *Berkeley Program in Law & Economics – Latin American and Caribbean Law and Economics Association (ALACDE) Annual Papers*, 2007.

1. "Breach of contract, damage measures, and economic efficiency", in *Rutgers Law Review* 24/273.

2. "Liquidated damages, penalties and the just compensation principle: some notes on an enforcement model and a theory of efficient breach", in *Columbia Law Review* 77/554.

3. Peter Linzer, "On the amorality of contract remedies – Efficiency, equity and the second restatement", in *Columbia Law Review* 81/111-139, n. 1, jan. 1981.

4. "On the amorality of contract remedies – Efficiency, equity and the second restatement", cit., pp. 114-115.

em face da urgência, danos morais etc...). Apesar de tais prejuízos, o inadimplemento é socialmente desejável porque Athos poderá indenizar todos os danos e ainda reter um lucro de $ 450.000.

Afirmar que a eficiência será privilegiada com a quebra de um contrato pode parecer uma proposição conflitante com teoria econômica, em especial, oposta à noção de que a garantia de um resultado eficiente passa pelo respeito aos contratos e aos direitos de propriedade. Entretanto, o conflito é apenas aparente: uma vez admitido que a racionalidade humana não é plena e ilimitada, fica claro que o processo de obtenção de informações para celebração de um contrato não consegue antecipar todas as contingências que as partes irão encontrar pela frente. Contratos são, assim, intrinsecamente incompletos, e eventos futuros podem transformar alguns deles em avenças ineficientes, cujo cumprimento acarretará destruição de recursos.

Essa necessidade de acomodar eventos futuros e incertos já fora percebida pelo Direito, que respondeu por meio da relativização da noção de *pacta sunt servanda*. É dessa forma que se admite, desde há muito tempo, a resolução dos contratos cujo cumprimento se tornou impossível por motivos de caso fortuito ou de força maior, sem que o devedor responda pelos prejuízos (art. 393, Código Civil). É também assim que surge a possibilidade de resolver contratos de execução continuada ou diferida quando acontecimentos imprevisíveis o tornarem excessivamente oneroso para uma das partes (arts. 478-480, Código Civil); ou então, a possibilidade de reajuste das prestações para manter o seu valor real, quando houver grande desproporção causada por motivos imprevisíveis (art. 317, Código Civil).

De outro lado, colocar a eficiência como objetivo do ordenamento jurídico pode levantar as suspeitas de alguns juristas. A leitura não deve ser apressada. A função do Direito é sempre o bem-estar da sociedade, que pode ser aferido, em linhas gerais, por dois vetores normativos: a eficiência e a eqüidade.[5] Esses dois vetores estarão presentes em todo o ordenamento jurídico, mas cada ramo do Direito terá um deles em posição preponderante. Assim é que questões de eficiência podem ter um papel normativo secundário na regulação do direito de família, ou dos sistemas de assistência social; de outro lado, seu papel será central no direito antitruste ou na regulação dos títulos de crédito.

No que respeita ao direito contratual, a eficiência deve ter um papel normativo central. Isso porque ninguém contrata pelo simples prazer de trocar declarações de vontade; todo contrato é celebrado tendo em vista a realização de uma função econômica.[6] A importância dessa função econômica para o estudo dos contratos foi defendida por diversos juristas e acabou tão bem aceita a ponto de alguns autores assimilarem a noção de *causa* no direito privado à função econômica típica do contrato em questão.[7] Tomar a *causa* como a função econômica permite-nos identificar o contrato e definir sua disciplina jurídica, funcionando como elemento de união entre os aspectos econômico e jurídico.[8] A partir dessa inter-relação entre Direito e Economia, parece bastante razoável analisar o fenômeno contratual tendo em vista o critério de eficiência como um vetor normativo preponderante.

5. Aqui, tenho em conta apenas a existência desses dois critérios distintos para análise de bem-estar. Dizer que entre eles haverá sempre e necessariamente uma relação de oposição é um passo adicional que me parece pouco claro e que, mesmo que verdadeiro, traz a lume um *trade-off* bastante complexo (cf., nesse sentido, Herbert Hovenkamp, "Positivism in Law & Economics", in *Califórnia Law Review* 78/848, n. 4).

6. Eros Grau, "Um novo paradigma dos contratos?", in *Revista Crítica Jurídica* 18/2.

7. Cf., nesse sentido, Emilio Betti, *Teoria Generale del Negozio Giuridico*, 2ª ed.; Renato Scognamiglio, *Contributo alla Teoria del Negozio Giuridico*.

8. Tullio Ascarelli, *Panorama do Direito Commercial*, pp. 62-64.

A conseqüência disso é que se deve buscar um direito contratual tão eficiente quanto possível, o que só ocorre quando as regras jurídicas criam incentivos que favoreçam tanto cumprimentos, quanto inadimplementos eficientes. Assim é que as discussões teóricas focaram os remédios disponíveis em caso de inadimplemento (em especial, indenização e *performance* específica), buscando identificar aquele capaz de levar a uma situação mais eficiente.

Argumentou-se que o remédio eficiente para quebras contratuais deve impor ao devedor uma indenização igual ao benefício que seria auferido pelo credor. Isso internalizaria na conduta do devedor os custos que a quebra contratual imporá ao credor, criando incentivos para inadimplir apenas os contratos ineficientes.[9] Com base nessas idéias, alguns autores defendem que a regra mais eficiente para regular inadimplementos contratuais é aquela que prescreve indenização pelos lucros esperados, garantindo ao devedor os incentivos para cumprir apenas os contratos eficientes.[10] Entretanto, esse raciocínio deixa de lado alguns elementos fundamentais, em especial, os custos de transação dos diversos remédios e o problema de como mensurar os lucros esperados para fixar a indenização devida.

II – Custos de transação, um modelo canônico de distrato e o Teorema de "Coase"

A formulação da teoria do inadimplemento eficiente apresentada na introdução deste artigo tem mais o intuito de apresentar o problema do que de delimitar uma moldura analítica adequada para tratá-lo. Isso porque ela apresenta a questão em um mundo livre de custos de transação.

Uma tal abordagem, batizada por Ian MacNeil[11] de *simple-efficient breach analisys*, desconsidera um ponto central: na ausência de custos de transação, as partes de um contrato ineficiente irão negociar até distratar voluntariamente o acordo, partilhando entre si o excedente. Em um mundo com custos de transação nulos, o problema simplesmente não existirá: os contratos eficientes serão cumpridos, ao mesmo tempo em que os pactos ineficientes serão distratados voluntariamente pelas próprias partes. Esse resultado se verificará independente da regra legal em vigor sobre o descumprimento dos contratos.

Em sua forma mais canônica, o distrato das avenças ineficientes seria ultimado por meio do pagamento, pelo devedor ao credor, de um valor ligeiramente superior aos lucros que este último auferiria com o contrato. Como tal lucro é menor do que o custo de cumprir o contrato, o devedor economizaria a diferença, de forma que ambas as partes estão melhores do que na situação anterior.[12]

A conclusão de que, em um mundo sem custos de transação, contratos ineficientes serão sempre distratados, não passa de uma aplicação do Teorema de "Coase". As aspas se devem ao fato de esta formulação do teorema (*i.e.*, na ausência de custos de transação, a alocação inicial dos direitos

9. Admita que os custos para um devedor cumprir o contrato sejam C, e que os benefícios auferidos pelo credor sejam B. A eficiência exige inadimplemento se, e somente se, $C > B$; e cumprimento se, e somente se, $C < B$. Note que isso de fato ocorrerá se a indenização I que o devedor tiver que suportar for igual a B. Assim, haverá inadimplemento se $C > B = I$, e haverá cumprimento se $C < B = I$.

10. Richard Posner, *Economic Analysis of Law*, 6ª ed., pp. 120-122.

11. "Efficient breach of contract: circles in the sky", in *Virginia Law Review* 68/949-950, n. 5.

12. Em termos formais: admita-se um contrato simplificado onde existe apenas uma prestação p. Admita-se ainda que o credor dessa prestação auferiria o lucro $\pi(p)$ com o cumprimento do contrato, e que o devedor deve incorrer em custos da ordem de $c(-p)$ para executar sua obrigação. Se $\pi(p) < c(-p)$, então o contrato é ineficiente e existe uma mudança Pareto-superior tal que o devedor paga $\pi(p) + \epsilon$ para o credor, economizando $c(-p) - (\pi(p) + \epsilon)$. No final, ambas as partes estão melhores do que se o contrato tivesse sido cumprido.

de propriedade é irrelevante), de resto a mais conhecida, foi na verdade vocalizada por George Stigler,[13] e infelizmente, coloca em evidência o ponto errado.

Como Deidre McCloskey[14] ressaltou, os economistas compreenderam errado o Teorema de Coase (agora sem aspas, para denotar que se trata da posição do próprio Coase); mais precisamente, entenderam-no exatamente ao contrário. Ao escrever o trabalho que deu origem ao teorema, Ronald Coase procurou chamar atenção justamente para o fato de que os custos de transação *não são nulos*, e que a alocação original dos direitos de propriedade *não é irrelevante*.[15] Uma prova mais eloqüente da genialidade de Coase pode ser vista na análise da teoria da *efficient breach*.

Assumir um mundo sem custos de transação implica que o problema não existirá, de maneira que a única abordagem teórica restante é identificar como será distribuído o excedente gerado pelo distrato do contrato ineficiente. Trata-se, evidentemente, de uma abordagem válida, mas que serve para responder a uma outra pergunta, qual seja, de como duas pessoas distribuirão entre si um bem divisível.[16] Se o problema a ser tratado é a análise de relações contratuais ineficientes e de como o Direito deve tratá-las, deveremos necessariamente trabalhar com a hipótese de custos de transação positivos. E são justamente os custos de transação que guardam a solução do problema.

III – Teoria do inadimplemento eficiente: a mesma visão, uma outra catedral

A importância dos custos de transação para o direito contratual não foi negligenciada por todos; é dentro do contexto de custos de transação positivos que Ian MacNeil acusa a *simple-efficient breach analisys* de falaciosa. Por trás dela, afirma, há a pressuposição de que atribuir ao devedor um direito à indenização pelo contrato descumprido seria uma regra mais apta para impedir a execução de contratos ineficientes do que uma outra regra, que atribua ao devedor direito de *performance* específica. Retomando a idéia de que os custos de transação são relevantes, Ian MacNeil conclui, corretamente, que os impactos de eficiência que essas regras sobre descumprimento contratual apresentam não depende da sua natureza, mas sim dos *custos de transação relativos* de cada uma das alternativas.[17]

A moldura teórica básica para analisar a adequação de remédios jurídicos foi estabelecida de forma brilhante por Guido

13. *The Theory of Price*, 3ª ed. A rigor, a proposição de Stigler já era conhecida desde Adam Smith, e se encontra explícita em Francis Ysidro Edgeworth (*Mathematical Psychics: an Essay on the Application of Mathematics to the Moral Sciences*, p. 114) e Kenneth Arrow e Gérard Debreu ("Existence of an equilibrium for a competitive economy", in *Econometrica* 22/265-290, n. 3). Trata-se da noção de que, em uma economia competitiva, os recursos gravitariam na direção daqueles que mais os valorizem; em outras palavras, de que todo equilíbrio competitivo é Pareto ótimo (Primeiro Teorema de Bem-Estar).

14. "Other things equal: the so-called Coase theorem", in *Eastern Economic Journal* 24/367, n. 3.

15. Ronald Coase, *The Firm, the Market and the Law*, pp. 13-15.

16. Uma forma de resolver esse problema foi elaborada por John Nash em sua *solução de barganha*. A partir de um jogo simples, denominado jogo de barganha (duas pessoas devem distribuir entre si um valor predeterminado), Nash apresenta a seguinte solução: em equilíbrio, os valores retidos por cada parte serão conseqüência do seu poder relativo (ou seja, o jogador mais forte recebe maior parcela do excedente) mas também do quanto os jogadores recebem em caso de desistência do jogo, o chamado "*pay-offs* de desacordo" (quanto maior o *pay-off* de desacordo, maior o excedente recebido pelo jogador, já que uma oferta que lhe dê menos do que desistir do jogo não será aceita) (cf., "The bargaining problem", in *Econometrica* 18, n. 2).

17. Ian MacNeil, "Efficient breach of contract: circles in the sky", cit., pp. 951-952, 955-956 (nas próprias palavras do autor: "The relative efficiency of the result is measured exactly by the transaction costs of the particular rules, not by the substance of the rules", idem, p. 955).

Calabresi e Douglas Melamed,[18] que ofereceram uma abordagem integrada para definir qual o remédio jurídico eficiente na proteção de *posições jurídicas* e na solução de problemas relativos aos usos incompatíveis de direitos. Calabresi e Melamed sugerem que as posições jurídicas atribuídas pela ordem jurídica aos particulares podem ser protegidas de duas formas diferentes: a primeira delas, intitulada pelos autores *property rules*, significa uma proteção plena da atribuição original, garantindo o seu titular contra qualquer violação por parte de terceiros; a segunda, nomeada *liability rules*, permite que a posição jurídica seja violada, mas garante à parte inocente o direito de ser indenizada pela violação.

Determinar o remédio mais adequado para proteger cada uma das posições jurídicas criadas e atribuídas pela ordem jurídica é uma decisão que deverá ser tomada com base nos custos de transação pertinentes. Quando os custos de transação forem baixos, o melhor remédio será uma *property rule*. Essa regra garantirá a proteção dos direitos em questão, relegando ao mercado a tarefa de levá-los até as pessoas que mais os valorizem, caso a alocação inicial não seja ótima. Quando custos de transação forem muito altos, a atribuição original poderá não ser facilmente modificada por meio de trocas voluntárias. Para impedir a permanência de uma alocação original ineficiente, a regra ideal de proteção das posições jurídicas é uma *liability rule*; ela protegerá os titulares dos direitos sem impedir modificações Pareto superiores. Os tribunais funcionariam como uma instância supervisora de transações, e teriam o papel de, ao fixar a indenização devida, determinar uma espécie de *preço social* pela posição jurídica controvertida.

A moldura teórica proposta por Calabresi e Melamed parece muito mais adequada para tratar o problema das quebras contratuais do que a *simple-efficient breach analisys*. Partindo das idéias de Calabresi e Melamed, Thomas Ulen apontou que, em matéria de inadimplemento contratual, os remédios de *performance* específica e indenização deveriam ser vistos como meios alternativos para atingir eficiência na alocação de recursos *vis-à-vis* custos de transação diferentes. E a decisão do tribunal sobre qual remédio adotar deverá ser tomada com base nos custos de transação que as partes enfrentam, tal como proposto por Calabresi e Melamed.[19]

Embora a visão de Calabresi e Melamed seja adequada, a *catedral* que eles analisaram não é a mesma que a teoria do inadimplemento eficiente aborda. Os problemas estudados por Calabresi e Melamed pressupõem disputas jurídicas surgidas entre pessoas desconhecidas (*e.g.*, responsabilidade civil extracontratual, turbação ou esbulho de propriedade, furto etc...), enquanto questões de inadimplemento contratual têm em evidência litígios entre partes que já se conhecem. Esse fato permite estender as idéias de Calabresi e Melamed e tirar conclusões adicionais sobre o remédio legal mais eficiente para sancionar o inadimplemento contratual.

De saída, a principal fonte de custos de transação do modelo de Calabresi e Melamed[20] a justificar a adoção de uma regra de indenização (*i.e.*, a presença de muitas partes, muitas delas ainda não identificadas) está ausente em uma situação de responsabilidade contratual, ou terá um papel relevante apenas em alguns casos, como apontado por Daniel Friedmann.[21] Fried-

18. "Property rules, liability rules, and inalienability: one view of the cathedral", in *Harvard Law Review* 85, n. 6.

19. Thomas Ulen, "The efficiency of specific performance", in *Michigan Law Review* 83/369, n. 2.

20. "Property rules, liability rules, and inalienability: one view of the cathedral", cit., pp. 1.124-1.126.

21. "The efficient breach fallacy", in *The Journal of Legal Studies* 18/13, nota de rodapé 33, n. 1.

mann é taxativo ao afirmar que uma situação contratual não conterá muitas partes ainda não identificadas; sua ideia central é correta, mas a essa taxatividade merece alguma relativização.

É razoável supor que a *maioria* das relações contratuais envolva poucas partes, todas elas determinadas. Uma das poucas exceções a essa regra consiste nos contratos de massa não-instantâneos; nesse caso, todas as relações jurídicas individuais estão ligadas entre si, formando um *sistema contratual*, de forma que nenhum contrato poderá existir isoladamente.[22] Para solver um problema de ineficiência dessas relações de massa não instantâneas será necessária uma negociação simultânea com todos os contratantes, já que a existência do *sistema contratual* transforma qualquer distrato ou renegociação individual em uma medida inócua. Aqui, mesmo diante de um problema contratual, haverá margem para existência de custos de transação da mesma modalidade referida por Calabresi e Melamed (*i.e.*, identificação de, e negociação com, muitas partes).

Nada obstante, as partes de um contrato detêm uma grande vantagem informacional sobre os órgãos do Poder Judiciário, por já terem negociado entre si. Como lembrado por Thomas Ulen,[23] um tribunal que tivesse que conhecer um litígio contratual e definir o valor da indenização devida teria que se informar sobre os termos contratuais pertinentes, sobre o mercado em questão, aferir a verossimilhança das alegações das partes sobre suas expectativas, julgar a razoabilidade dos riscos assumidos e assim por diante. Muitas dessas informações podem ser bastante complexas, e as partes do contrato, que atuam nos mercados relevantes e já negociaram entre si, provavelmente estão em melhor posição do que os tribunais para lidar com essas informações.

Em razão disso, Thomas Ulen expande a moldura proposta por Calabresi e Melamed, considerando que em matéria de inadimplemento contratual, é possível adotar uma forte presunção inicial de regras de *performance* específica serão, geralmente, o remédio mais eficiente. Isso ocorre porque tais regram implicam custos de ajustamento (*i.e.*, aqueles custos necessários para entregar o objeto da prestação contratual à pessoa que mais a valoriza) pós-quebra menores, uma vez que a determinação dos valores de reserva relevantes será empreendida pelos agentes mais eficientes: as próprias partes.

Ulen argumenta que, em geral, os custos de transação entre contratantes não devem ser altos. Afinal, eles já estabeleceram um relação contratual, e os elementos que criam altos custos de transação em outros contextos jurídicos estão ausentes aqui: as partes já estão identificadas, elas já negociaram diversas contingências (eventualmente até já trataram de problemas sobre inadimplemento), já mantiveram contatos após a assinatura do acordo para esclarecer detalhes sobre o cumprimento do contrato etc. Em suma, se as partes não negociaram algum remédio para a hipótese de inadimplemento, os custos para que elas lidem com essa possibilidade são muito baixos, o que significa uma forte razão *prima facie* para fazer a tutela específica com o remédio padrão contra inadimplemento contratual.[24]

22. Ricardo Luiz Lorenzetti, "Redes contractuales: conceptualización jurídica, relaciones internas de colaboración, efectos frente a terceros", in *Revista de Direito do Consumidor* 28/22-58; "Esquema de una teoría sistémica del contrato", in *Revista de Direito do Consumidor* 33/51-77.

23. "The efficiency of specific performance", cit., p. 369.

24. Thomas Ulen, "The efficiency of specific performance", cit., p. 369. Além disso, Ulen alega ainda que uma regra de *performance* específica é mais apta para proteger os valores subjetivos que as partes retiram do contrato, garantindo que somente quebras eficientes ocorram e minimizando o risco de sub-compensar a parte inocente. Por fim, alega que o processo de formação dos contratos será mais eficiente se as partes estiverem frente a uma regra

Uma crítica que se poderia levantar à vantagem informacional das partes é a seguinte: se os custos de transação delas são realmente baixos, por quê não houve distrato? Por quê a disputa judicial foi inaugurada?

Mesmo com custos de transação baixos, as partes podem estar incertas sobre a interpretação correta do texto legal aplicável à sua situação de fato, razão por que não têm outro remédio senão recorrer a um tribunal. Além disso, as partes podem estar de tal forma tomada por paixões que os *custos de transação subjetivos* (*i.e.*, aqueles sujeitos determinados enfrentam em situação de fato particular) se tornaram altíssimos, muito embora os *custos de transação objetivos* (*i.e.*, aqueles que partes razoáveis enfrentam em situações semelhantes, e que são formados a partir do número de partes envolvidas, da complexidade do assunto e dos custos de monitoramento e cumprimento coercitivo) sejam baixos.[25]

Ulen termina seu estudo defendendo de forma bastante contundente a eficiência da regra de *performance* específica. Sua conclusão é que, na ausência de remédios estipulados pelas partes no próprio contrato, a eficiência será atingida com maior probabilidade por uma regra de *performance* específica. Assim, considerando os custos de transação *ex post*, o remédio padrão para inadimplemento contratual deveria ser o cumprimento específico, com exceções dos casos onde ele não é possível ou onde as próprias partes o afastaram.[26]

Além da economia de custos de transação devida por causa da vantagem informacional dos contratantes sobre os tribunais, há outros pontos a indicar a eficiência relativa da regra de *performance* específica. Em primeiro lugar, é preciso lembrar que a probabilidade de uma decisão ineficiente aumenta na medida em que o agente responsável pela escolha pode evitar o pagamento dos custos envolvidos na decisão em questão (problemas de externalidades). A necessidade de negociações imposta pela regra de *performance* específica parece perfeitamente desenhada para impedir que algum dos envolvidos tenha seus custos desconsiderados no cálculo final, o que significa *custos relacionais* menores.[27-28]

Essa mesma necessidade de alocação correta (*i.e.*, sobre o responsável pela escolha) vale também para os custos de transação. Como já fora apontado por Robert Birminghan, a eficiência exige que o responsável pelo inadimplemento suporte os custos de transação que acompanham as suas ações.[29] Não basta que os custos de transação sejam relativamente menores; é importante que a regra sobre inadimplemento contratual garanta que eles sejam

de *performance* específica. Em particular, as partes terão incentivos mais fortes para alocar os risco de perda associados ao inadimplemento na data de sua assinatura, ao invés de deixar o trabalho para os tribunais ou para negociações pós quebra (idem, pp. 365-366). Retornarei aos problemas de eficiência na formação dos contratos na seção seguinte.

25. Thomas Ulen, "The efficiency of specific performance", cit., pp. 380-381.

26. Thomas Ulen, "The efficiency of specific performance", cit., pp. 343, 346. Tais exceções parecem bastante razoáveis. Onde a *performance* específica é impossível (ou mesmo virtualmente impossível, como nos casos de obrigações personalíssimas, em que não é possível aferir o nível de esforço do devedor), seu custo será infinito e, portanto, superior à indenização. Além disso, se o remédio foi fixado pelas próprias partes durante a celebração do contrato, é razoável supor que elas estavam na melhor situação para aferir o valor subjetivo do contrato; as queixas, reclamações e exigências feitas após a quebra contratual tendem a ser bastante viesadas e pouco críveis (Thomas Ulen, idem, p. 356, nota de rodapé 47).

27. Ian MacNeil, "Efficient breach of contract: circles in the sky", cit., p. 960. Nas próprias palavras de MacNeil: "Se a indenização encoraja rompimento sem consultas, enquanto a *performance* específica encoraja consultas e acordos mutuamente benéficos, então os custos relacionais da *performance* específica serão menores" (idem, p. 595).

28. O perigo de que a unilateralidade presente na regra de indenização termine em desconsideração dos danos impostos ao credor também é lembrado por Daniel Friedmann ("The efficient breach fallacy", cit., p. 13).

29. "Breach of contract, damage measures, and economic efficiency", cit., p. 285.

incorridos *pelo devedor* para garantir que a quebra é realmente eficiente. E é justamente isso que a regra de *performance* específica garante.

Por fim, os custos incorridos pelos Tribunais tendem a ser mais baixos sob uma regra geral de *performance* específica; nessa hipótese, o trabalho do Poder Judiciário se limita a verificar se houve inadimplemento culposo. Sob uma regra de indenização, os órgãos do Judiciário devem, além de checar a ocorrência e a natureza do inadimplemento, determinar o valor da indenização devida à parte inocente, o que leva a custos administrativos maiores.[30-31]

Embora todos esses autores tenham acertado o foco, eles acabaram se concentrando apenas nos custos de transação incorridos na vizinhança da inexecução do contrato.[32] Eles identificaram corretamente que a eficiência das regras sobre descumprimento contratual deve ser avaliada com base nos seus custos de transação relativos, mas circunscreveram-se apenas aos custos de transação incorridos para promover a substituição do contrato ineficiente por um outro contrato eficiente (trocar o contrato de fabricação de cadeiras pelo de fabricação de mesas, no exemplo dos Quatro Mosqueteiros). Curiosamente, foi desconsiderado o fato de que a regra sobre descumprimento contratual também impacta a conduta das partes na celebração dos contratos. E esses custos de transação *ex ante*, causados pela regra sobre descumprimento contratual, devem ser considerados para uma decisão adequada.

IV – Incorporando os custos de transação ex ante

Pouquíssima atenção tem sido dada aos impactos que as regras sobre inadimplemento contratual têm sobre os custos de formação dos contratos. A literatura relacionada à *efficient breach theory* não é exceção, e os seus autores que chegam a abordar esse ponto dedicam a ele menos atenção do que aos custos de transação *ex post*.

Isso me parece bastante preocupante. A regra geral é que os contratos celebrados serão cumpridos sem maiores problemas, de forma que apenas uma parcela deles acaba enfrentando problemas de inadimplemento. Além do mais, somente uma parte dos contratos descumpridos pedirá a aplicação da teoria do inadimplemento eficiente; não se pode esquecer que o inadimplemento contratual pode ter ocorrido por motivos mais pedestres, como a má-fé do devedor. Dessa maneira, os custos de transação *ex post*, incorridos para sair de contratos ineficientes, incidirão sobre uma pequena parte dos negócios, ao passo que os custos de transação *ex ante*, incorridos para celebrar contratos, incidirão sobre todos os contratos celebrados.

O fato é de que as regras sobre inadimplemento contratual têm efeitos distributivos não triviais. Para além de preocupações redistributivas, o ponto focal a ser considerado são os efeitos que a alocação final do excedente terá sobre os incentivos e sobre as decisões anteriores das partes envolvidas. Como apontado por Lucian Arye Bebchuk,[33] esses impactos em termos

30. Thomas Ulen, "The efficiency of specific performance", cit., p. 384.

31. Um raciocínio análogo foi usado por Richard Posner para concluir pela eficiência relativa da responsabilidade civil objetiva sobre a responsabilidade civil subjetiva, na medida em que a primeira imporia aos tribunais menores custos administrativos. Nada obstante, Posner reconhece que a adoção da doutrina objetiva em matéria de responsabilidade civil pode levar a um maior número de demandas ajuizadas (e a um incremento nos custos totais do tribunal *vis-à-vis* um regime de responsabilidade subjetiva), já que os custos do autor da ação tendem a ser menores sob um regime de responsabilidade civil objetiva (Richard Posner, "Strict liability: a comment", in *Journal of Legal Studies* 2, n. 1).

32. Embora Thomas Ulen não tenha negligenciado os problemas de custos *ex ante*, ele concentrou-se fortemente nos custos de transação *ex post*.

33. "Property rights and liability rules: the *ex ante* view of the cathedral", in *Michigan Law Review* 100, n. 3.

de eficiência são inexistentes quando se adota uma visão *ex post* (*i.e.*, quando se tomam os *pay-offs* relevantes como exógenos, e se busca identificar a alocação de direitos que favorece a eficiência). Uma vez incluídas considerações *ex ante* (*i.e.*, quando se reconhece que a distribuição final altera os incentivos e ações das partes envolvidas, e que tais ações alteram os *pay-offs* relevante), os efeitos distributivos que uma regra legal tem sobre a divisão final do excedente passam a ter efeitos não triviais sobre a eficiência *ex ante*, e, portanto, sobre a eficiência total.

O canal de transmissão desse mecanismo são as alterações na posição de barganha de cada uma das partes, e as conseqüentes mudanças nos seus incentivos. Frente a uma nova perspectiva sobre a distribuição do excedente, mudam os incentivos dos envolvidos e as suas ações serão diferentes, sendo certo que esses efeitos sobre incentivos das partes e sobre a eficiência se produzirão até mesmo naqueles casos onde os custos de transação *ex post* não são grandes a ponto de impedir uma negociação bem sucedida.[34]

É verdade que o trabalho de Bebchuk estudou o problema do uso conflitante de recursos (*i.e.*, responsabilidade extracontratual, tratado por Ronald Coase[35] e Calabresi e Melamed[36]), e se concentrou nos *investimentos* que as partes envolvidas estão dispostas a fazer para aumentar o valor do seu uso, ou mitigar o dano causado pelo uso conflitante.[37] Entretanto, a sua lição pode ser aplicada aos custos de transação *ex ante* incorridos para a celebração de um contrato. O ponto importante a ser evidenciado é que as *regras sobre descumprimento contratual terão efeitos não negligenciáveis sobre os incentivos das partes em incorrer ou não em custos de transação* ex ante (custos de busca, de redação contratual entre outros).

Para avaliar os impactos que as regras sobre inadimplemento causam nos custos de formação dos contratos, Thomas Ulen[38] separa três casos de análise: (i) prestações a que o credor atribua alto valor subjetivo; (ii) prestações de bens fungíveis; e (iii) prestações devidas a credores que preferem danos pré-liquidados.

Para aqueles casos onde o credor atribua alto valor subjetivo à prestação, os custos de redação do contrato diminuirão se a regra sobre inadimplemento for o cumprimento específico. Isso ocorre porque a regra de direito tornará desnecessários gastos incorridos pelo credor para proteger-se do inadimplemento. Onde a regra sobre inadimplemento for apenas uma indenização, o credor que atribui alto valor à prestação terá incentivos para gastar dinheiro redigindo um contrato mais completo, que preveja mais contingências e que tente mimetizar os efeitos de uma regra de *performance* específica. Aliás, gastos que serão cada vez maiores conforme o valor subjetivo que o credor atribua à prestação aumente. Todos esses custos seriam economizados se o inadimplemento contratual colocasse o devedor frente a uma obrigação de *performance* específica.

Para contratos cujas prestações tenham como objeto bens fungíveis, os custos de redação seriam ligeiramente aumen-

34. Lucian Arye Bebchuk, "Property rights and liability rules: the *ex ante* view of the cathedral", cit., p. 605.

35. "The problem of social cost", in *Journal of Law and Economic* 3.

36. "Property rules, liability rules, and inalienability: one view of the cathedral", cit..

37. Ao comentar as disputas entre regras de *performance* específica e regras de indenização para resolver problemas de uso conflitante de recursos sob a perspectiva de eficiência dos investimentos *ex ante* (e não dos custos de transação *ex ante*), Bebchuk defende que há uma ambigüidade: regras de indenização funcionam melhor em alguns casos, e regras de *performance* específica funcionam melhor em outros, de forma que não haveria uma medida geral *"one-size-fits-all"* ("Property rights and liability rules: the *ex ante* view of the cathedral", cit., pp. 633-634).

38. "The efficiency of specific performance", cit., pp. 376-378.

tados, mas subiriam em magnitude muito inferior à economia de custos de transação dos contratos de alto valor subjetivo. No pior dos casos, as partes que transacionam bens fungíveis teriam que estipular uma cláusula de indenização, o que seria relativamente barato e acabaria rapidamente se tornando cláusula de estilo.

Por fim, credores que preferem danos pré-liquidados teriam seus custos de redação contratual diminuídos, porém não minimizados. Para eles, o ponto ótimo seria permitir estipulação livre de remédios contra o inadimplemento. Nada obstante, eles estarão em uma posição melhor sob uma regra de *performance* específica do que sobre uma regra de indenização. Isso porque, em caso de inadimplemento, a regra de *performance* específica dá ao credor uma posição que lhe permite determinar o valor que o devedor deve pagar para liberar-se do contrato; numa regra de indenização, o valor seria fixado pelos Tribunais, e poderia ser inferior ao valor subjetivo do credor.

Thomas Ulen conclui que, no agregado, impor o cumprimento específico como remédio padrão contra o inadimplemento não alteraria significativamente os custos de formação dos contratos.[39] Essa é uma questão a ser resolvida por meio de verificação empírica, mas acredito que as economias provenientes dos contratos com alto valor subjetivo serão muito maiores do que o incremento de custo imposto às transações com bens fungíveis.

O ponto teórico mais crítico das conclusões de Thomas Ulen é que ele desconsidera que, além dos custos de redação contratual, há outros custos de transação *ex ante* que possivelmente diminuirão com uma regra padrão de *performance* específica; isso ocorre porque contratos protegidos com *performance* específica apresentam maior facilidade para coibir ações oportunistas do devedor e inspiram maior nível de confiança nas partes.

O *oportunismo do devedor* terá impactos diferentes sobre os custos de transação conforme a regra em vigor para sancionar o inadimplemento contratual. Sob uma regra de *performance* específica, a distinção entre quebras oportunistas e não oportunistas não é tão relevante, visto que o devedor sempre terá que cumprir o contrato, a não ser que tenha sido liberado voluntariamente pelo credor (leia-se, mediante compensação suficiente). Nesse caso, o eventual oportunismo do devedor terá sido pago de alguma maneira, deixando o credor satisfeito (se o credor julgar a compensação oferecida pelo devedor insuficiente, ele simplesmente receberá a prestação acordada).

Quebras oportunistas são problemas bem mais sérios quando se utiliza uma regra de indenização. Nesse ambiente, o devedor adotará sempre uma postura unilateral, e seu oportunismo acarretará incentivos para que o credor gaste na proteção do contrato. A única forma de coibir o oportunismo sob uma regra de indenização seria tratar diferentemente quebras oportunistas e não oportunistas. Essa foi a estratégia

39. Thomas Ulen, "The efficiency of specific performance", cit., p. 379. Nas próprias palavras do autor: "In summary, we may predict that contract formation cost would not on the whole be significantly changed by making specific performance the routine contract remedy. For those who place a high subjective valuation on performance, specific performance would reduce formation costs by relieving them of the high costs of contracting around the inadequacy of money damages or of demonstrating at trial the inadequacy of money damages. For those who, in the most efficient of all possible worlds. Would prefer to protect their subjective valuation not through specific performance but rather through stipulated damages, the routinization of the equitable remedy would be superior to the current regime but not as desirable as one in which any stipulation is available. The only group whose costs of contracting are likely to increase under specific performance are those transacting in homogeneous goods. They would be obliged to stipulate money damages in order to avoid being specifically bound in the event of breach. This increase, however, is not likely to be large because boilerplate stipulations should become widely and inexpensively available".

adotada por Richard Posner;[40] após distinguir quebras oportunistas de não oportunistas, Posner defende que o devedor oportunista deveria pagar ao credor inocente todos os lucros obtidos com o rompimento do contrato. Entretanto, como Daniel Friedmann[41] rebateu, essa redistribuição dos lucros iria contra a essência de uma regra de indenização, cuja função é transformar o devedor em um *residual claimant* do excedente, com os incentivos corretos para romper todos os contratos ineficientes, e somente os contratos ineficientes. E afinal, coibir quebras oportunistas é impossível se elas não puderem ser tratadas de forma diferente de quebras não oportunistas.

Essa dificuldade para coibir o oportunismo, ínsita às regras de indenização, pode levar a um aumento nada trivial nos custos de transação *ex ante*, em especial, a gastos excessivos com proteção contratual (como exigência de mais garantias, gastos adicionais para especificar e completar o contrato etc...) e a buscas muito longas e caras.

Outra fonte potencial para diminuição de custos de transação quando se utilizam regras de *performance* específica é o aumento do *nível de confiança* que a relação contratual inspira nas partes, com a conseqüente economia de recursos. Se a ordem jurídica cria limitações muito severas contra regras de *performance* específica, ela pode erodir a confiança das partes em conseguir o que fora contratado e gerar ineficiência e desperdício de recursos.[42]

Dentre as ineficiências geradas por remédios contratuais frouxos certamente encontraremos o desperdício com custos de transação desnecessários. Tome-se, por exemplo, os custos de busca. Em um ambiente onde contratos são cumpridos especificamente, os credores tendem a gastar menos para escolher a contraparte da relação contratual. Como o devedor estará sujeito a uma regra de *performance* específica, não há necessidade de estender a busca além da identificação das dimensões relevantes do produto buscado; informações subjetivas sobre o devedor tendem a ocupar um posto secundário num ambiente institucional onde contratos são cumpridos especificamente.

Os gastos efetuados pelos agentes econômicos com o intuito de sinalização também tendem a ser menores sob a regra de *performance* específica, além de ficarem confinados a fatores realmente importantes. Uma vez que o devedor estará sujeito ao cumprimento específico da obrigação assumida, as estratégias de sinalização e construção de reputação sobre a entrega do produto serão inúteis. Recursos que seriam consumidos nessa atividade serão economizados, e canalizados para atividades produtivas ou para sinalização de informações efetivamente importantes, como aquelas que credor não é capaz de verificar por si só ou de assegurar por meio de um contrato.

Sob uma regra de indenização, a diminuição do nível de confiança na relação contratual não ficaria confinada apenas ao contrato inadimplido; a instabilidade desse contrato pode respingar em outros acordos conexos, celebrados pelo credor, de modo que o aumento dos custos de transação seria generalizado.[43]

No final, como percebeu Daniel Friedmann,[44] embora idealizadas como redutoras de custos de transação, as regras de indenização que permitem ao devedor romper unilateralmente o contrato acabam por gerar, de fato, *transações mais caras*; é por essa razão que elas apre-

40. *Economic Analysis of Law*, cit., pp. 79 e ss.

41. "The efficient breach fallacy", in *The Journal of Legal Studies* 18/3-4, n. 1.

42. Daniel Friedmann, "The Efficient Breach Fallacy", cit., p. 7.

43. Idem, p. 13.

44. "The efficient breach fallacy", cit., p. 2.

sentam um desempenho pior do que regras de *performance* específica.[45] No geral, parece possível presumir que a adoção do cumprimento específico como regra padrão contra o inadimplemento contratual levará a economias de custos de transação *ex ante*.

Uma outra possível crítica à regra de *performance* específica seria a possibilidade de que contratos ineficientes acabem cumpridos coercitivamente se ela for regra jurídica contra inadimplemento contratual. Esse risco existe,[46] mas suas conseqüências não são tão drásticas. É preciso lembrar que as economias de custos de transação *ex ante* serão dispersas por todas as transações do mercado, ao mesmo tempo em que o risco de cumprimento de contratos ineficiente existirá apenas para uma pequena parcela dos negócios celebrados. Isso nos indica que esses dois elementos (*i.e.*, (i) economia de custos de transação *ex ante*; e (ii) ganhos de eficiência perdidos com o cumprimento de contratos ineficientes) devem ser considerados. Acredito que o primeiro efeito preponderará na maioria dos casos, justificando a *performance* específica como regra padrão.

Nada obstante, alguns setores econômicos podem apresentar situação particular a ponto de justificar a adoção de regra de indenização em matéria de inadimplemento contratual.[47] Esse seria o caso de mercados tecnológicos, onde o grau de inovação é tão grande e as mudanças tão drásticas que muitas relações contratuais podem acabar se tornando muito ineficientes. Ou então, mercados cujos custos de transação já sejam muito baixos, a ponto de suas economias serem negligenciáveis frente ao risco de eficiência perdida cumprindo contratos ineficientes.

V – Situação atual do Direito brasileiro

O Direito brasileiro conviveu durante muito tempo com restrições ao cumprimento específico das obrigações de fazer, reservando a tutela específica apenas às obrigações de dar, por meio do processo de execução para entrega de coisa e de execução por quantia certa. A resistência do devedor em cumprir obrigação de fazer ou não fazer era tida como limite intransponível em função do dogma da intangibilidade da vontade humana, como ressaltou Ada Pellegrini Grinover.[48] Isso significava que o inadimplemento de obrigações de fazer e não fazer somente teria solução na indenização do credor, conforme dispunha expressamente o art. 1.142 do Código Civil francês, outorgado por Napoleão I, em 1804.

As únicas exceções previstas originalmente no Código de Processo Civil, de 1973 (Lei n. 5.869, de 1973), eram: (i) a possibilidade de cumprimento específico das *obrigações de fazer fungíveis*, levado adiante por terceiros ou pelo próprio credor, às custas do devedor (arts. 634 e 637 do Código de Processo Civil);[49] e (ii) o su-

45. Sobre a economia de custos de transação geradas por regras que permitam ao devedor inadimplir o contrato sem precisar negociar com o credor, cf. Richard Posner, *Economic Analysis of Law*, cit., pp. 107 e 118.

46. Aliás, como lembrou Daniel Friedmann, o risco de ineficiências associadas a falhas de negociações é inerente ao sistema de mercado ("The efficient breach fallacy", in *The Journal of Legal Studies*, cit., p. 8).

47. Em termos mais formais: Admitamos um mercado onde haja N transações. Suponhamos ainda que δ seja o incremento percentual nos custos de transação incorridos quando a regra contra inadimplemento contratual seja uma indenização; θ seja porcentagem das operações acometidas por fatos novos e que ficaram ineficientes; e $ø$ seja o ganho médio de eficiência ao descumprir as operações ineficientes. Nesse ambiente, as duas regras de direito (*performance* específica e indenização) se equivalem se, e somente se: $N.\delta.c = \theta.N.ø$. Depois de simples álgebra, é possível concluir que a regra de indenização traz uma lei contratual eficiente se, e somente se: $(\delta.c)^{-1}.(\theta.ø) > 1$.

48. "Tutela jurisdicional nas obrigações de fazer e não fazer", in *Revista de Processo* 79/66.

49. Assim dispõe o texto legal: "Art. 634. Se o fato puder ser prestado por terceiros, é lícito ao juiz, a requerimento do credor, decidir que aquele o reali-

primento judicial de declaração de vontade do devedor inadimplente (arts. 639 e 641 do Código de Processo Civil, já revogados).[50-51] Além dessas hipóteses, a Lei das Sociedades por Ações, de 1976 (Lei n. 6.404, de 1976), incluiu no ordenamento jurídico brasileiro mais um caso de *performance* específica: a possibilidade de cumprimento específico de acordos de acionistas (art. 118, § 3º).[52]

A partir de 1990, o Código de Defesa do Consumidor (Lei 8.078, de 1990) e a Lei de Defesa da Concorrência (Lei 8.884, de 1994) criaram mais duas hipóteses de cumprimento específico de obrigações de fazer. O art. 84 do Código de Defesa do Consumidor determinou a tutela específica das obrigações de fazer constituídas dentro de uma relação de consumo, reservando a indenização por perdas e danos apenas aos casos onde for pedida pelo consumidor, ou onde o cumprimento específico for impossível.[53] Por sua vez, a Lei de Defesa da Concorrência estabeleceu que as obrigações de fazer impostas pelo Conselho Administrativo de Defesa Econômica no exercício da adjudicação da concorrência

ze à custa do devedor. § 1º. O juiz nomeará um perito que avaliará o custo da prestação do fato, mandando em seguida expedir edital de concorrência pública, com o prazo máximo de 30 (trinta) dias. § 2º. As propostas serão acompanhadas de prova do depósito da importância, que o juiz estabelecerá a título de caução. § 3º. No dia, lugar e hora designados, abertas as propostas, escolherá o juiz a mais vantajosa. § 4º. Se o credor não exercer a preferência a que se refere o art. 637, o concorrente, cuja proposta foi aceita, obrigar-se-á, dentro de 5 (cinco) dias, por termo nos autos, a prestar o fato sob pena de perder a quantia caucionada. § 5º. Ao assinar o termo o contratante fará nova caução de 25% (vinte e cinco por cento) sobre o valor do contrato. § 6º. No caso de descumprimento da obrigação assumida pelo concorrente ou pelo contratante, a caução, referida nos §§ 4º e 5º, reverterá em benefício do credor. § 7º. O credor adiantará ao contratante as quantias estabelecidas na proposta aceita."; "Art. 637. Se o credor quiser executar, ou mandar executar, sob sua direção e vigilância, as obras e trabalhos necessários à prestação do fato, terá preferência, em igualdade de condições de oferta, ao terceiro. Parágrafo único. O direito de preferência será exercido no prazo de 5 (cinco) dias, contados da escolha da proposta, a que alude o art. 634, § 3º" (Código de Processo Civil).

50. Assim dispunha o texto legal: "Art. 639. Se aquele que se comprometeu a concluir um contrato não cumprir a obrigação, a outra parte, sendo isso possível e não excluído pelo título, poderá obter uma sentença que produza o mesmo efeito do contrato a ser firmado"; e "Art. 641. Condenado o devedor a emitir declaração de vontade, a sentença, uma vez transitada em julgado, produzirá todos os efeitos da declaração não emitida" (Código de Processo Civil). Note que ambos os artigos foram revogados pela Lei n. 11.232, de 2005, que incluiu os arts. 466-A, 466-B e 466-C no Código de Processo Civil, a regularem exatamente o mesmo suprimento judicial da declaração de vontade não emitida pelo devedor.

51. Como notou Fábio Konder Comparato, a inspiração do legislador brasileiro para essa disposição legal foi o art. 2.932 do Código Civil italiano de 1942, de forma que o texto brasileiro é simples tradução do correspondente italiano ("Nota sobre a execução específica de obrigação de contratar", in *Revista de Direito Mercantil* 97/104-105).

52. Assim dispõe o texto legal: "Art. 118. Os acordos de acionistas, sobre a compra e venda de suas ações, preferência para adquiri-las, exercício do direito a voto, ou do poder de controle deverão ser observados pela companhia quando arquivados na sua sede (...) . § 3º. Nas condições previstas no acordo, os acionistas podem promover a execução específica das obrigações assumidas" (Lei das Sociedades por Ações).

53. O texto do Código de Defesa do Consumidor é o seguinte: "Art. 84. Na ação que tenha por objeto o cumprimento da obrigação de fazer ou não fazer, o juiz concederá a tutela específica da obrigação ou determinará providências que assegurem o resultado prático equivalente ao do adimplemento. § 1º. A conversão da obrigação em perdas e danos somente será admissível se por elas optar o autor ou se impossível a tutela específica ou a obtenção do resultado prático correspondente. § 2º. A indenização por perdas e danos se fará sem prejuízo da multa (art. 287 do Código de Processo Civil). § 3º. Sendo relevante o fundamento da demanda e havendo justificado receio de ineficácia do provimento final, é lícito ao juiz conceder a tutela liminarmente ou após justificação prévia, citado o réu. § 4º. O juiz poderá, na hipótese do § 3º ou na sentença, impor multa diária ao réu, independentemente de pedido do autor, se for suficiente ou compatível com a obrigação, fixando prazo razoável para o cumprimento do preceito. § 5º. Para a tutela específica ou para a obtenção do resultado prático equivalente, poderá o juiz determinar as medidas necessárias, tais como busca e apreensão, remoção de coisas e pessoas, desfazimento de obra, impedimento de atividade nociva, além de requisição de força policial".

deveriam ser cumpridas especificamente pelo Poder Judiciário.[54]

Na seqüência, as reformas do Código de Processo Civil transformaram o cumprimento específico das obrigações de fazer ou não fazer em regra geral. A indenização por perdas e danos foi reservada apenas aos casos onde o cumprimento específico for impossível, a obtenção do resultado prático equivalente ao contrato não puder ser obtida ou onde o credor requerer a indenização. Esse novo regime jurídico foi determinado pela Lei n. 8.952, de 1994, que deu nova redação ao art. 461 do Código de Processo Civil e incluiu quatro parágrafos sob esse *caput*.[55]

Em 2002, a Lei n. 10.444 incluiu mais dois parágrafos ao art. 461 do Código de Processo Civil, criando a possibilidade de o próprio juiz, de ofício ou a pedido das partes, determinar medidas sub-rogatórias necessárias para obter a *performance* específica das obrigações de fazer e não fazer. Nesse sentido, foi permitido ao juiz impor multas por tempo de atraso, determinar medidas de busca e apreensão, remoção de pessoas e coisas e impor o desfazimento de obras, assim como ordenar a não realização de atividades nocivas; foi facultado ao juiz ainda requerer força policial para cumprir tais medidas.[56] A mesma Lei n. 10.444 ainda incluiu o art. 461-A no Código de Processo Civil, estendendo a tutela específica das obrigações de fazer e não fazer também às obrigações de entrega de coisa.[57]

Em 2005, a Lei 11.232 incluiu os arts. 466-A, 466-B e 466-C no Código de Processo Civil, revogando-lhe os arts. 639 e 641. Dessa forma, o legislador reposicionou o suprimento judicial de declaração de vontade inadimplida, determinando que a sentença condenatória produza os mesmos efeitos da declaração não emitida pelo de-

54. Trata-se do art. 62 da Lei de Defesa da Concorrência, cujo texto é: "Art. 62. Na execução que tenha por objeto, além da cobrança de multa, o cumprimento de obrigação de fazer ou não fazer, o Juiz concederá a tutela específica da obrigação, ou determinará providências que assegurem o resultado prático equivalente ao do adimplemento. § 1º. A conversão da obrigação de fazer ou não fazer em perdas e danos somente será admissível se impossível a tutela específica ou a obtenção do resultado prático correspondente".

55. A nova redação do *caput* e o texto dos quatro primeiros parágrafos são os seguintes: "Art. 461. Na ação que tenha por objeto o cumprimento de obrigação de fazer ou não fazer, o juiz concederá a tutela específica da obrigação ou, se procedente o pedido, determinará providências que assegurem o resultado prático equivalente ao do adimplemento. § 1º. A obrigação somente se converterá em perdas e danos se o autor o requerer ou se impossível a tutela específica ou a obtenção do resultado prático correspondente. § 2º. A indenização por perdas e danos dar-se-á sem prejuízo da multa (art. 287). § 3º. Sendo relevante o fundamento da demanda e havendo justificado receio de ineficácia do provimento final, é lícito ao juiz conceder a tutela liminarmente ou mediante justificação prévia, citado o réu. A medida liminar poderá ser revogada ou modificada, a qualquer tempo, em decisão fundamentada. § 4º. O juiz poderá, na hipótese do parágrafo anterior ou na sentença, impor multa diária ao réu, independentemente de pedido do autor, se for suficiente ou compatível com a obrigação, fixando-lhe prazo razoável para o cumprimento do preceito".

56. Os parágrafos incluídos pela Lei 10.444, de 2002, no art. 461 estão redigidos da seguinte forma: "Art. 461. (...). § 5º. Para a efetivação da tutela específica ou a obtenção do resultado prático equivalente, poderá o juiz, de ofício ou a requerimento, determinar as medidas necessárias, tais como a imposição de multa por tempo de atraso, busca e apreensão, remoção de pessoas e coisas, desfazimento de obras e impedimento de atividade nociva, se necessário com requisição de força policial. § 6º. O juiz poderá, de ofício, modificar o valor ou a periodicidade da multa, caso verifique que se tornou insuficiente ou excessiva".

57. A redação do novo artigo é a seguinte: "Art. 461-A. Na ação que tenha por objeto a entrega de coisa, o juiz, ao conceder a tutela específica, fixará o prazo para o cumprimento da obrigação. § 1º. Tratando-se de entrega de coisa determinada pelo gênero e quantidade, o credor a individualizará na petição inicial, se lhe couber a escolha; cabendo ao devedor escolher, este a entregará individualizada, no prazo fixado pelo juiz. § 2º. Não cumprida a obrigação no prazo estabelecido, expedir-se-á em favor do credor mandado de busca e apreensão ou de imissão na posse, conforme se tratar de coisa móvel ou imóvel. § 3º. Aplica-se à ação prevista neste artigo o disposto nos §§ 1º a 6º do art. 461".

vedor (art. 466-A) ou do contrato prometido ao credor (art. 466-B). O legislador manteve ainda a garantia processual de integridade da *exceptio non adimpleti contractus* para os casos de alienação direitos, agora objeto do art. 466-C.[58]

Por fim, a Lei n. 11.232/2005, ao extinguir o processo de execução de sentença e substituí-lo pelo que denominou fase do *cumprimento da sentença* (ainda no processo de conhecimento), remeteu o juiz aos arts. 461 e 461-A, declarando-os aplicáveis ao cumprimento de todas as sentenças, exceto pelas condenações por quantia certa, que seguirão o rito da execução.[59]

VI – Conclusões

Para a análise de relações contratuais ineficientes, deveremos necessariamente trabalhar com a hipótese de custos de transação positivos. Assumir um mundo sem custos de transação implica que o problema não existirá, já que qualquer relação contratual tornada ineficiente seria distratada voluntariamente.

A incorporação dos custos de transação pode ser feita com a utilização da moldura teórica estabelecida por Guido Calabresi e Douglas Melamed. O fato de problemas de inadimplemento contratual terem em foco disputas surgidas entre partes que já se conhecem nos permite expandir a moldura de Calabresi e Melamed para considerar que as partes de um contrato detêm uma grande vantagem informacional sobre os órgãos do Poder Judiciário. Com base nisso, é possível adotar uma forte presunção inicial de regras de *performance* específica que serão, geralmente, o remédio mais eficiente do ponto de vista dos custos de transação *ex post*.

Do ponto de vista dos custos de transação *ex ante*, é razoável presumir que uma regra de *performance* específica importará custos menores. Diferentemente dos custos de transação *ex post*, as economias em custos *ex ante* serão dispersadas por todas as transações realizadas na economia. No agregado, essas economias de custos *ex ante* preponderarão sobre possíveis perdas suportadas com contratos ineficientes cumpridos coercitivamente. Assim, considerando a perspectiva dos custos de transação *ex ante*, a *performance* específica também seria regra jurídica padrão contra inadimplemento contratual.

O Direito brasileiro vigente tem se direcionado pela adoção do cumprimento específico como regra geral para a satisfação do credor, reservando a indenização por perdas e danos apenas aos casos onde a *performance* específica é impossível, ou onde o credor requerer uma indenização. Nesse particular, a lei brasileira parece direcionada para um resultado mais eficiente em matéria de remédios contra o inadimplemento contratual.

Bibliografia

ARROW, Kenneth; e DEBREU, Gérard. "Existence of an equilibrium for a com-

58. Assim ficaram redigidos os novos artigos: "Art. 466-A. Condenado o devedor a emitir declaração de vontade, a sentença, uma vez transitada em julgado, produzirá todos os efeitos da declaração não emitida"; "Art. 466-B. Se aquele que se comprometeu a concluir um contrato não cumprir a obrigação, a outra parte, sendo isso possível e não excluído pelo título, poderá obter uma sentença que produza o mesmo efeito do contrato a ser firmado."; e "Art. 466-C. Tratando-se de contrato que tenha por objeto a transferência da propriedade de coisa determinada, ou de outro direito, a ação não será acolhida se a parte que a intentou não cumprir a sua prestação, nem a oferecer, nos casos e formas legais, salvo se ainda não exigível".

59. Essa disciplina emerge do disposto no art. 475-I do Código de Processo Civil, cujo texto é o seguinte: "Art. 475-I. O cumprimento da sentença far-se-á conforme os arts. 461 e 461-A desta Lei ou, tratando-se de obrigação por quantia certa, por execução, nos termos dos demais artigos deste Capítulo. § 1º. É definitiva a execução da sentença transitada em julgado e provisória quando se tratar de sentença impugnada mediante recurso ao qual não foi atribuído efeito suspensivo. § 2º. Quando na sentença houver uma parte líquida e outra ilíquida, ao credor é lícito promover simultaneamente a execução daquela e, em autos apartados, a liquidação desta".

petitive economy", in *Econometrica*, vol. 22, n. 3, jul. 1954.

ASCARELLI, Tullio. *Panorama do Direito Commercial*. São Paulo: Saraiva, 1947.

BEBCHUK, Lucian Arye. "Property rights and liability rules: the *ex ante* view of the cathedral", in *Michigan Law Review*, vol. 100, n. 3, jan. 2001.

BETTI, Emilio. *Teoria Generale del Negozio Giuridico*. 2ª ed., Turim: Torinese, 1950.

BIRMINGHAN, Robert. "Breach of contract, damage measures, and economic efficiency", in *Rutgers Law Review*, vol. 24, 1970.

CALABRESI, Guido; e MELAMED, Douglas. "Property rules, liability rules, and inalienability: one view of the cathedral", in *Harvard Law Review*, vol. 85, n. 6, abr. 1972.

COASE, Ronald. "The problem of social cost", in *Journal of Law and Economics*, vol. 3, out. 1960.

______. *The Firm, the Market and the Law*. Chicago: University of Chicago Press, 1990.

COMPARATO, Fábio Konder. "Nota sobre a execução específica de obrigação de contratar", in *Revista de Direito Mercantil*, vol. 97, jan.-mar. 1995.

EDGEWORTH, Francis Ysidro. *Mathematical Psychics: an Essay on the Application of Mathematics to the Moral Sciences*. Nova York: A. M. Kelley, 1967.

GOETZ, Charles; e SCOT, Robert. "Liquidated damages, penalties and the just compensation principle: some notes on an enforcement model and a theory of efficient breach", in *Columbia Law Review*, vol. 77, 1977.

GRAU, Eros. "Um novo paradigma dos contratos?", in *Revista Crítica Jurídica*, n. 18, jan. 2001.

GRINOVER, Ada Pellegrini. "Tutela jurisdicional nas obrigações de fazer e não fazer", in *Revista de Processo*, n. 79, jul.-set. 1995.

HOVENKAMP, Herbert. "Positivism in Law & Economics", in *Califórnia Law Review*, vol. 78, n. 4, jul. 1990.

LINZER, Peter. "On the amorality of contract remedies – Efficiency, equity and the second restatement", in *Columbia Law Review*, vol. 81, n. 1, jan. 1981.

LORENZETTI, Ricardo Luiz. "Redes contractuales: conceptualización jurídica, relaciones internas de colaboración, efectos frente a terceros", in *Revista de Direito do Consumidor*, vol. 28, out.-dez. 1998, pp. 22-58.

______. "Esquema de una teoría sistémica del contrato", in *Revista de Direito do Consumidor*, vol. 33, jan.-mar. 2000, pp. 51-77.

MACNEIL, Ian. "Efficient breach of contract: circles in the sky", in *Virginia Law Review*, vol. 68, n. 5, mai. 1982, pp. 947-969.

MCCLOSKEY, Deidre. "Other things equal: the so-called Coase theorem", in *Eastern Economic Journal*, vol. 24, n. 3, 1998.

NASH, John. "The bargaining problem", in *Econometrica*, vol. 18, n. 2, abr. 1950.

POSNER, Richard. "Strict liability: a comment", in *Journal of Legal Studies*, vol. 2, n. 1, jan. 1973.

______. *Economic Analysis of Law*. 6ª ed., Nova York: Aspen, 2003.

SCOGNAMIGLIO, Renato. *Contributo alla Teoria del Negozio Giuridico*. Nápoles: Jovene, 1950.

STIGLER, George. *The Theory of Price*. 3ª ed., Nova York: Macmillan, 1966.

ULEN, Thomas. "The efficiency of specific performance: toward a unified theory of contract remedies", in *Michigan Law Review*, vol. 83, n. 2, nov. 1984, pp. 341-403.

Atualidades

A ATUAÇÃO EMPRESARIAL DO ESTADO E O PAPEL DA EMPRESA ESTATAL

MARIO ENGLER PINTO JR.

1. A inserção da empresa estatal na Administração Pública. 2. Pressupostos da atuação empresarial do Estado. 3. O interesse público incorporado na empresa estatal. 4. 0 conteúdo da lei autorizativa. 5. Conciliação entre interesse público e finalidade lucrativa. 6. A função social da empresa estatal.

1. A inserção da empresa estatal na Administração Pública

O Estado pode recorrer à forma societária para organizar tanto a prestação de serviços públicos, quanto a exploração de atividade econômica sujeita à livre iniciativa e em regime de competição com o setor privado.[1] Enquanto no primeiro caso existe liberdade de escolha do modelo organizacional (prestação centralizada ou descentralizada sob forma autárquica, fundacional ou empresarial), no segundo a atuação do Estado ocorre obrigatoriamente por intermédio de empresa pública ou sociedade de economia mista.[2]

Quando adota a forma societária para a exploração de determinada atividade econômica em regime de concorrência com a iniciativa privada, o Estado deve submeter-se às regras do direito privado. É o que prescreve o art. 173, § 1º, II, da Constituição Federal de 1988, segundo o qual as empresas estatais ficam sujeitas ao regime próprio das empresas privadas, inclusive quanto a direitos e obrigações civis, comerciais, trabalhistas e tributários. A regra visa a assegurar condições igualitárias de competição entre empresas estatais e privadas que disputam o mesmo mercado.[3-4]

1. Assume-se aqui que o conceito de livre iniciativa corresponde ao direito individual de empreender livremente, vale dizer, pressupõe a existência de liberdade para iniciar o exercício de atividade econômica, salvo nos casos de monopólio constitucional. Já a livre concorrência tem a ver com a forma do exercício da atividade econômica, funcionando como calibragem do poder econômico.

2. A referência a "outras entidades", contida na versão original do § 1º do art. 173 da Constituição de 1988, dava a entender que o Estado, suas autarquias ou fundações também podiam exercer atividades econômicas reservadas à iniciativa privada, sujeitando-se ao regime de direito privado em suas relações com terceiros. A Emenda Constitucional n. 19, de 1998, suprimiu o § 1º e deu nova redação ao art. 173, para exigir a adoção da forma societária sempre que o poder público resolva ingressar no domínio econômico para competir com empreendedores particulares.

3. A equiparação já constava do art. 170 da Constituição Federal de 1967/1969, tendo sido mantida pelo art. 173 da Constituição Federal de 1988, mesmo após a Emenda n. 19, de 1998.

4. Nesse sentido, preleciona Marçal Justen Filho: "A adoção de forma de direito privado é uma imposição necessária quando o Estado exercitar atividade econômica em sentido restrito. Tal estava previsto já na CF/1967 (art. 163, § 2º) e foi consagrado explicitamente na atual Carta, cujo art. 173, § 1º, alude ao regime jurídico próprio das empresas privadas quanto ao exercício pelo Estado de atividades econômicas propriamente ditas. O Estado vale-se,

A mesma intenção niveladora justifica a disposição contida no § 2º do art. 173, que veda à empresa pública e à sociedade de economia mista o gozo de privilégios fiscais não extensivos ao setor privado. Consolidou-se no campo doutrinário e jurisprudencial o entendimento de que a vedação constitucional somente seria aplicável à companhia sujeita ao regime de competição com o setor privado. Já a empresa pública, que atua na condição de delegatária do Estado, estaria ao abrigo da imunidade tributária recíproca prevista no art. 150, VI, "a", da Constituição Federal.[5-6]

O tratamento diferenciado em função da natureza da atividade exercida tem raízes na interpretação restritiva do art. 173, § 1º, da Constituição Federal (na redação da Emenda n. 19, de 1998), que prevê a edição de lei de alcance nacional para estabelecer o estatuto jurídico das empresas estatais "que explorem atividade econômica de produção ou comercialização de bens ou de prestação de serviços", as quais ficarão sujeitas ao regime próprio das empresas privadas. O Supremo Tribunal Federal decidiu que o dispositivo não alcança a empresa estatal prestadora de serviço público, o que, na prática, significa equipará-la a uma autarquia.[7]

A feição autárquica pode até fazer sentido para a empresa pública unipessoal que presta serviço de competência do ente controlador, pois a situação é em tudo equivalente à prestação direta pelo Estado, tornando justificável o benefício da imunidade. O mesmo tratamento afigura-se descabido se a prestação do serviço público for intermediada por sociedade de economia mista com participação de acionistas privados, ou por empresa estatal atuando como concessionária de outra esfera de governo. Nesse caso, o interesse da companhia adquire autonomia própria, seja porque passa a abrigar anseios estranhos à administração pública, seja porque fica sujeito a influências externas à vontade do Estado.[8]

em tal hipótese, de pessoas dotadas de personalidade jurídica de direito público é uma situação anômala, que configura infringência da ordem constitucional. Aliás, o tema foi objeto de discussão pelo STF, quando reconheceu a impossibilidade de qualificar-se como autarquia o Banco Regional de Desenvolvimento do Extremo Sul – BRDE" (Marçal Justen Filho, "O regime jurídico das empresas estatais e a distinção entre o 'serviço público' e 'atividade econômica'", *Revista de Direito do Estado*, 1/122).

5. A tese é defendida por Eros Roberto Grau, que admite a fruição de privilégios fiscais pelas empresas públicas e sociedades de economia mista, inclusive quando prestem serviço público passível de ser concedido à iniciativa privada (Eros Roberto Grau, *A Ordem Econômica na Constituição de 1988*, 8ª ed., p. 97).

6. São várias as decisões do STF nesse sentido envolvendo a Empresa Brasileira de Telégrafos (Ação Cível Originária n. 765) e a Empresa Brasileira de Infra-Estrutura Aeroportuária – Infraero (Recurso Extraordinário n. 363.412). No caso da Companhia Docas do Estado de São Paulo – Codesp, entretanto, o Tribunal não reconheceu a imunidade recíproca, sob alegação de que se tratava de empreendimento remunerado mediante pagamento de preço ou tarifa pelo usuário (Recurso Extraordinário n. 253.472).

7. Confira-se, a propósito, a decisão do STF que rejeitou a tentativa de desapropriação, pelo Estado do Rio de Janeiro, de bem pertencente à Companhia Docas do Rio de Janeiro, por considerá-la sociedade de economia mista federal exploradora de serviço público portuário, reservado à União (Recurso Extraordinário n. 172.816-7-RJ). O Tribunal adotou o mesmo fundamento para livrar a Empresa Brasileira de Correios e Telégrafos de penhora incidente sobre seus bens, em execução promovida por credor particular (Recurso Extraordinário n. 229.696-7-PE). Finalmente, a condição de empresa estatal prestadora de serviço público foi invocada, com sucesso, pela Companhia do Metropolitano de São Paulo – Metrô para afastar penhora incidente sobre a receita tarifária, que estaria comprometendo o custeio da operação e colocando em risco a sua continuidade (Ação Cautelar n. 669).

8. A regra do art. 173 da Constituição Federal, que leva em conta a natureza da atividade para definir a sujeição da empresa estatal ao regime jurídico aplicável às empresas privadas, é criticada por Carlos Ari Sundfeld: "O art. 173, na versão atual, decorrente da reforma administrativa, aparentemente acenou para uma flexibilização do regime das empresas estatais exploradoras de atividade econômica e, portanto, teria acenado também para a manutenção de regime mais rígido para empresas estatais prestadoras de serviço público. Isso é um equívoco total. O fato de ser ou não prestadora de serviço público nada tem a ver com a maior ou menor necessi-

A Constituição Federal utiliza as expressões "empresa pública" e "sociedade de economia mista" em diversas passagens, embora sem defini-las diretamente.[9] Portanto, a noção jurídica correspondente deve ser construída levando em conta o conjunto de normas constitucionais e legais aplicáveis a tais entidades. Daí resulta que a caracterização da sociedade de economia mista pressupõe o concurso de dois elementos essenciais, sendo um formal e outro substancial. Primeiro, a existência de autorização legislativa para constituição da companhia e, segundo, a titularidade do controle acionário por pessoa jurídica de direito público.[10]

As definições de empresa pública e sociedade de economia mista constantes do art. 5º Decreto-lei federal n. 200/1967 têm os seguintes ingredientes comuns: (i) criação autorizada por lei; (ii) personalidade jurídica de direito privado; (iii) patrimônio próprio; (iv) forma societária; e (v) exploração de atividade econômica. O traço distintivo reside no fato de a empresa pública ter como único acionista a União, enquanto na sociedade de economia mista apenas a maioria do capital votante deve pertencer à União ou a entidades da administração indireta. Tais disposições são aplicáveis exclusivamente em nível federal, com o objetivo de identificar as entidades sujeitas ao regime jurídico próprio da administração indireta daquela esfera de governo.

O Ato Institucional n. 8, de 2 de abril de 1969, procurou induzir os governos subnacionais a seguirem o mesmo padrão de reforma administrativa adotado no âmbito federal. Dessa forma, autorizou os Estados federados, assim como os Municípios mais populosos, a fazerem uso do mesmo instrumento normativo excepcional para reestruturar suas respectivas administrações, que, por sua vez, deveriam ser orientadas pelos mesmos princípios adotados pela União, embora admitindo adaptações em função das peculiaridades locais.[11]

dade de flexibilização em temas como o regime de pessoal ou a licitação. A flexibilidade em relação a esses pontos não tem a ver com o tipo de serviço prestado, mas com a lógica econômica em que a empresa funciona" (Fundação Getúlio Vargas, "Empresas estatais a caminho da governança corporativa", *Debate Público* 3/35).

9. A ausência de um conceito constitucional de empresa pública e sociedade de economia mista é apontado por Carlos Ari Sundfeld: "A Constituição Federal de 1988, tanto em sua redação original como na resultante da Emenda 19, de 1998, menciona as 'sociedades de economia mista' e as 'empresas públicas' (por exemplo: art. 22, XXVII; art. 37, XIX), chegando a aludir, também, à (à primeira vista enigmáticas) figura das 'sociedades controladas, direta ou indiretamente, pelo Poder Público' (caso do art. 37, XVII) e das 'sociedades instituídas e mantidas pelo Poder Público' (art. 71, II), ademais das 'subsidiárias' de todos esses entes (exemplo: art. 37, XX). Mas essa diversidade tipológica não adquire qualquer sentido constitucional, pelo simples fato de a Constituição não se haver encarregado de, direta ou indiretamente, apontar as diferenças, limitando-se a tratar do que há de comum a todas essas sociedades: o regime da Administração Pública Indireta. Portanto, não existe um conceito constitucional de empresa pública e de sociedade de economia mista" (Carlos Ari Sundfeld, "A participação privada nas empresas estatais", in Carlos Ari Sundfeld (coord.), *Direito Administrativo Econômico*, p. 267).

10. Cf. Fábio Konder Comparato, "Sociedade de economia mista transformada em sociedade anônima ordinária – Inconstitucionalidade", *Revista Trimestral de Direito Público* 25/62. Nas palavras do autor: "O termo técnico utilizado em tais disposições representa, na verdade, um conceito em tudo análogo às *regulae iuris* da terminologia técnica romana: ou seja, nada mais é do que a expressão condensada de um conjunto de normas, ou aquilo que Ihering denominou de 'construção jurídica'".

11. Com fundamento na autorização dada pelo Ato Institucional n. 8, o Governo do Estado de São Paulo editou o Decreto-lei complementar n. 7, de 6.11.1969, que deu tratamento sistêmico à organização da administração indireta estadual, compreendendo a estrutura, o funcionamento e o relacionamento das entidades descentralizadas com as autoridades superiores da administração direta. O Decreto-lei complementar estadual n. 7/1969 também emprega o termo "empresa pública" presente no Decreto-lei federal n. 200/1967, porém, não menciona literalmente a sociedade de economia mista, preferindo o uso do termo "empresa de cujo capital o Estado tenha participação majoritária", que, a rigor, designa o mesmo fenômeno jurídico.

Sob a ótica do direito constitucional e administrativo, toda sociedade controlada direta ou indiretamente por pessoa jurídica de direito público, independentemente de sua constituição ter sido precedida de lei autorizativa, é considerada parte integrante da administração pública, ficando subordinada a alguns ditames constitucionais também aplicáveis ao conjunto do setor público: (i) princípios da legalidade, impessoalidade, moralidade, publicidade e eficiência (cf. art. 37, *caput*, Constituição Federal); (ii) submissão ao controle externo do Tribunal de Contas (cf. art. 71, II, Constituição Federal); (iii) exigência de concurso público para admissão de pessoal (cf. art. 37, II) e (iv) contratação mediante processo licitatório (cf. art. 37, XXI).

Ao contrário do Decreto-lei n. 2.627, de 19 de setembro de 1940 (legislação anterior sobre sociedades anônimas), que era silente sobre a figura da sociedade de economia mista, a Lei n. 6.404, de 15 de dezembro de 1976 (lei atual sobre sociedades anônimas) dedicou um Capítulo inteiro ao assunto, com normas derrogatórias do regime comum aplicável às demais companhias (Capítulo XIX, arts. 235 a 242). Não consta da Lei n. 6.404/1976 nenhuma alusão expressa à figura da empresa pública, o que denota a preocupação primordial de regular a convivência entre acionista controlador público e acionistas minoritários privados, e não propriamente o funcionamento da sociedade unipessoal controlada pelo poder público. No entanto, a pluralidade qualitativa de sócios não deve ser vista como condição essencial para a companhia controlada por pessoa jurídica de direito público ficar sujeita ao tratamento diferenciado aplicável às sociedades de economia mista. A rigor, tanto a sociedade efetivamente unipessoal, quanto aquela integrada apenas por entidades da administração pública, podem ser destinatárias das disposições contidas no Capítulo XIX da Lei n. 6.404/1976.

Não há um conceito unívoco de sociedade de economia mista, seja porque a Constituição Federal não contém uma definição explícita, seja porque o Decreto-lei n. 200/1967 aplica-se exclusivamente à administração pública federal e com foco em questões típicas de direito administrativo, seja ainda porque a Lei n. 6.404/1976 também se esquivou da conceituação direta. O intérprete deve ficar atento para o fato de que o ordenamento jurídico utiliza o termo "sociedade de economia mista" em diversas passagens, porém, com nuances distintas quanto ao regime jurídico aplicável.[12] Sob o prisma da legislação societária, a empresa controlada por uma companhia mista não estaria abrangida pelas exceções do Capítulo XIX da Lei n. 6.404/1976 e, no entanto, pode ser considerada sociedade de economia mista em face do texto constitucional.

Alguns doutrinadores reconhecem na sociedade de economia mista regida pela Lei n. 6.404/1976 a aptidão apenas para explorar atividade econômica sujeita à livre iniciativa, reservando à empresa pública constituída sob a forma de sociedade unipessoal a prestação de serviço público de titularidade estatal.[13] Seme-

12. Eros Roberto Grau chama atenção para a existência de mais de um conceito legal de sociedade de economia mista no direito positivo brasileiro, eis que o Decreto-lei federal n. 200/1967 e a Lei n. 6.404/1976 concebem-na de formas diversas (Eros Roberto Grau, "Lucratividade e função social nas empresas sob controle do Estado", *RDM* 55/39-40). No mesmo sentido manifesta-se Newton de Lucca: "(...) inexistindo, na ordenação jurídica nacional, um conceito unívoco do que seja uma 'sociedade de economia mista', conforme será mostrado logo a seguir, sendo possível ocorrer tal categorização em razão da presença de diferentes fatores, poderá perfeitamente ocorrer que uma sociedade seja 'de economia mista', segundo a conceituação de um determinado diploma legal, sem que venha a ser considerada como tal por um outro texto de lei" (Newton de Lucca, *O Regime Jurídico da Empresa Estatal no Brasil*, Tese de Livre-Docência em Direito Comercial, Faculdade de Direito da USP, p. 131).

13. Esse é o caso, por exemplo, de Antônio Carlos Cintra do Amaral, para quem "somente as sociedades anônimas, criadas e controladas pelo Estado, que tivessem por objeto o exercício de atividade econômica, seriam abrangidas pelas normas do Ca-

lhante entendimento afigura-se inaceitável e não tem apoio na lei do acionariato, que, a rigor, não contém nenhuma limitação quanto a natureza do empreendimento, salvo a exigência de sua conformidade com a lei, a ordem pública e os bons costumes, além naturalmente da finalidade lucrativa (cf. art. 2º, *caput*).[14] É certo que o art. 5º do Decreto-lei federal n. 200/1967 utiliza a expressão "atividade econômica" para indicar o escopo da empresa pública e da sociedade de economia mista, o que, à primeira vista, não incluiria a prestação de serviço público. Tudo sugere, porém, que o legislador federal referiu-se a "atividade econômica" em sentido amplo, e não no sentido estrito de negócio especulativo característico do setor privado.[15]

Tornou-se pacífica a existência de sociedades de economia mista subnacionais, seja para prestação de serviços públicos, seja para exercício de atividade econômica qualificada pelo relevante interesse coletivo a que se refere o art. 173 da Constituição Federal, estando ambas sujeitas aos ditames da legislação societária.[16] Apenas o motivo de segurança nacional é considerado privativo da União para efeito de justificar a intervenção no domínio econômico, não se estendendo às demais esferas de governo.

A lei estadual ou municipal que autoriza a constituição de empresa pública ou sociedade de economia mista deve aceitar integralmente o modelo previsto na Lei n. 6.404/1976, não lhe sendo facultado alterar as normas de ordem pública previstas naquele diploma legal, para melhor adequá-las às peculiaridades locais. Isso porque falta aos entes subnacionais competência legislativa em matéria de direito civil e comercial, que é privativa da União nos termo do art. 22, I, da Constituição da República.[17]

pítulo XIX da Lei n. 6.404/1976, porque somente estas seriam sociedades de economia mista, quer as criadas e controladas pela União, quer por Estado-membro ou município. Quanto às concessionárias de serviço público – criadas e controladas pelo Estado ou pelo particular – estariam submetidas ao regime das sociedades anônimas em geral (obviamente quando revestidas dessa forma), sem as exceções do Capítulo XIX" (Antônio Carlos Cintra do Amaral, "Conceito de sociedade de economia mista no contexto da nova lei das sociedades anônimas", *Revista de Direito Público* 37-38/34). No mesmo sentido manifesta-se Arnoldo Wald: "Efetivamente, a sociedade de economia mista deixa de ser uma técnica empregada para a satisfação das necessidades públicas essenciais, para a realização dos serviços públicos, sendo substituída nesse campo pela empresa pública. Mas a companhia mista torna-se uma forma pela qual o Estado incentiva a produção em caso de insuficiência dos capitais particulares" (Arnoldo Wald, "As sociedades de economia mista e as empresas públicas no direito comparado", *Revista Forense* 152/512).

14. A opinião é compartilhada por Modesto Carvalhosa: "Não assiste razão aos administrativistas que fazem distinção entre sociedade de economia mista que presta serviço público e aquela exploradora de atividade econômica" (Modesto Carvalhosa, *Comentários à Lei de Sociedades Anônimas*, cit., vol. 4, t. 1, p. 379).

15. A distinção é fruto da elaboração doutrinária de Eros Roberto Grau. Na visão do autor, atividade econômica em sentido amplo abrange tanto a prestação de serviço público ao abrigo do art. 175 da Constituição, quanto a exploração de empreendimento sujeito à livre iniciativa, cuja atuação do Estado possui caráter excepcional e encontra fundamento no art. 173. Já a atividade econômica em sentido estrito resume-se à segunda hipótese. Para o autor, "a prestação de serviço público está voltada à satisfação de necessidades, o que envolve a utilização de bens e serviços, recursos escassos. Daí podermos afirmar que o serviço público é um tipo de atividade econômica" (Eros Roberto Grau, *A Ordem Econômica na Constituição de 1988*, cit., p. 92).

16. Cf. Fábio Konder Comparato, "Venda em bolsa de ações da União Federal no capital de Sociedade de Economia Mista e desrespeito às normas disciplinares do mercado de capitais", cit., p. 295. No mesmo sentido, v. Toshio Mukai, "A sociedade de economia mista na lei das S/A", *Revista de Direito Administrativo* 136/298.

17. Nesse sentido, pondera Newton de Lucca: "Os Estados-membros e os Municípios não podem, por mais louváveis que possam ser os seus propósitos, editar normas que sejam derrogatórias do direito comum das sociedades. Podem tomar de empréstimo o modelo jurídico de sociedade por ações para o exercício da sua atividade. Podem, em nome do interesse público, acrescentar a essa modelo, normas de controle da natureza administrativa. Mas não podem deformar esse modelo, a pretexto de es-

A nova redação data ao art. 173 pela Emenda Constitucional n. 19, de 1998, previu a instituição do chamado estatuto jurídico da empresa pública, da sociedade de economia mista e de suas subsidiárias que explorem atividade econômica de produção ou comercialização de bens ou de prestação de serviços dispondo, dentre outras coisas, sobre regime simplificado de licitação e contratação de obras, serviços, compras e alienações, observados os princípios da administração pública. O art. 173 sugere que o estatuto jurídico das empresas estatais deva ser veiculado por lei federal, destinando-se à aplicação em âmbito nacional, o que, por seu turno, consolida a possibilidade de utilização da forma societária pelas três esferas de governo.[18] Não se deve confundir estatuto jurídico com estatuto social, para entender que também este último está submetido à reserva legal.

Caberá à lei referida no art. 173 da Carta Política dispor sobre pontos importantes relativos à empresa pública e à sociedade de economia mista, compreendendo (i) função social e formas de fiscalização pelo Estado e pela sociedade; (ii) sujeição ao regime jurídico próprio das empresas privadas, inclusive quanto aos direitos e obrigações civis, comerciais, trabalhistas e tributários; (iii) licitação e contratação de obras, serviços, compras e alienações, observados os princípios da administração pública; (iv) constituição e funcionamento dos conselhos de administração e fiscal, com a participação de acionistas minoritários; e (v) mandato, avaliação de desempenho e responsabilidade dos administradores.

Além de abranger temas típicos de direito administrativo (*v.g.*, flexibilização de procedimentos para contratação), seria importante que o diploma legal definisse melhor o sentido e alcance da atuação empresarial do Estado, bem como instituísse mecanismos de controle social e adequasse a estrutura e funcionamento dos órgãos societários à feição publicista da companhia. As novas normas terão efeito derrogatório da legislação societária comum, aprofundando o regime especial que incide sobre a sociedade de economia mista, previsto no Capítulo XIX da Lei n. 6.404/1976, sem conflitar com o preceito constitucional que determina a equiparação às empresas privadas (cf. art. 173, § 1º, II).

Tramita atualmente no Congresso Nacional o Projeto de Lei Complementar n. 207/2009, de iniciativa do Presidente do Senado Federal, que institui o estatuto jurídico das empresas estatais. Embora o texto contenha imprecisões conceituais e soluções tecnicamente equivocadas (*v.g.*, confunde missão pública com função social da empresa estatal e transforma o conselho fiscal em órgão avaliador do desempenho dos administradores), significa inegável avanço no tratamento da matéria. Merecem destaque positivo pelo menos sete aspectos inovadores: (i) exigência de que a lei autorizativa da constituição da empresa estatal indique o relevante interesse coletivo ou imperativo de segurança nacional (art. 1º, parágrafo único); (ii) fortalecimento do controle social pela atribuição de legitimidade a qualquer cidadão para solicitar informações à empresa estatal e propor ação de responsabilidade contra os administradores (art. 11, § 2º e art. 18); (iii) obrigatoriedade da existência do conselho de administração também na empresa pública (art. 7º); (iv) abertura de espaço para representação da sociedade civil no conselho de administração (art. 14, IV); (v) afastamento da ameaça de

tarem editando regras de direito administrativo" (Newton de Lucca, ob. cit., p. 121).

18. Fábio Konder Comparato argumenta que, em princípio, caberia a uma lei com abrangência nacional definir as hipóteses de relevante interesse público e motivo de segurança nacional referidas no art. 173 da Constituição da República. Todavia, mesmo na ausência desse diploma geral, o autor entende que a União e os entes federados podem constituir sociedades de economia mista com base em autorização da lei local, à qual cabe avaliar a presença dos requisitos constitucionais para intervenção do Estado no domínio econômico (Fábio Konder Comparato, "Ordem Econômica na Constituição Brasileira de 1988", *Revista de Direito Público* 23/270-271, n. 93).

perda do controle estatal pela aquisição de voto das ações preferenciais, ou por qualquer outro instrumento previsto na legislação societária (art. 4º, § 1º); (vi) vinculação do administrador da empresa estatal ao cumprimento do interesse público que lhe é inerente (art. 10, parágrafo único); (vii) fortalecimento da fiscalização do Tribunal de Contas e sua conciliação com a natureza e dinâmica das decisões empresariais (art. 16).

2. *Pressupostos da atuação empresarial do Estado*

A atuação empresarial do Estado pode ocorrer em dois ambientes bastante distintos: (i) prestação de serviços públicos de titularidade estatal; e (ii) exercício de atividade econômica sujeita à livre iniciativa e em regime de competição com empreendedores privados. No primeiro caso, a adoção da forma societária é orientada por critérios de conveniência e oportunidade, seguindo a mesma lógica da descentralização administrativa. Trata-se de técnica de organização jurídica de determinada atividade considerada de utilidade pública. No segundo caso, a decisão do Estado pressupõe a existência de relevante interesse coletivo ou motivo de segurança nacional, conforme se depreende do art. 173 da Constituição Federal. O recurso ao modelo de sociedade empresária adquire outra dimensão, assim como o relacionamento do Estado com o setor privado, na medida em que pode haver concorrência na exploração da mesma atividade.

Em ambas as hipóteses, a empresa estatal não age de forma economicamente neutra ou visando apenas à maximização dos lucros, mas funciona como instrumento de políticas públicas. As políticas públicas não têm necessariamente compromisso com a eficiência econômica alocativa ou produtiva, podendo inspirar-se na lógica redistributivista.[19] O ideal da redistribuição – assim como a democracia política – tem um custo econômico para a sociedade, embora perfeitamente justificável sob o ponto de vista ético-moral. Todavia, a busca da maior eqüidade social pressupõe comparações interpessoais de utilidade, o que sempre foi rejeitado pela teoria econômica clássica e apenas recentemente vem recebendo o apoio de correntes de pensamento mais progressistas. Para a correta compreensão da realidade, não parece mais aceitável a abstração do modelo tradicional, que atribui a uma unidade monetária o mesmo valor relativo, quando oferecida ao mendigo ou contabilizada pelo milionário.[20-21]

19. A eficiência produtiva é medida pelo desempenho de cada empresa e decorre da razão entre custo de insumos e valor da produção. Uma empresa será tão mais eficiente, quanto menor for o custo de sua produção. Já a eficiência alocativa tem a ver com o emprego economicamente mais rentável dos fatores de produção. Conforme adverte Ana Frazão Azevedo Lopes: "A busca da eficiência produtiva logo se mostrou uma excelente justificativa para a concentração empresarial, que passou a ser vista não apenas como útil, mas também como indispensável para a economia de escala. Sob essa perspectiva, a proteção à concorrência tornou-se um paradoxo, na medida em que a concentração do poder econômico seria benéfica para o consumidor" (Ana Frazão Azevedo Lopes, *Empresa e Propriedade: Função Social e Abuso de Poder Econômico*, p. 309).

20. A dificuldade dos economistas em aceitar semelhante trade off decorre da falta de modelos teóricos que permitam as chamadas comparações interpessoais de utilidade, conforme ressalta Joseph Stiglitz: "The trade-off between equity and efficiency is at the heart of many discussions of public policy. Two questions are debated. First, there is disagreement about the nature of the trade-off. To reduce inequality, how much efficiency do we have to give up? (...) Second, there is disagreement on the relative value to be assigned to a decrease in inequality compared to a decrease in efficiency. (...) Since there is no 'scientific' basis for making such welfare comparison, many economists believe economists should limit themselves to describing the consequences of different policies, pointing out who are the gainers and who are the losers, and that should be the end of their analysis. They believe the only circumstances in which economists should make welfare judgments is when the policy change is a Pareto improvement. Unfortunately, as we have said, few policy changes are Pareto improvements, and hence without making interpersonal comparisons of welfare, economists have little to say regarding policy" (Joseph E. Stiglitz, Economics of the Public Sector, cit., pp. 94 e 103-104).

21. A tentativa mais destacada de superação do modelo neoliberal utilitarista, mediante a introdução

Em se tratando de companhia que presta serviço público de competência do próprio Estado controlador, o mais relevante objetivo de política pública consiste na garantia de oferta e acesso universal por parte dos usuários atuais e potenciais. O ideal da universalização do serviço público de natureza essencial pode ser alcançado mediante práticas de tarifa social, cobrança de preços discriminatórios e subsídio cruzado, assim como pela realização de investimentos que geram externalidades sociais positivas, mas possuem baixo retorno financeiro.[22]

A empresa estatal que presta serviço público titularizado pelo ente controlador não adquire automaticamente o *status* jurídico de concessionária sujeita às disposições da Lei n. 8.987/1995. Como regra, trata-se de delegação legal ou contratual, e não de relação típica de concessão. A prestação de serviço público por intermédio de empresa estatal caracteriza atuação direta, embora descentralizada. A companhia nesse caso funciona como *longa manus* do Estado.[23]

Se parece intuitiva a presença do interesse público em qualquer prestação de serviço público, seja aquele formalmente definido no ordenamento jurídico, seja aquele materialmente identificado a partir da análise histórico-sociológica, o exercício de atividade econômica *stricto sensu* pelo Estado assenta-se sobre outros fundamentos. O fator de legitimidade do empreendimento estatal não decorre automaticamente da essencialidade da produção, mas pressupõe a presença de relevante interesse coletivo ou imperativo de segurança nacional.

No caso de fornecimento estatal em ambiente de mercado e sem barreiras jurídicas à entrada de empreendedores privados, a questão das políticas públicas demanda abordagem mais ampla, que transcende o objetivo específico da universalização, embora sem excluí-lo. Não faz sentido imaginar que, nessa hipótese, o papel da empresa estatal estaria restrito à geração de receita ao erário, através da distribuição de dividendos. A exploração da atividade econômica deve ser entendida como um meio para o Estado alcançar finalidades públicas, o que atribui à empresa estatal uma função tipicamente instrumental.

Sob o império da Carta Política de 1967/1969, a intervenção do Estado na eco-

de variáveis éticas para explicar o comportamento dos agentes privados, é atribuída ao economista indiano Amartya Sen (Amartya Sem, *Sobre Ética e Economia*, trad. Laura Teixeira Motta, 2000).

22. Calixto Salomão Filho lembra que a universalização também deve ser o principal objetivo da regulação da chamada indústria de rede explorada por empresas privadas em regime de serviço público, podendo ainda justificar a intervenção direta do Estado em setores não-regulamentáveis. Segundo o autor: "A universalização é, via de regra, não-lucrativa, pois implica estender a rede até consumidores longínquos e sem poder aquisitivo. Por outro lado, a empresa privada não estará disposta a estender a prestação de serviço simplesmente pelas externalidades sociais positivas que apresenta. Em conseqüência, há características que assemelham-no bastante aos problemas que levaram à identificação de setores não-regulamentáveis, onde a intervenção direta do Estado é necessária" (Calixto Salomão Filho, *Regulação da Atividade Econômica: Princípios e Fundamentos Jurídicos*, p. 58).

23. O equívoco da equiparação da empresa estatal prestadora de serviço público à condição de concessionária é apontado por Eros Roberto Grau: "Em oportunidades anteriores insisti, reiteradamente, em que as empresas estatais prestadoras de serviço púbico – empresas públicas e sociedades de economia mista – ocupariam a situação de concessionárias desses serviços, Devo no entanto, agora, reformular esse entendimento. É que tais empresas, em verdade, são *delegadas* e não *concessionárias* de serviço público. (...) As empresas estatais, no entanto, não celebram nenhum 'contrato de concessão' com o Estado; não manifestam adesão à situação de concessionárias: são constituídas visando à prestação do serviço. Ocupam a situação de prestadoras de serviço público não em decorrência de manifestação de vontade própria, em aceitar atribuição de capacidade para o exercício da atividade, porém, em decorrência de imposição legal. Para tanto foram criadas como extensão do Estado. Assim não se estabelece, quanto às funções nas quais são investidas, nada, absolutamente nada que corresponda à prorrogação de contrato e às condições de caducidade, fiscalização ou rescisão da concessão" (Eros Roberto Grau, ob. cit., pp. 121-122).

nomia era admitida somente em caráter suplementar à iniciativa privada, para organizar setor que não podia ser desenvolvido com eficácia no regime de competição e de liberdade de iniciativa (cf. art. 163 c/c art. 170 e § 1º). O caráter subsidiário da intervenção estatal tinha função de integração capitalista, eis que vocacionada à preservação dos mercados diante da ausência da iniciativa privada, ou pela presença ameaçadora de monopólios de fato. Invocava-se o princípio da subsidiariedade do empreendimento público para justificar a ocupação de espaços vazios deixados pela iniciativa privada, em razão de falta de interesse ou de incapacidade empreendedora.[24]

A legitimidade da ação interventiva dependia da impossibilidade de algum setor produtivo funcionar adequadamente no regime de liberdade de mercado. Essa constatação, porém, não podia ignorar o comportamento *in concreto* dos agentes econômicos privados. Tanto a ausência completa de investimento particular, quanto o excesso de concentração econômica com efeitos distorcivos na formação de preços e na garantia de abastecimento, eram considerados motivos suficientes para permitir a investida empresarial pública. A nova conformação de mercado daí resultante podia significar, inclusive, a instauração da concorrência entre empresas públicas e privadas. A entrada do Estado na cena econômica não afastava automaticamente a iniciativa privada, assim como a presença da iniciativa privada não impedia a atuação concomitante do Estado.

A vigente ordem econômica constitucional não deixa dúvida sobre a adoção do modelo capitalista de livre mercado, embora com temperamentos. A opção política é revelada pela referência aos princípios da livre iniciativa (liberdade de empreender), propriedade privada e livre concorrência (exercício da atividade econômica em regime de competição e sem privilégios discriminatórios) (cf. art. 170, *caput*, II e IV). Todavia, o texto constitucional admite mitigações ao regime da livre empresa, de modo a compatibilizá-lo com outros interesses igualmente dignos de proteção: (i) dignidade da pessoa humana; (ii) justiça e solidariedade; (iii) soberania nacional; (iv) função social da propriedade; (v) defesa do consumidor; (vi) defesa do meio ambiente; (vii) redução das desigualdades regionais e sociais; (viii) busca do pleno emprego; (ix) tratamento favorecido às empresas nacionais de pequeno porte; e (x) repressão ao abuso do poder econômico. Tais vetores axiológicos legitimam a imposição de restrições aos negócios privados e servem também para orientar o exercício da atividade econômica pelo Estado.[25]

24. Cf. Eros Roberto Grau, "Lucratividade e função social nas empresas sob controle do Estado", *RDM* 55/52. Nesse sentido, o autor afirma: "Quanto [às empresas sob controle do Estado] que produzem para o mercado, sempre no desenvolvimento de função de integração capitalista – na medida em que sua atuação está vocacionada à preservação dos mercados – justifica-se a sua existência, fundamentalmente, pelo atendimento imediato, cumulativo ou não, dos seguintes objetivos: supressão de incapacidade ou falta de interesse momentâneo do setor privado na exploração da atividade; supressão da insuficiência da oferta; coibição de situação de monopólio de fato; implementação da função social da propriedade e promoção do pleno emprego" (p. 52).

25. Fábio Konder Comparato assim se manifesta para legitimar a imposição de restrições à liberdade econômica privada, sob inspiração dos princípios constitucionais mitigadores: "A Constituição brasileira de 1988, seguindo na linha inaugurada em 1934, aparta-se, nitidamente, do modelo liberal clássico. O legislador ordinário já não é soberano em matéria de política econômica e social, mas deve pautar suas decisões legislativas pelos princípios e diretrizes constantes do texto constitucional. Tais princípios e diretrizes não são apenas de caráter negativo, fixando limites intransponíveis à ação legislativa. Eles impõem, também, tanto ao administrador público quanto ao próprio legislador, um comportamento positivo, dirigido à consecução de objetivos determinados e ao desenvolvimento de programas de ação no campo social e econômico. Neste sentido, já não cabe tratar a regulação estatal das atividades empresariais como mera intervenção – excepcional e temporária – do Estado no campo econômico privado, mas como o desempenho ordinário de um dever constitucional. (...) A liberdade empresarial, como se disse, não pode ser tomada em

Nesse contexto, a atuação da empresa estatal é capaz de assumir contornos regulatórios, a partir da interação direta com os demais participantes do mercado, visando à imposição de condutas socialmente desejáveis. O ativismo empresarial do Estado não se destina apenas a corrigir eventuais falhas de mercado, mas se reveste de conteúdo axiológico em prol do consumidor e da inclusão social. O conceito de regulação nesse caso deve ser entendido de forma ampla, não se confundindo com a regulação clássica de natureza comportamental, que procura impor normas de conduta aos agentes privados sob ameaça de sanções administrativas. Trata-se de medida estrutural que serve de contraponto ao poder econômico privado, tornando-se mais efetiva para produzir os resultados desejados pela ordem jurídica.

Na vigência da anterior Carta Política de 1967/1969, que acolhia o princípio da subsidiariedade da intervenção no domínio econômico, a função regulatória da empresa estatal consistia essencialmente na integração do mercado por meio da organização de cadeias produtivas, em que a participação do setor privado era previamente delimitada, não havendo espaço para concorrência intra-setorial. Cabia ainda à empresa estatal apoiar a indústria privada nacional pela garantia de oferta de insumos básicos a preços mais acessíveis. A regulação baseada na dimensão empresarial do Estado tinha objetivos compatíveis com as demandas do capitalismo retardatário que caracterizava a economia brasileira do século XX. Nesse ambiente, a empresa estatal funcionava como autêntica agência de desenvolvimento, cabendo-lhe suprir os recursos materiais e financeiros necessários ao crescimento do setor privado, ainda que à custa da redução de sua própria capacidade de autofinanciamento.

No caso do Brasil, a ação empresarial do Estado tinha caráter de intervenção inaugural para lançar as bases da industrialização nacional, diferentemente dos países europeus ocidentais que promoveram a estatização posterior da economia por motivos predominantemente ideológicos. A função regulatória então exercida pela empresa estatal brasileira visava a articular as relações internas da respectiva cadeia produtiva e afastar a competição entre os agentes privados. O desempenho desse papel pressupunha a detenção de efetivo poder de mercado por parte da empresa estatal, para impor a forma de organização setorial considerada desejável sob a ótica política ou econômica, ou pelo menos para influenciar condutas empresariais particulares no sentido almejado. Daí porque a presença do Estado na economia reforçava a monopolização.[26]

Ultrapassada a fase inicial de desenvolvimento capitalista, a função regulatória da empresa estatal assume outros contornos. Em lugar de promover a integração dos mercados, que tinha como pressuposto a exclusão da concorrência, a companhia pública passa a concorrer diretamente com suas congêneres privadas. A intervenção competitiva torna-se o novo instrumento à disposição da empresa estatal, tendo como

sentido absoluto, o que equivaleria a desvincular a ordem econômica, como um todo, da diretriz superior da justiça social. Mas as restrições necessárias ao exercício dessa liberdade não podem ser de tal monta que acabem por eliminá-la em concreto" ("Regime Constitucional do Controle de Preços no Mercado", *Revista de Direito Público* 97/23).

26. Nesse sentido, afirma Sulamis Dain: "A tendência à monopolização, quando observada, não se dá tanto pelo aumento do coeficiente de concentração e sim resulta de mudança de escala adequada para consumo de massa. É evidente que, de todo modo, estas tendências da expansão capitalista foram acompanhadas da propriedade estatal em muitos setores monopolizados. Isto porque, embora fossem reconhecidos os méritos das novas estruturas concentradas na racionalização da produção em grande escala, sua propriedade privada era percebida como suficientemente ameaçadora para justificar a estatização. As novas funções de regulação da competição destes mercados ampliados se fez, pois, sob a égide do Estado, e pela sua presença consentida na órbita da produção" (Sulamis Dain, *Empresa Estatal e Capitalismo Contemporâneo*, p. 211).

primeiro objetivo a garantia de higidez do mercado, o que obviamente pressupõe a pluralidade de concorrentes. A empresa estatal com poder de mercado também é capaz de induzir os concorrentes privados a adequar o nível de produção e a praticar políticas de preços despidas de ganhos extraordinários.

Trata-se de criar a opção pública da oferta de bens e serviços essenciais, para confrontar o mercado dominado por empresas privadas que modelam o produto sem levar em conta as reais necessidades e possibilidades do público consumidor. O objetivo principal é incorporar no mercado a demanda não atendida pelo fornecimento particular em razão da falta de atrativos econômicos suficientes, ou simplesmente porque existem outros nichos de consumo mais rentáveis.

A moderna função regulatória exercida pela empresa estatal decorre da presença qualificada no mercado compartilhado por empresas privadas, com o propósito de disciplinar a concorrência e estabelecer padrões de comportamento que favoreçam o consumidor à custa da redução da margem de lucro. É bastante sintomático nesse particular o debate conceitual que se trava no âmbito do governo federal, freqüentemente noticiado pelos veículos de imprensa, sobre a contribuição dos bancos públicos para contenção do *spread* cobrado pelo conjunto do setor bancário, como forma de dinamizar a oferta de crédito e melhorar as condições de acessibilidade. As autoridades governamentais finalmente se deram conta de que existe algo de errado com a estrutura de governança e os incentivos econômicos que incidem sobre a empresa estatal.[27]

A empresa estatal, inclusive aquela exposta à concorrência ou que possua acionistas privados, não deve ser encarada como instrumento interventivo transitório e vocacionado ao desaparecimento. Ao contrário, trata-se de solução estrutural que merece ser revigorada para enfrentar problemas que nem o próprio mercado, nem a regulação típica de serviço público ou de natureza concorrencial, são capazes de resolver de modo satisfatório.[28]

A grave crise de confiança dos mercados financeiros globais, que irrompeu no segundo semestre de 2008, trouxe a tona novamente o uso de instrumentos regulatórios que pressupõem a atuação direta do Estado no campo econômico, seja para salvaguardar interesses coletivos mais amplos, seja para afastar o risco sistêmico associado ao mau funcionamento dos mercados. Em casos extremos optou-se pela nacionalização de instituições financeiras privadas, enquanto em outros o governo

27. V. reportagem de capa de Claudia Safatle, publicada no jornal *Valor Econômico*, de 6.2.2009, "Governo coloca em xeque juro alto de banco público".

28. Registre-se a instigação de Calixto Salomão Filho, em obra conjunta com Fábio Konder Comparato: "A atuação da empresa estatal deve ser um dos pontos centrais de preocupação tanto do direito societário quando do regulatório. No campo do direito societário, é preciso identificar instrumentos organizativos capazes de dar maior coerência e eficiência à empresa estatal e de economia mista, ao mesmo tempo que se garante a preservação de objetivos públicos (art. 238 da Lei das sociedades anônimas). No campo regulatório, trata-se de observar os efeitos externos da mesma regra de submissão do interesse dos acionistas ao interesse público. E esses efeitos podem ser muito relevantes. A sociedade de economia mista, desde que tenha poder suficiente no mercado, torna-se órgão planejador e direcionador do desenvolvimento setorial. É particularmente importante em mercados desregulamentados em que a empresa estatal ou de economia mista exerce verdadeira função de planejamento e regulação setorial ao mesmo tempo que, sentindo a pressão da concorrência das empresas privadas, tem forte estímulo para a busca da eficiência econômica. É ao estudo dessa nova sociedade de economia mista, síntese do interesse público e privado, planejadora e capitalista, e à compreensão e (quando possível) resolução de suas contradições internas, que se devem dedicar os esforços dos estudiosos de direito societário de ora em diante. Faz-se premente, portanto, a preocupação e o estudo específico do direito societário das empresas públicas e sociedades de economia mista" (Fábio Konder Comparato e Calixto Salomão Filho *O Poder de Controle na Sociedade Anônima*, 4ª ed., pp. 137-138).

foi levado a aportar recursos sob a forma de participação acionária em tradicionais empresas do setor produtivo, tornando-se acionista relevante com aspiração para influir na gestão dos negócios sociais.

A atuação empresarial do Estado voltou a priorizar a intervenção estrutural para suprir deficiências momentâneas da iniciativa privada, sobretudo no que se refere à oferta de crédito para investimento e consumo, que praticamente secou durante a fase mais acuda dos distúrbios. Trata-se, porém, de movimento passageiro que atribuiu à empresa estatal – e em especial aos bancos públicos – função integradora decorrente de motivos conjunturais. Tal situação não impede que empresa estatal continue servindo de instrumento de ordenação do mercado em ambiente de concorrência, com o objetivo de forçar a redução dos preços em benefício do consumidor.

3. *O interesse público incorporado na empresa estatal*

A empresa estatal enfrenta atualmente um sério problema de crise de identidade, que decorre em grande parte da falta de um referencial teórico sobre seu verdadeiro papel no contexto sócio-econômico. É preciso reconhecer que a finalidade publicista inerente à empresa estatal possui nuances distintas, conforme se trate de prestação de serviço público ou de exploração de atividade econômica em ambiente concorrencial.[29] A atuação empresarial pública não é vazia de conteúdo axiológico, o que impede a sua redução ao objetivo da maximização de lucros. No modelo constitucional brasileiro, não existe hipótese jurídica de a companhia controlada pelo Estado guiar-se exclusivamente pelos impulsos de mercado e de forma desvinculada do interesse público que lhe é peculiar.

O elastério do conceito de relevante interesse coletivo, referido no art. 173 da Constituição Federal de 1988, permite interpretá-lo com a amplitude necessária para abarcar não só a função anterior de integração capitalista, destinada a suprir a insuficiência ou ineficiência da produção particular, como também a intervenção ativa com propósitos redistributivistas. É possível a empresa estatal proporcionar benefício direto ao consumidor, dependendo da forma como forem alocados seus investimentos e também da política de preços adotada, notadamente quando se trata de mercado disputado por competidores privados.

A constatação sobre a relevância do interesse coletivo ou a presença do motivo de segurança nacional, autorizadores do ingresso do Estado no domínio econômico, não é exclusiva do Poder Executivo, mas deve ser compartilhada com o Poder Legislativo, na medida em que envolve um juízo eminentemente político. É o que se depreende da referência expressa, constante da parte final do *caput* do art. 173, que atribui à lei o condão de definir concretamente aqueles pressupostos jurídicos. Relevante interesse coletivo e segurança nacional são conceitos indeterminados, que

29. A essência da atuação empresarial do Estado será sempre redutível ao interesse público, conforme esclarece Eros Roberto Grau: "*Serviço público*, diremos, é atividade indispensável à consecução da coesão social. Mais: o que determina a caracterização de determinada parcela da atividade econômica em sentido amplo como *serviço público* é a sua vinculação ao *interesse social*. Daí por que diremos que, ao exercer atividade econômica em sentido amplo em função de *imperativo da segurança nacional* ou para atender a *relevante interesse coletivo*, o Estado desenvolve *atividade econômica em sentido estrito*; de outra banda, ao exercê-la para prestar acatamento ao *interesse social*, o Estado desenvolve *serviço público*. Detida atenção dedicada a essa circunstância permitirá ao estudioso do Direito Brasileiro observar que são distintos entre si o *interesse coletivo* e o *interesse social*, ainda que ambos se componham na categoria *interesse público*" (Eros Roberto Grau, "Constituição e serviço público", in Eros Roberto Grau e Willis Santiago Guerra Filho (orgs.), *Direito Constitucional. Estudos em Homenagem a Paulo Bonavides*, p. 257).

não prescindem de integração legislativa para sua aplicação específica.[30]

A atuação do Estado como agente econômico não é inspirada pela mesma lógica especulativa, que estimula os empreendedores privados a assumirem riscos em troca de retorno financeiro. A produção estatal é qualificada por objetivos tipicamente públicos, que nem sempre priorizam a realização de investimentos em função de sua maior rentabilidade ou buscam a maximização de lucros por outros meios. O interesse público é um dado objetivo do serviço público, ao passo que, na atividade econômica estatal, o interesse público depende de uma valoração subjetiva por parte do legislador. Trata-se de um atributo conferido a posteriori por ato de vontade do poder público, e não de uma qualidade intrínseca existente *a priori*.[31]

O interesse público incorporado na empresa estatal (sob forma de sociedade unipessoal ou com participação de capitais privados) não se confunde com o interesse patrimonial do Estado, ainda que este último também seja merecedor de proteção jurídica. A origem romana da noção de interesse público é útil para compreender a dicotomia entre Estado e sociedade. Interesse público, nesse caso, corresponde ao interesse da coletividade ou do povo como um todo, e pode eventualmente entrar em conflito com outros interesses tipicamente estatais.[32-33]

Para distinguir entre o interesse da coletividade e o interesse do Estado enquanto pessoa jurídica titular de direitos e obrigações de caráter individual, a doutrina utiliza respectivamente as expressões

30. A observação é de Luís Roberto Barroso. Segundo o autor: "Não é fácil, para o intérprete constitucional, definir, com precisão, o que seja segurança nacional ou relevante interesse coletivo. Note-se que, no particular, tal atribuição foi deferida, primeiramente, ao legislador ordinário, ao qual sempre se reconheceu uma certa amplitude de julgamento quanto à conveniência e oportunidade da atividade econômica pública. O certo é que a fluidez de tais termos projetam-nos no campo dos conceitos jurídicos indeterminados, a serem delineados em cada caso concreto. Não comportam eles, por via de conseqüência, definição linear e genérica que lhes confira sempre a mesma identidade" (Luís Roberto Barroso, "Modalidades de intervenção do Estado na ordem econômica. Regime jurídico das sociedades de economia mista. Inocorrência de abuso de poder econômico", in Luís Roberto Barroso, *Temas de Direito Constitucional*, 2ª ed., pp. 408-409). No mesmo sentido, confira-se Roberto Ribeiro Bazilli, "Serviços públicos e atividades econômicas na Constituição de 1988", *RDA – Revista de Direito Administrativo* 197/17.

31. Cf. Roberto Ribeiro Bazilli, ob. cit., pp. 15-16. O autor afirma: "O serviço público industrial ou comercial e a atividade econômica devem refletir um interesse público. O que fixa, contudo, real diferenciação, é a natureza do interesse público, que pode ser estabelecida por um processo de valoração da materialidade de ambas as atividades. O serviço industrial ou comercial apresenta um interesse público objetivo, na medida em que a atividade prestada pelo Estado contém em si mesma, pelas suas próprias características, claro interesse público, ou seja, é de necessidade coletiva. Já a atividade econômica desenvolvida pelo Estado também apresenta interesse público, só que subjetivo, na medida em que depende da valorização da Administração; não traz em si mesma o interesse público; mas se lhe atribui um interesse público" (pp. 15-16).

32. Conforme adverte Fábio Konder Comparato: "O *status rei romanae*, da famosa definição de Ulpiano, não era a organização burocrática do poder político, mas o bem comum do povo romano. *Publicum* opunha-se a *proprium*. No direito moderno, porém, o interesse público passou a confundir-se com o interesse estatal, e entre o Estado como pessoa jurídica e os particulares, seja como cidadãos seja como indivíduos, a esfera do social desintegrou-se" (Fábio Konder Comparato, "A reforma da empresa", *RDM* 50/59).

33. A origem romana do conceito de interesse público também é destacada por Calixto Salomão Filho, que conclui pelo seu sentido abrangente de interesse da coletividade ou do povo como um todo: "O termo *publicus* tem duas possíveis origens etimológicas diversas. Uma primeira pode ter sido a palavra *publicus* usada nas fontes como sinônimo de *populus*. Uma segunda origem possível seria a palavra *publicus* usada para identificar o povo com capacidade política. Qualquer que seja a origem, ressalta a ligação do conceito à idéia de povo. O próprio conceito de Estado em Roma está de resto ligado à idéia de povo, não existindo uma entidade dele separada. Daí resulta a noção de interesse público como interesse da coletividade, do povo como um todo, portanto o interesse de todos" (Calixto Salomão Filho, "Sociedade anônima: interesse público e privado", *RDM* 127/8).

interesse público primário e interesse público secundário.[34] O interesse secundário teria natureza instrumental e sua preservação constitui normalmente requisito para o bom atendimento do interesse primário, o qual deve sempre prevalecer na hipótese de confronto entre ambos. Somente o interesse público primário pode ser equiparado ao interesse coletivo referido no art. 173 da Constituição Federal e, portanto, encampado como missão da empresa estatal.

A presença de acionistas privados no capital da empresa estatal não altera a natureza e a intensidade do respectivo interesse público. A qualidade do interesse público e as estratégias para sua consecução são substancialmente iguais na empresa pública unipessoal e na sociedade de economia mista com participação de investidores de mercado. A diferença entre ambas reside na forma de conciliar o interesse público com a finalidade lucrativa inerente ao tipo societário ou, mais especificamente, na fixação de um limite ao sacrifício da lucratividade da companhia para o cumprimento de sua missão pública.[35]

A incidência da regulação externa sobre a empresa estatal prestadora de serviço público não tem o condão de esvaziar o interesse público societário, transferindo sua cura exclusivamente ao regulador. Mesmo dentro dos limites do marco regulatório imposto exogenamente, haverá sempre espaço para a empresa estatal comportar-se de forma distinta de suas congêneres privadas. A regulação estabelece padrões mínimos de conduta socialmente desejável para a empresa regulada. Nada impede que a sociedade de economia mista vá além do exigido pelo regulador para atendimento do interesse público e melhoria do bem estar dos usuários, ainda que para isso seja necessário abrir mão de parcela da rentabilidade das operações.

O mesmo se diga em relação às atividades privadas regulamentadas, que também podem ser exercidas por empresas estatais, desde que presentes os requisitos do art. 173 da Constituição Federal (relevante interesse coletivo ou motivo de segurança nacional). Vale aqui o alerta de que a regulação da atividade econômica não se confunde com o controle especial dos serviços públicos. A primeira é intermediada pelo poder de polícia e tem a ver com a forma como é exercida a atividade, sob a ótica da segurança, higiene, condições de trabalho e bem-estar público, estabelecendo requisitos que devem ser cumpridos pelos particulares. Já o segundo é mais intenso, pois busca direcionar a atividade prestacional para o cumprimento de finalidades específicas de interesse social, mediante a definição das variáveis econômicas consideradas relevantes.

A regulação incidente sobre o setor bancário não impede a adoção de práticas empresariais, pelos bancos oficiais, com o

34. A distinção é adotada por Celso Antônio Bandeira de Mello, que chama atenção para a possibilidade de o Estado titularizar interesses individuais próprios: "Assim, independentemente de ser, por definição, encarregado dos interesses públicos, o Estado pode ter, tanto quanto as demais pessoas, interesses que lhe são particulares, individuais, e que, tal como os interesses delas, concebidas em suas meras individualidades, se encarnam no Estado enquanto pessoa. Estes últimos não são interesses públicos, mas interesses individuais do Estado, similares, pois (sob prisma extrajurídico), aos interesses de qualquer outro sujeito" (Celso Antônio Bandeira de Mello, *Curso de Direito Administrativo*, 21ª ed., p. 63).

35. Divergindo parcialmente dessa opinião, Vera Helena de Mello Franco argumenta que o grau de impositividade na persecução do interesse público varia conforme se trata de sociedade de economia mista com participação de acionistas privados ou de empresa pública unipessoal, sendo mais acentuado em relação à segunda em razão da ausência de conflito intra-societário (Vera Helena de Mello Franco, *Grupos Econômicos sob o Controle Estatal: Conflito de Interesses (a Norma do Art. 238 da Lei das S/A. Aplicação. Limites)*, Tese de Doutorado em Direito Comercial da Faculdade de Direito da USP, p. 102). Segundo a autora: "Na empresa pública a realização do interesse público é impositiva, a finalidade lucrativa é admitida, enquanto necessária para a subsistência da empresa e enquanto meio para realizar aquele fim. Na sociedade de economia mista, contudo, a participação de capitais privados impõe uma atenuação àquele princípio" (p. 183).

propósito de satisfazer o interesse público que justificou a sua criação, ainda que para isso seja necessário flexibilizar a finalidade lucrativa. As regras prudenciais aplicáveis genericamente às instituições financeiras não exigem que, no caso de empresa pública ou sociedade de economia mista, as respectivas operações tenham sempre retorno positivo. Basta que o desempenho da companhia como um todo seja financeiramente equilibrado e preserve sua solvabilidade.

4. O conteúdo da lei autorizativa

Além de controlar a dimensão da administração pública indireta e definir concretamente as hipóteses permissivas da intervenção do Estado no domínio econômico fundadas no art. 173 da Constituição Federal de 1988 (relevante interesse coletivo e motivo de segurança nacional), a lei autorizativa deve fornecer os critérios para delimitar o interesse público que justificou a criação da sociedade de economia mista, a que alude o art. 238 da Lei n. 6.404/1976.[36] Não se trata de requisito meramente formal para o Estado agir empresarialmente, mas há necessidade de atribuição de conteúdo finalístico a essa atuação. Se a participação acionária do Estado não decorrer de previsão legal, também não haverá o reconhecimento oficial da presença do interesse público, em prol do qual a finalidade lucrativa da companhia pode ser mitigada. A simples condição de acionista do Estado, ainda quando majoritária, não confere à sociedade controlada nenhum mandato estatal.

Daí por que a autorização legislativa tem sido apontada como elemento essencial para caracterizar a sociedade de economia mista, ao lado da titularidade do controle acionário por pessoa jurídica de direito público.[37] A sua falta descaracteriza a sociedade de economia mista para efeito da Lei n. 6.404/1976, que passa a ser tratada como sociedade anônima comum sob controle estatal. Não basta a presença do Estado no capital da sociedade anônima para que ela adquira perfil publicístico, fazendo-se indispensável ainda que sua constituição tenha sido autorizada por lei.

A jurisprudência consolidou o entendimento de que a autorização legislativa para a sociedade de economia mista participar do capital de outras empresas não necessita ser específica, podendo revestir-se de caráter genérico. A distinção decorre da interpretação literal dos incisos XIX e XX do art. 37 da Constituição da República, porquanto a exigência de especificidade consta apenas do primeiro inciso, ao passo que o segundo utiliza a expressão "em cada caso", que foi interpretada como se referindo a cada companhia controladora ou ramo de atividade, e não a cada sociedade controlada ou subsidiária.[38] A Carta de

36. "Art. 238. A pessoa jurídica que controla a companhia de economia mista tem os deveres e responsabilidades do acionista controlador (arts. 116 e 117), mas poderá orientar as atividades da companhia de modo a atender ao interesse público que justificou a sua criação."

37. A ênfase na autorização legislativa como principal elemento distintivo da sociedade de economia mista sempre esteve presente na jurisprudência do STF (v. Recursos Extraordinários ns. 91.035-2-RJ, 92.340-3-RJ e 96.336-7-RJ).

38. Nesse sentido, confiram-se as decisões do STF proferidas no controle difuso de constitucionalidade das Leis federais ns. 9.295/1996, 9.472/1997 e 9.478/1997. A primeira lei permitia que a Telecomunicação Brasileira S/A – Telebrás constituísse, diretamente ou através de suas sociedades controladas, empresas subsidiárias ou associadas para assumir a exploração do serviço móvel celular. A segunda lei facultou ao Poder Executivo reestruturar o Sistema Telebrás, mediante constituição de novas companhias em decorrência de cisão. A terceira lei autorizava a Petróleo Brasileiro S/A – Petrobrás a criar subsidiárias para participação, majoritária ou minoritária, em outras empresas, para o estrito cumprimento das atividades compreendidas no seu objeto social. Em todos os casos, a Corte Suprema aceitou a higidez constitucional da autorização legal genérica para a participação da sociedade de economia mista em outras sociedades, na esteira do art. 37, XIX, da Constituição (v., respectivamente, Medida Cautelar na Ação Direta de Inconstitucio-

1988 inovou nesse particular, embora o requisito formal da lei autorizativa para participação da companhia mista em outras sociedades já constasse do art. 237, § 2º, da Lei n. 6.404/1976.[39-40]

Muito já se discutiu, à luz do art. 235, § 2º, da Lei n. 6.404/1976, se haveria a chamada companhia mista de segundo grau, vale dizer, aquela controlada por outra sociedade de economia mista, porém, igualmente sujeita ao regime especial do Capítulo XIX daquele diploma legal, inclusive quanto à presença do interesse público referido no art. 238.[41] A forma de conciliar a figura do controle indireto do Estado, com a persecução do interesse público primário, pressupõe que o disposto no § 2º do art. 235 seja interpretado com algum temperamento.

Não é automático o enquadramento da subsidiária ou da sociedade indiretamente controlada, na categoria de companhia mista referida na legislação societária. Para que a sociedade secundária mereça tal tratamento, mister se faz que a lei autorizativa assim disponha expressamente, ou ao menos estabeleça alguma finalidade pública amparada pelo art. 238 da Lei n. 6.404/1976. O requisito estará naturalmente preenchido, quando se tratar de subsidiária integral de companhia mista, constituída nos termos do art. 251 da Lei n. 6.404/1976. Não obstante a autonomia relativa do interesse da subsidiária integral, em face do interesse da controladora, o desmembramento nesse caso nada mais é do que uma técnica de organização empresarial, cuja racionalidade depende de fatores econômicos. Não seria razoável enxergar a subsidiária integral da sociedade de economia mista como uma companhia co-

nalidade n. 1.491-DF; Ação Direta de Inconstitucionalidade n. 1.840-2-DF; e Ação Direta de Inconstitucionalidade n. 1.649-DF).

39. A propósito do assunto, Luís Roberto Barroso esclarece: "De início, participação de sociedades de economia mista em outras empresas, entendida como opção de conveniência, não classifica as subsidiárias na administração indireta. Mantinham-se plenamente privadas. Em novo estágio, assumiram aquela categoria os casos em que a criação da nova empresa ou a subscrição majoritária do capital eram precedidas de autorização nas leis institucionais da empresa matriz. A autorização legal não era necessariamente específica, sendo suficiente a previsão genérica de descentralização ou desmembramento da sociedade original. Na ausência de autorização, genérica ou específica, as sociedades de segundo grau se enquadram no regime comum das sociedades privadas. (...) A Constituição de 1988 trouxe significativa inovação, não somente acolhendo as subsidiárias como parte do sistema, mas, especialmente, subordinando sua criação à autorização legislativa em cada caso (art. 37, XX)" (Luís Roberto Barroso, "Regime jurídico das empresas estatais", *RDA – Revista de Direito Administrativo* 242/89-90).

40. Modesto Carvalhosa lembra que o Decreto-lei n. 2.672, de 1940 (anterior legislação do anonimato), nada dispunha sobre as sociedades de economia mista, razão pela qual nem sempre a constituição de companhias controladas pelo poder público era precedida de lei autorizativa. Isso, por sua vez, contribuía para o crescimento vertiginoso do setor público empresarial, através do expediente indireto da criação de subsidiárias com distintos objetos sociais. A restrição do art. 237, § 2º, da atual Lei n. 6.404/1976, visou pôr cobro a essa prática, que incomodava a iniciativa privada e dificultava o controle administrativo pelo próprio governo. Ainda segundo o autor, a autorização pode ser genérica, e não pontual, desde que resguarde a absoluta conexidade de objeto, podendo visar à consecução de atividade-meio em face do objeto social legalmente estabelecido. A lei autorizativa da participação em subsidiária deve atentar para a territorialidade e para o setor, indicando as novas atividades que poderão ser exercidas (Modesto Carvalhosa, *Comentários à Lei de Sociedades Anônimas*, vol. 4, t. 1, pp. 358 e 380-381).

41. Sobre o assunto, confira-se Mauro Rodrigues Penteado, "Caracterização jurídica das sociedades de economia mista", *RDM* 43/111-119. Nesse artigo, o autor chama atenção para a mudança do posicionamento da Consultoria-Geral da República, que, ao analisar a situação jurídica das antigas concessionárias estaduais de telefonia cujo controle acionário foi adquirido pela Telebrás, negou-lhe a condição de sociedade de economia mista federal, à míngua de lei específica atributiva dessa qualidade. O autor retomou o tema em outra oportunidade, para reafirmar a ênfase no conteúdo da autorização legislativa, como principal elemento identificador da autêntica companhia mista sujeita ao regime especial da Lei n. 6.404/1976 (id., "As sociedades de economia mista e as empresas estatais perante a Constituição de 1988", *RDM* 73/5-21). V. tb. Newton De Lucca, ob. cit., p. 373.

mum e desvinculada de qualquer mandato estatal.[42] Se a lei que autorizou a criação da subsidiária integral não lhe atribuir nenhuma missão pública específica, a sua atuação nesse particular deverá pautar-se pela consecução do interesse coletivo incorporado na companhia matriz.

O mesmo raciocínio aplica-se à companhia de cujo capital participe alguma sociedade de economia mista, minoritária ou majoritariamente, em conjunto com uma ou mais pessoas jurídicas de direito público, ou entidades integrantes da respectiva administração indireta. A ausência de participação de qualquer acionista genuinamente privado no capital da companhia secundária afasta o conflito potencial entre interesse público e finalidade lucrativa, que, sob a ótica do § 2º do art. 235, deveria ser solucionado em favor da segunda alternativa. A condição de sociedade anônima ordinária (*i.e.*, não sujeita às exceções do Capítulo XIX da Lei n. 6.404/1976) somente se justifica quando a sua base acionária incluir investidores de mercado, pouco importando se a sociedade de economia mista em posição superior detém participação suficiente para o exercício isolado do poder de controle. Ainda nesse caso, a companhia controlada poderá apoiar o mandato estatal da sociedade de economia mista controladora, desde que a atividade assim exercida esteja compreendida no objeto social e não implique sacrifício da lucratividade.

A omissão legislativa em apontar concretamente o interesse público que justificou a criação da sociedade de economia mista, na esteira do art. 238 da Lei n. 6.404/1976, não significa ausência de qualquer missão pública, nem tampouco a permissão implícita para agir com a mesma lógica maximizadora da empresa privada. Por outro lado, a interpretação da lei autorizativa deve levar em conta que o interesse público societário possui dimensão específica, vale dizer, não se trata de qualquer interesse público (primário ou secundário), mas apenas daquele que justificou a criação da companhia. Havendo ambigüidade, deve prevalecer o entendimento restritivo, sob pena de desvirtuar os objetivos institucionais da empresa estatal. De todo modo, a revelação do interesse público incorporado na empresa estatal não depende necessariamente da intervenção do Estado como acionista controlador, podendo ser alcançado por iniciativa dos administradores sociais.

Não obstante o objeto da empresa estatal esteja submetido aos princípios da reserva legal e da especialização, o interesse público nele contido pode evoluir ao longo do tempo e adquirir novas conotações em conseqüência da mudança do cenário sócio-econômico.[43] Uma sociedade de eco-

42. Nesse particular, merece ser criticada a decisão do STJ, que consentiu na decretação de falência de subsidiária integral de sociedade de economia mista, por não lhe ser aplicável a exceção prevista no então vigente art. 242 da Lei n. 6.404/1976 (Recurso Especial n. 729.779-RJ).

43. Praxy Fernandes e Pavle Sicherl chamam atenção para o fato de que os conceitos e as práticas relacionadas com as empresas estatais estão em constante mutação, podendo variar no tempo e no espaço, conforme a conjuntura político-econômica vigente e as peculiaridades históricas de cada país. Os propósitos que justificam a criação e a manutenção de empresas estatais precisam estar ajustados às demandas e desafios do momento presente, o que implica admitir um sentido evolutivo da sua própria razão de ser. Para superar o aparente conflito entre as dimensões pública e empresarial, que se encontram reunidas na mesma companhia estatal, os autores formulam a teoria do equilíbrio relativo (*theory of relative balance*), que refuta a idéia da prevalência necessária de uma sobre a outra. Segundo essa abordagem teórica, existe uma posição ótima de combinação entre as duas linhas de atuação, que, se for desconsiderada para favorecer uma em detrimento da outra, poderá destruir a essência ambivalente da empresa estatal. A definição do ponto ideal de equilíbrio não permite uma resposta com validade universal, pois depende de uma série de circunstâncias, tais como, o contexto sócio-econômico em que a companhia atua, o grau de centralização do processo decisório empresarial, a natureza dos objetivos de interesse público, e a posição da empresa no mercado (Praxy Fernandes e Pavle Sicherl, "The indentity and character of public enterprises – A buil-

nomia mista constituída inicialmente para garantir o suprimento de determinado insumo industrial ou produto de consumo popular, em regime de monopólio, deve alterar posteriormente suas políticas públicas e forma de atuação no mercado, quando deixa de ser monopolista e passa a competir com a iniciativa privada.[44] O mesmo raciocínio aplica-se à empresa estatal que antes operava no setor de infra-estrutura básica em regime de serviço público não regulado, e agora deve se sujeitar à regulação externa independente e à disputa do mercado com outros agentes econômicos autorizados a fornecer a mesma utilidade.[45]

O interesse público inerente à empresa estatal não decorre unicamente da natureza da atividade que compõe o objeto social, mas também do modo como é ela exercida. Daí porque é sempre possível vislumbrar a existência de um interesse público específico, característico de cada empresa estatal e vinculado aos motivos históricos que justificaram a sua criação, ao lado de um interesse coletivo mais amplo, que possui flexibilidade para se adaptar às novas contingências do mercado e está impregnado na genética pública da companhia. O interesse público específico é reconhecido e protegido pelo art. 238 da Lei n. 6.404/1976, enquanto o interesse coletivo possui amparo nos princípios constitucionais que informam a ordem econômica e autorizam a intervenção direta do Estado.

5. *Conciliação entre interesse público e finalidade lucrativa*

A relação simbiótica entre interesse público e finalidade lucrativa na sociedade de economia mista não se baseia em nenhuma construção hermenêutica, mas decorre de norma legal expressa, mais especificamente do art. 238 da Lei n. 6.404/1976. É certo que o dispositivo apenas autoriza o Estado, enquanto acionista controlador, a influir na atuação da companhia para assegurar o cumprimento da missão pública que lhe é peculiar, sem que isso configure abuso de poder de controle. No entanto, a legitimação da conduta estatal somente adquire sentido lógico se estiver conforme o interesse da companhia controlada, o que, por sua vez, pressupõe a ampliação do conceito de interesse social para incorporar objetivos lícitos de política pública. Sob o ponto de vista jurídico, opera-se a penetração do interesse público no interior da companhia. Não se trata, porém, de qualquer interesse público, mas apenas daquele previsto na lei autorizativa da constituição da companhia, reproduzido

ding blocks approach", in Praxy Fernandes e Pavle Sicherl (orgs.), *Seeking the Personality of Public Enterprise*, pp. 51-53).

44. A Lei n. 9.478, de 6.8.1997, ao mesmo tempo em que institui o novo marco legal do setor de petróleo e gás, redefiniu o objeto da Petrobrás (Petróleo Brasileiro S/A), antes tratado na Lei n. 2.004, de 3.10.1953. Nesse sentido, o art. 61 dispõe: "Art. 61. A Petróleo Brasileiro S/A – Petrobrás é uma sociedade de economia mista vinculada ao Ministério de Minas e Energia, que tem como objeto a pesquisa, a lavra, a refinação, o processamento, o comércio e o transporte de petróleo proveniente de poço, de xisto ou de outras rochas, de seus derivados, de gás natural e de outros hidrocarbonetos fluidos, bem como quaisquer outras atividades correlatas ou afins, conforme definidas em lei. § 1º. As atividades econômicas referidas neste artigo serão desenvolvidas pela Petrobrás em caráter de livre competição com outras empresas, em função das condições de mercado, observados o período de transição previsto no Capítulo X e os demais princípios e diretrizes desta Lei". A referência à "competição com outras empresas" não retira a missão pública da companhia, não permitindo que se dedique doravante apenas à maximização de lucros.

45. Esse é o caso, por exemplo, das companhias geradoras de energia elétrica controladas pelo governo federal, especialmente a Eletrobrás – Centrais Elétricas S/A. Com o advento do novo marco regulatório do setor elétrico introduzido pela Lei n. 10.848, de 7.4.2004, que prevê a realização de leilões para precificar o fornecimento de energia elétrica no atacado, a atuação das empresas do grupo Eletrobrás nesses certames tornou-se decisiva para assegurar patamares de preços mais baixos. Mais recentemente, a Lei n. 11.651, de 7.4.2008, autorizou a Eletrobrás a participar de outras sociedades, no Brasil ou exterior, que tenham por objeto a geração ou transmissão de energia elétrica.

no estatuto social e compatível com seu campo de atuação.

A flexibilização da finalidade lucrativa, em decorrência da internalização do interesse público qualificado no art. 238 da Lei n. 6.404/1976, é confirmada pela concessão do direito de recesso aos demais acionistas, quando o Estado assume o controle acionário de companhia já existente por força de desapropriação. A regra está prevista no art. 236, parágrafo único, do mesmo diploma legal, como solução compensatória ao sócio privado em razão da mudança na causa típica da sociedade anônima. A introdução de outros propósitos no interesse social constitui alteração nas bases essenciais do negócio societário.[46]

O fundamento do direito de recesso conferido aos acionistas dissidentes, quando ocorre a publicização superveniente da companhia, é substancialmente o mesmo para o caso de formação de grupo de sociedades, nos termos dos arts. 265 e ss. da Lei n. 6.404/1976. Tanto a assunção por ente público do controle acionário de companhia já em funcionamento, quanto a constituição de grupo de subordinação entre sociedades sujeitas a controle comum, implicam a reformulação do conceito de interesse social. O interesse de cada companhia isoladamente considerada deixa de ser a maximização de lucros e passa a abarcar a realização de outros objetivos mais amplos, com potencial de impactar negativamente os respectivos resultados.[47]

No sentido inverso, o ingresso de sócios privados na sociedade controlada pelo Estado não altera o perfil publicista do interesse social. Isso porque a situação de controle estatal já é do conhecimento antecipado dos novos investidores e provavelmente estará refletida no preço das ações adquiridas, ou então será compensada por outras vantagens como maior solidez e credibilidade do empreendimento capitaneado pelo poder público.

O interesse público típico da companhia mista não se confunde com o interesse individual do Estado enquanto acionista controlador. O art. 238 da Lei n. 6.404/1976 não se refere ao fim público como elemento estranho à causa societária, mas trata-o

46. É interessante notar que a Lei n. 6.404/1976 não prevê a alternativa do recesso, caso a aquisição do controle acionário por ente público tenha caráter derivado, *i.e.*, seja decorrente de negócio jurídico consensual. Assumindo-se que a omissão do legislador nesse particular foi proposital, restará ao acionista privado, desde que seja detentor de ações ordinárias, a porta de saída pela aceitação da oferta pública que o adquirente do controle acionário está obrigado a realizar, nos termos do art. 254-A do citado estatuto legal.

47. A propósito da subordinação do interesse específico de cada sociedade a outros objetivos mais amplos, Fábio Konder Comparato observa: "Não há, é bem verdade, uma exigência explícita de que essa comunhão de atividades ou de esforços vise, unicamente, a lograr fins comuns, pois a alternativa é 'a realização dos respectivos objetos (sociais)' ou a participação em empreendimentos comuns. Mas é obvio que num grupo de subordinação a atividade das sociedades controladas é sempre orientada no interesse do grupo como um tudo, ou no da controladora em particular. (...) Legitima-se, por essa forma, a falta de autonomia das sociedades controladas, cuja atividade empresarial passa a ser exercida, legalmente, no interesse alheio. Tudo isso torna muito delicada a questão da proteção devida aos sócios ou acionistas não-controladores. Ora, na sistemática legal, essa proteção aparece, explicitamente, apenas no momento da constituição do grupo, com o reconhecimento do direito de retirada da sociedade. Uma vez constituído o grupo, só haverá ilegalidade no prejuízo acarretado contra os termos da convenção grupal (art. 267). (...) É bem de ver, no entanto, que a convenção constitutiva do grupo não pode contrariar a lei, deformando a própria índole societária. Assim, se toda sociedade mercantil tem, necessariamente, por objetivo a produção e partilha de lucros entre os sócios, a convenção grupal não pode estabelecer um pacto leonino, segundo o qual uma sociedade filiada seria perpetuamente condenada a atuar sem lucros, ou obrigada a transferi-los integralmente à controladora" (Fábio Konder Comparato, "Os grupos societários na nova lei de sociedades por ações", *RDM* 23/98-100). É impressionante como as ponderações do autor sobre os limites e possibilidades do grupo de sociedades, notadamente no que se refere à redefinição do interesse social, aplicam-se, *mutatis mutandis*, à convivência entre acionista controlador público e acionistas minoritários privados, no âmbito da sociedade de economia mista.

como parte integrante do interesse da companhia. Tal solução é peculiar à legislação brasileira e nem sempre está presente nas tradições de outros países. Daí porque é possível encontrar alhures empresas estatais destituídas de qualquer missão pública. A importação de modelos de governança corporativa construídos sobre outra base teórica, que não compartilha dos mesmos valores do ordenamento jurídico brasileiro, acaba anulando o potencial de intervenção externa da sociedade de economia mista, assim como expurgando do processo decisório interno qualquer preocupação com as políticas públicas compreendidas no objeto social.

O interesse público mencionado no art. 238 também não se resume às aspirações da comunidade local (cf. art. 166, parágrafo único), nem ao conceito mais amplo de bem público (cf. art. 154), que servem de referencial para orientar a atuação do acionista controlador e dos administradores. O primeiro é privativo da sociedade de economia mista (ou empresa pública unipessoal), enquanto os demais princípios norteadores possuem conotação genérica e aplicam-se indistintamente a qualquer companhia, não tendo o condão de atribuir uma missão pública determinada.[48] A lei societária não impôs ao acionista controlador púbico nenhuma obrigação diferenciada na consecução do interesse público geral, que, portanto, merece a mesma atenção dispensada pelas empresas privadas.[49]

A diferença específica entre empresa estatal e empresa privada está na relevância da finalidade lucrativa. Na companhia controlada totalitariamente pelo Estado, a obtenção de resultado positivo tem em mira precipuamente assegurar a preservação da empresa enquanto unidade produtiva, o que pressupõe normalmente a autosuficiência financeira. Se houver acionistas privados, o lucro serve ainda para remunerar o investimento acionário, segundo padrões adequados de risco-retorno.[50] Isso obviamente afasta a necessidade de proporcionar ganhos extraordinários ou meramente especulativos aos prestadores de capital. É aí que reside a distinção entre o lucro máximo que impulsiona o empreendedor privado, e o lucro razoável considerado compatível com a função empresa-

48. O alcance da prescrição contida no art. 154 da Lei n. 6.404/1976, quando menciona o bem público como diretriz de atuação dos administradores, é assim explicada por Erasmo Valladão Azevedo e Novaes França: "Assim, por interesse social ou interesse da companhia deve-se entender o interesse comum dos sócios, que não colida com o interesse geral da coletividade, mas com ele se harmonize" (Erasmo Valladão Azevedo e Novaes França, *Conflito de Interesses nas Assembléias de S/A*, p. 57). A manifestação do autor sugere que o respeito ao bem público deve ser tratado como limite negativo à atuação dos administradores e do acionista controlador, na tentativa de gerar resultados financeiros positivos por meio do exercício da atividade empresarial.

49. Conforme observa Vera Helena de Mello Franco: "(...) mesmo que se pudesse aceitar a assimilação entre interesse público e interesse geral, social ou coletivo, o legislador visa, mediante aquela norma [art. 238], um interesse público concreto, plenamente tipificado na lei autorizadora e assumido, normativamente, dentre os fins, cuja realização o Estado se propõe realizar, mediante a administração pública. Se este interesse é aquele consubstanciado na definição normativa, mediante a lei que autoriza a criação da sociedade de economia mista, não pode ser confundido com aquele existente em estado 'difuso' na coletividade, quer se defina este último interesse como geral, coletivo ou social" (Vera Helena de Mello Franco, ob. cit., p. 174).

50. Francesco Galgano invoca o princípio da economicidade para justificar a adequada remuneração a todos os fatores de produção, inclusive do capital aportado pelos sócios privados da empresa estatal, de acordo com o padrão normal de mercado. Isso não ofende o esquema causal do contrato de sociedade, que não impõe a maximização de lucros. Afirma o autor: "Il rispetto dei criteri di economicità impone di rimunerare, fra gli altri fattori della produzione, il capitale apportato dagli azionisti privati; a costoro debbono, necessariamente, essere corrisposti dividendi sulle azioni possedute, e dividendi non inferiori a quello che, nella prassi del mercato, è il tasso normale di rimunerazione del capitale azionario" (Francesco Galgano, *Diritto Comerciale: le Società. Contratto di Società. Società di Persone. Società per Azioni. Altre Società di Capitali. Società Cooperative*, 14ª ed., p. 441).

rial do Estado. A empresa privada pode eleger como principal objetivo a maximização de lucros e, por conta disso, assumir maiores riscos ou praticar preços excessivos, que jamais seriam adequados para a empresa estatal.

Na sociedade de economia mista com participação de acionistas privados, a oposição entre objetivos aparentemente díspares (finalidade lucrativa e missão pública) não se resolve com a abolição de nenhum deles. Não se trata de subordinar incondicionalmente a finalidade lucrativa à realização da missão pública, nem tampouco libertar a empresa estatal para gerar ilimitadamente valor a seus acionistas (público e privado).[51] A saída está em considerar normal a convivência entre interesses divergentes no âmbito da companhia mista. Tais interesses, por seu turno, devem ser reconciliados pelas estruturas procedimentais internas, mediante o arbitramento da margem de lucro ideal pelos órgãos de administração, sem necessariamente suprimi-la nem maximizá-la.[52]

No caso da sociedade anônima unipessoal em que o Estado figura como único acionista, a ponderação entre lucratividade e objetivos de política pública leva em conta essencialmente a sustentabilidade financeira da companhia no longo prazo, uma vez que não existe conflito intrasocietário. O confronto entre finalidade lucrativa e missão pública adquire outra dimensão. Não se trata mais de oposição de interesses entre acionistas imbuídos de propósitos distintos (Estado e investidores privados), mas entre a companhia e o titular exclusivo da propriedade acionária.[53]

51. A afirmação é endossada por Antonio Pavone La Rosa a propósito da sociedade com participação estatal no direito italiano: "Questo non vuol dire che nelle imprese a partecipazione pubblica lo scopo di lucro sai istituzionalmente estraneo alle finalità che l'impresa deve perseguire o che sia legittima una gestione dell'impresa programmaticamente intesa a perseguire obiettivi incompatibili con una adequata remunerazione del capitale investido nell'impresa. Nesse società soggete al controllo pubblico il fine di guadagno dei soci può dirsi attenuato, non escluso, né degradato al rango di interesse realizzabile solo nela misura in cui altri interessi di caractere generale lo consentano" (Antonio Pavone La Rosa, "Partecipazioni statali e gruppi d'imprese", in Antonio Pavone La Rosa, *I Gruppi di Società*, p. 192).

52. A satisfação do interesse público não pode implicar a erosão do patrimônio social, conforme adverte Maria Teresa Cirenei: "La società qundi deve essere gestita tenendo presente l'esigenza di assolvere gli impegni assunti nei confronti dei terzi e di remunerare il capitale privato impiegato; ma soprattutto considerando la necessità di non erogare il patrimônio sociale comunque accumulato e di conservare immutata all'impresa sociale la potenzialità economica acquista sul mercato" (Maria Teresa Cirenei, *Le Imprese Pubbliche*, p. 555). Em obra mais recente, a autora admite o sacrifício parcial da finalidade lucrativa, no que se refere especificamente à persecução do lucro máximo ou do maior lucro, sem afastar a remuneração razoável do capital privado investido. Confira-se: "I principi costituzionali in materia di rapporti economici, si è detto, se consentono il ridimensionamento della posizione contrattuale del socio pubblico, non consentono la compressione dei diritti patrimoniali dei soci privati; non consentono quindi la compressione dello stesso 'diritto' al 'perseguimento' del profitto, per ipotesi attribuito ai singoli dal contratto sociale. Probabilmente sarà comprimibile l'interesse alla massimizzazione del profitto (interesse non protetto nemmeno nelle imprese private); forse anche l'interesse al 'maggior lucro'. Certamente non si può sacrificare l'interesse ad una ragionevole remunerazione del capitale impiegato" (Maria Teresa Cirenei, "Le società per azioni a partecipazione pubblica", in G. E. Colombo e G. B. Portale, *Trattato delle Società per Azioni*, vol. 8, p. 195).

53. Gastone Cottino assume a coincidência de interesses entre a sociedade e o Estado como sócio único. Nesse caso, o interesse social será necessariamente o interesse público representado pelo Estado, ficando afastada qualquer possibilidade de conflito. Na visão do autor: "Se la partecipazione è totalitaria, l'interesse è ancora quello degli azionisti, o dell'azionista, che ne fanno pare ma i fini perseguiti sono pubblici non privati: né basta a mio sommesso avviso osservare che in tal caso non vi sarebbe contrapposizione tra interesse pubblico ed interesse comune poiché è indubbio che lo schema sociale viene piegato al perseguimento di scopi che 'transcendono la causa del contrato sociale" (Gastone Cottino, "Partecipazione pubblica all'impresa privata ed interesse sociale", in *Scritti in Memoria di Alessandro Graziani*, p. 398).

Para superar eventual divergência, não basta simplesmente negar a existência de interesse autônomo em relação à empresa pública, de modo a sujeitá-la incondicionalmente aos desígnios do Estado como acionista controlador. Tal enfoque ignora a independência das instâncias decisórias próprias da companhia unitária e o correspondente dever dos administradores de zelar pelo cumprimento da respectiva missão pública, sem descurar da preservação da empresa como unidade produtiva. Além disso, implica confusão patrimonial e finalística entre ente estatal e sociedade controlada, o que pode levar à desconsideração da personalidade jurídica para atribuição direta ao primeiro, dos efeitos das relações jurídicas contraídas pela segunda.[54]

A sustentabilidade financeira da companhia deve ser analisada levando em conta a totalidade dos negócios sociais, e não a rentabilidade de cada operação específica. Nem todo investimento realizado pela empresa estatal necessita ter taxa de retorno positiva, desde que o conjunto das operações seja superavitário. Para isso, a taxa de retorno global não pode ser inferior ao custo médio ponderado de capital, sob pena de não remunerar adequadamente os recursos investidos na companhia por acionistas e credores. A situação de déficit operacional crônico da empresa estatal deve ser solucionada mediante o subvencionamento público.

6. *A função social da empresa estatal*

O conceito de função social também se aplica à propriedade pública, assim como à empresa estatal. A função social da empresa está expressamente contemplada nos arts. 116, parágrafo único, e 154, *caput*, da Lei n. 6.404/1976, sendo um desdobramento do princípio geral da função social da propriedade, previsto no art. 170, III, da Constituição Federal. Trata-se de regra de conduta aplicável respectivamente ao acionista controlador e aos administradores da companhia.

Seria equivocado, porém, confundir o interesse público característico da empresa estatal, com o interesse público que integra o conceito de função social e é comum a todas as companhias, independentemente da origem do capital acionário. Enquanto o primeiro possui foco restrito, está delimitado pelo objeto social e representa a própria razão de ser da companhia sob controle estatal, o segundo está apoiado em norma geral dirigida indistintamente a qualquer sociedade anônima, abrange um universo definido de indivíduos afetados pela atividade empresarial, e não tem por escopo a execução de políticas públicas.[55]

54. O conflito de interesses entre sócio exclusivo e sociedade unipessoal é apontado por Calixto Salomão Filho como causa para a desconsideração da personalidade jurídica. Segundo o autor, "permanece aplicável às sociedades unipessoais o disposto no art. 115 da Lei n. 6.404/1976. A diferença é que eventual atuação em conflito de interesses pelo sócio único em prejuízo da sociedade será fundamento para ulterior desconsideração da personalidade jurídica em favor de credores que tenham perdido a garantia patrimonial por força do conflito de interesses do controlador. Essa solução, de rigor, qualquer que seja a visão – contratualista ou institucionalista – do interesse social, demonstra o caráter nitidamente organizativo que assume as regras sobre desconsideração de personalidade jurídica na sociedade unipessoal. Constituem verdadeiro limite estrutural ao poder do controlador" (Fábio Konder Comparato e Calixto Salomão Filho *O Poder de Controle na Sociedade Anônima*, 4ª ed., p. 53).

55. A sutileza da distinção não passou despercebida de Fábio Konder Comparato. Após registrar a perplexidade que resulta do confronto entre os deveres gerais impostos ao acionista controlador pelos arts. 116 e 117 da lei das sociedades anônimas, para realizar a função social da empresa, e a perseguição do interesse público típico da empresa estatal previsto no art. 238, o autor sugere como possível interpretação conciliatória o reconhecimento da diversidade de escopo entre ambos os dispositivos. Segundo o autor: "O dispositivo [art. 238] não deixa de ser surpreendente. A oração coordenada adversativa suscita um dilema: ou o acionista controlador, pelo disposto nos arts. 116 e 117, § 1º, (...), não tem, de fato, nenhum dever de realizar os interesses nacionais, ou o 'interesse público' a que se refere o art. 238 não coincide com estes últimos" (Fábio Konder

A função social não pode ser invocada para esvaziar a missão pública da empresa estatal e colocá-la a serviço de interesses subalternos. O risco nesse particular não é apenas hipotético, conforme tem demonstrado a história brasileira passada e recente, sobretudo quando o corporativismo se une aos interesses capitalistas para formar coalizão contrária à persecução do legítimo interesse público, de modo a evitar a perda de rentabilidade das operações e assegurar maior retorno aos acionistas minoritários.

A circunstância de a empresa estatal estar autorizada a flexibilizar a finalidade lucrativa para atendimento do fim público que justificou sua criação, conforme se depreende do art. 238 da Lei n. 6.404/1976, não constitui argumento válido para justificar a existência de função social diferenciada. Embora tanto o interesse público inerente à empresa estatal, quanto a função social presente em qualquer companhia, sirvam de contraponto ao ideal da maximização de lucros, os motivos que inspiram um e outro são completamente distintos. Não há nenhuma razão lógica para afirmar que a empresa estatal deva despender maiores esforços em favor dos interesses de terceiros afetados pela atividade empresarial, pelo simples fato de estar imbuída de propósitos menos egoístas. Parece intuitivo que os recursos drenados para cumprimento da função social limitam a capacidade de implementação das políticas públicas compreendidas no objeto social. A consecução do interesse coletivo não é menos importante do que a satisfação das expectativas dos prestadores de capital. Em suma, as empresas privadas e estatais possuem exatamente o mesmo nível de compromisso perante o público relacionado.

Referências bibliográficas

AMARAL, Antônio Carlos Cintra do. "Conceito de sociedade de economia mista no contexto da nova lei das sociedades anônimas", *Revista de Direito Público*, São Paulo, vol. 37-38, pp. 25-34, jan.-jun. 1976.

BARROSO, Luís Roberto. "Modalidades de intervenção do Estado na ordem econômica. Regime jurídico das sociedades de economia mista. Inocorrência de abuso de poder econômico", in BARROSO, Luís Roberto. *Temas de Direito Constitucional*. 2ª ed., Rio de Janeiro: Renovar, 2003, pp. 389-434.

_______. "Regime jurídico das empresas estatais", *RDA – Revista de Direito Administrativo*. Rio de Janeiro, vol. 242, pp. 85-93, out.-dez. 2005.

BAZILLI, Roberto Ribeiro. "Serviços públicos e atividades econômicas na Constituição de 1988", *RDA – Revista de Direito Administrativo*. vol. 197, pp. 10-21, jul.-set. 1994.

CARVALHOSA, Modesto. *Comentários à Lei de Sociedades Anônimas*. vol. 4, t. 1. São Paulo: Saraiva, 1997, pp. 325-412.

CIRENEI, Maria Teresa. *Le Imprese Pubbliche*. Milano: Giuffré, 1983, 580 p.

_______. "Le società per azioni a partecipazione pubblica", in COLOMBO, G. E.; e PORTALE, G. B. *Trattato delle Società per Azioni*. vol. 8. Torino: UTET, 1992, 265 p.

COMPARATO, Fábio Konder. "A reforma da empresa", *Revista de Direito Mercantil, Industrial, Econômico e Financeiro*, São Paulo, n. 50, pp. 57-74, abr.-jun. 1983.

_______. "Função social da propriedade dos bens de produção", *Revista de Direito Mercantil, Industrial, Econômico e Financeiro*, São Paulo, vol. 25, n. 63, pp. 71-79, jul.-set. 1986.

_______. "Ordem Econômica na Constituição Brasileira de 1988", *Revista de Direito Público*, São Paulo, vol. 23, n. 93, pp. 263-276, jan.-mar. 1990.

_______; e SALOMÃO FILHO, Calixto. *O Poder de Controle na Sociedade Anônima*. 4ª ed. Rio de Janeiro: Forense, 2005, 597 p.

_______. "Os grupos societários na nova lei de sociedades por ações", *Revista de Direito Mercantil, Industrial, Econômico e*

Comparato, "Função social da propriedade dos bens de produção", *RDM* 25/78, n. 63).

Financeiro, São Paulo, n. 23, pp. 91-110, 1976.

______. "Regime Constitucional do Controle de Preços no Mercado", *Revista de Direito Público*, São Paulo, n. 97, pp. 17-28, jan.-mar. 1991.

______. "Sociedade de economia mista transformada em sociedade anônima ordinária – Inconstitucionalidade", *Revista Trimestral de Direito Público*, São Paulo, n. 25, pp. 61-68, jan.-mar. 1999.

______. "Venda em bolsa de ações da União Federal no capital de Sociedade de Economia Mista e desrespeito às normas disciplinares do mercado de capitais", in: ______. *Novos Ensaios e Pareceres de Direito Empresarial*. Rio de Janeiro: Forense, 1981, pp. 290-312.

COTTINO, Gastone. "Partecipazione pubblica all'impresa privata ed interesse sociale", in *Scritti in memoria di Alessandro Graziani*. Impresa e società. Napoli: Morano Ed., 1965, pp. 369-406.

DAIN, Sulamis. *Empresa Estatal e Capitalismo Contemporâneo*. Campinas: Ed. da UNICAMP, 1986, 312 p.

DE LUCCA, Newton. *O Regime Jurídico da Empresa Estatal no Brasil*. Tese de Livre-Docência em Direito Comercial. São Paulo: Faculdade de Direito da Universidade de São Paulo, 1986.

FERNANDES, Praxy; e SICHERL, Pavle. "The indentity and character of public enterprises – A building blocks approach", in FERNANDES, Praxy; e SICHERL, Pavle (orgs.). *Seeking the Personality of Public Enterprise*. Ljubijana: Inernational Center for Public Enterprises in Developing Countries, 1980, pp. 50-76.

FRANÇA, Erasmo Valladão Azevedo e Novaes. *Conflito de Interesses nas Assembléias de S/A*. São Paulo: Malheiros Editores, 1993.

FRANCO, Vera Helena de Mello. *Grupos Econômicos sob o Controle Estatal: Conflito de Interesses (a Norma do Art. 238 da Lei das S/A. Aplicação. Limites)*. Tese de Doutorado em Direito Comercial. São Paulo: Faculdade de Direito da Universidade de São Paulo, 1982, 281 p.

FUNDAÇÃO GETÚLIO VARGAS. "Empresas estatais a caminho da governança corporativa", *Debate Público*, n. 3, 2006, 44 p.

GALGANO, Francesco. *Diritto Comerciale: le Società. Contratto di Società. Società di Persone. Società per Azioni. Altre Società di Capitali. Società Cooperative*. 14ª ed. Bologna: Zanichelli, 2004, 549 p.

GRAU, Eros Roberto. *A Ordem Econômica na Constituição de 1988*. 8ª ed. rev. e atual. São Paulo: Malheiros Editores., 2003, 327 p.

______. "Constituição e serviço público", in GRAU, Eros Roberto; e GUERRA FILHO, Willis Santiago (orgs.). *Direito Constitucional. Estudos em Homenagem a Paulo Bonavides*. São Paulo: Malheiros Editores, 2003, pp. 249-267.

______. "Lucratividade e função social nas empresas sob controle do Estado", *Revista de Direito Mercantil, Industrial, Econômico e Financeiro*, São Paulo, n. 55, pp. 35-59, jul.-set. 1984.

JUSTEN FILHO, Marçal. "O regime jurídico das empresas estatais e a distinção entre o 'serviço público' e 'atividade econômica'". *Revista de Direito do Estado*, Rio de Janeiro, n. 1, pp. 119-136, jan.-mar. 2006.

LOPES, Ana Frazão Azevedo. *Empresa e Propriedade: Função Social e Abuso de Poder Econômico*. São Paulo: Quartier Latin, 2006, 335 p.

MELLO, Celso Antônio Bandeira de. *Curso de Direito Administrativo*. 21ª ed. rev. e atual. São Paulo: Malheiros Editores, 2006, 1.040 p.

MUKAI, Toshio. "A sociedade de economia mista na lei das S/A", *Revista de Direito Administrativo*, Rio de Janeiro, n. 136, pp. 297-303. abr.-jun. 1979.

PAVONE LA ROSA, Antonio. "Partecipazioni statali e gruppi d'imprese", in PAVONE LA ROSA, Antonio. *I Gruppi di Società*. Bolonha: Il Mulino, 1982, pp. 147-201.

PENTEADO, Mauro Rodrigues. "Caracterização jurídica das sociedades de economia mista", *Revista de Direito Mercantil, Industrial, Econômico e Financeiro*, São Paulo, n. 43, pp. 111-119, jul.-set. 1981.

______. "As sociedades de economia mista e as empresas estatais perante a Constituição de 1988", *Revista de Direito Mercantil, Industrial, Econômico e Financeiro,* São Paulo, n. 73, pp. 5-21, jan.-mar. 1989.

SAFATLE, Claudia. "Governo coloca em xeque juro alto de banco público", *Valor Econômico,* São Paulo, 6.2.2009.

SALOMÃO FILHO, Calixto. *Regulação da Atividade Econômica: Princípios e Fundamentos Jurídicos.* São Paulo: Malheiros Editores, 2001, 159 p.

______. "Sociedade anônima: interesse público e privado", *Revista de Direito Mercantil, Industrial, Econômico e Financeiro,* São Paulo, n. 127, pp. 7-20, 2002.

SEN, Amartya. *Sobre Ética e Economia.* Trad. Laura Teixeira Motta. São Paulo: Cia. das Letras, 2000.

STIGLITZ, Joseph E. *Economics of the Public Sector.* 3ª ed. Nova York/London: W. W. Norton Company, 2000, 823 p.

SUNDFELD, Carlos Ari. "A participação privada nas empresas estatais", in SUNDFELD, Carlos Ari (coord.). *Direito Administrativo Econômico.* São Paulo: Malheiros Editores, 2000, pp. 264-285.

WALD, Arnoldo. "As sociedades de economia mista e as empresas públicas no direito comparado", *Revista Forense,* Rio de Janeiro, vol. 152, pp. 510-523, mar.-abr. 1954.

Espaço Discente

RECUPERAÇÃO EMPRESARIAL
Utilização das demonstrações contábeis pelos profissionais do direito nos casos concretos

ALEXANDRE DEMETRIUS PEREIRA

Demonstrações contábeis e recuperação de empresas em crise. Inovações e críticas à Lei 11.101/2005 no que toca às demonstrações contábeis exigidas: A demonstração de resultados acumulados; A ausência de correção monetária das demonstrações; O relatório de fluxo de caixa; Balanço Patrimonial (BP). Demonstração do resultado do exercício (DRE). Demonstração de mutações no patrimônio líquido e de lucros e prejuízos acumulados (DMPL e DLPA). Como analisar as demonstrações?: A análise de índices; Análise vertical e horizontal. Conclusões de análise. Os modelos de predição de falência com base nas demonstrações contábeis e sua aplicabilidade às recuperações empresariais: Cálculos utilizando os modelos. À guisa de conclusão: a aplicabilidade das análises e modelos pelos operadores do direito, notadamente pelo Poder Judiciário. Lista de referências.

O presente trabalho busca analisar a aplicação prática dos dados constantes das demonstrações contábeis apresentadas pelas empresas em recuperação, verificando a viabilidade de seu uso pelos operadores jurídicos (juízes, advogados, promotores de justiça, etc.) na realização de prognósticos quanto à superveniência de uma situação de falência.

Demonstrações contábeis e recuperação de empresas em crise

Nas antigas concordatas e nas atuais recuperações (judiciais ou extrajudiciais) a escrituração tem papel ainda de maior relevância do que aquele presente nas falências. Isso porque, ao contrário do que ocorre quando se possui uma situação falimentar previamente definida, é necessário que se visualize com grande precisão a probabilidade de reerguimento da empresa. Para tanto, a escrituração empresarial fornece aos credores, ao Poder Judiciário e aos membros do Ministério Público, informações preciosas para a determinação da viabilidade econômica da empresa.

Nas recuperações judiciais e extrajudiciais sem o consenso da totalidade dos credores (em que a homologação tornará o conteúdo do plano impositivo ou obrigatório aos credores dissidentes).[1] faz-se necessário a apresentação dos seguintes

1. Não será necessária a apresentação das demonstrações no caso de recuperação extrajudicial consensual, também denominada de "não obrigatória" (art. 162 da Lei 11.101/2005), uma vez que, estando os credores signatários previamente de acordo com o plano de recuperação e inexistindo impugnações, não haveria razão para a juntada aos autos desses relatórios contábeis.

documentos contábeis, nos termos Lei 11.101/2005, art. 51 e 163, § 6º, II:[2]

• *As demonstrações contábeis relativas aos 3 (três) últimos exercícios sociais e as levantadas especialmente para instruir o pedido, confeccionadas com estrita observância da legislação societária aplicável e compostas obrigatoriamente de*:

• *Balanço patrimonial*;

• *Demonstração de resultados acumulados*;

• *Demonstração do resultado desde o último exercício social*;

• *Relatório gerencial de fluxo de caixa e de sua projeção.*

Devemos aqui verificar que a legislação atual ampliou ainda mais os requisitos referentes às demonstrações contábeis, exigindo os relatórios referentes a três exercícios, além daqueles confeccionados imediatamente antes do pedido, ao contrário da norma revogada que fazia referência tão-somente ao último exercício.[3]

O motivo das demonstrações abrangerem mais de um exercício destina-se a possibilitar aos credores e aos demais destinatários da informação contábil acompanhar a evolução da atividade econômica do devedor no tempo, viabilizando a elaboração de comparações,[4] tendências e maior previsibilidade dos respectivos resultados futuros.[5]

Cabe-nos aqui lançar algumas breves explicações sobre as demonstrações contábeis exigidas pela legislação referente à recuperação, bem como verificar sobre a possibilidade de serem os dados ali inerentes utilizados, com razoável dose de certeza, para predizer uma eventual falência.

Nesse sentido, algumas questões se põem e serão a seguir formuladas para debate e conclusão final:

1) *Quais são as possíveis críticas e inovações no tocante às demonstrações contábeis exigidas pela Lei 11.101/2005?*

2) *Quais são e como devem ser apresentadas as demonstrações?*

3) *Que informações as demonstrações contábeis exigidas pela Lei 11.101/2005 apresentam e como é possível analisá-las?*

4) *Há como o juiz retirar alguma informação dos demonstrativos contábeis*

2. As demonstrações das microempresas e empresas de pequeno porte, nos termos do art. 51, § 2º, da Lei 11.101/2005, serão as exigidas pela sua legislação de regência.

3. V. Decreto-lei 7.661/1945, art. 159, § 1º. Utilizando-se de três colunas de valores em cada demonstrativo, cada qual referente a um exercício, é possível, em um único documento, apresentar os relatórios nos termos exigidos pela Lei 11.101/2005. Essa forma melhora, inclusive, a visualização dos números, além de proporcionar imediata comparabilidade. Por questões de espaço físico e dimensionamento, traremos no presente texto exemplos com, no máximo, duas colunas.

4. É importante um pequeno detalhe na questão da comparabilidade dos valores de exercícios apresentados. Primeiramente, por não haver correção monetária, como veremos mais adiante, poderá haver sérias distorções na informação contábil, uma vez que se comparará, em regra, valores em moeda de diferente poder aquisitivo. Ao depois, a comparação dos três últimos exercícios findos com as demonstrações levantadas *especialmente para instruir o pedido de recuperação* pode não ser apropriada, pois poder-se-ia comparar valores referentes a períodos de tempo distintos (p.ex., lucro líquido do período anual do último exercício com o lucro apurado até o segundo mês do exercício atual), o que poderá levar a interpretações equivocadas, principalmente em atividades sazonais ou parcialmente descontinuadas.

5. Justamente por possuírem as demonstrações contábeis a característica de predição dos resultados futuros, as normas internacionais de contabilidade (IFRS) exigem que a companhia indique em sua Demonstração de Resultado de Exercício se algum setor ou atividade relevante foi paralisado (descontinuado), apresentando seu resultado separadamente. Isso porque, a apresentação conjunta de resultados de operações descontinuadas pode induzir o usuário da demonstração que referida atividade permanecerá em continuidade nos exercícios seguintes, gerando, pois, expectativas de receitas (que, na verdade, já se encerraram). Isso não consta na Lei 6.404/1976, muito embora esteja presente no Ofício-Circular/CVM/SNC/SEP 1/2005. Também pelo mesmo motivo, as normas internacionais determinam a separação da demonstração por segmentos.

apresentados com o pedido de recuperação que lhe aponte a viabilidade econômica ou o risco de determinado empresário vir posteriormente a falir? Em caso positivo, poderá o juiz negar o processamento da recuperação judicial, considerando, com base nas demonstrações contábeis, que a atividade empresarial que ali se apresenta é inviável?

Inovações e críticas à Lei 11.101/2005 no que toca às demonstrações contábeis exigidas

A demonstração de resultados acumulados

Ao invés de exigir, como fazia o Decreto-lei 7.661/2005, a ***demonstração de lucros e prejuízos acumulados (DLPA)***, a Lei 11.101/2005 exigiu a apresentação de ***demonstração de resultados acumulados***, a qual não é prevista na legislação societária.

Veja-se que a DLPA simplesmente visa a demonstrar as causas e origens de uma conta do balanço patrimonial, qual seja a de *lucros e prejuízos acumulados* no período de um exercício. Assim, buscar-se-á demonstrar se o lucro ou prejuízo teve origem na atividade operacional, se houve capitalização de lucros e reservas, se houve distribuição, etc. Parte-se dos valores da conta *lucros e prejuízos acumulados* de um exercício, somando-lhe e subtraindo-lhe valores concernentes às respectivas origens e aplicações para chegar aos valores desta mesma conta no exercício seguinte.

No entanto, usualmente não se acumulam valores em contas de resultado. A receita operacional bruta e as despesas operacionais, por exemplo, servem precipuamente para justificar o lucro do respectivo exercício, sendo finalizadas ao final de cada período. Aliás, não há qualquer razão para a apresentação de contas de resultado acumuladas (somadas), englobando vários exercícios, pois o que interessa ao usuário da informação contábil é justamente verificar a evolução de tais contas conforme o tempo.

Diante disso, a exigência gerou algumas perplexidades na doutrina. Alguns entendem que a determinação da legislação não passou de um equívoco do legislador, devendo ser apresentada a ***demonstração de lucros e prejuízos acumulados (DLPA)*** e não a ***demonstração de resultados acumulados***, ou mesmo que quaisquer das duas estejam prejudicadas, dada a falta de clareza do legislador.

O equívoco é apontado por Isidoro Fabrinni, em artigo sobre o tema:[6] "Apenas como ressalva, vale observar uma incorreção na alínea 'b' deste inciso II, como também no art. 105 – I – b – onde consta: 'demonstração de resultados acumulados'. Não existe demonstração contábil com essa denominação. Ou o legislador pretende se referir à 'demonstração do resultado do exercício' (...) ou à 'demonstração de lucros ou prejuízos acumulados', que a meu ver não faria sentido nesse contexto. De qualquer forma, fica prejudicada a exigência da alínea 'b' do inciso II do art. 51".

A Professora Raquel Sztajn (2005: 251), com a pertinência que lhe é peculiar, também leciona sobre o assunto:[7] "Mas o legislador se refere a demonstrativo de resultados acumulados. Que tipo de peça contábil é essa? Aquela em que os resultados dos três períodos anuais são somados, tal como se dá com o balanço? Ou aquela em que são apresentados lado a lado para fins de confronto? Se o que se tinha em mente era somar resultados anuais, o risco é que se computem duplamente aqueles transferidos para o balanço de encerramento do exercício que, por força do processo contábil, estão, em alguma

6. Isidoro Fabbrini, "Inovações contábeis na Lei de Falências – II", *Gazeta Mercantil*, 2005.

7. Lição inserida na obra: *Comentários à Lei de Recuperação de Empresas e Falência: Lei 11.101/2005*, coords. Francisco Satiro de Souza Júnior e Antônio Sérgio A. de Moraes Pitombo.

medida, refletidos no balanço inicial do ano seguinte. Se o que se pretende é que os resultados sejam apresentados lado a lado, a peça não tem utilidade, porque pode ser obtida pela só justaposição dos demonstrativos anuais".

Realmente, a referência do legislador causa sérias dúvidas. Isso porque as contas de resultado acumulam valores durante algum período de tempo (normalmente um exercício), superado o qual seus valores são transferidos para uma conta única (apuração do resultado do exercício). O saldo desta última conta, por sua vez, é ordinariamente transferido para a conta de lucros e prejuízos acumulados, tornando "zerados" todos os saldos das contas de resultado.

No entanto, na tentativa de salvar o texto legal, podemos ressaltar que o demonstrativo de resultados acumulados não é um desconhecido da ciência contábil, havendo autores que o tratam como mero somatório dos valores finais das contas de resultados apresentadas na demonstração de resultado do exercício (DRE).[8] Destinar-se-ia, justamente, à hipótese aventada pela Professora Rachel Sztajn, qual seja, à soma dos períodos dos exercícios em análise, mesmo que seja de utilidade muito duvidosa em termos de informação contábil ao usuário.

A ausência de correção monetária das demonstrações

Um dos maiores problemas em termos de demonstrações contábeis, presente em nosso ordenamento a partir da vigência da Lei 9.249/1995, é a ausência de correção monetária nas demonstrações contábeis.

Com efeito, isso distorce a os valores das demonstrações respectivas, apresentando ao usuário informação contábil viesada e muitas vezes não correspondente à realidade. Sem preocupação com a rigidez dos critérios contábeis relativos às operações em moeda constante, tentaremos demonstrar a seguir como essa distorção ocorre, *grosso modo*.

Imaginemos que nos últimos três exercícios contábeis anteriores ao pedido de recuperação, o lucro líquido apresentado por uma sociedade empresária seja respectivamente de R$ 100.000,00; R$ 102.000,00 e R$ 110.000,00. Ora, a impressão que o credor desavisado poderá ter é que a sociedade devedora apresenta tendência de aumento de lucro, podendo existir algum problema eventual de liquidez temporária para que esta venha a solicitar sua recuperação.

No entanto, se inserirmos no curso do segundo exercício acima mencionado uma inflação de 5%, e de 10% no curso do terceiro exercício, veremos, numa análise sumária e perfunctória, que a empresa pode estar apresentando justamente uma tendência de prejuízo.

De fato, para compararmos, *grosso modo*, os valores acima mencionados, deveríamos verificar que tivemos uma inflação acumulada, entre o primeiro exercício e o terceiro, de 15,5% (contando 5% mais 10% de inflação, usando critério de acumulação composto).[9] Assim, os R$ 110.000,00 do último exercício deveriam ser comparados com R$ 115.500,00 (100.000 x 1,155) do primeiro exercício e com R$ 112.200,00 do segundo exercício (102.000 x 1,1).

Logo, considerando a inflação, *grosso modo*, tivemos resultados decrescentes nos exercícios subseqüentes, respectivamente de R$ 115.500,00; R$ 112.200,00 e R$ 110.000,00.

8. A utilização desse relatório pode ser vista na obra da Fundação Instituto de Pesquisas Contábeis, Atuariais e Financeiras, *Aprendendo Contabilidade em Moeda Constante*.

9. Acompanhe o leitor a conta, lembrando que um acréscimo de 10% é obtido multiplicando o valor original por 1,1 e o acréscimo de 5% é obtido multiplicando o valor original por 1,05. Assim, temos: 1,1 x 1,05 = 1,155 - 1 = 0,155 x 100 = 15,5%.

Seria desejável, portanto, que para os efeitos de apresentação em recuperação empresarial, os demonstrativos contábeis fossem elaborados com observância da correção monetária integral, nos moldes anteriormente mencionados pela Instrução 191 da CVM.

Do mesmo modo, a ausência de correção monetária prejudica a apresentação de resultados acumulados, nos termos sugeridos anteriormente, uma vez que os valores inseridos nas contas de resultado dos diversos exercícios estão em moedas de datas diferentes e, obviamente, não possuem o mesmo poder aquisitivo. Isso resulta no fato de que sua soma pode gerar sérias distorções de interpretação, pois as quantias expressas monetariamente têm diferentes valores no tempo.

O relatório de fluxo de caixa

Outra inovação da legislação atual é a exigência da apresentação de um relatório de fluxo de caixa, abrangendo no mínimo os três exercícios antecedentes ao pedido de recuperação, devendo haver ainda a respectiva ***projeção*** de caixa futuro.

Primeiramente, não se deve confundir o relatório gerencial de fluxo de caixa exigido pela Lei 11.101/2005 com a demonstração de fluxo de caixa (DFC) exigida pela Lei 6.404/1976, com as modificações inseridas pela Lei 11.638/2007.

Isso porque a DFC tem apenas o propósito de demonstrar as *causas* da variação do caixa de um exercício para outro, *voltando-se para o passado*. Parte de saldos de caixa já conhecidos, buscando explicar apenas quais foram os motivos de sua variação. Exemplificativamente, se num exercício inicial tivemos um saldo de caixa de R$ 100.000,00 e no subseqüente tenha referido saldo apresentado o valor de R$ 200.000,00, a DFC buscará explicitar ao usuário da informação contábil de onde provieram os recursos que aumentaram o valor do caixa, ou seja, se foram provenientes da atividade (p.ex., lucro operacional, receitas financeiras, receitas não operacionais, etc.), de financiamentos (p.ex., aumentos de capital, tomada de empréstimos, etc.) ou de investimentos (p.ex., aplicação de recursos em imobilizado, etc.).

Já o relatório gerencial tem intuito diverso. Busca demonstrar ao gestor a situação de caixa do ente empresarial em determinado momento do tempo, bem como fazer *predições futuras* de fluxo de caixa.

A avaliação do caixa é de suma importância na gestão empresarial, tendo, muitas vezes, valor informativo até mesmo superior à avaliação da lucratividade. Isso por vários motivos, dentre os quais podemos citar: 1) o caixa da empresa não está afetado por valores contábeis que podem distorcer o montante do lucro (p.ex., depreciações, receitas a prazo, ganhos de equivalência patrimonial ainda não realizados, etc.); 2) o caixa reflete imediatamente a capacidade de a empresa honrar seus pagamentos, sendo melhor sinal de sua liquidez imediata; 3) a avaliação dos montantes inseridos em contas de caixa ou disponibilidades é de maior objetividade e não sujeitas a critérios contábeis subjetivos.

Sobre a questão, Alexandre Povoa, em excelente obra sobre avaliação de empreendimentos e precificação de ações (2004:114), ressalta que:[10] "A primeira pergunta lógica que vem à cabeça de qualquer um é acerca do porquê da projeção de fluxo de caixa de uma empresa. Por que não utilizarmos os lucros diretamente? Normalmente, o cidadão comum associa imediatamente o lucro ao sucesso ou fracasso de uma companhia. Se a empresa 'deu prejuízo' normalmente é sinal de fracasso. Conforme já observamos, a contabilidade é recheada de regras que acabam, muitas vezes, distorcendo a verdadeira realidade de uma empresa. Não estamos nem considerando fatos excepcionais como as fraudes contábeis que eclodiram em 2002

10. Alexandre Povoa, *Valuation. Como Precificar Ações*.

e 2003 em grandes empresas mundiais, como a WorldCom, Enron, Vivendi e Parmalat. Neste caso, os executivos destas empresas esconderam passivos e inflaram propositadamente ativos. Estamos alertando para o fato de que princípios contábeis mundialmente aceitos podem não ajudar a refletir o que foi realmente o desempenho de uma empresa em determinado período (...). Portanto, o que mais importa no processo de precificação é mensurar a capacidade de geração de caixa de uma empresa. O que a empresa vai fazer com o caixa gerado é uma questão mais subjetiva, que dependerá de boa ou má administração".

Mas a principal questão envolvendo a elaboração do relatório de fluxo de caixa é a avaliação do valor de mercado do ente empresarial. Com efeito, a metodologia mais aceita sob o ponto de vista da ciência das finanças para avaliação de empresas é o denominado ***fluxo de caixa descontado (discounted cash flow – DCF).***

Referida metodologia consiste na projeção do fluxo de caixa futuro do empreendimento, trazendo-o a valor presente através do desconto operacionalizado por uma taxa respectiva, usualmente correspondente ao custo médio ponderado de capital – CMPC ou WACC (*wheighted average cost of capital*), que considera, conforme a proporção das fontes de financiamento, o custo do capital próprio[11] e o custo do capital de terceiros.

Expressando de forma simplificada, gráfica e matematicamente, a metodologia supracitada, teríamos o seguinte:

11. Pode parecer estranho falar que o capital próprio, identificado como aquele que o próprio sócio investe na sociedade, através do aporte de recursos em seu capital, tenha custo. No entanto, como já sustentamos na obra *Curso de Direito Comercial*, em co-autoria com o Prof. Haroldo Verçosa, um ente empresarial "pode se financiar, *grosso modo*, por dois tipos de fontes: (i) capital de terceiros; (ii) capital próprio. No primeiro caso temos a constituição de um passivo (obrigações a pagar a credores), pelo qual a companhia se obrigará, usualmente, ao pagamento de juros. No segundo o financiamento se dará basicamente pelo aporte de recursos dos acionistas (capital), ou mesmo pelos recursos obtidos do exercício da atividade econômica (lucros). Resta medianamente claro que, ao se financiar mediante o uso de capital de terceiros, a companhia terá um custo sobre tal financiamento, consistente nos juros que terá de pagar pelos recursos disponibilizados pelos credores, uma vez que estes exigirão esta contraprestação por permanecerem, durante o tempo do empréstimo, privados do uso de seus recursos. Em relação ao capital próprio, entretanto, resta mais difícil verificar a existência de um custo, pois normalmente costumamos pensar que o acionista somente deseja auferir parcela dos lucros sociais (se e quando estes existirem), bem como eventuais ganhos de capital pela valorização das ações adquiridas. Ocorre que, analisando sobre o ponto de vista financeiro, o capital próprio demanda efetivamente um custo da companhia, que, aliás, tende a ser maior que o custo de capital de terceiros. Vejamos mais atentamente. Quando um credor faz empréstimo a uma companhia (pressupondo condições de solvência), terá garantido o pagamento de sua remuneração (juros), preferencialmente ao pagamento de qualquer remuneração aos acionistas. Já, o acionista, ao investir seus recursos na companhia, somente receberá algum retorno pelo seu aporte se e quando a sociedade apresentar resultados positivos (lucro), depois de pagas todas as dívidas e despesas. O credor, ao emprestar para a companhia, normalmente pode antever com razoável grau de segurança qual será sua remuneração (juros), seja ela pactuada em termos fixos ou percentuais em relação ao empréstimo. O acionista, ao contrário, não pode prever com segurança qual será o montante que obterá de retorno ao aplicar recursos em uma companhia. Sua remuneração poderá ser maior ou menor, dependendo de várias circunstâncias e eventos. Ao pagar juros ao credor, a companhia poderá normalmente deduzi-los (como despesas que são) do lucro líquido que servirá de base de cálculo para o imposto sobre a renda. Sendo menor o lucro líquido, a companhia terá um benefício fiscal, pagando menor imposto. No pagamento de dividendos ao acionista, porém, não há incidência de imposto sobre a renda, por força de isenção legal, razão pela qual a companhia não auferirá qualquer benefício fiscal. Após essas explanações, podemos indagar: quem exigirá maior remuneração pelo seu investimento: o credor ou o acionista? Em outras palavras, qual será usualmente mais caro à companhia, o financiamento por recursos de terceiros ou por recursos próprios? (...) A esta altura, podemos afirmar claramente que o capital próprio tende a ser mais caro para a companhia, pois o acionista se vê em condições de maior risco, e, portanto, incrementa sua expectativa (e conseqüente exigência) de retorno em seu investimento. Além

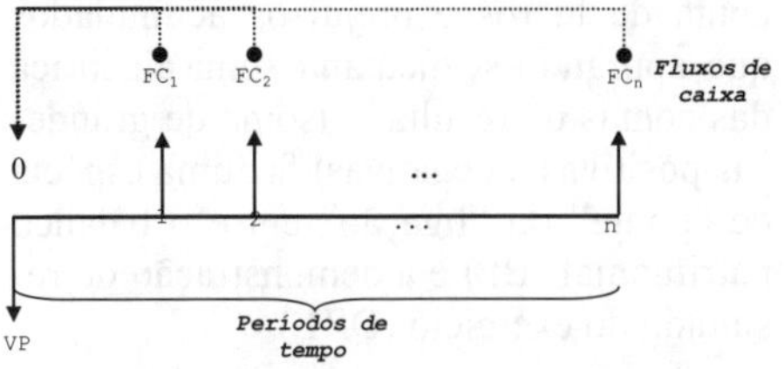

Figura 1: Expressão gráfica simplificada da conversão dos valores de fluxo de caixa futuros (FC) a valor presente (VP). Convertem-se os montantes de fluxo de caixa dos diversos momentos (1, 2, ... n) ao momento atual (0), para apuração do valor do ente empresarial.

$$VP = \frac{FC_1}{(1+i)^1} + \frac{FC_2}{(1+i)^2} + \cdots + \frac{FC_n}{(1+i)^n}$$

Figura 2: Expressão matemática da conversão dos valores de fluxo de caixa futuros (FC) a valor presente (VP), considerando uma taxa de desconto (i) e o tempo de cada fluxo de caixa (1, 2, ... n).

O fluxo de caixa descontado, como se mencionou anteriormente, é a metodologia mais aceita para a avaliação de empresas (*valuation*). Nesse sentido, a lição sempre abalizada de Alexandre Assaf Neto:[12] "Na avaliação econômica de investimentos, o método do Fluxo de Caixa Descontado (FCD) é o que representa o maior rigor técnico e conceitual para expressar o valor econômico (...). Em verdade, uma empresa é avaliada por sua riqueza econômica expressa a valor presente, dimensionada pelos benefícios de caixa esperados no futuro e descontados por uma taxa de atratividade que reflete o custo de oportunidade dos vários provedores de capital".

Embora não haja uniformidade na doutrina de ciência das finanças, usualmente se costuma separar os valores de fluxo de caixa conforme a fase do empreendimento, da seguinte forma: 1) *fase de surgimento ou iniciação*:[13] fluxos de caixa crescentes, despesas de instalação, crescimento e funcionamento maiores, com menor distribuição de lucro diante da necessidade de reinvestimento; 2) *fase de estabilização*: em que o empreendimento encontra uma redução de fluxo de caixa e estabilização das despesas, aumentando a distribuição de lucro para os sócios; 3) *perpetuidade*: de duração indeterminada, que se segue à fase de estabilização e que normalmente é acompanhada de uma tendência de que a remuneração do investimento se iguale ao custo de capital investido.

Para os credores, advogados, magistrados e membros do Ministério Público que têm contato com o processo de recuperação empresarial, o relatório de fluxo de caixa e sua projeção tem imensa importância ao permitir, se elaborado com rigor metodológico e com base na realidade, que se estabeleça o valor de mercado do ente empresarial, com vista a estabelecer preço justo em futura aquisição por terceiros ou verificação da viabilidade econômica do devedor.

Algumas falhas na legislação ainda subsistem, dentre as quais podemos citar: 1) a lei não menciona a metodologia a ser estabelecida no relatório de fluxo de caixa, nem quais rubricas devem ser incluídas; 2) igualmente, não há determinação de que, além do fluxo de caixa, apresente também o devedor estudo de valoração de seu empreendimento (*valuation*) que muito útil poderia ser aos credores e operadores jurídicos; 3) não há também estabelecido o período de projeção mínima de fluxo de caixa exigido em lei, o que pode dar ao devedor liberdade em apresentar período reduzido de projeção, que pouco ou nada

disso, pagar juros ao credor é normalmente mais barato à sociedade anônima (dado o benefício fiscal de dedução de imposto de renda) que pagar dividendos ao acionista".

12. Alexandre Assaf Neto, *Finanças Corporativas e Valor*.

13. Obviamente, para um devedor em recuperação, não haverá surgimento ou início de uma nova atividade, pois o empreendimento já existia. Tal fase poderia ser substituída com sucesso por outra, em que o devedor se encontrasse no período de soerguimento de seu negócio.

informe aos credores e demais usuários desta informação gerencial.

Vistas estas inovações e críticas dos dispositivos da Lei 11.101/2005, passaremos à análise das demonstrações exigidas neste diploma legislativo.

Balanço Patrimonial (BP)

Do balanço patrimonial importa saber inicialmente sua definição e natureza jurídica.

De acordo com a Norma Brasileira de Contabilidade NBC-T3, balanço patrimonial é a demonstração contábil destinada a evidenciar, qualitativa e quantitativamente, numa determinada data, o patrimônio e o patrimônio líquido da entidade.

Deve-se ter em conta, porém, segundo a magistral lição do Professor Fábio Konder Comparato (1978:29), que "O balanço é um ato jurídico e não simples ato material. De balanço, a rigor, só se pode falar depois que o titular do patrimônio balanceado – pessoa física ou jurídica – o aprova, obedecidas as formalidades legais. Antes disso, o que há é um projeto ou uma minuta de balanço, sem valor contábil ou existência jurídica. Em se tratando de sociedade anônima, balanço haverá tão-só depois que a assembléia geral de acionistas – regularmente convocada e instalada – delibera sua aprovação. Trata-se, aliás, no Direito brasileiro, de um dos atos de competência privativa daquele órgão societário".[14]

Ocupa-se o balanço de trazer em seu bojo a situação patrimonial do empresário individual ou coletivo: reflete o saldo dos lançamentos efetuados em suas contas de ativo, passivo e patrimônio líquido, este último definido pela diferença dos dois primeiros. Além das contas patrimoniais, o balanço traz, no patrimônio líquido, a conta de lucros e prejuízos acumulados que, apurando-se mediante soma algébrica das contas de resultado (soma de grandezas positivas e negativas) faz uma espécie de "ponte" ou "ligação" entre o balanço patrimonial (BP) e a demonstração de resultado do exercício (DRE).

Tradicionalmente, o balanço é definido graficamente através da inserção das contas representativas do ativo à esquerda do relatório, incluindo aquelas representativas do passivo na parte superior direita e as de patrimônio líquido na parte interior direita, na forma ilustrada a seguir.

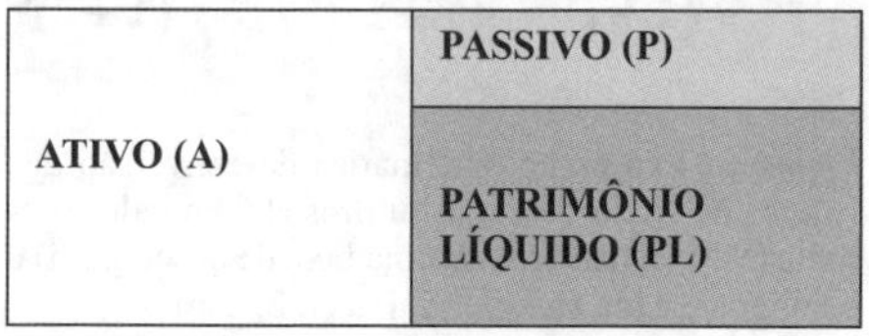

A designação ilustrada acima tem a vantagem de permitir a visualização gráfica do patrimônio líquido, pela diferença ou subtração entre a representação do ativo e do passivo. Não se trata, porém, de forma obrigatória, sendo comuns as publicações que trazem tais agrupamentos em forma vertical, ou mesmo aquelas que unificam passivo e patrimônio líquido.

Como já se ressaltou neste trabalho, o ativo traduz as contas referentes aos bens e direitos da entidade, o passivo retrata as obrigações respectivas e o patrimônio líquido, as quantias de aporte pelos sócios, os lucros empresariais e as reservas legais ou voluntárias.

Outra forma de se visualizar a mesma realidade, consiste em entender o lado direito do balanço, formado pelo passivo e o patrimônio líquido, como ***origens de recursos***, e o lado esquerdo do balanço, representado pelo ativo, como ***aplicações de recursos***.

De fato, nessa perspectiva, o passivo representa as origens de recursos representadas pelo financiamento de terceiros

14. Fábio Konder Comparato, *Natureza Jurídica do Balanço. Ensaios e Pareceres de Direito Empresarial*, p. 29.

ao desenvolvimento das atividades empresariais, tais como empréstimos, valores a serem pagos pela força de trabalho utilizada, impostos a pagar, etc. Por seu turno, o patrimônio líquido representa o financiamento que os próprios sócios deram à criação da entidade, bem como aquilo que esta obteve de suas atividades. A aplicação dos recursos obtidos de fontes externas (passivos) ou internas (patrimônio líquido) é representada pelo ativo, que consubstancia os bens e direitos em que a entidade empregou os recursos obtidos, destinados à manutenção de seus fins.

Além do saldo dos lançamentos em cada rubrica, o balanço traz em si uma organização interna, consistente na classificação das contas em determinados subgrupos.

Tradicionalmente, nos termos definidos pela Lei 6.404/1976, as contas de ativo são classificadas em ***grau decrescente de liquidez***, iniciando pelos recursos mais líquidos, representados imediatamente por moeda (contas caixa, aplicações financeiras, etc.) até aqueles menos líquidos (normalmente constantes do ativo imobilizado). Três grandes grupos de contas de ativo são utilizados no balanço, com algumas subdivisões internas, como já salientamos anteriormente: 1) ativo circulante; 2) ativo realizável a longo prazo; 3) ativo permanente.

Já o passivo, conforme a legislação supracitada, é classificado em ***grau decrescente de exigibilidade***, iniciando-se pelas rubricas exigíveis em menor espaço de tempo até aquelas exigidas em maior prazo, classificando-se em dois grandes subgrupos: 1) passivo circulante; 2) passivo exigível a longo prazo.[15]

15. Esse critério não é unânime no Direito Comparado. O Código Civil italiano, p.ex., classifica o ativo iniciando com os créditos dos sócios e o imobilizado (*immobilizzazioni*), terminando com as disponibilidades líquidas (*disponibilità liquide*) no ativo circulante.

Não se deve confundir balanço com balancete. Na verdade, o balancete consiste em um relatório prévio e antecipatório do balanço, que consiste em arrolar todas as contas utilizadas para efetivar os lançamentos, verificando a correspondência entre os valores lançados a débito e a crédito.

A função principal do balancete é realizar uma prévia verificação dos lançamentos efetuados, antes do levantamento do balanço, para evitar eventuais erros. Hoje, entretanto, com o advento dos mecanismos informatizados, sua função histórica perdeu muito em importância.

É preciso que o operador jurídico saiba que nem sempre a exatidão formal dos números apresentados no balanço detém um rigor tão preciso. Há várias limitações de tal relatório, oriundas principalmente das restrições conceituais da própria ciência da contabilidade.

Como pondera o Professor Fábio Konder Comparato (1978:31), "Vulgarmente, com efeito, o balanço é concebido como mera reprodução da realidade econômica da empresa, ou como espelho de uma situação patrimonial, no dizer de um autor (Francisco Messineo, *Studi di Diritto delle Società*, Milão, 1958, p.g 132). A não ser na hipótese de lançamentos falsos ou errôneos, o leigo não entende como se possa retocar essa fotografia do patrimônio. Tal concepção, no entanto, é totalmente imprópria. O balanço, como de resto toda a contabilidade, não pode jamais ser um simples reflexo de fatos econômicos, porque se trata de uma interpretação simbólica e, portanto, convencional da realidade. Os fatos econômicos não passam para os livros contábeis no estado bruto, mas são trazidos, simbolicamente, em conceitos e valores; ou seja, não previamente estimados e valorados, segundo um critério determinado e em função de uma finalidade específica. A exatidão matemática dos balanços, que o vulgo contempla admiravelmente, é mera coerência interna e recíproca de lançamentos em partidas dobradas, simples exatidão formal. Mas entre a realidade econômica e sua tradução contábil, interfere, necessariamente, um juízo de valor, uma estimativa axiológica, cuja imprecisão e contestabilidade jamais poderão ser suprimidas, porque inerentes ao próprio processo de conhecimento. A verdade contábil é, pois, simplesmente relativa. O lucro de balanço, por exemplo, é uma realidade meramente contábil e abstrata. A ocorrência de lucros de exploração e seu exato montante, a rigor, só podem ser verificados, realmente, quando a empresa se extingue e se apura o resultado final. '*Profits can never be determined with certainty until a business adventure has been completely liquidated except in the case where the returns have at least exceeded the capital originally invested*' (H. R. Hartifield, *Accounting. Its principles and problems*, Nova York, 1927, p. 254)".

Demonstração do resultado do exercício (DRE)

A Demonstração de Resultados do Exercício (DRE) visa a demonstrar aos usuários da escrituração empresarial como se saiu, ao final de determinado período, a entidade em observação, em relação a suas contas de resultado além de fornecer ao usuário uma tendência para os resultados futuros do empreendimento.

As contas de resultado refletem as receitas e despesas empresariais. Tal conceito, que ao leigo pode significar meramente a entrada e saída de dinheiro do caixa, depende de um exame mais aprofundado.

Isso porque, entende-se como princípio geral da contabilidade o princípio da competência. Nos termos do que este enuncia, as receitas e despesas devem ser reconhecidas quando da ocorrência do fato gerador respectivo, e não quando de seu pagamento ou recebimento em dinheiro. Assim, em uma venda a prazo, para recebimento, e.g., depois de três meses da contratação, a entidade deverá reconhecer, desde a formalização do contrato, a receita respectiva. Do mesmo modo, após ter se utilizado da força de trabalho de um empregado durante um mês, deverá provisionar em seu passivo os montantes de encargos devidos (férias, décimo terceiro salário, etc.), com o reconhecimento da despesa respectiva, e não deixar para fazê-lo somente quando no pagamento de referidas verbas.

Assim, as receitas (operacionais) são tidas como contrapartidas da atividade de vendas ou prestação de serviços a terceiros, haja ou não recebimento à vista. Do mesmo modo, as despesas são frutos da utilização ou consumo de bens ou serviços, haja ou não o pagamento imediato.

É possível, assim, com a utilização do princípio da competência, a existência de lucro contábil sem qualquer aumento do valor de dinheiro em caixa, bem como a existência de prejuízo contábil com dinheiro em caixa.

A utilização do princípio da competência é de uso obrigatório pelas sociedades anônimas (art. 177 da Lei 6.404/1976), não havendo tal obrigatoriedade para a as sociedades limitadas e outros tipos societários. Estas, respeitando-se algumas restrições no caso de escrituração fiscal,[16]

16. As normas tributárias contêm alguns princípios inerentes à escrituração fiscal, os quais possibilitam, em determinados casos, a adoção do regime de caixa, ao invés do da competência. Não é o caso de aprofundar aqui o estudo de tais normas, razão pela qual trazemos à luz apenas uma decisão da Receita Federal a respeito: "*Acórdão* 5.996, de 23.4.2004. *Assunto*: Imposto sobre a Renda de Pessoa Jurídica – IRPJ. *Ementa*: *Lucro presumido. Regime de caixa*. A adoção do regime de caixa na apuração do lucro presumido implica, para a pessoa jurídica que mantiver escrituração contábil, na forma da legislação comercial, o controle dos recebimentos de suas receitas em conta específica, na qual, em cada lançamento, será indicada a nota fiscal a que corresponder o recebimento; não atendido tal requisito, o lucro presumido será apurado da forma convencional, ou seja, com base no regime de competência. *Lucro presumido. Prestação de servi-*

poderão se utilizar do regime de caixa, para o qual as receitas ou despesas são reconhecidas quando do ingresso ou saída de dinheiro do caixa da entidade.

O resultado final da apuração das contas de resultado nos dará o lucro do período (ou do exercício), cujos valores serão transportados ordinariamente para a conta "lucros e prejuízos acumulados", constante do balanço patrimonial.

As contas de resultado, ao contrário das patrimoniais, têm um período específico e determinado de tempo na qual acumulam valores, normalmente coincidente com o exercício social. A partir de então, seu saldo é transposto para uma conta de apuração, normalmente denominada de "apuração do resultado do exercício". A soma algébrica dos valores inseridos nesta última conta nos dará o lucro (ou prejuízo) líquido do exercício.

Para a apuração do resultado do exercício, o saldo de cada uma das contas supracitadas é zerado, através de lançamento a débito (para as contas com lançamento a crédito) e a crédito (para as contas lançadas a débito), sendo os valores transferidos para a conta "apuração do resultado do exercício".

Ordinariamente, o valor final referente ao lucro ou, prejuízo do exercício, é transportado para a conta "lucros e prejuízos acumulados",[17] componente do balanço patrimonial.

A demonstração do resultado do exercício, nada mais é que a tradução, de forma discriminada, estruturada e clara, da conta "apuração do resultado do exercício", na forma estabelecida na legislação societária.

Para as sociedades anônimas, a Lei 6.404/1976 determina a seguinte estrutura para o demonstrativo em análise:

> Art. 187. A demonstração do resultado do exercício discriminará:
>
> I – a receita bruta das vendas e serviços, as deduções das vendas, os abatimentos e os impostos;
>
> II – a receita líquida das vendas e serviços, o custo das mercadorias e serviços vendidos e o lucro bruto;
>
> III – as despesas com as vendas, as despesas financeiras, deduzidas das receitas, as despesas gerais e administrativas, e outras despesas operacionais;
>
> IV – o lucro ou prejuízo operacional, as receitas e despesas não operacionais; (redação dada pela Lei 9.249 de 26.12.95)
>
> V – o resultado do exercício antes do Imposto sobre a Renda e a provisão para o imposto;
>
> VI – as participações de debêntures, empregados, administradores e partes beneficiárias, e as contribuições para instituições ou fundos de assistência ou previdência de empregados;
>
> VII – o lucro ou prejuízo líquido do exercício e o seu montante por ação do capital social.[18]

Um modelo teórico de demonstração de resultado pode ser visto a seguir:[19]

ços de construção civil. Na atividade de prestação de serviços de construção civil o percentual aplicável é o de 32% previsto para as pessoas jurídicas prestadoras de serviços em geral; o percentual de 8% apenas se aplica quando houver emprego de materiais próprios, assim entendidos os materiais que se incorporam à obra, perdendo a qualidade de bens móveis".

17. Após as inovações da Lei 11.638/2007, tal conta, para as sociedades anônimas passou a ser denominada unicamente de "prejuízos acumulados". Manteremos no texto a nomenclatura usual, ainda com largo emprego em Contabilidade.

18. As normas internacionais de contabilidade (IFRS) determinam, para melhoria da informação do usuário da DRE, que além do lucro por ação (que se obtém pelo quociente do lucro líquido pelo número de ações), seja também informado o lucro diluído por ação, considerando-se as prováveis conversões de outros títulos e instrumentos de dívida emitidos pela sociedade (tais como opões, debêntures, etc.) em ações, o que fatalmente diluirá o lucro por ação do acionista originário. Isso não consta na Lei 6.404/1976.

19. O modelo é adaptado de José Luiz dos Santos e Paulo Schimit, *Fundamentos de Contabilidade Societária*.

DEMONSTRAÇÃO DO RESULTADO DO EXERCÍCIO	X1	X2	X3
RECEITA BRUTA DE VENDAS			
Receitas de vendas de mercadorias			
Receitas de prestação de serviços			
(-) DEDUÇÕES DE VENDAS Impostos sobre as vendas			
Devoluções de vendas			
Descontos incondicionais			
(=) RECEITA LÍQUIDA DE VENDAS			
(-) Custo das mercadorias vendidas			
(=) LUCRO BRUTO			
(-) Despesas com vendas			
(-) Despesas administrativas			
(-) Despesas financeiras			
(+) Receitas financeiras			
(+/-) Outras despesas ou receitas operacionais			
(=) LUCRO OU PREJUÍZO OPERACIONAL			
(+) Receitas não operacionais			
Ganhos de capital			
(-) Despesas não operacionais			
Perdas de capital **(=) RESULTADO ANTES DA CONTRIBUIÇÃO SOCIAL E IMPOSTO DE RENDA**			
(-) Contribuição social			
(-) Provisão para Imposto de Renda **(=) RESULTADO ANTES DAS PARTICIPAÇÕES**			
(-) Participações Debêntures			
Participações de empregados			
Participações de administradores			
Partes beneficiárias			
Contribuições para Instituições ou fundos de assistência ou previdência de empregados			
(=) LUCRO OU PREJUÍZO LÍQUIDO DO EXERCÍCIO			
LUCRO OU PREJUÍZO POR AÇÃO			

Demonstração de mutações no patrimônio líquido e de lucros e prejuízos acumulados (DMPL e DLPA)

A demonstração de mutações no patrimônio líquido e a demonstração de lucros e prejuízos acumulados são relatórios verdadeiramente complementares, por vezes excludentes entre si. Na verdade, a DLPA é parte da DMPL, estando nela incluída, como veremos a seguir.

É bem verdade que a Lei 11.101/2005 não fez referência a nenhuma das duas. No entanto, a referência à ***demonstração de resultados acumulados***, que com ambas não se confunde, vem sendo interpretada por alguns como sinônima de demonstração de lucros e prejuízos acumulados, interpretando-se a referência do legislador à expressão "resultados" como um equívoco.

Assim, manteremos aqui a referência a tais demonstrações e seu respectivo estudo.

Por tal motivo, a Lei 6.404/1976, no § 2º do art. 186, ressalta (grifos nossos):

> Art. 186. A demonstração de lucros ou prejuízos acumulados discriminará:
>
> I – o saldo do início do período, os ajustes de exercícios anteriores e a correção monetária do saldo inicial;
>
> II – as reversões de reservas e o lucro líquido do exercício;
>
> III – as transferências para reservas, os dividendos, a parcela dos lucros incorporada ao capital e o saldo ao fim do período.
>
> § 1º. Como ajustes de exercícios anteriores serão considerados apenas os decorrentes de efeitos da mudança de critério contábil, ou da retificação de erro imputável a determinado exercício anterior, e que não possam ser atribuídos a fatos subseqüentes.
>
> § 2º A demonstração de lucros ou prejuízos acumulados deverá indicar o montante do dividendo por ação do capital social e *poderá ser incluída na demonstração das mutações do patrimônio líquido, se elaborada e publicada pela companhia.*

Como bem salientam Iudícibus *et al.* (2003:376) em relação à demonstração das mutações do patrimônio líquido "Logicamente, se a empresa elaborar tal demonstração, incluindo-a como integrante de suas Demonstrações Financeiras do exercício, deverá deixar de elaborar a Demonstração de Lucros ou Prejuízos Acumulados, desde que as informações desta estejam incluídas, no mesmo nível de informação, naquela. Para tanto, uma das colunas da demonstração será a da conta Lucros ou Prejuízos Acumulados".[20]

Sem prejuízo, a Instrução 59/1986 da CVM obriga as companhias abertas a elaborarem a DMPL nos seguintes termos:

> Art. 1º. As companhias abertas deverão elaborar e publicar, como parte integrante de suas demonstrações financeiras, a demonstração das mutações do patrimônio líquido, referida ao artigo 186, § 2º "in fine", da Lei n. 6.404, de 15 de dezembro de 1976.

A CVM dispõe modelos para a elaboração da DMPL para companhias abertas. No entanto, a elaboração de tais relatórios pode ser feita, ainda que com maior simplicidade, por todas as sociedades, mesmo que não sejam anônimas, como se verifica no exemplo resumido a seguir envolvendo pequena sociedade que no curso do exercício tenha apresentado prejuízo concomitante a aumento de capital.

	Capital	**Lucros e prejuízos acumulados**	**Total**
Saldo em X1	1.000.000,00	(7.900,00)	992.100,00
Aumento de capital	100.000,00		100.000,00
Lucro líquido do exercício		(269.100,00)	(269.100)
Destinação do lucro líquido	–	–	–
Saldos em X2	**1.100.000,00**	**(277.000)**	**823.000,00**

Podemos verificar na demonstração acima como se modificou o patrimônio líquido da entidade analisada, constatando primeiramente que o aporte de capital dos sócios (R$ 100.000,00) não foi suficiente para cobrir o prejuízo das operações (R$ 269.100,00). O patrimônio líquido como um todo teve uma queda de R$ 169.100,00 do exercício X1 para o exercício X2, sendo que seria maior ainda caso não houvesse o aporte de capital.

Como analisar as demonstrações?

Para analisar as demonstrações contábeis há uma série de métodos explorados pela ciência contábil. Sem querer esgotar a matéria e focando na praticidade que norteia o presente trabalho, passaremos rapidamente em revista a dois métodos básicos: 1) análise de índices; 2) análise horizontal e vertical.

Com o fim de tornar mais prático o entendimento, faremos a análise do balanço patrimonial e da demonstração de resultados a seguir transcritos da sociedade fictícia ora denominada "Sociedade Exemplo Ltda.". Ressaltamos que somente faremos a análise de dois exercícios (ora denominados X1 e X2), lembrando, como fizemos no início do trabalho, que a Lei 11.101/2005 exige que o devedor apresente demonstrações referentes a três exercícios além daquelas levantadas especialmente para o pedido.

O estudo trazido na seqüência é baseado nas lições de Dante C. Matarazzo,[21] utilizando os índices de referido autor, na época de edição de sua obra, os quais poderão ser acrescidos de outros índices pelos destinatários das demonstrações contábeis em análises concretas.

BALANÇO PATRIMONIAL Sociedade Exemplo Ltda. – Em R$

ATIVO	**X1**	**X2**	**PASSIVO**	**X1**	**X2**
Ativo Circulante			**Passivo Circulante**		
Caixa	710.000,00	559.600,00	Provisão para salários e encargos	20.000,00	10.000,00
Clientes	–	60.000,00	Empréstimos	–	50.000,00
Estoques	7.500,00	–	Impostos a pagar	5.400,00	21.600,00
Total do ativo circulante	**717.500,00**	**619.600,00**	**Total do passivo circulante**	**25.400,00**	**81.600,00**
Ativo Permanente			**PATRIMÔNIO LÍQUIDO**		
Veículos	100.000,00	100.000,00	Capital	1.000.000,00	1.100.000,00
Imóveis	200.000,00	200.000,00	Lucros e prejuízos acumulados	(7.900,00)	(277.000,00)
Depreciação acumulada	–	(15.000,00)	**Total do patrimônio líquido**	**992.100,00**	**823.000,00**
Total do ativo permanente	**300.000,00**	**285.000,00**			
Total do ativo	**1.017.500,00**	**904.600,00**	**Total do passivo e patrimônio líquido**	**1.017.500,00**	**904.600,00**

20. Sérgio de Iudícibus, Eliseu Martins e Ernesto Rubens Gelbcke, *Manual de Contabilidade das Sociedades por Ações*.

21. Dante Carmine Matarazzo, *Análise Financeira de Balanços*, São Paulo, Atlas, 2003.

DEMONSTRAÇÃO DE RESULTADO DE EXERCÍCIO Sociedade Exemplo Ltda. – Em R$		X1		X2
Receita operacional bruta		30.000,00		120.000,00
(-) Impostos sobre vendas		(5.400,00)		(21.600,00)
(=) Receita operacional líquida		24.600,00		98.400,00
(-) Custo das mercadorias vendidas		(7.500,00)		(52.500,00)
(=) Lucro bruto		17.100,00		45.900,00
(-) Despesas operacionais		(25.000,00)		(315.000,00)
Depreciação			15.000,00	
Salários e encargos	20.000,00		250.000,00	
Outras despesas operacionais	5.000,00		50.000,00	
(=) Prejuízo do exercício		**(7.900,00)**		**(269.100,00)**

Passemos, com base nos dados constantes das demonstrações acima citadas a verificar os índices correspondentes, analisando os tópicos referentes à estrutura de capital, liquidez e rentabilidade.

A análise de índices

Os números são apresentados a seguir, para posterior comentário. Lembramos que grande parte dos índices não tem significado isolado, sendo sua conceituação dependente do setor econômico em que se encontra inserido o ente empresarial (p.ex., uma grande imobilização de capital é comum no setor siderúrgico, sendo menor no setor financeiro). Dessa forma a conceituação dada aos índices é, em grande parte, dependente dos dados do ramo econômico da atividade.

ANÁLISE DE ÍNDICES Sociedade Exemplo Ltda.		**X1**	**X2**
	ESTRUTURA DE CAPITAL		
(1)	Endividamento	**3%**	**10%**
(1)	Composição do endividamento	**100%**	**100%**
(1)	Imobilização do patrimônio líquido	**30%**	**35%**
(1)	Imobilização dos recursos não correntes	**30%**	**35%**
	LIQUIDEZ		
(2)	Geral	**28,25**	**7,59**
(2)	Corrente	**28,25**	**7,59**
(2)	Seca	**27,95**	**7,59**
	RENTABILIDADE		
(2)	Giro do ativo	**0,02**	**0,11**
(2)	Margem líquida	**-32%**	**-273%**
(2)	Rentabilidade do ativo	**-1%**	**-30%**
(2)	Rentabilidade do PL	**-2%**	**-30%**
INTERPRETAÇÃO			
(1): Quanto menor, melhor			
(2): Quanto maior, melhor			

Faremos a seguir uma breve análise dos índices, apenas para dar noção ao leitor quando a sua possível interpretação, alertando que um trabalho completo nesse sentido somente poderia ser obtido com uma comparação com os índices do setor específico.

Verifica-se que a empresa está, em princípio, pouco endividada. Seu grau de endividamento (obtido pela divisão do total do passivo pelo patrimônio líquido – P/PL) foi somente de cerca de 3% em X1 e 10% em X2. Assim sendo, seu grau de risco aos credores é, em princípio, baixo, pois possui uma estrutura em que o capital de terceiros representa ainda pequena parcela de seu capital próprio.

A composição de seu endividamento, entretanto, embora pouco significativa, chama a atenção, pois tanto em X1 quanto em X2, 100% de suas dívidas foram de curto prazo (compondo o passivo circulante). A empresa, portanto, tomou recursos de terceiros em curto prazo, o que lhe imporá fatalmente o comprometimento de alguns recursos neste período de tempo. Seria recomendável, portanto, que o analista da informação contábil verificasse eventual explicação para tal fenômeno, bem como se o plano de recuperação prevê a modificação da situação.

Sua imobilização de recursos do patrimônio líquido e outros não correntes, em princípio, é razoável (30% em X1 e 35% em X2), mas deve sempre ser comparada pelo analista com os dados do setor para verificar sua sustentabilidade. Caso a média do setor fosse muito superior à encontrada, poderíamos supor que o devedor imobilizou pouco, o que eventualmente poderia explicar sua baixa rentabilidade pela falta de estrutura para obter melhores resultados. Se a imobilização fosse superior à do setor, deveríamos investigar se isso comprometeu a rentabilidade pela falta de investimento em outras áreas prioritárias.

O empreendimento parece, num primeiro momento, com uma liquidez muito acentuada, uma vez que o ativo supera em muito o passivo. A liquidez geral é obtida pela divisão do ativo circulante e de longo prazo pelo passivo de mesma característica. A liquidez corrente é obtida pela divisão do ativo circulante pelo passivo circulante. E a liquidez seca repete a conta anterior, subtraindo do ativo circulante o valor dos estoques.

Tanto os índices de liquidez geral e corrente (que aqui coincidem por não existir ativo e passivo de longo prazo) parecem demasiados. É verdade que tiveram importante queda de X1 (em 28,25) para X2 (7,59), mas continuam elevados, significando que para R$ 1,00 de dívida, há R$ 7,59 reais de ativo circulante. Isso, numa análise superficial, pode parecer uma situação segura aos credores, mas na verdade indica excesso de recursos parados em caixa, sujeitos a perdas inflacionárias e ausência de aplicação rentável ao empreendimento. A liquidez seca, da mesma forma, também parece excessiva.

Os índices de rentabilidade são os que mais sofreram no empreendimento analisado.

O giro do ativo, obtido pela divisão da receita líquida pelo total do ativo, significa o número de vezes que o ativo se renovou no período analisado, revelando o volume de vendas em relação ao total investido. Os números são, em princípio, desanimadores. Em X1 o volume de vendas em relação ao ativo foi de 0,02 e em X2 aumentou um pouco para 0,11, valores que parecem pouco expressivos, demandando do analista da informação, além da comparação com os números do setor, a verificação das causas e das possíveis soluções a serem dadas pelo devedor ao problema em seu plano de recuperação.

A margem líquida, obtida pela divisão do lucro líquido pela receita líquida, indica qual é o percentual que o empreendimento obtém de lucro em relação ao que fatura (quanto das vendas é transformado em lucro). Como se vê, os números são negativos e decrescentes, sendo alarmantes no exercício de X2 (-273% !!), indicando que não haveria condições do devedor suportar por muito tempo tal situação. Cabe ao analista verificar se a rentabilidade negativa foi derivada da estrutura equivocada de passivos, de condições econômicas externas que, p.ex., impediram o crescimento das vendas ou impuseram despesas excessivas, ou de outros fatores existentes.

Finalmente, a rentabilidade do ativo e do patrimônio líquido, obtida pela divisão do lucro líquido pelo ativo ou pelo patrimônio líquido, respectivamente, parece estar inadequada, além de ter piorado de X1 para X2 de modo significativo. Os valores indicam que os recursos empregados no ativo pela sociedade, e aqueles investidos pelos sócios (que compõem o patrimônio líquido) deram retornos negativos de importância significativa.

Vistos os principais índices das demonstrações, passemos à análise vertical e horizontal das demonstrações.

Análise vertical e horizontal

Para familiarizar o leitor com esse tipo de análise, deve-se ressaltar que o objetivo desta é demonstrar a participação de cada conta das demonstrações no total (análise vertical) ou sua evolução no tempo (análise horizontal).

ANÁLISE VERTICAL E HORIZONTAL DO BALANÇO

	X1	AV(%)	AH(%)	X2	AV(%)	AH(%)
ATIVO						
CIRCULANTE						
Financeiro						
Disponível	**710.000**	70	100	**559.600**	62	79
Total financeiro	**710.000**	70	100	**559.600**	62	79
Operacional						
Clientes	**0**	0	100	**60.000**	7	0
Estoques	**7.500**	1	100	**0**	0	0
Outros	**0**	0	100	**0**	0	0
Total operacional	**7.500**	1	100	**60.000**	7	800
TOTAL CIRCULANTE	**717.500**	71	100	**619.600**	68	86
REALIZ. LP E PERM.						
Permanente						
Investimentos	**0**	0	100	**0**	0	0
Imobilizado	**300.000**	29	100	**285.000**	32	95
Diferido	**0**	0	100	**0**	0	0
TOTAL REALIZ. LP E PERM.	**300.000**	29	100	**285.000**	32	95
TOTAL ATIVO	**1.017.500**	100	100	**904.600**	100	89

ANÁLISE VERTICAL E HORIZONTAL DO BALANÇO						
	X1	**AV(%)**	**AH(%)**	**X2**	**AV(%)**	**AH(%)**
PASSIVO						
CIRCULANTE						
Financeiro						
Empréstimos bancários	**0**	0	100	**50.000**	6	0
Total financeiro	**0**	0	100	**50.000**	6	0
Operacional						
Fornecedores	**0**	0	100	**0**	0	0
Outros	**25.400**	2	100	**31.600**	3	124
Total operacional	**25.400**	2	100	**31.600**	3	124
TOTAL PASSIVO CIRCULANTE	**25.400**	2	100	**81.600**	9	321
EXIGÍVEL LONGO PRAZO E PL						
Exigível a longo prazo						
Empréstimos/ financiamentos	**0**	0	100	**0**	0	0
Outros	**0**	0	100	**0**	0	0
TOT. EXÍG. LP	**0**	0	100	**0**	0	0
PATRIMÔNIO LÍQUIDO						
Capital + Reservas	**1.000.000**	98	100	**1.100.000**	122	110
Lucros acumulados	**-7.900**	-1	100	**-277.000**	31	3.506
TOTAL PATRIMÔNIO LÍQUIDO	**992.100**	98	100	**823.000**	91	83
TOTAL PASSIVO	**1.017.500**	100	100	**904.600**	100	89

Com esse fim, assume-se na análise vertical (AV) que o total do ativo e do passivo mais o patrimônio líquido assume valor 100 (ou 100%). Cada conta terá o valor percentual indicado por sua divisão pelo total (se uma conta possuir valor 50, significa dizer que corresponde a 50% do total).

Já na análise horizontal, aos valores das contas do primeiro exercício analisado é atribuído valor 100 (ou 100%), recebendo os montantes do exercício posteriores o percentual respectivo em relação aos do primeiro exercício (p.ex., se uma conta do segundo exercício tiver valor 50, significa dizer que corresponde a 50% dos valores do primeiro exercício).

Em relação às demonstrações supracitadas, as análises horizontal e vertical são apresentadas a seguir.

Interessante verificar alguns aspectos esclarecedores.

No balanço, verifica-se que há incrível predominância de valores em caixa, os quais corresponderam a impressionantes 70% do valor do ativo, em X1, e 62% dos valores em X2, o que poderia indicar pouca aplicação de recursos em ativos que possibilitem rentabilidade maior à empresa, fato corroborado pela pouca imobilização de recursos (em torno de 30% do total nos dois anos).

O financiamento do empreendimento tem se baseado no capital próprio, que quase totalizou a origem dos recursos, tendo incremento em X2 (para 110% do valor de X1). Caberia ao analista saber até quando os sócios estarão dispostos a aportar recursos no empreendimento e até onde este resistiria sem tais aportes, principalmente diante da incrível derrocada dos lucros em X2 (3.506% do valor de X1, este já negativo).

A empresa concentrou seu passivo em dívidas de curto prazo, mas essas não são tão significativas, não chegando a 10% do total de seu passivo ou ativo.

ANÁLISE VERTICAL E HORIZONTAL DA DEMONSTRAÇÃO DE RESULTADO						
	X1	**AV(%)**	**AH(%)**	**X2**	**AV(%)**	**AH(%)**
RECEITA LÍQUIDA	**24.600**	100	100	**98.400**	100	400
Custo dos produtos vendidos	**7.500**	30	100	**52.500**	53	700
LUCRO BRUTO	**17.100**	70	100	**45.900**	47	268
Despesas operacionais	**25.000**	102	100	**315.000**	320	1.260
Outras rec. desp. oper.	**0**	0	100	**0**	0	0
LUCRO OPER. (sem res. fin.)	**-7.900**	-32	100	**-269.100**	-273	3.406
Receitas financeiras	**0**	0	100	**0**	0	0
Despesas financeiras	**0**	0	100	**0**	0	0
LUCRO OPERACIONAL	**-7.900**	-32	100	**-269.100**	-273	3.406
Resultado não operacional	**0**	0	100	**0**	0	0
LUCRO ANTES DO IR	**-7.900**	-32	100	**-269.100**	-273	3.406
LUCRO LÍQUIDO	**-7.900**	-32	100	**-269.100**	-273	3.406

Na demonstração de resultados verificamos um importante aumento de receita líquida (400% maior em X2 que em X1), mas que não foi suficiente para cobrir as despesas operacionais que subiram na proporção de 1.260%, resultando num lucro operacional e líquido 3.406% inferior em X2, comparativamente a X1.

Conclusões de análise

Qual a conclusão da análise?

Lembrando que a presente análise é perfunctória e que não deve haver certezas absolutas em análises de demonstrações financeiras, a situação parece indicar empreendimento com razoável grau de liquidez, ao menos por ora, oferecendo poucos riscos de inadimplência no curto prazo aos credores.

No entanto, até o presente momento, apresentou índices insatisfatórios de rentabilidade, baixo volume de vendas em relação a seu ativo total e excesso de recursos paralisados em caixa, o que pode indicar uma estratégia operacional ou má aplicação de recursos para atingir maior valor do investimento proporcionado pelos sócios, os quais, por seus aportes, foram praticamente os únicos a suportar a continuidade do empreendimento.

O volume de vendas e compras a prazo também parece insuficiente, dado o baixo percentual das contas de clientes e a completa ausência de fornecedores no balanço, o que pode estar diminuindo a rentabilidade total, por não haver financiamentos para clientes adquirirem mercadorias, nem contar com financiamento de fornecedores para suas vendas.

Dado o prejuízo operacional existente, a situação parece necessitar de reformulação na estrutura e na estratégia empresariais, com maior aplicação de recursos em vendas e compras a prazo, possível incremento em imobilizações que proporcionem rentabilidade superior e redução de recursos paralisados em caixa.

Não se pode esquecer eventual influência de fatores sazonais na análise em questão, como, por exemplo, no incremento das despesas operacionais em X2, cuja causa deverá ser investigada pelo analista no caso concreto. No entanto, a principal característica parece ser um problema estratégico, uma vez que a atividade empresarial está destruindo valor dos sócios e estes, ao contrário de mudarem a estratégia ou a estrutura de capital e investimento da sociedade, continuam a fazer aportes de recursos.

Visto como se podem analisar demonstrações contábeis, passemos a verificar qual o valor preditivo destas na viabilidade econômica de uma empresa em recuperação.

Os modelos de predição de falência com base nas demonstrações contábeis e sua aplicabilidade às recuperações empresariais

Podem as demonstrações contábeis prever a inviabilidade econômica de um empreendimento? Seria possível predizer se uma determinada sociedade empresária em recuperação realmente irá à falência?

Há uma série de modelos estatísticos que buscam predizer a possibilidade da ocorrência de falência empresarial. Entre eles, o citado por Rashad e Khalik[22] (2004:202) e Brigham *et al.*[23] (2001:942), ambos baseados no modelo de Edward Altman de análise discriminante múltipla, tem conseguido certa primazia na doutrina.

O modelo se destina à predição de falência para período futuro aproximado de dois anos através de uma função (*Z-Score*), com as seguintes características:

$$Z = 0{,}012X_1 + 0{,}014X_2 + 0{,}033X_3 + 0{,}006X_4 + 0{,}999X_5$$

Na qual:

X_1 – capital circulante/total de ativos;

X_2 – lucros acumulados/total de ativos;

X_3 – lucro antes de juros e imposto sobre a renda/ativo total;

X_4 – valor de mercado do patrimônio/endividamento total no balanço;

X_5 – vendas/ativo total.

Os resultados do teste serão interpretados nos termos do quadro abaixo.

Resultado do Z-Score	Interpretação
Z < 1,81	Grande probabilidade de falência
1,81 < Z < 2,99	Zona de incerteza
Z > 2,99	Reduzidas probabilidades de falência

22. A. Rashad e Abdel Khalik, *Dicionário Enciclopédico de Contabilidade.*

23. Eugene F. Brigham *et al.*, *Administração Financeira: Teoria e Prática.*

Outro modelo muito utilizado na predição de falências é aquele preconizado por Stephen Kanitz, que guarda muita semelhança com o anterior.

O modelo de Kanitz parte de 5 índices oriundos das demonstrações contábeis, base em que foi elaborada uma equação matemática, através de técnicas estatísticas de regressão múltipla e análise discriminante.

O escopo do estudo de Kanitz foi mensurar o risco de insolvência, por meio do que chamou de ***fator de insolvência***. Cuidava-se de um indicador que apontava a possível insolvência em futuro próximo, na eventualidade de a empresa não corrigir rumos que estava trilhando.

Assim se compõe a equação de Kanitz para o cálculo do fator de insolvência (FI):

$$FI = 0{,}05\,X1 + 1{,}65\,X2 + 3{,}55\,X3 - 1{,}06\,X4 - 0{,}33\,X5$$

Em que:

X1 = lucro líquido/patrimônio líquido;

X2 = (ativo circulante + realizável a longo prazo)/exigível total;

X3 = (ativo circulante – estoques)/passivo circulante;

X4 = ativo circulante/passivo circulante;

X5 = exigível total/patrimônio líquido.

Resultado do FI	Interpretação
FI < -3	Insolvente
-3 < FI < 0	Zona de penumbra
FI > 0	Solvente

Por fim, podemos citar os modelos de Elizabestsky, com base teórica e metodologia muito semelhantes aos anteriores. Para Elizabestsky, temos:

$$Z = 1{,}93\,X32 - 0{,}20\,X33 + 1{,}02\,X35 + 1{,}33\,X36 - 1{,}12\,X37$$

Sendo:

X32 = lucro líquido/vendas;

X33 = disponível/ativo permanente;

X35 = contas a receber/ativo total;

X36 = estoque/ativo total;

X37 = passivo circulante/ativo total.

A interpretação é dada por

Z inferior a 0,5 → empresa insolvente
Z superior a 0,5 → empresa solvente

Cálculos utilizando os modelos

Façamos, portanto, um exemplo concreto, utilizando as demonstrações financeiras (balanço e demonstração de resultado) já expostas neste trabalho quando da exposição de tais relatórios. Salientamos que, para fins didáticos, somente consideraremos o exercício de X2, embora nos casos concretos o analista deva verificar a evolução dos resultados dos modelos preditivos a cada exercício, o que lhe dará maior base para conclusões mais acertadas.

Consideraremos no cálculo, para o modelo de Altman, as quatro primeiras variáveis (X_1 a X_4) em porcentagem e não em decimais.

Entabulando os dados do exercício de X2, teremos:

		Percentuais (fórmula)	Total das parcelas
Capital circulante	619.600,00		
Ativo total	904.600,00		
X_1	68,49	0,012	0,82
Lucros acumulados	(277.000,00)		
Total de ativo	904.600,00		
X_2	(30,62)	0,014	(0,43)
EBIT	(269.100,00)		
Total de ativo	904.600,00		
X_3	(29,75)	0,033	(0,98)
Valor de mercado patrimônio	823.000,00		
Dívida total	81.600,00		
X_4	1.008,58	0,006	6,05
Vendas	120.000,00		
Total de ativo	904.600,00		
X_5	0,13	0,999	0,13
		Total (Z-Score)	**5,60**

Para o modelo de Kanitz, com os dados do exercício de X2, teremos:

		Percentuais (fórmula)	Total das parcelas
Lucro líquido	(269.100,00)		
Patrimônio líquido	823.000,00		
X1	(0,33)	0,05	(0,02)
(Ativo circulante + realizável a longo prazo)	619.600,00		
Exigível total	904.600,00		
X2	0,68	1,65	1,13
(Ativo circulante – estoques)	619.600,00		
Passivo circulante	81.600,00		
X3	7,59	3,55	26,96
Ativo circulante	619.600,00		
Passivo circulante	81.600,00		
X4	7,59	-1,06	(8,05)
Exigível total	904.600,00		
Patrimônio líquido	823.000,00		
X5	1,10	-0,33	(0,36)
		Total (FI)	**19,99**

Para o modelo de Elizabetsky, com os dados do exercício de X2, teremos:

		Percentuais (fórmula)	Total das parcelas
Lucro líquido	(269.100,00)		
Vendas	120.000,00		
X32	(2,24)	1,93	(4,33)
Disponível	559.600,00		
Ativo permanente	285.000,00		
X33	1,96	-0,2	(0,39)
Contas a receber	60.000,00		
Ativo total	904.600,00		
X35	0,07	1,02	0,07
Estoques	-		
Ativo total	904.600,00		
X36	–	1,33	–
Passivo circulante	81.600,00		
Ativo total	904.600,00		
X37	0,09	-1,12	(0,10)
		Total (Z)	**(4,75)**

Verificamos, portanto, que no caso considerado, no resultado de dois dos modelos utilizados (Altman e Kanitz) mesmo após dois anos de prejuízo contábil, as probabilidades de falência são reduzidas. Já para o critério de Elizabetsky, a empresa teria alta probabilidade de insolvência.

Tal conclusão pode parecer absurda e indicar a falta de credibilidade de tais modelos, mas não podem ser feitas afirmações absolutas. Com efeito, cada um dos modelos supracitados foi desenvolvido com pressupostos distintos e enfatizando situações diferentes.

O modelo de Altman, por exemplo, favoreceu o exemplo citado por utilizar índice de endividamento (patrimônio/dívida). Por haver no caso concreto um baixo endividamento ou uma baixa relação de capital de terceiros por capital próprio, acabou por afastar as possibilidades de falência.

O modelo de Kanitz também possibilitou grande ênfase no caso concreto à liquidez seca (divisão do ativo circulante, sem estoques, pelo passivo circulante). Como a liquidez do empreendimento é alta, referido modelo concluiu pela reduzida possibilidade de falência.

Já o conceito de Elizabetsky deu grande importância à margem líquida (lucro líquido/vendas), que no caso concreto é justamente o ponto falho do empreendimento analisado, razão pela qual concluiu pela provável insolvência.

Assim, antes de concluir pela incoerência dos modelos, podemos verificar que, na verdade, sua utilização em conjunto em casos concretos possibilitará conclusões complementares, se analisadas suas conclusões ponderadamente. No caso em tela, podemos ver que dificilmente a liquidez do ente empresarial em estudo o levará à falência (conforme ressaltam os modelos de Altman e Kanitz), mas a persistência de rentabilidade tão negativa possivelmente o levará à quebra se não modificada sua estrutura e estratégia (aspecto afirmado pelo modelo de Elizabetsky).

Saliente-se que o propósito das conclusões derivadas dos modelos de predição de falência não é fornecer verdades absolutas quanto ao futuro econômico de um devedor em dificuldades econômico-financeiras, mas meramente dar uma base ao analista das chances futuras de uma insolvência. Cumpre a este ponderar os diversos aspectos envolvidos com o discernimento necessário, cotejando as causas e os fatores envolvidos, e não tomar atitudes com base em meros números obtidos da aplicação matemática dos modelos preditivos.

À guisa de conclusão: a aplicabilidade das análises e modelos pelos operadores do direito, notadamente pelo Poder Judiciário

Visto o funcionamento dos principais modelos de análise de demonstrações e predição de falência, cumpre agora responder as seguintes questões, complementando aquelas feitas inicialmente:

1. *Poderá o Poder Judiciário, com base nos dados obtidos nas demonstrações, na sua análise, ou em algum modelo preditivo de falência, indeferir o processamento de recuperação judicial?*

2. *Poderá o juiz deixar de homologar plano de recuperação judicial aprovado em assembléia, ou, inversamente, aprová-los, contra a rejeição assemblear, com base nos dados, análises e modelos mencionados anteriormente?*

3. *Exerce o credor seu voto de forma abusiva em assembléia de credores caso venha a rejeitar plano de recuperação de empresa cujas demonstrações evidenciem sua viabilidade econômica ou, inversamente, aprove plano inviável em cotejo com suas demonstrações contábeis?*

Em relação à primeira questão, a resposta parece-nos negativa.

Isso porque a Lei 11.101/2005 não permite ao juiz ampla valoração probatória neste momento processual, devendo limitar-se o magistrado à constatação do preenchimento das formalidades legais (p.ex., se todas as demonstrações foram entregues, se abrangem todos os exercícios referidos na legislação, etc.). É de se ter presente, portando, que as demonstrações, em princípio, destinam-se à formação do convencimento e decisão dos credores.

Além disso, na fase em que as demonstrações são apresentadas, nem sequer se cogita da apresentação de plano de recuperação pelo devedor em juízo. Assim, indeferir o juiz o processamento da recuperação, a priori, seria subtrair dos credores a possibilidade da avaliação dos riscos apresentados pelo futuro e incerto plano de recuperação, que bem poderia apresentar solução para as dificuldades eventualmente evidenciadas nas demonstrações.

Quanto à segunda questão, entendemos que a resposta deve ser dividida em partes.

Sabe-se que o plano de recuperação pode ser aprovado ou rejeitado pela assembléia pelos quóruns ordinários (art. 58 da Lei 11.101/2005), sendo que, mesmo que rejeitado o plano, em havendo a presença de alguns requisitos legais (art. 58, § 1º, da Lei 11.101/2005), poderá o juiz excepcionalmente conceder a recuperação judicial com base em plano que não obteve aprovação, impondo-o aos credores discordantes, o que se costuma denominar de *cram down*, nome derivado da doutrina norte-americana.

No primeiro caso supracitado, ou seja, de rejeição sem a presença dos requisitos autorizativos do *cram down*, embora haja opiniões respeitáveis na doutrina em sentido contrário,[24] entendemos que não

24. Embora sem citar argumentos de natureza econômico-contábil, a possibilidade de que o juiz venha a contrariar a decisão da assembléia a respeito do plano de recuperação é admitida por Fábio Ulhoa Coelho: "Pela lei brasileira, os juízes, em tese, não poderiam deixar de homologar os planos aprovados pela Assembléia dos Credores, quando alcançado o quórum qualificado da lei. Mas, como a aprovação

pode o juiz se valer de argumentos econômico-contábeis para contrariar a vontade manifestada pelos credores expressamente em assembléia. A análise da viabilidade do empreendimento em recuperação e do risco inerente ao exercício da atividade empresarial do devedor foi relegada pelo legislador, com exclusividade, aos credores, não podendo o magistrado imiscuir-se no mérito dessa decisão.[25]

Deve-se salientar que nosso sistema se filiou ao ordenamento norte-americano, em que o magistrado não pode superar, por razões de mérito, a decisão da assembléia de credores, ao contrário do que ocorre no ordenamento francês, em que a liberdade do juiz contrariar a decisão assemblear é majorada.

As demonstrações, sua análise, os estudos de valor de mercado do empreendimento baseados em fluxos de caixa (*valuation*) e os modelos preditivos de falência poderão, no máximo, auxiliar aos credores, e somente a eles, na tomada da decisão de aprovar ou rejeitar o plano apresentado pelo devedor.

No entanto, quando houver rejeição do plano que possa ser objeto de imposição pelo juiz nos termos do art. 58, § 1º, da Lei 11.101/2005 (o chamado *cram down*), a lei dá, em princípio uma faculdade ao juiz, que *poderá* conceder a recuperação judicial com base em plano que não obteve aprovação, se presentes os requisitos legais.

Nesse caso, parece-nos possível, e até muito desejável, que o magistrado exerça sua discricionariedade com base em análises de demonstrações contábeis, estudos de *valuation* baseados em fluxos de caixa e modelos preditivos de falência.

Importante citar aqui a opinião do ilustre Prof. Eduardo Secchi Munhoz (2005:286),[26] que, com a percuciência que lhe é peculiar, critica a legislação nacional por não ter mencionado expressamente a avaliação econômico-financeira do empreendimento como base ao magistrado utilizar-se da possibilidade do *cram down*: "A ausência de avaliação econômica e financeira da empresa como elemento indispensável à formação da convicção jurisdicional é altamente criticável, pois tal avaliação é pressuposto necessário do 'cram down', como reconhece a doutrina norte americana: 'A cram down' tipically requires a valuation of the firm – to see how much value there is in the firm to distribute' (M. Roe, *Corporate reorganization and bankruptcy*, p. 12)".

Assim, entendemos que as demonstrações contábeis nos processos de reorganização empresarial cumprem o papel de, junto com outros estudos econômico-financeiros e outras provas, auxiliar o juiz no delineamento da situação econômica

de planos inconsistentes levará à desmoralização do instituto, entendo que, sendo o instrumento aprovado um blá-blá-blá inconteste, o juiz pode deixar de homologá-lo e incumbir o administrador judicial, por exemplo, de procurar construir com o devedor e os credores mais interessados um plano alternativo" (Fábio Ulhoa, *Comentários à Nova Lei de Falências e de Recuperação de Empresas*, São Paulo, Saraiva, 2005).

25. Nesse sentido também decidiu o TJSP: "*Recuperação de empresa* – Judicial – Plano – Aprovação, com alteração pela Assembléia Geral de credores, que reclassifica o crédito do Banco-agravante de quirografário para crédito com garantia real consistente em penhor sobre direitos creditícios – Decisão judicial que concede a recuperação, mas determina que o crédito do agravante permaneça classificado como quirografário – Inteligência do art. 35, inciso I, alínea *a*, da Lei n. 11.101/2005, que concede à Assembléia–Geral atribuição para aprovar ou rejeitar o plano – Inviabilidade de o magistrado se imiscuir no mérito do plano aprovado pelo conclave assemblear, salvo caso de abuso de direito – Recurso provido para manter o crédito do agravante como 'crédito com garantia real', de acordo com o plano aprovado pela Assembléia Geral de Credores" (AI 533.505-4/1-00-Salto, Câmara Especial de Falências e Recuperações Judiciais de Direito Privado, rel. Pereira Calças, 28.5.2008, v.u., voto n. 14.472).

26. *Comentários à Lei de Recuperação de Empresas e Falência: Lei 11.101/2005*, coords. Francisco Satiro de Souza Júnior, Antônio Sérgio A. de Moraes Pitombo, cit.

de um empreendimento com vistas à superação da rejeição de um plano de recuperação nas hipóteses exclusivas em que seja possível ao juiz impor o chamado *cram down* (art. 58, § 1º, da Lei 11.101/2005), não podendo, por si só e em qualquer outro caso, servir de base para decisão judicial que contrarie a vontade dos credores manifestada em assembléia fora das hipóteses legais.

Lista de referências

ASCARELLI, Tullio. *Corso de Diritto Commerciale. Introduzione e Teoria dell'Impresa.* Milão, Giuffrè, 1962.

BRIGHAM, Eugene F., *et al. Administração Financeira: Teoria e Prática.* São Paulo, Atlas, 2001.

BULGARELLI, Waldirio. *Direito Comercial.* São Paulo, Atlas, 1991.

CARVALHOSA, Modesto; e LATORRACA, Nilton. *Comentários à Lei de Sociedades Anônimas.* vol. 3, São Paulo, Saraiva, 1998.

COELHO, Fábio Ulhoa. *Código Comercial e Legislação Complementar Anotados.* São Paulo, Saraiva, 2003.

______. *Curso de Direito Comercial.* vols. 1, 2 e 3. São Paulo, Saraiva, 2003.

______. *Manual de Direito Comercial.* São Paulo, Saraiva, 2003.

______. *Comentários à Lei de Falências e Recuperação de Empresas.* São Paulo, Saraiva, 2005.

COMPARATO, Fábio Konder. *Natureza Jurídica do Balanço. Ensaios e Pareceres de Direito Empresarial.* Rio de Janeiro, Forense, 1978, p. 29.

FABBRINI, Isidoro. "Inovações contábeis na Lei de Falências – II", *Gazeta Mercantil,* 2005.

FABRETTI, Láudio Camargo. *Contabilidade Tributária.* São Paulo, Atlas, 2005.

Fundação Instituto de Pesquisas Contábeis, Atuariais e Financeiras. *Aprendendo Contabilidade em Moeda Constante.* São Paulo, Atlas, 2004.

GITMAN, Lawrence J. *Princípios de Administração Financeira.* São Paulo, Harbra, 1997.

GOMES, Orlando. *Introdução ao Direito Civil.* Rio de Janeiro, Forense, 1990.

IUDÍCIBUS, Sérgio de, *et al. Contabilidade Introdutória.* São Paulo, Atlas, 1990.

______. *Teoria da Contabilidade.* São Paulo, Atlas, 2000.

______; MARTINS, Eliseu; e GELBCKE, Ernesto Rubens. *Manual de Contabilidade das Sociedades por Ações.* São Paulo, Atlas, 2003.

MARION, José Carlos. *Contabilidade Básica.* São Paulo, Atlas, 2004.

______. *Contabilidade Empresarial.* São Paulo, Atlas, 1997.

MARTINS, Eliseu. "Atrocidades contábeis no novo Código Civil", *Boletim IOB-Thomson,* n. 41, São Paulo, ano 2002, Partes 1 e 2.

MARTINS, Fran. *Curso de Direito Comercial.* Rio de Janeiro, Forense, 1990.

______. *Comentários à Lei das Sociedades Anônimas.* Rio de Janeiro, Forense, 1984.

MAXIMILIANO, Carlos. *Hermenêutica e Aplicação do Direito.* Rio de Janeiro, Forense, 2001.

MELLO, Marcos Bernardes de. *Teoria do Fato Jurídico: Plano da Existência.* São Paulo, Saraiva, 1995.

MENDONÇA, José Xavier Carvalho de. *Dos Livros dos Comerciantes.* São Paulo, Rothschild, 1906.

______. *Tratado de Direito Comercial Brasileiro.* São Paulo, Freitas Bastos, 1960.

NEVES, Silvério das; e VICECONTI, Paulo Eduardo Vilchez. *Contabilidade de Custos: um Enfoque Direto e Objetivo.* São Paulo, Frase, 2000.

______. *Contabilidade Básica.* São Paulo, Frase, 2000.

______. *Contabilidade Avançada e Análise das Demonstrações Financeiras.* São Paulo, Frase, 1999.

Novo Dicionário Aurélio da Língua Portuguesa. Curitiba, Editora Positivo, 1 CD-ROM.

PENTEADO, Mauro Rodrigues. *Dissolução e Liquidação de Sociedades*. São Paulo, Saraiva, 2000.

POVOA, Alexandre. *Valuation. Como Precificar Ações*. São Paulo, Globo, 2004.

RASHAD, A.; e KHALIK, Abdel. *Dicionário Enciclopédico de Contabilidade*. São Paulo, Atlas, 2004.

REQUIÃO, Rubens. *Curso de Direito Comercial*. São Paulo, Saraiva, 1991.

RIBEIRO, Osni Moura. *Contabilidade Avançada*. São Paulo, Saraiva, 2005.

_______. *Contabilidade Intermediária*. São Paulo, Saraiva, 2005.

SANTOS, Ariovaldo dos. *Demonstração do Valor Adicionado: como Elaborar e Analisar a DVA*. São Paulo, Atlas, 2003.

_______; e GRATERON, Ivan Ricardo Guevara. "Contabilidade criativa e responsabilidade dos auditores", *Revista Contabilidade & Finanças – USP*, n. 32, São Paulo, mai.-ago./2003, pp. 7-22.

SOUZA JÚNIOR, Francisco Satiro de; e PITOMBO, Antônio Sérgio A. de Moraes (coords.). *Comentários à Lei de Recuperação de Empresas e Falência: Lei 11.101/2005*. São Paulo, Ed. RT, 2005.

VALVERDE, Trajano de Miranda. *Comentários à Lei de Falências*. Rio de Janeiro, Forense, 1962.

VERÇOSA, Haroldo Malheiros Duclerc. *Curso de Direito Comercial*. vols. 1 e 2, São Paulo, Malheiros Editores, 2004.

_______; e PEREIRA, Alexandre Demetrius. *Curso de Direito Comercial*. vol. 3, São Paulo, Malheiros Editores, 2008.

Espaço Discente

MERCADOS GLOBAIS, REGULADORES NACIONAIS[*]
A internacionalização do mercado de capitais e o caso do *insider trading*

RAFAEL RIBEIRO VISCONTI[**]

Introdução. 1. Internacionalização do mercado de capitais e conseqüências para a regulação: 1.1 O processo de internacionalização do mercado de capitais; 1.2 Harmonização regulatória; 1.3 Competição regulatória; 1.4 Cooperação entre reguladores do mercado de capitais. 2. O caso do "insider trading": 2.1 Harmonização das normas de combate ao "insider trading"; 2.2 Competição regulatória em relação às normas de combate ao "insider trading"; 2.3 Cooperação na aplicação das normas de combate ao "insider trading". Conclusão. Bibliografia.

Introdução

Os últimos trinta anos assistiram à acelerada internacionalização dos mercados de valores mobiliários. Enquanto investidores negociam ativos ao redor do mundo, empresas listam suas ações em diversas bolsas de valores simultaneamente. A atual estrutura de regulação do mercado de capitais, desenhada para regular mercados predominantemente nacionais, requer reavaliação, pois as atividades ilegais no mercado de capitais também se internacionalizaram. Se há três décadas os reguladores nacionais podiam eficazmente aplicar a regulação no mercado de capitais isoladamente, hoje os reguladores dependem da cooperação constante de reguladores de outros países. Qual seria a estrutura regulatória adequada para o mercado de capitais globalizado? De que forma a globalização afeta a regulação do mercado de capitais? Se o mercado de capitais globalizou-se, os reguladores continuam presos às fronteiras nacionais. Desta maneira, a internacionalização impõe novos desafios para os reguladores.

De forma geral, propostas para adaptar a estrutura regulatória à internacionalização do mercado de capitais enquadram-se dentro de dois extremos: de um lado, a harmonização regulatória e, do outro, a competição entre jurisdições. Uma terceira abordagem, a cooperação entre reguladores, enquadra-se em algum ponto entre os dois extremos da harmonização e da competição, mas não se confunde com nenhuma delas.

* Versão resumida da Tese de Láurea apresentada à Banca Examinadora do Departamento de Direito Comercial da Faculdade de Direito do Largo de São Francisco (USP) como exigência parcial para a obtenção do título de bacharel em Direito, sob a orientação do Prof. Dr. Marcos Paulo de Almeida Salles, 2009.

** *rafaelvisconti@gmail.com.*

Esse debate se origina na pesquisa de juristas norte-americanos sobre a dinâmica entre estados dos Estados Unidos da América (EUA) e atualmente opõe àqueles que defendem a harmonização ou a competição como forma de atingir a forma mais adequada de regulação do mercado de capitais global. Não se trata de descrever qual seria a forma mais eficiente de regulação, ou qual a medida de eficiência, mas apenas apontar qual abordagem seria mais adequada para gerar essa regulação eficiente no mercado globalizado.

As três abordagens (harmonização, competição e cooperação), embora distintas, são altamente interconectadas e podem complementar-se, conforme discutiremos nos capítulos abaixo. Somos levados, então, a nos questionar em que situações a harmonização da regulação do mercado de capitais resultaria em maior eficiência do mercado de capitais? Ou então, a competição entre reguladores nacionais levaria a uma regulação mais eficiente do que o modelo proposto pela harmonização? Qual o estado atual e qual a importância da cooperação entre reguladores na aplicação da regulação do mercado de capitais?

Este trabalho vai analisar criticamente os principais argumentos que sustentam a harmonização, a competição e a cooperação como paradigmas da regulação do mercado de capitais internacionalizado. Procuramos descrever e confrontar cada uma das três abordagens, refletindo sobre a extensa literatura que trata do tema, notadamente estrangeira. Contudo, a análise no capítulo um equaciona as questões de maneira inevitavelmente teórica. Tentamos contornar essa situação, pesquisando no capítulo dois de que forma a harmonização, a competição e a cooperação podem ser observadas na regulação do uso indevido de informações privilegiadas no mercado de capitais, o *insider trading*. Qual abordagem terá prevalecido sobre essa parte da regulação do mercado de capitais?

1. Internacionalização do mercado de capitais e conseqüências para a regulação

1.1 O processo de internacionalização do mercado de capitais

Os mercados de valores mobiliários ao redor do mundo estão cada vez mais integrados. Desde a década de 1980, a internacionalização do mercado de capitais acelerou o ritmo e se tornou mais fácil negociar valores mobiliários ao redor do mundo. Nas últimas três décadas, um número crescente de países – emergentes e desenvolvidos – abriu seu mercado de capitais para investidores estrangeiros e eliminou restrições que desincentivavam seus cidadãos a investir no exterior. A internacionalização do mercado de capitais significa que um volume substancial de transações financeiras envolve participantes e ativos de diferentes países. Esse processo requer a remoção de barreiras legais e regulatórias ao fluxo internacional de capital e implica em integração dos mercados, mobilidade dos agentes e interconectividade. Um mercado de capitais internacional puro seria aquele onde investidores e emissores não teriam incentivos para restringir suas atividades ao seu país de origem (Zandt, 1991). Scott (2006) propõe uma forma de medir a globalização do mercado de capitais através da correlação de preços entre mercados. Quanto maior a correlação de preços entre ativos similares em vários mercados, mais integrados são esses mercados. Dentro desse processo de interdependência dos mercados, muitas empresas mantêm seus títulos em negociação em mais de uma jurisdição simultaneamente enquanto investidores passam a operar globalmente (Licht, 1998a).

A forma mais simples de enxergar a internacionalização é através do *cross-listing*. O *cross-listing* ocorre quando uma empresa lista suas ações em outro mercado além daqueles localizados no país de sua incorporação. Em julho de 2009 quase

40% das empresas listadas na *London Stock Exchange* eram estrangeiras. Na mesma data, 35 empresas brasileiras mantinham seus ativos em negociação na *New York Stock Exchange*, onde também ocorria a negociação de ações ou *American Depositary Receipts*[1] de 105 empresas asiáticas, 153 européias e 86 latino-americanas (Nyse, 2009).

Outra medida da internacionalização é o interesse de investidores por valores mobiliários emitidos fora de seu país de origem. Dados publicados pela Bolsa de Valores de São Paulo (Bovespa) revelam que estrangeiros subscreveram 68% do valor captado em ofertas públicas de ações realizadas na Bovespa no período de 2005 até julho de 2009 (Bovespa, 2009). A negociação de valores mobiliários em mercados no exterior tornou-se um processo simples. Bolsas do mundo todo são acessíveis pela internet como resultado da transformação de pregões viva voz em pregões eletrônicos. Além disso, um forte movimento transatlântico de consolidação entre bolsas de valores impulsiona a internacionalização do mercado.

Essas mudanças dramáticas são resultados de forças econômicas, inovações tecnológicas e o processo de desregulamentação dos principais mercados de capitais do mundo. Mas de que forma a internacionalização afeta a regulação do mercado de valores mobiliários? Responder a essa questão se torna necessário na medida em que as estruturas de regulação em vigor foram projetadas para regular mercados predominantemente nacionais. O mercado moveu-se para uma plataforma global e os reguladores continuam presos em fronteiras nacionais. É uma nova realidade que exige uma revisão das estruturas regulatórias à luz das mudanças no mercado de capitais. Nesse cenário, a eficácia do regime regulatório de um país é influenciada por todos os outros regimes. Caso uma jurisdição falhe no combate ao uso indevido de informação privilegiada, por exemplo, os agentes econômicos poderão mover suas atividades para essa jurisdição, frustrando os esforços de supervisão dos outros países (Licht, 1998a).

As principais propostas para adaptar a atual estrutura regulatória à internacionalização dos mercados de capitais são: o conceito de harmonização regulatória, a competição entre jurisdições e a cooperação entre reguladores (MacIntosh, 1995). Neste capítulo analisaremos cada uma dessas abordagens e discutiremos qual a melhor maneira de regular o mercado de capitais em um ambiente internacionalizado.

1.2 Harmonização regulatória

Harmonização, convergência, uniformização. Harmonização não é o único termo que vem sendo utilizado para descrever esforços para tornar mais similares os sistemas de regulação do mercado de capitais de diferentes países. Sob esta definição, harmonização regulatória implica que a regulação do mercado de capitais de dois ou mais países se aproximem ao longo do tempo, mas não implica necessariamente em total uniformização (MacIntosh, 1995). Baseia-se na idéia de uniformizar a regulação do mercado de capitais de diferentes jurisdições, ou ao menos fazer com que sigam padrões internacionais únicos sobre a regulação e aplicação da regulação (*enforcement*) nesse mercado. A crescente atividade internacional e interdependência dos mercados geram uma demanda por regulação uniforme.

É possível identificar duas formas principais de harmonização regulatória: voluntária e mandatória. Convergência mandatória é o que está ocorrendo nos países da União Européia, dentro de um

1. *American Depositary Receipts* (ADRs) são certificados representativos de ações emitidos nos EUA com lastro em ações custodiadas no país de origem da empresa emissora. É uma forma pela qual uma companhia aberta coloca em negociação suas ações em mercado diferente daquele onde está situada.

processo de unificação dos mercados dos Estados Membros, e depende da existência de uma autoridade supranacional. A forma voluntária, e mais comum, é aquela em que países participantes de órgãos de discussão internacionais voluntariamente adotam as diretrizes recomendadas por esses órgãos (Licht, 1998b). Talvez o mais relevante exemplo de esforço para harmonização das normas do mercado de capitais seja o trabalho publicado em 1998 pela *International Organization of Securities Commissions* (IOSCO), intitulado *Objectives and Principles of Securities Regulation* (Princípios da IOSCO). Este documento é reconhecido como o padrão da regulação do mercado de capitais. A IOSCO reúne as comissões de valores mobiliários de 110 países, e é reconhecida como a entidade criadora dos padrões internacionais para o mercado de valores mobiliários. A abrangência da IOSCO é mundial, seus membros em conjunto regulam mais de 90% do mercado de capitais global (IOSCO, 2009a). A IOSCO não é uma organização internacional na forma do direito internacional público. Ao contrário, a IOSCO é uma organização informal, sem hierarquia, criada e operada sem tratado, diretamente por agências governamentais e não por chefes de estado, ministros das relações exteriores ou diplomatas (Verdier, 2009).

A cooperação no século vinte foi dominada por organizações internacionais criadas por tratados formalmente negociados, gerando obrigações jurídicas para os signatários. Nas últimas décadas, no entanto, o desenvolvimento de laços entre autoridades governamentais de diversas jurisdições através de acordos informais não vinculantes, e com supervisão limitada de ministros do exterior, tem sido crescentemente reconhecido como um importante componente da cooperação internacional contemporânea. Entidades governamentais estão se relacionando sem o amparo do direito internacional público tradicional. Memorandos de entendimento (*Memoranda of Understanding*), por exemplo, a forma jurídica mais comum que reveste os acordos de assistência mútua entre reguladores, tem apenas autoridade *quasi jurídica*. Estes acordos, por seus próprios termos, não têm *força vinculante*, não geram obrigações jurídicas. É nesse contexto que se enquadra a IOSCO. Na ausência de tratados internacionais e instituições com poder de coerção, reguladores nacionais criaram fóruns para compartilhar idéias, coordenar esforços de aplicação da regulação e negociar padrões comuns. Esta organização não pretende estabelecer normas jurídicas, vinculantes. A idéia básica é que a troca de informações e experiência levará a um processo de aprendizagem mútua, permitindo o desenvolvimento de princípios comuns, gerando convergência.

A IOSCO estabeleceu um grande número de grupos de trabalho destinados a tratar de diversos temas relacionados à regulação do mercado de capitais. Esses grupos de trabalho produzem relatórios e fazem recomendações muitas vezes formalmente acatadas em suas conferências anuais. Contudo, a natureza informal e não vinculante das normas adotadas pela IOSCO limita a eficácia deste órgão. Quando reguladores nacionais têm incentivos para descumprir essas normas, a IOSCO não tem poder para obrigá-los (Verdier, 2009).

O trabalho publicado pela IOSCO em 1998 e atualizado em 2002, *Objectives and Principles of Securities Regulation*, elenca três objetivos e trinta princípios da regulação do mercado de capitais (IOSCO, 2003a). É um trabalho para consulta, apontando padrões que podem ser seguidos voluntariamente. A intenção é auxiliar autoridades nacionais na criação e manutenção de altos padrões de regulação do mercado de capitais. Esse compêndio é utilizado pelo Fundo Monetário Internacional (FMI) e pelo Banco Mundial para avaliar o mercado de capitais de países sob análise. Em teoria, na medida em que existam conflitos entre a regulação do mercado de capitais de um país e os Princípios da IOSCO, o Banco Mundial e o FMI poderiam condicionar o empréstimo de recursos financeiros à reforma da regulação. Portanto, embora a IOSCO não crie direito internacional, os Princípios da IOSCO são seriamente considerados pelos membros da organização[2] (Kingsbury, Krisch e Stewart, 2005).

A IOSCO entende que, embora existam características particulares de cada jurisdição, os seguintes objetivos formam a base de um sistema eficaz de regulação do mercado de valores mobiliários: proteção dos investidores; assegurar mercados eqüitativos, eficientes e transparentes; e a redução do risco sistêmico. O documento também institui trinta princípios que buscam implementar os objetivos, evidenciando o compromisso da IOSCO em estabelecer padrões de regulação para a indústria de valores mobiliários. Através desta publicação, os membros da IOSCO expressaram a intenção de usar de seus melhores esforços para assegurar a convergência da regulação nacional de seus mercados de capitais aos objetivos e princípios elencados. Na medida em que a regulação nas jurisdições dos membros da IOSCO conflitar com os princípios adotados pelo organismo internacional, os reguladores devem trabalhar para que as mudanças legislativas necessárias sejam feitas.

Estados freqüentemente preferem acordos informais em áreas onde a incerteza é alta, pois assim retêm mais flexibilidade para modificar esses acordos de acordo com as circunstâncias. Uma vez que acordos informais sinalizam um nível mais baixo de comprometimento internacional do que acordos formais, divergências entre Estados são mais facilmente resolvidas através de acordos informais. Os custos à reputação se os Estados decidirem retirar-se ou despeitar esses acordos são menores (Verdier, 2009).

É necessário apontar que o processo de harmonização depende da cooperação entre reguladores, pois requer compromisso entre vários reguladores nacionais que carregam diferentes visões sobre a regulação. Um mercado global implica na interdependência dos reguladores. Deve haver fortes laços e confiança entre eles. O desenvolvimento desses laços e da confiança será sustentado pela criação de um conjunto comum de princípios e objetivos compartilhados da regulação. Assim, não é possível atingir a harmonização regulatória sem um consistente sistema de cooperação. Mas, se a harmonização depende da cooperação, não é verdade que cooperação implica em harmonização. A cooperação, como será discutido adiante, consiste na assistência mútua entre reguladores, sem relação com uniformização das normas que regulam os mercados.

A harmonização torna-se necessária como forma de corrigir falhas de mercado que, por estenderem-se além de fronteiras nacionais, não podem ser corrigidas pela atuação de um regulador isolado. Da mesma forma, a harmonização reduz custos. Atualmente, tanto emissores de valores mobiliários como investidores incorrem em altos custos para operar internacionalmente. Uma empresa buscando captar recursos em um mercado estrangeiro deve suportar os custos de cumprimento da regulação de seu país de origem e, adicionalmente, os custos de cumprimento da regulação da outra jurisdição. Se economias de escala são relevantes, um fornecedor único pode ser mais eficiente que diversos fornecedores competindo entre si. Analogamente, quando economias de escala regulatória estão presentes, órgãos centralizados de determinação de padrões, como

2. Uma avaliação realizada em 2007 para o FMI revela que a implementação integral dos Princípios da IOSCO continua sendo um desafio. O estudo averiguou que a implementação é especialmente baixa nos países de baixa renda (Carvajal e Elliott, 2007). Portanto, embora respeitados, os princípios ainda tem um longo caminho até integrarem-se ao ordenamento jurídico nacional dos membros da IOSCO.

a IOSCO, podem ser mais eficientes que a competição regulatória. A harmonização da regulação do mercado de capitais facilita a integração dos mercados. Vlachos (2004) concluiu que quanto mais similar a regulação do mercado de capitais entre jurisdições, mais integrados serão estes mercados.

No entanto, a maioria das discussões sobre harmonização internacional da regulação do mercado de capitais trata do tema de maneira geral, não especificando exatamente que pontos da regulação do mercado de valores mobiliários seriam objeto de harmonização. Nenhum autor parece estar sugerindo que as normas sejam harmonizadas detalhadamente em todas as áreas do mercado de capitais. Mas quais pontos seriam harmonizados, em geral, não são especificados (White, 1996). Entendemos que os padrões comuns devem ser desenvolvidos dentro da estrutura atual do mercado e não como conseqüência da criação de um *regulador global*. Portanto, os padrões unificados serão produtos da cooperação de reguladores nacionais, dentro da estrutura de uma organização internacional, um *coordenador global* como a IOSCO. Esta organização deve monitorar a implementação, interpretação e aplicação das normas harmonizadas pelos reguladores nacionais.

Além disso, a harmonização pode eliminar obstáculos à competição entre jurisdições, o que exigiria que os centros financeiros competissem acirradamente por operações, beneficiando as empresas emissoras e os investidores. Os emissores de valores mobiliários teriam acesso facilitado a mercados estrangeiros, pois estariam familiarizados com a regulação. Ainda mais relevante, é notar que a harmonização é uma forma eficaz de evitar que a competição entre reguladores gere uma corrida pela desregulamentação. As condições exigidas para que a competição regulatória gere benefícios quase nunca estão presentes, e por isso, haverá a necessidade de harmonização mínima para evitar que, buscando atrair mais empresas e investidores, jurisdições concorram para oferecer o ambiente regulatório mais desregulado (Geiger, 1997).

Os esforços da IOSCO demonstram que a harmonização em uma escala global é possível, mas diversos obstáculos, teóricos e práticos, persistem. A harmonização em si, como forma de resposta regulatória à internacionalização dos mercados, é questionada. Críticos temem que a harmonização possa representar a ameaça do "imperialismo regulatório", em que mercados menos regulados são forçados a adotar formas mais rigorosas de regulação e supervisão. No campo prático, a experiência demonstra que a harmonização é um processo custoso e demorado. Os reguladores têm de investir grande quantidade de recursos para desenvolver padrões internacionais. Isso facilita a "captura" desses fóruns internacionais por interesses de reguladores de nações mais ricas.

Outro ponto pouco discutido são as limitações legais que os membros da IOSCO enfrentam. A função normativa dos reguladores do mercado de capitais, em geral, limita-se à edição de normas administrativas. Freqüentemente, adaptar a legislação nacional a um padrão negociado na IOSCO exige que alterações legislativas sejam feitas. Nesses casos, a IOSCO busca o compromisso de que seus membros trabalharão para que a legislação seja alterada através do processo legislativo de cada país (Verdier, 2009). Entretanto, muitos anos podem passar até que o órgão regulador obtenha algum sucesso influenciando o processo legislativo. O resultado é que a negociação de padrões internacionais em muitos casos não resulta em harmonização, pois os membros da IOSCO não têm poder de adaptar a legislação de suas jurisdições.

No entanto, a maior barreira à harmonização é a discordância sobre o que harmonização deve significar. Se a solução é convergir, convergir em que direção é a próxima questão a ser enfrentada. Reguladores freqüentemente têm preferências distintas sobre o que deveria ser o padrão global. Portanto, encontrar uma solução única que seja viável a todos os países é uma tarefa árdua, senão impossível. Por fim, a harmonização pode representar um grande risco: o risco de os reguladores concordarem em adotar princípios e objetivos ineficazes, ou seja, o risco de reguladores convergirem para o tipo "errado" de regulação. A possibilidade de diferentes países criarem seus próprios marcos regulatórios permite que diferentes abordagens sejam testadas. A harmonização engessa a inovação, poda a criatividade do regulador, levando-o a adotar padrões internacionais que podem não ser adequados à realidade do mercado que regula. A atual crise financeira enfatiza nosso limitado conhecimento sobre soluções legais adequadas para o sistema financeiro e para o mercado de capitais. Em um sistema descentralizado, mais conhecimento e inovação podem ser gerados através de experimentação paralela e aprendizagem mútua. Uma forma de mitigar os efeitos negativos da harmonização, preservando seus efeitos positivos, é adotar um processo de harmonização mínima. Nesse processo, um piso é determinado, mas as jurisdições podem regular acima desse piso da forma que julgarem mais adequada. Dessa forma, mesmo após um processo de harmonização cada jurisdição tem flexibilidade para adaptar a regulação às suas necessidades e convicções.

1.3 Competição regulatória

Defensores da competição entre jurisdições propõem um mecanismo de mercado para atingir a regulação eficiente do mercado de capitais. Sob esse ponto de vista, a regulação é um produto, os reguladores nacionais são os produtores e investidores e empresas os consumidores. Como em um mercado de bens, a competição entre reguladores estimularia a inovação e a experimentação, resultando em formas eficientes de regulação. Diferentes reguladores (p.ex., Estados, agências governamentais, bolsas de valores) competiriam para atrair os entes regulados procurando oferecer o ambiente regulatório mais eqüitativo, eficiente e transparente para os entes regulados (Romano, 1985). Como resultado, reguladores nacionais, interessados em proteger ou desenvolver bolsas de valores nacionais e centros financeiros,[3] são incentivados a prover um ambiente regulatório atrativo, eficiente, para atrair emissores e investidores estrangeiros (Brummer, 2008). Para teóricos da competição entre reguladores, sistemas centralizados de determinação de padrões devem ser vistos como cartéis regulatórios, os quais, como qualquer outra forma de colusão entre competidores, inibem as forças de mercado, aumentam os "preços" e reduzem a eficiência (Geradin e McCahery, 2005). A lógica é a mesma de um mercado de bens e serviços: o mercado competitivo é a forma mais eficaz de alocar recursos (Geiger, 1997).

De acordo com essa abordagem, agentes econômicos atuantes no mercado de capitais seriam livres para escolher entre as opções oferecidas por Estados ao redor do mundo. Esses agentes escolheriam ser regulados por jurisdições que exigem muita, pouca ou nenhuma obrigação de divulgar informações (*disclosure*), por exemplo. Enquanto Romano (1985), defensora da competição regulatória, relata uma tendência para jurisdições competirem por oferecer a regulação mais eficiente (*race to the top*), Fox (1999) argumenta que a competição levaria à desregulamentação excessiva (*race to the bottom*), com emissores de valores mobiliários migrando para as jurisdições com o mais baixo grau de regulação.

3. O mercado de capitais, além de criar empregos, gera receitas tributárias relevantes.

A hipótese de que a competição regulatória resultaria em normas mais eficientes (*race to the top*) baseia-se na idéia de que um regulador que desenvolve uma regulação eficaz adquire uma vantagem comparativa, atraindo mais "consumidores" e ganhando participação de mercado. Neste modelo, outros competidores (reguladores de outras jurisdições) teriam um incentivo para copiar o modelo eficaz que atraiu mais "consumidores", gerando uma corrida pela regulação eficaz. Por outro lado, o argumento de que a competição regulatória resultaria em desregulamentação excessiva (*race to the bottom*) sustenta-se na idéia de que se uma empresa estiver sujeita a um regime regulatório muito exigente, com custos elevados de cumprimento, esta empresa tem um incentivo para migrar para jurisdições com menos exigências regulatórias. Esse processo pressionaria os reguladores a desregulamentar para atrair "consumidores", resultando em uma corrida pela desregulamentação. Portanto, veremos que a competição regulatória depende de determinadas condições para gerar uma corrida pela regulação eficiente.

Para que o mecanismo de mercado funcione, é necessário que os "consumidores" tenham poder de escolha. No mercado de valores mobiliários, essa escolha se traduz na possibilidade das empresas listarem suas ações, captando recursos, em diversas jurisdições (Tjiong, 2000). Na moderna economia globalizada as bolsas são empreendimentos comuns, organizações que objetivam lucro.[4] Forças competitivas criaram incentivos para integração, em busca de estruturas mais eficientes e ganhos de escala. Nos últimos anos ocorreu um forte movimento de consolidação internacional das bolsas de valores e de mercadorias e futuros, o que facilita a mobilidade de empresas e investidores (Licht, 2000). Esse movimento de consolidação aumenta a mobilidade de empresas e investidores, pois diminui os custos de transação envolvidos em mudanças entre jurisdições (Brummer, 2008). As empresas listarão suas ações nos mercados mais atraentes, e investidores buscarão as melhores oportunidades internacionalmente. Essa mobilidade que emissores e investidores têm para mover-se entre bolsas de valores cria um incentivo para que legisladores nacionais, buscando promover o crescimento do setor financeiro nacional, desenvolvam um ambiente regulatório atrativo. Da mesma maneira, as bolsas de valores, que agora operam mundialmente, podem oferecer aos emissores uma variedade de jurisdições onde os valores mobiliários podem ser listados. O nível de competição entre reguladores, portanto, aumenta em conseqüência da criação de bolsas de valores multinacionais,[5] pois facilita a mobilidade de emissores e investidores (Zaring, 2009).

Romano (2001) não encontra evidências que embasem a hipótese de que a competição regulatória levaria à des-

4. O processo de desmutualização antecedeu o movimento de fusões e alianças entre bolsas. O termo, originário do inglês *demutualization*, refere-se às mudanças organizacionais e legais das bolsas de valores. As bolsas deixaram de organizar-se como associações de corretores membros sem fins lucrativos e converteram-se em sociedades empresariais, visando, portanto, ao lucro. Muitas das bolsas que passaram pelo processo de desmutualização promoveram a abertura de seu capital. Essas reformas estruturais refletem um profundo distanciamento do modelo de associação mutualística que atravessou séculos.

5. Embora a consolidação das bolsas de valores aumente a competição regulatória, também cria fortes incentivos para a harmonização regulatória. Isso se dá, pois empresas listadas em várias bolsas em diferentes jurisdições devem arcar com os custos de cumprimento da regulação de cada país. Se as normas forem harmonizadas, os custos diminuem. As fusões entre bolsas de diferentes países podem, como resultado, criar uma dinâmica contraditória. Por um lado, impulsionam a competição regulatória ao facilitar a mobilidade de empresas e investidores. De outro, esses conglomerados aumentam a pressão sobre reguladores para que ocorra harmonização regulatória. Nesse sentido, Brummer (2008).

regulamentação (*race to the bottom*). Ao contrário, a autora concluiu que emissores de valores mobiliários tendem a escolher o regime que exige a divulgação do maior número de informações ao mercado, por exemplo. Entender as companhias abertas, emissoras de valores mobiliários, como consumidores de regimes regulatórios e os reguladores como produtores desses regimes – um mercado – é um mecanismo superior a um cartel internacional de regimes regulatórios harmonizados, segundo Romano (2001). A competição regulatória encoraja experimentação e inovação. Implica em diversidade, o que permite a comparação entre legislações e permite que jurisdições aprendam umas com as outras. Harmonização, contrariamente, centraliza o processo de criação de normas. O sistema se torna mais estático, respondendo mais devagar às necessidades mutantes do mercado de capitais. Quando maior o navio, mais difícil manobrá-lo (Davies, 2006). Em um mercado competitivo, existiria um fluxo positivo de capital para empresas operando sob regimes que investidores preferem, e, portanto, um mecanismo para que reguladores saibam quais normas são eficazes. Quando um regulador observa um fluxo negativo de capital, ele vai reavaliar seu regime regulatório para estancar a saída de capital das empresas sob sua jurisdição. Portanto, competição regulatória seria a melhor e mais rápida maneira de corrigir falhas de mercado, pois submete os reguladores à migração das empresas emissoras de valores mobiliários para regimes regulatórios mais atrativos. O fluxo de transações fornece um mecanismo de *feedback* para os reguladores a respeito da eficiência de seu regime regulatório, sob as suposições de que reguladores preferem ter mais e não menos entidades reguladas em sua jurisdição e que investidores preferem mais e não menos proteção. Os esforços pela harmonização regulatória ignoram os benefícios da diversidade de regimes regulatórios. De fato, se companhias abertas e investidores preferissem um sistema harmonizado, a competição entre reguladores iria produzir ordenamentos jurídicos harmonizados sem a necessidade de acordos internacionais entre reguladores impondo a harmonização (Romano, 2001).

Iniciativas regulatórias em diversas jurisdições, de fato, transparecem explicitamente o objetivo dos reguladores de criar um ambiente regulatório atrativo do mercado de capitais. Nova Iorque, Londres, Frankfurt, Dubai, Cingapura, Hong Kong e Tóquio são os maiores centros financeiros do mundo. Esses centros competem agressivamente para atrair investidores e empresas, com especial relevância para o desenvolvimento de regimes regulatórios eficientes. Um relatório[6] publicado em 2007, encomendado a uma firma de consultoria pelo prefeito de Nova Iorque em conjunto com um senador norte-americano, concluiu que os EUA perderam espaço em um mercado de capitais global crescentemente competitivo. O relatório reflete a preocupação de governantes daquela jurisdição de que a pouco eficiente regulação do mercado de capitais americana tem afastado investidores e empresas.[7] Como as bolsas de valores norte-americanas eram as mais líquidas do mundo, havia pouco risco de multinacionais estrangeiras recorrerem a outra jurisdição

6. O relatório, intitulado *Sustaining New York's and the US' Global Financial Services Leadership*, foi preparado em 2007 pela McKinsey & Company a pedido do prefeito de Nova Iorque, Michael R. Bloomberg, e do senador pelo estado de Nova Iorque, Charles E. Schumer.

7. Depois da edição do *Sarbanes Oxley Act* (SOX) nos EUA em 2002, grande parte da academia e dos especialistas concordam que os EUA perderam a vantagem competitiva no mercado de capitais. O SOX foi a resposta regulatória para as grandes fraudes contábeis ocorridas em empresas como Enron e WorldCom. Estabeleceu normas rigorosas para aumentar a confiabilidade das informações divulgadas por companhias listadas nas bolsas americanas, mas os altos custos de implementação dessa norma anulam seus benefícios. Como conseqüência, muitas empresas não americanas deixaram de listar suas ações nos EUA.

para levantar capital. Como resultado, os reguladores americanos tinham poucos incentivos para formular políticas regulatórias eficientes. Contudo, uma transformação extraordinária está ocorrendo (Brummer, 2008). As bolsas de valores norte-americanas deixaram de ser incomparáveis centros de atividade no mercado de capitais. Bolsas de outras jurisdições desenvolveram mercados líquidos que atraem 90% das aberturas de capital no mundo e metade do volume de negócios (*Committee on Capital Markets Regulation*, 2006). Se, por exemplo, a regulação dos EUA impuser custos regulatórios altos para empresas acessarem seu mercado de capitais, essas empresas podem captar recursos em outro país. Este é especialmente o caso de empresas não americanas, com pouca presença nos EUA, que buscam uma bolsa de valores fora de seu país de incorporação para listar suas ações. Como algumas bolsas de valores no mundo atingiram patamares de liquidez similares aos das bolsas americanas, a regulação surgiu como um fator cada vez mais importante na decisão de onde empresas emitem valores mobiliários (Brummer, 2008). Nesse sentido, é possível observar como a competição entre centros financeiros incentiva os reguladores a buscar a "regulação ótima", ou seja, um sistema regulatório eficiente do mercado de capitais capaz de atrair empresas e investidores.

Mercados perfeitos existem apenas em teoria. Para que a competição regulatória funcione, os participantes do mercado devem ser capazes de avaliar o regime regulatório de cada regulador. Para identificar a regulação mais eficiente, os participantes do mercado devem obter informações a respeito de muitos mercados ao redor do mundo, analisar essas informações, determinar a eficiência e comparar todos os dados. Ainda que essas informações estejam facilmente acessíveis, o processo de compilação e análise é muito custoso. Esses custos podem impedir que agentes econômicos concluam uma avaliação detalhada, tão necessária para que a competição regulatória opere como proposta. Ademais, a competição regulatória depende da perfeita mobilidade dos investidores e empresas. A habilidade de esses agentes mudarem para outra jurisdição supostamente serve como uma forma de disciplina para reguladores, desencorajando normas ineficientes. Entretanto, a mobilidade perfeita, ou quase perfeita, não existe na realidade: diversos fatores restringem a perfeita mobilidade de empresas captando recursos e investidores buscando oportunidades, o que reduz a eficácia da competição entre reguladores. Como a competição regulatória depende da mobilidade desses agentes, se esses participantes do mercado tiverem que arcar com custos adicionais para migrar, a migração ocorrerá apenas se o retorno financeiro compensar os custos adicionais.

Dentro de um esforço pela harmonização, os proponentes da competição regulatória devem trabalhar para que a harmonização não se transforme em uniformização, uma vez que a harmonização mínima ainda permite que a existência de competição entre reguladores (Trachtman, 1999). Reguladores podem concordar com certos padrões mínimos que suas políticas regulatórias devem respeitar. Tais padrões determinam um piso no rigor da regulação, permitindo que reguladores regulem mais fortemente determinadas atividades, acima do piso acordado, permitindo que a competição opere (Sykes, 2000). Além disso, a harmonização deve ser resultado de um processo competitivo. A experimentação é necessária para identificação das melhores práticas, e, portanto, um padrão deve ser resultado de competição entre formas diferentes de regular determinado aspecto do mercado (Brummer, 2009).

Mas, afinal, por que regulamos? Esta é uma questão muito ampla para discutirmos em profundidade neste trabalho, mas as diferentes teorias da regulação sugerem que falhas de mercado, na forma de custos de transação e externalidades, podem demandar regulação. No entanto, muitas vezes regulamos para tutelar valores não bem expressos através das forças de mercado (Trachtman, 1999). Portanto, ainda que uma ferramenta poderosa para gerar a regulação ótima, a competição regulatória não pode operar ilimitadamente. Algum grau de padrões mínimos internacionais devem ser adotados para garantir que os reguladores compitam por oferecer a regulação mais eficiente, e não o mercado mais desregulado. A competição deve ser dosada com níveis mínimos de harmonização e cooperação para que gere resultados positivos.

1.4 Cooperação entre reguladores do mercado de capitais

A globalização e avanços tecnológicos que afetam o mercado de capitais facilitam tanto o fluxo internacional de capital como o fluxo internacional de atividades ilícitas. Para detectar, investigar e punir as irregularidades eficazmente, os reguladores devem estar aptos a coletar e compartilhar informações com os órgãos reguladores de outros países. A cooperação internacional traduz-se principalmente no compartilhamento de informações entre órgãos reguladores do mercado de capitais de diferentes países. Em teoria, através da cooperação os países poderiam aplicar globalmente a regulação do mercado de valores mobiliários. Na prática, o regime de cooperação global é imperfeito. Embora os reguladores nacionais tenham obtido algum sucesso nesse campo, a cooperação internacional ainda é limitada (Licht, 1997). Como sugerimos na introdução deste capítulo, a cooperação não exclui a competição regulatória ou a harmonização. Nesse sentido, não se opõe, em essência, a nenhuma das duas abordagens. A cooperação deve permear a regulação eficaz do mercado de capitais, seja dentro de um regime de competição regulatória, seja dentro de esforços pela harmonização.

O *Memorandum of Understanding* (MOU), ou memorando de entendimento, é a forma jurídica mais comum que reveste os acordos de assistência mútua entre reguladores do mercado de capitais. Evoluiu de relacionamentos informais entre reguladores para cooperação e compartilhamento de informações até tomar a forma atual. Hoje, são convênios formais celebrados por escrito entre órgãos reguladores de diferentes países, ou com entidades internacionais, para assistência e cooperação na condução de investigações para apurar transgressões às normas atinentes ao mercado de valores mobiliários. MOUs tem apenas autoridade *quasi jurídica*. Por seus próprios termos, memorandos de entendimento não têm *força vinculante*, não geram obrigações jurídicas. Daí se infere que MOUs não podem ser confundidos com tratados. Tratados são acordos formais, concluídos entre sujeitos de direito internacional público, e destinados a produzir efeitos jurídicos (Rezek, 1984). É necessário destacar muito bem este ponto, pois tratados, conforme a sua forma, o seu conteúdo ou seu objeto, podem ter outra denominação: convenção, declaração, protocolo, convênio, acordo, entre outras. A denominação, porém, não tem importância jurídica, são todos tratados (Accioly, 1948). MOUs não produzem efeitos jurídicos. Os reguladores do mercado de capitais que os celebram assumem apenas o compromisso de envidar melhores esforços para assistência mútua. Portanto, um regulador não tem *obrigação* de auxiliar um regulador estrangeiro, mesmo que tenham celebrado um MOU nesse sentido. No mesmo sentido, os MOUs são firmados diretamente pelos reguladores, sem envolvimento de chefes de estado, ministros das relações exteriores ou diplomatas. Assim, quando a Comissão de Valores Mobiliários (CVM) assina um memorando de entendimento, ela formaliza sua intenção de cooperar com determinado regulador do mercado de capitais de outra jurisdição, sem obrigar-se a fazê-lo. A única sanção possível como conseqüência do descumprimento de MOU, é o desfazimento do acordo. Se uma jurisdição, sem justo motivo, recusa-se a cooperar na forma prevista em um MOU, a outra parte pode anular o memorando de entendimento. Afinal, a cooperação tem que ser mútua. Para poder solicitar informações durante uma investigação, um regulador tem que estar disposto a fornecer informações.

Como descrito acima, a IOSCO é o fórum de cooperação entre comissões de valores mobiliários mais importante no mundo. Em 2002 a IOSCO adotou um memorando multilateral de entendimento (IOSCO MOU), criado para promover a assistência mútua e compartilhamento de informações entre seus membros (IOSCO, 2002). O documento é uma poderosa ferramenta de cooperação entre reguladores na investigação de ilícitos no mercado de capitais. Embora muitos reguladores do mercado de capitais já cooperassem por meio de acordos bilaterais, o IOSCO MOU é o primeiro acordo global de compartilhamento de informações entre reguladores do mercado de capitais. Ainda que não obrigue os signatários, o IOSCO MOU é atualmente o principal instrumento internacional de cooperação na aplicação da regulação do mercado de capitais, tendo sido assinado, até julho de 2009, por 56 reguladores de todo o mundo, incluindo a *Financial Services Authority* (FSA) britânica, a *Securities and Exchange Commission* (SEC) norte-americana e um grande número de reguladores europeus, asiáticos e latino-americanos. Como regra geral, o IOSCO MOU determina que os signatários irão prover o mais alto nível de assistência possível. Inclui cláusulas específicas a respeito da abrangência da assistência mútua, os procedimentos a serem seguidos, usos permitidos das informações compartilhadas, confidencialidade, e as circunstâncias nas quais a assistência pode ser negada. Os membros da IOSCO apenas podem assinar o IOSCO MOU depois de passar por uma análise da IOSCO confirmando que o regulador tem autoridade legal para cumprir todas as disposições do acordo. A IOSCO também mantém um comitê que monitora a determinação e habilidade de cada membro respeitar as determinações do IOSCO MOU, e tem a autoridade de expulsar membros que persistentemente deixarem de cumprir o acordo (Verdier, 2009). O órgão regulador do mercado de capitais no Brasil, a CVM, não é signatária e não consta na lista de comissões que estão em processo de se tornar signatárias, apesar de manter memorandos de entendimento bilaterais com órgãos reguladores do mercado de capitais de 28 países (CVM, 2009). Aqueles membros da IOSCO que não têm autoridade legal para assinar o documento, devem assumir o compromisso de buscar alterações na legislação de seu país para permitir que se tornem signatários.

A ameaça de expulsão da IOSCO é usada como ferramenta de coerção para forçar seus membros a adequarem sua regulação aos padrões da organização. Se reguladores se recusarem a assinar o IOSCO MOU, eles não poderão acessar o único fórum internacional de formulação de políticas para a regulação do mercado de capitais. Reguladores entendem a relevância de ter um assento nas reuniões da IOSCO, pois permite que opinem na formulação de padrões internacionais. Dentro desse cenário, reguladores têm grande incentivo para cooperar (Brummer, 2009). Entre as 110 comissões de valores mobiliários membros da IOSCO, 56 já assinaram e 16 assumiram o compromisso de assinar o memorando multilateral. Como as ações de grandes companhias muitas vezes são listadas em vários países, atividades ilegais podem ser conduzidas em países distantes do local onde as ilegalidades geram efeitos. É essencial, deste modo, que reguladores cooperem na aplicação da regulação para que sua própria regulação seja eficaz. Se um país deixa de aplicar sua regulação eficazmente, atividades ilegais podem impunemente ser conduzidas a partir dessa jurisdição, frustrando os esforços dos outros reguladores. Nesse sentido, a importância do IOSCO MOU.

Embora representem um grande avanço na cooperação entre comissões de valores mobiliários, os memorandos de entendimento não vinculam, ou seja, não criam obrigações legais nem alteram a regulamentação do mercado de capitais nas jurisdições dos signatários. Os reguladores assumem apenas o compromisso de envidar melhores esforços para assistência mútua, mas mantêm o direito de negar requisições de informações caso implique na violação da legislação interna desses países ou quando envolva questões de interesse público. Parece tentador propor a cooperação internacional como panacéia para as dificuldades em aplicar a regulação do mercado de capitais em um mundo de ilícitos globalizados. Mas a cooperação entre reguladores do mercado de capitais é difícil de atingir e de manter. Embora reguladores tenham feito progresso – notadamente sob os auspícios de organizações internacionais como a IOSCO – cooperação sem conflitos ainda mantém-se uma meta. Diversas jurisdições relutam em firmar acordos bilaterais de cooperação, ou, quando sob pressão firmam, muitas vezes não cooperam como esperado (Licht, 2000). De fato, muitos reguladores não assinaram memorandos de entendimento, e mesmo aqueles assinados refletem diferentes níveis de compromisso. Alguns cobrem informações sobre movimentações bancárias, outros dados sobre contas em corretoras de valores, sobre o beneficiário final de transações e até, em alguns casos, gravações telefônicas. Como resultado, MOUs, embora meios eficientes de detectar e punir irregularidades internacionais no mercado de capitais, ainda têm alcance limitado (Brummer, 2009).

2. O caso do "insider trading"

O uso indevido de informações privilegiadas no mercado de capitais, ou *insider trading*, consiste na negociação de valores mobiliários com base em informações relevantes não divulgadas ao mercado (Proença, 2005). Neste capítulo dois analisaremos de que forma a harmonização, a competição e a cooperação podem ser observadas na regulação do *insider trading*. No capítulo anterior pudemos observar os benefícios e as limitações de cada abordagem, em um nível teórico. Discutimos também de que forma competição, harmonização e cooperação se complementam. Agora, de forma a ilustrar cada uma das três abordagens, nos perguntaremos: será que é possível observar esforços internacionais pela harmonização das normas de combate ao *insider trading*? Ou as jurisdições competem para oferecer a regulação mais eficiente desta prática? A internacionalização dos ilícitos no mercado de capitais impulsionou a criação de uma rede de cooperação internacional entre reguladores? Respondendo a essas questões, teremos a oportunidade de testar os argumentos sustentando a harmonização, a competição regulatória e a cooperação. E poderemos concluir pela melhor forma de compatibilizar a regulação à internacionalização dos mercados de capitais.

2.1 Harmonização das normas de combate ao "insider trading"

Bhattacharya e Daouk (2002), usando dados do final de 1998, relataram existir bolsas de valores em 103 países no mundo. Desses países, em 87 havia legislação restringindo o *insider trading*. Ou seja, quase 85% dos países no mundo com mercado de capitais proíbem o uso indevido de informações privilegiadas na negociação de valores mobiliários, sendo que 100% dos países desenvolvidos restringem a prática. No entanto, a aplicação dessas leis – evidenciada por processos instaurados para apurar indícios de *insider trading* – tinha ocorrido em apenas 38 países. Antes de 1990, apenas 34 países haviam tornado o *insider trading* ilegal e nove haviam aplicado a lei. Logo, verificamos que a existência e aplicação da legislação sobre *insider trading* é um fenômeno das décadas de 1980 e 1990 (Beny, 2008). Avaliando esses dados, temos a impressão que os Estados chegaram a um consenso: a proibição do *insider trading* beneficia o mercado de capitais. Desde que Bettis, Coles e Lemmon (2000) encontraram que, entre uma amostra de empresas norte-americanas, 92% tinham políticas internas de restrição ao *insider trading*, podemos afirmar que as empresas também consideram os *insiders* indesejáveis. Todos os países desenvolvidos atualmente têm leis restringindo o *insider trading* e, em 1998, quatro em cada cinco países emergentes haviam promulgado tais leis.

Será que podemos observar um esforço internacional pela criação de leis de combate ao *insider trading*? Ou o movimento nas décadas de 1980 e 1990 para tornar a prática ilegal é fruto, na verdade, de decisões isoladas de legisladores de diferentes jurisdições? A internacionalização do mercado de capitais levou a uma proliferação de iniciativas pela harmonização regulatória, notadamente sob a coordenação da IOSCO, mas também através de acordos bilaterais entre reguladores. Indiscutivelmente, essas iniciativas geraram uma corrida pela regulação ótima (*race to the top*) na medida em que muitos países concordaram em alterar sua legislação para satisfazer a padrões internacionais mínimos da regulação do mercado de capitais (Beny, 2008).

Colombatto e Macey (1996) descrevem como os EUA pressionaram outros países a proibir o *insider trading*. A ilegalidade do *insider trading* nos EUA foi instituída em 1934. Mas, até meados dos anos 1980, os EUA eram parte de um pequeno grupo de países que haviam criado, e aplicavam, leis contra o uso indevido de informação privilegiada.[8] A recente tendência em direção à globalização da regulação do *insider trading* representa uma resposta da SEC, regulador do mercado de capitais dos EUA, para proteger sua própria jurisdição, pressionando outras jurisdições a adotar regimes de uso de informação privilegiada similares ao em vigor nos EUA. O poder da SEC de combater o *insider trading* se tornaria insignificante se a agência americana não pudesse combater o ilícito fora dos EUA.

Com a internacionalização do mercado de capitais, indivíduos com acesso a informações privilegiadas podem facilmente negociar valores mobiliários usando pessoas jurídicas domiciliadas no exterior, protegidas por leis de sigilo bancário. Em muitos países, a proibição à atuação dos *insiders* simplesmente não existia. Em outras jurisdições, a proibição não era aplicada pelo regulador local. Todos esses fatores dificultavam a aplicação das leis americanas em casos que envolviam elementos estrangeiros. Em resposta a essas ameaças, a SEC pressionou outras jurisdições para que restringissem o *insider trading* e cooperassem compartilhando informações. McGee (2004), após comentar a atuação da SEC pela proibição do *insider trading*, aponta como organizações internacionais continuam pressionando pela regulação do uso indevido de informações privilegiadas. Em 1999 a Organização para a Cooperação e Desenvolvimento Econômico (OCDE) publicou o *OECD Principles of Corporate Governance*,[9] que recomenda a proibição do "abuso de informação privilegiada". O relatório da OCDE tornou-se um importante componente do *Report on*

8. Conforme Beny (2002), até 1985, entre o grupo de países desenvolvidos, apenas Canadá, França, Cingapura, Suécia, Inglaterra e EUA tinham leis restringindo o *insider trading*. A média do ano de entrada em vigor de leis restringido o uso de informações privilegiadas entre o grupo dos países emergentes é 1991.

9. A publicação foi atualizada em 2004 e uma versão em português, intitulada "Os princípios da OCDE sobre o governo das sociedades", está disponível em: *http://www.oecd.org/dataoecd/1/42/33931148.pdf*, acesso em 8.8.2009.

the Observance of Standards and Codes (ROSC), projeto realizado pelo FMI e pelo Banco Mundial para avaliar o sistema financeiro de diversos países no mundo. O Princípios da IOSCO, trabalho publicado em 1998, recomenda que investidores devem ser protegidos do *insider trading*. Em março de 2003 a IOSCO publicou o *Insider Trading: How Jurisdictions Regulate It* (IOSCO, 2003c). No trabalho a IOSCO analisa a regulação do *insider trading* de quarenta países e aponta que, por destruir a confiança que investidores depositam sobre a integridade do mercado de capitais, quase todas as jurisdições tornaram ilícito o uso indevido de informações privilegiadas na negociação com valores mobiliários.

Ao longo desta seção nos referimos genericamente à "proibição do *insider trading*" ou à "restrição do *insider trading*". Trata-se de uma falta de precisão técnica justificável apenas para fins didáticos. Embora exista certa convergência entre jurisdições, a extensão e aplicabilidade da regulação do *insider trading* varia bastante. Legislações de diferentes países respondem diversamente a algumas questões: o que é informação privilegiada? Quem pode ser considerado um *insider*? Quais usos de informação privilegiada são proibidos? Que sanções podem ser aplicadas? Assim, consideramos genericamente e imprecisamente que duas jurisdições "proibiram o *insider trading*" mesmo que uma delas tenha criminalizado a conduta e a outra trate administrativamente da questão, por exemplo. Essas diferenças, no entanto, são secundárias, pois emergem somente quando Estados passam a compartilhar a visão de que o *insider trading* – em essência – deve ser condenado. Ainda assim, mesmo quando Estados tornam o *insider trading* um ilícito, eles não perseguem os *insider* com o mesmo vigor (Licht, 1997).

As diferenças na regulação do *insider trading* entre jurisdições sugerem um saudável processo de harmonização mínima. Nesse processo, um piso é determinado, mas as jurisdições podem regular acima desse piso da forma que julgarem mais adequada, permitindo que a competição regulatória gere benefícios mesmo após um processo de harmonização. Os países competirão para oferecer a regulação do *insider trading* mais eficiente, definindo quem pode ser considerado *insider* e quando o uso de informações privilegiadas é legitimo, por exemplo. Mas a harmonização mínima impede que países compitam pela não regulação do *insider trading*, ou seja, impede uma corrida pela desregulamentação (*race to the bottom*).

2.2 Competição regulatória em relação às normas de combate ao "insider trading"

White (1996) busca identificar os casos em que a harmonização internacional e a competição regulatória resultariam em maior eficiência no mercado de capitais. O autor sugere que a harmonização internacional deve ser o objetivo quando uma falha de mercado transcende fronteiras nacionais e para a qual medidas nacionais isoladas seriam ineficazes. Nesse cenário, a eficácia do regime regulatório de um país é influenciada por todos os outros regimes. Caso uma jurisdição não considere o uso de informação privilegiada um ilícito, por exemplo, os agentes econômicos poderão mover suas atividades para essa jurisdição, frustrando os esforços de supervisão dos outros países. Com empresas mantendo seus títulos em negociação em mais de uma jurisdição simultaneamente e investidores operando globalmente, um indivíduo em posse de informação privilegiada poderia negociar no mercado de uma jurisdição que não considera a prática um ilícito. Essa operação com informação privilegiada causaria efeitos em todos os mercados onde os papéis da empresa em questão são negociados, pois a precificação dos valores mobiliários de uma empresa listados em diversas bolsas de valores é correlacionada. É dizer, a precificação de um ADR lançado por uma empresa brasileira na Bolsa de Nova Iorque afeta a precificação das ações que essa empresa mantém em negociação na Bovespa, por exemplo (Tabak e Lima, 2002; Chan e Subrahmanyam, 2005).

Dessa forma, a proibição isolada de um regulador nacional seria frustrada se não houver harmonização internacional nessa área. A SEC compreendeu esse processo e, quando a internacionalização do mercado de capitais tornou-se evidente, começou a pressionar outras jurisdições para que restringissem o uso indevido de informações privilegiadas. Dessa forma, viabilizou o combate ao *insider trading* na sua própria jurisdição, os EUA, como discutimos acima.

Concluímos, destarte, que a regulação do *insider trading* é uma área da regulação do mercado de capitais que exige uma harmonização mínima. Ou seja, a competição regulatória não deve operar livremente nesta área, para evitar uma corrida pela desregulamentação (*race to the bottom*) que frustraria os esforços de qualquer regulador nacional que buscasse combater os *insiders* isoladamente. No entanto, não estamos sugerindo que não exista espaço para a competição entre reguladores na regulação do *insider trading*. Trata-se de um processo de harmonização mínima e não uniformização total da regulação do *insider trading*. Portanto, os países competirão para oferecer a regulação do *insider trading* mais eficiente, definindo quem pode ser considerado *insider* e quando o uso de informações privilegiadas é legítimo, como apontamos acima. A competição regulatória, nesse caso, preencherá as lacunas deixadas pela harmonização, complementando-se.

2.3 Cooperação na aplicação das normas de combate ao "insider trading"

Casos de *insider trading* com freqüência atravessam fronteiras: um investidor de um país pode negociar com informações privilegiadas na bolsa de valores de outro país; ou um investidor pode utilizar contas no exterior para negociar com informações privilegiadas na bolsa de valores de seu próprio país; assim como evidências importantes para a investigação de um caso de *insider trading* podem encontrar-se além das fronteiras nacionais. A investigação e julgamento desses casos requerem cooperação internacional.

Para ilustrar a necessidade de cooperação entre reguladores do mercado de capitais no atual estágio de internacionalização dos mercados de valores mobiliários, vamos analisar o caso de suspeita de uso indevido de informações privilegiadas durante a oferta da Sadia S/A pelo controle acionário da concorrente Perdigão S/A no começo de 2006. No dia 16 de julho de 2006 a Sadia S/A fez uma oferta pública de aquisição da totalidade das ações da Perdigão S/A (OPA), com a finalidade de obter o controle da Perdigão S/A mediante a aquisição de, no mínimo, 50% do capital social votante mais uma ação. O Edital de Oferta Pública para Aquisições de Ações de emissão da Perdigão S/A, publicado em 17 de julho de 2006, foi resultado de um longo processo de negociações e reuniões iniciado no dia 7 de abril de 2006, envolvendo pessoas ligadas à Sadia S/A, ao banco ABN AMRO Real S/A e a escritórios de advocacia. Luiz Gonzaga Murat Junior, no exercício da função de Diretor de Finanças e Relações com Investidores da Sadia S/A, Romano Ancelmo Fontana Filho, no exercício da atividade de membro do Conselho de Administração da Sadia S/A e Alexandre Ponzio de Azevedo, no exercício da função de Superintendente Executivo do ABN AMRO Real S/A tomaram conhecimento de informações relevantes que deveriam ser mantidas sob sigilo, as quais se materializam na OPA da Perdigão S/A pela Sadia S/A, e utilizaram-nas, posteriormente, para obtenção de vantagem indevida mediante a compra, para si, de ADRs de emissão da Perdigão

S/A na *New York Stock Exchange* (NYSE), nos EUA. Em 21 de julho de 2006, a Sadia S/A publicou fato relevante com o fim de comunicar a revogação definitiva da OPA, em virtude das reiteradas recusas manifestadas por acionistas integrantes do grupo de controle da Perdigão S/A. A negociação com ADRs de emissão da Perdigão S/A na *New York Stock Exchange* – NYSE pelos três executivos ocorreu durante os meses que antecederam a publicação da OPA e logo após a comunicação que informando a revogação definitiva da OPA.

A SEC, regulador do mercado de capitais norte-americano, detectou as negociações atípicas na NYSE com valores mobiliários de emissão da Perdigão no período que antecedeu e no período que sucedeu a divulgação do Edital da OPA e iniciou investigações para apurar o ocorrido. Imediatamente, a SEC informou a CVM sobre as negociações atípicas na NYSE, transmitindo todas as informações que detinha sobre as negociações de ADRs da Perdigão S/A, incluindo nomes dos investidores envolvidos. A CVM também instaurou procedimentos administrativos para apurar se houve irregularidade. É fato incontroverso que os acusados emitiram as ordens de compra de ADRs no Brasil. Portanto, os acusados estão sujeitos à competência da CVM e das autoridades judiciárias brasileiras, já que a conduta ilícita ocorreu, no todo ou em parte, no território nacional. Em 22 de fevereiro de 2007, houve a divulgação da celebração de acordo entre a SEC e os Srs. Luiz Gonzaga Murat Junior e Alexandre Ponzio de Azevedo quanto às acusações de negociação com base em informação privilegiada envolvendo ADRs da Perdigão S/A, em período que antecedeu à divulgação da oferta pública de aquisição do controle da Perdigão S/A pela Sadia S/A. O acordo com a SEC, chamado *Consent Decree*, representa um acordo firmado entre o indiciado ou acusado da prática de algum ilícito e a autoridade pública encarregada de sua fiscalização e eventual responsabilização, por meio do qual ele, sem que tenha que admitir culpa, compromete-se a cessar os atos ilegais que lhes são imputados. Na Sessão de Julgamento do Processo Administrativo Sancionador CVM n. SP2007/0118 realizada no dia 26 de fevereiro de 2008, a CVM aplicou a pena de inabilitação temporária, pelo prazo de cinco anos, para o exercício de cargo de administrador e conselheiro fiscal de companhia aberta para o senhor Luiz Gonzaga Murat Junior. A mesma pena foi aplicada pela CVM a Romano Ancelmo Fontana Filho, na mesma sessão de julgamento realizada no dia 26 de fevereiro de 2008. O Processo Administrativo Sancionador no qual Alexandre Ponzio de Azevedo figura como acusado ainda está em andamento na CVM.

Durante os procedimentos investigatórios na CVM e na SEC, ambos os reguladores divulgaram notas informando que a CVM e a SEC vinham trocando informações sobre as investigações realizadas, demonstrando o alto grau de cooperação entre os dois reguladores. A Lei n. 7.492/1986, em seu art. 28, determinou que, quando no exercício de suas atribuições legais, a CVM verificar a ocorrência de crimes contra o sistema financeiro nacional, deverá informar o Ministério Público Federal (MPF) e enviar os documentos necessários à comprovação do fato. Neste sentido, a CVM informou o MPF e enviou os documentos necessários, de forma que o MPF, em 4 de maio de 2009, denunciou, perante a Justiça Federal de São Paulo, Luiz Gonzaga Murat Junior, Romano Ancelmo Fontana Filho e Alexandre Ponzio de Azevedo por terem incorrido no crime tipificado no artigo 27-D da Lei n. 6.385/1976. A denúncia foi recebida, em 19 de maio de 2009, pelo juiz federal substituto da 6ª Vara Federal Especializada em Crimes Financeiros e Lavagem de Dinheiro, iniciando-se, assim, o processo criminal n. 2009.61.81.005123-4, sendo os réus citados e intimados para apresentar resposta à acusação do Parquet. O processo continua em andamento.

Verificamos, portanto, que a aplicação da regulação do *insider trading* depende da cooperação e coordenação entre reguladores nacionais do mercado de capitais. Isoladamente, um regulador nacional estaria confinado às fronteiras nacionais, sem acesso a *insiders* ou evidências no exterior, impedindo a eficaz supervisão dos mercados. Com a integração dos mercados de capitais, necessária se tornou a integração da supervisão dos mercados através da cooperação e assistência mútua entre reguladores.

Conclusão

A negociação eletrônica de valores mobiliários tornou simples investir por meio da contratação em mercados estrangeiros. Enquanto no passado ordens de compra de ações em bolsas no exterior levariam horas para serem atendidas, inovações tecnológicas e autorizações legais mais simples permitem a execução de ordens no mundo todo em segundos. Essas inovações são características de mercados de capitais profundamente internacionalizados, no qual empresas e investidores circulam com relativa facilidade.

Nesse contexto, surge a necessidade de se adaptar a regulação do mercado de capitais aos novos desafios colocados pela internacionalização dos ilícitos nas operações com valores mobiliários. Entendemos que esse processo de adaptação deva ser desenvolvido dentro da atual estrutura regulatória do mercado de capitais, sem a necessidade de criação de um regulador global. Portanto, a supervisão e aplicação das normas que regulam o mercado de valores mobiliários serão realizadas pelos reguladores nacionais sem interferência direta de nenhuma autoridade supranacional. Assim, não se trata de instalar um regime regulatório entre vários sistemas jurídicos, mas entender qual o mecanismo mais adequado para que reguladores nacionais adaptem a regulação do mercado de capitais aos novos desafios trazidos pela globalização.

Os reguladores do mercado de capitais reagiram à internacionalização principalmente através de três abordagens: harmonização regulatória por meio de fóruns internacionais, competição regulatória entre jurisdições e cooperação entre reguladores do mercado de capitais. As três abordagens, embora distintas, são altamente interconectadas e devem complementar-se. Sugerimos, especificamente, que a competição regulatória e a harmonização devem ser vistas como complementos, não substitutos. A demarcação entre as duas é mais bem determinada no caso a caso, mas a harmonização mínima deve prevalecer sobre a uniformização total, para que a competição entre reguladores tenha espaço, Isso, pois a competição regulatória, através de mecanismos de mercado, estimula a inovação e a experimentação, resultando em formas eficientes de regulação.

Entretanto, como a competição regulatória pressupõe alguns fatores quase nunca completamente presentes, notamos que a competição deve ser dosada com harmonização para que não resulte em uma corrida pela desregulamentação (*race to the bottom*).

Quanto menor a diferença de liquidez entre bolsas de valores, maior será a competição regulatória. Como algumas bolsas de valores no mundo atingiram patamares de liquidez similares aos das bolsas americanas, a regulação surgiu como um fator cada vez mais importante na decisão de onde empresas emitem valores mobiliários. Nesse sentido, é possível observar como a competição entre centros financeiros incentiva os reguladores a buscar a "regulação ótima", ou seja, um sistema regulatório eficiente do mercado de capitais capaz de atrair empresas e investidores.

Já a harmonização internacional deve ser o objetivo quando uma falha de mercado transcende fronteiras nacionais, tornando ineficazes medidas isoladas de reguladores nacionais. Mesmo ponderando as limitações da competição regulatória, endossamos a opinião de que a competição deve ser a opção padrão. Portanto, na ausência de indícios fortes de que uma falha de mercado apenas possa ser solucionada pela harmonização internacional, a competição regulatória deve prevalecer. Dessa forma, a presunção sempre favorecerá a competição, evitando a excessiva padronização da regulação do mercado de capitais. A competição insere oxigênio no sistema, permitindo sua constante renovação através de um processo de experimentação não coordenado. Por isso, defendemos também que a competição permeie, sempre, o processo de harmonização. O padrão escolhido deve ser fruto da competição e a harmonização deve deixar lacunas a serem preenchidas pela competição. Ademais, a harmonização pode ser resultado do próprio processo de competição regulatória.

Ademais, deve-se atentar para o caráter não vinculante dos memorandos de entendimento. Por seus próprios termos, os MOUs não têm força vinculante, não geram obrigações jurídicas. Na ausência de tratados internacionais e instituições com poder de coerção, reguladores nacionais criaram fóruns para compartilhar idéias, coordenar esforços de aplicação da regulação e negociar padrões comuns. A IOSCO não pretende estabelecer normas jurídicas, vinculantes. A idéia básica é que a troca de informações e experiência levará a um processo de aprendizagem mútua, permitindo o desenvolvimento de princípios comuns, gerando convergência. Contudo, a natureza informal e não vinculante das normas adotadas pela IOSCO e dos memorandos de entendimento limita a eficácia do sistema de cooperação. Quando reguladores nacionais têm incentivos para descumprir essas normas, não há forma de obrigá-los. A cooperação entre reguladores do mercado de capitais se tornou tão essencial que a matéria talvez deva ser tratada em um âmbito mais formal, por chefes de estado e ministros, através de tratados formalmente negociados, gerando obrigações jurídicas para os signatários.

Bibliografia

ACCIOLY, H. (1948). *Manual de Direito Internacional Público*. São Paulo, Saraiva.

BENY, L. N. (2008). "What explains insider trading restrictions? International evidence on the Political Economy of Insider Trading Regulation", *The John M. Olin Center for Law & Economics Working Paper Series* n. 81. Disponível em *http://law.bepress.com/umichlwps/olin/art81*, acesso em 2.8.2009.

BETTIS, J. C.; COLES, J.; e LEMMON, M. (2000). "Corporate policies restricting trading by insiders", *Journal of Financial Economics* 57. Disponível em *http://papers.ssrn.com/sol3/papers.cfm?abstract_id=76649*, acesso em 3.8. 2009.

BHATTACHARYA, U.; e DAOUK, H. (2002). "The world price of insider trading", *Journal of Finance*. Disponível em *http://ssrn.com/abstract=249708*, acesso em 28.7. 2009.

BOVESPA (2009). *Participação dos Investidores Estrangeiros em Distribuições Públicas*. Disponível em *http://www.bovespa.com.br/Mercado/RendaVariavel/PartInvest/indexp.asp*, acesso em 10.7.2009.

BRUMMER, C. J. (2008). "Stock exchanges and the new market for Securities Laws", *University of Chicago Law Review*, vol. 75. *Disponível em http://ssrn.com/abstract=1014683*, acesso em 4.8.2009.

______ (2009). "Post-American Securities Regulation", *California Law Review*. Disponível em *http://ssrn.com/abstract= 1441508*, acesso em 4.8.2009.

CHOI, S.; e GUZMAN, A. (1997). "National laws, international money: regulation in a global capital market", 65 *Fordham Law Review*. Disponível em *http://ssrn.com/abstract=10246*, acesso em 5.8.2009.

COFFEE, J. C. (2002). "Racing towards the top?: the impact of cross-listings and stock market competition on international corporate governance", *Columbia Law and*

Economics Working Paper n. 205. Disponível em *http://papers.ssrn.com/sol3/papers.cfm?abstract_id=315840*, acesso em 19.7.2009.

COLOMBATTO, E.; e MACEY, J. R. (1996). "A public choice model of international economic cooperation and the decline of the nation state", *Cardozo Law Review* n. 18. Disponível em *http://web.econ.unito.it/colombatto/cardoso.pdf*, acesso em 8. 8.2009.

COMMITTEE ON CAPITAL MARKETS REGULATION (2006). *Interim Report of the Committee on Capital Markets Regulation*. Disponível em *http://www.capmktsreg.org/pdfs/11.30Committee_Interim_ReportREV2.pdf*, acesso em 4.8.2009.

_______ (2009). *The Global Financial Crisis: a Plan for Regulatory Reform*, maio. Disponível em *http://www.capmktsreg.org/pdfs/TGFC-CCMR_Report_(5-26-09).pdf*, acesso em 18.7.2009.

CVM (2009). *Acordos Bilaterais ou Memorandos de Entendimento (MOUs) Assinados*. Disponível em *http://www.cvm.gov.br/port/relinter/acordosinternacionais.asp#Bilaterais*, acesso em 28.7.2009.

DAVIES, G. T. (2006). *The Legal Framework of Regulatory Competition*. Disponível em *http://papers.ssrn.com/sol3/papers.cfm?abstract_id=903138*, acesso em 21.7. 2009.

DE NARDIS, E. S.; GIANI, L.; e VANNINI, R. (2009). *Diamonds and Pearls among Financial Markets: the Keys to Succeed in Regulatory Competition*. Disponível em *http://ssrn.com/abstract=1328000*, acesso em 25.7.2009.

EIZIRIK, N. *et al.* (2008). *Mercado de Capitais: Regime Jurídico*. 2ª ed., Rio de Janeiro, Renovar.

FOX, M. B. (1999). "Retaining mandatory securities disclosure: why issuer choice is not investor empowerment", *Virginia Law Review*, vol. 85. Disponível em *http://ssrn.com/abstract=201828*, acesso em 12.7.2009.

GADINIS, S. (2008). "The politics of competition in international financial regulation", *Harvard International Law Journal*, vol. 49. Disponível em *http://papers.ssrn.com/sol3/papers.cfm?abstract_id=1145530*, acesso em 19.7.2009.

GERADIN, D.; e MCCAHERY, J. A. (2005). "Regulatory co-opetition: transcending the regulatory competition debate", *Amsterdam Center for Law & Economics Working Paper* n. 2.005-2.006. Disponível em *http://ssrn.com/abstract=821087*, acesso em 30.7.2009.

HANSON, J. A.; HONOHAN, P.; e MAJNONI, G. (2003). *Financial Regulatory Harmonization and the Globalization of Finance*. International Bank for Reconstruction and Development/World Bank. Disponível em *http://papers.ssrn.com/sol3/papers.cfm?abstract_id=343260*, acesso em 10.7.2009.

IOSCO (2002). *IOSCO Multilateral Memorandum of Understanding*. Disponível em *http://www.iosco.org/library/pubdocs/pdf/IOSCOPD126.pdf*, acesso em 28. 7.2009.

_______ (2003a). *Objectives and Principles of Securities Regulation*. Disponível em *http://www.iosco.org/library/pubdocs/ pdf/IOSCOPD154.pdf*, acesso em 11.7.2009.

_______ (2003b). *Methodology for Assessing the Implementation of the IOSCO Objectives and Principles of Securities Regulation*. Disponível em *http://www.iosco.org/library/pubdocs/pdf/IOSCOPD266.pdf*, acesso em 14.7.2009.

_______ (2003c). *Insider Trading: how Jurisdictions Regulate It*. Disponível em *http://www.iosco.org/library/pubdocs/pdf/IOSCOPD145.pdf*, acesso em 7.8.2009.

_______ (2007). *Obstacles to Joining the IOSCO MOU. Emerging Markets Committee*. Disponível em *http://www.iosco.org/library/pubdocs/pdf/IOSCOPD246.pdf*, acesso em 29.7.2009.

_______ (2009a). *IOSCO Historical Background*. Disponível em *http://www.iosco.org/about/index.cfm?section=history*, acesso em 10.7.2009.

KINGSBURY, B.; KRISCH, N.; e STEWART, R. B. (2005). "The emergence of Global Administrative Law", *Law and Contemporary Problems* n. 68. Disponível em *http://ssrn.com/abstract=692628*, acesso em 4.8.2009.

LEÃES, L. G. P. D. B. (1982). *Mercado de Capitais e Insider Trading*. São Paulo, Ed. RT.

LICHT, A. (1997). "Games commissions play: 2 x 2 games of International Securities Regulation", *Harvard Law School John M. Olin Center for Law, Economics and Business Discussion Paper Series* 223. Disponível em *http://lsr.nellco.org/harvard/olin/papers/223/*, acesso em 9.7.2009.

_______ (1998b). "International diversity in securities regulation: some roadblocks on the way to convergence", *Harvard Law School John M. Olin Center for Law, Economics and Business Discussion Paper Series*, ISSN Paper 233. Disponível em *http://lsr.nellco.org/harvard/olin/papers/233*, acesso em 11.7.2009.

_______ (1998c). "Regulatory arbitrage for real: International Securities Regulation in a world of interacting securities markets", *Virginia Journal of International Law*. Disponível em *http://www.law.harvard.edu/programs/olin_center/papers/pdf/219_2.pdf*, acesso em 7.7.2009.

_______ (2000). "Stock exchange mobility, unilateral recognition, and the privatization of Securities Regulation", *Virginia Journal of International Law*. Disponível em *http://ssrn.com/abstract=246789*, acesso em 29.7.2009.

MACINTOSH, J. G. (1995). *International Securities Regulation: of Competition, Cooperation, Convergence, and Cartelization*. Disponível em *http://ssrn.com/abstract=10162*.

MCGEE, R. W. (2004). *Insider Trading Regulation in Transition Economies*. Disponível em *http://ssrn.com/abstract=538702*, acesso em 21.7.2009.

MCKINSEY & COMPANY (2007). *Sustaining New York's and the US' Global Financial Services Leadership*. Disponível em *http://www.nyc.gov/html/om/pdf/ny_report_final.pdf*, acesso em 22.7.2009.

NYSE (2009). *New York Stock Exchange Listings Directory*. Disponível em *http://www.nyse.com/about/listed/lc_ny_region. html*, acesso em 9.7.2009.

P. CHAN, J. S.; e SUBRAHMANYAM, M. G. (2005). "Liquidity and asset prices in multiple markets", *NYU Working Paper* n. FIN-05-006. Disponível em *http://ssrn.com/abstract=1294142*, acesso em 8.8.2009.

PROENÇA, J. M. M. (2005). *Insider Trading: Regime Jurídico do Uso de Informações Privilegiadas no Mercado de Capitais*. São Paulo, Quartier Latin do Brasil.

REZEK, J. F. (1984). *Direito dos Tratados*. Rio de Janeiro, Editora Forense.

ROMANO, R. (1985). "Law as a product: some pieces of the incorporation puzzle", *Journal of Law, Economics and Organization* 225. Disponível em *http://jleo.oxfordjournals.org/cgi/content/citation/1/2/225*, acesso em 12.7.2009.

_______ (2001). "The need for competition in International Securities Regulation", *Yale Law & Economics Research Paper* n. 258. Disponível em *http://papers.ssrn.com/sol3/papers.cfm?abstract_id=278728*, acesso em 11.7.2009.

SCOTT, H. S. (2006). *International Finance: Transactions, Policy, and Regulations*. 13ª ed., S./l., Foundation Press.

SYKES, A. O. (2000). "Regulatory competition or regulatory harmonization? A silly question?", *Journal of International Economic Law*, vol. 3, n. 2. Disponível em *http://ssrn.com/abstract=228338*, acesso em 22.7.2009.

TABAK, B. M. M.; e LIMA, E. J. A. (2002). "The effects of the brazilian ADRs Program on domestic market efficiency", *Banco de España Research Paper* n. WP-43. Disponível em *http://ssrn.com/abstract=926534*, acesso em 7.8.2009.

TJIONG, H. (2000). "Breaking the spell of regulatory competition: reframing the problem of regulatory exit", *MPI Collective Goods Preprint* n. 2000/13. Disponível em *http://ssrn.com/abstract=267744 or DOI: 10.2139/ssrn.267744*, acesso em 11.7.2009.

TRACHTMAN, J. P. (1999). *Regulatory Competition and Regulatory Jurisdiction in International Securities Regulation*. Disponível em *http://ssrn.com/abstract=193688*, acesso em 25.7.2009.

VERDIER, P. H. (2009). “Transnational regulatory networks and their limits”, *Yale Journal of International Law*, vol. 34, n. 1. Disponível em *http://ssrn.com/abstract=1333201*, acesso em 1.8.2009.

VLACHOS, J. (2004). *Do Regulatory Similarities Increase International Portfolio Holdings?* Disponível em *http://ssrn.com/ abstract=515969*, acesso em 28.7.2009.

WHITE, L. J. (1996). “International regulation of securities markets: competition or harmonization?”, in LO, A. W. (org.). *The Industrial Organization and Regulation of the Securities Industry*. Chicago, University of Chicago Press.

YAZBEK, O. (2007). *Regulação do Mercado Financeiro e de Capitais*. Rio de Janeiro, Elsevier.

ZANDT, D. E. V. (1991). “The regulatory and institutional conditions for an international securities market”, *Virginia Journal of International Law* 32.

ZARING, D. (2009). *Why Do some Networks Fail and others Succeed? A Case Study in Financial Regulation*. Disponível em *http://www.law.uga.edu/intl/zaring.pdf*, acesso em 17.7.2009.

Jurisprudência Comentada

MEIOS DE RECUPERAÇÃO: REESTRUTURAÇÃO SOCIETÁRIA DE GRUPO DE SOCIEDADES*

COMENTÁRIOS DE
LEANDRO VILARINHO BORGES

1. Introdução: recuperação judicial envolvendo sociedades integrantes de grupo. 2. Meios de recuperação – Art. 50 da LRF. 3. Admissão do litisconsórcio. 4. Local do processamento da recuperação judicial. 5. Quóruns de votação. 6. Prevalência dos atos de reorganização societária, mesmo com o descumprimento do plano de recuperação judicial. 7. Conclusão.

Ementa: Agravo de Instrumento. Recuperação Judicial. Aprovação do plano de Recuperação Judicial. Decisão que concede a Recuperação Judicial, com dispensa da apresentação das certidões negativas de débitos tributários, exigidas pelo art. 57, da Lei n. 11.101/2005 e art. 191-A, do CTN. Recurso interposto pela Fazenda Estadual. Exigência do art. 57 da LRF que configura antinomia jurídica com outras normas que integram a Lei n. 11.101/2005, em especial, o art. 47. Abusividade da exigência, enquanto não for cumprido o art. 68 da nova Lei, que prevê a edição de lei específica sobre o parcelamento do crédito tributário para devedores em recuperação judicial. Dispensa da juntada das certidões negativas ou das positivas com efeito de negativas mantida. Agravo desprovido.

(TJSP, Seção de Direito Privado, Câmara Especial de Falências e Recuperações Judiciais – AI 472.540-4/7-00 – São Paulo – 1ª Vara de Falências e Recuperações Judiciais – agte.: Fazenda do Estado de São Paulo – agda.: Viação Aérea São Paulo/VASP, em recuperação judicial – rel. Desembargador Pereira Calças, j. 25.4.2007, v.u.)

ACÓRDÃO

Vistos, relatados e discutidos estes autos de Agravo de Instrumento n. 472.540-4/7-00, da Comarca de São Paulo, em que é agravante Fazenda do Estado de São Paulo sendo agravado Viação Aérea São Paulo – VASP (em recuperação judicial): *Acordam*, em Câmara Especial de Falências e Recuperações Judiciais de Direito Privado do Tribunal de Justiça do Estado de São Paulo, proferir a seguinte decisão: "*negaram provimento ao recurso, v.u.*", de conformidade com o voto do Relator, que integra este acórdão.

O julgamento teve a participação dos Desembargadores José Roberto Lino Machado e Romeu Ricupero.

São Paulo, 25 de abril de 2007 – Pereira Calças, Presidente e Relator.

* Trabalho apresentado no Curso de Pós-Graduação da Faculdade de Direito da Universidade de São Paulo no 2º semestre de 2009, na disciplina "Problemas de Recuperação de Empresas II", ministrada pelos Profs .Mauro Rodrigues Penteado, Paulo Salvador Frontini e Eduardo Secchi Munhoz.

VOTO N. 12.769

Vistos.

1. Trata-se de agravo de instrumento interposto pela Fazenda do Estado de São Paulo contra decisão que concedeu recuperação judicial para VASP – Viação Aérea São Paulo S/A, dispensando-a da apresentação das certidões negativas de débitos tributários estaduais, infringindo o disposto no art. 57, da Lei n. 11.101/2005 e no art. 191-A, do Código Tributário Nacional. Diz que o art. 47 da LRF, ao prever a recuperação judicial com o escopo de viabilizar a superação da crise econômico-financeira do devedor, a fim de permitir a manutenção da fonte produtora, do emprego dos trabalhadores e dos interesses dos credores, promovendo a preservação da empresa, sua função social e o estímulo da atividade econômica, estabelece quais os requisitos que o devedor precisa atender para obter referido benefício. É prevista, ainda, no art. 57 da LRF, que após juntada aos autos do plano aprovado pela assembléia-geral de credores, o devedor apresentará as certidões negativas de débitos tributários nos termos dos arts. 151, 205, 206 do CTN. Por isso, ao ser concedida a recuperação judicial à agravada, sem que esta tenha apresentado as certidões negativas fiscais, houve negativa de aplicação ao art. 191-A, do Código Tributário Nacional, que estabelece que a concessão da recuperação judicial depende da apresentação da prova de quitação de todos os tributos, observado o disposto nos arts. 151, 205 e 206 do mesmo diploma legal. Aduz, ainda, que o MM. Juiz afirmou, em sua decisão, que a exigência das certidões negativas tributárias viola o princípio da continuidade da empresa e o da proporcionalidade e, ao assim decidir, afrontou o princípio da legalidade, insculpido no art. 5º, II, da Carta da República. Além disso, exorbitou dos limites da função jurisdicional, já que invadiu o campo da atuação legiferante, o que é proibido pelo princípio da separação de poderes, fundamento do Estado de Direito (art. 2º, CF). Enfatiza que a exigência da apresentação das certidões negativas fiscais foi opção do legislador, que não pode ser inobservada por simples discordância do julgador, que não tem o poder de julgar o acerto ou erro do Poder LegisLativo. Pede o provimento do agravo para ser reformada a decisão hostilizada, a fim de ser exigido o cumprimento do contido nos arts. 57, da Lei n. 11.101/2005 e 191-A, do Código Tributário Nacional, sob pena de violação ao princípio da legalidade (art. 5º, II, da CF) e da separação de poderes (art. 2º, CF).

A agravada apresentou contraminuta em que postula o desprovimento do recurso (fls. 60/69).

O Administrador Judicial manifestou-se pelo não provimento do agravo (fls.71/76).

A Douta Procuradoria-Geral de Justiça, em parecer da lavra da Dra. Leila Mara Ramacciotti, opinou pelo improvimento do recurso (fls. 78/80).

Relatados.

2. O presente recurso envolve questão da mais alta relevância e se refere à aplicação do art. 57, da Lei n. 11.101/2005, que dispõe o seguinte: "Após a juntada aos autos do plano aprovado pela assembléia-geral de credores ou decorrido o prazo previsto no art 55 desta Lei sem objeção de credores, o devedor apresentará certidões negativas de débitos tributários nos termos dos arts. 151, 205, 206 da Lei n. 5.172, de 25 de outubro de 1966 – Código Tributário Nacional".

O digno magistrado "a quo", Dr. Alexandre Alves Lazzarini, encampou entendimento constante de parecer do Ministério Público de São Paulo, nos termos de manifestações do Dr. Alberto Caminã Moreira e Dra. Marisa Mantilla Marques Leite, que também configura entendimento doutrinário já existente sobre o tema e reconheceu que a exigência do art. 57, da Lei n. 11.101/2005 e do art. 191-A, do CTN: a) fere o princípio da proporcionalidade e o da preservação da empresa; b) o descumprimento do referido dispositivo legal não acarreta o automático decreto da falência, consequência não desejada pela lei, mas, que fatalmente ocorrerá, pois, empresa que está em recuperação judicial, evidentemente, está em débito com tributos e encargos previdenciários; c) a dispensa da certidão não implica proibição de cobrança dos tributos pelas vias próprias, isto é, pela execução fiscal, já que as execuções fiscais não se suspendem em face da concessão da recuperação judicial, tendo, por isso, sob o arnês dos princípios da proporcionalidade e da preservação da empresa, inseridos na Constituição Federal e, com base na doutrina sobre o tema, afastada a exigência da apresentação das certidões negativas dos débitos tributários.

Entendo, "permissa venia", que a questão em exame, das mais importantes da nova Lei de Recuperações e Falências, pode ser solucionada no âmbito do Tribunal de Justiça, sem que seja examinada a eventual inconstitucionalidade do art. 57, sob o enfoque dos princípios da proporcionalidade ou da razoabilidade ou, ainda, sem ser invocada a interpretação conforme a Constituição, pois, se assim se procedesse, ter-se-ia que observar a cláusula de reserva de plenário, a teor do art. 97 da Constituição Federal, instaurando-se o incidente previsto nos arts. 480 a 482 do Código de Processo Civil.

O art. 57, da Lei n. 11.101/2005, cuja incidência foi expressamente afastada pela douta decisão recorrida, pode ser analisado no próprio contexto da nova Lei de Falências e Recuperações e em confronto com o Código Tributário Nacional, para se aferir a eventual antinomia jurídica entre regras, e não aquela que pode se configurar entre princípios e regras jurídicas.

Alega a Fazenda Pública que o art. 57, da Lei n. 11.101/2005, praticamente reproduzido no art. 191-A, do CTN, é razoável, já que a lei não impõe a prévia quitação dos tributos para que seja deferida à empresa a recuperação judicial, bastando a apresentação da certidão positiva com efeitos de negativa, consoante preconiza o art. 206 do Código Tributário Nacional.

Com efeito, o art. 187, do Código Tributário Nacional, estabelece: "*A cobrança judicial do crédito tributário não é sujeita a concurso de credores ou habilitação em falência, recuperação judicial, concordata, inventário ou arrolamento*". Ademais, segundo o art. 186, do mesmo "codex", o crédito tributário prefere a qualquer outro, seja qual for sua natureza ou tempo de sua constituição, ressalvados os créditos decorrentes da legislação do trabalho ou do acidente de trabalho.

Disso resulta que é inegável que os créditos tributários terão que ser pagos pela empresa em recuperação judicial e, não o sendo, ensejarão o ajuizamento de execuções fiscais, cumprindo lembrar que, as execuções que já estiverem em processamento, ao contrário das demais execuções, não se suspenderão em virtude do deferimento do processamento da recuperação judicial, nos termos do art. 52, inciso III, c/c o art. 6º, § 7º, ambos, da Lei n. 11.101/2005. Em suma, a concessão da recuperação judicial para a empresa em crise econômico-financeira não tem qualquer influência na cobrança dos tributos e encargos previdenciários.

Cumpre ressaltar que é irrefutável que há previsão de parcelamento para os tributos federais na Lei n. 10.522/2002, a teor do art. 155-A, do Código Tributário Nacional, que preconiza "*O parcelamento será concedido na forma e condição estabelecida em lei específica*", que estatui, no seu § 3º, que "Lei específica disporá sobre as condições de parcelamento dos créditos tributários do devedor em recuperação judicial", e, não havendo lei específica, deverá, na dicção do § 4º, do mesmo dispositivo, ser aplicado o parcelamento regulado na lei geral.

Impende destacar, no entanto, que, a Lei Federal que autoriza o parcelamento dos créditos tributários, permite o parcelamento máximo em 60 meses, período considerado curto pelos especialistas, ao atendimento do passivo fiscal para empresa que esteja em crise econômico-financeira.

O legislador, ao estabelecer no § 3º, do art. 155-A, que lei específica deverá ser editada para instituir o parcelamento dos créditos tributários do devedor em recuperação judicial, evidentemente, baseou-se na premissa de que, o parcelamento previsto para devedores que estejam no regime de recuperação judicial deve levar em conta os princípios da Lei n. 11.101/2005, concedendo prazo maior para ensejar a preservação da empresa.

Bem por isso, enquanto o Congresso Nacional não editar a Lei específica sobre o parcelamento dos créditos tributários da empresa em recuperação judicial, a exigência da apresentação da certidão negativa dos débitos tributários ou a certidão positiva com efeitos de negativa, afronta o art. 47, da nova Lei de Recuperações e Falências, que proclama:

"*A recuperação judicial tem por objetivo viabilizar a superação da situação de crise econômico-financeira do devedor, a fim de permitir a manutenção da fonte produtora, do emprego dos trabalhadores e dos interesses dos credores, promovendo, assim, a preservação da empresa, sua função social e o estímulo à atividade econômica.*"

No caso em exame, verifica-se que o plano de recuperação da agravada foi aprovado pela Assembléia-Geral de Credores, constituída pelas classes dos titulares de créditos trabalhistas, dos créditos com garantia real e quirografários. A empresa está funcionando, pelo que, foi mantida a fonte produtora, o emprego dos trabalhadores e resguardado os interesses dos credores privados; além disso, ela foi preservada, sua função social está sendo atendida e a atividade econômica continua sendo exercida.

A aplicação literal do art. 57 coloca-se em frontal antinomia com o estabelecido pelo art. 47, já que, o indeferimento da recuperação judicial pela falta da apresentação das certidões negativas fiscais, fatalmente, inviabilizará a preservação da empresa e dos empregos dos trabalhadores.

Com o devido respeito, a decisão hostilizada, ao conceder a recuperação judicial, sem que a devedora tenha apresentado as certidões negativas dos débitos tributários, apesar de não ter invocado de forma expressa, em rigor, aplicou o art. 170 da Constituição Federal, que determina que a ordem econômica, fundada na valorização do trabalho humano e na livre iniciativa, tem por fim assegurar a todos existência digna, conforme os ditames da justiça social, observados, entre outros, os seguintes princípios: propriedade privada, função social da propriedade e busca do pleno emprego. Evidentemente, é do interesse público a cobrança dos tributos, como também o é a preservação da empresa e dos postos de trabalho. Ressalte-se que a Fazenda Pública não está impedida de executar a agravada em razão de seus débitos fiscais.

Finalmente, cumpre salientar que esta Câmara Especial de Falências e Recuperações Judiciais já tem precedente sobre o tema, objeto deste recurso, em acórdão relatado pelo eminente Desembargador Romeu Ricupero, assim ementado.

"*Recuperação judicial. Certidões negativas de débitos tributários (art. 57, da Lei 11.101/2005). Inadmissibilidade. Exigência abusiva e inócua. Meio coercitivo de cobrança. Necessidade de se aguardar, para o cumprimento do disposto no art. 57, a legislação específica a que faz referência o art 68, da nova Lei, a respeito do parcelamento de crédito da Fazenda Pública e do INSS. Dispensa da juntada de tais certidões. Agravo de instrumento provido.*"

Por tais motivos, o recurso não será provido.

3. Isto posto, pelo meu voto, nego provimento ao agravo – Pereira Calças, Relator.

Ementa: Recuperação de empresas – Litisconsórcio ativo (requerimento feito por três empresas conjuntamente) – Inadmissibilidade – As três empresas tem endereços diferentes. CNPJ (MF)'s diferentes, sócios diferentes, empregados diferentes, credores diferentes, além do que, em relação a cada uma delas, quando existe obrigação acessória, a responsabilidade é de pessoas físicas diferentes – Nada, absolutamente nada demonstra sequer a existência de um grupo de fato sendo que uma das requerentes nem tem endereço na Comarca de Itatiba, onde se pretende o processamento do benefício legal – Agravo de instrumento não provido.

(TJSP, Seção de Direito Privado, Câmara Especial de Falências e Recuperações Judiciais – AI 571.985-4/9-00 – Itatiba – 2ª Vara Cível – agtes.: Condupower Fios e Condutores Elétricos Ltda. e outras, agdo.: Juízo de Direito – rel. Desembargador Romeu Ricupero – j. 29.10.2008 – v.u.)

ACÓRDÃO

Vistos, relatados e discutidos estes autos de Agravo de Instrumento n. 571.985-4/9-00, da Comarca de Itatiba, em que são agravantes Condupower Fios e Condutores Elétricos Ltda. (e Outros). sendo agravado o Juízo: *Acordam*, em Câmara Especial de Falências e Recuperações Judiciais de Direito Privado do Tribunal de Justiça do Estado de São Paulo, proferir a seguinte decisão: "*negaram provimento ao recurso. v.u.*", de conformidade com o voto do Relator, que integra este acórdão.

O julgamento teve a participação dos Desembargadores Pereira Calças (Presidente) e Elliot Akel.

São Paulo, 29 de outubro de 2008 – Romeu Ricupero, Relator.

VOTO N. 10.875

Trata-se de agravo de instrumento interposto por Condupower Fios e Condutores Elétricos Ltda., Quiroga Indústria de Laminação e Comércio Ltda. e Comercial JP de Metais Ltda contra a r. decisão interlocutória de fls. 278/280, que entendeu não ser possível o processamento conjunto da recuperação judicial das três sociedades requerentes.

As agravantes fazem a apresentação do Grupo Condupower e um breve resumo da ação em primeiro grau, insistindo na possibilidade e na necessidade do processamento conjunto da recuperação judicial.

Instruído (fls. 17/296) e preparado o recurso (fls. 297/300), indeferi o pretendido efeito suspensivo (fls. 302/304), advindo pedido de reconsideração (fls. 309/317), não acolhido (fls. 319/327).

As agravantes não comprovaram o cumprimento do disposto no art. 526 do CPC (certidão de fl. 329) e a douta Procuradoria Geral de Justiça, em parecer da Dra. Juang Yuh Yu, opinou pelo desprovimento (fls. 330/335).

FUNDAMENTOS.

Ao negar o pretendido efeito suspensivo, assinalei no despacho de fls. 302/304:

"Três empresas do mesmo grupo econômico requereram conjuntamente recuperação judicial, advindo o r. despacho de fls. 278/280, ora agravado.

"As agravantes defendem a possibilidade e a necessidade do processamento conjunto da recuperação judicial, não só porque compõem um grupo econômico, como dito antes, mas também porque criadas com um único propósito e objetivo: fabricar, comercializar e distribuir fios e cabos elétricos com a marca Condupower.

"Ou seja, foram criadas de forma segregada para a otimização e minimização de pagamento de tributos, ressaltando que, para o mercado (credores, principalmente), as três empresas mostram-se como uma só, sendo certo que – dependendo da área de atuação – contratam e deixam de contratar de maneira indistinta e em favor de qualquer sociedade do grupo.

"Desta forma e diante da condução dos negócios de forma global, o Grupo Condupower assumiu dívidas com diversas instituições financeiras e fornecedores em nome das três agravantes de forma absolutamente indistinta, sendo certo que os seus principais sócios garantiram e avalizaram empréstimos em nome também das três sociedades que formam o grupo.

"Isto é, todas as dívidas das três agravantes mostram-se absolutamente entrelaçadas e se comunicam de forma efetivamente direta, não sendo possível, desta forma, a negociação das dívidas de maneira separada e distinta.

"Não obstante o brilho da argumentação, não se mostra relevante a fundamentação, como decorre do irrepreensível r. despacho agravado, que, de início, realçou a impossibilidade de processamento conjunto da recuperação judicial das três sociedades requerentes.

"E isso porque, em primeiro lugar, 'entre elas existe apenas grupo de fato, não havendo, assim, órgão de deliberação colegiada e cargo de direção geral (art. 272, da lei 6.404/76), de modo a se afirmar que viável a apresentação de único plano de recuperação'.

"Em segundo lugar, mesmo que se tratasse de grupo de direito, ''o processamento conjunto não seria cabível', pois 'cada sociedade do grupo conserva personalidade jurídica própria (art. 266, da Lei 6.404/1976), sendo que, para a recuperação judicial, necessária a análise da viabilidade econômica de cada uma delas, considerada isoladamente': é óbvio, como corolário do que agora ficou dito, que 'a diversidade de credores entre as sociedades dificultaria a correta observância das regras de formação e deliberação da Assembléia-Geral, a quem cabe, dentre outras atribuições, deliberar sobre a aprovação, rejeição ou modificação do plano de recuperação' ('há detalhado regramento quanto à formação de classes, *quorum* de instalação e de votação, além da necessidade de verificação da proporcionalidade do voto, de acordo com o valor de cada crédito (art. 35 e seguintes, da lei falimentar'); é evidente, como salientado pelo r. despacho agravado, 'que a unidade do procedimento, com credores diferentes de várias sociedades, mas com única proposta de recuperação, faria com que o credor, de apenas uma das pessoas jurídicas, interferisse, ainda que indiretamente, na recuperação judicial das outras', o que ocorreria mesmo não existindo relação obrigacional entre ele, credor votante, e as demais sociedades apresentantes do plano.

"Em terceiro lugar, o Juízo de Itatiba não é competente para apreciação do pedido de recuperação de Comercial JP de Metais Ltda., já que mencionada empresa tem um único estabelecimento, situado na cidade de São Paulo, fazendo incidir o disposto no art. 3º da lei falimentar, e, como é óbvio, mais uma vez, 'o exercício de fato da empresa em outro local, em contrariedade daquilo que consta do contrato social, não deve servir para alteração da competência, não cabendo discutir em qual lugar concentra-se o maior volume de negócios do ponto de vista econômico, já que único é o estabelecimento'.

"Em suma, irreparável o despacho da MM. Juíza Dra. Cristiane Amor Espin, indefiro o pretendido efeito suspensivo, com base no art. 558 do CPC (fundamentação irrelevante)."

Diante do pedido de reconsideração de fls. 309/317, asseverei:

"Condupower Fios e Condutores Elétricos Ltda., Quiroga Indústria de Laminação e Comércio Ltda. e Comercial JP de Metais Ltda. requereram, em conjunto, recuperação judicial (cf. petição de fls. 19/28), alegando, em apertada síntese, que compõem o denominado 'Grupo Condupower', cujo principal estabelecimento – onde é realizada toda a fabricação de seus produtos e onde se encontra sua gerência e principal administração – situa-se na Comarca de Itatiba, embora tão somente a sociedade JP – por questões de mercado e estratégia comercial possua sede formal na Cidade de São Paulo.

"Sustentaram a possibilidade de processamento de uma única recuperação judicial para todas as sociedades do grupo, alegando que 'possuem, em sua maioria, os mesmíssimos credores, sendo certo que os seus sócios e controladores no mais das vezes são avalistas e garantidores de operações das três sociedades-Requerentes' (fl. 22), além do que 'as três sociedades encontram-se divididas tão-somente em razão de questões societárias e tributárias, sendo certo que o plano de recuperação judicial a ser apresentado pelo Grupo Condupower no prazo legal trará previsão sobre a consolidação das sociedades em uma única empresa' (fl. 22).

"Caso algum credor se sinta prejudicado com o agrupamento da presente Recuperação Judicial com todas as empresas do Grupo Condupower em seu pólo ativo, 'as devedores se comprometem a tratar de maneira diferente tal credor e manter o nível de risco assumido quando da concessão de seu crédito' (fl. 23).

"Com a exordial, vieram os atuais atos constitutivos das requerentes, a saber: Condupower Fios e Condutores Elétricos Ltda. (fls. 31/39), Quiroga Indústria de Laminação e Comércio Ltda. EPP (fls. 41/47) e Comercial JP de Metais Ltda. EPP (fls. 49/57).

"Por tais documentos, infere-se que Condupower Fios e Condutores Elétricos Ltda. tem sede na Avenida Antonio Galvão de Camargo n. 630, na cidade de Itatiba. CNPJ(MF) sob n. 08.206.001/0001-07, e como sócios João Morvillo Neto e Carlos Alberto Pilotto; Quiroga Indústria de Laminação e Comércio Ltda. EPP tem sede na Rua Cecília Basso Rabechi n. 71, Vila São Caetano, na cidade de Itatiba, CNPJ(MF) sob o n. 07.545.598/0001-43, e como sócios Daniela Antonia Pacheco e Márcio Dias Boscolo; Comercial JP de Metais Ltda. EPP tem sede na Rua Cônego Antonio Dias Pequeno n. 335, na cidade de São Paulo, CNPJ(MF) sob o n. 07.878.097/0001-89, e como sócio, pelo prazo de 180 (cento e oitenta) dias, Joaquim Ferreira Santana Neto (sociedade unipessoal transitoriamente).

"Como as três sociedades têm sedes, CNPJ(MF) e sócios diferentes, cada uma delas outorgou, separadamente, procurações judiciais aos advogados que as representam (cf. fls. 59/60, 61/62 e 63/64), sendo certo que, em relação a cada uma delas, separadamente, foram juntados os documentos exigidos pelo art. 51 da Lei n. 11.101/2005, sequer sendo os mesmos os respectivos credores.

"A atenta e diligente magistrada que preside ao feito determinou que as requerentes esclarecessem 'se há grupo de direito ou apenas de fato, juntando-se eventual convenção' (fl. 245), advindo a explicação de fls. 246/249, onde se lê que 'ademais, as Requerentes esclarecem que o grupo econômico entre elas existente possui relação exclusiva de fato, não existindo qualquer documento formal que comprove tal conglomerado' (fl. 247), e sim apenas a pretensão de, futuramente, quando da convocação de assembléia-geral, submeter à aprovação de seus credores a fusão das três sociedades em uma única empresa, com o objetivo de conceder mais transparência às suas operações e ao mercado como um todo.

"Adveio, então, o r. despacho agravado de fls. 278/280.

"As requerentes, também em conjunto, interpuseram o presente agravo de instrumento, com pedido de antecipação dos efeitos da tutela recursal, pedido este que foi negado pelo meu despacho de fls. 302/304, assim redigido:

"(...).

"Inconformadas, as agravantes requerem reconsideração, onde reiteram que 'o Grupo Condupower possui tão-somente relação fática, ressaltando ainda que essas empresas pretendem se fundir (após aprovação de seus credores)' (fl. 310).

"Acentuam 'que o trâmite separado das ações seria absolutamente inviável', e isso porque 'o sucesso de cada empresa do grupo depende, de forma umbilical, do sucesso das outras', ressaltando aspectos já contidos na petição inicial, ou seja:

"'as Agravantes são empresas criadas com um único propósito e objetivo: fabricar, comercializar e distribuir fios e cabos elétricos com a marca Condupower. Porém, foram criadas de forma segregada para a otimização e minimização de pagamento de tributos';

"'para o mercado (credores, principalmente), as três empresas mostram-se como uma só, sendo certo que – dependendo da área de atuação – contratam e deixam de contratar de maneira indistinta e em favor de qualquer outra sociedade do grupo';

"'tendo em vista a condução dos negócios de forma global, o Grupo Condupower assumiu dívidas com diversas instituições financeiras e fornecedores sempre em nome das três Agravantes de forma absolutamente indistinta, sendo certo que os seus principais sócios garantiram e avalizaram empréstimos em nome (também!) das três sociedades que formam o grupo, fato este que por si só demonstra claramente a existência do grupo econômico formado';

"'assim, a conclusão a que se chega é de que todas as dívidas das três Agravantes mostram-se absolutamente entrelaçadas e se comunicam de forma efetivamente direta, não sendo possível, portanto, a negociação das dívidas de maneira separada e distinta';

"'caso os pedidos de Recuperação Judicial tramitem em procedimentos e Juízos separados, o Grupo Condupower poderá se deparar com uma solução absolutamente inusitada e sem solução', 'isto porque com um de seus planos aprovados e os outros dois rejeitados (hipoteticamente, por óbvio), os credores das duas sociedades com a falência decretada, de certo e por saberem que as dívidas eram – em verdade – do grupo como um todo, pleiteariam a extensão dos efeitos da falência para a outra sociedade, a qual acabara de ter seu plano de recuperação judicial aprovada, e suas dívidas novadas'.

"Por fim, no pedido de reconsideração, as agravantes reportam-se à jurisprudência que se está formando em primeira instância, aludindo ao Grupo Pires de segurança patrimonial e ao caso Varig.

"2. Com a devida vênia, não há nada para reconsiderar.

"Com efeito, pelos documentos encartados nos autos, não existe o Grupo Condupower.

"As três empresas têm endereços diferentes, CNPJ(MF) diferentes, sócios diferentes, empregados diferentes, credores diferentes, além do que, em relação a cada uma delas, quando existe obrigação acessória, a responsabilidade é de pessoas físicas diferentes.

"Nada, absolutamente nada, demonstra sequer a existência de um grupo de fato, sendo que uma das requerentes nem tem endereço na Comarca de Itatiba, onde se pretende o processamento do benefício legal.

"Se nem os sócios são os mesmos, o que as liga em grupo de fato? Se não há empresa *holding*, se não há empresa controladora, como se pode admitir que as requerentes constituam um grupo econômico de fato? Qual é o dado objetivo que permite assim concluir?

"No campo das hipóteses, é claro, é inadmissível a idéia de três falências em um único processo, ainda mais três empresas diferentes, que não constituem, de direito, um grupo econômico.

"No campo das hipóteses, é evidente, é inadmissível a realização de assembléia geral única, com credores de uma empresa tendo voz e voto no plano de recuperação de outra, na qual não figura como credor.

"Mesmo com procedimentos separados, nada impede que as três requerentes apresentem único plano de recuperação, correndo o óbvio risco de não ser aprovado em um dos procedimentos, com a conseqüente decretação da quebra, desde que as agravantes não consigam convencer os credores sobre a existência de um grupo econômico de fato e sobre a necessidade e a vantagem de uma fusão das três empresas."

Ao que me consta, os diversos autores que cuidam da recuperação judicial não trataram do litisconsórcio ativo, exceção feita a Paulo Sérgio Restiffe, cuja lição se transcreve: "*Na ação de recuperação judicial de empresas, o litisconsórcio, se vier a ser formado, **deve ser***: eventualmente facultativo, pois o cúmulo subjetivo condiciona-se à diversidade de credores sujeitos aos efeitos da recuperação judicial de empresas, por isso o emprego da expressão adverbial; comum, haja vista a total independência entre os co-litigantes; ***passivo***, já que cabe aos credores sujeitos aos efeitos da recuperação judicial de empresas do devedor comum acudir ao processo de recuperação judicial de empresas; e eventualmente inicial, e isso, exclusivamente, na recuperação judicial de empresas, pois há credores que, embora possam constar da relação nominal completa oferecida pelo devedor, nos termos do art. 51, III, da Lei n. 11.101/2005, podem vir a ser excluídos, bem como há credores que, apesar de não referidos na relação nominativa, podem vir a ter seus créditos incluídos no quadro geral de credores sujeitos à recuperação (judicial) empresarial" (cf. *Recuperação de Empresas*, Barueri/SP, Manole, 2008, p. 175, negrito e sublinhado não constam do original).

Destarte, pelo meu voto, *nego provimento ao recurso* – Romeu Ricupero, Relator.

Ementa: Agravo de instrumento. Recuperação judicial requerida em litisconsórcio por duas sociedades empresárias distintas, cada uma delas com sede social em comarcas diversas. Alegação de serem integrantes do mesmo grupo econômico. Decisão que determina a emenda da inicial em razão da inviabilidade do litisconsórcio ativo. Natureza contratual da recuperação judicial que impõe se facilite a presença dos credores na assembleia-geral para examinar o plano da devedora. A distância entre os estabelecimentos principais das empresas requerentes causa dificuldades incontornáveis à participação dos credores, notadamente os trabalhadores, nos conclaves assembleares realizados em comarcas distinta. Princípio da preservação da empresa e da proteção aos trabalhadores, ambos de estatura constitucional que, se em conflito, devem ser objeto de ponderação para a prevalência do mais importante. Tutela dos trabalhadores em razão da hipossuficiência. Manutenção da decisão que repeliu a possibilidade do litisconsórcio ativo no caso vertente, mantida a possibilidade da emenda da inicial para que cada uma das empresas requeira a medida recuperatória individualmente, observada a regra da competência absoluta do art. 3º, da LRF. Precedente da Câmara.

Manutenção da liminar para obstar a suspensão do fornecimento de serviços de telefonia por débitos anteriores ao requerimento da recuperação, que se sujeitam aos efeitos da recuperação judicial. Agravo provido, em parte, revogado o efeito suspensivo, com determinação de imediato processamento da recuperação judicial.

(TJSP, Seção de Direito Privado, Câmara Especial de Falências e Recuperações Judiciais – AI 645.330-4/4-00 – Cotia – 2ª Vara Cível – agtes.: GHF Comercial International Trading Ltda. e outra, em recuperação judicial – agda.: Nextel Telecomunicações Ltda. – j. 15.9.2009 – rel. Desembargador Pereira Calças – v.u.)

ACÓRDÃO

Vistos, relatados e discutidos estes autos de Agravo de Instrumento n. 645.330-4/4-00, da Comarca de COTIA, em que são agravantes GHF Comercial International Trading Ltda. em recuperação judicial e Ecobras Comercial Ltda. e PP em recuperação judicial sendo agravado Nextel Telecomunicações Ltda.: *Acordam*, em Câmara Especial de Falências e Recuperações Judiciais de Direito Privado do Tribunal de Justiça do Estado de São Paulo, proferir a seguinte decisão: "*deram provimento em parte ao recurso. v.u.*", de conformidade com o voto do Relator, que integra este acórdão.

O julgamento teve a participação dos Desembargadores Romeu Ricupero (Presidente), e José Roberto Lino Machado.

São Paulo, 15 de setembro de 2009 – Pereira Calças, Relator.

VOTO N. 16.783

Vistos.

1. Trata-se de agravo de instrumento manejado por GHF Comercial International

Trading Ltda. e Ecobrás Comercial LTDA. – EPP, no pedido de recuperação judicial que formularam em litisconsórcio ativo, sob o argumento de constituírem um grupo econômico, com o mesmo corpo diretivo e administração do senhor Guilherme Hannud Filho, com obrigações comuns, sendo, em diversos contratos garantes uma da outra, com credores comuns, mercê do que a teor do art. 46, I, do Código de Processo Civil têm a faculdade de valer-se do litisconsórcio. Insurgem-se contra a decisão reproduzida à fls. 378/380: "De fato, incabível o litisconsórcio ativo em sede de recuperação judicial, já que as empresas são distintas, com devedores e credores diversos, bem como peculiaridades próprias de cada qual para justificar o pedido de recuperação. O fato de pertencerem aos mesmos sócios ou à mesma *holding* não afeta tal entendimento. Não é só. A ausência de documentação obrigatória torna inviável o pedido. Note-se que o 'volume' da documentação não é suficiente para ensejar a entrega posterior dos referidos documentos, já que essenciais à própria análise da viabilidade de processamento da recuperação. (...). Por medida de economia processual, faculto aos autores a emenda da exordial, de modo a suprir as falhas mencionadas, em 10 dias, sob pena de indeferimento. O pedido de fls. 340/349 também não merece acolhida. Não foi deferido o processamento da recuperação judicial. Não há razão bastante para amparar a inadimplência dos requerentes, já que é legítimo direito da empresa de interromper os serviços dos inadimplentes. Ademais, o simples pedido de recuperação judicial, cujo processamento não foi deferido, não faz o Juízo universalmente competente para a apreciação de todo e qualquer pedido dos requerentes, em especial aqueles que não guardam estrita relação com o plano de recuperação". Sustentam as agravantes, em síntese, ser lícita a formação do litisconsórcio ativo, havendo diversos precedentes nas Varas Especializadas de São Paulo em que tal pleito foi deferido, sendo evidente a comunhão de direitos e obrigações, a teor do art. 46, I, do CPC. Insistem na necessidade de manter a prestação dos serviços de telefonia que a Nextel presta às empresas, pedido que pode ser feito incidentalmente nos autos da recuperação judicial e que se refere exclusivamente aos débitos contraídos antes do requerimento da medida, a teor do art. 49 da Lei n. 11.101/2005 e na esteira de diversos precedentes desta Câmara Especializada. O corte no fornecimento de serviços telefônicos poderá inviabilizar a atividade empresarial das agravantes. Postularam a antecipação da tutela recursal, determinando-se à Nextel a abstenção do corte no fornecimento de seus serviços, bem como, o reconhecimento da legalidade do litisconsórcio ativo das autoras para, a seguir, após ser apresentada a documentação exigida pelo art. 51, processar-se a recuperação judicial das agravantes.

Pela decisão de fls. 456/457 foi concedido o efeito suspensivo, bem como a antecipação da tutela recursal para que a agravada se abstenha de interromper a prestação dos serviços de telefonia às agravantes por débitos contraídos antes da data do pedido de recuperação judicial (20.2.2009), com o esclarecimento que o não pagamento das faturas telefônicas por serviços prestados após a distribuição do pedido recuperatório autorizará o corte dos serviços.

Contraminuta da Nextel (fls. 478/490), com informação de esclarecimento que as empresas não estão pagando as contas telefônicas por serviços ulteriores ao pedido recuperatório.

Relatados.

2. As agravantes não têm razão.

A recorrente GFH Comercial International Trading Ltda., com CNPJ 72.800.774/0001-08, é estabelecida na Avenida São Camilo, 114, Bairro Granja Viana, Cotia, São Paulo. Seu objeto social é: "assessoria em comércio exterior e administração de pessoal, a prestação de serviços urbanísticos, conservação de áreas verdes e ajardinadas, pavimentos asfálticos, calçamentos, dispositivos de drenagem, fabricação de pré-moldados de concreto efetuado por terceiros, obras de construção civil, reformas e conservações prediais, praças públicas, quadras esportivas, serviços de limpeza pública, comércio, importação e exportação; montagem de máquinas e equipamentos, quadriciclos, motocicletas e veículos especiais, peças e acessórios em geral, equipamentos e utensílios em geral para uso industrial, comercial e residencial – efetuados por terceiros; serviços de assistência técnica na área de urbanização e paisagismo, assistência técnica e manutenção em máquinas, veículos e equipamentos em geral, venda, prestação de serviços, locação (exceto *leasing*) de equipamentos mecânicos e eletro eletrônicos para monitoramento e controle de trânsito, manutenção de áreas verdes e pavimentos asfálticos" (f. 183). A sociedade tem dois sócios: Guilherme Hannud Filho, com 9.950.000 quotas, e Cícero Luiz do Nascimento, com 50.000 quotas (fls. 184).

A Ecobras Comercial Ltda – EPP, tem sede social na Avenida Dr. Mauro Lindemberg Monteiro, 628, Santa Fé, Osasco, São Paulo. Tem o objeto social: "comércio e importação de equipamentos de insumos para paisagismo e meio ambiente e comércio varejista de artigos e confecções de malharia em geral, monitoramento de passeios e eventos turísticos, locação de bicicletas, motocicletas e quadriciclos e veículos em geral (não *leasing*), e serviços de assistência técnica na área de urbanização e paisagismo e manutenção em máquinas, veículos, equipamentos em geral, importação e distribuição de veículos automotores, automóveis, motociclos, motonetas, ciclomotores, motocicletas, quadriciclos, utilitários, veículos similares, etc., recuperação de pavimentos asfálticos, serviços de limpeza urbana e gerenciamento ambiental, transporte, tratamento, trituração e reciclagem de resíduos, conservação e manutenção de áreas verdes em geral, reformas, obras civis, recuperação e implantação de calçadas, meio-fio, dispositivos de drenagem, gerenciamento de centro de lazer e turismo e atividades esportivas, armazenagem de mercadorias em geral e logística". Os sócios da empresa são: Guilherme Hannud Filho, com 1.990.000 quotas, e Francisco dos Santos, com 10.000 quotas (f. 259).

Examinando o cadastro nacional de pessoa jurídica, verifica-se que a empresa GHF Comercial International Trading Ltda. tem como atividade principal o "*comércio por atacado de motocicletas e motonetas*" (f. 490). A Ecobrás, por seu turno, tem como atividade principal o "*comércio atacadista de máquinas, aparelhos e equipamentos para uso agropecuário*" (f. 498).

Evidente, portanto, que os objetos sociais são completamente distintos, em que pese o estranho, longo e multifacetado objeto social inserido nos contratos sociais das empresas. Jamais este relator teve acesso a contrato social de empresa, em mais de 30 anos de magistratura, que albergue objeto social tão diversificado, minucioso, detalhista e aparentemente ilógico ou, ao menos, não harmônico.

Como bem anotou a ilustre magistrada, efetivamente, não estão presentes os requisitos que autorizariam o litisconsórcio para o pedido de recuperação judicial.

A Lei n. 11.101/2005 não disciplina a questão do litisconsórcio, mercê do que, caberá à jurisprudência estabelecer em que hipóteses será admissível o requerimento da recuperação judicial em litisconsórcio ativo.

Esta Câmara Especializada tem admitido litisconsórcio quando as empresas constituem-se grupo econômico e são sediadas na mesma comarca.

Não é o caso das agravantes que não se enquadram no conceito de grupo econômico, haja vista não estarem presentes os requisitos do art. 265 da Lei n. 6.404/1976, que seria aplicável analogicamente às sociedades limitadas, e preceitua que a sociedade controladora e suas controladas podem constituir grupo de sociedade, mediante convenção pela qual se obriguem a combinar recursos ou esforços para a realização dos respectivos objetos, ou a participar de atividades ou empreendimentos comuns. Nas sociedades agravantes não ocorre participação recíproca das sociedades do grupo, havendo apenas como coincidência a presença do mesmo sócio majoritário, o que não confere a elas a natureza jurídica de "grupo econômico".

Não bastasse o reconhecimento de que as sociedades agravantes não formam um grupo de fato, e, muito menos, um grupo de direito, a circunstância de estarem elas sediadas em comarcas distintas, tem sido entendida por esta Câmara Especializada como fator impeditivo de utilização do litisconsórcio ativo para o requerimento de recuperação judicial, pelos diversos problemas que acarreta para o desenvolvimento do processo. Ademais, os quadros de credores são distintos, os empregados também são diversos. Evidentemente, considerando-se a natureza contratual da recuperação judicial, a exigir que o plano de recuperação seja aprovado pela assembleia-geral de credores, que devem ter a oportunidade comparecer ao ato assemblear, não se mostra justo exigir que empregados se locomovam de uma comarca para outra para deliberar sobre o plano e outros incidentes.

Esta Câmara Especial tem precedente de minha relatoria em que se afirmou a inviabilidade do litisconsórcio formado por sociedades situadas em comarcas distintas, conforme se verifica pela ementa a seguir transcrita:

"Apelação. Recuperação judicial requerida em litisconsórcio por três sociedades empresárias distintas, cada uma delas com sede social em Estados diversos da Federação (São Paulo, Minas Gerais e Bahia). Alegação de serem integrantes do mesmo grupo econômico. Deferimento do processamento da recuperação judicial. Posterior constatação da inviabilidade do processamento da medida em litisconsórcio ativo, em face da existência de credores distintos, domiciliados em Estados diferentes. Reconhecimento da incompetência absoluta do juízo original onde foi requerida inicialmente a recuperação judicial. Extinção do processo, sem resolução do mérito, por força do indeferimento da inicial. Matéria de ordem pública, sobre a qual não ocorre preclusão nas instâncias ordinárias. Soberania da assembleia-geral de credores restrita à deliberação sobre o plano de recuperação judicial, mas não sobre pressupostos ou condições da ação. Natureza contratual da recuperação judicial que impõe se facilite a presença dos credores na assembleia-geral para examinar o plano da devedora. A grande distância entre os estabelecimentos principais das empresas requerentes causa dificuldades incontornáveis à participação dos credores, notadamente os trabalhadores, nos conclaves assembleares realizados em Estados diversos da federação. Princípio da preservação da empresa e da proteção aos trabalhadores, ambos de estatura constitucional que, se em conflito, devem ser objeto de ponderação para a prevalência do mais importante. Tutela dos trabalhadores em razão da hipossuficiência. Extinção do processo de recuperação judicial, sem resolução do mérito, mantida, situação que não impede que cada uma das empresas requeira a medida recuperatória individualmente, observada a regra da competência absoluta do art. 3º, da LRF. Apelo das empresas desprovido" (Apelação n. 625.206-4/2-00, julgada em 9.6.2009, v.u.).

No aludido julgamento, foi examinada a possibilidade do litisconsórcio ativo em pedido de recuperação judicial formado por empresas situadas em comarcas diversas e também em estados federados distintos. A fundamentação invocada para repelir o manejo do litisconsórcio também se ajusta ao caso "sub judice", extremamente semelhante, inclusive no que concerne a não configuração de um autêntico grupo econômico, mas em rigor, empresário individual que constitui sociedades com sócios minoritaríssimos.

Confira-se:

"Impende ressaltar que a Lei n. 11.101/2005 é omissa quanto à possibilidade, ou não, de empresas integrantes do mesmo grupo econômico com o principal estabelecimento situado em comarcas diversas, requererem a recuperação judicial em litisconsórcio ativo. Assim, mesmo considerando-se que o art. 189 determina a aplicação supletiva do Código de Processo Civil à Lei de Recuperação e Falências, tal dispositivo preceitua que a aplicação subsidiária só deverá ocorrer 'no que couber'. Portanto, é preciso examinar se é cabível e em quais hipóteses eventualmente seria admissível o requerimento e o processamento em litisconsórcio ativo de empresas distintas que pretendam obter a recuperação judicial.

"O caso em exame é paradigmático sobre a inviabilidade processual e prática de se processar a recuperação judicial de três empresas distintas, com personalidades autônomas e sedes sociais situadas em comarcas diferentes, com o agravante de serem distantes geograficamente, visto que cada uma delas é estabelecida em Estados diversos: São Paulo, Minas Gerais e Bahia.

"Ressalte-se que o art. 47, da Lei n. 11.101/2005 preconiza que: 'A recuperação judicial tem por objetivo viabilizar a superação da situação de crise econômico-financeira do devedor, a fim de permitir a manutenção da fonte produtora do emprego dos trabalhadores e dos interesses dos credores, promovendo, assim, a preservação da empresa, sua função social e o estímulo à atividade econômica'.

"Da exegese do referido dispositivo legal resulta com evidência que os interesses de todos aqueles que se relacionam com a empresa em crise econômico-financeira têm que ser protegidos no processo de recuperação judicial. Estão na mesma posição hierárquica de tutela legal os interesses dos credores que são fornecedores, trabalhadores, instituições financeiras, enfim, todos aqueles cujos créditos se submetem aos efeitos da recuperação judicial, nos termos do art. 49, da Lei n. 11.101/2005. Por isso, a pretensão das apelantes, no sentido de que a recuperação judicial de três pessoas jurídicas (mesmo integrantes de um grupo econômico, o que se admite apenas para a argumentação deste voto, porque não é bem assim) tenha processamento em Itu, Estado de São Paulo, obrigando, desta forma, que os credores, especialmente os fornecedores em geral e os empregados que prestam serviços à empresa situada em Pouso Alegre (Minas Gerais) e Ilhéus (Bahia), compareçam ao Fórum de Itu (São Paulo) para acompanhar o processo e, mais, participem das Assembleias-Gerais de Credores realizadas a mais de 1.000 km de distância. Tal pretensão implica evidente afronta aos princípios que regem a Lei n. 11.101/2005. O princípio da proteção aos trabalhadores, de estatura constitucional, não pode deixar de ser observado, mesmo levando-se em conta o princípio da preservação da empresa, também albergado na Carta Federal. A proteção aos demais credores também não pode ser olvidada, sob a falsa assertiva de que a empresa deve ter sua recuperação judicial facilitada a qualquer custo, mesmo que isto gere severos percalços aos credores em geral.

"Valendo-se da 'teoria dos princípios', desenvolvida por Robert Alexy, que visualiza os princípios como 'mandamentos de otimização', observa-se que, na eventualidade de colisões de princípios, estas devem ser solucionadas mediante um sopesamento, com a aplicação do postulado mais importante, isto é, que tenha maior densidade. Nesta linha de entendimento, havendo, aparentemente, colisão entre o princípio da preservação da empresa e o princípio da proteção aos trabalhadores, considerando-se a situação de hipossuficientes destes, deve prevalecer a tutela aos empregados. A empresa em crise econômico-financeira que pretende obter sua recuperação judicial não pode criar obstáculos, no caso praticamente invencíveis, e exigir que, por facilidades processuais, haja um único processo, em um mesmo juízo, impondo aos trabalhadores residentes em outros Estados da Federação o ônus de comparecer em Itu, no Estado de São Paulo, para negociar o plano de recuperação a ser apresentado à Assembleia-Geral de Credores. Tal pretensão, com o devido respeito, chega às raias da litigância de má-fé e não pode ser admitida pelo Poder Judiciário.

"Não há dúvida do acerto da afirmativa das apelantes a respeito da soberania da Assembleia-Geral de Credores para deliberar sobre o plano de recuperação da empresa, não competindo ao Poder Judiciário analisar a viabilidade econômica da proposta recuperatória. Com efeito, a Lei n. 11.101/2005, conforme pacífica doutrina, deu à recuperação judicial a natureza de um contrato a ser celebrado entre os credores e a empresa em crise econômico-financeira. Bem por isso, é de se indagar: como pretendem as apelantes que seus credores, principalmente fornecedores estabelecidos em Minas Gerais e Bahia, bem como seus empregados, que prestam serviços nas sedes sociais situadas em Pouso Alegre e Ilhéus e obviamente residem em tais Estados, participem efetivamente das negociações do 'contrato de recuperação judicial'.

"Cumpre salientar ainda que, ao afirmar acima que a assertiva de que as apelantes constituem um grupo econômico não corresponde à exata realidade, levei em conta a documentação acostada aos autos. Isto porque: I) A empresa Ecimex Tecnologia Ltda. é constituída por Eduardo Machado de Campos Conde e Maria Sylvia Machado de Campos Conde. Eduardo tem 499.000 quotas e Marya Sylvia tem 1 quota (fls. 60); II) A empresa Ecitec Indústria e Comércio Ltda., que tinha inicialmente como sócios: Eduardo Machado de Campos Conde (majoritário) e Cesar Volnei Beca (minoritário) (fls. 83), em face da retirada deste, tornou-se unipessoal, assumindo Eduardo a obrigação de reconstituir o mínimo de 2 sócios nos termos do art. 1.033, IV, do Código Civil (fls. 86). Em suma: Eduardo Machado de Campos Conde tornou-se único titular das 100.000 quotas em que se divide o capital social da sociedade. Posteriormente ingressou Maria Sylvia Machado de Campos Conde que passou a ser titular de 1 quota, enquanto Eduardo Machado de Campos Conde titulariza 99.999 quotas (fls. 96); III) a empresa Ecimex Tecnologia do Nordeste, com sede em Ilhéus, Bahia, foi constituída pelo sócio Eduardo Machado de Campos Conde, com 499.500 quotas e Cesar Volnei Beca, com 500 quotas (fls. 104). Posteriormente, Cesar Volnei Beca retira-se do quadro social e a sociedade passa a ter os seguintes sócios: Ecimex Tecnologia Ltda. com 499.500 quotas e Eduardo Machado de Campos Conde com 500 quotas (fls. 112, 116).

"Em face de tal situação contratual, verifica-se que as três empresas apelantes se resumem a uma única pessoa: Eduardo Machado de Campos Conde, que, em rigor, enquadra-se como empresário individual, mas utiliza-se do expediente, que é lícito, de constituir pessoas jurídicas nas quais ele é o titular da maioria das quotas e a presença de um minoritaríssimo, com 2 quotas. Por isso, 'data venia', não se há de falar em grupo econômico autêntico para se sustentar que o litisconsórcio ativo seria admissível no caso concreto 'sub judice'" (Apelação n. 625.206-4/2-00, Rel. Desembargador Pereira Calças).

A hipótese retratada nestes autos é extremamente similar ao caso julgado e acima parcialmente reproduzido. As agravantes, em rigor, não formam um grupo econômico, mas sim, autêntico empresário individual que, na condição de sócio majoritário tem apenas um sócio em cada sociedade, estes com ínfima participação societária, sendo ele o verdadeiro "dono" das aludidas sociedades.

Ademais, estando as sociedades estabelecidas em duas cidades distintas, prevalece o interesse dos credores, especialmente da classe dos empregados, no sentido de que a recuperação judicial se processe na comarca do principal estabelecimento, a teor do art. 3º, da Lei n. 11.101/2005, regra de competência funcional e absoluta, não se justificando que tais credores tenham que se deslocar de seus domicílios para comparecerem à assembléia-geral de credores para deliberarem sobre a proposta de plano recuperatório a ser formalizada pelas devedoras. Entre o dilema de facilitar o processamento da recuperação judicial das duas empresas num único juízo, com menos despesas e dificuldades e a tutela plena do direito dos credores, notadamente dos empregados das empresas, opta-se pela tutela dos direitos trabalhistas e dos titulares de créditos por acidentes de trabalho, não se permitindo, em tal caso, o litisconsórcio ativo das empresas.

Será, pois, desprovido o recurso, no que concerne ao processamento da recuperação judicial em litisconsórcio ativo.

Relativamente à segunda parte do pleito recursal, ou seja, o reconhecimento do direito das empresas em recuperação continuarem a receber a prestação de serviços telefônicos da Nextel, efetivamente, esta Câmara Especializada firmou consolidado posicionamento no sentido de que os débitos decorrentes de serviços de telefonia, energia elétrica, água e esgotos, contraídos antes do requerimento da recuperação judicial não autorizam o corte da prestação de tais serviços pelas concessionárias. No entanto, como já ficou esclarecido na liminar que concedi, cumpre às empresas em recuperação pagar pontualmente por tais serviços em se tratando de faturas referentes a débitos posteriores ao pedido de falência. O não pagamento das faturas de telefonia correspondente aos débitos contraídos após o pleito judicial recuperatório autoriza a concessionária a cortar a prestação dos serviços, desde que observadas as formalidades legais.

Será, pois, provido em parte este agravo, para manter a determinação de emenda à inicial constante da decisão hostilizada, no prazo de 10 dias a partir da intimação do resultado deste julgamento, de modo a que os pedidos de recuperação das duas empresas sejam formulados individualmente, nos respectivos juízos competentes, sob pena de indeferimento da exordial. Fica mantida, por ora, a liminar obstativa do corte dos serviços telefônicos, exclusivamente por débitos anteriores ao requerimento da recuperação judicial, decisão esta que não impede que a concessionária realize o corte dos serviços por débitos posteriores.

Revogo, expressamente, o efeito suspensivo concedido.

3. Isto posto, pelo meu voto, dou provimento em parte ao agravo e determino que se encaminhe cópia do acórdão ao douto Juízo "a quo" para que as agravantes possam emendar a inicial, na forma determinada pela douta juíza – Pereira Calças, Relator.

Ementa: Agravo de instrumento – Recuperação judicial – Litisconsórcio ativo – Plano de recuperação único.

Tendo havido impugnação ao plano apresentado pelas devedoras, em litisconsórcio ativo, não cabe ao juiz outra coisa senão convocar a assembléia geral de credores para o exame da questão.

Agravo conhecido e desprovido.

(TJSP, Seção de Direito Privado, Câmara Especial de Falências e Recuperações Judiciais – AI 569.351-4/6-00 – São Paulo – 2ª Vara de Falências e Recuperações Judiciais – agte.: Docas Investimentos S/A – agdas.: Três Participações S/A e outras, em recuperação judicial – rel. Desembargador Lino Machado – v.u.)

ACÓRDÃO

Vistos, relatados e discutidos estes autos de Agravo de Instrumento n. 569.351-4/6-00, da Comarca de São Paulo, em que é agravante Docas Investimentos S/A sendo agravado Três Participações S/A (e outras) (em recuperação judicial): *Acordam*, em Câmara Especial de Falências e Recuperações Judiciais de Direito Privado do Tribunal de Justiça do Estado de São Paulo, proferir a seguinte decisão: "*conheceram do recurso mas a ele negaram provimento, v.u. declarará voto o 2º juiz*", de conformidade com o voto do Relator, que integra este acórdão.

O julgamento teve a participação dos Desembargadores Pereira Calças (Presidente, sem voto), Romeu Ricupero e Elliot Akel.

São Paulo, 19 de novembro de 2008 – Lino Machado, Relator.

VOTO N. 10.257

Vistos.

Agravo de instrumento contra a r. decisão trasladada a fls. 157/158, proferida nos autos de recuperação judicial, que indeferiu o pedido da agravante consistente em que cada uma das empresas que figuram no pólo ativo apresente um plano de recuperação distinto. Argúi que a r. decisão está em desconformidade com os princípios da LRF, uma vez que "a apresentação de plano de pagamento consolidado para todos os credores mostra-se absurdamente ilegal e arbitrário" (fl. 8, segundo parágrafo), fazendo-se necessário ser apresentado de forma diversa, por ter cada empresa diferente capacidade de pagamento. Alega ainda que na assembléia geral de credores marcada para os dias 13 e 20 de maio de 2008, poderia o plano de recuperação ser apreciado e aprovado como um único e indistinto plano e ter seu direito ilegalmente preterido. Requer efeito suspensivo ao agravo para que a votação do plano seja realizada de forma separada e segregada entre cada uma das empresas ou, alternativamente, seja determinada a suspensão da referida assembléia até a decisão final do agravo sob exame. Negado efeito suspensivo ao agravo (fl. 186), o qual foi mantido à fl. 201, veio contraminuta (fls. 206/225) pelo seu não conhecimento, ou, se conhecido for, seja mantida incólume a r. decisão que convocou a AGC para votação do plano apresentado pelo grupo econômico formado pelas agravadas. O administrador judicial também apresentou contraminuta pelo desprovimento (fls. 227/234). Parecer do Ministério Público pelo não provimento do agravo, se conhecido, diante da aprovação do plano de recuperação noticiada pelo administrador judicial (fls. 239/243).

É o relatório.

Tenha ou não sido já aprovado o plano de recuperação judicial, como noticiado pelo administrador (fls. 227/234), continua existente o interesse da agravante no recurso interposto.

Todavia, não cabe ao juiz, havendo objeção de qualquer credor ao plano de recuperação judicial, outra coisa senão convocar assembléia-geral de credores para deliberar a respeito (art. 56, *caput*, da NLF). Por isso que, admitido que foi o litisconsórcio ativo entre as pessoas jurídicas do mesmo grupo econômico, não havia de ser determinado judicialmente o refazimento do plano, providência que colocaria o juiz no lugar dos credores para examiná-lo.

Não se trata de descabimento do agravo interposto, mas, sim, de descabimento da providência judicial por meio dele postulada. De qualquer modo, como anotado antes (despacho de fl. 201), a homologação do plano que venha a ser aprovado pode ser objeto de recurso da parte prejudicada, o qual pode abranger argüição de irregularidade formal supostamente acontecida na colheita dos votos.

Por conseguinte, conheço do agravo e nego-lhe provimento. – Lino Machado, Relator.

VOTO N. 10.898

Trata-se de agravo de instrumento interposto por Docas Investimentos S/A contra a r. decisão interlocutória de fls. 157/158 que, nos autos da recuperação judicial de Três Editorial Ltda., Grupo de Comunicação Três S/A, Três Comércio de Publicações Ltda. e Três Participações S/A, indeferiu o seu requerimento, assinalando:

"Desde o despacho de deferimento do processamento da recuperação judicial foi admitido o litisconsórcio ativo, informando as devedoras a vinculação de todas as empresas, de tal sorte que a derrocada em uma poderia conduzir a igual sorte das outras. Evidentemente, com esta proposição, correrão o risco de ver, no caso de rejeição do plano, decretada a quebra de todo o grupo econômico, devendo ser lembrado que, em última análise, o que se visa é a preservação das empresas e da sua função social" (cf. item 4).

A agravante alega que, com o objetivo de cumprir o quanto disposto no art. 60 da LRF, as requerentes, conjuntamente e em uma única oportunidade, apresentaram Plano de Recuperação Judicial, visando à repactuação da integralidade da dívida de todas as empresas do Grupo Três (cf. fls. 93/133).

Diante disso, a agravante se manifestou (cf. fls. 135/139, 141/145, 147/155) e alegou que as agravadas não poderiam apresentar um único e consolidado plano de plano e reestruturação de suas dívidas para seus diversos credores, devendo ser cada devedora intimada a apresentar plano próprio e exclusivo.

Adveio, então, o r. despacho agravado (fls. 157/158).

A agravante alega que as diversas sociedades do Grupo Três possuem diferentes e distintos credores, os quais não têm qualquer ligação ou vínculo com os demais. Pode-se comprovar tal constatação analisando – mesmo de forma perfunctória – a relação de credores apresentada pelo Administrador Judicial, a qual é abertamente dividida pelas sociedades que compõem o pólo ativo da Recuperação Judicial em debate (cf. edital de fls. 161/175).

Apesar de cada sociedade empresarial possuir balanços absolutamente diversos, dívidas totalmente desvinculadas, credores próprios e patrimônio (que serviria – ao menos teoricamente – para quitar seus passivos) distintos, as empresas do Grupo Editorial Três "optaram" por apresentar um único e indistinto plano de pagamento para todos os seus credores.

No presente caso, a apresentação de um único plano de recuperação judicial para todas as requerentes mostra-se juridicamente inviável e economicamente sem sentido, sendo certo que tal prática beneficiará específicos credores em detrimento de outros.

De fato, as sociedades do Grupo Editorial Três estão em situações (financeira e econômica) absolutamente distintas e totalmente discrepantes, se analisadas entre si. Os balancetes juntados pelas devedoras para comprovar suas movimentações financeiras desde o início do processo de recuperação judicial (cf. fls. 177/182) mostram que, enquanto algumas sociedades continuam inadimplindo suas obrigações e tendo progressivos prejuízos, outras continuam com seu patrimônio intacto e sem qualquer movimentação financeira, como é o caso da empresa Três Participações S/A.

Ou seja, esta última possui um elevadíssimo ativo fixo e apenas uma pequena dívida, um empréstimo *intercompany,* ao menos de acordo com a listagem apresentada pela devedora.

Neste sentido, e tendo a agravante a titularidade de um crédito substancial contra a empresa Três Participações S/A, a consolidação de um único plano de pagamentos e, portanto, inclusão de outros credores (que, originalmente, possuíam créditos contra as demais empresas do grupo) no seu passivo mostra-se absolutamente sem sentido, e, pior, fere o tratamento paritário que deve ser dispensado aos credores.

Isto porque, com a apresentação de um plano de pagamento único por todas as sociedades agravadas, aqueles credores que assumiram, no passado, um risco específico e segregado ao conceder créditos a determinada e individualizada devedora, serão compelidos a assumir – caso o plano seja aceito – o risco de crédito relativo a outra sociedade, risco este que não tomado em conta quando da concessão do crédito.

Por outro lado, na hipótese de se analisar a situação de cada uma das devedoras, de forma isolada, é correto afirmar que alguns credores têm maior possibilidade de recebimento de seus créditos, haja vista seus ativos e sua capacidade de pagamento; enquanto outros credores, que nitidamente assumiram um risco de crédito maior, estariam sendo altamente beneficiados da maior capacidade de pagamento das empresas menos endividadas.

Tal situação configura, nitidamente, que alguns credores serão beneficiados em detrimento de outros, o que é frontalmente contrário aos mais comezinhos princípios aplicáveis aos procedimentos de insolvência.

A agravante lembra que institutos ligeiramente análogos àquele utilizado pelas requerentes – responsabilização de coligadas e/ou desconsideração da personalidade jurídica – são tão-somente utilizados quando necessários para coibir ilegalidades e fraudes e exclusivamente em benefício dos credores e não para prejudicá-los.

No presente caso, contrariamente, as devedoras consolidaram seus números e informações para, cristalinamente, prejudicarem certos e específicos credores, uma vez que os submeteram à capacidade de pagamento de uma "empresa" criada sem a mesma capacidade de pagamento de seus devedores originais.

Por fim, foi pedido o efeito ativo, eis que a Assembléia de Credores iria realizar-se nos dias 13 e 20 de maio de 2008 (cf. edital de fls. 184).

Preparado (fls. 17/19) e instruído o recurso (fls. 20/184), o eminente Relator Sorteado indeferiu o pretendido efeito suspensivo (fl. 186), considerando o que dispõe o art. 6º, *caput*, e § 4º, da NLF, bem como o que está previsto no seu art. 40, ou seja, apenas excepcionalmente se concederá "provimento liminar, de caráter cautelar ou antecipatório dos efeitos da tutela, para a suspensão ou adiamento da assembléia-geral de credores".

A agravante pediu reconsideração (fls. 196/200), mas não foi atendida, assinalando o r. despacho de fl. 201 que "a homologação do plano que venha a ser aprovado pode ser objeto de recurso da parte prejudicada, e que pode abranger argüição de irregularidade formal que supostamente venha a acontecer na colheita dos votos".

As agravadas ofereceram a contraminuta de fls. 206/225, sustentando a competência exclusiva da Assembléia Geral de Credores para modificar o Plano de Recuperação Judicial e a perda de objeto do presente recurso quando de seu julgamento, eis que então já terá sido realizada a Assembléia Geral de Credores, aprovando o Plano, modificando-o ou rejeitando-o.

No mérito, alegaram que a administração central é comum e exercida pelos mesmos sócios, além do que as empresas possuem o mesmo objeto social e as mesmas razões de crise econômico-financeira, sem olvidar da existência de expressa ligação entre o ativo e o passivo das empresas, que nitidamente se confundem.

O Administrador Judicial também ofertou a contraminuta de fls. 227/234, destacando que se trata de recuperação judicial de empresas que compõem um grupo empresarial; alega que as empresas têm administração central exercida pelos mesmos sócios; informou que a Assembléia Geral de Credores, em 20 de maio último, aprovou o plano de recuperação (100% dos credores trabalhistas presentes; 100% dos credores com garantia real, por cabeça e por valor, e 66,8% dos credores quirografários, se considerado no total de créditos o credor CBM – Companhia Brasileira de Multimídia, e 74,5% dos créditos quirografários se desconsiderado o crédito acima citado).

Por fim, a douta Procuradoria Geral de Justiça, em parecer da Dra. Juang Yuh Yu, opinou pela perda de objeto do recurso ou, se conhecido e apreciado, pelo não provimento (fls. 239/243).

FUNDAMENTOS

Não está em causa a possibilidade, ou não, de litisconsórcio ativo na recuperação judicial, e isso porque o MM. Juiz da causa deferiu o processamento da recuperação judicial pedida por quatro empresas no pólo ativo, sendo certo que o Agravo de Instrumento n. 520.208.4/6-00, também interposto por Docas Investimentos S/A, não foi conhecido por esta Câmara Especializada em sessão de 07 de maio de 2008, só porque o despacho que defere o processamento é irrecorrível.

O mencionado Agravo de Instrumento tem a seguinte ementa:

"Agravo de instrumento – Recuperação judicial – Deferimento do processamento.

"O momento de determinar o processamento da recuperação judicial não é a oportunidade de ser apreciada a viabilidade ou não do pedido, mas, tão-só, o de constatar o juiz se o pleito vem acompanhado da documentação exigida no art. 51 da Lei 11.101, de 9 de fevereiro de 2005 (art. 52).

"Agravo não conhecido."

Pois bem, processando-se a recuperação judicial com quatro empresas no pólo ativo, apresentaram elas um único Plano de Recuperação, que, consoante informação prestada pelo Administrador Judicial, já foi aprovado em maio de 2008.

A melhor solução, para a espécie dos autos, está sendo dada pelo eminente Relator Sorteado, com a qual estou de acordo.

Assim, tal como anotado no voto condutor, incide aqui o disposto no *caput* do art. 56 da Lei 11.101/2005, isto é, "havendo objeção de qualquer credor ao plano de recuperação judicial, o juiz convocará a assembléia-geral de credores para deliberar sobre o plano de recuperação", o que foi feito.

Deferindo-se o processamento de recuperação judicial com quatro empresas no pólo ativo – matéria preclusa e que não está em julgamento, a mesma razão que justificou o litisconsórcio ativo justificava depois a elaboração de um plano de recuperação único para todas elas.

Como asseverado pelo Relator, desde que foi admitido o litisconsórcio ativo entre as pessoas jurídicas do mesmo grupo econômico, não havia de ser determinado judicialmente o refazimento do plano, providência que colocaria o juiz no lugar dos credores para examiná-lo.

De qualquer modo, tendo havido a aprovação do Plano de Recuperação pela Assembléia Geral de Credores, a parte supostamente prejudicada pode recorrer, inclusive com argüição de irregularidade formal na colheita dos votos.

Em suma, diante do litisconsórcio ativo que se admitiu e que não mais se discute neste processo, outra solução não poderia ser possível senão a de apresentação de único Plano de Recuperação Judicial.

Seria contrariar o próprio litisconsórcio, a apresentação de um plano por cada empresa em um único processo, ou seja, quatro diferentes planos de recuperação em um único processo de recuperação judicial.

Ou não se admite o litisconsórcio ativo e cada empresa apresenta o seu Plano de Recuperação Judicial em determinado e exclusivo processo, ou se admite e se justifica um único Plano de Recuperação Judicial para todas as empresas componentes do pólo ativo.

Destarte, pelo meu voto, *igualmente conheço e nego provimento ao recurso* – Romeu Ricupero, 2º juiz.

Comentários de

Leandro Vilarinho Borges

1. Introdução: recuperação judicial envolvendo sociedades integrantes de grupo

A Lei de Recuperação e Falências de Empresas (Lei n. 11.101/2005 – "LRF") "disciplina a recuperação judicial, a recuperação extrajudicial e a falência do empresário e da sociedade empresária, doravante referidos simplesmente como devedor" (art. 1º). Além disso, "todas as vezes que esta Lei se referir a devedor ou falido, compreender-se-á que a disposição também se aplica aos sócios ilimitadamente responsáveis" (art. 190).

Conforme se verifica, a LRF adotou conceitos já presentes no Código Civil Brasileiro (Lei n. 10.406/2002 – "CCB"), o que não poderia ser diferente, já que "uma lei que tem por objetivo viabilizar a superação da situação de crise econômica do devedor empresário ou sociedade empresária, judicialmente (art. 47), ou 'extrajudicialmente' (art. 161 e ss.), ou disciplinar a execução coletiva de seu patrimônio, de forma empresarial (art. 75), não pode, ela própria, criar uma noção peculiar de devedor, dissonante da que consta do regime legal a que estão subordinados tais sujeitos de direito, o Código Civil de 2002".[1]

Em seu art. 966,[2] o CCB conceitua o empresário e no art. 982[3] a sociedade empresária. Referidos dispositivos refletem

1. Mauro Rodrigues Penteado, "Disposições preliminares", in Francisco Satiro de Souza Jr. e Antônio Sérgio A. de Moraes Pitombo (coords.), *Comentários à Lei de Recuperação de Empresas e Falência – Lei 11.101/2005 – Artigo por Artigo*. 2ª ed., p. 98.

2. Art. 966 do CCB: "Considera-se empresário quem exerce profissionalmente atividade econômica organizada para a produção ou a circulação de bens ou de serviços".

3. Art. 982 do CCB:

"Salvo as exceções expressas, considera-se empresária a sociedade que tem por objeto o exera ainda não superada teoria jurídica da empresa de Alberto Asquini,[4] tratando a empresa a partir de seu perfil subjetivo.

Na acepção de Alberto Asquini, "o conceito de empresa é o conceito de um fenômeno econômico poliédrico, o qual tem sob o aspecto jurídico, não um, mas diversos perfis em relação aos diversos elementos que o integram".[5] As definições jurídicas de empresa, portanto, podem ser diversas, segundo o diferente perfil pelo qual esse fenômeno econômico é analisado.

Conforme se verifica dos artigos citados, a LRF e o CCB partem da análise do fenômeno da empresa a partir de seu perfil subjetivo (empresário), ou seja, aquele que exerce, de forma profissional, atividade organizada para a produção ou a circulação de bens ou serviços.

Cumpre ainda destacar que o art. 47 da LRF estabeleceu a diretriz a ser seguida no processo de recuperação judicial, qual seja, "viabilizar a superação da situação de crise econômico-financeira do devedor, a fim de permitir a manutenção da fonte produtora, do emprego dos trabalhadores e dos interesses dos credores, promovendo, assim, a preservação da empresa, sua função social e o estímulo à atividade econômica".

Ocorre que, como nos leciona o Professor Eduardo Secchi Munhoz, a empresa enquanto atividade não mais é exercida tendo em vista apenas o paradigma da "sociedade isolada, dotada de personalidade jurídica e responsabilidade limitada".[6] Atualmente tal paradigma deu lugar à empresa plurissocietária, formando-se os grupos de sociedades, os quais se tornaram, ao redor do mundo, a principal forma de organização das empresas no sistema econômico.[7]

Desta situação não cuidou a LRF. Esta, mesmo recente e editada após quase 30 anos de vigência da Lei das Sociedades Anônimas (Lei n. 6.404/1976 – "LSA"), não tratou dos grupos societários, seja de direito ou de fato, e sequer admitiu e regulou de forma expressa a possibilidade de dois ou mais devedores pleitearem suas recuperações judiciais em litisconsórcio ativo.

Como não poderia deixar de ser, a realidade empresarial sempre se impõe diante da letra fria da lei. Neste sentido, tem-se verificado na jurisprudência nacional, já sob a égide da nova LRF, pedidos de recuperação judicial de grupos de sociedade que, na falta de melhor solução, têm requerido a admissão de litisconsórcio ativo (art. 46 da Lei n. 5.869/1973 – "CPC") das sociedades que os integram.

Tal realidade pode ser elucidada pelo fato de que, quando uma situação de crise aflige uma sociedade integrante de um grupo, tal situação tende a se alastrar para as outras sociedades que o compõem. Não raras são as vezes em que há uma grande interdependência entre tais sociedades, beneficiando-se de sinergias entre si, mas também se contaminando com fatores de crise.

Parece-nos plausível admitir que em uma situação de crise, que afete uma das sociedades do grupo, todas as outras poderão ser contaminadas, ao passo que seu controlador comece, por exemplo, a desviar recursos de uma sociedade em boas condições financeiras para saldar deficiências de outras sociedades.

Não menos importante é a situação que se verifica na realidade econômica, não só nacional, como mundial, em que os

cício de atividade própria de empresário sujeito a registro (art. 967); e, simples, as demais.

"Parágrafo único. Independentemente de seu objeto, considera-se empresária a sociedade por ações; e, simples, a cooperativa."

4. Alberto Asquini, "Perfis da Empresa", trad. Fábio Konder Comparato, in *RDM* 104/109-126.

5. Alberto Asquini, "Perfis...", cit., p. 109.

6. Eduardo Secchi Munhoz, *Empresa Contemporânea e Direito Societário – Poder de Controle e Grupos de Sociedades*, 1ª ed., p. VIII.

7. Ob. cit., pp. 93-102.

grupos de sociedades são cada vez mais complexos, seja pelo número de sociedades, seja pela intricada relação de participação de uma sociedade no capital social da outra.

Tal processo se dá, em grande parte, pelo fato de que "com o fenômeno dos grupos e as múltiplas manifestações do poder de controle, a regra vigente é a da confusão organizacional e patrimonial entre as diversas sociedades, cujos interesses aparecem subordinados aos de uma sociedade controladora ou do grupo globalmente considerado".[8]

Se o escopo central da nova LRF é a preservação da empresa (v. art. 47 acima mencionado) e esta tende a se organizar de forma plurissocietária, não seria difícil concluir que a omissão da LRF, ao não encarar essa realidade social, pode vir a dificultar a consecução dos objetivos da referida lei. Isto porque, de nada adiantaria recuperar uma sociedade de um grupo se outras permanecerem em uma situação de crise que inviabilize a continuidade da empresa como um todo.

Desta monta, forçoso se faz darmos interpretações construtivas à LRF a fim de viabilizarmos sua aplicação a essa realidade econômico-social. O presente trabalho pretende, pois, abordar algumas questões de ordem prática que o operador do direito terá de enfrentar nesse processo, em especial, ao procurar adotar como meios de recuperação soluções que envolvam a reestruturação societária de grupo de sociedades.

2. Meios de Recuperação – Art. 50 da LRF

A LRF, em seu art. 50, traz um rol exemplificativo dos meios de recuperação que podem ser adotados pelo devedor, a fim de superar sua situação de crise. Tais meios podem ser adotados isoladamente ou combinados, podendo ainda ser propostos outros que não ali previstos.

Ao listar, em seus dezesseis incisos, diversos meios de recuperação judicial, poder-se-ia questionar a utilidade de tal rol, haja vista que ele não é exaustivo (nem poderia ser). Parece-nos ter havido, por parte do legislador, uma intenção didática, procurando demonstrar que o conceito da concordata preventiva foi definitivamente suplantado por outro mais flexível e adaptado às necessidades modernas da atividade empresarial.

Sob a égide do sistema da concordata preventiva, do revogado Decreto-lei 7.661, de 21 de junho de 1945, os dois únicos meios compreendidos eram a remissão parcial da dívida e a concessão de prazo para pagamento (moratória). Ademais, tais meios só se aplicariam aos créditos quirografários, buscando-se, com isso, resolver a situação de iliquidez temporária da empresa (insolvência).

A sistemática atual visa atender também àquelas situações de insolvabilidade do devedor, nas quais se tem instalada uma situação de desequilíbrio patrimonial adverso,[9] buscando, conforme acima explicitado, preservar a empresa.

Para a estruturação de um plano de recuperação deve-se levar em conta, dentre vários outros fatores, (i) o contexto que levou a empresa à situação de crise:; (ii) a viabilidade econômica da empresa (art. 53, II da LRF); (iii) a natureza e o tamanho do endividamento; e (iv) o poder de barganha detido por cada um dos credores na recuperação judicial (possibilidade de vetar a aprovação do plano).

De posse de tais informações, é necessária grande inteligência e habilidade para articular todos esses fatores, visando a consecução dos objetivos da recupera-

8. Ob. cit., p. 5.

9. Rachel Sztajn, "Da recuperação judicial", in Francisco Satiro de Souza Jr. e Antônio Sérgio A. de Moraes Pitombo (coords.), *Comentários à Lei de Recuperação de Empresas e Falência...*, cit., p. 232.

ção (em especial a superação da situação de crise). Conforme seja o resultado dessa análise, diferentes formas de recuperação podem ser estruturadas, em especial no que concerne à aplicação de diferentes meios de recuperação.

Para cada conjunto de fatores (contexto) deverá ser proposto um meio de recuperação, que pode ser isolado ou combinado. Tratando-se de uma empresa plurissocietária, na qual a situação de crise tenha atingido todo o grupo, destacam-se, dentre os vários meios de recuperação a serem utilizados aqueles destinados à reestruturação societária da empresa (inciso II do art. 50 da LRF).

Estes meios de recuperação recaem sobre as relações internas do devedor e, na situação cogitada, sobre relações deste com a(s) outra(s) sociedade(s) integrantes do grupo. Desta forma, como um dos meios de recuperação a ser adotados, poder-se-ia realizar a cisão (total ou parcial), a incorporação ou a fusão das sociedades integrantes do grupo, a fim de otimizar sua estrutura societária e buscar superar a situação de crise por que ele passa.

A bem da verdade, a reestruturação societária costuma ser intentada de forma prévia ao pedido de recuperação judicial, posto que a lei obviamente permite tais operações em situações normais de funcionamento da empresa. Todavia, dada a necessidade de apresentação de certidões negativas de débitos[10] para arquivamento dos atos societários perante a Junta Comercial, bem corno a comum existência de cláusulas contratuais que exigem a anuência dos credores para realizar tais operações (sob pena de vencimento antecipado do contrato), pode-se mostrar mais viável realizar tais operações já sob o manto da recuperação judicial, com a debatida dispensa[11] das certidões exigidas pelo art. 57 da LRF, a suspensão das ações e execuções e a combinação de outros meios de recuperação (como por exemplo, a moratória e a remissão de dívidas).

Outrossim, é recomendável que sejam obtidas todas as autorizações dos sócios para a realização da reestruturação societária, a fim de que a não aprovação da operação em assembleia de sócios, por exemplo, inviabilize a utilização de referido meio de recuperação.

Uma das combinações que poderia se mostrar bastante plausível seria a implantação de uma reestruturação societária a fim de viabilizar a alienação, sem sucessão (art. 60, parágrafo único da LRF), de uma unidade produtiva isolada. O que só poderia ocorrer se já pedida a recuperação judicial e previsto tal meio no plano de recuperação.

Podemos citar como exemplos de grupos que propuseram reorganizações societárias como meio de superação da situação de crise, o Grupo Agrenco, o Grupo Infinity, o Grupo Independência e a WS Indústria e Comércio Ltda.

O Grupo Agrenco, formado pela Agrenco do Brasil S/A, Agrenco Serviços de Armazenagem Ltda., Agrenco Administração de Bens S/A e Agrenco Bioenergia, Indústria e Comércio de Óleos e Biodiesel Ltda., é constituído de sociedades sob controle comum. Seu plano de recuperação[12] prevê a reorganização societária do grupo como meio de recuperação, sem,

10. São exigidas (i) a Certidão Conjunta de Débitos Relativos a Tributos Federais e à Dívida Ativa da União; (ii) a Certidão Negativa de Débitos Relativos às Contribuições Previdenciárias e às de Terceiros, ambas emitidas pela Receita Federal do Brasil; e (iii) o Certificado de Regularidade do FGTS, emitido pela Caixa Econômica Federal.

11. Neste sentido, v. a decisão constante do AI n. 472.540-4/7-00, TJSP, rel. Desembargador Manoel de Queiroz Pereira Calças, Câmara Especial de Falências e Recuperações Judiciais do Estado de São Paulo, j. 25.4.2007, disponível em *http://www.tjsp.jus.br*, acesso em 30.11.2009.

12. Disponível em *http://www.mzweb.com.br/agrenco/web/arquivos/Agrenco_PlanoRecuperacaoJudicial_20091020_port.pdf*, acesso em 30.11.2009.

contudo, listar os atos englobados pela reorganização, assim dispondo:

"Reorganização societária das Sociedades em Recuperação, a ser concluída até 31 de março de 2010, ou em outro prazo que vier a ser aprovado pela Reunião de Credores ('RC') ('Reorganização Societária'), após a qual remanescerão (i) a Agrenco do Brasil, ou outra sociedade operacional que venha a ser constituída para fins deste Plano ('Operacional'); (ii) a Agrenco Administração, ou outra sociedade *holding* ('*Holding*') que venha a ser constituída para fins deste Plano, que será detentora de 100% do capital social da Operacional ('Ações Operacional'); (iii) a Agrenco Armazenagem será incorporada à Operacional após o integral pagamento do crédito do Banco do Brasil nos termos do item 1.1(a); e (iv) todos os ativos da Agrenco Bioenergia deverão ser necessariamente conferidos à Operacional, na forma que vier a ser deliberada em RC. A Operacional será a proprietária de todos os ativos das Sociedades em Recuperação, identificados no Anexo 3.1.a ('Ativos'), inclusive e notadamente das plantas industriais de Caarapó, no Estado do Mato Grosso do Sul e Alto Araguaia, no Estado de Mato Grosso ('Plantas Industriais'). Ficam as Sociedades em Recuperação autorizadas a alterar a sua denominação social, substituindo o nome Agrenco por outro determinado pela Agrenco Administração. Os estatutos sociais deverão ser aprovados pela maioria simples dos créditos presentes em RC."

Por sua vez, o plano dc recuperação[13] do Grupo Infinity, formado pela Infinity Bio-Energy Brasil Participações S/A, Disa Destilaria Itaúnas S/A, Infisa – Infinity Itaúnas Agrícola S/A, Cridasa – Cristal Destilaria Autônoma de Álcool S/A, Alcana Destilaria de Álcool de Nanuque S/A, Central Energética Paraíso S/A, Usina Naviraí S/A – de Açúcar e Álcool; Infinity Agrícola S/A, Ibirálcool Destilaria de Álcool Ibirapuã Ltda., Infinity Indústria do Espírito Santo S/A e Infinity – Disa Participações Ltda., todas sob controle comum, prevê como um dos meios de recuperação o seguinte:

"4.1 *Operações de Reorganização Societária*. O Grupo Infinity poderá, a seu critério, realizar, a qualquer tempo a partir do ajuizamento do pedido de recuperação judicial, quaisquer operações de reorganização societária, inclusive fusões, incorporações, cisões e transformações, desde que não impliquem em (i) diminuição da totalidade de bens de titularidade das sociedades do Grupo Infinity ou em (ii) aumento do endividamento total do Grupo Infinity.

"4.2 *Operações Autorizadas*. O Grupo Infinity poderá realizar especificamente as seguintes operações de reorganização societária, com o objetivo de redução de custos e aumento de eficiência:

"a) incorporação de Infinity Indústria de Biocombustíveis de Minas Gerais S/A na Central Energética Paraíso S/A;

"b) incorporação da Infinity Indústria de Biocombustíveis da Bahia Ltda. na Ibirálcool Destilaria de Álcool de Ibirapuã Ltda.;

"c) cisão de Infinity Disa Participações Ltda. em quatro sociedades que serão posteriormente incorporadas na Disa Destilarias Itaúnas S/A, Ceisa Central Energética Itaúnas S/A, Pecana Empreendimentos e Participações S/A e Infisa Infinity Itaúnas Agrícola S/A;

"d) incorporação de Boniek Serviços S/A na Alcana – Destilaria de Álcool de Nanuque S/A; e

"e) quaisquer outras operações que observem as condições especificadas na cláusula 4.1".

Já o plano[14] do Grupo Independência estabelece o quanto segue:

13. Disponível em *http://www.mzweb.com.br/infinity/web/arquivos/Infinity_PlanodeRecuperação Judicial_20090824_port.pdf*, acesso em 30.11.2009.

14. Disponível em *http://ri.independencia.com.br/independencia/web/arquivos/INDEPENDENCIA_*

"Reestruturação Societária – Incorporação de Sociedades. O Grupo Independência pretende simplificar sua estrutura societária, reduzir custos, além de continuar aprimorando sua governança corporativa. Para tanto e como forma de atingir a todos os pressupostos e objetivos deste Plano Consolidado, no melhor interesse de todos os credores, o Independência irá incorporar ou de outra forma absorver o acervo líquido das seguintes sociedades: (i) F1 Carnes e Derivados Ltda.; (ii) Nova Carne; (iii) Independência Guarani S/A e (iv) Independência International Ltd. O Independência deverá ser oportunamente incorporado por uma de suas subsidiárias."

E por fim, no plano de recuperação[15] da WS Indústria e Comércio Ltda., há a previsão de reorganização societária do grupo ao qual a recuperanda pertence, estabelecendo como um dos meios de recuperação a:

"Fusão das empresas que formam o grupo empresarial WS (WS Indústria de Móveis de Aço Ltda EPP, WS Indústria e Comércio Ltda. e WS Transportes Rodoviários Ltda.) em nova empresa, nos moldes do art. 1.119 do Código Civil."

3. *Admissão do litisconsórcio*

Dada a hipótese em que, para a superação da situação de crise por que passa a empresa (muitas vezes plurissocietária), seja necessário o envolvimento de duas ou mais sociedades integrantes de um grupo econômico, inclusive por envolver reestruturações societárias de tais sociedades, mister se faz tratar da possibilidade de a recuperação judicial se processar em litisconsórcio.

De antemão, é importante destacar que tal hipótese não foi disciplinada pela LRF, todavia tal possibilidade encontra guarida nos princípios da celeridade e economia processual, que devem nortear quaisquer processos judiciais e vem de forma mais explícita, ainda que tratando da hipótese de falência, no parágrafo único do art. 75 da LRF.[16] E tal não poderia ser diferente, pois, como acima explicitado, há um interesse comum de que a empresa como um todo supere a situação de crise econômico-financeira, independentemente da organização societária que ela reflete, realizando o fim último da preservação da empresa.

Neste sentido, podemos afirmar que o litisconsórcio na recuperação judicial seria classificado como ativo, inicial, facultativo e simples. Seria ativo, posto que formado por mais de um devedor no pólo ativo da ação, requerendo em conjunto a recuperação judicial. Inicial, já que formado na fase preambular da relação processual, na qual ocorrem importantes atos como deferimento do processamento da recuperação judicial, publicação de edital, apresentação do plano etc. Facultativo, posto que a LRF não exige a presença de outras empresas no pólo ativo, ainda que integrantes de um mesmo grupo econômico, tratando-se, pois, de uma escolha dos devedores. E finalmente, simples, haja vista que o juiz pode decidir de modo distinto para cada litisconsorte.[17]

A admissibilidade de litisconsórcio é trazida pelo art. 46 do CPC, segundo o qual:

"Duas ou mais pessoas podem litigar, no mesmo processo, em conjunto, ativa ou passivamente, quando:

"I – entre elas houver comunhão de direitos ou de obrigações relativamente à lide;

Plano_Recuperação_Judicial_20091030_port.pdf, acesso em 30.11.2009.

15. Disponível em *http://www.wsindustria.com. br/administracao/arquivo/PLANO%20DE%20RECUPERA%C3%87%C3%83O%20JUDICIAL%20WS%20IND.pdf*, acesso em 30.11.2009.

16. Ricardo Brito Costa, "Recuperação judicial: é possível o litisconsórcio ativo?", in *Revista do Advogado* 105/181, nt. 10.

17. Ob. cit., pp. 176-177.

"II – os direitos ou as obrigações derivarem do mesmo fundamento de fato ou de direito;

"III – entre as causas houver conexão pelo objeto ou pela causa de pedir;

"IV – ocorrer afinidade de questões por um ponto comum de fato ou de direito."

Nas palavras de Ricardo Brito Costa, "entendemos que é possível conceber o litisconsórcio ativo formado por empresas [*aqui entendemos que o correto seria 'sociedades'*] que impetrem, conjuntamente, o pedido de recuperação judicial, com enquadramento na hipótese de cabimento do inciso IV do art. 46 do CPC (...). Se a crise econômico-financeira que fundamenta o pedido de recuperação judicial afetasse de modo comum, ao menos em parte, as empresas [*sociedades*] que integram em litisconsórcio o pólo ativo, estaríamos diante da hipótese legal de cabimento do litisconsórcio por afinidade de questões, que está prevista no referido inciso IV do art. 46 do CPC. Descartam-se as demais hipóteses de cabimento do litisconsórcio, pois não se poderia dizer que as empresas [sociedades] impetrantes da recuperação judicial integram (e no mesmo pólo) uma mesma relação jurídica (já que cada empresa [sociedades] terá relação distinta com seus credores), nem haverá o mesmo fundamento (poderá ele ser idêntico, assemelhado, mas não o mesmo) e muito menos conexão".[18]

A título de ilustração, podemos mencionar a decisão[19] proferida nos autos do processo de recuperação judicial do Grupo Condupower, formado por Condupower Fios e Condutores Elétricos Ltda., Quiroga Indústria de Laminação e Comércio Ltda. e Comercial JP de Metais Ltda., no qual foi negado o pedido de processamento da recuperação em litisconsórcio ativo. A decisão do agravo de instrumento possui a seguinte ementa:

"Recuperação de empresas – Litisconsórcio ativo (requerimento feito por três empresas conjuntamente) – Inadmissibilidade – As três empresas têm endereços diferentes, CNPJ (MF)'s diferentes, sócios diferentes, empregados diferentes, credores diferentes, além do que, em relação a cada uma delas, quando existe obrigação acessória, a responsabilidade é de pessoas físicas diferentes. Nada, absolutamente nada, demonstra sequer existência de grupo de fato sendo que uma das requerentes nem tem endereço na Comarca de Itatiba, onde se pretende o processamento do benefício legal – Agravo de instrumento não provido."

O Grupo Condupower apresentou, em apertada síntese, os seguintes argumentos em prol do processamento da recuperação em litisconsórcio ativo, quais sejam: (i) alegaram existir grupo econômico (de fato) e que todas as sociedades têm o mesmo objetivo: fabricar, comercializar e distribuir fios e cabos elétricos com a marca Condupower; (ii) alegaram que o principal estabelecimento é em Itatiba (fabricação e administração), sendo que a sociedade com sede formal em São Paulo existe por questões de mercado e estratégia comercial; (iii) apresentavam-se como um grupo para o mercado e assumiram dívidas financeiras de forma indistinta, com aval dos sócios; (iv) alegaram que possuíam os mesmos credores; (v) que não era possível negociar as dívidas de forma indistinta e separada; e (vi) que o meio de recuperação pretendido era justamente a fusão das três sociedades.

A decisão, cuja ementa acima se lê, baseou-se, em suma, nos seguintes argumentos: (i) os sócios e as sedes das autoras eram diferentes; (ii) os credores de cada uma das sociedades eram distintos; (iii) os desembargadores entenderam não haver grupo econômico, haja vista a ausência de

18. Ob. cit., p. 178.

19. AI n. 571.985-4/9-00, TJSP, rel. Desembargador Romeu Ricupero, Câmara Especial de Falências e Recuperações Judiciais do Estado de São Paulo, j. 29.10.2008, *DJ* 25.11.2008, p. 869.

documentos a comprovar tal relação e de fatos/dados que assim também o demonstrassem de forma objetiva.

Na decisão proferida, chega-se a endereçar uma solução para o caso em tela, recomendando-se a apresentação de plano único, em 3 (três) recuperações distintas, correndo as autoras o risco dos credores de uma sociedade não aprovarem e esta ter sua falência decretada. Tal solução, a despeito das particularidades do caso concreto, apresenta-se totalmente incoerente com os princípios da celeridade e economia processuais, bem como da preservação da empresa.

4. Local do processamento da recuperação judicial

Outro problema que deve ser abordado na recuperação de grupos de sociedades é aquele relacionado ao foro competente para processar a recuperação judicial. O art. 3º da LRF, que repete os termos do art. 7º do revogado Decreto-lei 7.661/1945, estabelece que "é competente para (...) deferir a recuperação judicial (...) o juízo do local do principal estabelecimento do devedor (...)".

Nos termos da já consolidada doutrina sobre o tema, o principal estabelecimento do devedor corresponderia a "aquele em que o comerciante exerce maior atividade mercantil, e que, portanto, é mais expressivo em termos patrimoniais, ou, como preconiza o prof. Sylvio Marcondes, o do lugar onde melhor se atendam os fins da falência, quais sejam, a liquidação do ativo e do patrimônio do devedor".[20]

Em se tratando de grupo de sociedades, cada devedor terá o seu próprio "estabelecimento principal", gerando potencialmente um conflito de competência para aquele juiz que receber o pedido de recuperação. Seria de se imaginar que, admitido o litisconsórcio dos devedores ou a recuperação da empresa plurissocietária, prevaleceria como competente o local daquele que, dentre todos os estabelecimentos das sociedades integrantes do grupo, for mais expressivo do ponto de vista econômico e que facilite a recuperação (celeridade processual). Fazendo-se prevalecer, ainda, o juízo relativamente e *pro tempore* universal da recuperação judicial.[21]

Todavia esse ponto não é pacífico e tem se mostrado um dos grandes entraves à admissibilidade da realização da recuperação judicial, em conjunto, de devedores que tenham estabelecimentos em comarcas distintas, conforme ilustrado abaixo:

"Agravo de instrumento. Recuperação judicial requerida em litisconsórcio por duas sociedades empresárias distintas, cada uma delas com sede social em comarcas diversas. Alegação de serem integrantes do mesmo grupo econômico. Decisão que determina a emenda da inicial em razão da inviabilidade do litisconsórcio ativo. Natureza contratual da recuperação judicial que impõe se facilite a presença dos credores na assembléia geral para examinar o plano da devedora. A distância entre os estabelecimentos principais das empresas requerentes causa dificuldades incontornáveis à participação dos credores, notadamente os trabalhadores, nos conclaves assembleares realizados em comarcas distintas. Princípio da preservação da empresa e da proteção aos trabalhadores, ambos de estatura constitucional que, se em conflito, devem ser objeto de ponderação para a prevalência do mais importante. Tutela dos trabalhadores em razão da hipossuficiência. Manutenção da decisão que repeliu a possibilidade do litisconsórcio ativo no caso vertente, mantida a pos-

20. Oscar Barreto Filho, *Teoria do Estabelecimento Empresarial – Fundo de Comércio ou Fazenda Mercantil*, 2ª ed., pp. 145 e 146. Trecho também citado por Mauro Rodrigues Penteado, "Disposições Preliminares", cit., p. 122.

21. Mauro Rodrigues Penteado, "Disposições Preliminares", cit., p. 135.

sibilidade da emenda da inicial para que cada uma das empresas requeira a medida recuperatória individualmente, observada a regra da competência absoluta do art 3º, da LRF. Precedente da Câmara."[22]

A todo sentir, não nos parece que este deveria ser um entrave à admissão do litisconsórcio ativo de mais de um devedor, posto que se assim o fosse, como seria possível processar a recuperação judicial de uma sociedade que possua filiais por todo o país? As dificuldades a serem enfrentadas são semelhantes e, todavia, este último caso é perfeitamente respaldado pela LRF. A mesma disciplina aplicada à sociedade com várias filiais deve ser utilizada no caso do litisconsórcio da empresa plurissocietária.

5. *Quóruns de votação*

No rol dos problemas que devem ser enfrentados em uma eventual recuperação judicial de um grupo de sociedades apontamos a possível alteração dos quóruns de votação da(s) assembleia(s) de credores.

Nos termos do art. 45 da LRF, para que o plano de recuperação seja considerado aprovado, é necessário o consentimento qualificado das três classes de credores indicadas nos incisos do art. 41 da LRF, quais sejam: "I – titulares de créditos derivados da legislação do trabalho ou decorrentes de acidentes de trabalho; II – titulares de créditos com garantia real; e III – titulares de créditos quirografários, com privilégio especial, com privilégio geral ou subordinados".

O consentimento qualificado dessas classes é cumprido quando, no caso da classe presente no inciso I, obtiver-se a maioria simples dos credores presentes no ato da votação (o popularmente chamado de "voto por cabeça"). Já no caso das classes presentes no inciso II e III, quando se constatar o voto da maioria simples que represente mais da metade do valor total dos créditos presentes no ato ("voto por cabeça e pelo valor do crédito").

Um exemplo da forte influência que os quóruns de votação da(s) assembleia(s) de credores podem sofrer, na situação em que as sociedades integrantes de um grupo forem submetidas à recuperação de forma conjunta, é a hipótese de a sociedade não possuir credores com garantias reais e integrar um grupo societário com outra que os possua. Desta forma, o voto do credor com garantia real de uma das sociedades poderá influir diretamente na aprovação, ou não, da recuperação judicial daquela que não tenha concedido tal tipo de garantia.

Outra situação pode ser encontrada no caso de o grupo ser formado por sociedade *holding* (sem empregados) e por sociedades operacionais (com significativo quadro de empregados). Nesta hipótese, em tese, os credores trabalhistas das sociedades operacionais teriam poder de influência direto na aprovação do plano da *holding*.

Neste passo, questiona-se se seria viável admitir a apresentação de um único plano de recuperação pelo conjunto das sociedades ou se cada uma deveria submeter-se à recuperação de forma isolada.

Mencionado problema é objeto de debate na jurisprudência, conforme se pode verificar no seguinte julgado:

"Agravo de instrumento – Recuperação judicial – Litisconsórcio ativo – Plano de recuperação único. Tendo havido impugnação ao plano apresentado pelas devedoras, em litisconsórcio ativo, não cabe ao juiz outra coisa senão convocar a assembléia geral de credores para o exame da questão. Agravo conhecido e desprovido.

"(...).

22. AI n. 645.330-4/4-00, TJSP, rel. Desembargador Manoel de Queiroz Pereira Calças, Câmara Especial de Falências e Recuperações Judiciais do Estado de São Paulo, j. 15.9.2009, *DJ* 8.10.2009, p. 1.070.

"*Relatório*

Agravo de instrumento contra a r. decisão trasladada a fls. 157/158, proferida nos autos de recuperação judicial, que indeferiu o pedido da agravante consistente em que cada uma das empresas que figuram no pólo ativo apresente um plano de recuperação distinto.

"(...).

"*Voto*

"(...).

"De qualquer modo, tendo havido a aprovação do Plano de Recuperação pela Assembléia Geral de Credores, a parte supostamente prejudicada pode recorrer, inclusive com argüição de irregularidade formal na colheita dos votos.

"Em suma, diante do litisconsórcio ativo que se admitiu e que não mais se discute neste processo, outra solução não poderia ser possível senão a de apresentação de único Plano de Recuperação Judicial.

"Seria contrariar o próprio litisconsórcio, a apresentação de um plano por cada empresa em um único processo, ou seja, quatro diferentes planos de recuperação em um único processo de recuperação judicial.

"Ou não se admite o litisconsórcio ativo e cada empresa apresenta o seu Plano de Recuperação Judicial em determinado e exclusivo processo, ou se admite e se justifica um único Plano de Recuperação Judicial para todas as empresas componentes do pólo ativo."[23]

Conforme se verifica, o litisconsórcio criaria embaraços ou até mesmo inviabilizaria a recuperação judicial, dada a dificuldade de observância das regras de formação e deliberação da assembléia, tumultuando a conferência de quorum de instalação e contagem de votos nas deliberações sobre aprovação, rejeição ou modificação.[24]

Desta forma, o plano vai ter de ser estruturado de forma a não prejudicar os credores, sem contudo, criarem-se vários planos, que deve ser unitário.[25] As soluções terão de ser analisadas caso a caso, mas hão de ser viabilizadas. Por outro lado, nos parece que a hipótese de convolação da recuperação em falência deverá pesar sobre todas as litisconsortes.

6. *Prevalência dos atos de reorganização societária, mesmo com o descumprimento do plano de recuperação judicial*

Por fim, ainda com relação à possibilidade de ser implementada uma reestruturação societária como forma de recuperação, entendemos que tal solução tende a ser sempre irreversível, posto que de difícil desfazimento.

Neste sentido, destacamos a redação do seguinte artigo da LRF:

"Art. 61. Proferida a decisão prevista no art. 58 desta Lei, o devedor permanecerá em recuperação judicial até que se cumpram todas as obrigações previstas no plano que se vencerem até 2 (dois) anos depois da concessão da recuperação judicial.

"§ 1º. Durante o período estabelecido no caput deste artigo, o descumprimento de qualquer obrigação prevista no plano acarretará a convolação da recuperação em falência, nos termos do art. 73 desta Lei.

"§ 2º. Decretada a falência, os credores terão reconstituídos seus direitos e garantias nas condições originalmente contratadas, deduzidos os valores eventualmente pagos e ressalvados os atos validamente praticados no âmbito da recuperação judicial."

23. AI n. 569.351-4/6-00, TJSP, rel. Desembargador José Roberto Lino Machado, Câmara Especial de Falências e Recuperações Judiciais do Estado de São Paulo, j. 19.11.2008, *DJ* 24.11.2008, p. 697.

24. Ricardo Brito Costa, "Recuperação judicial", cit., p. 181.

25. Ob. cit., p. 181.

Conforme se verifica, durante os 2 anos após a concessão da recuperação judicial, o(s) devedor(es) fica(m) sob fiscalização direta do poder judiciário, dos credores (que tiveram seus créditos novados nos termos do art. 59 da LRF) e do administrador judicial, podendo ter sua(s) falência(s) decretada(s) pelo juiz se descumprir(em) o plano de recuperação aprovado.

Ocorrendo tal hipótese, os credores são reconstituídos em seus direitos e garantias nas condições originalmente contratados. Todavia, como bem ressalvado pela LRF, os valores pagos e os atos validamente praticados prevalecem, realizando assim o princípio basilar da segurança das relações jurídicas.

Tal ressalva visa a proteger os direitos dos terceiros que se relacionam com a empresa em recuperação, haja vista que o plano de recuperação pode se basear, muitas vezes, em negócios jurídicos de natureza irreversível, ou seja, que não podem ser revertidos sem causar danos de difícil reparação.[26]

Para bem ilustrar a situação, tem-se a hipótese de fusão de duas sociedades distintas para a criação de uma nova sociedade. Se fosse possível a reversão dos atos que deram origem a esta nova sociedade, poucos ou até mesmo nenhum credor estaria disposto a com ela estabelecer relações comerciais.

Desta forma, prevalece o negócio jurídico novado (nova sociedade é a devedora), já que, como mostrado, se pudesse ser totalmente desfeito, causar-se-ia insegurança jurídica na recuperação judicial.

7. Conclusão

Conforme se procurou demonstrar, o tema da recuperação judicial dos grupos de sociedades mostra-se de suma importância. A admissibilidade de tal hipótese se faz necessária dada a insuprimível realidade que os grupos econômicos impõem ao direito comercial. Negar a possibilidade de propositura de uma recuperação, em conjunto, por várias sociedades integrantes de um grupo econômico, ainda que apenas de fato, é ir contra os próprios princípios da LRF.

Temos a convicção de que os problemas, acima suscitados, serão oportunamente superados, caso-a-caso, através de soluções que preservem os interesses dos envolvidos. A lamentável omissão da LRF, ao não tratar do tema exposto, precisa ser enfrentada pelos operadores do direito, a fim de analisarem soluções que viabilizem a recuperação judicial dos grupos de sociedades e, consequentemente da empresa. Desta forma, realizar-se-iam os fins da LRF, por meio da efetiva superação da situação de crise da empresa que se mostre economicamente viável e da promoção de sua função social.

26. Eduardo Secchi Munhoz, "Do procedimento de recuperação judicial," in Francisco Satiro de Souza Jr. e Antônio Sérgio A. de Moraes Pitombo (coords.), *Comentários à Lei de Recuperação de Empresas e Falência:...*, cit., p. 303.

Bibliografia

ABRÃO, Carlos Henrique; e TOLEDO, Paulo F. C. Salles (coords.). *Comentários à Lei de Recuperação de Empresas e Falência*. São Paulo, Saraiva, 2005.

ASQUINI, Alberto. *Perfis da Empresa*. Trad. Fábio Konder Comparato, in *Revista de Direito Mercantil* 104/109-126.

BEZERRA FILHO, Manuel Justino. *Jurisprudência da Nova Lei de Recuperação de Empresas e Falências*. São Paulo, Ed. RT, 2006.

______. *Lei de Recuperação de Empresas e Falências Comentada*. 5ª ed., São Paulo, Ed. RT, 2008.

BARRETO FILHO, Oscar. *Teoria do Estabelecimento Empresarial – Fundo de Comércio ou Fazenda Mercantil*. 2ª ed., São Paulo, Saraiva, 1988.

CORRÊA-LIMA, Osmar Brina; e CORRÊA LIMA, Sérgio Mourão (coords.). *Comentários à Nova Lei de Falências e Recuperação de Empresas – Lei n. 11.101, de 9 de fevereiro de 2005*. Rio de Janeiro, Forense, 2009.

COSTA, Ricardo Brito. "Recuperação judicial: é possível o litisconsórcio ativo?", in *Revista do Advogado*, ano XXIX, n. 105. São Paulo, AASP, 2009.

DE LUCCA, Newton; e SIMÃO FILHO, Adalberto (coords.). *Comentários à Nova Lei de Recuperação de Empresas e de Falências: Lei n. 11.101/2005*. São Paulo, Quartier Latin, 2005.

MUNHOZ, Eduardo Secchi, "Do procedimento de recuperação judicial", in SOUZA JR., Francisco Satiro de; e PITOMBO, Antônio Sérgio A. de Moraes (coords.). *Comentários à Lei de Recuperação de Empresas e Falência: Lei 11.101/2005 – Artigo por Artigo*. 2ª ed., São Paulo, Ed. RT, 2007.

______. "Anotações sobre os limites do poder jurisdicional na apreciação do plano de recuperação judicial", in *Revista de Direito Bancário e do Mercado de Capitais*, n. 36, ano 10, abr.-jun. 2007, pp. 184-199.

______. *Empresa Contemporânea e Direito Societário – Poder de Controle e Grupos de Sociedades*. São Paulo, Juarez de Oliveira, 2002.

PENTEADO, Mauro Rodrigues. "Disposições preliminares", in SOUZA JR., Francisco Satiro de; e PITOMBO, Antônio Sérgio A. de Moraes (coords.). *Comentários à Lei de Recuperação de Empresas e Falência: Lei 11.101/2005 – Artigo por Artigo*. 2ª ed., São Paulo, Ed. RT, 2007.

SZTAJN, Rachel. "Da recuperação judicial", in SOUZA JR., Francisco Satiro de; e PITOMBO, Antônio Sérgio A. de Moraes (coords.). *Comentários à Lei de Recuperação de Empresas e Falência: Lei 11.101/2005 – Artigo por Artigo*. 2ª ed., São Paulo, Ed. RT, 2007.

Pareceres

RAET E LIQUIDAÇÃO EXTRAJUDICIAL – EFEITOS DE CONTRATOS CELEBRADOS COM TERCEIROS RELATIVOS À ASSUNÇÃO DE PASSIVOS DA LIQUIDANDA – O CONCEITO DE TERCEIRO INTERESSADO – REGIMES ESPECIAIS – CORRELAÇÃO DOS MICRO-SISTEMAS JURÍDICOS PERTINENTES

HAROLDO MALHEIROS DUCLERC VERÇOSA

1. Breve histórico. 2. Síntese das obrigações assumidas pelo Y em relação ao X. 3. Quesitos: 3.1 Obrigações anteriores à celebração do Contrato – 3.2 Sub-rogação do X na massa liquidanda do Y como credor privilegiado – 3.3 Condenação do X como sucessor do Y em relação à Associação Z. 4. Análise do caso: 4.1. A legislação aplicável a bancos submetidos a regimes interventivos especiais. 5. O tema da sub-rogação e o conceito de "terceiro interessado". 6. O afastamento da limitação falimentar dos créditos derivados da legislação do trabalho e de acidentes de trabalho. 7. A correlação de diversos micro-sistemas ligados à matéria sob exame e seus efeitos no caso concreto. 8. A questão da Associação Z. 9. Resposta aos quesitos.

1. Breve histórico

1.1 Após décadas de inflação, após o Plano Real em julho 1994, houve a intervenção no Banco Econômico e a edição das MPs 1.179/1995 e 1.182/1995, convertidas depois, respectivamente, nas Leis ns. 9.710/1978 e 9.447/1997.

1.2 Neste contexto estava o Banco Y também abalado por dificuldades de caixa e de crédito. Os seus controladores pediram ao BACEN a decretação do RAET (Regime Administrativo Especial Temporário), no que foram atendidos, em (...), por força do Ato Presi n. (...) do BACEN, pelo prazo de 12 meses.

1.3 Na mesma data, a diretoria do BACEN se reuniu e aprovou a proposta de enquadramento do Y no PROER, autorizando-o a adquirir créditos contra a FCVS (Fundo de Compensação de Variações Salariais) como garantia dos empréstimos que lhe seriam destinados, bem como autorizou a transferência dos ativos e passivos do Y ao X através dos Instrumentos:

1.4 Contrato de Compra e Venda de Assunção de Direitos e Obrigações e de Prestação de Serviços e Outras Avenças em (...) (Contrato).

1.5 Re-Ratificação de Contrato de Compra e Venda de Assunção de Direitos e Obrigações e de Prestação de Serviços e Outras Avenças em (...).

1.6. Face à insuficiência patrimonial e a incapacidade financeira, inclusive em virtude do rombo fraudulento descoberto na contabilidade da instituição, o Banco Y teve decretada a sua liquidação extrajudicial em (...), através do Ato Presi n. (...), do BACEN.

2. *Síntese das obrigações assumidas pelo Y em relação ao X*

2.1 A cláusula 8ª e 14ª do Instrumento de Re-Ratificação convencionam que o Y responderia pelas superveniências ativas, bem como pelas insuficiências passivas, decorrentes de atos e omissões, cujos fatos geradores tivessem ocorrido até a assinatura do instrumento em questão.

2.2 Também se convencionou que o Y assumiria a responsabilidade por toda e qualquer obrigação de natureza trabalhista, previdenciária ou assemelhada, decorrente de atos e omissões por si praticadas, anteriormente à data da transferência de sua atividade operacional bancária para o X.

2.3 Acordou-se ainda que as reclamações de caráter trabalhista, ajuizadas ou não, promovidas individual ou coletivamente por integrantes e ex-integrantes do quadro de pessoal do Banco Y, desde que os atos ou fatos geradores de tais reclamações tenham ocorrido durante a gestão do Banco Y.

2.4 A cláusula 14ª autoriza o X creditar ou debitar eventuais superveniências ativas ou insuficiências passivas, em conta de correspondente.

2.5 Ainda na cláusula 14ª, item 3, ficou acertado que sobre os saldos devedores ou credores diários serão cobrados encargos atualizados até a data do pagamento, com base na taxa média da captação no mercado interfinanceiro CDI CETIP.

3. *Quesitos*

3.1 Obrigações anteriores à celebração do Contrato

3.1.1 X e o Y ao firmarem o contrato de compra e venda em (...) e a re-ratificação de (...) buscaram definir quais as responsabilidades que cada parte estava assumindo em relação às obrigações. Todas e quaisquer obrigações cujo fato gerador fosse anterior a (...) seria de responsabilidade exclusiva do Y. Após esta data a responsabilidade é do X. E para os colaboradores que foram transferidos do Y para o X e desligados após (...), a responsabilidade é compartilhada.

3.1.2 Ocorre que o X é condenado judicialmente como sucessor do Banco Y, na Justiça do Trabalho, inclusive em processos cuja responsabilidade é exclusiva do Y.

3.1.3 Findo o processo, o X providencia a habilitação dos créditos junto à massa liquidanda, que se nega a ressarcir o X, em respeito à decisão judicial.

3.1.4 O consulente questiona se procede este entendimento, que desconsidera o contrato firmado em (...).

3.2 Sub-rogação do X na massa liquidanda do Y como credor privilegiado

3.2.1 Questiona o consulente, ainda, se o X ao pagar os débitos trabalhistas do Y, mesmo em reclamatórias ajuizadas contra o X, o mesmo ficaria sub-rogado em tais valores e passaria a ter um crédito privilegiado trabalhista contra o Y, classificável nesta ordem de preferência no Quadro Geral de Credores da Massa.

3.3 Condenação do X como sucessor do Y em relação à Associação Z

3.3.1 Por outro lado, a Associação Z do Banco Y garantia aos empregados o benefício à complementação de aposentadoria. Para tanto, os empregados contribuíam com quantia descontada em contracheque.

3.3.2 Em fevereiro/1979 o benefício foi suprimido, e em maio/1984 foi alterada a denominação social da Z para W.

3.3.3 Quando da celebração do contrato entre X e Y, não foi levantada a questão do direito suprimido em fevereiro/1979.

3.3.4 O X é condenado como sucessor do Y e arca com a execução destes processos, complementando a aposentadoria dos empregados originários do Y na folha de pagamento do X.

3.3.5 O consulente questiona se a responsabilidade não seria exclusiva do Y, uma vez que o fato gerador ocorreu muito antes do contrato firmado. E neste, consta que será de responsabilidade do Banco Y todo e qualquer passivo trabalhista, previdenciário ou assemelhado, motivado por atos ou omissões praticadas pelo Banco Y.

4. Análise do caso

4.1 A legislação aplicável a bancos submetidos a regimes interventivos especiais

4.1.1 Tendo em conta a data do Contrato e seus efeitos duradouros ao longo do tempo e havendo aquele acordo ultrapassado sob este aspecto o marco do Código Civil de 2002, surge o problema da identificação da lei aplicável. Quando da celebração do Contrato eram vigentes o Código Civil de 1916 (CCiB) e o Decreto-lei 7.661/1945, este último, como se sabe, era a anterior Lei de Concordatas de Falências (LCF). Posteriormente verificou-se o advento do novo Código Civil e do novo regime do direito concursal, voltado com a Lei 11.101 (LREF) fundamentalmente da recuperação da empresa.

4.1.2 No plano da legislação especial foram aplicados sequencialmente ao caso o Decreto-lei 2.321/1987 (que estabeleceu o RAET) e a Lei 6.024/1974 (reguladora da liquidação extrajudicial). Esta última remete o tratamento do instituto da liquidação extrajudicial para o regime do direito falimentar, em caráter subsidiário, nos termos do seu art. 34.

4.1.3 Com a decretação do RAET, a situação operacional da empresa não se modifica, continuando normalmente o exercício de suas atividades, conforme o disposto no art. 2º. O efeito direto mais importante é a perda imediata do mandato dos administradores e dos conselheiros fiscais. Neste sentido, a administração da instituição financeira alcançada por esse regime passará a ser feita por meio de um Conselho Diretor nomeado pelo Banco Central do Brasil, com plenos poderes de gestão (art. 3º, *caput*). Assim sendo, o Contrato não veio a ser afetado pelo RAET, tendo sido mantidos todos os direitos e obrigações nele estabelecidos.

4.1.4 Posteriormente, convolado o RAET em liquidação extrajudicial, a operacionalidade do Contrato – que efetivamente ocorreu – somente poderia ter-se dado pela aplicação do art. 43 da LCF (atualmente correspondente ao art. 117 da LREF, no mesmo sentido), segundo o qual os contratos bilaterais não se resolviam pela falência, podendo ser cumpridos pelo liquidante extrajudicial.

4.1.5 Ora, na execução do Contrato a cargo do X, este veio ser condenado como sucessor do Y em inúmeras ações trabalhistas. Inconformado o primeiro em relação aos aspectos acima expostos, solicitou o presente parecer, merecendo os pontos em causa a devida resposta nos termos da lei, da doutrina e da jurisprudência.

5. O tema da sub-rogação e o conceito de terceiro interessado

5.1 Uma primeira linha de discussão diz respeito à possibilidade de entender-se estar presente um caso de sub-rogação, de maneira que o X colocar-se-ia no lugar dos empregados no Quadro de Credores do Y, na mesma posição que aqueles anteriormente ocupavam.

5.2 Como se sabe, o CCiB regulava a sub-rogação nos seus arts. 985 a 990. Por sua vez, o NCC o faz atualmente nos arts. 346 a 351 do Código Civil, classificada como *legal* (art. 346) e *convencional* (art.

347). Nota-se que não houve mudança significativa entre os dois regimes.

5.3 Examinados os fatos, *constata-se a presença de sub-rogação legal*, com base no item III do art. 985 (NCC, 346, III) demonstrando-se que o X apresenta-se como *terceiro interessado, que paga a dívida pela qual* ***era ou podia ser obrigado****, no todo ou em parte.* Para este efeito verifica-se que o X foi condenado na qualidade de *sucessor*, na condição de quem *podia ser obrigado*, tendo em conta a visão do direito trabalhista, mesmo que esta possa ser considerada equivocada em tese. Como o direito não pode dar soluções contraditórias para uma mesma situação, se o X é sucessor do Y no plano do Direito do Trabalho, então é uma conclusão lógica obrigatória que o primeiro se encontrava na condição de quem efetivamente *podia ser obrigado* ao pagamento dos créditos trabalhistas, como efetivamente o foi.

5.4 Veja-se que a qualidade de sucessor dá-se no *plano trabalhista* de forma interligada ao conceito de *terceiro interessado*, sendo este determinado pelo *Direito Civil*, situação claramente estendida ao X, além disto, quando se considera um universo jurídico ainda mais amplo, formado pela contribuição de outros microssistemas em mútua conjugação, conforme será visto abaixo.

5.5 De um lado, tendo assumido parte do acervo do Y e, de outro, levando em consideração os serviços que presta à massa liquidanda nos termos do Contrato, o X mostra uma *clara ligação de interesse* com o bom andamento da liquidação extrajudicial, e isto se dá independentemente dos aspectos relacionados com condenações trabalhistas, por nelas haver sido tomado como sucessor daquela instituição financeira.

5.6 O perfil jurídico de terceiro interessado pode ser aferido por meio do entendimento que lhe tem dado a *jurisprudência*. Vejamos alguns casos:

a) No proc. 972.770-00/8, o TJSP considerou ***terceiro interessado*** a pessoa que, na qualidade de proprietário de um bem dado como sinal em um contrato, era detentor, consequentemente, de interesse na extinção da dívida correspondente, mesmo que alheio à lide nascida entre as partes (CPC, art. 304).

b) Proc. 617.783.5/4-00 – Na esteira do disposto no art. 50 do CPC, foi considerado ***terceiro interessado*** alguém que sofreria os efeitos do resultado de uma demanda, mesmo que de forma indireta.

5.7 Conforme se verificou, no exercício das atribuições originadas do Contrato, de um lado o X agiu em nome e interesse próprio, quando se tratou dos efeitos da aquisição, por aquela instituição financeira, dos bens do Ativo Permanente e dos Ativos Operacionais do Y. Mas quando o X veio a atuar na realização de serviços de apoio à administração e operação do Y mediante convênios específicos (Cláusula 7ª do Contrato), então surgiu claramente sua posição de terceiro.

5.8 O reconhecimento da elevação do X de *terceiro*, simplesmente, para *terceiro interessado* dá-se quando se verifica a existência de implicações recíprocas entre os dois lados de sua atuação quando se tem em conta a Cláusula 11ª, n. 4, que *estabelece caber ao Y adotar todas as providências legais, administrativas, societárias e contábeis que assegurassem ao X o exercício de todos os seus direitos e obrigações decorrentes da assunção da* ***atividade operacional bancária*** do Y, entre as quais,

"4. entrega ao X de todos os documentos que evidenciem a propriedade dos bens, direitos e obrigações transferidas, bem como os contratos celebrados de forma a permitir que o X assuma, efetivamente, todos os direitos e obrigações relacionados com a *atividade operacional bancária* do *Banco Y* transferida para o X, inclusive mediante assinatura dos instrumentos de cessão que se fizerem necessários."

5.9 Como se verifica de forma cristalina, o X mantinha (e ainda mantém, enquanto encarregado da execução do Contrato), um duplo interesse (próprio e como terceiro) em relação à situação do Y, quanto ao bom andamento daquele acordo, cujos efeitos poderiam ser-lhe mais favoráveis ou adversos segundo cada situação no caso concreto.

5.10 Desta maneira, verifica-se o reconhecimento da qualidade de terceiro interessado pelo X em relação ao Y e, consequentemente, da existência indubitável de sub-rogação legal em seu favor quanto aos pagamentos que tem sido obrigado a cobrir de responsabilidade do Y, levando os seus créditos a uma condição de privilégio na massa liquidanda deste último, como de natureza trabalhista.

6. O afastamento da limitação falimentar dos créditos derivados da legislação do trabalho e de acidentes de trabalho

6.1 No art. 83, I da LREF verifica-se o estabelecimento de um limite de 150 (cento e cinqüenta) salários mínimos para os *créditos derivados* ***da legislação do trabalho*** e os *decorrentes de acidentes de trabalho* como super-privilegiados, colocados em primeiro lugar na formação do quadro de credores.

6.2 Em se tratando de regra de direito material, este limite não tem lugar na liquidação extrajudicial do Y, que se deu no regime da legislação anterior, nos termos do art. 192 da LREF: "Esta Lei não se aplica aos processos de falência ou de concordata ajuizados anteriormente ao início de sua vigência, *que serão concluídos nos termos do Decreto-lei n. 7.661, de 21 de junho de 1945*" (destaques nossos).

6.3 Assim sendo, a totalidade dos créditos que o X possui face ao Y deve ser classificada como *derivado de legislação do trabalho*, como efeito da sub-rogação legal que a eles se aplica.

7. A correlação de diversos micro-sistemas ligados à matéria sob exame e seus efeitos no caso concreto

7.1 Nota-se a convergência de alguns micro-sistemas jurídicos que se aplicam à situação sob exame. Nestes termos, apresentam-se: (i) o direito trabalhista; (ii) o direito falimentar, sub-ramo, por sua vez, do direito comercial; (iii) o direito bancário, regedor das questões relativas à quebra do Y no plano privado; e (iv) o direito econômico, voltado para o equilíbrio do Sistema Financeiro Y e sua higidez.

7.2 Este conjunto normativo complexo, aplicado de forma harmônica, tem por objetivo afastar a possibilidade da ocorrência de risco sistêmico, que pudesse levar à derrocada uma quantidade indefinida de instituições financeiras que em dadas circunstâncias, encontravam-se *amarradas operacionalmente umas às outras*. Elas se arrastariam mutuamente para uma derrocada geral tal como acontece com a conhecida brincadeira feita com pedras do jogo de dominó. O exemplo marcante deste cenário ficou mundialmente conhecido a partir da deflagração o ano de 2008, nos Estados Unidos da América, da chamada *crise do subprime*, em relação à qual no Brasil foram tomadas certas medidas emergenciais, abaixo analisadas.

7.3 É precisamente esta intersecção de micro-sistemas que demonstra a necessidade da salvaguarda do complexo aparato montado pela Autoridade Monetária no âmbito do PROER e de outros institutos ligados, como é o caso da liquidação extrajudicial.

7.4 Se a atuação da Autoridade Monetária por meio do PROER foi fundamental no passado para manter-se a higidez do Sistema Financeiro Y, tanto mais ainda é essencial a manutenção da confiança pelas instituições financeiras em tal mecanismo de socorro quando se tem uma visão voltada para o presente e o futuro. Neste sentido, nunca se sabe quando será necessário contar outra vez com a colaboração de instituições financeiras sadias, que vierem a ser chamadas a *aderir* a outros projetos semelhantes no futuro.

7.5 Observe-se que, em certa medida, a recente crise mostrou a mesma necessidade de *acerto* do mercado pela atuação do sistema bancário, havendo a Autoridade Monetária criado mecanismos por meio dos quais os bancos mais sadios socorreram outros que se encontravam em dificuldades. Um dos mecanismos utilizados foi a compra de carteiras de crédito de bancos que se encontravam em situação problemática.

7.6 Sabe-se que todo o sistema de socorro às instituições insolventes estava fundado no princípio econômico de que quem as socorresse não responderia com seu patrimônio além de limites razoáveis e conhecidos. E isto implicava, consequentemente, no estabelecimento de uma melhor condição de recuperação pelos bancos *salvadores* de instituições quebradas, dos valores pagos aos antigos empregados destas.

7.7 Para tanto, impõe-se construir uma visão mais abrangente do instituto da *sucessão trabalhista*, a qual veio a se configurar posteriormente à celebração do contrato entre as partes, em patamar inesperado e extremamente oneroso.

7.8 Anote-se que de algum tempo a esta parte tem sido trazida para o Brasil uma visão de *Law and Economics*, a qual começou a ser apreciada no âmbito dos nossos tribunais. Ela diz respeito ao reconhecimento jurídico de *externalidades negativas* e de *efeitos negativos de segunda ordem* que se verificam quando o Judiciário, em suas decisões, se esquece de que elas podem gerar efeitos econômicos e jurídicos em cascata, os quais podem trazer conseqüências extremamente danosas para a economia como um todo, em prejuízo geral sociedade.

7.9 Neste plano, destaque-se que, nos termos do art. 421 do Código Civil, o operador do direito deve estar atento para a *função social do contrato*, estabelecida como condição para a liberdade de contratar. Ora, o Contrato entre o Y e o X apresenta claramente uma função social consistente em fazer parte de um programa voltado para o afastamento do risco sistêmico que podia surgir a partir da quebra generalizada de instituições financeiras insolventes. E mesmo que o aludido Contrato tenha sido celebrado anteriormente ao atual Código Civil, seus efeitos duradouros no tempo ficaram sujeitos ao atendimento da função social daquele instituto, nos termos do art. 2.035, conforme se pode verificar:

"Art. 2.035. A validade dos negócios e demais atos jurídicos, constituídos antes da entrada em vigor deste Código, obedece ao disposto nas leis anteriores, referidas no art. 2.045, *mas os seus efeitos, produzidos após a vigência deste Código aos preceitos dele se subordinam, salvo se houver sido prevista pelas partes determinada forma de execução.*

"Parágrafo único. Nenhuma convenção prevalecerá se contrariar preceitos de ordem pública, tais como estabelecidos por este Código *para assegurar a função social da propriedade e dos contratos*" (destaques nossos).

7.10 Assim sendo, na medida em que não for reconhecido o direito ao X de receber de volta os valores de condenações da Justiça Trabalhista pelo exercício do Contrato, em descumprimento às normas deste que o isentavam de responsabilidade, é claro que em tais casos nascem externalidades negativas e efeitos negativos de segunda ordem, causados pela obrigatoriedade de sua internalização pelo consulente. A impossibilidade de se tentar, ao menos, recuperar tais valores na condição de *créditos trabalhistas* na liquidação extrajudicial do Y leva evidentemente ao desestímulo generalizado no âmbito do mercado financeiro para a assunção de riscos semelhantes no futuro.

7.11 Isto porque os bancos reagirão negativamente como um todo, tomando para si tais conseqüências, as quais gerarão exemplos multiplicadores negativos na participação futura em outros processos de colaboração com o Banco Central do Brasil na manutenção da higidez do Sistema Financeiro Y.

7.12 Conforme já foi dito acima, no passado bem recente mostrou-se extremamente importante a colaboração entre o setor público e o privado no afastamento dos efeitos sistêmicos negativos da crise do *subprime*, gerada nos Estados Unidos da América. Neste sentido, como se sabe, foram baixadas algumas normas especiais, destinadas a proporcionar mecanismos internos de restabelecimento do equilíbrio do Sistema Financeiro Y, conforme abaixo:

• *MP 443, de 21.10.2008* (convertida na Lei 11.908, de 3.3.2009)

– Autorizou o Banco do Brasil S/A e a Caixa Econômica Federal a constituírem subsidiárias e a adquirirem participação em instituições financeiras sediadas no Brasil.

• *MP 442, de 6.10.2008* (convertida na Lei 11.882, de 23.12.2008)

– Dispôs sobre operações de redesconto pelo BCB e autoriza a emissão da Letra de Arrendamento Mercantil – LAM.

• *Resolução CMN 3.622, de 9.10.2008*

– Regulamento da MP 442

– Autorizou o BCB a receber de bancos comerciais:

1) Ativos em operações de redesconto créditos identificados no Sistema Central de Crédito de Risco classificados nas categorias AA, A e B.

2) ACCs, ACEs, de financiamento a importação, denominados ou referenciados em dólares dos Estados Unidos, com classificação nas categorias de risco AA, A e B.

3) Operações de empréstimo em moeda estrangeira, podendo BCB determinar que os recursos sejam direcionados, no todo ou em parte, para operações de comércio exterior.

O BCB poderá aceitar, em caráter complementar, garantias reais ou fidejussórias outorgadas pelo controlador, por coligada ou por IF.

4) Títulos soberanos em dólares americanos emitidos pelo Brasil (*Global Bonds*) ou por outros países (neste caso, com *rating* de longo prazo equivalente ao mínimo de A).

5) Debêntures emitidas por empresas não financeiras, identificadas no SCR, em operações classificadas nas categorias de risco AA, A e B.

As garantias variam de 100% a 170%.

• *Resolução CMN 3.629, de 30.10.2008*

– Instituiu o redirecionamento de recursos captados em depósitos de poupança para incentivo à atividade construtora.

• *Resolução CMN 3.635, de 13.11.2008*

– Estabeleceu limite de empréstimo para capital de giro de empresas de construção civil efetuadas pela CEF no montante de R$ 3 bilhões.

7.13 Como se verifica, houve uma espécie de *simbiose* entre o setor público (nas pessoas do Banco Central do Brasil e dos bancos governamentais) e o setor privado, (por meio das demais instituições financeiras) para que se pudesse fortalecer na referida crise tanto o sistema financeiro interno, quanto certos segmentos significativos da economia Y pelo fato de serem grandes geradores de empregos, tal como aconteceu em relação à indústria de construção civil.

7.14 Tal *simbiose* necessária tem sempre um preço que garante o seu funcionamento adequado. No caso das operações realizadas ao tempo do Contrato entre Y e X, ela dependia da manutenção das expectativas de equilíbrio econômico e financeiro do programa colocado em operação. Isto significa, evidentemente, que o X não poderia ser levado a experimentar uma perda financeira inesperada e de avaliação impossível no tocante às condenações trabalhistas que o alcançaram.

7.15 O reequilíbrio, ao menos em termos de possibilidade porque relacionado à força da massa liquidanda, depende fundamentalmente de que os valores que o X foi obrigado a aportar em tais situações sejam habilitados na mesma categoria original dos créditos correspondentes naquela mesma massa. Esta é sem dúvida alguma a verdadeira *ratio* que deve ser aplicada à solução da questão que foi aqui apresentada para estudo, a par dos demais elementos que a comprovam.

4.16 No plano jurídico, a projeção do interesse público em relação a um determinado caso de instituição financeira atingida por algum regime especial fica claramente demonstrada pela presença inegável da preocupação sistêmica do legislador, que estabeleceu um regime significativo de extensão da medida interventiva quando se verifica a situação de *integração de atividade* ou de *vínculo de interesse*, nos termos do art. 51, *caput*, da Lei 6.024/1974:

"Art. 51. Com o objetivo de *preservar os interesses da poupança popular* e a integridade do acervo das entidades submetidas a intervenção ou liquidação extrajudicial, o Banco Central do Brasil poderá estabelecer idêntico regime para as pessoas jurídicas que com elas tenham integração de atividade ou vínculo de interesse, ficando os seus administradores sujeitos aos preceitos desta lei."

7.17 O interesse público em relação ao mercado financeiro, de que é detentor o Banco Central do Brasil mostra-se também presente em outros momentos quando, por exemplo, exerce a fiscalização de instituições financeiras ou lhes aplica as penalidades previstas em lei. É o que se encontra no art. 10 da Lei 4.595/1964, na combinação do seu inciso IX com o § 1º, *verbis*:

"Art. 10. Compete privativamente ao Banco Central do Brasil:

"(...);

"IX – exercer a fiscalização das instituições financeiras, a fim de que possam:

"(...).

"1º. No exercício das atribuições a que se refere o inciso IX deste artigo, com base nas normas estabelecidas pelo Conselho Monetário Y, o Banco Central do Brasil estudará os pedidos que lhe sejam formulados e resolverá conceder ou recusar a autorização pleiteada, *podendo* (vetado) *incluir as cláusulas que reputar conveniente ao interesse público*" (destaques nossos).

7.18 Como se verifica, confirmando a visão global que temos procurado demonstrar, o legislador tem pensado de forma abrangente e não isolada, havendo estabelecido mecanismos para operacionalizar os seus programas de socorro ao Sistema Financeiro Y, para o qual necessita contar com a confiança das instituições em atuação no mercado.

8. A questão da Associação Z

8.1 De acordo com as informações prestadas pelo consulente e com os documentos fornecidos, verifica-se que:

(i) Em (...) foi criada a associação em tela, com a finalidade de "criar e manter serviços de assistência financeira, médica, dentária, jurídica e outros que a experiência indicar e os recursos da instituição permitirem, conforme o disposto no Capítulo III deste Estatuto". O registro dos estatutos da Z foi feito em (...);

(ii) Nos termos do art. 9º, estava prevista uma Seção de Assistência e Previdência Social, com a finalidade de: "a) prestar ao associado, quando as disponibilidades permitirem, assistência médica, farmacêutica, odontológica e hospitalar; b) cooperar no pagamento das despesas comprovadas de nascimento de filho do associado ou funeral de ascendentes ou descendentes, que vivam sob sua dependência econômica; c) conceder auxílio para casamento; d) complementar a aposentadoria de qualquer espécie, obtida pelo associado de seu respectivo Instituto; e) criação, dentro dos limites das disponibilidades, de colônia de férias, sede para atividades sociais, recreativas e esportivas";

(iii) Podiam fazer parte do quadro de sócios os diretores e funcionários de determinadas instituições financeiras, entre os quais os do Y (art. 11);

(iv) O patrimônio da Z era formado por doações, legados, bens, imóveis, contribuições e rendimentos de qualquer natureza (art. 4º), não se fazendo referência a qualquer contribuição regular específica do Y ou de outras instituições cujos funcionários podiam fazer parte daquela associação;

(v) A administração da Z competia a um Conselho de Administração e a uma Diretoria. O Conselho de Administração era composto por cinco membros efetivos e cinco suplentes, nomeados pelo Diretor-Superintendente do Y (arts. 13 e 14);

(vi) No caso de dissolução, o patrimônio da Z seria destinado a outra instituição de fins semelhantes, a critério do Diretor-Superintendente do Y;

(vii) Os benefícios concedidos eram regulamentados no Regimento Interno;

(viii) Em (...) foi reformulado o Estatuto Social da Z, em reunião do seu Conselho de Administração, tendo havido diversas modificações na atuação daquela entidade, entre as quais a supressão da Seção de Previdência e Assistência Social, não se fazendo menção aos efeitos das coberturas até então concedidas e em relação às expectativas dos associados à época;

(ix) Na mesma data foi suspenso o Regimento Interno, face à reformulação dos estatutos da Z, tendo sido noticiado que seria futuramente aprovado um novo Regimento, a ser divulgado entre os associados (Circular n. 53);

(x) Em (...) foi alterada a denominação da Z para "Associação Cultural e Social".

(xi) Em (...) foi expedida pelo Oficial do Registro Civil das Pessoas Jurídicas do Rio de Janeiro (RJ) certidão para fins de prova junto ao Banco Central do Brasil, sobre o Estatuto da Z, com a alteração de sua denominação social. Deste documento foi tirada uma cópia autêntica em (...), ora em nossas mãos por meio de cópia reprográfica;

(xii) Conforme exposto no histórico dos fatos, acima, o X não teve conhecimento dos fatos relacionados com a Z, em relação à qual tem sido condenado como sucessor do Y em ações judiciais condenatórias, tendo passado a complementar a aposentadoria dos empregados deste.

8.2 Está demonstrado que houve sonegação de informações por parte do Y ao X no tocante à Z quando da celebração do Contrato. Desta forma, não caberia ao X responsabilizar-se em condições *normais* quanto às obrigações assumidas pelo Y frente aos associados da Z.

8.3 No entanto, face aos regimes especiais que foram decretados pelo BCB em relação ao Y, especialmente o da liquidação extrajudicial, deu-se a responsabilização do X como sucessor do primeiro, também em relação a esta situação.

8.4 Internamente entre as partes, nos termos do Contrato, caberia ao X a assunção das responsabilidades relativas aos direitos dos empregados ligados à atividade operacional bancária do Y, inclusive no plano dos direitos trabalhistas derivados de obrigações eventuais assumidas pelo Y diante da Z, *desde que o X tivesse tido conhecimento de tais obrigações, de forma a que pudesse havê-las precificado*.

8.5 A quebra da boa-fé objetiva por parte do Y em relação a tais obrigações na celebração do Contrato tornou ineficaz entre as partes a assunção de tais responsabilidades. Observe-se que a boa-fé objetiva, mesmo que somente agasalhado de forma expressa no direito brasileiro quando do advento do Código Civil de 2002, em seu art. 422, sempre foi um princípio reconhecido como integrante da teoria geral do contrato e de observância obrigatória.

8.6 Veja-se que a boa-fé objetiva, tal como veio a ser regulada pelo Código Civil de 2002 tem sua origem normativa direta no art. 1.337 do Código Civil italiano de 1942,[1] havendo entrado em nosso direito como uma *cláusula geral* ou *aberta*, de obediência obrigatória.

8.7 Desta maneira, impõe-se ao liquidante do Y reconhecer a validade e a eficácia da assunção da responsabilidade do X quanto às obrigações resultantes da Questão Z, para o fim de fazer com que a massa liquidanda venha a ressarcir esta última instituição financeira quanto aos pagamentos que vem efetuando a tal título, resultantes de condenações judiciais.

8.8 Mesmo que no plano externo, dada a amplitude de aplicação do Direito do Trabalho e o conceito de sucessor em relação às obrigações trabalhistas e previdenciárias, o X sofra constantes condenações, isto não significa que ele as deva assumir também nas relações internas com o Banco Y, originadas do Contrato entre eles concluído. Isto diz respeito de forma direta àquelas que não foram assumidas no Contrato, nos termos do item 2 da Cláusula 8ª.

8.9 Observe-se que em relação ao ressarcimento devido ao X pela massa liquidanda do Y, os créditos em questão estão situados na categoria de *trabalhistas*, conforme demonstrado neste parecer.

9. Resposta aos quesitos

Quesito 1

X é condenado judicialmente como sucessor do Banco Y, na Justiça do Trabalho, inclusive em processos cuja responsabilidade é exclusiva do Y.

Findo o processo, X providencia a habilitação dos créditos junto à massa liquidanda, que se nega a ressarcir o X, em respeito à decisão judicial.

O X questiona se procede este entendimento, que desconsidera o contrato firmado em (...).

Resposta:

O Contrato não pode ser desconsiderado pelo liquidante do Y. Foi com base na sua execução durante o RAET e a liquidação extrajudicial, fundadas na legislação especial e falimentar, que se originaram os créditos pelos quais o X veio a responder.

Quesito 2

O X questiona se, ao pagar os débitos trabalhistas do Y, mesmo em reclamatórias ajuizadas contra o X, o mesmo ficaria sub-rogado em tais valores e passaria a ter um crédito privilegiado trabalhista contra o Y, classificável nesta ordem de preferência no Quadro Geral de Credores da Massa.

Resposta:

Os créditos do X na situação acima são privilegiados e colocados na mesma posição originária dos que foram pagos pelo consulente, tendo em vista a sub-rogação legal que se efetuou em relação a eles.

Quesito 3

Questiona o X se a responsabilidade dos débitos previdenciários relacionados à Associação Z não seria exclusiva do Y, uma vez que o fato gerador ocorreu muito antes do contrato firmado. E neste, consta que será de responsabilidade do Banco Y todo e qualquer passivo trabalhista, previdenciário ou assemelhado, motivado por atos ou omissões praticadas pelo Banco Y.

Resposta:

Tal responsabilidade é efetivamente do Y, tanto tendo em vista os termos precisos do Contrato, quanto o fato de que houve quebra pelo Y do princípio da boa-fé objetiva por omissão da prestação de informações a respeito da existência anterior de eventuais responsabilidades previdenciárias a cargo da Z.

É o nosso parecer, s.m.j.

RDM 151/152

DOUTRINA: AS SOCIEDADES DE ADVOGADOS E A EMPRESARIALIDADE — NEWTON SILVEIRA • DIREITO DE RETIRADA: UM LIMITE AO PRINCÍPIO MAJORITÁRIO NA SOCIEDADE ANÔNIMA – JOSÉ ALEXANDRE TAVARES GUERREIRO • OS CONTRATOS EMPRESARIAIS E SEU TRATAMENTO APÓS O ADVENTO DO CC/2002 – VERA HELENA DE MELO FRANCO • OS NOVOS HORIZONTES DO DIREITO CONCURSAL – UMA CRÍTICA AO CONTINUÍSMO PRESCRITO PELA LEI 11.101/2005 – JOSÉ MARCELO MARTINS PROENÇA • ***ATUALIDADES***: FUNDAMENTOS PARA A INTERPRETAÇÃO DOS CONTRATOS EMPRESARIAIS: ASPECTOS JURÍDICOS E ECONÔMICOS – MARCIA CARLA PEREIRA RIBEIRO e EDUARDO AGUSTINHO • DIREITO DE (DES)ASSOCIAÇÃO E O PRINCÍPIO DA MANUTENÇÃO DA EMPRESA – EDSON ISFER e MARCIA CARLA PEREIRA RIBEIRO • A ESTABILIDADE DA FIRMA: O ALINHAMENTO ESPERADO DO PODER DE CONTROLE NA SOCIEDADE POR AÇÕES – JOSÉ INACIO FERRAZ DE ALMEIDA PRADO FILHO • ÔNUS DA SUCUMBÊNCIA EM AÇÃO DE RESPONSABILIDADE CONTRA ADMINISTRADOR DE S/A – LEONARDO NETTO PARENTONI • OS PRINCÍPIOS QUE NORTEIAM O SFN – LUIZ ANTONIO BERNARDES e MÁRCIO FRANCISCO DOS SANTOS • IMPACTOS DA LEGISLAÇÃO BRASILEIRA NOS *AMERICAN DEPOSITARY RECEIPTS* – PEDRO DARAHEM MAFUD • A SUPRANACIONALIDADE DO DIREITO NO MERCADO DE CAPITAIS – BRUNO PIERIN FURIATI • O PAPEL DOS CREDORES NO *BANKRUPTCY CODE* – SHEILA CHRISTINA NEDER CEREZETTI • OS EMPRESÁRIOS DO SETOR AÉREO E OS CONTRATOS DE ARRENDAMENTO DE AERONAVES NA LEI DE RECUPERAÇÃO DE EMPRESAS E FALÊNCIA (LEI 11.101/2005, ART. 199) – MARCELO VIEIRA VON ADAMEK • MARCAS SONORAS: PROPOSTA PARA A EXEGESE DO ART. 122 DA LEI 9.279/1996 – RICARDO LUIZ PEREIRA MARQUES • A DISCIPLINA DA RESPONSABILIDADE OBJETIVA NAS RELAÇÕES DE CONSUMO: PREVALÊNCIA DAS NORMAS DO CDC SOBRE AS DO CC – GABRIEL DA ROCHA • A TEORIA DO INADIMPLEMENTO EFICIENTE (*EFFICIENT BREACH THEORY*) E OS CUSTOS DE TRANSAÇÃO – JOSÉ INACIO FERRAZ DE ALMEIDA PRADO FILHO • A ATUAÇÃO EMPRESARIAL DO ESTADO E O PAPEL DA EMPRESA ESTATAL – MARIO ENGLER PINTO JR. • ***ESPAÇO DISCENTE***: RECUPERAÇÃO EMPRESARIAL – Utilização das demonstrações contábeis pelos profissionais do direito nos casos concretos – ALEXANDRE DEMETRIUS PEREIRA • MERCADOS GLOBAIS, REGULADORES NACIONAIS. A internacionalização do mercado de capitais e o caso do *insider trading* – RAFAEL RIBEIRO VISCONTI • ***JURISPRUDÊNCIA COMENTADA***: MEIOS DE RECUPERAÇÃO: REESTRUTURAÇÃO SOCIETÁRIA DE GRUPOS DE SOCIEDADES – LEANDRO VILARINHO BORGES • ***PARECERES***: RAET E LIQUIDAÇÃO EXTRAJUDICIAL – EFEITOS DE CONTRATOS CELEBRADOS COM TERCEIROS RELATIVOS À ASSUNÇÃO DE PASSIVOS DA LIQUIDANDA – O CONCEITO DE TERCEIRO INTERESSADO – REGIMES ESPECIAIS – CORRELAÇÃO DOS MICRO-SISTEMAS JURÍDICOS PERTINENTES – HAROLDO MALHEIROS DUCLERC VERÇOSA

MALHEIROS EDITORES

Revista de Direito Mercantil

industrial, econômico e financeiro

vol.
55/156
ago./dez. 2010